代丽 / 编著

药品监管实务与案例分析

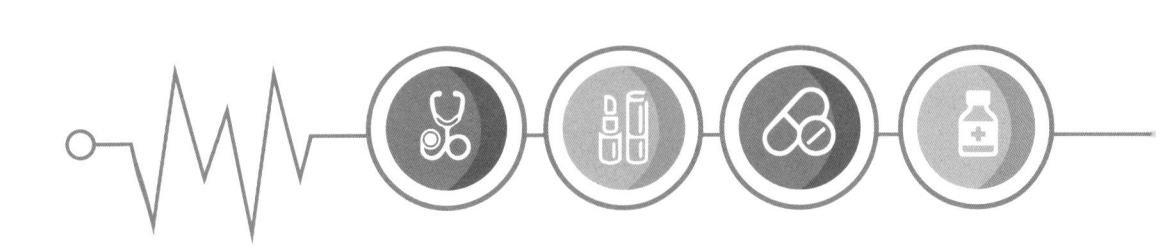

中国法制出版社
CHINA LEGAL PUBLISHING HOUSE

序 一

"观其文,知其人。"作为"社科法硕"的优秀代表,代丽为药品安全之大业,磨砺笔锋,弦歌不辍,学以致用。在《中国医药报》、《首都食品与医药》、中国食品药品网等专业期刊和网站上,经常能读到她的文字。从她的身上,我看到了"社科法硕"独有的研究和实践精神,作为她的老师,颇感欣慰。

研读她富有灵性的文字,发现她有很高的政治觉悟。秉承社科院法学所"正直精髓"的理念,她满怀对党、对人民高度负责的精神,饱含孜孜不倦的热情,通过各种渠道,诸如专业期刊、杂志、网站、微信公众号等媒介,传递自己的声音,为药品监管建言献策,为药品生产经营者依法从业提供建议。"正直为人,精髓为学"。让我高兴的是,我看到社科人"报国之志、勤奋之道"的精神在传承、在发扬!

让我欣喜的是,代丽的日常工作虽琐碎、繁忙,但她并没有被杂乱的工作磨去棱角,把自己淹没在繁琐之中,而是站出来,从更高的角度去思考一些问题,及时把所思所想付诸笔端,形成一篇篇富有理性思考的文字。从专业角度来看,她的文章结合药品监管实际,从法律角度去分析、去思考,总给人以启迪和借鉴。她把过去对工作中的一些"点",不断地连成"线",继而汇成"面"。于是,《药品监管实务与案例分析》就应运而生了。

读着厚厚的书稿,确感丰富而厚重,赞赏之至。感受最深的有以下几点:第一,内容翔实。本书分为药品监管执法、医疗器械监管执法、化妆品监管执法三篇,每一篇又分为若干章节,每一章节既有法律条文的归纳,又结合最新法院判决、最新出台的法律法规，对常见违法行为进行案例分析，逻辑严密，依据翔实，很有借鉴意义。

第二，前瞻性和专业性。本书关于网络销售部分，特别是关于"直播带货""海外代购""跨境电商""网络售药"等监管的研究，都是目前国内比较前沿的问题。本书以新颖的视角，结合药品监管知识，从专业的角度，理性思考，努力为保障民众的药品安全、促进企业高质量发展不遗余力地献计献策，值得学习。希望代丽能继续发扬这种积极思考、勇于实践、开拓创新、锐意进取的精神，为人民的健康安全贡献更大的力量。

第三，可操作性强。本书从普通执法人员的需求入手，按照药品全生命周期监管要求，从研制、注册备案到生产经营乃至使用监管，再到行政处罚和涉刑案件的办理，努力为一线人员监督执法提供参考，敢于直击监管的难点痛点，努力破解监管难题。这本书可以作为药品监管者和药品从业者的"案头书"，随时查阅，是一本可操作性很强的工具书。

第四，普适性广。本书对于监管、从业人员有参考意义，对于广大人民群众也是一本很好的普法教育读本。本书结合药品领域的具体案例，深入浅出地进行剖析，特别是结合当前社会热点问题，开放性地进行探讨，为广大人民群众解难释惑，从这个角度而言，本书也是广大人民群众的"知音书"。

药品安全与人民群众的身体健康和生命安全息息相关，关乎我们每个人的切身利益。"众人拾柴火焰高"，保障药品安全，需要代丽这样爱思考、勇担当、敢作为者的不懈努力，需要药品生产经营企业不断强化管理、严格落实主体责任，更需要你我携起手来，积极实施社会共治，为切实保障人民群众的用药安全，促进医药产业的高质量发展，做出更大的贡献！

周汉华[①]

2023 年 1 月于北京

[①] 中国法学会网络与信息法学研究会负责人、中国法学会行政法学研究会副会长，中国社会科学院法学研究所副所长，中国社会科学院研究员、博士生导师。

序 二

近年来，我国药品监管法律处于革故鼎新之期，修订了《药品管理法》，颁布了《疫苗管理法》，修订了《医疗器械监督管理条例》，颁布了《化妆品监督管理条例》。我国正在努力推动形成政府监管、企业主责、行业自律、社会协同的药品安全共治格局，建立科学完善的药品安全监管体系，而这有赖于药品监管行政执法的规范化，监管部门和监管人员恪守法定职权，遵循法定程序准确认定事实、正确适用法律、合理适用行政裁量权，依法开展监督检查，依法作出相应行政行为。

但药品监管行政执法面临如下六个挑战：第一，药品监管法律规范包括法律、法规、规章、规范性文件和标准，在监管体制改革、医药产业发展、科学技术进步、违法行为日趋隐蔽复杂的背景下，药品监管法律规范可谓复杂多变；第二，药品监管有着较强的技术性，了解必要的药学、医疗器械、化妆品科学背景知识，是有效开展监管执法活动的必要前提；第三，药品监管行政执法要考虑立法目的，在加强监督管理、规范生产经营活动、保证产品质量安全、保障公众健康权益及促进产业健康发展之间寻求平衡；第四，药品监管涉及对健康产品的全过程监管，涉及对产品研制、审查、经营、使用等全生命周期的风险监管；第五，药品监管法律规范往往是具有一定"开放空间"的"开放结构"，这不仅给予监管部门根据未知情境进行灵活、动态监管的义务，还给予了行政机关对法律规范加以解释和具体化的制度空间；第六，法律规范中赋予了药品监管行政执法主体和执法人员裁量权，因此亟待颁布裁量标准和裁量规则，规范裁量范围、种类、幅度。

药品监管是横亘于法律、技术与政策之间的学问，而修改后的《行政处罚法》于 2021 年 7 月 15 日起施行，其明确了行政处罚的定义，规范了行政处罚的种类，完善了行政处罚的适用规则，规范了行政处罚程序，这些都构成了对药品监管行政执法的挑战。作为一线药品监管人员，也迫切需要一部以依法行政原理为导引，结合法律条文和法律案例，直面监管实践疑难问题的指南书。

代丽的《药品监管实务与案例分析》，正是这样一部回应真实世界中药品监管问题的佳作。本书对药品、医疗器械、化妆品监管的基础概念和基本制度加以勾勒，讲述了何为"药品""假药""劣药""医疗器械"和"化妆品"，讨论了牙膏、香皂、眼线笔、"儿童彩妆"等是否为化妆品，勾勒了相关全过程监管的基本制度，令读者能对药品监管法律制度有全面了解和直观认识。

本书系统全面梳理了药品、医疗器械、化妆品监管的法律依据、事权划分，就相关的许可事项、许可程序、许可条件加以梳理；就行政检查、抽验、监测、行政处罚、行政强制措施、信用惩戒、约谈等行政监管方式的设定依据及行为程序、适用规则，进行条分缕析的整理。本书特别针对不同市场主体的常见不同违法行为，以列表的方式，载明了违法行为、违反的法律条文、处罚的法律依据、处罚内容。本书文风朴实，内容绵密，针对性强，可谓药品监管的"明白纸"和"指南书"，为监管部门工作人员提供按图索骥的参考，给出有的放矢的建议。这有助于减轻一线执法人员的思维负担，读后不仅可以习得药品监管的法律知识，还可依据法律规范，秉承法律逻辑，以价值取向的思考和合理的论证来解释、适用法律。

本书运用了若干鲜活的药品监管案例，这包括进入司法程序的药品行政诉讼案例和药品刑事犯罪案例，也包括药品监管行政执法过程中的案例。案例涉及无证许可、销售过期药品、假劣药品、擅自改变医疗器械产品名称、跨境电商销售化妆品等行为的认定，涉及生产销售假劣药品罪、生产销售伪劣产品罪的适用。本书对这些案例的引用与分析，不仅起到了以案析法的作用，还有助于重申法律规范中秉承的立场，阐发相关的法律解释基准，填补法律漏洞，研讨司法和行政在药品诉讼和药品监管中的政策选择和政策考量因素。[①] 通过判决发展法理，案例分析文简意长，有助于读者洞烛幽微，更好地理解药品监管行政执法中的精妙之处。

同时，本书直面药品领域前沿热点和难点问题，例如《药品管理法》第61条、第62条，《药品网络销售监督管理办法》，《医疗器械监督管理条例》第46条，《化妆品监督管理条例》第41条分别就网络销售药品、医疗器械和化妆品加以规范，但在监管实践中，就电子商务平台经营者、网络销售主体等的责任认定、违法行为认定，还存在若干难点。本书以较新的视角，探讨了药品网络销售存在的主要问题，整理了药品网络销售中不同主体的权利、义务与责任，并结合相应的法条和案例，分析了跨境电商销售、网售无中文标签境外药品、网售未经注册化妆品等行为的法律适用和事实认定。本书还就投诉举报的处理、产品质量安全负责人制度的落实等疑难问题，提出了自己的见解。代丽的分析忠于法律，秉承法理，为药品监管执法工作提供了重要的参考。

本书作者代丽，是一名资深的公职律师，有着深厚的法律理论积淀，但更可贵的是，在繁忙的工作之余，她多年来笔耕不辍，在专业杂志报刊上发表药品监管执法的论文与案例分析数十篇。唯有热爱可抵岁月漫长，代丽同志在工作中发现了自己的热爱，将工作实践与学术研究相结合，从而奉献出这样一部具有完整性、系统性、可操作性的监管参考。相信本书的出版，必将对我国药品监管行政执法工作有参考价值，并为行政法学理论研究提供鲜活素材和学术养分。祝愿代丽未来能出版更多更好的作品，也衷心期望更多学界和实务界精英能协力研究药品法治的理论命题与实践课题，从而合力提升我国药品法治理论研究水准，推动我国药品法治更上一层楼。

宋华琳[②]
2023年1月于天津

[①] 参见王天华：《案例指导制度的行政法意义》，载《清华法学》2016年第4期。
[②] 法学博士，教育部"长江学者奖励计划"青年学者。南开大学法学院院长、教授、博士生导师，南开大学医药卫生法研究中心主任。兼任中国法学会行政法学研究会常务理事暨政府规制专业委员会执行主任、中国卫生法学会常务理事暨学术委员会副主任。

序 三

爱因斯坦说过："人只有献身于社会，才能找到短暂而有风险的生命的意义。"作为一名学者，我时常想，如何才能更好地实现生命的意义。最近，代丽找到我，想请我为她的书——《药品监管实务与案例分析》写个序，我突然对爱因斯坦的这句话有了更深的理解。"助人助己力无穷，关爱何处不曾来"，助人就是助己，编书写书不就是在帮助别人，帮助自己吗？真正的助人者，是通过帮助别人来提升自我人格的境界。他们不思回报，积极投入社会，献身社会，从而找到生命的意义。

"满眼生机转化钧，天工人巧日争新。"近年来，随着法律法规修订出台步伐的加快、机构改革的深入推进，以及"直播带货""跨境电商""海外代购""网络售药"等新业态的蓬勃发展，药品监管面临空前挑战，三方平台遭遇诸多困惑，药品从业者"压力山大"。"要是有一本工具书，可以随时查阅比对，那该多好啊！"一本实用的工具书面世，不仅是监管者的福音，也是从业者的幸运。

在日常工作中，我经常遇到药品监管人员、药品专业的学生、药品从业者，还有从事药品研究的学者，大家都一致表示，太需要一本药品监管领域的工具书了，这本书要能囊括监管和执法，所用的法律法规要是最新修订的版本。"我从网上找到的药品监管方面的书，离现在最近的也是2017年的了"，我的一名学生非常遗憾地对我说，眼里的失望和期待不言而喻。

读到这本《药品监管实务与案例分析》的时候，我欣喜地发现，大家期待的不就是这样的一本书吗？可以说，本书是他们的福音书了。细细读来，感觉这本书的特点，简单地说就是"新""全""实"。

"新"就是这本书是结合最新修订或出台的"两法两条例"——《药品管理法》《疫苗管理法》《医疗器械监督管理条例》《化妆品监督管理条例》以及《药品生产监督管理办法》《医疗器械注册与备案管理办法》《化妆品生产经营监督管理办法》等全新编写的，有些法律法规是2023年2月才正式实施的。书的内容，特别是关于网络销售的内容，是国内研究比较前沿的，对于实践非常有参考意义。

"全"就是内容全面。这本书内容涵盖"二品一械"领域，就监管而言，不仅包括研制监管、注册监管、生产监管、经营监管、使用监管，上市前和上市后全覆盖，强调全生命周期监管，而且还包括行政处罚部分，对常见违法行为进行总结梳理，违反的法律法规条款和处罚依据一目了然，非常方便使用者查找对照，很有可操作性。

"实"就是注重实际。本书的作者代丽，一直注重理论联系实际，一边工作，一边思考，已发表专业文章数十篇。她的这本书，更是她深入理性思考、努力钻研的结晶。本书旨在为药品监管和药品从业者提供系统化参考，实用性很强。

"千淘万漉虽辛苦，吹尽狂沙始到金"，相信代丽的这本书能经得起实践的检验，相信我们的药品产业发展能"潮平两岸阔，风正一帆悬"，更相信人民的药品安全保障事业能"长风破浪会有时，直挂云帆济沧海"！

杨 悦[1]

2023年1月于北京

---

[1] 清华大学药学院研究员、国家药监局创新药物研究与评价重点实验室主任。

目　录

第一篇　药品监管执法篇

第一章　药品监管基础知识 …………………………………………… 003
第一节　药品基础知识 / 003

第二节　药品监管事权划分 / 010

第三节　药品监管方式 / 017

第二章　药品全生命周期监管 …………………………………………… 028
第一节　药品研制监管 / 028

第二节　药品注册监管 / 036

第三节　药品生产、经营、使用监管 / 039

第四节　药品网络销售监管与执法 / 054

第五节　药品监督执法 / 105

第三章　药品监管难点应对 …………………………………………… 214
第一节　投诉举报处置 / 214

第二节　复议、诉讼的预防和应对 / 219

第三节　行政处罚信息公开的风险预防及应对 / 225

第二篇　医疗器械监管执法篇

第一章　医疗器械监管基础知识 ……………………………………… 231
第一节　医疗器械基础知识 / 231

第二节 医疗器械监管事权划分 / 236

第三节 医疗器械监管方式 / 237

第二章 医疗器械全生命周期监管 249

第一节 医疗器械研制监管 / 249

第二节 医疗器械注册和备案监管 / 251

第三节 医疗器械生产、经营、使用监管 / 257

第四节 医疗器械网络销售监管及执法 / 272

第五节 跨境销售医疗器械 / 301

第三章 医疗器械监督执法 305

第一节 医疗器械常见违法行为处罚 / 305

第二节 医疗器械常见违法行为处罚案例分析 / 371

第三节 医疗器械涉刑案件办理 / 390

第四章 医疗器械监管难点 409

第一节 疑难投诉举报处置 / 409

第二节 职业索赔人的应对 / 413

第三节 境内代理人的监管 / 419

第三篇 化妆品监管执法篇

第一章 化妆品监管基础知识 427

第一节 化妆品基础知识 / 427

第二节 化妆品监管事权划分 / 432

第三节 化妆品监管方式 / 433

第二章 化妆品全生命周期监管 446

第一节 化妆品注册备案监管 / 446

第二节 化妆品生产、经营、使用监管 / 452

第三节 化妆品网络销售监管与执法 / 458

第三章　化妆品监督执法 …………………………………………… 492

第一节　化妆品监督执法常见违法行为处罚 / 492
第二节　化妆品监督执法行政处罚案例分析 / 518
第三节　化妆品涉刑案件办理 / 548

第四章　化妆品监管难点 ……………………………………………… 558

第一节　疑难投诉举报处置 / 558
第二节　质量安全负责人制度的落实 / 563
第三节　化妆品网络销售监管存在的困难及应对策略 / 567
第四节　化妆品注册人、备案人的监管 / 570

第一篇　药品监管执法篇

第一章 药品监管基础知识

第一节 药品基础知识

问题：疫苗是一种药品吗？药品如何鉴定真假？正确服用药品也会有不良反应吗？

一、药品的定义及分类

根据《药品管理法》第二条第二款规定："本法所称药品，是指用于预防、治疗、诊断人的疾病，有目的地调节人的生理机能并规定有适应症或者功能主治、用法和用量的物质，包括中药、化学药和生物制品等。"根据《疫苗管理法》第二条第二款规定："本法所称疫苗，是指为预防、控制疾病的发生、流行，用于人体免疫接种的预防性生物制品，包括免疫规划疫苗和非免疫规划疫苗。"疫苗属于生物药品。

二、假劣药界定

根据《药品管理法》第九十八条规定："禁止生产（包括配制，下同）、销售、使用假药、劣药。有下列情形之一的，为假药：（一）药品所含成份与国家药品标准规定的成份不符；（二）以非药品冒充药品或者以他种药品冒充此种药品；（三）变质的药品；（四）药品所标明的适应症或者功能主治超出规定范围。有下列情形之一的，为劣药：（一）药品成份的含量不符合国家药品标准；（二）被污染的药品；（三）未标明或者更改有效期的药品；（四）未注明或者更改产品批号的药品；（五）超过有效期的药品；（六）擅自添加防腐剂、辅料的药品；（七）其他不符合药品标准的药品。禁止未取得药品批准证明文件生产、进口药品；禁止使用未按照规定审评、审批的原料药、包装材料和容器生产药品。"

假药的鉴别方法一般有两种。简单的鉴别方法是主要看药品包装上的批准文号。根据《药品注册管理办法》第一百二十三条规定："境内生产药品批准文号格式为：国药准字H（Z、S）+四位年号+四位顺序号。中国香港、澳门和台湾地区生产药品批准文号格式为：国药准字H（Z、S）C+四位年号+四位顺序号。境外生产药品批准文号格式为：国药准字H（Z、S）J+四位年号+四位顺序号。其中，H代表化学药，Z代表中药，S代表生物制品。药品批准文号，不因上市后的注册事项的变更而改变。中药另有规定的从其规定。"

如果药品包装上无"国药准字"标识，则不是药品，有"国药准字"标识的，可以登录国家药品监督管理局网站数据查询板块，输入药品名称或"国药准字"加后面的字母数字，查询该药品的信息，如果查询不到的，就可能是假药。

医疗制剂的批准文号样式为：X药制字H（Z）+4位年号+4位流水号。医疗制剂只可在本医院使用，或经允许在其他医院调剂使用，不可在实体药店或网络销售。

在药品的包装上未标明或者更改有效期的，不注明或者更改生产批号的，以及超过有效期的都认定为劣药。

较为复杂的鉴别方法是，由专业的机构（药品检验所）通过化学、物理等检测方法判断药品的真假。

三、药品的名称

目前，常见的药品名称有三类：通用名、商品名（商标名）、化学名。

（一）通用名

通用名，是指国家药典或药品标准中收载的药品名称。通用名称是药品的法定名称。《药品管理法》第二十九条规定："列入国家药品标准的药品名称为药品通用名称。已经作为药品通用名称的，该名称不得作为药品商标使用。"

《药品说明书和标签管理规定》第二十四条规定："药品说明书和标签中标注的药品名称必须符合国家食品药品监督管理局公布的药品通用名称和商品名称的命名原则，并与药品批准证明文件的相应内容一致。"第二十五条规定："药品通用名称应当显著、突出，其字体、字号和颜色必须一致，并符合以下要求：（一）对于横版标签，必须在上三分之一范围内显著位置标出；对于竖版标签，必须在右三分之一范围内显著位置标出；（二）不得选用草书、篆书等不易识别的字体，不得使用斜体、中空、阴影等形式对字体进行修饰；（三）字体颜色应当使用黑色或者白色，与相应的浅色或者深色背景形成强烈反差；（四）除因包装尺寸的限制而无法同行书写的，不得分行书写。"

（二）商品名

商品名，又称商标名，指经国家药品监督管理部门批准的特定企业使用的该药品专用的商品名称。《药品说明书和标签管理规定》第二十六条规定："药品商品名称不得与通用名称同行书写，其字体和颜色不得比通用名称更突出和显著，其字体以单字面积计不得大于通用名称所用字体的二分之一。"第二十七条规定："药品说明书和标签中禁止使用未经注册的商标以及其他未经国家食品药品监督管理局批准的药品名称。药品标签使用注册商标的，应当印刷在药品标签的边角，含文字的，其字体以单字面积计不得大于通用名称所用字体的四分之一。"

（三）化学名

化学名，指根据药物的化学结构式命名的名称。

四、药品不良反应

《药品不良反应报告和监测管理办法》第六十三条规定："本办法下列用语的含义：（一）药品不良反应，是指合格药品在正常用法用量下出现的与用药目的无关的有害反应。（二）药品不良反应报告和监测，是指药品不良反应的发现、报告、评价和控制的过程。（三）严重药品不良反应，是指因使用药品引起以下损害情形之一的反应：1. 导致死亡；2. 危及生命；3. 致癌、致畸、致出生缺陷；4. 导致显著的或者永久的人体伤残或者器官功能的损伤；5. 导致住院或者住院时间延长；6. 导致其他重要医学事件，如不进行治疗可能出现上述所列情况的。（四）新的药品不良反应，是指药品说明书中未载明的不良反应。说明书中已有描述，但不良反应发生的性质、程度、后果或者频率与说明书描述不一致或者更严重的，按照新的药品不良反应处理。（五）药品群体不良事件，是指同一药品在使用过程中，在相对集中的时间、区域内，对一定数量人群的身体健康或者生命安全造成损害或者威胁，需要予以紧急处置的事件。同一药品：指同一生产企业生产的同一药品名称、同一剂型、同一规格的药品。（六）药品重点监测，是指为进一步了解药品的临床使用和不良反应发生情况，研究不良反应的发生特征、严重程度、发生率等，开展的药品安全性监测活动。"

《药物警戒质量管理规范》第一百三十二条规定："本规范下列术语的含义：药品不良反应：是指合格药品在正常用法用量下出现的与用药目的无关的有害反应……"第四十四条规定："持有人应当对药品不良反应的严重性进行评价。符合以下情形之一的应当评价为严重药品不良反应：（一）导致死亡；（二）危及生命（指发生药品不良反应的当时，患者存在死亡风险，并不是指药品不良反应进一步恶化才可能出现死亡）；（三）导致住院或住院时间延长；（四）导致永久或显著的残疾或功能丧失；（五）导致先天性异常或出生缺陷；（六）导致其他重要医学事件，若不进行治疗可能出现上述所列情况的。"

五、药品质量标准

药品质量标准是药品生产、检验、供应与使用的依据。国家药监局在药品颁布注册时，同时颁布其质量标准，一般包括性状、鉴别、含量测定等检查项目。我国境内的药品质量标准包括药典、部颁标准、新药转正标准和向企业单独颁布的试行标准等。

《药品管理法》第二十八条规定，药品应当符合国家药品标准。经国务院药品监督管理部门核准的药品质量标准高于国家药品标准的，按照经核准的药品质量标准执行；没有国家药品标准的，应当符合经核准的药品质量标准。国务院药品监督管理部门颁布的《中华人民共和国药典》和药品标准为国家药品标准。国务院药品监督管理部门会同国务院卫生健康主管部门组织药典委员会，负责国家药品标准的制定和修订。国务院药品监督管理部门设置或者指定的药品检验机构负责标定国家药品标准品、对照品。

六、特殊药品

根据《药品管理法》第一百一十二条规定，国务院对麻醉药品、精神药品、医疗用毒性药品、放射性药品、药品类易制毒化学品等有其他特殊管理规定的，依照其规定。因此，麻醉药品、精神药品、医疗用毒性药品、放射性药品是法律规定的特殊药品，简称为"麻、精、毒、放"。另外，根据国务院的有关规定，对药品类易制毒化学品、戒毒药品和兴奋剂也实行一定的特殊管理。

麻醉药品指连续使用后易产生生理依赖性、能成瘾癖的药品，包括天然、半合成、合成的阿片类、可卡因、可待因类、大麻类、药用原植物及其制剂等。国家食品药品监督管理总局、公安部、国家卫生和计划生育委员会于2013年11月11日联合公布《麻醉药品品种目录（2013年版）》，共121个品种，其中我国生产及使用的品种，以及包括的制剂、提取物、提取物粉共有27个品种。

精神药品指直接作用于中枢神经系统，使之兴奋或抑制，连续使用能产生依赖性的药品，包括兴奋剂、致幻剂、镇静催眠剂等。国家食品药品监督管理总局、公安部、国家卫生和计划生育委员会于2013年11月11日联合公布《精神药品品种目录（2013年版）》，共149个品种，其中第一类精神药品有68个品种，第二类精神药品有81个品种。目前，我国生产及使用的第一类精神药品有7个品种，第二类精神药品有29个品种。

根据《医疗用毒性药品管理办法》规定，毒性中药品种包括：砒石（红砒、白砒)、砒霜、水银、生马钱子、生川乌、生草乌、生白附子、生附子、生半夏、生南星、生巴豆、斑蝥、青娘虫、红娘虫、生甘遂、生狼毒、生藤黄、生千金子、生天仙子、闹阳花、雪上一枝蒿、红升丹、白降丹、蟾酥、洋金花、红粉、轻粉、雄黄。

毒性西药品种包括：去乙酰毛花苷丙、阿托品、洋地黄毒苷、氢溴酸后马托品、三氧化二砷、毛果芸香碱、升汞、水杨酸毒扁豆碱、亚砷酸钾、氢溴酸东莨菪碱、士的年。

放射性药品指用于临床诊断或者治疗的放射性核素或其标记药物。

关于《药品网络销售监督管理办法》规定的禁止网络销售的特殊药品，详见《国家药监局关于发布药品网络销售禁止清单（第一批）的公告》。

关于特殊药品管理的相关规定主要有：《药品管理法》《药品管理法实施条例》《麻醉药品和精神药品管理条例》《医疗用毒性药品管理办法》《放射性药品管理办法》《反兴奋剂条例》《药品网络销售监督管理办法》等。

七、药品的剂型

药物剂型就是药物的应用方式，药物剂型与其疗效不同。同一药物，不同的剂型可导致药物作用的快慢、强度、持续时间不同，药物副作用、毒性作用也不同。药物剂型的分类方法有：按给药途径分类、按分散系统分类、按制法分类、按形态分类。

药品的剂型

按给药途径分类	经胃肠道给药剂型	如常用的散剂、片剂、颗粒剂、胶囊剂、溶液剂、乳剂、混悬剂等
	非经胃肠道给药剂型	呼吸道给药剂型
		注射给药剂型
		皮肤给药剂型
		粘膜给药剂型
		腔道给药剂型

续表

按分散系统分类	溶液型	如芳香水剂、溶液剂、糖浆剂、甘油剂、醑剂、注射剂等
	胶体溶液型	如胶浆剂、火棉胶剂、涂膜剂等
	乳剂型	如口服乳剂、静脉注射乳剂、部分搽剂等
	混悬型	如合剂、洗剂、混悬剂等
	气体分散型	如气雾剂
	微粒分散型	如微球制剂、微囊制剂、纳米囊制剂等
	固体分散型	如片剂、散剂、颗粒剂、胶囊剂、丸剂等
按制法分类	浸出制剂	如流浸膏剂、酊剂等
	无菌制剂	注射剂
按形态分类	液体剂型	如芳香水剂、溶液剂、注射剂、合剂、洗剂、搽剂等
	气体剂型	如气雾剂、喷雾剂等
	固体剂型	如散剂、丸剂、片剂、膜剂等
	半固体剂型	如软膏剂、栓剂、糊剂等

八、药品监管常用依据

药品监管常用法律依据包括：1. 药品管理法；2. 疫苗管理法；3. 药品管理法实施条例；4. 药品流通监督管理办法；5. 药品检查管理办法（试行）；6. 药品生产监督管理办法；7. 药品注册管理办法；8. 药物临床试验质量管理规范；9. 药品生产质量管理规范；10. 医疗机构制剂配制监督管理办法（试行）；11. 药品说明书和标签管理规定；12. 药品召回管理办法；13. 处方药与非处方药分类管理办法（试行）；14. 药品经营许可证管理办法；15. 药品经营质量管理规范；16. 互联网药品信息服务管理办法；17. 药品医疗器械飞行检查办法；18. 药品不良反应报告和监测管理办法；19. 药品网络销售监督管理办法；20. 刑法等。

第二节 药品监管事权划分

问题： 各级药品监管部门的职权是什么，如何区分呢？

药品监管部门事权划分统计表

部门	职责	相关规定
国家药品监督管理局和省、自治区、直辖市药品监督管理部门	国家药品监督管理局主管全国药品网络销售的监督管理工作。	《药品网络销售监督管理办法》第三条第一款
	国家药品监督管理局和省、自治区、直辖市药品监督管理部门组织监督检查时，应当制定检查方案，明确检查标准，如实记录现场检查情况，需要抽样检验或者研究的，按照有关规定执行。检查结论应当清晰明确，检查发现的问题应当以书面形式告知被检查单位。需要整改的，应当提出整改内容及整改期限，必要时对整改后情况实施检查。 在进行监督检查时，药品监督管理部门应当指派两名以上检查人员实施监督检查，检查人员应当向被检查单位出示执法证件。药品监督管理部门工作人员对知悉的商业秘密应当保密。	《药品生产监督管理办法》第五十六条
	国家药品监督管理局和省、自治区、直辖市药品监督管理部门通过监督检查发现药品生产管理或者疫苗储存、运输管理存在缺陷，有证据证明可能存在安全隐患的，应当依法采取相应措施：（一）基本符合药品生产质量管理规范要求，需要整改的，应当发出告诫信并依据风险相应采取告诫、约谈、限期整改等措施；（二）药品存在质量问题或者其他安全隐患的，药品监督管理部门根据监督检查情况，应当发出告诫信，并依据风险相应采取暂停生产、销售、使用、进口等控制措施。 药品存在质量问题或者其他安全隐患的，药品上市许可持有人应当依法召回药品而未召回的，省、自治区、直辖市药品监督管理部门应当责令其召回。 风险消除后，采取控制措施的药品监督管理部门应当解除控制措施。	《药品生产监督管理办法》第五十九条
	国家药品监督管理局和省、自治区、直辖市药品监督管理部门在生产监督管理工作中，不得妨碍药品上市许可持有人、药品生产企业的正常生产活动，不得索取或者收受财物，不得谋取其他利益。	《药品生产监督管理办法》第六十三条

续表

部门	职责	相关规定
国务院和省、自治区、直辖市人民政府	建立部门协调机制,统筹协调疫苗监督管理有关工作,定期分析疫苗安全形势,加强疫苗监督管理,保障疫苗供应。	《疫苗管理法》第九条
国务院药品监督管理部门	主管全国药品监督管理工作;配合国务院有关部门,执行国家药品行业发展规划和产业政策。	《药品管理法》第八条第一款
	国家建立健全药品追溯制度。国务院药品监督管理部门应当制定统一的药品追溯标准和规范,推进药品追溯信息互通共享,实现药品可追溯。	《药品管理法》第十二条
	负责全国疫苗监督管理工作。	《疫苗管理法》第八条第一款
	主管全国药品生产监督管理工作,对省、自治区、直辖市药品监督管理部门的药品生产监督管理工作进行监督和指导。	《药品生产监督管理办法》第五条第一款
国务院卫生健康主管部门	负责全国预防接种监督管理工作。	《疫苗管理法》第八条第一款
国务院有关部门	在各自职责范围内负责与药品有关的监督管理工作。	《药品管理法》第八条第一款
	在各自职责范围内负责与疫苗有关的监督管理工作。	《疫苗管理法》第八条第一款
省、自治区、直辖市人民政府药品监督管理部门	负责本行政区域内药品网络销售的监督管理工作,负责监督管理药品网络交易第三方平台以及药品上市许可持有人、药品批发企业通过网络销售药品的活动。	《药品网络销售监督管理办法》第三条第二款
	负责本行政区域内的药品监督管理工作;负责本行政区域内的药品生产监督管理,承担药品生产环节的许可、检查和处罚等工作。	《药品管理法》第八条第二款、《药品生产监督管理办法》第五条第二款

续表

部　门	职　责	相关规定
省、自治区、直辖市人民政府药品监督管理部门	负责对本行政区域内药品上市许可持有人，制剂、化学原料药、中药饮片生产企业的监督管理。	《药品生产监督管理办法》第四十九条第一款
	负责本行政区域疫苗监督管理工作。	《疫苗管理法》第八条第二款
	药品生产监督检查的主要内容包括：（一）药品上市许可持有人、药品生产企业执行有关法律、法规及实施药品生产质量管理规范、药物警戒质量管理规范以及有关技术规范等情况；（二）药品生产活动是否与药品品种档案载明的相关内容一致；（三）疫苗储存、运输管理规范执行情况；（四）药品委托生产质量协议及委托协议；（五）风险管理计划实施情况；（六）变更管理情况。	《药品生产监督管理办法》第五十三条第一款
	开展药品生产监督检查过程中，发现存在药品质量安全风险的，应当及时向派出单位报告。药品监督管理部门经研判属于重大药品质量安全风险的，应当及时向上一级药品监督管理部门和同级地方人民政府报告。	《药品生产监督管理办法》第六十条
	开展药品生产监督检查过程中，发现存在涉嫌违反药品法律、法规、规章的行为，应当及时采取现场控制措施，按照规定做好证据收集工作。药品监督管理部门应当按照职责和权限依法查处，涉嫌犯罪的移送公安机关处理。	《药品生产监督管理办法》第六十一条
	现场检查结束后，应当对现场检查情况进行分析汇总，并客观、公平、公正地对检查中发现的缺陷进行风险评定并作出现场检查结论。派出单位负责对现场检查结论进行综合研判。	《药品生产监督管理办法》第五十八条
	药品上市许可持有人和受托生产企业不在同一省、自治区、直辖市的，由药品上市许可持有人所在地省、自治区、直辖市药品监督管理部门负责对药品上市许可持有人的监督管理，受托生产企业所在地省、自治区、直辖市药品监督管理部门负责对受托生产企业的监督管理。省、自治区、直辖市药品监督管理部门应当加强监督检查信息互相通报，及时将监督检查信息更新到药品安全信用档案中，可以根据通报情况和药品安全信用档案中监管信息更新情况开展调查，对药品上市许可持有人或者受托生产企业依法作出行政处理，必要时可以开展联合检查。	《药品生产监督管理办法》第五十条

续表

部　门	职　责	相关规定
省、自治区、直辖市人民政府药品监督管理部门	根据监管需要，对持有药品生产许可证的药品上市许可申请人及其受托生产企业，按以下要求进行上市前的药品生产质量管理规范符合性检查： （一）未通过与生产该药品的生产条件相适应的药品生产质量管理规范符合性检查的品种，应当进行上市前的药品生产质量管理规范符合性检查。其中，拟生产药品需要进行药品注册现场核查的，国家药品监督管理局药品审评中心通知核查中心，告知相关省、自治区、直辖市药品监督管理部门和申请人。核查中心协调相关省、自治区、直辖市药品监督管理部门，同步开展药品注册现场核查和上市前的药品生产质量管理规范符合性检查。 （二）拟生产药品不需要进行药品注册现场核查的，国家药品监督管理局药品审评中心告知生产场地所在地省、自治区、直辖市药品监督管理部门和申请人，相关省、自治区、直辖市药品监督管理部门自行开展上市前的药品生产质量管理规范符合性检查。 （三）已通过与生产该药品的生产条件相适应的药品生产质量管理规范符合性检查的品种，相关省、自治区、直辖市药品监督管理部门根据风险管理原则决定是否开展上市前的药品生产质量管理规范符合性检查。 开展上市前的药品生产质量管理规范符合性检查的，在检查结束后，应当将检查情况、检查结果等形成书面报告，作为对药品上市监管的重要依据。上市前的药品生产质量管理规范符合性检查涉及药品生产许可证事项变更的，由原发证的省、自治区、直辖市药品监督管理部门依变更程序作出决定。	《药品生产监督管理办法》第五十二条第一款、第二款
	省、自治区、直辖市药品监督管理部门应当坚持风险管理、全程管控原则，根据风险研判情况，制定年度检查计划并开展监督检查。年度检查计划至少包括检查范围、内容、方式、重点、要求、时限、承担检查的机构等。	《药品生产监督管理办法》第五十四条

续表

部　门	职　责	相关规定
省、自治区、直辖市人民政府药品监督管理部门	省、自治区、直辖市药品监督管理部门应当根据药品品种、剂型、管制类别等特点，结合国家药品安全总体情况、药品安全风险警示信息、重大药品安全事件及其调查处理信息等，以及既往检查、检验、不良反应监测、投诉举报等情况确定检查频次：（一）对麻醉药品、第一类精神药品、药品类易制毒化学品生产企业每季度检查不少于一次；（二）对疫苗、血液制品、放射性药品、医疗用毒性药品、无菌药品等高风险药品生产企业，每年不少于一次药品生产质量管理规范符合性检查；（三）对上述产品之外的药品生产企业，每年抽取一定比例开展监督检查，但应当在三年内对本行政区域内企业全部进行检查；（四）对原料、辅料、直接接触药品的包装材料和容器等供应商、生产企业每年抽取一定比例开展监督检查，五年内对本行政区域内企业全部进行检查。 省、自治区、直辖市药品监督管理部门可以结合本行政区域内药品生产监管工作实际情况，调整检查频次。	《药品生产监督管理办法》第五十五条
	省、自治区、直辖市药品监督管理部门应当依法将本行政区域内药品上市许可持有人和药品生产企业的监管信息归入到药品安全信用档案管理，并保持相关数据的动态更新。监管信息包括药品生产许可、日常监督检查结果、违法行为查处、药品质量抽查检验、不良行为记录和投诉举报等内容。	《药品生产监督管理办法》第六十二条
	省、自治区、直辖市药品监督管理部门对有不良信用记录的药品上市许可持有人、药品生产企业，应当增加监督检查频次，并可以按照国家规定实施联合惩戒。	《药品生产监督管理办法》第六十六条
	省、自治区、直辖市药品监督管理部门未及时发现生产环节药品安全系统性风险，未及时消除监督管理区域内药品安全隐患的，或者省级人民政府未履行药品安全职责，未及时消除区域性重大药品安全隐患的，国家药品监督管理局应当对其主要负责人进行约谈。 被约谈的省、自治区、直辖市药品监督管理部门和地方人民政府应当立即采取措施，对药品监督管理工作进行整改。 约谈情况和整改情况应当纳入省、自治区、直辖市药品监督管理部门和地方人民政府药品监督管理工作评议、考核记录。	《药品生产监督管理办法》第六十七条

续表

部门	职责	相关规定
各级人民政府及其有关部门、药品行业协会等	应当加强药品安全宣传教育，开展药品安全法律法规等知识的普及工作。	《药品管理法》第十三条第一款
药品行业协会	应当加强行业自律，建立健全行业规范，推动行业诚信体系建设，引导和督促会员依法开展药品生产经营等活动。	《药品管理法》第十四条
设区的市级、县级人民政府承担药品监督管理职责的部门	负责本行政区域内药品网络销售的监督管理工作，负责监督管理药品零售企业通过网络销售药品的活动。	《药品网络销售监督管理办法》第三条第三款
	负责本行政区域内的药品监督管理工作；县级以上地方人民政府有关部门在各自职责范围内负责与药品有关的监督管理工作。	《药品管理法》第八条第二款
	负责本行政区域疫苗监督管理工作。	《疫苗管理法》第八条第二款
县级以上人民政府及其有关部门	对在药品研制、生产、经营、使用和监督管理工作中做出突出贡献的单位和个人，按照国家有关规定给予表彰、奖励。	《药品管理法》第十五条
县级以上地方人民政府	对本行政区域内的药品监督管理工作负责，统一领导、组织、协调本行政区域内的药品监督管理工作以及药品安全突发事件应对工作，建立健全药品监督管理工作机制和信息共享机制。	《药品管理法》第九条
	应当将药品安全工作纳入本级国民经济和社会发展规划，将药品安全工作经费列入本级政府预算，加强药品监督管理能力建设，为药品安全工作提供保障。	《药品管理法》第十条
	应当将疫苗安全工作和预防接种工作纳入本级国民经济和社会发展规划，加强疫苗监督管理能力建设，建立健全疫苗监督管理工作机制。 对本行政区域疫苗监督管理工作负责，统一领导、组织、协调本行政区域疫苗监督管理工作。	《疫苗管理法》第七条

续表

部门	职责	相关规定
县级以上地方人民政府卫生健康主管部门	负责本行政区域预防接种监督管理工作。	《疫苗管理法》第八条第二款
县级以上地方人民政府其他有关部门	在各自职责范围内负责与疫苗有关的监督管理工作。	《疫苗管理法》第八条第二款
药品监督管理部门设置或者指定的药品专业技术机构	承担依法实施药品监督管理所需的审评、检验、核查、监测与评价等工作。	《药品管理法》第十一条
国家药品监督管理局食品药品审核查验中心	组织制定药品检查技术规范和文件,承担境外检查以及组织疫苗巡查等,分析评估检查发现风险、作出检查结论并提出处置建议,负责各省、自治区、直辖市药品检查机构质量管理体系的指导和评估。	《药品生产监督管理办法》第五条第三款
国家药品监督管理局信息中心	负责药品追溯协同服务平台、药品安全信用档案建设和管理,对药品生产场地进行统一编码。	《药品生产监督管理办法》第五条第四款
药品监督管理部门依法设置或者指定的药品审评、检验、核查、监测与评价等专业技术机构	依职责承担相关技术工作并出具技术结论,为药品生产监督管理提供技术支撑。	《药品生产监督管理办法》第五条第五款

第三节　药品监管方式

问题：你知道的药品监管方式有哪些，检查、抽验还是其他？

一、药品检查

（一）药品检查的界定

《药品检查管理办法（试行）》第三条规定："本办法所指药品检查是药品监督管理部门对药品生产、经营、使用环节相关单位遵守法律法规、执行相关质量管理规范和药品标准等情况进行检查的行为。"

需注意：境内上市药品的生产、经营、使用环节实施的检查、调查、取证、处置等行为适用《药品检查管理办法（试行）》，境外生产现场的检查按照《药品医疗器械境外检查管理规定》执行。

（二）药品检查的事权划分

监管部门	检查事项	相关规定
国家药监局	主管全国药品检查管理工作，监督指导省、自治区、直辖市药品监督管理部门（以下简称省级药品监督管理部门）开展药品生产、经营现场检查。	《药品检查管理办法（试行）》第五条
国家药品监督管理局食品药品审核查验中心	负责承担疫苗、血液制品巡查，分析评估检查发现风险、作出检查结论并提出处置建议，负责各省、自治区、直辖市药品检查机构质量管理体系的指导和评估以及承办国家药监局交办的其他事项。	
省级药品监督管理部门	负责组织对本行政区域内药品上市许可持有人、药品生产企业、药品批发企业、药品零售连锁总部、药品网络交易第三方平台等相关检查；指导市县级药品监督管理部门开展药品零售企业、使用单位的检查，组织查处区域内的重大违法违规行为。	
市县级药品监督管理部门	负责开展对本行政区域内药品零售企业、使用单位的检查，配合国家和省级药品监督管理部门组织的检查。	

（三）药品检查的分类

分类标准	检查分类	相关规定
根据检查的性质和目的，药品检查分为许可检查、常规检查、有因检查、其他检查。	许可检查是药品监督管理部门在开展药品生产经营许可申请审查过程中，对申请人是否具备从事药品生产经营活动条件开展的检查。	《药品检查管理办法（试行）》第七条
	常规检查是根据药品监督管理部门制定的年度检查计划，对药品上市许可持有人、药品生产企业、药品经营企业、药品使用单位遵守有关法律、法规、规章，执行相关质量管理规范以及有关标准情况开展的监督检查。	
	有因检查是对药品上市许可持有人、药品生产企业、药品经营企业、药品使用单位可能存在的具体问题或者投诉举报等开展的针对性检查。	
	其他检查是除许可检查、常规检查、有因检查外的检查。	

（四）检查机构与人员

监管主体	机构或人员要求	相关规定
国家	建立职业化、专业化药品检查员队伍。	《药品管理法》第一百零四条
各级药品监督管理部门	依法设置或者指定的药品检查机构，依据国家药品监管的法律法规等开展相关的检查工作并出具《药品检查综合评定报告书》，负责职业化专业化检查员队伍的日常管理以及检查计划和任务的具体实施。药品监督管理部门设立或者指定的药品检验、审评、评价、不良反应监测等其他机构为药品检查提供技术支撑。药品监督管理部门负责制定年度监督检查计划、布置检查任务或者自行组织检查，以及根据《药品检查综合评定报告书》及相关证据材料作出处理。	《药品检查管理办法（试行）》第九条
	药品监督管理部门应当建立职业化专业化药品检查员队伍，实行检查员分级分类管理制度，制定不同层级检查员的岗位职责标准以及综合素质、检查能力要求，确立严格的岗位准入和任职条件。	《药品检查管理办法（试行）》第十一条
	药品监督管理部门根据工作需要统筹调配检查员开展检查工作。上级药品监督管理部门可以调配使用下级药品监督管理部门或者药品检查机构的检查员；下级药品监督管理部门在工作中遇到复杂疑难问题，可以申请上级药品监督管理部门派出检查员现场指导。	《药品检查管理办法（试行）》第十二条第二款

续表

监管主体	机构或人员要求	相关规定
药品检查机构	应当建立质量管理体系，不断完善和持续改进药品检查工作，保证药品检查质量。	《药品检查管理办法（试行）》第十条
药品监督管理部门或者药品检查机构	负责建立检查员库和检查员信息平台，实现国家级和省级、市县级检查员信息共享和检查工作协调联动。	《药品检查管理办法（试行）》第十二条第一款
药品检查有关人员	应当严格遵守法律法规、廉洁纪律和工作要求，不得向被检查单位提出与检查无关的要求，不得与被检查单位有利害关系。	《药品检查管理办法（试行）》第十三条
	应当严格遵守保密规定，严格管理涉密资料，严防泄密事件发生。不得泄露检查相关信息及被检查单位技术或者商业秘密等信息。	《药品检查管理办法（试行）》第十四条
	检查员应当熟悉药品法律法规，具备药品专业知识。	《药品管理法》第一百零四条

（五）检查程序

检查环节	检查主体	相关要求	相关规定
实施检查前	派出检查单位	负责组建检查组实施检查。检查组一般由2名以上检查员组成，检查员应具备与被检查品种相应的专业知识、培训经历或者从业经验。检查组实行组长负责制。必要时可以选派相关领域专家参加检查工作。检查组中执法人员不足2名的，应当由负责该被检查单位监管工作的药品监督管理部门派出2名以上执法人员参与检查工作。	《药品检查管理办法（试行）》第十五条
		应当根据检查任务制定检查方案，明确检查事项、时间和检查方式等，必要时，参加检查的检查员应当参与检查方案的制定。检查组应当按照检查方案实施现场检查。检查员应当提前熟悉检查资料等内容。	《药品检查管理办法（试行）》第十六条

续表

检查环节	检查主体	相关要求	相关规定
实施检查前	检查组	到达被检查单位后，应当向被检查单位出示执法证明文件或者药品监督管理部门授权开展检查的证明文件。	《药品检查管理办法（试行）》第十七条
现场检查开始时	检查组	应当召开首次会议，确认检查范围，告知检查纪律、廉政纪律、注意事项以及被检查单位享有陈述申辩的权利和应履行的义务。采取不预先告知检查方式的除外。	《药品检查管理办法（试行）》第十八条
检查过程中	检查组	应当严格按照检查方案实施检查，被检查单位在检查过程中应当及时提供检查所需的相关资料，检查员应当如实做好检查记录。检查方案如需变更的，应当报经派出检查单位同意。检查期间发现被检查单位存在检查任务以外问题的，应当结合该问题对药品整体质量安全风险情况进行综合评估。	《药品检查管理办法（试行）》第十九条
检查过程中	检查组	认为有必要时，可以对被检查单位的产品、中间体、原辅包等按照《药品抽样原则及程序》等要求抽样、送检。	《药品检查管理办法（试行）》第二十条
检查过程中	检查组	应当在自收到现场检查报告后规定时限内完成审核，形成综合评定结论。药品检查机构根据综合评定结论出具《药品检查综合评定报告书》报药品监督管理部门。药品监督管理部门应当及时将综合评定结论告知被检查单位。	《药品检查管理办法（试行）》第二十九条
检查过程中	检查组	《药品检查综合评定报告书》应当包括药品上市许可持有人信息、企业名称、地址、实施单位、检查范围、任务来源、检查依据、检查人员、检查时间、问题或者缺陷、综合评定结论等内容。《药品检查综合评定报告书》的格式由药品检查机构制定。	《药品检查管理办法（试行）》第三十条

续表

检查环节	检查主体	相关要求	相关规定
检查过程中	检查组	发现被检查单位可能存在药品质量安全风险的，执法人员应当立即固定相关证据，检查组应当将发现的问题和处理建议立即通报负责该被检查单位监管工作的药品监督管理部门和派出检查单位，负责该被检查单位监管工作的药品监督管理部门应当在三日内进行风险评估，并根据评估结果作出是否暂停生产、销售、使用、进口等风险控制措施的决定，同时责令被检查单位对已上市药品的风险进行全面回顾分析，并依法依规采取召回等措施。	《药品检查管理办法（试行）》第二十一条第一款
		被检查单位是受托生产企业的，负责该被检查单位监管工作的药品监督管理部门应当责令该药品上市许可持有人对已上市药品采取相应措施。被检查单位是跨区域受托生产企业的，检查组应当将检查情况通报该药品上市许可持有人所在地省级药品监督管理部门，该药品上市许可持有人所在地省级药品监督管理部门应当在上述规定时限内进行风险评估，作出相关风险控制决定，并责令该药品上市许可持有人采取相应措施。	《药品检查管理办法（试行）》第二十一条第二款
现场检查结束后	检查组	应当对现场检查情况进行分析汇总，客观、公平、公正地对检查中发现的缺陷进行分级，并召开末次会议，向被检查单位通报现场检查情况。	《药品检查管理办法（试行）》第二十二条
		被检查单位对现场检查通报的情况有异议的，可以陈述申辩，检查组应当如实记录，并结合陈述申辩内容确定缺陷项目。检查组应当综合被检查单位质量管理体系运行情况以及品种特性、适应症或者功能主治、使用人群、市场销售状况等因素，评估缺陷造成危害的严重性及危害发生的可能性，提出采取相应风险控制措施的处理建议。上述缺陷项目和处理建议应当以书面形式体现，并经检查组成员和被检查单位负责人签字确认，由双方各执一份。	《药品检查管理办法（试行）》第二十三条
		检查组应当根据缺陷内容，按照相应的评定标准进行评定，提出现场检查结论，并将现场检查结论和处理建议列入现场检查报告，检查组应当及时将现场检查报告、检查员记录及相关资料报送派出检查单位。	《药品检查管理办法（试行）》第二十四条

续表

检查环节	检查主体	相关要求	相关规定
现场检查结束后	被检查单位	应当在 20 个工作日内针对缺陷项目进行整改；无法按期完成整改的，应当制定切实可行的整改计划，并作为对应缺陷的整改完成情况列入整改报告，整改报告应当提交给派出检查单位。 整改报告应当至少包含缺陷描述、缺陷调查分析、风险评估、风险控制、整改审核、整改效果评价等内容，针对缺陷成因及风险评估情况，逐项描述风险控制措施及实施结果。 被检查单位按照整改计划完成整改后，应当及时将整改情况形成补充整改报告报送派出检查单位，必要时，派出检查单位可以对被检查单位整改落实情况进行现场检查。	《药品检查管理办法（试行）》第三十二条

对于药品检查能否简化这一问题，《药品检查管理办法（试行）》第三十一条规定："药品检查机构组织的检查按照本程序执行。药品监督管理部门自行开展的检查，除本办法第十五条、第十六条、第十七条、第十九条、第二十一条、第二十三条程序外，根据实际需要可以简化其他程序。"

二、药品抽验

药品抽验的法律依据主要有《药品管理法》《疫苗管理法》《药品管理法实施条例》《生物制品批签发管理办法》《市场监督管理投诉举报处理暂行办法》《市场监督管理行政处罚程序规定》《药品召回管理办法》等。抽验相关工作文件有《国家药监局关于印发药品质量抽查检验管理办法的通知》（国药监药管〔2019〕34 号）、《国家药监局综合司关于印发药品抽样原则及程序等文件的通知》（药监综药管〔2019〕108 号）等。

需注意：1. 药品抽验是对上市后药品进行监管的技术手段。《药品质量抽查检验管理办法》第三条规定，药品质量抽查检验是对上市后药品监管的技术手段，应当遵循科学、规范、合法、公正原则。

2. 事权划分。《药品质量抽查检验管理办法》第四条规定，国务院药品监督管理部门负责组织实施国家药品质量抽查检验工作，在全国范围内对生产、经营、使用环节的药品质量开展抽查检验，并对地方药品质量抽查检验工作进行指导。省级药品监督管理部门负责对本行政区域内生产环节以及批发、零售连锁总部和互联网销售第三方平台的药品质量开展抽查检验，组织市县级人民政府负责药品监督管理的部门对行政区域内零售和使用环节的药品质量进行抽查检验，承担上级药品监督管理部门部署的药品质量抽查检验任务。

3. 承担检验的部门。《药品质量抽查检验管理办法》第五条规定，药品监督管理部门设置或者确定的药品检验机构，承担药品质量抽查检验所需的检验任务。

4. 相关部门的配合要求。《药品质量抽查检验管理办法》第六条规定，从事药品生产、经营、使用活动的单位和相关人员应当依照本办法接受药品监督管理部门组织实施的药品质量抽查检验，不得干扰、阻挠或拒绝抽查检验工作，不得转移、藏匿药品，不得拒绝提供证明材料或故意提供虚假资料。

5. 抽验分类。《药品质量抽查检验管理办法》第七条规定，药品质量抽查检验根据监管目的一般可分为监督抽检和评价抽检。监督抽检是指药品监督管理部门根据监管需要对质量可疑药品进行的抽查检验，评价抽检是指药品监督管理部门为评价某类或一定区域药品质量状况而开展的抽查检验。

6. 抽查检验重点。《药品质量抽查检验管理办法》第十一条规定，药品监督管理部门制定药品质量抽查检验计划，可以将下列药品作为抽查检验重点：(1) 本行政区域内生产企业生产的；(2) 既往抽查检验不符合规定的；(3) 日常监管发现问题的；(4) 不良反应报告较为集中的；(5) 投诉举报较多、舆情关注度高的；(6) 临床用量较大、使用范围较广的；(7) 质量标准发生重大变更的；(8) 储存要求高、效期短、有效成分易变化的；(9) 新批准注册、投入生产的；(10) 其他认为有必要列入抽查检验计划的。

其他相关抽验规定详见《药品质量抽查检验管理办法》。

三、药物警戒监管

(一) 药物警戒

2021年5月13日，国家药监局发布了《关于发布〈药物警戒质量管理规范〉的公告》，自2021年12月1日起施行。2022年4月11日，国家药监局印发《药物警戒检查指导原则》，自发布之日起施行。

1. 药物警戒的定义及开展主体。

根据《药物警戒质量管理规范》第二条规定，药物警戒活动是指对药品不良反应及其他与用药有关的有害反应进行监测、识别、评估和控制的活动。药物警戒活动由药品上市许可持有人和获准开展药物临床试验的药品注册申请人开展。

2. 各主体责任。

(1) 药品上市许可持有人和药品注册申请人。《关于发布〈药物警戒质量管理规范〉的公告》第二条规定：药品上市许可持有人和药品注册申请人应当积极做好执行《药物警戒质量管理规范》的准备工作，按要求建立并持续完善药物警戒体系，规范开展药物警戒活动。第三条规定：药品上市许可持有人应当自本公告发布之日起60日内，在国家药品不良反应监测系统中完成信息注册。

(2) 各省级药品监督管理部门。《关于发布〈药物警戒质量管理规范〉的公告》第四条规定：各省级药品监督管理部门应当督促本行政区域内的药品上市许可持有人积极做好相关准备工作，配合做好有关宣贯和解读，通过加强日常检查等工作监督和指导药品上市许可持有人按要求执行《药物警戒质量管理规范》，及时收集和反馈相关问题和意见。

(3) 国家药品不良反应监测中心。《关于发布〈药物警戒质量管理规范〉的公告》第五条规定：国家药品不良反应监测中心统一组织和协调《药物警戒质量管理规范》的宣贯培训和技术指导工作，在官方网站开辟《药物警戒质量管理规范》专栏，及时解答相关问题和意见。

(二) 药品不良反应监测

药品不良反应监测主要依据《药品不良反应报告和监测管理办法》相关规定开展。

需注意：1. 药品不良反应监测是药品上市后的监管手段。《药品不良反应报告和监测管理办法》仅适用于境内。

2. 国家实行药品不良反应报告制度。《药品不良反应报告和监测管理办法》第三条规定，国家实行药品不良反应报告制度。药品生产企业（包括进口药品的境外制药厂商）、药品经营企业、医疗机构应当按照规定报告所发现的药品不良反应。

3. 事权划分。《药品不良反应报告和监测管理办法》第四条规定，国家食品药品监督管理局主管全国药品不良反应报告和监测工作，地方各级药品监督管理部门主管本行政区域内的药品不良反应报告和监测工作。各级卫生行政部门负责本行政区域内医疗机构与实施药品不良反应报告制度有关的管理工作。地方各级药品监督管理部门应当建立健全药品不良反应监测机构，负责本行政区域内药品不良反应报告和监测的技术工作。第五条规定，国家鼓励公民、法人和其他组织报告药品不良反应。

4. 各部门职责。详见《药品不良反应报告和监测管理办法》第二章"职责"部分（第六条至第十四条）的规定。

5. 报告和处置。详见《药品不良反应报告和监测管理办法》第三章"报告与处置"部分（第十五条至第四十条）的规定。

6. 药品重点监测。（1）应当开展重点监测的情形。《药品不良反应报告和监测管理办法》第四十一条规定，药品生产企业应当经常考察本企业生产药品的安全性，对新药监测期内的药品和首次进口5年内的药品，应当开展重点监测，并按要求对监测数据进行汇总、分析、评价和报告；对本企业生产的其他药品，应当根据安全性情况主动开展重点监测。（2）可以开展重点监测的情形。《药品不良反应报告和监测管理办法》第四十二条规定，省级以上药品监督管理部门根据药品临床使用和不良反应监测情况，可以要求药品生产企业对特定药品进行重点监测；必要时，也可以直接组织药品不良反应监测机构、医疗机构和科研单位开展药品重点监测。

7. 评价和控制。详见《药品不良反应报告和监测管理办法》第五章"评价与控制"部分（第四十五条至第五十条）的规定。要重点关注药品生产企业、药品经营企业和药品使用企业的评价和控制责任，以及需采取的控制措施。

8. 信息管理。详见《药品不良反应报告和监测管理办法》第六章"信息管理"部分（第五十一条至第五十七条）的规定。

9. 法律责任。(1) 药品生产企业责任。《药品不良反应报告和监测管理办法》第五十八条规定："药品生产企业有下列情形之一的，由所在地药品监督管理部门给予警告，责令限期改正，可以并处五千元以上三万元以下的罚款：（一）未按照规定建立药品不良反应报告和监测管理制度，或者无专门机构、专职人员负责本单位药品不良反应报告和监测工作的；（二）未建立和保存药品不良反应监测档案的；（三）未按照要求开展药品不良反应或者群体不良事件报告、调查、评价和处理的；（四）未按照要求提交定期安全性更新报告的；（五）未按照要求开展重点监测的；（六）不配合严重药品不良反应或者群体不良事件相关调查工作的；（七）其他违反本办法规定的。药品生产企业有前款规定第（四）项、第（五）项情形之一的，按照《药品注册管理办法》的规定对相应药品不予再注册。"

(2) 药品经营企业责任。《药品不良反应报告和监测管理办法》第五十九条规定："药品经营企业有下列情形之一的，由所在地药品监督管理部门给予警告，责令限期改正；逾期不改的，处三万元以下的罚款：（一）无专职或者兼职人员负责本单位药品不良反应监测工作的；（二）未按照要求开展药品不良反应或者群体不良事件报告、调查、评价和处理的；（三）不配合严重药品不良反应或者群体不良事件相关调查工作的。"

(3) 药品使用机构责任。《药品不良反应报告和监测管理办法》第六十条规定："医疗机构有下列情形之一的，由所在地卫生行政部门给予警告，责令限期改正；逾期不改的，处三万元以下的罚款。情节严重并造成严重后果的，由所在地卫生行政部门对相关责任人给予行政处分：（一）无专职或者兼职人员负责本单位药品不良反应监测工作的；（二）未按照要求开展药品不良反应或者群体不良事件报告、调查、评价和处理的；（三）不配合严重药品不良反应和群体不良事件相关调查工作的。药品监督管理部门发现医疗机构有前款规定行为之一的，应当移交同级卫生行政部门处理。卫生行政部门对医疗机构作出行政处罚决定的，应当及时通报同级药品监督管理部门。"

（4）监管部门责任。《药品不良反应报告和监测管理办法》第六十一条规定："各级药品监督管理部门、卫生行政部门和药品不良反应监测机构及其有关工作人员在药品不良反应报告和监测管理工作中违反本办法，造成严重后果的，依照有关规定给予行政处分。"

（5）赔偿责任。《药品不良反应报告和监测管理办法》第六十二条规定："药品生产、经营企业和医疗机构违反相关规定，给药品使用者造成损害的，依法承担赔偿责任。"

四、药品应急处置

监管部门要制定药品安全突发事件应急预案、特殊管理药品安全突发事件应急预案等，建立应急队伍，加强对应急队伍的培训，提升应急队伍的处置能力。坚持"平战结合"的原则，定期或不定期开展应急演练，做好药品安全舆情收集，及时处置药品安全突发事件。辖区企业要建立和完善药品安全突发事件应急预案，畅通信息报送机制。

第二章　药品全生命周期监管

问题：如何对药品全生命周期进行监管？从药品全生命周期的角度看，药品监管的常见类型有哪些？

药品监督管理是指药品监督管理行政机关依照法律法规的授权，依据相关法律法规的规定，对药品的研制、生产、流通和使用环节进行管理的过程。根据药品全生命周期监管要求，药品监管部门要在药品上市前和上市后进行全程监管，根据药品监管环节不同，药品监管分为研制监管、注册监管、生产监管、经营监管、使用监管等。

第一节　药品研制监管

一、药物非临床试验监管

药物非临床试验监管主要依据《药物非临床研究质量管理规范》和《药品管理法》开展。

《药物非临床研究质量管理规范》共十二章五十条。框架为：总则（第1条—第3条），术语及其定义（第4条），组织机构和人员（第5条—第9条），设施（第10条—第14条），仪器设备和实验材料（第15条—第19条），实验系统（第20条—第21条），标准操作规程（第22条—第25条），研究工作的实施（第26条—第34条），质量保证（第35条—第40条），资料档案（第41条—第48条），委托方（第49条），附则（第50条）。

(一) 相关概念

《药物非临床研究质量管理规范》第四条规定："本规范下列术语的含义是：(一) 非临床研究质量管理规范，指有关非临床安全性评价研究机构运行管理和非临床安全性评价研究项目试验方案设计、组织实施、执行、检查、记录、存档和报告等全过程的质量管理要求。(二) 非临床安全性评价研究，指为评价药物安全性，在实验室条件下用实验系统进行的试验，包括安全药理学试验、单次给药毒性试验、重复给药毒性试验、生殖毒性试验、遗传毒性试验、致癌性试验、局部毒性试验、免疫原性试验、依赖性试验、毒代动力学试验以及与评价药物安全性有关的其他试验。(三) 非临床安全性评价研究机构（以下简称研究机构），指具备开展非临床安全性评价研究的人员、设施设备及质量管理体系等条件，从事药物非临床安全性评价研究的单位……"其他相关概念详见《药物非临床研究质量管理规范》。

(二) 适用范围

《药物非临床研究质量管理规范》第二条规定："本规范适用于为申请药品注册而进行的药物非临床安全性评价研究。药物非临床安全性评价研究的相关活动应当遵守本规范。以注册为目的的其他药物临床前相关研究活动参照本规范执行。"

(三) 质量控制

《药物非临床研究质量管理规范》第三十五条规定："研究机构应当确保质量保证工作的独立性。质量保证人员不能参与具体研究的实施，或者承担可能影响其质量保证工作独立性的其他工作。"第三十六条规定："质量保证部门应当制定书面的质量保证计划，并指定执行人员，以确保研究机构的研究工作符合本规范的要求。"第三十七条规定："质量保证部门应当对质量保证活动制定相应的标准操作规程，包括质量保证部门的运行、质量保证计划及检查计划的制定、实施、记录和报告，以及相关资料的归档保存等。"第三十八条规定："质量保证检查可分为三种检查类型：(一) 基于研究的检查，该类检查一般基于特定研究项目的进度和关键阶段进行；（二）基于设施的检查，该类检查一般基于研究机构内某个通用设施和活动（安装、支持服务、计算机系统、培训、环境监测、维护和校准等）进行；（三）基于过程的检查，该类检查一般不基于特定研究项目，而是基于某个具有重复性质的程序或者过程来进行。质量保证检查应当有过程记录和报告，必要时应当提供给监管部门检查。"第三十九条规定："质量保证部门应当对所有遵照本规范实施的研究项目进行审核并出具质量保证声明。质量保证声明应当包含完整的研究识别信息、相关质量保证检查活动以及报告的日期和阶段。任何对已完成总结报告的修改或者补充应当重新进行审核并签署质量保证声明。"第四十条规定："质量保证人员在签署质量保证声明前，应当确认试验符合本规范的要求，遵照试验方案和标准操作规程执行，确认总结报告准确、可靠地反映原始数据。"

其他内容详见《药物非临床研究质量管理规范》。

二、药物临床试验监管

药物临床试验监管主要依据《国家药监局、国家卫生健康委关于发布药物临床试验机构管理规定的公告》《国家药监局、国家卫生健康委关于发布药物临床试验质量管理规范的公告》和《药品管理法》等相关规定开展。

（一）相关概念

1. 药物临床试验机构。《药物临床试验机构管理规定》第二条规定，药物临床试验机构是指具备相应条件，按照《药物临床试验质量管理规范》（GCP）和药物临床试验相关技术指导原则等要求，开展药物临床试验的机构。

2. 药物临床试验质量管理规范。《药物临床试验质量管理规范》第二条规定，药物临床试验质量管理规范是药物临床试验全过程的质量标准，包括方案设计、组织实施、监查、稽查、记录、分析、总结和报告。

3. 药物临床试验机构的备案号格式。《药物临床试验机构管理规定》第二十四条规定，药物临床试验机构备案号格式为：药临机构备+4位年代号+5位顺序编号。

4.《药物临床试验质量管理规范》相关术语的含义。《药物临床试验质量管理规范》第十一条规定:"本规范下列用语的含义是:(一)临床试验,指以人体(患者或健康受试者)为对象的试验,意在发现或验证某种试验药物的临床医学、药理学以及其他药效学作用、不良反应,或者试验药物的吸收、分布、代谢和排泄,以确定药物的疗效与安全性的系统性试验。(二)临床试验的依从性,指临床试验参与各方遵守与临床试验有关要求、本规范和相关法律法规。(三)非临床研究,指不在人体上进行的生物医学研究。(四)独立的数据监查委员会(数据和安全监查委员会,监查委员会,数据监查委员会),指由申办者设立的独立的数据监查委员会,定期对临床试验的进展、安全性数据和重要的有效性终点进行评估,并向申办者建议是否继续、调整或者停止试验。(五)伦理委员会,指由医学、药学及其他背景人员组成的委员会,其职责是通过独立地审查、同意、跟踪审查试验方案及相关文件、获得和记录受试者知情同意所用的方法和材料等,确保受试者的权益、安全受到保护。(六)研究者,指实施临床试验并对临床试验质量及受试者权益和安全负责的试验现场的负责人。(七)申办者,指负责临床试验的发起、管理和提供临床试验经费的个人、组织或者机构。(八)合同研究组织,指通过签订合同授权,执行申办者或者研究者在临床试验中的某些职责和任务的单位。(九)受试者,指参加一项临床试验,并作为试验用药品的接受者,包括患者、健康受试者。(十)弱势受试者,指维护自身意愿和权利的能力不足或者丧失的受试者,其自愿参加临床试验的意愿,有可能被试验的预期获益或者拒绝参加可能被报复而受到不正当影响。包括:研究者的学生和下级、申办者的员工、军人、犯人、无药可救疾病的患者、处于危急状况的患者,入住福利院的人、流浪者、未成年人和无能力知情同意的人等。(十一)知情同意,指受试者被告知可影响其做出参加临床试验决定的各方面情况后,确认同意自愿参加临床试验的过程。该过程应当以书面的、签署姓名和日期的知情同意书作为文件证明。(十二)公正见证人,指与临床试验无关,不受临床试验相关人员不公正影响的个人,在受试者或者其监护人无阅读能力时,作为公正的见证人,阅读知情同意书和其他书面资料,并见证知情同意。(十三)监查,指监督临床试验的进展,并保证临床试验按照试验方案、标准操作规程和相关法律法规要求实施、记录和报告的行动。(十四)监查计划,指描述监查策略、方法、职责和要求的文件。(十五)监查报告,指监查员根据申办者的标准操作规程规定,在每次进行现场访视或者其他临床试验相关的沟通后,向申办者提交的书面报告。(十六)稽查,指对临床试验相关活动和文件进行系统的、独立的检查,以评估确定临床试验相关活动的实施、试验数据的记录、分析和报告是否符合试验方案、标准操作规程和相关法律法规的要求。(十七)稽查报告,指由申办者委派的稽查员撰写的,关于稽查结果的书面评估报告。(十八)检查,指药品监督管理部门对临床试验的有关文件、设施、记录和其他方面进行审核检查的行为,检查可以在试验现场、申办者或者合同研究组织所在地,以及药品监督管理部门认为必要的其他场所进行。(十九)直接查阅,指对评估药物临床试验重要的记录和报告直接进行检查、分析、核实或者复制等。直接查阅的任何一方应当按照相关法律法规,采取合理的措施保护受试者隐私以及避免泄露申办者的权属信息和其他需要保密的信息。(二十)试验方案,指说明临床试验目的、设计、方法学、统计学考虑和组织实施的文件。试验方案通常还应当包括临床试验的背景和理论基础,该内容也可以在其他参考文件中给出。试验方案包括方案及其修订版。(二十一)研究者手册,指与开展临床试验相关的试验用药品的临床和非临床研究资料汇编。(二十二)病例报告表,指按照试验方案要求设计,向申办者报告的记录受试者相关信息的纸质或者电子文件。(二十三)标准操作规程,指为保证某项特定操作的一致性而制定的详细的书面要求。(二十四)试验用药品,指用于临床试验的试验药物、对照药品。(二十五)对照药品,指临床试验中用于与试验药物参比对照的其他研究药物、已上市药品或者安慰剂。(二十六)不良事件,指受试者接受试验用药品后出现的所有不良医学事件,可以表现为症状体征、疾病或者实验室检查异常,但不一定与试验用药品有因果关系。(二十七)严重不良事件,指受试者接受试验用药品后出现死亡、危及生命、永久或者严重的残疾或者功能丧失、受试者需要住院治疗或者延长住院时间，以及先天性异常或者出生缺陷等不良医学事件。（二十八）药物不良反应，指临床试验中发生的任何与试验用药品可能有关的对人体有害或者非期望的反应。试验用药品与不良事件之间的因果关系至少有一个合理的可能性，即不能排除相关性。（二十九）可疑且非预期严重不良反应，指临床表现的性质和严重程度超出了试验药物研究者手册、已上市药品的说明书或者产品特性摘要等已有资料信息的可疑并且非预期的严重不良反应。（三十）受试者鉴认代码，指临床试验中分配给受试者以辨识其身份的唯一代码。研究者在报告受试者出现的不良事件和其他与试验有关的数据时，用该代码代替受试者姓名以保护其隐私。（三十一）源文件，指临床试验中产生的原始记录、文件和数据，如医院病历、医学图像、实验室记录、备忘录、受试者日记或者评估表、发药记录、仪器自动记录的数据、缩微胶片、照相底片、磁介质、X光片、受试者文件，药房、实验室和医技部门保存的临床试验相关的文件和记录，包括核证副本等。源文件包括了源数据，可以以纸质或者电子等形式的载体存在。（三十二）源数据，指临床试验中的原始记录或者核证副本上记载的所有信息，包括临床发现、观测结果以及用于重建和评价临床试验所需要的其他相关活动记录。（三十三）必备文件，指能够单独或者汇集后用于评价临床试验的实施过程和试验数据质量的文件。（三十四）核证副本，指经过审核验证，确认与原件的内容和结构等均相同的复制件，该复制件是经审核人签署姓名和日期，或者是由已验证过的系统直接生成，可以以纸质或者电子等形式的载体存在。（三十五）质量保证，指在临床试验中建立的有计划的系统性措施，以保证临床试验的实施和数据的生成、记录和报告均遵守试验方案和相关法律法规。（三十六）质量控制，指在临床试验质量保证系统中，为确证临床试验所有相关活动是否符合质量要求而实施的技术和活动。（三十七）试验现场，指实施临床试验相关活动的场所。（三十八）设盲，指临床试验中使一方或者多方不知道受试者治疗分配的程序。单盲一般指受试者不知道，双盲一般指受试者、研究者、监查员以及数据分析人员均不知道治疗分配。（三十九）计算机化系统验证，指为建立和记录计算机化系统从设计到停止使用，或者转换至其他系统的全生命周期均能够符合特定要求的过程。验证方案应当基于考虑系统的预计用途、系统对受试者保护和临床试验结果可靠性的潜在影响等因素的风险评估而制定。（四十）稽查轨迹，指能够追溯还原事件发生过程的记录。"

（二）相关要求

开展药物临床试验相关要求统计表

开展项目	相关要求	相关规定
开展药物非临床试验研究	应当符合国家有关规定，有与研究项目相适应的人员、场地、设备、仪器和管理制度，保证有关数据、资料和样品的真实性。	《药品管理法》第十八条
开展药物临床试验	应当按照国务院药品监督管理部门的规定如实报送研制方法、质量指标、药理及毒理试验结果等有关数据、资料和样品，经国务院药品监督管理部门批准。国务院药品监督管理部门应当自受理临床试验申请之日起六十个工作日内决定是否同意并通知临床试验申办者，逾期未通知的，视为同意。其中，开展生物等效性试验的，报国务院药品监督管理部门备案。	《药品管理法》第十九条第一款
	应当在具备相应条件的临床试验机构进行。药物临床试验机构实行备案管理，具体办法由国务院药品监督管理部门、国务院卫生健康主管部门共同制定。	《药品管理法》第十九条第二款
	应当符合伦理原则，制定临床试验方案，经伦理委员会审查同意。伦理委员会应当建立伦理审查工作制度，保证伦理审查过程独立、客观、公正，监督规范开展药物临床试验，保障受试者合法权益，维护社会公共利益。	《药品管理法》第二十条
	药物临床试验应当符合《世界医学大会赫尔辛基宣言》原则及相关伦理要求，受试者的权益和安全是考虑的首要因素，优先于对科学和社会的获益。伦理审查与知情同意是保障受试者权益的重要措施。	《药物临床试验质量管理规范》第三条
	药物临床试验应当有充分的科学依据。临床试验应当权衡受试者和社会的预期风险和获益，只有当预期的获益大于风险时，方可实施或者继续临床试验。	《药物临床试验质量管理规范》第四条
	试验方案应当清晰、详细、可操作。试验方案在获得伦理委员会同意后方可执行。	《药物临床试验质量管理规范》第五条

续表

开展项目	相关要求	相关规定
开展药物临床试验	药物临床试验期间，发现存在安全性问题或者其他风险的，临床试验申办者应当及时调整临床试验方案、暂停或者终止临床试验，并向国务院药品监督管理部门报告。必要时，国务院药品监督管理部门可以责令调整临床试验方案、暂停或者终止临床试验。	《药品管理法》第二十二条
	研究者在临床试验过程中应当遵守试验方案，凡涉及医学判断或临床决策应当由临床医生做出。参加临床试验实施的研究人员，应当具有能够承担临床试验工作相应的教育、培训和经验。	《药物临床试验质量管理规范》第六条
	所有临床试验的纸质或电子资料应当被妥善地记录、处理和保存，能够准确地报告、解释和确认。应当保护受试者的隐私和其相关信息的保密性。	《药物临床试验质量管理规范》第七条
	试验药物的制备应当符合临床试验用药品生产质量管理相关要求。试验药物的使用应当符合试验方案。	《药物临床试验质量管理规范》第八条
	临床试验的质量管理体系应当覆盖临床试验的全过程，重点是受试者保护、试验结果可靠，以及遵守相关法律法规。	《药物临床试验质量管理规范》第九条
实施药物临床试验	应当向受试者或者其监护人如实说明和解释临床试验的目的和风险等详细情况，取得受试者或者其监护人自愿签署的知情同意书，并采取有效措施保护受试者合法权益。	《药品管理法》第二十一条
	临床试验的实施应当遵守利益冲突回避原则。	《药物临床试验质量管理规范》第十条

（三）对药物临床试验机构的监督检查

《药物临床试验机构管理规定》第十八条规定，国家药品监督管理局会同国家卫生健康委建立药物临床试验机构国家检查员库，根据监管和审评需要，依据职责对药物临床试验机构进行监督检查。第十九条规定，省级药品监督管理部门、省级卫生健康主管部门根据药物临床试验机构自我评估情况、开展药物临床试验情况、既往监督检查情况等，依据职责组织对本行政区域内药物临床试验机构开展日常监督检查。对于新备案的药物临床试验机构或者增加临床试验专业、地址变更的，应当在 60 个工作日内开展首次监督检查。第二十条规定，药物临床试验机构未遵守《药物临床试验质量管理规范》的，依照《药品管理法》第一百二十六条规定处罚。第二十一条规定，药物临床试验机构未按照本规定备案的，国家药品监督管理部门不接受其完成的药物临床试验数据用于药品行政许可。第二十二条规定，违反本规定，隐瞒真实情况、存在重大遗漏、提供误导性或者虚假信息或者采取其他欺骗手段取得备案的，以及存在缺陷不适宜继续承担药物临床试验的，取消其药物临床试验机构或者相关临床试验专业的备案，依法处理。第二十三条规定，省级以上药品监督管理部门、省级以上卫生健康主管部门对药物临床试验机构监督检查结果及处理情况，应当及时录入备案平台并向社会公布。

第二节　药品注册监管

一、境内药品上市前需进行注册

《药品管理法》第二十四条规定，在中国境内上市的药品，应当经国务院药品监督管理部门批准，取得药品注册证书；但是，未实施审批管理的中药材和中药饮片除外。实施审批管理的中药材、中药饮片品种目录由国务院药品监督管理部门会同国务院中医药主管部门制定。申请药品注册，应当提供真实、充分、可靠的数据、资料和样品，证明药品的安全性、有效性和质量可控性。

二、药品注册审批机关

《药品管理法》第二十五条第一款规定，对申请注册的药品，国务院药品监督管理部门应当组织药学、医学和其他技术人员进行审评，对药品的安全性、有效性和质量可控性以及申请人的质量管理、风险防控和责任赔偿等能力进行审查；符合条件的，颁发药品注册证书。

三、一并注册原则

《药品管理法》第二十五条第二款、第三款规定:"国务院药品监督管理部门在审批药品时,对化学原料药一并审评审批,对相关辅料、直接接触药品的包装材料和容器一并审评,对药品的质量标准、生产工艺、标签和说明书一并核准。本法所称辅料,是指生产药品和调配处方时所用的赋形剂和附加剂。"

四、药品注册事权划分

药品注册事权划分表

监管部门	监管事项	相关规定
国家药品监督管理局	主管全国药品注册管理工作,负责建立药品注册管理工作体系和制度,制定药品注册管理规范,依法组织药品注册审评审批以及相关的监督管理工作。	《药品注册管理办法》第五条
国家药品监督管理局药品审评中心	负责药物临床试验申请、药品上市许可申请、补充申请和境外生产药品再注册申请等的审评。(重大变更)	
中检院、药典委、药品核查中心、药品评价中心、国家药品监督管理局行政事项受理服务和投诉举报中心、信息中心等药品专业技术机构	承担依法实施药品注册管理所需的药品注册检验、通用名称核准、核查、监测与评价、制证送达以及相应的信息化建设与管理等相关工作。	
省、自治区、直辖市药品监督管理部门	负责本行政区域内以下药品注册相关管理工作: (一)境内生产药品再注册申请的受理、审查和审批; (二)药品上市后变更的备案、报告事项管理;(三)组织对药物非临床安全性评价研究机构、药物临床试验机构的日常监管及违法行为的查处;(四)参与国家药品监督管理局组织的药品注册核查、检验等工作;(五)国家药品监督管理局委托实施的药品注册相关事项。 省、自治区、直辖市药品监督管理部门设置或者指定的药品专业技术机构,承担依法实施药品监督管理所需的审评、检验、核查、监测与评价等工作。	《药品注册管理办法》第六条

五、中药注册管理

1. 相关规定。2023年2月10日，国家药监局发布《中药注册管理专门规定》，自2023年7月1日起施行。该规定共11章82条，包括总则、中药注册分类与上市审批、人用经验证据的合理应用、中药创新药、中药改良型新药、古代经典名方中药复方制剂、同名同方药、上市后变更、中药注册标准、药品名称和说明书等内容。该规定与新修订的《药品管理法》《药品注册管理办法》有机衔接，在药品注册管理通用性规定的基础上，进一步对中药研制相关要求进行细化，加强了中药新药研制与注册管理。

2. 可申请实行优先审评审批的情形。《中药注册管理专门规定》第十四条规定："对临床定位清晰且具有明显临床价值的以下情形中药新药等的注册申请实行优先审评审批：（一）用于重大疾病、新发突发传染病、罕见病防治；（二）临床急需而市场短缺；（三）儿童用药；（四）新发现的药材及其制剂，或者药材新的药用部位及其制剂；（五）药用物质基础清楚、作用机理基本明确。"

3. 可以附条件批准的情形。《中药注册管理专门规定》第十五条规定："对治疗严重危及生命且尚无有效治疗手段的疾病以及国务院卫生健康或者中医药主管部门认定急需的中药，药物临床试验已有数据或者高质量中药人用经验证据显示疗效并能预测其临床价值的，可以附条件批准，并在药品注册证书中载明有关事项。"

4. 可应用人用经验证据直接按照特别审批程序申请开展临床试验或者上市许可或者增加功能主治的情形。《中药注册管理专门规定》第十六条规定："在突发公共卫生事件时，国务院卫生健康或者中医药主管部门认定急需的中药，可应用人用经验证据直接按照特别审批程序申请开展临床试验或者上市许可或者增加功能主治。"

第三节　药品生产、经营、使用监管

一、药品生产经营使用许可

药品生产经营使用许可事权划分统计表

许可类别	批准机关	相关要求	相关规定
从事药品生产活动	应当经所在地省、自治区、直辖市人民政府药品监督管理部门批准	取得药品生产许可证。无药品生产许可证的，不得生产药品。药品生产许可证应当标明有效期和生产范围，到期重新审查发证。	《药品管理法》第四十一条
	应当经所在地省、自治区、直辖市药品监督管理部门批准	依法取得药品生产许可证，严格遵守药品生产质量管理规范，确保生产过程持续符合法定要求。	《药品生产监督管理办法》第三条第二款
从事疫苗生产活动	应当经省级以上人民政府药品监督管理部门批准	取得药品生产许可证。	《疫苗管理法》第二十二条第二款
从事制剂、原料药、中药饮片生产活动	向所在地省、自治区、直辖市药品监督管理部门提出申请	申请人应当按照《药品生产监督管理办法》和国家药品监督管理局规定的申报资料要求提出申请。委托他人生产制剂的药品上市许可持有人，应当具备《药品生产监督管理办法》第六条第一款第一项、第三项、第五项规定的条件，并与符合条件的药品生产企业签订委托协议和质量协议，将相关协议和实际生产场地申请资料合并提交至药品上市许可持有人所在地省、自治区、直辖市药品监督管理部门，按照《药品生产监督管理办法》规定申请办理药品生产许可证。申请人应当对其申请材料全部内容的真实性负责。	《药品生产监督管理办法》第七条

续表

许可类别	批准机关	相关要求	相关规定
从事药品批发活动	应当经所在地省、自治区、直辖市人民政府药品监督管理部门批准	取得药品经营许可证。	《药品管理法》第五十一条
从事药品零售活动	应当经所在地县级以上地方人民政府药品监督管理部门批准	取得药品经营许可证。无药品经营许可证的，不得经营药品。药品经营许可证应当标明有效期和经营范围，到期重新审查发证。药品监督管理部门实施药品经营许可，除依据《药品管理法》第五十二条规定的条件外，还应当遵循方便群众购药的原则。	《药品管理法》第五十一条

二、药品生产经营使用许可的条件

药品生产经营许可条件统计表

活动类别	相关条件	相关规定
从事药品生产活动	从事药品生产活动，应当具备以下条件：（一）有依法经过资格认定的药学技术人员、工程技术人员及相应的技术工人；（二）有与药品生产相适应的厂房、设施和卫生环境；（三）有能对所生产药品进行质量管理和质量检验的机构、人员及必要的仪器设备；（四）有保证药品质量的规章制度，并符合国务院药品监督管理部门依据本法制定的药品生产质量管理规范要求。	《药品管理法》第四十二条
	从事药品生产，应当符合以下条件：（一）有依法经过资格认定的药学技术人员、工程技术人员及相应的技术工人，法定代表人、企业负责人、生产管理负责人（以下称生产负责人）、质量管理负责人（以下称质量负责人）、质量受权人及其他相关人员符合《药品管理法》《疫苗管理法》规定的条件；（二）有与药品生产相适应的厂房、设施、设备和卫生环境；（三）有能对所生产药品进行质量管理和质量检验的机构、人员；（四）有能对所生产药品进行质量管理和质量检验的必要的仪器设备；（五）有保证药品质量的规章制度，并符合药品生产质量管理规范要求。	《药品生产监督管理办法》第六条第一款

续表

活动类别	相关条件	相关规定
从事疫苗生产活动的	除具备《药品生产监督管理办法》第六条第一款规定的条件外，还应当具备下列条件：（一）具备适度规模和足够的产能储备；（二）具有保证生物安全的制度和设施、设备；（三）符合疾病预防、控制需要。	《药品生产监督管理办法》第六条第二款
	疫苗上市许可持有人应当具备疫苗生产能力；超出疫苗生产能力确需委托生产的，应当经国务院药品监督管理部门批准。接受委托生产的，应当遵守本法规定和国家有关规定，保证疫苗质量。	《疫苗管理法》第二十二条第四款
	除符合《药品管理法》规定的从事药品生产活动的条件外，还应当具备下列条件：（一）具备适度规模和足够的产能储备；（二）具有保证生物安全的制度和设施、设备；（三）符合疾病预防、控制需要。	《疫苗管理法》第二十二条第三款
从事药品经营活动	应当具备以下条件：（一）有依法经过资格认定的药师或者其他药学技术人员；（二）有与所经营药品相适应的营业场所、设备、仓储设施和卫生环境；（三）有与所经营药品相适应的质量管理机构或者人员；（四）有保证药品质量的规章制度，并符合国务院药品监督管理部门依据本法制定的药品经营质量管理规范要求。	《药品管理法》第五十二条
开办药品批发企业	按照《药品管理法》第十四条规定，应符合省、自治区、直辖市药品批发企业合理布局的要求，并符合以下设置标准：（一）具有保证所经营药品质量的规章制度；（二）企业、企业法定代表人或企业负责人、质量管理负责人无《药品管理法》第七十五条、第八十二条规定的情形；（三）具有与经营规模相适应的一定数量的执业药师。质量管理负责人具有大学以上学历，且必须是执业药师；（四）具有能够保证药品储存质量要求的、与其经营品种和规模相适应的常温库、阴凉库、冷库。仓库中具有适合药品储存的专用货架和实现药品入库、传送、分检、上架、出库现代物流系统的装置和设备；（五）具有独立的计算机管理信息系统，能覆盖企业内药品的购进、储存、销售以及经营和质量控制的全过程；能全面记录企业经营管理及实施《药品经营质量管理规范》方面的信息；符合《药品经营质量管理规范》对药品经营各环节的要求，并具有可以实现接受当地食品药品监督管理部门监管的条件；（六）具有符合《药品经营质量管理规范》对药品营业场所及辅助、办公用房以及仓库管理、仓库内药品质量安全保障和进出库、在库储存与养护方面的条件。国家对经营麻醉药品、精神药品、医疗用毒性药品、预防性生物制品另有规定的，从其规定。	《药品经营许可证管理办法》第四条

续表

活动类别	相关条件	相关规定
开办药品零售企业	应符合当地常住人口数量、地域、交通状况和实际需要的要求，符合方便群众购药的原则，并符合以下设置规定：（一）具有保证所经营药品质量的规章制度。（二）具有依法经过资格认定的药学技术人员；经营处方药、甲类非处方药的药品零售企业，必须配有执业药师或者其他依法经过资格认定的药学技术人员。质量负责人应有一年以上（含一年）药品经营质量管理工作经验。经营乙类非处方药的药品零售企业，以及农村乡镇以下地区设立药品零售企业的，应当按照《药品管理法实施条例》第十五条的规定配备业务人员，有条件的应当配备执业药师。企业营业时间，以上人员应当在岗。（三）企业、企业法定代表人、企业负责人、质量负责人无《药品管理法》第七十五条、第八十二条规定情形的。（四）具有与所经营药品相适应的营业场所、设备、仓储设施以及卫生环境。在超市等其他商业企业内设立零售药店的，必须具有独立的区域。（五）具有能够配备满足当地消费者所需药品的能力，并能保证24小时供应。药品零售企业应备有的国家基本药物品种数量由各省、自治区、直辖市食品药品监督管理部门结合当地具体情况确定。国家对经营麻醉药品、精神药品、医疗用毒性药品、预防性生物制品另有规定的，从其规定。	《药品经营许可证管理办法》第五条

三、药品生产经营许可程序

药品生产经营许可程序统计表

许可项目	提出申请及条件	收到申请后的处理
从事药品生产活动	向所在地省、自治区、直辖市人民政府药品监督管理部门提出申请（《药品管理法》第四十一条）	省、自治区、直辖市药品监督管理部门颁发药品生产许可证的有关信息，应当予以公开，公众有权查阅。（《药品生产监督管理办法》第十条第二款）
		省、自治区、直辖市药品监督管理部门对申请办理药品生产许可证进行审查时，应当公开审批结果，并提供条件便利申请人查询审批进程。未经申请人同意，药品监督管理部门、专业技术机构及其工作人员不得披露申请人提交的商业秘密、未披露信息或者保密商务信息，法律另有规定或者涉及国家安全、重大社会公共利益的除外。（《药品生产监督管理办法》第十一条）

续表

许可项目	提出申请及条件	收到申请后的处理
从事药品生产活动	向所在地省、自治区、直辖市人民政府药品监督管理部门提出申请（《药品管理法》第四十一条）	申请办理药品生产许可证直接涉及申请人与他人之间重大利益关系的，申请人、利害关系人依照法律、法规规定享有申请听证的权利。 在对药品生产企业的申请进行审查时，省、自治区、直辖市药品监督管理部门认为涉及公共利益的，应当向社会公告，并举行听证。（《药品生产监督管理办法》第十二条）
		省、自治区、直辖市药品监督管理部门应当将药品生产许可证核发、重新发证、变更、补发、吊销、撤销、注销等办理情况，在办理工作完成后十日内在药品安全信用档案中更新。（《药品生产监督管理办法》第二十三条）
从事制剂、原料药、中药饮片生产活动	按照《药品生产监督管理办法》和国家药品监督管理局规定的申报资料要求，向所在地省、自治区、直辖市药品监督管理部门提出申请。 委托他人生产制剂的药品上市许可持有人，应当具备《药品生产监督管理办法》第六条第一款第一项、第三项、第五项规定的条件，并与符合条件的药品生产企业签订委托协议和质量协议，将相关协议和实际生产场地申请资料合并提交至药品上市许可持有人所在地省、自治区、直辖市药品监督管理部门，按照《药品生	省、自治区、直辖市药品监督管理部门收到申请后，应当根据下列情况分别作出处理： （一）申请事项依法不属于本部门职权范围的，应当即时作出不予受理的决定，并告知申请人向有关行政机关申请；（二）申请事项依法不需要取得行政许可的，应当即时告知申请人不受理；（三）申请材料存在可以当场更正的错误的，应当允许申请人当场更正；（四）申请材料不齐全或者不符合形式审查要求的，应当当场或者在五日内发给申请人补正材料通知书，一次性告知申请人需要补正的全部内容，逾期不告知的，自收到申请材料之日起即为受理；（五）申请材料齐全、符合形式审查要求，或者申请人按照要求提交全部补正材料的，予以受理。 省、自治区、直辖市药品监督管理部门受理或者不予受理药品生产许可证申请的，应当出具加盖本部门专用印章和注明日期的受理通知书或者不予受理通知书。（《药品生产监督管理办法》第八条）

续表

许可项目	提出申请及条件	收到申请后的处理
从事制剂、原料药、中药饮片生产活动	产监督管理办法》规定申请办理药品生产许可证。申请人应当对其申请材料全部内容的真实性负责。(《药品生产监督管理办法》第七条)	省、自治区、直辖市药品监督管理部门应当自受理之日起三十日内,作出决定。经审查符合规定的,予以批准,并自书面批准决定作出之日起十日内颁发药品生产许可证;不符合规定的,作出不予批准的书面决定,并说明理由。省、自治区、直辖市药品监督管理部门按照药品生产质量管理规范等有关规定组织开展申报资料技术审查和评定、现场检查。(《药品生产监督管理办法》第九条)
变更药品生产许可证许可事项	向原发证机关提出药品生产许可证变更申请。未经批准,不得擅自变更许可事项。(《药品生产监督管理办法》第十六条第一款)	原发证机关应当自收到企业变更申请之日起十五日内作出是否准予变更的决定。不予变更的,应当书面说明理由,并告知申请人享有依法申请行政复议或者提起行政诉讼的权利。(《药品生产监督管理办法》第十六条第二款)
变更生产地址或者生产范围	药品生产企业应当按照《药品生产监督管理办法》第六条的规定及相关变更技术要求,提交涉及变更内容的有关材料,并报经所在地省、自治区、直辖市药品监督管理部门审查决定。(《药品生产监督管理办法》第十六条第三款)	省、自治区、直辖市药品监督管理部门经审查后决定。(《药品生产监督管理办法》第十六条第三款)
原址或者异地新建、改建、扩建车间或者生产线的	应当符合相关规定和技术要求,提交涉及变更内容的有关材料,并报经所在地省、自治区、直辖市药品监督管理部门进行药品生产质量管理规范符合性检查。(《药品生产监督管理办法》第十六条第四款)	检查结果应当通知企业。检查结果符合规定,产品符合放行要求的可以上市销售。有关变更情况,应当在药品生产许可证副本中载明。上述变更事项涉及药品注册证书及其附件载明内容的,由省、自治区、直辖市药品监督管理部门批准后,报国家药品监督管理局药品审评中心更新药品注册证书及其附件相关内容。(《药品生产监督管理办法》第十六条第四款)

续表

许可项目	提出申请及条件	收到申请后的处理
变更药品生产许可证登记事项的	应当在市场监督管理部门核准变更或者企业完成变更后三十日内，向原发证机关申请药品生产许可证变更登记。（《药品生产监督管理办法》第十七条）	原发证机关应当自收到企业变更申请之日起十日内办理变更手续。（《药品生产监督管理办法》第十七条） 药品生产许可证变更后，原发证机关应当在药品生产许可证副本上记录变更的内容和时间，并按照变更后的内容重新核发药品生产许可证正本，收回原药品生产许可证正本，变更后的药品生产许可证终止期限不变。（《药品生产监督管理办法》第十八条）
药品生产许可证有效期届满，需要继续生产药品的	应当在有效期届满前六个月，向原发证机关申请重新发放药品生产许可证。（《药品生产监督管理办法》第十九条）	原发证机关结合企业遵守药品管理法律法规、药品生产质量管理规范和质量体系运行情况，根据风险管理原则进行审查，在药品生产许可证有效期届满前作出是否准予其重新发证的决定。符合规定准予重新发证的，收回原证，重新发证；不符合规定的，作出不予重新发证的书面决定，并说明理由，同时告知申请人享有依法申请行政复议或者提起行政诉讼的权利；逾期未作出决定的，视为同意重新发证，并予补办相应手续。（《药品生产监督管理办法》第十九条）
药品生产许可证注销	由原发证机关发起。	有下列情形之一的，药品生产许可证由原发证机关注销，并予以公告：（一）主动申请注销药品生产许可证的；（二）药品生产许可证有效期届满未重新发证的；（三）营业执照依法被吊销或者注销的；（四）药品生产许可证依法被吊销或者撤销的；（五）法律、法规规定应当注销行政许可的其他情形。（《药品生产监督管理办法》第二十条）
药品生产许可证遗失的	药品上市许可持有人、药品生产企业应当向原发证机关申请补发。（《药品生产监督管理办法》第二十一条）	原发证机关按照原核准事项在十日内补发药品生产许可证。许可证编号、有效期等与原许可证一致。（《药品生产监督管理办法》第二十一条）

四、药品生产经营监管要求

药品生产经营监管要求统计表

活动类别	责任主体	相关要求	相关规定
从事药品生产活动	药品上市许可持有人和药品生产企业	从事药品生产活动，应当遵守法律、法规、规章、标准和规范，保证全过程信息真实、准确、完整和可追溯。	《药品生产监督管理办法》第三条第一款
		监督检查时，药品上市许可持有人和药品生产企业应当根据检查需要说明情况、提供有关材料：（一）药品生产场地管理文件以及变更材料；（二）药品生产企业接受监督检查及整改落实情况；（三）药品质量不合格的处理情况；（四）药物警戒机构、人员、制度制定情况以及疑似药品不良反应监测、识别、评估、控制情况；（五）实施附条件批准的品种，开展上市后研究的材料；（六）需要审查的其他必要材料。	《药品生产监督管理办法》第五十七条
		发生与药品质量有关的重大安全事件，药品上市许可持有人应当立即对有关药品及其原料、辅料以及直接接触药品的包装材料和容器、相关生产线等采取封存等控制措施，并立即报告所在地省、自治区、直辖市药品监督管理部门和有关部门，省、自治区、直辖市药品监督管理部门应当在二十四小时内报告省级人民政府，同时报告国家药品监督管理局。	《药品生产监督管理办法》第六十五条
	药品生产企业	应当遵守药品生产质量管理规范，建立健全药品生产质量管理体系，保证药品生产全过程持续符合法定要求。药品生产企业的法定代表人、主要负责人对本企业的药品生产活动全面负责。	《药品管理法》第四十三条
		药品应当按照国家药品标准和经药品监督管理部门核准的生产工艺进行生产。生产、检验记录应当完整准确，不得编造。	《药品管理法》第四十四条第一款

续表

活动类别	责任主体	相关要求	相关规定
从事药品生产活动	中药饮片生产企业	中药饮片应当按照国家药品标准炮制；国家药品标准没有规定的，应当按照省、自治区、直辖市人民政府药品监督管理部门制定的炮制规范炮制。省、自治区、直辖市人民政府药品监督管理部门制定的炮制规范应当报国务院药品监督管理部门备案。不符合国家药品标准或者不按照省、自治区、直辖市人民政府药品监督管理部门制定的炮制规范炮制的，不得出厂、销售。	《药品管理法》第四十四条第二款
	生产药品所需的原料、辅料企业	直接接触药品的包装材料和容器，应当符合药用要求、药品生产质量管理规范的有关要求。生产药品，应当按照规定对供应原料、辅料等的供应商进行审核，保证购进、使用的原料、辅料等符合上述要求。	《药品管理法》第四十五条
从事药品相关产品生产经营活动	直接接触药品的包装材料和容器生产经营相关企业	直接接触药品的包装材料和容器，应当符合药用要求，符合保障人体健康、安全的标准。对不合格的直接接触药品的包装材料和容器，由药品监督管理部门责令停止使用。	《药品管理法》第四十六条
	药品包装相关企业	药品包装应当适合药品质量的要求，方便储存、运输和医疗使用。发运中药材应当有包装。在每件包装上，应当注明品名、产地、日期、供货单位，并附有质量合格的标志。	《药品管理法》第四十八条
	药品包装相关企业	药品包装应当按照规定印有或者贴有标签并附有说明书。标签或者说明书应注明药品的通用名称、成份、规格、上市许可持有人及其地址、生产企业及其地址、批准文号、产品批号、生产日期、有效期、适应症或者功能主治、用法、用量、禁忌、不良反应和注意事项。标签、说明书中的文字应当清晰，生产日期、有效期等事项应当显著标注，容易辨识。麻醉药品、精神药品、医疗用毒性药品、放射性药品、外用药品和非处方药的标签、说明书，应当印有规定的标志。	《药品管理法》第四十九条

续表

活动类别	责任主体	相关要求	相关规定
从事药品生产经营使用活动	药品上市许可持有人、药品生产企业、药品经营企业和医疗机构中直接接触药品的工作人员	应当每年进行健康检查。患有传染病或者其他可能污染药品的疾病的，不得从事直接接触药品的工作。	《药品管理法》第五十条
从事疫苗生产活动	疫苗上市许可持有人的法定代表人、主要负责人	应当具有良好的信用记录，生产管理负责人、质量管理负责人、质量受权人等关键岗位人员应当具有相关专业背景和从业经历。疫苗上市许可持有人应当加强对前款规定人员的培训和考核，及时将其任职和变更情况向省、自治区、直辖市人民政府药品监督管理部门报告。	《疫苗管理法》第二十三条
从事疫苗生产检验活动	疫苗生产企业	疫苗应当按照经核准的生产工艺和质量控制标准进行生产和检验，生产全过程应当符合药品生产质量管理规范的要求。疫苗上市许可持有人应当按照规定对疫苗生产全过程和疫苗质量进行审核、检验。	《疫苗管理法》第二十四条
	疫苗上市许可持有人	应当建立完整的生产质量管理体系，持续加强偏差管理，采用信息化手段如实记录生产、检验过程中形成的所有数据，确保生产全过程持续符合法定要求。	《疫苗管理法》第二十五条
从事药品经营活动	药品经营企业（经营者）	应当遵守药品经营质量管理规范，建立健全药品经营质量管理体系，保证药品经营全过程持续符合法定要求。国家鼓励、引导药品零售连锁经营。从事药品零售连锁经营活动的企业总部，应当建立统一的质量管理制度，对所属零售企业的经营活动履行管理责任。药品经营企业的法定代表人、主要负责人对本企业的药品经营活动全面负责。	《药品管理法》第五十三条
		国家对药品实行处方药与非处方药分类管理制度。具体办法由国务院药品监督管理部门会同国务院卫生健康主管部门制定。	《药品管理法》第五十四条
		购进药品，应当建立并执行进货检查验收制度，验明药品合格证明和其他标识；不符合规定要求的，不得购进和销售。	《药品管理法》第五十六条

续表

活动类别	责任主体	相关要求	相关规定
从事药品经营活动	药品经营企业（经营者）	购销药品应当有真实、完整的购销记录。购销记录应当注明药品的通用名称、剂型、规格、产品批号、有效期、上市许可持有人、生产企业、购销单位、购销数量、购销价格、购销日期及国务院药品监督管理部门规定的其他内容。	《药品管理法》第五十七条
		药品经营企业不得购进和销售医疗机构配制的制剂。	《药品流通监督管理办法》第十六条
		药品零售企业销售药品时，应当开具标明药品名称、生产厂商、数量、价格、批号等内容的销售凭证。	《药品流通监督管理办法》第十一条第二款
		未经药品监督管理部门审核同意，药品经营企业不得改变经营方式。药品经营企业应当按照《药品经营许可证》许可的经营范围经营药品。	《药品流通监督管理办法》第十七条
		零售药品应当准确无误，并正确说明用法、用量和注意事项；调配处方应当经过核对，对处方所列药品不得擅自更改或者代用。对有配伍禁忌或者超剂量的处方，应当拒绝调配；必要时，经处方医师更正或者重新签字，方可调配。药品经营企业销售中药材，应当标明产地。依法经过资格认定的药师或者其他药学技术人员负责本企业的药品管理、处方审核和调配、合理用药指导等工作。	《药品管理法》第五十八条
		药品零售企业应当按照国家食品药品监督管理局药品分类管理规定的要求，凭处方销售处方药。经营处方药和甲类非处方药的药品零售企业，执业药师或者其他依法经资格认定的药学技术人员不在岗时，应当挂牌告知，并停止销售处方药和甲类非处方药。	《药品流通监督管理办法》第十八条
		应当制定和执行药品保管制度，采取必要的冷藏、防冻、防潮、防虫、防鼠等措施，保证药品质量。药品入库和出库应当执行检查制度。	《药品管理法》第五十九条

续表

活动类别	责任主体	相关要求	相关规定
从事药品经营活动	药品生产、经营企业	对其药品购销行为负责，对其销售人员或设立的办事机构以本企业名义从事的药品购销行为承担法律责任。	《药品流通监督管理办法》第五条
		应当对其购销人员进行药品相关的法律、法规和专业知识培训，建立培训档案，培训档案中应当记录培训时间、地点、内容及接受培训的人员。	《药品流通监督管理办法》第六条
		应当加强对药品销售人员的管理，并对其销售行为作出具体规定。	《药品流通监督管理办法》第七条
		不得在经药品监督管理部门核准的地址以外的场所储存或者现货销售药品。	《药品流通监督管理办法》第八条
		采购药品时，应按《药品流通监督管理办法》第十条规定索取、查验、留存供货企业有关证件、资料，按《药品流通监督管理办法》第十一条规定索取、留存销售凭证。药品生产、经营企业按照上述规定留存的资料和销售凭证，应当保存至超过药品有效期一年，但不得少于三年。	《药品流通监督管理办法》第十二条
		知道或者应当知道他人从事无证生产、经营药品行为的，不得为其提供药品。	《药品流通监督管理办法》第十三条
		不得为他人以本企业的名义经营药品提供场所，或者资质证明文件，或者票据等便利条件。	《药品流通监督管理办法》第十四条
		不得以展示会、博览会、交易会、订货会、产品宣传会等方式现货销售药品。	《药品流通监督管理办法》第十五条
		药品说明书要求低温、冷藏储存的药品，药品生产、经营企业应当按照有关规定，使用低温、冷藏设施设备运输和储存。药品监督管理部门发现药品生产、经营企业违反本条前款规定的，应当立即查封、扣押所涉药品，并依法进行处理。	《药品流通监督管理办法》第十九条

续表

活动类别	责任主体	相关要求	相关规定
从事药品经营活动	药品生产、经营企业	不得采用邮售、互联网交易等方式直接向公众销售处方药。	《药品流通监督管理办法》第二十一条
		不得以搭售、买药品赠药品、买商品赠药品等方式向公众赠送处方药或者甲类非处方药。	《药品流通监督管理办法》第二十条
	药品生产企业	只能销售本企业生产的药品，不得销售本企业受委托生产的或者他人生产的药品。	《药品流通监督管理办法》第九条
	药品生产企业、药品批发企业	销售药品时，应当提供下列资料：（一）加盖本企业原印章的《药品生产许可证》或《药品经营许可证》和营业执照的复印件；（二）加盖本企业原印章的所销售药品的批准证明文件复印件；（三）销售进口药品的，按照国家有关规定提供相关证明文件。 派出销售人员销售药品的，除上述规定的资料外，还应当提供加盖本企业原印章的授权书复印件。授权书原件应当载明授权销售的品种、地域、期限，注明销售人员的身份证号码，并加盖本企业原印章和企业法定代表人印章（或者签名）。销售人员应当出示授权书原件及本人身份证原件，供药品采购方核实。	《药品流通监督管理办法》第十条
		销售药品时，应当开具标明供货单位名称、药品名称、生产厂商、批号、数量、价格等内容的销售凭证。	《药品流通监督管理办法》第十一条第一款
	药品上市许可持有人、药品生产企业、药品经营企业和医疗机构	应当从药品上市许可持有人或者具有药品生产、经营资格的企业购进药品；但是，购进未实施审批管理的中药材除外。	《药品管理法》第五十五条
	城乡集市贸易市场经营者	可以出售中药材，国务院另有规定的除外。	《药品管理法》第六十条

续表

活动类别	责任主体	相关要求	相关规定
从事疫苗经营使用活动	疫苗上市许可持有人	应当按照采购合同约定，向疾病预防控制机构供应疫苗。	《疫苗管理法》第三十五条
	疾病预防控制机构	应当按照规定向接种单位供应疫苗。	
	疾病预防控制机构以外的单位和个人	不得向接种单位供应疫苗；接种单位不得接收该疫苗。	
从事疫苗配送活动	疫苗上市许可持有人	应当按照采购合同约定，向疾病预防控制机构或者疾病预防控制机构指定的接种单位配送疫苗。	《疫苗管理法》第三十六条
	疫苗上市许可持有人、疾病预防控制机构	自行配送疫苗应当具备疫苗冷链储存、运输条件，也可以委托符合条件的疫苗配送单位配送疫苗。	
	疾病预防控制机构	配送非免疫规划疫苗可以收取储存、运输费用，具体办法由国务院财政部门会同国务院价格主管部门制定，收费标准由省、自治区、直辖市人民政府价格主管部门会同财政部门制定。	
	疾病预防控制机构、接种单位、疫苗配送单位	应当按照规定，建立真实、准确、完整的接收、购进、储存、配送、供应记录，并保存至疫苗有效期满后不少于五年备查。	《疫苗管理法》第三十九条第二款
从事疫苗销售活动	疫苗上市许可持有人	在销售疫苗时，应当提供加盖其印章的批签发证明复印件或者电子文件；销售进口疫苗的，还应当提供加盖其印章的进口药品通关单复印件或者电子文件。	《疫苗管理法》第三十八条第一款
		应当按照规定，建立真实、准确、完整的销售记录，并保存至疫苗有效期满后不少于五年备查。	《疫苗管理法》第三十九条第一款

续表

活动类别	责任主体	相关要求	相关规定
从事疫苗接收或购进活动	疾病预防控制机构、接种单位	在接收或者购进疫苗时，应当索取前款规定的证明文件，并保存至疫苗有效期满后不少于五年备查。	《疫苗管理法》第三十八条第二款
		接收或者购进疫苗时，应当索取本次运输、储存全过程温度监测记录，并保存至疫苗有效期满后不少于五年备查；对不能提供本次运输、储存全过程温度监测记录或者温度控制不符合要求的，不得接收或者购进，并应当立即向县级以上地方人民政府药品监督管理部门、卫生健康主管部门报告。	《疫苗管理法》第三十九条第三款
从事疫苗使用活动	疾病预防控制机构、接种单位	应当建立疫苗定期检查制度，对存在包装无法识别、储存温度不符合要求、超过有效期等问题的疫苗，采取隔离存放、设置警示标志等措施，并按照国务院药品监督管理部门、卫生健康主管部门、生态环境主管部门的规定处置。疾病预防控制机构、接种单位应当如实记录处置情况，处置记录应当保存至疫苗有效期满后不少于五年备查。	《疫苗管理法》第四十条
从事药品使用活动	医疗机构等	购进药品时，应当按照《药品流通监督管理办法》第十二条规定，索取、查验、保存供货企业有关证件、资料、票据。	《药品流通监督管理办法》第二十四条
		购进药品，必须建立并执行进货检查验收制度，并建有真实完整的药品购进记录。药品购进记录必须注明药品的通用名称、生产厂商（中药材标明产地）、剂型、规格、批号、生产日期、有效期、批准文号、供货单位、数量、价格、购进日期。药品购进记录必须保存至超过药品有效期一年，但不得少于三年。	《药品流通监督管理办法》第二十五条
		储存药品，应当制订和执行有关药品保管、养护的制度，并采取必要的冷藏、防冻、防潮、避光、通风、防火、防虫、防鼠等措施，保证药品质量。医疗机构应当将药品与非药品分开存放；中药材、中药饮片、化学药品、中成药应分别储存、分类存放。	《药品流通监督管理办法》第二十六条

续表

活动类别	责任主体	相关要求	相关规定
从事药品使用活动	医疗机构等	不得未经诊疗直接向患者提供药品。	《药品流通监督管理办法》第二十七条
		不得采用邮售、互联网交易等方式直接向公众销售处方药。	《药品流通监督管理办法》第二十八条
		以集中招标方式采购药品的，应当遵守《药品管理法》《药品管理法实施条例》及《药品流通监督管理办法》的有关规定。	《药品流通监督管理办法》第二十九条

第四节 药品网络销售监管与执法

一、一般网络售药

（一）药品网络销售主体

药品网络销售主体主要包括两个方面：一是电子商务经营者，二是消费者。电子商务经营者包括电子商务平台经营者、平台内经营者以及通过自建网站、其他网络服务销售商品或者提供服务的电子商务经营者。

《电子商务法》第九条规定："本法所称电子商务经营者，是指通过互联网等信息网络从事销售商品或者提供服务的经营活动的自然人、法人和非法人组织，包括电子商务平台经营者、平台内经营者以及通过自建网站、其他网络服务销售商品或者提供服务的电子商务经营者。本法所称电子商务平台经营者，是指在电子商务中为交易双方或者多方提供网络经营场所、交易撮合、信息发布等服务，供交易双方或者多方独立开展交易活动的法人或者非法人组织。本法所称平台内经营者，是指通过电子商务平台销售商品或者提供服务的电子商务经营者。"《药品网络销售监督管理办法》第七条规定："从事药品网络销售的，应当是具备保证网络销售药品安全能力的药品上市许可持有人或者药品经营企业。中药饮片生产企业销售其生产的中药饮片，应当履行药品上市许可持有人相关义务。"

《网络交易监督管理办法》第七条规定："本办法所称网络交易经营者，是指组织、开展网络交易活动的自然人、法人和非法人组织，包括网络交易平台经营者、平台内经营者、自建网站经营者以及通过其他网络服务开展网络交易活动的网络交易经营者。本办法所称网络交易平台经营者，是指在网络交易活动中为交易双方或者多方提供网络经营场所、交易撮合、信息发布等服务，供交易双方或者多方独立开展网络交易活动的法人或者非法人组织。本办法所称平台内经营者，是指通过网络交易平台开展网络交易活动的网络交易经营者。网络社交、网络直播等网络服务提供者为经营者提供网络经营场所、商品浏览、订单生成、在线支付等网络交易平台服务的，应当依法履行网络交易平台经营者的义务。通过上述网络交易平台服务开展网络交易活动的经营者，应当依法履行平台内经营者的义务。"

（二）药品网络销售法律依据

药品网络销售法律依据主要包括：《药品管理法》《电子商务法》《网络交易监督管理办法》《互联网信息服务管理办法》《药品流通监督管理办法》《药品网络销售监督管理办法》《刑法》等。

建议了解：《药品经营监督管理办法》（征求意见稿）。

（三）药品网络销售许可

从事药品网络销售，电子商务平台经营者要取得《营业执照》《互联网药品信息服务资格证书》，并进行药品网络交易服务第三方平台备案。平台内经营者一般需取得《营业执照》《药品经营许可证》等。通过自建网站、其他网络服务销售药品者一般需取得《营业执照》《药品经营许可证》《互联网药品信息服务资格证书》。

《药品管理法》第六十二条第一款规定："药品网络交易第三方平台提供者

应当按照国务院药品监督管理部门的规定，向所在地省、自治区、直辖市人民政府药品监督管理部门备案。"《药品网络销售监督管理办法》第十八条规定："第三方平台应当将企业名称、法定代表人、统一社会信用代码、网站名称以及域名等信息向平台所在地省级药品监督管理部门备案。省级药品监督管理部门应当将平台备案信息公示。"

《药品管理法》第五十一条第一款规定："从事药品批发活动，应当经所在地省、自治区、直辖市人民政府药品监督管理部门批准，取得药品经营许可证。从事药品零售活动，应当经所在地县级以上地方人民政府药品监督管理部门批准，取得药品经营许可证。无药品经营许可证的，不得经营药品。"

《网络交易监督管理办法》第八条第一款规定："网络交易经营者不得违反法律、法规、国务院决定的规定，从事无证无照经营。除《中华人民共和国电子商务法》第十条规定的不需要进行登记的情形外，网络交易经营者应当依法办理市场主体登记。"

《互联网药品信息服务管理办法》第二条规定："在中华人民共和国境内提供互联网药品信息服务活动，适用本办法。本办法所称互联网药品信息服务，是指通过互联网向上网用户提供药品（含医疗器械）信息的服务活动。"第三条规定："互联网药品信息服务分为经营性和非经营性两类。经营性互联网药品信息服务是指通过互联网向上网用户有偿提供药品信息等服务的活动。非经营性互联网药品信息服务是指通过互联网向上网用户无偿提供公开的、共享性药品信息等服务的活动。"第四条规定："国家食品药品监督管理总局对全国提供互联网药品信息服务活动的网站实施监督管理。省、自治区、直辖市食品药品监督管理部门对本行政区域内提供互联网药品信息服务活动的网站实施监督管理。"第五条规定："拟提供互联网药品信息服务的网站，应当在向国务院信息产业主管部门或者省级电信管理机构申请办理经营许可证或者办理备案手续之前，按照属地监督管理的原则，向该网站主办单位所在地省、自治区、直辖市食品药品监督管理部门提出申请，经审核同意后取得提供互联网药品信息服务的资格。"

(四) 药品网络销售监督检查

1. 职权划分。

《药品网络销售监督管理办法》第二十六条规定："药品监督管理部门应当依照法律、法规、规章等规定，按照职责分工对第三方平台和药品网络销售企业实施监督检查。"第二十八条规定："对第三方平台、药品上市许可持有人、药品批发企业通过网络销售药品违法行为的查处，由省级药品监督管理部门负责。对药品网络零售企业违法行为的查处，由市县级药品监督管理部门负责。药品网络销售违法行为由违法行为发生地的药品监督管理部门负责查处。因药品网络销售活动引发药品安全事件或者有证据证明可能危害人体健康的，也可以由违法行为结果地的药品监督管理部门负责。"

2. 可采取措施。

《药品网络销售监督管理办法》第二十七条规定："药品监督管理部门对第三方平台和药品网络销售企业进行检查时，可以依法采取下列措施：（一）进入药品网络销售和网络平台服务有关场所实施现场检查；（二）对网络销售的药品进行抽样检验；（三）询问有关人员，了解药品网络销售活动相关情况；（四）依法查阅、复制交易数据、合同、票据、账簿以及其他相关资料；（五）对有证据证明可能危害人体健康的药品及其有关材料，依法采取查封、扣押措施；（六）法律、法规规定可以采取的其他措施。必要时，药品监督管理部门可以对为药品研制、生产、经营、使用提供产品或者服务的单位和个人进行延伸检查。"

3. 加强网络销售监测。

《药品网络销售监督管理办法》第二十九条规定："药品监督管理部门应当加强药品网络销售监测工作。省级药品监督管理部门建立的药品网络销售监测平台，应当与国家药品网络销售监测平台实现数据对接。药品监督管理部门对监测发现的违法行为，应当依法按照职责进行调查处置。药品监督管理部门对网络销售违法行为的技术监测记录资料，可以依法作为实施行政处罚或者采取行政措施的电子数据证据。"

4. 可采取风险控制措施。

《药品网络销售监督管理办法》第三十条规定："对有证据证明可能存在安全隐患的，药品监督管理部门应当根据监督检查情况，对药品网络销售企业或者第三方平台等采取告诫、约谈、限期整改以及暂停生产、销售、使用、进口等措施，并及时公布检查处理结果。"

5. 检查信息保密义务。

《药品网络销售监督管理办法》第三十一条规定："药品监督管理部门应当对药品网络销售企业或者第三方平台提供的个人信息和商业秘密严格保密，不得泄露、出售或者非法向他人提供。"

（五）药品网络销售存在的问题及对策[①]

艾媒咨询发布的《2021全球与中国医药电商市场与发展趋势研究报告》显示，2020年中国医药电商市场交易规模达到约1956亿元，增速为28.3%，为近几年最高增速。同时，疫情防控需求、自媒体平台蓬勃发展也带动了医药电商的高速发展。医药电商为民众购药提供了极大的便利，但与此同时，无证经营、销售假劣药品、未凭处方销售处方药等药品网络销售违法违规问题也时有出现，引起社会的高度关注。笔者结合多年的监管执法经验，尝试总结药品网络销售存在的主要问题，并探索提出应对之策。

1. 药品网络销售存在的主要问题。

第一，违法违规行为不容小觑。

当前，药品网络销售违法违规行为主要表现为未取得资质开展药品网络销售、通过网络违法违规销售药品、网络交易服务第三方平台履责不到位三个方面。

具体而言，涉及无证生产经营的行为包括：未取得药品生产经营使用资质或资质超过有效期非法从事药品网络采购、销售活动；未取得或超出《互联网药品信息服务资格证书》有效期从事提供药品网络信息服务、发布虚假药品信

[①] 本部分于2021年9月3日在中国食品药品网上发表。

息活动。

涉及网络违法违规销售药品的行为包括：非法销售假药、劣药，销售已要求召回或监管部门要求停止销售、使用的药品；非法销售疫苗、血液制品、麻醉药品、精神药品、医疗用毒性药品、放射性药品、药品类易制毒化学品等国家实行特殊管理的药品；未按规定销售含麻黄碱类、可待因、曲马多等含特殊药品复方制剂；非法销售中药配方颗粒、医疗机构制剂；超范围、超方式经营药品；未严格执行处方药与非处方药分类管理有关规定，无处方或未经执业药师审核而销售处方药；药品配送不符合《药品经营质量管理规范》等有关规定。

涉及第三方平台履职的行为包括：未严格履行对入驻平台的药品网络销售者的资质审核义务；未对发生在平台的药品经营行为进行有效管理；未及时停止涉嫌违法违规行为的药品网络销售者的网络交易服务。

第二，主体责任落实仍有差距。

在药品网络监管和执法中，发现企业主体责任落实不到位的情形主要有：不具备从事药品经营活动的条件，如执业药师配备或其他药学技术人员缺失，处方药销售与互联网医院合作，不能很好地开展药学服务和用药指导；规章制度不健全，不能保障药品安全、有效、可追溯；无与所经营药品相适应的设备、仓储设施和卫生环境，药品委托无冷藏冷冻资质的普通快递企业配送，冷藏冷冻药品质量无法保障；经营行为不能严格遵守药品经营质量管理规范，如计算机系统使用、处方药销售、购销存管理等职责落实不到位等。

第三，监管能力建设任重道远。

随着医药电商、微信微博售药、"直播带货"等新业态的发展，药品监管面临极大挑战，对监管能力也提出新的要求。我们必须清醒地认识到，当前的监管现状还存在监管力量薄弱、专业人才缺乏、监管方式落后、检验检测能力不高等问题，打击网络非法售药的工作思路、治理方式、协作机制等方面亟须改进。

第四，制度机制完善仍需加速推进。

当前，《药品网络销售监督管理办法》已正式出台，但药品网络销售法规体系仍不健全，《药品管理法》《药品网络销售监督管理办法》相关的配套法规规章还不完善，如《药品经营监督管理办法》还没有出台，《药品管理法实施条例》还未及时修订，药品网络销售监管执法依据略显不足。另外，制度机制亟须建立完善，药品网络销售质量安全人制度缺失，网络销售监管长效机制还未建立等，都影响着药品网络销售的安全性和质量可控性。

第五，社会共治合力仍需凝心聚力。

因监管体制不同，各地监管情况不尽相同。以某市药品监管体制为例，药品生产环节监管权在市级药监部门，药品经营环节监管权在区级市场监管部门，而药品行政处罚权在市市场监管综合执法总队。

药品犯罪涉及公安部门，网络信息涉及工信部门，偷税漏税涉及税务部门，虚假广告涉及市场监管部门等。药品生产、经营环节监管分离，监管与行政处罚分离，药品网络违法犯罪涉及多个部门，如何开展联合执法、进行信用联合惩戒？因机构改革等原因，原来建立的联合执法长效机制、行刑衔接工作联合机制等，需要重新建立和整合，这些都是摆在我们面前亟须解决的问题。

2. 应对措施。

第一，加大执法力度，严厉打击违法犯罪行为。

一是要坚持问题导向，集中整治突出问题。根据药品网络销售的特点，针对重点环节、重点企业，从未取得资质开展药品网络销售问题、通过网络违法违规销售药品问题、网络交易服务第三方平台履责问题三个方面，对网络售药的各类违法违规行为进行"全链条""全方位"重点整治。二是广泛收集线索，严惩违法违规行为。采取"线上"广泛收集线索和"线下"集中调查处置相结合的方式，主动开展网络巡查和案件线索排查，利用国家药品网络交易监测系统，定期登录网站接收问题线索，依法严肃处置，施行销号管理。进一步畅通投诉渠道，广泛收集药品网络销售违法违规线索等，对重点案件线索，组织专业人员，集中优势力量，坚决一查到底、依法严惩。三是加强联合执法，开展信用监管。对于发现的违法违规行为，采取责任约谈、公开曝光、行政处罚等惩戒措施依法处理，涉嫌犯罪的，依法移送公安机关处理；涉及网站关闭或屏蔽的，移送工信部门依法处置。将严重违法企业列入"黑名单"，与税务、公安、海关、工信等部门开展协同监管和联合惩戒，使违法者"一处违法、处处受限"。查处一批典型案例，曝光一批企业，提高其违法成本，形成有效震慑，切实维护药品网络销售秩序。

第二，强化主体责任，严格规范药品网络销售。

按照"线上线下相一致"的原则，加强对药品网络销售企业、第三方平台的监督检查。省级药品监管部门对取得《互联网药品交易服务资格证书》《互联网药品信息服务资格证书》的第三方平台，增加检查频次，加大监管力度，督促其按照法律法规要求，完善制度、强化管理，落实质量管理主体责任，引导企业自律，牢牢守住药品安全底线。区级市场监督部门对零售连锁企业门店、单体药店，以及通过互联网及微信、微博等社交媒体销售药品的行为进行备案和实施监督检查，督促其按照药品经营管理规范开展网络经营；重点开展对入驻第三方平台进行"网订店送""网订店取"药品零售连锁门店的检查，发现问题后督促其及时整改到位。结合监督检查，开展法律法规宣贯，加强对企业法定代表人、质量管理人员的教育培训，强化企业主体责任意识，鼓励其依法依规经营，促进企业高质量发展。

第三，强化监管责任，加快推进监管能力建设。

一是开展智慧监管。主动促进互联网、大数据、云计算、区块链和人工智能等现代信息技术与监管工作的深度融合，积极利用信息化手段加强对医药新技术、新产品、新业态、新经营模式的监管，全面推进"智慧药监"建设，运用大数据分析技术，借助药品追溯信息和网络交易留痕信息，提升监管针对性和靶向性，实现"线上线下融合监管"。主动与国家药品网络交易监测系统、医疗机构信息系统等进行实时数据对接，信息共享，真正实现"依法管网、以网管网、信用管网、协同管网"，让监管能力赶上医药创新的步伐。二是加强队伍建设，通过分类别、分批次、有重点地开展培训，着力加强药品检查员队伍建设。开展专业化能力提升工程，锤炼一批能发现线索、能电子取证、能稽查办案的"三能"网络办案精兵。三是完善信息化追溯体系。构建全国药品追溯协同平台，实现药品（包括网络销售药品）全生命周期追溯，加强药品监管大数据应用，推进监管和产业数字化升级。

第四，健全法规体系，建立完善监管长效机制。

加快《药品管理法》配套法规、规章的制定、修订，特别是加速推进《药品经营监督管理办法》出台，加快《药品管理法实施条例》修订，及时清理完善规范性文件，逐步健全相关法律法规体系。对药品网络销售监管开展调查研究，健全完善多部门联合执法、行刑衔接等长效工作机制，提升监管效能。

第五，凝聚各方力量，大力增强社会共治合力。

一是加强沟通协调，建立协调监管工作联席会制度，定期开展药品网络销售安全风险会商，统筹监督检查、执法办案、不良反应监测、质量抽检等工作。辖区药品网络销售违法违规行为涉及多个区域或多个部门的，要主动联系、加强合作、协同监管、共同打击。要联合开展信用监管，畅通信用联合惩戒渠道，加大联合打击力度。二是加强宣传教育，提升安全意识。结合《药品管理法》宣贯，利用官方网站、微信公众号、微博、报纸等媒介，宣传药品网络销售安全知识，收集舆情网络信息，发布网络安全用药指南，加大对严重违法行为、重大案件曝光力度，引导公众从合法渠道购进药品，积极提供投诉举报线索，增强其法治思维和自我保护能力，营造社会共治良好氛围。三是规范行业管理，提升整体水平。药品网络销售者和网络交易服务第三方平台，应积极加入医药行业协会、商会等社会组织，接受管理和监督。各行业协会要主动发挥行业管理和规范作用，督促药品网络销售者和第三方平台建立健全质量管理体系，促进医药行业整体高质量发展。

（六）网络交易经营者的法定义务和法律责任

《网络交易监督管理办法》第七条第一款规定："本办法所称网络交易经营者，是指组织、开展网络交易活动的自然人、法人和非法人组织，包括网络交易平台经营者、平台内经营者、自建网站经营者以及通过其他网络服务开展网络交易活动的网络交易经营者。"网络交易经营者的法定义务与法律责任详见以下相关统计表。

1. 网络交易经营者的法定义务。

网络交易经营者法定义务统计表

法定义务	相关规定
1. 办理主体登记。网络交易经营者不得违反法律、法规、国务院决定的规定，从事无证无照经营。除《电子商务法》第十条规定的不需要进行登记的情形外，网络交易经营者应当依法办理市场主体登记。	《网络交易监督管理办法》第八条第一款
2. 报告义务。药品网络销售企业应当向药品监督管理部门报告企业名称、网站名称、应用程序名称、IP地址、域名、药品生产许可证或者药品经营许可证等信息。信息发生变化的，应当在十个工作日内报告。药品网络销售企业为药品上市许可持有人或者药品批发企业的，应当向所在地省级药品监督管理部门报告。药品网络销售企业为药品零售企业的，应当向所在地市县级药品监督管理部门报告。	《药品网络销售监督管理办法》第十一条
3. 产品安全义务。网络交易经营者销售的商品或者提供的服务应当符合保障人身、财产安全的要求和环境保护要求，不得销售或者提供法律、行政法规禁止交易，损害国家利益和社会公共利益，违背公序良俗的商品或者服务。	《网络交易监督管理办法》第十一条
4. 展示主体等信息义务。网络交易经营者应当在其网站首页或者从事经营活动的主页面显著位置，持续公示经营者主体信息或者该信息的链接标识。鼓励网络交易经营者链接到国家市场监督管理总局电子营业执照亮照系统，公示其营业执照信息。已经办理市场主体登记的网络交易经营者应当如实公示下列营业执照信息以及与其经营业务有关的行政许可等信息，或者该信息的链接标识：（一）企业应当公示其营业执照登载的统一社会信用代码、名称、企业类型、法定代表人（负责人）、住所、注册资本（出资额）等信息；（二）个体工商户应当公示其营业执照登载的统一社会信用代码、名称、经营者姓名、经营场所、组成形式等信息。 药品网络销售企业应当在网站首页或者经营活动的主页面显著位置，持续公示其药品生产或者经营许可证信息。药品网络零售企业还应当展示依法配备的药师或者其他药学技术人员的资格认定等信息。上述信息发生变化的，应当在十个工作日内予以更新。 第三方平台应当在其网站首页或者从事药品经营活动的主页面显著位置，持续公示营业执照、相关行政许可和备案、联系方式、投诉举报方式等信息或者上述信息的链接标识。	《网络交易监督管理办法》第十二条第一款、第二款；《药品网络销售监督管理办法》第十二条、第十九条第一款
5. 信息变更要及时公示。网络交易经营者公示的信息发生变更的，应当在十个工作日内完成更新公示。	《网络交易监督管理办法》第十二条第四款

续表

法定义务	相关规定
6. 收集使用信息要合法。网络交易经营者收集、使用消费者个人信息，应当遵循合法、正当、必要的原则，明示收集、使用信息的目的、方式和范围，并经消费者同意。网络交易经营者收集、使用消费者个人信息，应当公开其收集、使用规则，不得违反法律、法规的规定和双方的约定收集、使用信息。 网络交易经营者不得采用一次概括授权、默认授权、与其他授权捆绑、停止安装使用等方式，强迫或者变相强迫消费者同意收集、使用与经营活动无直接关系的信息。收集、使用个人生物特征、医疗健康、金融账户、个人行踪等敏感信息的，应当逐项取得消费者同意。 网络交易经营者及其工作人员应当对收集的个人信息严格保密，除依法配合监管执法活动外，未经被收集者授权同意，不得向包括关联方在内的任何第三方提供。	《网络交易监督管理办法》第十三条
7. 禁止经营行为。网络交易经营者不得违反《反不正当竞争法》等规定，实施扰乱市场竞争秩序，损害其他经营者或者消费者合法权益的不正当竞争行为。 网络交易经营者不得以下列方式，作虚假或者引人误解的商业宣传，欺骗、误导消费者：（一）虚构交易、编造用户评价；（二）采用误导性展示等方式，将好评前置、差评后置，或者不显著区分不同商品或者服务的评价等；（三）采用谎称现货、虚构预订、虚假抢购等方式进行虚假营销；（四）虚构点击量、关注度等流量数据，以及虚构点赞、打赏等交易互动数据。 网络交易经营者不得实施混淆行为，引人误认为是他人商品、服务或者与他人存在特定联系。 网络交易经营者不得编造、传播虚假信息或者误导性信息，损害竞争对手的商业信誉、商品声誉。 疫苗、血液制品、麻醉药品、精神药品、医疗用毒性药品、放射性药品、药品类易制毒化学品等国家实行特殊管理的药品不得在网络上销售，具体目录由国家药品监督管理局组织制定。 药品网络零售企业不得违反规定以买药品赠药品、买商品赠药品等方式向个人赠送处方药、甲类非处方药。	《网络交易监督管理办法》第十四条；《药品网络销售监督管理办法》第八条第二款、第三款
8. 发送商业性信息的要求。网络交易经营者未经消费者同意或者请求，不得向其发送商业性信息。 网络交易经营者发送商业性信息时，应当明示其真实身份和联系方式，并向消费者提供显著、简便、免费的拒绝继续接收的方式。消费者明确表示拒绝的，应当立即停止发送，不得更换名义后再次发送。	《网络交易监督管理办法》第十六条

续表

法定义务	相关规定
9. 搭售商品或者服务的要求。网络交易经营者以直接捆绑或者提供多种可选项方式向消费者搭售商品或者服务的，应当以显著方式提醒消费者注意。提供多种可选项方式的，不得将搭售商品或者服务的任何选项设定为消费者默认同意，不得将消费者以往交易中选择的选项在后续独立交易中设定为消费者默认选择。	《网络交易监督管理办法》第十七条
10. 采取自动展期、自动续费等方式提供服务的要求。网络交易经营者采取自动展期、自动续费等方式提供服务的，应当在消费者接受服务前和自动展期、自动续费等日期前五日，以显著方式提请消费者注意，由消费者自主选择；在服务期间内，应当为消费者提供显著、简便的随时取消或者变更的选项，并不得收取不合理费用。	《网络交易监督管理办法》第十八条
11. 披露信息的要求。网络交易经营者应当全面、真实、准确、及时地披露商品或者服务信息，保障消费者的知情权和选择权。	《网络交易监督管理办法》第十九条
12. 特殊网络服务的要求。通过网络社交、网络直播等网络服务开展网络交易活动的网络交易经营者，应当以显著方式展示商品或者服务及其实际经营主体、售后服务等信息，或者上述信息的链接标识。网络直播服务提供者对网络交易活动的直播视频保存时间自直播结束之日起不少于三年。	《网络交易监督管理办法》第二十条
13. 使用格式条款的要求。网络交易经营者向消费者提供商品或者服务使用格式条款、通知、声明等的，应当以显著方式提请消费者注意与消费者有重大利害关系的内容，并按照消费者的要求予以说明，不得作出含有下列内容的规定：（一）免除或者部分免除网络交易经营者对其所提供的商品或者服务应当承担的修理、重作、更换、退货、补足商品数量、退还货款和服务费用、赔偿损失等责任；（二）排除或者限制消费者提出修理、更换、退货、赔偿损失以及获得违约金和其他合理赔偿的权利；（三）排除或者限制消费者依法投诉、举报、请求调解、申请仲裁、提起诉讼的权利；（四）排除或者限制消费者依法变更或者解除合同的权利；（五）规定网络交易经营者单方享有解释权或者最终解释权；（六）其他对消费者不公平、不合理的规定。	《网络交易监督管理办法》第二十一条
14. 按照要求提交数据信息义务。网络交易经营者应当按照国家市场监督管理总局及其授权的省级市场监督管理部门的要求，提供特定时段、特定品类、特定区域的商品或者服务的价格、销量、销售额等数据信息。	《网络交易监督管理办法》第二十二条

续表

法定义务	相关规定
15. 持续公示终止信息义务。网络交易经营者自行终止从事网络交易活动的，应当提前三十日在其网站首页或者从事经营活动的主页面显著位置，持续公示终止网络交易活动公告等有关信息，并采取合理、必要、及时的措施保障消费者和相关经营者的合法权益。	《网络交易监督管理办法》第二十三条
16. 展示信息真实、准确、合法义务。药品网络销售企业展示的药品相关信息应当真实、准确、合法。 从事处方药销售的药品网络零售企业，应当在每个药品展示页面下突出显示"处方药须凭处方在药师指导下购买和使用"等风险警示信息。处方药销售前，应当向消费者充分告知相关风险警示信息，并经消费者确认知情。 药品网络零售企业应当将处方药与非处方药区分展示，并在相关网页上显著标示处方药、非处方药。 药品网络零售企业在处方药销售主页面、首页面不得直接公开展示处方药包装、标签等信息。通过处方审核前，不得展示说明书等信息，不得提供处方药购买的相关服务。 第三方平台展示药品信息应当遵守上述规定。	《药品网络销售监督管理办法》第十三条、第十九条第二款

2. 网络交易经营者常见违法行为。

网络交易经营者常见违法行为处罚统计表

序号	违法行为	违反规定	处罚依据	处罚内容
1	网络交易经营者未取得或者超出有效期使用《互联网药品信息服务资格证书》从事互联网药品信息服务的	《互联网药品信息服务管理办法》第五条	《互联网药品信息服务管理办法》第二十二条	未取得或者超出有效期使用《互联网药品信息服务资格证书》从事互联网药品信息服务的，由国家食品药品监督管理总局或者省、自治区、直辖市食品药品监督管理部门给予警告，并责令其停止从事互联网药品信息服务；情节严重的，移送相关部门，依照有关法律、法规给予处罚。

续表

序号	违法行为	违反规定	处罚依据	处罚内容
2	网络交易经营者销售的商品或者提供的服务不符合保障人身、财产安全的要求和环境保护要求，销售或者提供法律、行政法规禁止交易，损害国家利益和社会公共利益，违背公序良俗的商品或者服务的	《网络交易监督管理办法》第十一条	《网络交易监督管理办法》第四十一条	法律、行政法规有规定的，依照其规定；法律、行政法规没有规定的，由市场监督管理部门依职责责令限期改正，可以处五千元以上三万元以下罚款。
3	网络交易经营者违反法律、法规的规定和双方的约定收集、使用信息的	《网络交易监督管理办法》第十三条	《网络交易监督管理办法》第四十一条	法律、行政法规有规定的，依照其规定；法律、行政法规没有规定的，由市场监督管理部门依职责责令限期改正，可以处五千元以上三万元以下罚款。
4	网络交易经营者未经消费者同意或者请求，向其发送商业性信息的	《网络交易监督管理办法》第十六条	《网络交易监督管理办法》第四十一条	法律、行政法规有规定的，依照其规定；法律、行政法规没有规定的，由市场监督管理部门依职责责令限期改正，可以处五千元以上三万元以下罚款。
5	网络交易经营者采取自动展期、自动续费等方式提供服务，未按照法定要求提请注意，并收取不合理费用的	《网络交易监督管理办法》第十八条	《网络交易监督管理办法》第四十一条	法律、行政法规有规定的，依照其规定；法律、行政法规没有规定的，由市场监督管理部门依职责责令限期改正，可以处五千元以上三万元以下罚款。
6	网络交易经营者未在其网站首页或者从事经营活动的主页面显著位置，持续公示经营者主体信息或者该信息的链接标识的	《网络交易监督管理办法》第十二条	《电子商务法》第七十六条；《网络交易监督管理办法》第四十二条	由市场监督管理部门责令限期改正，可以处一万元以下的罚款。

续表

序号	违法行为	违反规定	处罚依据	处罚内容
7	网络交易经营者自行终止从事网络交易活动，未提前三十日在其网站首页或者从事经营活动的主页面显著位置，持续公示终止网络交易活动公告等有关信息的	《网络交易监督管理办法》第二十三条	《电子商务法》第七十六条；《网络交易监督管理办法》第四十二条	由市场监督管理部门责令限期改正，可以处一万元以下的罚款。
8	网络交易经营者违反《反不正当竞争法》等规定，虚构交易、编造用户评价的	《反不正当竞争法》第八条	《反不正当竞争法》第二十条；《网络交易监督管理办法》第四十三条	由监督检查部门责令停止违法行为，处二十万元以上一百万元以下的罚款；情节严重的，处一百万元以上二百万元以下的罚款，可以吊销营业执照。
9	网络交易经营者违反《反不正当竞争法》等规定，采用误导性展示等方式，将好评前置、差评后置，或者不显著区分不同商品或者服务的评价的	《反不正当竞争法》第八条	《反不正当竞争法》第二十条；《网络交易监督管理办法》第四十三条	由监督检查部门责令停止违法行为，处二十万元以上一百万元以下的罚款；情节严重的，处一百万元以上二百万元以下的罚款，可以吊销营业执照。
10	网络交易经营者违反《反不正当竞争法》等规定，采用谎称现货、虚构预订、虚假抢购等方式进行虚假营销的	《反不正当竞争法》第八条	《反不正当竞争法》第二十条；《网络交易监督管理办法》第四十三条	由监督检查部门责令停止违法行为，处二十万元以上一百万元以下的罚款；情节严重的，处一百万元以上二百万元以下的罚款，可以吊销营业执照。
11	网络交易经营者违反《反不正当竞争法》等规定，虚构点击量、关注度等流量数据，以及虚构点赞、打赏等交易互动数据的	《反不正当竞争法》第八条	《反不正当竞争法》第二十条；《网络交易监督管理办法》第四十三条	由监督检查部门责令停止违法行为，处二十万元以上一百万元以下的罚款；情节严重的，处一百万元以上二百万元以下的罚款，可以吊销营业执照。

续表

序号	违法行为	违反规定	处罚依据	处罚内容
12	网络交易经营者违反《反不正当竞争法》等规定，实施混淆行为，引人误认为是他人商品、服务或者与他人存在特定联系的	《反不正当竞争法》第六条第（四）项	《反不正当竞争法》第十八条第一款；《网络交易监督管理办法》第四十三条	由监督检查部门责令停止违法行为，没收违法商品。违法经营额五万元以上的，可以并处违法经营额五倍以下的罚款；没有违法经营额或者违法经营额不足五万元的，可以并处二十五万元以下的罚款。情节严重的，吊销营业执照。
13	网络交易经营者违反《反不正当竞争法》等规定，编造、传播虚假信息或者误导性信息，损害竞争对手的商业信誉、商品声誉的	《反不正当竞争法》第十一条	《反不正当竞争法》第二十三条；《网络交易监督管理办法》第四十三条	由监督检查部门责令停止违法行为、消除影响，处十万元以上五十万元以下的罚款；情节严重的，处五十万元以上三百万元以下的罚款。
14	网络交易经营者以直接捆绑或者提供多种可选项方式向消费者搭售商品或者服务的，未以显著方式提醒消费者注意的	《网络交易监督管理办法》第十七条	《电子商务法》第七十七条；《网络交易监督管理办法》第四十四条	由市场监督管理部门责令限期改正，没收违法所得，可以并处五万元以上二十万元以下的罚款；情节严重的，并处二十万元以上五十万元以下的罚款。
15	通过网络社交、网络直播等网络服务开展网络交易活动的网络交易经营者，未以显著方式展示商品或者服务及其实际经营主体、售后服务等信息，或者上述信息的链接标识的	《网络交易监督管理办法》第二十条第一款	《网络交易监督管理办法》第四十五条	法律、行政法规有规定的，依照其规定；法律、行政法规没有规定的，由市场监督管理部门责令限期改正；逾期不改正的，处一万元以下罚款。
16	网络直播服务提供者对网络交易活动的直播视频未按照法定时限予以保存的	《网络交易监督管理办法》第二十条第二款	《网络交易监督管理办法》第四十五条	法律、行政法规有规定的，依照其规定；法律、行政法规没有规定的，由市场监督管理部门责令限期改正；逾期不改正的，处一万元以下罚款。

续表

序号	违法行为	违反规定	处罚依据	处罚内容
17	网络交易经营者未按照国家市场监督管理总局及其授权的省级市场监督管理部门的要求，提供特定时段、特定品类、特定区域的商品或者服务的价格、销量、销售额等数据信息的	《网络交易监督管理办法》第二十二条	《网络交易监督管理办法》第四十六条	由市场监督管理部门责令限期改正；逾期不改正，处五千元以上三万元以下罚款。
18	网络经营者未经其他经营者同意，在其合法提供的网络产品或者服务中，插入链接、强制进行目标跳转的	《反不正当竞争法》第十二条第二款第（一）项	《反不正当竞争法》第二十四条	由监督检查部门责令停止违法行为，处十万元以上五十万元以下的罚款；情节严重的，处五十万元以上三百万元以下的罚款。
19	网络交易经营者误导、欺骗、强迫用户修改、关闭、卸载其他经营者合法提供的网络产品或者服务的	《反不正当竞争法》第十二条第二款第（二）项	《反不正当竞争法》第二十四条	由监督检查部门责令停止违法行为，处十万元以上五十万元以下的罚款；情节严重的，处五十万元以上三百万元以下的罚款。
20	网络交易经营者恶意对其他经营者合法提供的网络产品或者服务实施不兼容的	《反不正当竞争法》第十二条第二款第（三）项	《反不正当竞争法》第二十四条	由监督检查部门责令停止违法行为，处十万元以上五十万元以下的罚款；情节严重的，处五十万元以上三百万元以下的罚款。

（七）第三方平台的法定义务和法律责任

1. 第三方平台的法定义务。

（1）审核义务。

《药品管理法》第六十二条第二款规定："第三方平台提供者应当依法对申请进入平台经营的药品上市许可持有人、药品经营企业的资质等进行审核，保证其符合法定要求，并对发生在平台的药品经营行为进行管理。"

（2）不得展示特殊管理药品义务。

《药品管理法》第六十一条第二款规定："疫苗、血液制品、麻醉药品、精神药品、医疗用毒性药品、放射性药品、药品类易制毒化学品等国家实行特殊管理的药品不得在网络上销售。"

《药品网络销售监督管理办法》第八条第二款规定："疫苗、血液制品、麻醉药品、精神药品、医疗用毒性药品、放射性药品、药品类易制毒化学品等国家实行特殊管理的药品不得在网络上销售，具体目录由国家药品监督管理局组织制定。"

（3）建立质量机构、配备相关技术人员以及建立管理制度的义务。

《药品网络销售监督管理办法》第十七条第一款规定："第三方平台应当建立药品质量安全管理机构，配备药学技术人员承担药品质量安全管理工作，建立并实施药品质量安全、药品信息展示、处方审核、处方药实名购买、药品配送、交易记录保存、不良反应报告、投诉举报处理等管理制度。"

（4）检查、报告义务。

《药品网络销售监督管理办法》第十七条第二款规定："第三方平台应当加强检查，对入驻平台的药品网络销售企业的药品信息展示、处方审核、药品销售和配送等行为进行管理，督促其严格履行法定义务。"第二十二条规定："第三方平台应当对药品网络销售活动建立检查监控制度。发现入驻的药品网络销售企业有违法行为的，应当及时制止并立即向所在地县级药品监督管理部门报告。"

（5）停止服务义务。

《药品网络销售监督管理办法》第二十三条规定："第三方平台发现下列严重违法行为的，应当立即停止提供网络交易平台服务，停止展示药品相关信息：（一）不具备资质销售药品的；（二）违反本办法第八条规定销售国家实行特殊管理的药品的；（三）超过药品经营许可范围销售药品的；（四）因违法行为被药品监督管理部门责令停止销售、吊销药品批准证明文件或者吊销药品经营许可证的；（五）其他严重违法行为的。药品注册证书被依法撤销、注销的，不得展示相关药品的信息。"

（6）配合检查义务。

《药品网络销售监督管理办法》第二十五条规定："药品监督管理部门开展监督检查、案件查办、事件处置等工作时，第三方平台应当予以配合。药品监督管理部门发现药品网络销售企业存在违法行为，依法要求第三方平台采取措施制止的，第三方平台应当及时履行相关义务。药品监督管理部门依照法律、行政法规要求提供有关平台内销售者、销售记录、药学服务以及追溯等信息的，第三方平台应当及时予以提供。鼓励第三方平台与药品监督管理部门建立开放数据接口等形式的自动化信息报送机制。"

（7）对电子处方提供单位进行核实并签订协议义务。

《药品网络销售监督管理办法》第九条第三款规定："第三方平台承接电子处方的，应当对电子处方提供单位的情况进行核实，并签订协议。"

（8）建立信用评价制度义务。

《电子商务法》第三十九条第一款规定："电子商务平台经营者应当建立健全信用评价制度，公示信用评价规则，为消费者提供对平台内销售的商品或者提供的服务进行评价的途径。"

（9）标注证书编号义务。

《互联网药品信息服务管理办法》第八条规定："提供互联网药品信息服务的网站，应当在其网站主页显著位置标注《互联网药品信息服务资格证书》的证书编号。"

（10）核验、登记，建立登记档案，并定期核验更新义务。

《电子商务法》第二十七条第一款规定："电子商务平台经营者应当要求申请进入平台销售商品或者提供服务的经营者提交其身份、地址、联系方式、行政许可等真实信息，进行核验、登记，建立登记档案，并定期核验更新。"

《药品网络销售监督管理办法》第二十条规定："第三方平台应当对申请入驻的药品网络销售企业资质、质量安全保证能力等进行审核，对药品网络销售企业建立登记档案，至少每六个月核验更新一次，确保入驻的药品网络销售企业符合法定要求。第三方平台应当与药品网络销售企业签订协议，明确双方药品质量安全责任。"

（11）保障交易安全、制定应急预案及报告义务。

《电子商务法》第三十条规定："电子商务平台经营者应当采取技术措施和其他必要措施保证其网络安全、稳定运行，防范网络违法犯罪活动，有效应对网络安全事件，保障电子商务交易安全。电子商务平台经营者应当制定网络安全事件应急预案，发生网络安全事件时，应当立即启动应急预案，采取相应的补救措施，并向有关主管部门报告。"

《药品网络销售监督管理办法》第二十四条规定："出现突发公共卫生事件或者其他严重威胁公众健康的紧急事件时，第三方平台、药品网络销售企业应当遵守国家有关应急处置规定，依法采取相应的控制和处置措施。药品上市许可持有人依法召回药品的，第三方平台、药品网络销售企业应当积极予以配合。"

（12）记录保存义务。

《电子商务法》第三十一条规定："电子商务平台经营者应当记录、保存平台上发布的商品和服务信息、交易信息，并确保信息的完整性、保密性、可用性。商品和服务信息、交易信息保存时间自交易完成之日起不少于三年；法律、行政法规另有规定的，依照其规定。"

《药品网络销售监督管理办法》第二十一条规定："第三方平台应当保存药品展示、交易记录与投诉举报等信息。保存期限不少于5年，且不少于药品有效期满后1年。第三方平台应当确保有关资料、信息和数据的真实、完整，并为入驻的药品网络销售企业自行保存数据提供便利。"

（13）制定平台服务协议和交易规则及信息保护义务。

《电子商务法》第三十二条规定："电子商务平台经营者应当遵循公开、公平、公正的原则，制定平台服务协议和交易规则，明确进入和退出平台、商品和服务质量保障、消费者权益保护、个人信息保护等方面的权利和义务。"

《药品网络销售监督管理办法》第五条规定："从事药品网络销售、提供药品网络交易平台服务,应当采取有效措施保证交易全过程信息真实、准确、完整和可追溯,并遵守国家个人信息保护的有关规定。"

(14) 公示义务。

《电子商务法》第三十三条规定:"电子商务平台经营者应当在其首页显著位置持续公示平台服务协议和交易规则信息或者上述信息的链接标识,并保证经营者和消费者能够便利、完整地阅览和下载。"第三十四条第一款规定:"电子商务平台经营者修改平台服务协议和交易规则,应当在其首页显著位置公开征求意见,采取合理措施确保有关各方能够及时充分表达意见。修改内容应当至少在实施前七日予以公示。"第三十六条规定:"电子商务平台经营者依据平台服务协议和交易规则对平台内经营者违反法律、法规的行为实施警示、暂停或者终止服务等措施的,应当及时公示。"

《药品网络销售监督管理办法》第十九条规定:"第三方平台应当在其网站首页或者从事药品经营活动的主页面显著位置,持续公示营业执照、相关行政许可和备案、联系方式、投诉举报方式等信息或者上述信息的链接标识。第三方平台展示药品信息应当遵守本办法第十三条的规定。"

(15) 不合理限制和不合理收费禁止义务。

《电子商务法》第三十五条规定:"电子商务平台经营者不得利用服务协议、交易规则以及技术等手段,对平台内经营者在平台内的交易、交易价格以及与其他经营者的交易等进行不合理限制或者附加不合理条件,或者向平台内经营者收取不合理费用。"

(16) 自营业务显著标示义务。

《电子商务法》第三十七条规定:"电子商务平台经营者在其平台上开展自营业务的,应当以显著方式区分标记自营业务和平台内经营者开展的业务,不得误导消费者。电子商务平台经营者对其标记为自营的业务依法承担商品销售者或者服务提供者的民事责任。"

(17) 标注证书编号义务。

《互联网药品信息服务管理办法》第二十三条规定:"提供互联网药品信息

服务的网站不在其网站主页的显著位置标注《互联网药品信息服务资格证书》的证书编号的，国家食品药品监督管理总局或者省、自治区、直辖市食品药品监督管理部门给予警告，责令限期改正；在限定期限内拒不改正的，对提供非经营性互联网药品信息服务的网站处以500元以下罚款，对提供经营性互联网药品信息服务的网站处以5000元以上1万元以下罚款。"

(18) 其他义务。

2. 第三方平台的法律责任。

第三方平台常见违法行为处罚统计表

序号	违法行为	违反规定	处罚依据	处罚内容
1	展示的药品相关信息不真实、准确、合法的	《药品网络销售监督管理办法》第十九条第二款	《药品网络销售监督管理办法》第三十六条	责令限期改正；逾期不改正的，处五万元以上十万元以下罚款。
2	药品网络交易第三方平台提供者未履行资质审核、报告、停止提供网络交易平台服务等义务的	《药品管理法》第六十二条第二、三款；《药品网络销售监督管理办法》第二十条、第二十二条、第二十三条	《药品管理法》第一百三十一条；《药品网络销售监督管理办法》第四十条	责令改正，没收违法所得，并处二十万元以上二百万元以下的罚款；情节严重的，责令停业整顿，并处二百万元以上五百万元以下的罚款。
3	提供互联网药品信息服务的网站未取得或者超出有效期使用《互联网药品信息服务资格证书》从事互联网药品信息服务的	《互联网药品信息服务管理办法》第五条	《互联网药品信息服务管理办法》第二十二条	由国家食品药品监督管理总局或者省、自治区、直辖市食品药品监督管理部门给予警告，并责令其停止从事互联网药品信息服务；情节严重的，移送相关部门，依照有关法律、法规给予处罚。
4	第三方平台承接电子处方，未对电子处方提供单位的情况进行核实，未签订协议的	《药品网络销售监督管理办法》第九条第三款	《药品网络销售监督管理办法》第三十四条第二款	责令限期改正，处五万元以上十万元以下罚款；造成危害后果的，处十万元以上二十万元以下罚款。

续表

序号	违法行为	违反规定	处罚依据	处罚内容
5	网络交易平台经营者拒不为入驻的平台内经营者出具网络经营场所相关材料的	《网络交易监督管理办法》第十条	《网络交易监督管理办法》第四十条	由市场监督管理部门责令限期改正；逾期不改正的，处一万元以上三万元以下罚款。
6	第三方平台未建立药品质量安全管理机构，未配备药学技术人员承担药品质量安全管理工作，未建立并实施药品质量安全、药品信息展示、处方审核、处方药实名购买、药品配送、交易记录保存、不良反应报告、投诉举报处理等管理制度的	《药品网络销售监督管理办法》第十七条第一款	《药品网络销售监督管理办法》第三十八条	责令限期改正，处三万元以上十万元以下罚款；造成危害后果的，处十万元以上二十万元以下罚款。
7	提供互联网药品信息服务的网站不在其网站主页的显著位置标注《互联网药品信息服务资格证书》的证书编号的	《互联网药品信息服务管理办法》第八条	《互联网药品信息服务管理办法》第二十三条	国家食品药品监督管理总局或者省、自治区、直辖市食品药品监督管理部门给予警告，责令限期改正；在限定期限内拒不改正的，对提供非经营性互联网药品信息服务的网站处以五百元以下罚款，对提供经营性互联网药品信息服务的网站处以五千元以上一万元以下罚款。
8	第三方平台未将企业名称、法定代表人、统一社会信用代码、网站名称以及域名等信息向平台所在地省级药品监督管理部门备案的	《药品网络销售监督管理办法》第十八条	《药品网络销售监督管理办法》第三十九条	责令限期改正；逾期不改正的，处五万元以上十万元以下罚款；造成危害后果的，处十万元以上二十万元以下罚款。

续表

序号	违法行为	违反规定	处罚依据	处罚内容
9	互联网药品信息服务提供者已经获得《互联网药品信息服务资格证书》，但提供的药品信息直接撮合药品网上交易的	《互联网药品信息服务管理办法》第二十四条	《互联网药品信息服务管理办法》第二十四条	由国家食品药品监督管理总局或者省、自治区、直辖市食品药品监督管理部门给予警告，责令限期改正；情节严重的，对提供非经营性互联网药品信息服务的网站处以一千元以下罚款，对提供经营性互联网药品信息服务的网站处以一万元以上三万元以下罚款；构成犯罪的，移送司法部门追究刑事责任。
10	互联网药品信息服务提供者已经获得《互联网药品信息服务资格证书》，但超出审核同意的范围提供互联网药品信息服务的	《互联网药品信息服务管理办法》第二十四条	《互联网药品信息服务管理办法》第二十四条	由国家食品药品监督管理总局或者省、自治区、直辖市食品药品监督管理部门给予警告，责令限期改正；情节严重的，对提供非经营性互联网药品信息服务的网站处以一千元以下罚款，对提供经营性互联网药品信息服务的网站处以一万元以上三万元以下罚款；构成犯罪的，移送司法部门追究刑事责任。
11	互联网药品信息服务提供者提供不真实互联网药品信息服务并造成不良社会影响的	《互联网药品信息服务管理办法》第二十四条	《互联网药品信息服务管理办法》第二十四条	由国家食品药品监督管理总局或者省、自治区、直辖市食品药品监督管理部门给予警告，责令限期改正；情节严重的，对提供非经营性互联网药品信息服务的网站处以一千元以下罚款，对提供经营性互联网药品信息服务的网站处以一万元以上三万元以下罚款；构成犯罪的，移送司法部门追究刑事责任。

续表

序号	违法行为	违反规定	处罚依据	处罚内容
12	互联网药品信息服务提供者擅自变更互联网药品信息服务项目的	《互联网药品信息服务管理办法》第二十四条	《互联网药品信息服务管理办法》第二十四条	由国家食品药品监督管理总局或者省、自治区、直辖市食品药品监督管理部门给予警告，责令限期改正；情节严重的，对提供非经营性互联网药品信息服务的网站处以一千元以下罚款，对提供经营性互联网药品信息服务的网站处以一万元以上三万元以下罚款；构成犯罪的，移送司法部门追究刑事责任。
13	电子商务平台经营者对平台内经营者侵害消费者合法权益行为未采取必要措施，或者对平台内经营者未尽到资质资格审核义务，或者对消费者未尽到安全保障义务的	《电子商务法》第三十八条	《电子商务法》第八十三条	由市场监督管理部门责令限期改正，可以处五万元以上五十万元以下的罚款；情节严重的，责令停业整顿，并处五十万元以上二百万元以下的罚款。
14	网络交易平台经营者未要求申请进入平台销售商品或者提供服务的经营者提交其身份、地址、联系方式、行政许可等真实信息，进行核验、登记，建立登记档案，并及时核验更新的	《网络交易监督管理办法》第二十四条第一款	《电子商务法》第八十条；《网络交易监督管理办法》第四十七条	由有关主管部门责令限期改正；逾期不改正的，处二万元以上十万元以下的罚款；情节严重的，责令停业整顿，并处十万元以上五十万元以下的罚款。
15	网络交易平台经营者未及时向住所地省级市场监督管理部门报送平台内经营者身份信息的	《网络交易监督管理办法》第二十五条第二款	《电子商务法》第八十条；《网络交易监督管理办法》第四十七条	由有关主管部门责令限期改正；逾期不改正的，处二万元以上十万元以下的罚款；情节严重的，责令停业整顿，并处十万元以上五十万元以下的罚款。

续表

序号	违法行为	违反规定	处罚依据	处罚内容
16	网络交易平台经营者未按照法定要求对平台内经营者身份信息进行保存的	《网络交易监督管理办法》第三十一条	《电子商务法》第八十条；《网络交易监督管理办法》第四十七条	由有关主管部门责令限期改正；逾期不改正的，处二万元以上十万元以下的罚款；情节严重的，责令停业整顿，并处十万元以上五十万元以下的罚款。
17	网络交易平台经营者修改平台服务协议和交易规则未完整保存修改后的全部历史版本，未保证经营者和消费者能够便利、完整地阅览和下载的	《网络交易监督管理办法》第二十八条	《网络交易监督管理办法》第四十八条	由市场监督管理部门责令限期改正；逾期不改正的，处一万元以上三万元以下罚款。
18	网络交易平台经营者对平台内经营者违法行为采取警示、暂停或者终止服务等处理措施，未按照法定要求进行公示的	《网络交易监督管理办法》第三十条	《网络交易监督管理办法》第四十八条	由市场监督管理部门责令限期改正；逾期不改正的，处一万元以上三万元以下罚款。
19	网络交易平台经营者未对平台内经营者及其发布的商品或者服务信息建立检查监控制度的	《网络交易监督管理办法》第二十九条	《网络交易监督管理办法》第四十九条	法律、行政法规有规定的，依照其规定；法律、行政法规没有规定的，由市场监督管理部门依职责责令限期改正，可以处一万元以上三万元以下罚款。
20	网络交易平台经营者发现平台内的商品或者服务信息违法或损害国家利益和社会公共利益，违背公序良俗，未依法采取必要的处置措施，未保存有关记录，未向平台住所地县级以上市场监督管理部门报告的	《网络交易监督管理办法》第二十九条	《网络交易监督管理办法》第四十九条	法律、行政法规有规定的，依照其规定；法律、行政法规没有规定的，由市场监督管理部门依职责责令限期改正，可以处一万元以上三万元以下罚款。

续表

序号	违法行为	违反规定	处罚依据	处罚内容
21	网络交易平台经营者违反《电子商务法》第三十五条的规定，对平台内经营者在平台内的交易、交易价格以及与其他经营者的交易等进行不合理限制或者附加不合理条件，干涉平台内经营者的自主经营的	《电子商务法》第三十五条；《网络交易监督管理办法》第三十二条	《电子商务法》第八十二条；《网络交易监督管理办法》第五十条	由市场监督管理部门责令限期改正，可以处五万元以上五十万元以下的罚款；情节严重的，处五十万元以上二百万元以下的罚款。
22	网络交易平台经营者对市场监督管理部门依法开展的监管执法活动，拒绝依照《网络交易监督管理办法》规定提供有关材料、信息，或者提供虚假材料、信息，或者隐匿、销毁、转移证据，或者有其他拒绝、阻碍监管执法行为的	《网络交易监督管理办法》第五十三条	《网络交易监督管理办法》第五十三条	法律、行政法规、其他市场监督管理部门规章有规定的，依照其规定；法律、行政法规、其他市场监督管理部门规章没有规定的，由市场监督管理部门责令改正，可以处五千元以上三万元以下罚款。
23	网络交易平台经营者未在其网站首页或者从事经营活动的主页面显著位置，持续公示经营者主体信息或者该信息的链接标识的	《网络交易监督管理办法》第十二条第一款	《电子商务法》第八十一条第一款；《网络交易监督管理办法》第四十二条	由市场监督管理部门责令限期改正，可以处二万元以上十万元以下的罚款；情节严重的，处十万元以上五十万元以下的罚款。
24	网络交易经营者自行终止从事网络交易活动，未提前三十日在其网站首页或者从事经营活动的主页面显著位置，持续公示终止网络交易活动公告等有关信息的	《网络交易监督管理办法》第二十三条	《电子商务法》第八十一条第一款；《网络交易监督管理办法》第四十二条	由市场监督管理部门责令限期改正，可以处二万元以上十万元以下的罚款；情节严重的，处十万元以上五十万元以下的罚款。

3. 第三方平台违法行为案例分析。

典型案例：平台内经营者销售第二类精神药品，对平台方应如何定性处罚①

【案情】

2021年2月5日，某市药监局接到举报称，药店B在第三方平台A销售第二类精神药品复方地西泮片（处方药）。且购买者只需声称已确诊相关疾病，并有相关药品安全使用史，就可以通过第三方平台A在药店B成功购买该处方药。接到举报后，该局立即组织执法人员赴平台A开展现场检查，发现举报属实。监管人员查询药店B在平台A的销售记录时发现，药店B共销售复方地西泮片5盒，售价为18元/盒。但未查询到购买者提供的处方（复印件）或互联网医院开具的处方（复印件），以及药店B药师审核的复方地西泮片处方记录。

经查，平台A已取得《互联网药品信息服务资格证书》《互联网药品交易服务资格证书》，并在网站主页显著位置标注上述证书编号，但未建立相关质量管理制度，无药品质量管理机构，未配备执业药师。药店B已取得药品网络经营相关资质。

【分歧】

执法人员一致认为，应将药店B通过平台A销售第二类精神药品（处方药）的行为，认定为未凭处方销售处方药、网络销售精神药品。但对于如何定性第三方平台A的违法行为产生了分歧。

第一种意见认为，平台A的行为属未凭处方销售处方药，应认定为未按照《药品经营质量管理规范》经营药品，违反了《药品管理法》第五十三条第一款"从事药品经营活动，应当遵守药品经营质量管理规范，建立健全药品经营质量管理体系，保证药品经营全过程持续符合法定要求"之规定，应依据《药品管理法》第一百二十六条规定予以处罚。

第二种意见认为，平台A的行为应认定为未尽到审核、报告和停止提供网络交易服务义务，违反了《药品管理法》第六十二条第二款和第三款"第

---

① 本案例已于2021年5月24日在《中国医药报》上发表。

三方平台提供者应当依法对申请进入平台经营的药品上市许可持有人、药品经营企业的资质等进行审核，保证其符合法定要求，并对发生在平台的药品经营行为进行管理。第三方平台提供者发现进入平台经营的药品上市许可持有人、药品经营企业有违反本法规定行为的，应当及时制止并立即报告所在地县级人民政府药品监督管理部门；发现严重违法行为的，应当立即停止提供网络交易平台服务"之规定，应依据《药品管理法》第一百三十一条规定予以处罚。

第三种意见认为，平台 A 的行为应认定为未尽到审核、报告和停止提供网络交易服务义务以及违规展示精神药品。其中，平台 A 未尽到上述义务的行为违反了《药品管理法》第六十二条第二款和第三款规定，应依据《药品管理法》第一百三十一条规定予以处罚；平台 A 展示第二类精神药品的行为，违反了《互联网药品信息服务管理办法》第九条第二款"提供互联网药品信息服务的网站不得发布麻醉药品、精神药品、医疗用毒性药品、放射性药品、戒毒药品和医疗机构制剂的产品信息"之规定，但因目前尚无相关罚则，故建议给予行政指导（行政约谈）。

【评析】

笔者同意第三种意见，理由如下：

第一，从第三方平台的责任来看，销售第二类精神药品不属于平台 A 的责任。依据《电子商务法》第九条规定，电子商务平台经营者，是指在电子商务中为交易双方或者多方提供网络经营场所、交易撮合、信息发布等服务，供交易双方或者多方独立开展交易活动的法人或者非法人组织。平台内经营者，是指通过电子商务平台销售商品或者提供服务的电子商务经营者。结合本案来看，药店 B 属平台内经营者，平台 A 属电子商务平台经营者。药店 B 的责任是销售药品并对药品相关经营行为和质量安全负责。而平台 A 的责任是"为交易双方或者多方提供网络经营场所、交易撮合、信息发布等服务"。具体而言，未凭处方销售处方药、销售第二类精神药品是药店 B 所为，而发布第二类精神药品信息才是平台 A 的责任。故第一种意见错误。

第二，从第三方平台的法定义务来看，依据《药品管理法》第六十二条第二款、第三款以及《互联网药品信息服务管理办法》第九条第二款规定，第三方平台有审核、报告、停止提供网络交易服务的义务，以及不得发布精神药品产品信息的义务。对于其是否尽到不得发布精神药品产品信息及报告监管部门、停止提供网络交易服务的义务很好判定，但对于是否尽到"审核"义务，目前没有相关法律法规和规章予以明确规定，故不好认定。结合本案来看，平台A未建立相关质量管理制度，未成立相关质量管理机构等，且不能提供其尽到"审核"义务的证据，同时对药店B销售复方地西泮片的违法行为未进行"管理"，没有"及时发现、报告监管部门并停止提供网络交易服务"。笔者认为，应坚持"谁主张，谁举证"的原则进行责任认定。本案中，平台A未建立相关质量管理制度，未能提供其尽到"审核义务"和进行"管理"的证据，故应承担相应的行政责任。此外，平台A还发布了精神药品信息，没有尽到"不得发布精神药品产品信息"的法定义务。因此，第二种意见存在片面性，也是错误的。

第三，从法律适用角度来看，对于平台A未尽到"审核、报告和停止提供网络交易服务"义务的违法行为，应依据《药品管理法》第一百三十一条规定还是《电子商务法》第八十三条规定予以处罚？《电子商务法》和《药品管理法》均属全国人大常委会立法，效力一样。《电子商务法》第二条第三款规定："法律、行政法规对销售商品或者提供服务有规定的，适用其规定。"也就是说，如果《电子商务法》对同一种交易行为的规定与其他法律规定不一致，则应当根据《立法法》规定的"特别法优于一般法""新法优于旧法"的法律适用原则确定适用法条。《药品管理法》相对于《电子商务法》而言，是针对销售药品和提供网络交易服务的特别法、新法。因此，对于平台A未尽到"审核、报告和停止提供网络交易服务"的义务，应依据《药品管理法》第一百三十一条规定予以处罚。

对于平台A发布精神药品产品信息的违法行为，违反了《互联网药品信息服务管理办法》第九条第二款规定，执法人员没有异议。但对于如何处理此类违法行为，存在争议。原因在于，对于此类违法行为没有相应的罚则。但根据《行政处罚法》第二十八条第一款"行政机关实施行政处罚时，应当责令当事人改正或者限期改正违法行为"的规定，监管部门应责令平台 A 立即改正"展示精神药品产品信息"的违法行为。根据《药品管理法》第九十九条第三款"对有证据证明可能存在安全隐患的，药品监督管理部门根据监督检查情况，应当采取告诫、约谈、限期整改以及暂停生产、销售、使用、进口等措施，并及时公布检查处理结果"的规定，笔者认为，药品监管部门可以采取行政约谈的方式，与平台 A 进行沟通，开展行政指导，对其存在的问题予以纠正规范。故第三种意见是正确的。

（八）平台内经营者的法定义务和法律责任

1. 平台内经营者的法定义务。

（1）药品网络销售应坚持的原则。

按照《药品管理法》，药品网络销售坚持线上线下相同标准、一体监管的原则。"线上线下要一致"，网络销售的主体必须是取得药品经营许可证的实体企业，线下要有许可证，线上才能够售药。网上销售药品，应遵守《药品管理法》关于零售经营的要求。

（2）药品网络销售方面的特殊义务。

①信息报告义务。《药品网络销售监督管理办法》第十一条第一款规定："药品网络销售企业应当向药品监督管理部门报告企业名称、网站名称、应用程序名称、IP 地址、域名、药品生产许可证或者药品经营许可证等信息。信息发生变化的，应当在 10 个工作日内报告。"

②公示信息义务。《药品网络销售监督管理办法》第十二条规定："药品网络销售企业应当在网站首页或者经营活动的主页面显著位置，持续公示其药品生产或者经营许可证信息。药品网络零售企业还应当展示依法配备的药师或者其他药学技术人员的资格认定等信息。上述信息发生变化的，应当在 10 个工作日内予以更新。"

③真实、准备、合法展示信息义务。《药品网络销售监督管理办法》第十

三条规定:"药品网络销售企业展示的药品相关信息应当真实、准确、合法。从事处方药销售的药品网络零售企业,应当在每个药品展示页面下突出显示'处方药须凭处方在药师指导下购买和使用'等风险警示信息。处方药销售前,应当向消费者充分告知相关风险警示信息,并经消费者确认知情。药品网络零售企业应当将处方药与非处方药区分展示,并在相关网页上显著标示处方药、非处方药。药品网络零售企业在处方药销售主页面、首页面不得直接公开展示处方药包装、标签等信息。通过处方审核前,不得展示说明书等信息,不得提供处方药购买的相关服务。"

④依法开展药品配送义务。《药品网络销售监督管理办法》第十四条规定:"药品网络零售企业应当对药品配送的质量与安全负责。配送药品,应当根据药品数量、运输距离、运输时间、温湿度要求等情况,选择适宜的运输工具和设施设备,配送的药品应当放置在独立空间并明显标识,确保符合要求、全程可追溯。药品网络零售企业委托配送的,应当对受托企业的质量管理体系进行审核,与受托企业签订质量协议,约定药品质量责任、操作规程等内容,并对受托方进行监督。药品网络零售的具体配送要求由国家药品监督管理局另行制定。"

⑤出具凭证和保存信息义务。《药品网络销售监督管理办法》第十五条规定:"向个人销售药品的,应当按照规定出具销售凭证。销售凭证可以以电子形式出具,药品最小销售单元的销售记录应当清晰留存,确保可追溯。药品网络销售企业应当完整保存供货企业资质文件、电子交易等记录。销售处方药的药品网络零售企业还应当保存处方、在线药学服务等记录。相关记录保存期限不少于5年,且不少于药品有效期满后1年。"

⑥采取风控措施义务。《药品网络销售监督管理办法》第十六条规定:"药品网络销售企业对存在质量问题或者安全隐患的药品,应当依法采取相应的风险控制措施,并及时在网站首页或者经营活动主页面公开相应信息。"

平台内经营者网络销售药品和线下销售药品同样应履行的法定义务,请参见"药品经营监管"部分内容。

2. 平台内经营者的法律责任。

本着"线上线下一致"原则,通过网络销售药品,应严格遵守《药品管理法》《药品网络销售监督管理办法》《互联网药品信息服务管理办法》《网络交易监督管理办法》等相关规定,一旦违法,必将依法承担相应的法律责任。

3. 重点查处内容。

重点查处内容包括:(1)未取得药品生产经营使用资质的单位或资质超有效期非法从事药品网络采购、销售活动;(2)未取得或超出《互联网药品信息服务资格证书》有效期从事提供药品网络信息服务、发布虚假药品信息活动;(3)非法销售假药、劣药,已要求召回或监管部门要求停止销售使用的药品;(4)非法销售疫苗、血液制品、麻醉药品、精神药品、医疗用毒性药品、放射性药品、药品类易制毒化学品等国家实行特殊管理的药品;(5)未按规定销售含麻黄碱类、可待因、曲马多等含特殊药品复方制剂;(6)非法销售中药配方颗粒、医疗机构制剂;(7)超范围、超方式经营药品;(8)未严格执行处方药与非处方药分类管理有关规定,无处方或未经执业药师审核而销售处方药;(9)药品配送不符合《药品经营质量管理规范》等有关规定。

二、跨境销售药品

(一)跨境电商零售进口

1. 跨境电商零售进口的定义及条件。

根据《商务部、发展改革委、财政部、海关总署、税务总局、市场监管总局关于完善跨境电子商务零售进口监管有关工作的通知》(商财发〔2018〕486号)第一条:本通知所称跨境电商零售进口,是指中国境内消费者通过跨境电商第三方平台经营者自境外购买商品,并通过"网购保税进口"(海关监管方式代码1210)或"直购进口"(海关监管方式代码9610)运递进境的消费行为。上述商品应符合以下条件:(1)属于《跨境电子商务零售进口商品清单》内、限于个人自用并满足跨境电商零售进口税收政策规定的条件。(2)通过与海关联网的电子商务交易平台交易,能够实现交易、支付、物流电子信息"三单"比对。(3)未通过与海关联网的电子商务交易平台交易,但进出境快件运营人、邮政企业能够接受相关电商企业、支付企业的委托,承诺承担相应法律责任,向海关传输交易、支付等电子信息。

2. 跨境电商零售进口主体。

跨境电商零售进口主体主要有四方。根据《商务部、发展改革委、财政部、海关总署、税务总局、市场监管总局关于完善跨境电子商务零售进口监管有关工作的通知》第二条,跨境电商零售进口主要包括以下参与主体:(1)跨境电商零售进口经营者(以下简称跨境电商企业):自境外向境内消费者销售跨境电商零售进口商品的境外注册企业,为商品的货权所有人。(2)跨境电商第三方平台经营者(以下简称跨境电商平台):在境内办理工商登记,为交易双方(消费者和跨境电商企业)提供网页空间、虚拟经营场所、交易规则、交易撮合、信息发布等服务,设立供交易双方独立开展交易活动的信息网络系统的经营者。(3)境内服务商:在境内办理工商登记,接受跨境电商企业委托为其提供申报、支付、物流、仓储等服务,具有相应运营资质,直接向海关提供有关支付、物流和仓储信息,接受海关、市场监管等部门后续监管,承担相应责任的主体。(4)消费者:跨境电商零售进口商品的境内购买人。

3. 各方责任。

根据《商务部、发展改革委、财政部、海关总署、税务总局、市场监管总局关于完善跨境电子商务零售进口监管有关工作的通知》第四条规定,按照"政府部门、跨境电商企业、跨境电商平台、境内服务商、消费者各负其责"的原则,明确各方责任,实施有效监管。

(1)跨境电商企业的责任。

第一,承担商品质量安全的主体责任,并按规定履行相关义务。应委托一家在境内办理工商登记的企业,由其在海关办理注册登记,承担如实申报责任,依法接受相关部门监管,并承担民事连带责任。

第二,承担消费者权益保障责任,包括但不限于商品信息披露、提供商品退换货服务、建立不合格或缺陷商品召回制度、对商品质量侵害消费者权益的赔付责任等。当发现相关商品存在质量安全风险或发生质量安全问题时，应立即停止销售，召回已销售商品并妥善处理，防止其再次流入市场，并及时将召回和处理情况向海关等监管部门报告。

第三，履行对消费者的提醒告知义务，会同跨境电商平台在商品订购网页或其他醒目位置向消费者提供风险告知书，消费者确认同意后方可下单购买。告知书应至少包含以下内容：①相关商品符合原产地有关质量、安全、卫生、环保、标识等标准或技术规范要求，但可能与我国标准存在差异。消费者自行承担相关风险。②相关商品直接购自境外，可能无中文标签，消费者可通过网站查看商品中文电子标签。③消费者购买的商品仅限个人自用，不得再次销售。

第四，建立商品质量安全风险防控机制，包括收发货质量管理、库内质量管控、供应商管理等。

第五，建立健全网购保税进口商品质量追溯体系，追溯信息应至少涵盖国外启运地至国内消费者的完整物流轨迹，鼓励向海外发货人、商品生产商等上游溯源。

第六，向海关实时传输施加电子签名的跨境电商零售进口交易电子数据，可自行或委托代理人向海关申报清单，并承担相应责任。

（2）跨境电商平台的责任。

第一，平台运营主体应在境内办理工商登记，并按相关规定在海关办理注册登记，接受相关部门监管，配合开展后续管理和执法工作。

第二，向海关实时传输施加电子签名的跨境电商零售进口交易电子数据，并对交易真实性、消费者身份真实性进行审核，承担相应责任。

第三，建立平台内交易规则、交易安全保障、消费者权益保护、不良信息处理等管理制度。对申请入驻平台的跨境电商企业进行主体身份真实性审核，在网站公示主体身份信息和消费者评价、投诉信息，并向监管部门提供平台入驻商家等信息。与申请入驻平台的跨境电商企业签署协议，就商品质量安全主体责任、消费者权益保障以及本通知其他相关要求等方面明确双方责任、权利和义务。

第四，对平台入驻企业既有跨境电商企业，也有国内电商企业的，应建立相互独立的区块或频道为跨境电商企业和国内电商企业提供平台服务，或以明显标识对跨境电商零售进口商品和非跨境商品予以区分，避免误导消费者。

第五，建立消费纠纷处理和消费维权自律制度，消费者在平台内购买商品，其合法权益受到损害时，平台须积极协助消费者维护自身合法权益，并履行先行赔付责任。

第六，建立商品质量安全风险防控机制，在网站醒目位置及时发布商品风险监测信息、监管部门发布的预警信息等。督促跨境电商企业加强质量安全风险防控，当商品发生质量安全问题时，敦促跨境电商企业做好商品召回、处理，并做好报告工作。对不采取主动召回处理措施的跨境电商企业，可采取暂停其跨境电商业务的处罚措施。

第七，建立防止跨境电商零售进口商品虚假交易及二次销售的风险控制体系，加强对短时间内同一购买人、同一支付账户、同一收货地址、同一收件电话反复大量订购，以及盗用他人身份进行订购等非正常交易行为的监控，采取相应措施予以控制。

第八，根据监管部门要求，对平台内在售商品进行有效管理，及时关闭平台内禁止以跨境电商零售进口形式入境商品的展示及交易页面，并将有关情况报送相关部门。

（3）境内服务商的责任。

第一，在境内办理工商登记，向海关提交相关资质证书并办理注册登记。其中：提供支付服务的银行机构应具备银保监会或原银监会颁发的《金融许可证》，非银行支付机构应具备人民银行颁发的《支付业务许可证》，支付业务范围应包括"互联网支付"；物流企业应取得国家邮政局颁发的《快递业务经营许可证》。

第二，支付、物流企业应如实向监管部门实时传输施加电子签名的跨境电商零售进口支付、物流电子信息，并对数据真实性承担相应责任。

第三，报关企业接受跨境电商企业委托向海关申报清单，承担如实申报责任。

第四，物流企业应向海关开放物流实时跟踪信息共享接口，严格按照交易环节所制发的物流信息开展跨境电商零售进口商品的国内派送业务。对于发现国内实际派送与通关环节所申报物流信息（包括收件人和地址）不一致的，应终止相关派送业务，并及时向海关报告。

（4）消费者的责任。

第一，为跨境电商零售进口商品税款的纳税义务人。跨境电商平台、物流企业或报关企业为税款代扣代缴义务人，向海关提供税款担保，并承担相应的补税义务及相关法律责任。

第二，购买前应当认真、详细阅读电商网站上的风险告知书内容，结合自身风险承担能力做出判断，同意告知书内容后方可下单购买。

第三，对于已购买的跨境电商零售进口商品，不得再次销售。

（5）政府部门的责任。

第一，海关对跨境电商零售进口商品实施质量安全风险监测，在商品销售前按照法律法规实施必要的检疫，并视情发布风险警示。建立跨境电商零售进口商品重大质量安全风险应急处理机制，市场监管部门加大跨境电商零售进口商品召回监管力度，督促跨境电商企业和跨境电商平台消除已销售商品安全隐患，依法实施召回，海关责令相关企业对不合格或存在质量安全问题的商品采取风险消减措施，对尚未销售的按货物实施监管，并依法追究相关经营主体责任。对食品类跨境电商零售进口商品优化完善监管措施，做好质量安全风险防控。

第二，原则上不允许网购保税进口商品在海关特殊监管区域外开展"网购保税+线下自提"模式。

第三，将跨境电商零售进口相关企业纳入海关信用管理，根据信用等级不同，实施差异化的通关管理措施。对认定为诚信企业的，依法实施通关便利；

对认定为失信企业的，依法实施严格监管措施。将高级认证企业信息和失信企业信息共享至全国信用信息共享平台，通过"信用中国"网站和国家企业信用信息公示系统向社会公示，并依照有关规定实施联合激励与联合惩戒。

第四，涉嫌走私或违反海关监管规定的跨境电商企业、平台、境内服务商，应配合海关调查，开放交易生产数据（ERP数据）或原始记录数据。

第五，海关对违反本通知规定参与制造或传输虚假"三单"信息、为二次销售提供便利、未尽责审核订购人身份信息真实性等，导致出现个人身份信息或年度购买额度被盗用、进行二次销售及其他违反海关监管规定情况的企业依法进行处罚。对涉嫌走私或违规的，由海关依法处理；构成犯罪的，依法追究刑事责任。对利用其他公民身份信息非法从事跨境电商零售进口业务的，海关按走私违规处理，并按违法利用公民信息的有关法律规定移交相关部门处理。对不涉嫌走私违规、首次发现的，进行约谈或暂停业务责令整改；再次发现的，一定时期内不允许其从事跨境电商零售进口业务，并交由其他行业主管部门按规定实施查处。

第六，对企业和个体工商户在国内市场销售的《跨境电子商务零售进口商品清单》范围内的、无合法进口证明或相关证明显示采购自跨境电商零售进口渠道的商品，市场监管部门依职责实施查处。

《商务部、发展改革委、财政部、海关总署、税务总局、市场监管总局关于完善跨境电子商务零售进口监管有关工作的通知》第五条规定："各试点城市人民政府（平潭综合实验区管委会）作为本地区跨境电商零售进口监管政策试点工作的责任主体，负责本地区试点工作的组织领导、实施推动、综合协调、监督管理及措施保障，确保本地区试点工作顺利推进。试点过程中的重大问题及情况请及时报商务部等有关部门。"

4. 典型案例。

典型案例 1：网售无中文标签境外药品，应如何定性处罚①

【案情】

2021 年 8 月，某地市场监管局接到群众投诉举报称，其在第三方电子商务平台 A 购买的境外药品无中文标签，怀疑存在质量问题，该药品的销售主体是医药公司 B。该市场监管局接到举报后立即派执法人员赶赴 A 平台开展现场检查。检查发现，B 公司仍在 A 平台销售无中文标签境外药品，且无法提供药品的相关资质证明，执法人员当即将库存的 10 盒药品予以扣押。

经进一步调查发现，A 平台和 B 公司均注册在境内，A 平台已取得互联网药品信息服务资格证书，B 公司已取得药品经营相关资质。涉案境外药品是 B 公司派工作人员到国外购进的，共购进 20 盒，购进价格折合人民币 30 元/盒，销售价格为 130 元/盒，已销售 10 盒，货值金额为 2600 元，违法所得为 1300 元。截至 2021 年 8 月底，B 公司未接到"造成他人伤害后果或者延误诊治"的反馈信息。

【分歧】

关于 A 平台是否尽到相关义务，本案暂且不论，对于 B 公司销售无中文标签的境外药品应如何定性处理，执法人员内部产生了分歧。第一种观点认为，B 公司网络销售无中文标签的境外药品，属跨境电商零售进口，其销售的境外药品是合法上市的药品，不构成违法。第二种观点认为，B 公司网络销售无中文标签的境外药品，构成妨害药品管理罪，应移送公安部门进一步办理。第三种观点认为，B 公司销售的境外药品是合法上市药品，且未造成危害后果，情节显著轻微危害不大，不构成妨害药品管理罪。但该公司网售无中文标签的境外药品，属未取得药品批准证明文件进口药品，违反了《药品管理法》第九十八条第三款"禁止未取得药品批准证明文件生产、进口药品"之规定，应依据药品管理法第一百二十四条第一款第（一）项规定予以处罚。

---

① 本案例已于 2021 年 11 月 8 日在《中国医药报》上发表。

【评析】

笔者赞同第三种观点，理由如下：

第一，从涉案产品的属性来看，B 公司网售的境外药品不属于跨境电商零售进口中所指的"商品"。《商务部、发展改革委、财政部、海关总署、税务总局、市场监管总局关于完善跨境电子商务零售进口监管有关工作的通知》第一条明确："本通知所称跨境电商零售进口，是指中国境内消费者通过跨境电商第三方平台经营者自境外购买商品，并通过'网购保税进口'（海关监管方式代码 1210）或'直购进口'（海关监管方式代码 9610）运递进境的消费行为。上述商品应符合以下条件：（一）属于《跨境电子商务零售进口商品清单》内、限于个人自用并满足跨境电商零售进口税收政策规定的条件。（二）通过与海关联网的电子商务交易平台交易，能够实现交易、支付、物流电子信息'三单'比对。（三）未通过与海关联网的电子商务交易平台交易，但进出境快件运营人、邮政企业能够接受相关电商企业、支付企业的委托，承诺承担相应法律责任，向海关传输交易、支付等电子信息。"本案中，B 公司派工作人员直接从境外购进境外药品，该境外药品非《跨境电子商务零售进口商品清单（2019 年版）》中的"商品"，且其购买目的是用于网络销售赚取利润，而非"个人自用"，也没有通过与海关联网的电子商务交易平台进行交易，故涉案境外药品不属于跨境电子商务零售进口中所指的"商品"。

第二，从违法行为的定性来看，B 公司网售境外药品的行为不属于"跨境电子商务零售进口"，其从国外购进药品的行为属"未取得药品证明文件进口药品"的违法行为。

根据《商务部、发展改革委、财政部、海关总署、税务总局、市场监管总局关于完善跨境电子商务零售进口监管有关工作的通知》要求，跨境电商零售进口主要包括跨境电商企业、跨境电商第三方平台经营者等参与主体。其中，跨境电商企业，是指自境外向境内消费者销售跨境电商零售进口商品的境外注册企业，为商品的货权所有人。结合本案来看，B 公司注册在境内，在境内通过网络销售境外药品，不属于"自境外向境内消费者销售跨境电商零售进口商品的境外注册企业"。因此，B公司通过网络销售境外药品的行为不属于"跨境电商零售进口"，第一种观点是错误的。

此外，B公司不是"个人"，其购进药品是为了网络销售赚取利润，并非"自用"。笔者认为，B公司购进药品的行为应定性为"进口药品"。根据《药品管理法》第九十八条第三款规定，B公司从国外购进药品，需先取得进口药品批准证明文件。本案中，B公司在未取得进口药品批准证明文件的前提下，擅自从国外购进境外药品，属"未取得药品批准证明文件进口药品"的违法行为，应依据《药品管理法》第一百二十四条第一款第（一）项规定予以处罚，故第三种观点正确。

第三，从是否构成刑事犯罪的角度来看，本案不构成妨害药品管理罪。根据《刑法》第一百四十二条之一第一款规定，妨害药品管理罪的构成要件是：本罪侵犯的客体是复杂客体，主要客体是药品管理秩序，次要客体是人的健康权、生命权等合法权益；本罪的客观方面表现为违反药品管理法律法规，实施申请注册、生产、进口、销售药品等妨害药品管理秩序的行为；本罪的主体是申请注册、生产、进口、销售药品的自然人或者单位；本罪的主观方面为故意。也就是说，行为人明知申请注册、生产、销售、进口药品的行为违反药品管理法律法规，且足以严重威胁人体健康，而仍然实施申请注册、生产、销售、进口药品等妨害药品管理秩序的行为的，构成妨害药品管理罪。由此可见，该罪的涉刑标准为"足以严重危害人体健康"。但对于如何认定"足以严重危害人体健康"及如何确立立案追诉标准，目前相关法律法规或司法解释还未作详细规定。笔者认为，可以参照《最高人民检察院、公安部关于公安机关管辖的刑事案件立案追诉标准的规定（一）的补充规定》的第二条进行判定，即"销售少量未经批准进口的国外、境外药品，没有造成他人伤害后果或者延误诊治，情节显著轻微危害不大的"，不构成妨害药品管理罪。

另据《刑法》第十三条规定，一切破坏社会秩序和经济秩序，侵犯公民的人身权利、民主权利和其他权利的行为，依照法律应当受刑罚处罚的，都是犯罪，但是情节显著轻微危害不大的，不认为是犯罪。结合本案而言，B公司共购买境外合法上市药品20盒，且未收到造成他人伤害后果或延误诊治的信息，销售时间较短，销售数量较少。综合来看，B公司行为可认定为"情节显著轻微危害不大"，不构成妨害药品管理罪，故第二种观点是错误的。

综上，笔者认为，B公司网售无中文标签的境外药品的行为属"未取得药品批准证明文件进口药品"，应依据《药品管理法》第一百二十四条第一款第（一）项规定进行处罚。

典型案例2：国外声称具有治疗作用的"药品"如何监管？某网店销售的宣称具有治疗作用的产品属真正意义上的"药品"吗

【案情】

2021年7月20日，某区市场监管局接到投诉举报，称某网店销售国外药品，涉嫌违法，要求查处。某区市场监管局高度重视，立即安排执法人员赶赴某网站开展调查，现场检查发现，某网站上展示的"药品"，无中文标签，某网店声称该产品具有治疗效果，具有消炎止咳的治疗功效。

经查，某网店在某网站进行销售，某网站是注册在境内的跨境电商第三方平台经营者，某网店属注册在境外的跨境电商零售进口经营者，涉案产品未在我国进行注册，也非《跨境电子商务零售进口商品清单（2019年版）》中的商品。

【分歧】

关于上述产品是否为药品，执法人员内部产生了分歧。第一种观点认为，上述产品属于药品，属于跨境电商零售进口，该产品在商品详页，注明该产品具有消炎止咳的功效，宣称在某国是作为药品进行销售的。第二种观点认为，上述产品不属于药品。该产品在某国未取得药品的相关批准文号，也未在我国申请注册。根据《药品管理法》第二十四条第一款关于"在中国境内上市的药品，应当经国务院药品监督管理部门批准，取得药品注册证书；但是，未实施审批管理的中药材和中药饮片除外。实施审批管理的中药材、中药饮片品种目录由国务院药品监督管理部门会同国务院中医药主管部门制定"的规定，该产品上市未在我国进行注册，故不是真正意义上的药品，另外，该产品也非《跨境电子商务零售进口商品清单（2019年版）》中的商品，不是真正意义上的境外药品。

【评析】

关于本案产品是否为"药品"，根据《药品管理法》第二条第二款关于"本法所称药品，是指用于预防、治疗、诊断人的疾病，有目的地调节人的生理机能并规定有适应症或者功能主治、用法和用量的物质，包括中药、化学药和生物制品等"的规定，涉案产品宣传有治疗作用，是否为真正意义上的药品呢？

根据《药品管理法》《药品注册管理办法》，以及《海关总署关于跨境电子商务零售进出口商品有关监管事宜的公告》第三条规定，对跨境电子商务直购进口商品及适用"网购保税进口"（监管方式代码1210）进口政策的商品，按照个人自用进境物品监管，不执行有关商品首次进口许可批件、注册或备案要求。但对相关部门明令暂停进口的疫区商品和对出现重大质量安全风险的商品启动风险应急处置时除外。适用"网购保税进口A"（监管方式代码1239）进口政策的商品，按《跨境电子商务零售进口商品清单（2018版）》①尾注中的监管要求执行。依据《跨境电子商务零售进口商品清单（2019年版）》注1关于"跨境电子商务零售进口商品清单中商品按《关于完善跨境电子商务零售进口监管有关工作的通知》中规定的监管要求执行，包括进境检疫应符合有关法律法规的要求等。属于《通知》范围以外的，按以下要求执行：（1）跨境电子商务零售进口商品清单中商品免于向海关提交许可证件；网购保税商品'一线'进区时需按货物监管要求执行，'二线'出区时参照个人物品监管要求执行。（2）依法需要执行首次进口许可批件、注册或备案要求的化妆品、婴幼儿配方奶粉、药品、医疗器械、特殊食品（包括保健食品、特殊医学用途配方食品等）等，按照国家相关法律法规的规定执行"的规定，开展跨境电商所销售的医药产品，应是在我国依法取得上市许可的产品及《跨境电子商务零售进口商品清单（2019年版）》所列药品。故第一种观点是错误的，第二种观点是正确的。

---

① 目前已有2019年版。

（二）跨境出口药品

2018年11月13日，国家药品监督管理局发布《药品出口销售证明管理规定》。《药品出口销售证明管理规定》强调，药品监督管理部门认为企业提交的资料不能充分证明药品生产质量管理规范合规性的，可以根据需要开展现场检查。不符合药品生产质量管理规范要求的，不予出具《药品出口销售证明》，并依法依规作出处理。

按照国际惯例，在药品进出口贸易中，应进口国药品监管部门要求，出口国药品监管部门应为本国药品出口型企业出具产品资信证明。《药品出口销售证明管理规定》在原有管理规定的基础上作了较大调整与修改，并使用世界卫生组织推荐的证明文书格式，以更好地与国际通行做法接轨。

根据《药品出口销售证明管理规定》，国家药监局对在我国已批准上市的药品出具证明。此外，由于国家药监局于2018年8月31日正式加入了世界卫生组织国际贸易药品认证计划，并于2018年10月30日与药品专利池组织签署合作谅解备忘录，依据上述国际合作协议，对于尚未在我国批准上市的药品，应国际组织需求和遵循相关协议，国家药监局也可以出具相关证明，以更好地配合联合国艾滋病规划署和世界卫生组织向非洲供应抗艾滋病和结核病有关药物的需求。

三、药品网络销售涉刑案件办理

（一）相关罪名及法条

1. 生产、销售、提供假药罪。

《刑法》第一百四十一条规定："生产、销售假药的，处三年以下有期徒刑或者拘役，并处罚金；对人体健康造成严重危害或者有其他严重情节的，处三年以上十年以下有期徒刑，并处罚金；致人死亡或者有其他特别严重情节的，处十年以上有期徒刑、无期徒刑或者死刑，并处罚金或者没收财产。药品使用单位的人员明知是假药而提供给他人使用的，依照前款的规定处罚。"根据该条第一款规定，只要具有出于主观故意生产、销售假药的行为，即构成销售假药罪（行为犯）。

2. 妨害药品管理罪。

《刑法》第一百四十二条之一规定："违反药品管理法规，有下列情形之一，足以严重危害人体健康的，处三年以下有期徒刑或者拘役，并处或者单处罚金；对人体健康造成严重危害或者有其他严重情节的，处三年以上七年以下有期徒刑，并处罚金：（一）生产、销售国务院药品监督管理部门禁止使用的药品的；（二）未取得药品相关批准证明文件生产、进口药品或者明知是上述药品而销售的；（三）药品申请注册中提供虚假的证明、数据、资料、样品或者采取其他欺骗手段的；（四）编造生产、检验记录的。有前款行为，同时又构成本法第一百四十一条、第一百四十二条规定之罪或者其他犯罪的，依照处罚较重的规定定罪处罚。"

3. 生产、销售、提供劣药罪。

《刑法》第一百四十二条规定："生产、销售劣药，对人体健康造成严重危害的，处三年以上十年以下有期徒刑，并处罚金；后果特别严重的，处十年以上有期徒刑或者无期徒刑，并处罚金或者没收财产。药品使用单位的人员明知是劣药而提供给他人使用的，依照前款的规定处罚。"

4. 非法经营罪。

《刑法》第二百二十五条规定："违反国家规定，有下列非法经营行为之一，扰乱市场秩序，情节严重的，处五年以下有期徒刑或者拘役，并处或者单处违法所得一倍以上五倍以下罚金；情节特别严重的，处五年以上有期徒刑，并处违法所得一倍以上五倍以下罚金或者没收财产：（一）未经许可经营法律、行政法规规定的专营、专卖物品或者其他限制买卖的物品的；（二）买卖进出口许可证、进出口原产地证明以及其他法律、行政法规规定的经营许可证或者批准文件的；（三）未经国家有关主管部门批准非法经营证券、期货、保险业务的，或者非法从事资金支付结算业务的；（四）其他严重扰乱市场秩序的非法经营行为。"

（二）妨害药品管理相关罪名演变

1. 妨害药品管理罪的罪名演变。

（1）刑法条文。

《刑法》第一百四十二条之一规定："违反药品管理法规，有下列情形之一，足以严重危害人体健康的，处三年以下有期徒刑或者拘役，并处或者单处罚金；对人体健康造成严重危害或者有其他严重情节的，处三年以上七年以下有期徒刑，并处罚金：（一）生产、销售国务院药品监督管理部门禁止使用的药品的；（二）未取得药品相关批准证明文件生产、进口药品或者明知是上述药品而销售的；（三）药品申请注册中提供虚假的证明、数据、资料、样品或者采取其他欺骗手段的；（四）编造生产、检验记录的。有前款行为，同时又构成本法第一百四十一条、第一百四十二条规定之罪或者其他犯罪的，依照处罚较重的规定定罪处罚。"

（2）条文理解。

妨害药品管理罪是《刑法修正案（十一）》新增设的罪名。妨害药品管理罪，是指违反药品管理法律、法规，实施足以严重危害人体健康、妨害药品管理秩序的行为。本罪的具体构成要件是：本罪侵犯的客体是复杂客体，主要客体是药品管理秩序，次要客体是人的健康权、生命权等合法权益；本罪的客观方面表现为违反药品管理法律、法规，实施申请、生产、进口、销售药品等妨害药品管理秩序的行为；本罪的主体只能是申请、生产、进口、销售药品的自然人或者单位；本罪的主观方面为故意，即行为人明知申请、生产、销售、进口药品的行为违反药品管理法律、法规，且足以严重威胁人体健康，而仍然实施申请、生产、销售、进口药品等妨害药品管理秩序的行为。行为人实施申请、生产、销售、进口药品行为通常是为了谋取非法利润，但该目的不是本罪成立的必备条件。如果行为人不是出于故意，而是出于过失实施了上述行为的，则不能作为犯罪处理。

（3）司法适用。

本罪是具体危险犯，构成本罪要求行为人违反药品管理法律、法规，实施的申请、生产、进口、销售药品等妨害药品管理秩序的行为足以严重危害人体健康。具有严重危害人体健康的具体危险，是本罪的成立条件。即对人体健康造成严重危害不是本罪的入罪条件，而是加重处罚条件。

本罪属于选择性罪名，只要行为人实施其中一种行为的，即可构成犯罪。本罪与生产、销售、提供假药罪，生产、销售、提供劣药罪之间，属于法条竞合关系，同时触犯该数个罪名的，依照处罚较重的规定定罪处罚。

2. 未经批准进口的药品涉及罪名的演变。

（1）刑法条文。

《刑法修正案（十一）》公布后，"未经批准进口的药品"不再按"假药"论处，销售此类药品的当事人也无需承担"销售假药罪"的刑事责任，但《刑法修正案（十一）》第七条规定："在刑法第一百四十二条后增加一条，作为第一百四十二条之一：'违反药品管理法规，有下列情形之一，足以严重危害人体健康的，处三年以下有期徒刑或者拘役，并处或者单处罚金；对人体健康造成严重危害或者有其他严重情节的，处三年以上七年以下有期徒刑，并处罚金：（一）生产、销售国务院药品监督管理部门禁止使用的药品的；（二）未取得药品相关批准证明文件生产、进口药品或者明知是上述药品而销售的；（三）药品申请注册中提供虚假的证明、数据、资料、样品或者采取其他欺骗手段的；（四）编造生产、检验记录的。有前款行为，同时又构成本法第一百四十一条、第一百四十二条规定之罪或者其他犯罪的，依照处罚较重的规定定罪处罚'。"根据此规定，"未经批准进口药品或者明知是上述药品而销售的"行为，由原来的"行为犯"改为"危险犯"，罪名由"销售假药罪"演变为"妨害药品管理罪"。

（2）构成数罪时的处理。

根据《刑法》第一百四十二条之一第二款规定："有前款行为，同时又构成本法第一百四十一条、第一百四十二条规定之罪或者其他犯罪的，依照处罚较重的规定定罪处罚。"

（3）行政处罚演变。

针对"进口未经批准的境外药品"的行为，药品监督管理部门将按 2019

年修改的《药品管理法》第一百二十四条的规定进行处罚（详见下表），行政处罚力度大幅提升。

关于"进口未经批准的境外药品"的行政处罚

行为定性		"未经批准的境外药品"不再按假药论处，未构成妨害药品管理罪时，单独就未取得药品批准证明文件进口药品的行为进行处罚
单位	罚款金额	处违法生产、进口、销售的药品货值金额十五倍以上三十倍以下的罚款；货值金额不足十万元的，按十万元计算（一百五十万元起罚）
	没收违法物品和违法所得	没收违法生产、进口、销售的药品和违法所得以及专门用于违法生产的原料、辅料、包装材料和生产设备，责令停产停业整顿
	吊销证照	情节严重的，吊销药品批准证明文件直至吊销药品生产许可证、药品经营许可证或者医疗机构制剂许可证
法定代表人、主要负责人、直接负责的主管人员和其他责任人员	没收违法所得	没收违法行为发生期间自本单位所获收入
	罚款金额	处所获收入百分之三十以上三倍以下的罚款
	从业禁止	十年直至终身禁止从事药品生产经营活动
	行政拘留	可由公安机关处五日以上十五日以下的拘留
减轻或免予处罚事由		未经批准进口少量境外已合法上市的药品，情节较轻的，可以依法减轻或者免予处罚

（三）行刑衔接工作

为进一步健全药品行政执法与刑事司法衔接工作机制，加大对药品领域违法犯罪行为的打击力度，严防严管严控药品安全风险，切实保障人民群众用药安全有效，按照中央集中打击整治危害药品安全违法犯罪工作相关部署，国家药品监督管理局、市场监督管理总局、公安部、最高人民法院、最高人民检察院研究制定了《药品行政执法与刑事司法衔接工作办法》（国药监法〔2022〕41号），自2023年2月1日起施行。《食品药品行政执法与刑事司法衔接工作办法》中有关规定与该办法不一致的，以该办法为准。

1. 适用范围。

《药品行政执法与刑事司法衔接工作办法》第二条规定："本办法适用于各级药品监管部门、公安机关、人民检察院、人民法院办理的药品领域（含药品、医疗器械、化妆品，下同）涉嫌违法犯罪案件。"

2. 适用例外。

《药品行政执法与刑事司法衔接工作办法》第四十三条规定："属于《中华人民共和国监察法》规定的公职人员在行使公权力过程中发生的依法由监察机关负责调查的案件，不适用本办法，应当依法及时将有关问题线索移送监察机关处理。"

（四）涉刑典型案例

典型案例：代购境外药品在境内进行网络销售，应如何处理①

【案情】

2021年8月，某地市场监管局接到举报称，某宝店A销售的咳嗽药B声称为泰国药品，患者服用后无效果，怀疑是假药。接到举报后，该局立即组织执法人员赶赴被投诉某宝店的实际经营处开展调查处理。

经查，某宝店A为张某实际经营，从2020年年底，张某利用出差、旅游等机会，从泰国代购某咳嗽药并在自营某宝店销售，但其某宝店未取得药品经营的相关资质。某咳嗽药确属泰国合法上市的药品。截至8月底，张某未接到反映此药品造成危害后果的信息。经进一步调查，张某共代购某咳嗽药20盒，已在某宝店销售15盒，销售价格为每盒50元，违法所得750元，货值金额为1000元。执法人员当即对5盒库存药品进行扣押。

【分歧】

关于对张某代购泰国药品在境内进行网络销售的行为应如何定性处罚，执法人员持四种不同观点。第一种观点认为，张某代购泰国药品进行网络销售的行为，属未经批准进口少量境外已合法上市的药品，由于情节较轻，可以依法

---

① 本案例已于2021年10月11日在《中国医药报》上发表。

减轻或免予处罚。第二种观点认为，张某代购的泰国药品是在未取得药品批准证明文件的情况下进口的，属于假药。因此，张某通过网络销售该药品，构成销售假药罪，应移送公安机关处理。第三种观点认为，张某代购未取得药品批准证明文件进口的泰国药品并通过网络进行销售，违反了《刑法》第一百四十二条之一第一款第（二）项规定，构成妨害药品管理罪，应移送公安部门处理。第四种观点认为，张某行为应认定为未取得药品批准证明文件进口药品且未经许可从事药品经营活动，违反了《药品管理法》第九十八条第三款"禁止未取得药品批准证明文件生产、进口药品"和第五十一条第一款"从事药品零售活动，应当经所在地县级以上地方人民政府药品监督管理部门批准，取得药品经营许可证。无药品经营许可证的，不得经营药品"之规定，由于未取得药品批准证明文件进口药品与未经许可从事药品经营活动具有牵连关系，因此本案应适用吸收原则，择一重处罚。

【评析】

笔者赞同第四种观点。理由如下：

第一，从海外药品代购的法律关系来看，张某的行为属于一种职业代购行为。海外药品代购一般涉及三方主体，即代购方、购买方和海外药品出卖方。代购行为一般包括两个法律关系：一是购买方与代购方的委托合同关系，二是代购方与海外药品出卖方的买卖合同关系。结合本案来看，张某代购海外药品，并非传统意义上接受委托，为委托人购买药品、收取劳务费，而是将海外购买的药品通过网络进行销售，其与实际购买人之间的法律关系不是委托合同关系，而是买卖合同关系。也就是说，此种代购行为非传统意义上的代购行为，而是一种职业代购行为。张某代购的目的是通过"再次销售"赚取药品差价，进行牟利。鉴于网络销售涉及面广、影响较大，不应适用《药品管理法》第一百二十四条第三款"未经批准进口少量境外已合法上市的药品，情节较轻的，可以依法减轻或免予处罚"的规定进行定性处罚。故第一种观点是错误的。

第二，从涉案药品的属性来看，涉案药品不属于假药，销售该药品的行为不构成销售假药罪。依据2015年修正的《药品管理法》第四十八条规定，未经批准进口的药品按"假药"论处。但2019年修订《药品管理法》第九十八条已对"假药"的范畴进行了重新界定，删除了"以假药论处"的情形，即不再将未取得批准证明文件进口的境外合法上市药品以"假药"论处。另依据《刑法》第一百四十二条之一，未取得药品相关批准证明文件进口药品或者明知是上述药品而销售的犯罪行为被定性为妨害药品管理罪，不属于销售假药罪。

第三，从是否构成刑事犯罪的角度来看，本案属"情节显著轻微危害不大"，不应认定为犯罪。《刑法》第十三条规定："一切危害国家主权、领土完整和安全，分裂国家、颠覆人民民主专政的政权和推翻社会主义制度，破坏社会秩序和经济秩序，侵犯国有财产或者劳动群众集体所有的财产，侵犯公民私人所有的财产，侵犯公民的人身权利、民主权利和其他权利，以及其他危害社会的行为，依照法律应当受刑罚处罚的，都是犯罪，但是情节显著轻微危害不大的，不认为是犯罪。"具体到本案，张某的行为是否构成妨害药品管理罪？妨害药品管理罪是指违反药品管理法律、法规，实施足以严重危害人体健康、妨害药品管理秩序的行为。由此可见，此罪的涉刑标准为"足以严重危害人体健康、妨害药品管理秩序"。也就是说，妨害药品管理罪是危险犯，行为人只有违反药品管理法律、法规，实施违法进口、销售药品等妨害药品管理秩序的行为，且足以严重危害人体健康才构成此罪。而张某代购的药品是泰国合法上市的药品，且未接收到该药品实际造成危害人体健康的信息。综合来看，其行为属"情节显著轻微危害不大"的情形，不应认定为犯罪，故第二、三种观点是错误的。

第四，从违法行为的定性来看，张某代购泰国药品并通过网络销售的行为，构成两个违法行为，即未取得药品批准证明文件进口药品和未经许可从事药品经营活动。这两个行为具有牵连关系，在定性处罚时，应适用吸收原则，择一重处罚。

张某"未取得药品批准证明文件进口药品"的行为，违反了《药品管理法》第九十八条第三款规定，应依据该法第一百二十四条规定进行处罚，即没收违法进口、销售的药品和违法所得，责令停业整顿，并处违法进口、销售的药品货值金额十五倍以上三十倍以下的罚款；货值金额不足十万元的，按十万元计算。此外，张某"未经许可从事药品经营活动"的行为，违反了《药品管理法》第五十一条第一款规定，应依据该法第一百一十五条规定进行处罚，即没收违法销售的药品和违法所得，并处违法销售的药品（包括已售出和未售出的药品）货值金额十五倍以上三十倍以下的罚款；货值金额不足十万元的，按十万元计算。

《药品管理法》对上述两个违法行为的处罚幅度一致，因此，本案依据《药品管理法》第一百一十五条或第一百二十四条规定处罚均可。

其他药品类涉案案件办理内容，详见下一节"药品监督执法"中的"七、涉刑案件办理"部分内容。

第五节　药品监督执法

问题：行政处罚应坚持怎样的原则？首次违法可以不被处罚吗？如果两个行政机关都有管辖权，那应该由哪个机关管辖呢？

一、行政处罚的定义及种类

《行政处罚法》第二条规定："行政处罚是指行政机关依法对违反行政管理秩序的公民、法人或者其他组织，以减损权益或者增加义务的方式予以惩戒的行为。"第九条规定："行政处罚的种类：（一）警告、通报批评；（二）罚款、没收违法所得、没收非法财物；（三）暂扣许可证件、降低资质等级、吊销许可证件；（四）限制开展生产经营活动、责令停产停业、责令关闭、限制从业；（五）行政拘留；（六）法律、行政法规规定的其他行政处罚。"

二、行政处罚原则及自由裁量

（一）处罚原则

1. "教育与惩罚相结合"原则。

《行政处罚法》第六条规定："实施行政处罚，纠正违法行为，应当坚持处罚与教育相结合，教育公民、法人或者其他组织自觉守法。"

2. 公正、公开的原则。

《行政处罚法》第五条规定："行政处罚遵循公正、公开的原则。设定和实施行政处罚必须以事实为依据，与违法行为的事实、性质、情节以及社会危害程度相当。对违法行为给予行政处罚的规定必须公布；未经公布的，不得作为行政处罚的依据。"

(二) 行政处罚的自由裁量

1. 自由裁量的情形。

(1) 不予处罚。

第一，"首违不罚"。《行政处罚法》第三十三条第一款规定，初次违法且危害后果轻微并及时改正的，可以不予行政处罚。第二，违法行为轻微等不罚。《行政处罚法》第三十三条第一款规定，违法行为轻微并及时改正，没有造成危害后果的，不予行政处罚。第三，无主观过错不罚。《行政处罚法》第三十三条第二款规定，当事人有证据足以证明没有主观过错的，不予行政处罚。法律、行政法规另有规定的，从其规定。

需注意：《行政处罚法》第三十三条第三款规定，对当事人的违法行为依法不予行政处罚的，行政机关应当对当事人进行教育。

(2) 从轻或减轻处罚。

《行政处罚法》第三十二条规定："当事人有下列情形之一，应当从轻或者减轻行政处罚：(一) 主动消除或者减轻违法行为危害后果的；(二) 受他人胁迫或者诱骗实施违法行为的；(三) 主动供述行政机关尚未掌握的违法行为的；(四) 配合行政机关查处违法行为有立功表现的；(五) 法律、法规、规章规定其他应当从轻或者减轻行政处罚的。"

2. 自由裁量的基准。

《行政处罚法》第三十四条规定，行政机关可以依法制定行政处罚裁量基准，规范行使行政处罚裁量权。行政处罚裁量基准应当向社会公布。根据此条规定，各省药监局发布了《行政处罚裁量权适用规则（试行）》等文件。

三、行政处罚的管辖和适用

行政处罚的管辖包括以下几种：第一，违法行为发生地管辖。《行政处罚法》第二十二条规定，行政处罚由违法行为发生地的行政机关管辖。法律、行政法规、部门规章另有规定的，从其规定。第二，县级以上行政机关管辖。《行政处罚法》第二十三条规定，行政处罚由县级以上地方人民政府具有行政处罚权的行政机关管辖。法律、行政法规另有规定的，从其规定。第三，最先立案机关管辖。《行政处罚法》第二十五条第一款规定，两个以上行政机关都有管辖权的，由最先立案的行政机关管辖。

确定行政处罚的管辖需注意以下问题：第一，管辖权争议的解决。《行政处罚法》第二十五条第二款规定，对管辖发生争议的，应当协商解决，协商不成的，报请共同的上一级行政机关指定管辖；也可以直接由共同的上一级行政机关指定管辖。第二，一事不再罚。《行政处罚法》第二十九条规定，对当事人的同一个违法行为，不得给予两次以上罚款的行政处罚。同一个违法行为违反多个法律规范应当给予罚款处罚的，按照罚款数额高的规定处罚。

四、行政措施

（一）行政强制措施

《行政强制法》第二条第二款规定："行政强制措施，是指行政机关在行政管理过程中，为制止违法行为、防止证据损毁、避免危害发生、控制危险扩大等情形，依法对公民的人身自由实施暂时性限制，或者对公民、法人或者其他组织的财物实施暂时性控制的行为。"第九条规定："行政强制措施的种类：（一）限制公民人身自由；（二）查封场所、设施或者财物；（三）扣押财物；（四）冻结存款、汇款；（五）其他行政强制措施。"药监部门采取的行政强制措施主要有第（二）、（三）项规定的查封、扣押。

《药品管理法》第九十九条第三款规定："对有证据证明可能存在安全隐患的，药品监督管理部门根据监督检查情况，应当采取告诫、约谈、限期整改以及暂停生产、销售、使用、进口等措施,并及时公布检查处理结果。"

当前,随着机构改革的逐步深入,有些药监部门已无行政处罚权,对于在监督检查中发现的违法行为,如何使用先行登记保存,能否实施查封、扣押行政强制措施等问题,目前存在一些争议。对此,笔者结合监督检查实际,尝试对先行登记保存和查封、扣押进行比较、分析。[①]

第一,两者的性质不同。先行登记保存是一项证据保全措施,而查封、扣押是一项行政强制措施。根据《行政处罚法》第五十六条规定,行政机关收集证据,在证据可能灭失或者以后难以取得的情况下,经行政机关负责人批准,可以先行登记保存,并应当在七日内及时作出处理决定,在此期间,当事人或者有关人员不得销毁或者转移证据。由此可见,证据先行登记保存是行政执法机关在立案进行调查过程中遇到特殊、紧急情况时所采取的一项证据保全措施。

根据《行政强制法》第二条第二款规定,行政强制措施,是指行政机关在行政管理过程中,为制止违法行为、防止证据损毁、避免危害发生、控制危险扩大等情形,依法对公民的人身自由实施暂时性限制,或者对公民、法人或者其他组织的财物实施暂时性控制的行为。第十七条第一款规定,行政强制措施由法律、法规规定的行政机关在法定职权范围内实施。药监领域主要有以下相关法律法规规定。

《药品管理法》第一百条第二款规定,对有证据证明可能危害人体健康的药品及其有关材料,药品监督管理部门可以查封、扣押,并在七日内作出行政处理决定;药品需要检验的,应当自检验报告书发出之日起十五日内作出行政处理决定。

《医疗器械监督管理条例》第七十条第一款规定:"负责药品监督管理的部门在监督检查中有下列职权:(一)进入现场实施检查、抽取样品;(二)查阅、复制、查封、扣押有关合同、票据、账簿以及其他有关资料;(三)查封、扣押不符合法定要求的医疗器械,违法使用的零配件、原材料以及用于违法生

---

① 本部分内容已于 2021 年 2 月 26 日在中国食品药品网上发表。

产经营医疗器械的工具、设备；（四）查封违反本条例规定从事医疗器械生产经营活动的场所。"

《化妆品监督管理条例》第四十六条规定："负责药品监督管理的部门对化妆品生产经营进行监督检查时，有权采取下列措施：（一）进入生产经营场所实施现场检查；（二）对生产经营的化妆品进行抽样检验；（三）查阅、复制有关合同、票据、账簿以及其他有关资料；（四）查封、扣押不符合强制性国家标准、技术规范或者有证据证明可能危害人体健康的化妆品及其原料、直接接触化妆品的包装材料，以及有证据证明用于违法生产经营的工具、设备；（五）查封违法从事生产经营活动的场所。"

综上，先行登记保存作为一种证据保存措施，药品监督管理部门是可以实施的，但对于是否可以实施查封、扣押，目前存在争议。笔者认为，机构改革后，有些单位虽然没有行政权，但仍然属于药品监督管理部门的范畴，在法定情形下，是可以实施查封、扣押这种行政强制措施的。

第二，采取的目的不同。先行登记证据的目的是取得证据，保证行政案件的顺利进行，而查封、扣押的目的是防止可能危害人体健康的产品及其有关材料流向市场，造成危害。

第三，适用的条件不同。实行证据先行登记保存，必须是在特殊、紧急情况下，如证据有可能灭失、时过境迁后将难以取得等，特定行政执法机关才能实施，对没有必要进行证据登记保存，或通过询问笔录、证人证言、现场笔录等其他证据就能够确定行政相对人违法事实的，则不能采取该措施。它在实施时必须符合以下要件：（1）必须是在特殊、紧急情况下实施；（2）在七日内作出处理决定；（3）须经行政执法机关负责人批准；（4）登记保存的物品须是与违法行为直接关联的证据；（5）对采取保全的物品进行登记。

而查封、扣押的适用条件则是有证据证明可能危害人体健康。

第四，解除的时间不同。实施先行登记保存，应当在七日内及时作出处理决定，如果行政机关在七日内不能作出处理决定，则应将登记保存的证据发还给所有人。查封、扣押的期限一般不得超过三十日；情况复杂的，经行政机关负责人批准，可以延长，但是延长期限不得超过三十日。法律、行政法规另有规定的除外。值得一提的是，《药品管理法》第一百条第二款规定，对有证据证明可能危害人体健康的药品及其有关材料，药品监督管理部门可以查封、扣押，并在七日内作出行政处理决定；药品需要检验的，应当自检验报告书发出之日起十五日内作出行政处理决定。笔者认为，此规定要求，药品监督管理部门在实施查封、扣押行政强制措施后，需在七日内作出行政处理决定，药品需要抽验的，应当自检验报告书发出之日起十五日内作出行政处理决定。但此规定并未改变查封、扣押的实施期限。

第五，是否主动解除的效力不同。根据《市场监督管理行政处罚程序规定》第三十五条第二款规定，逾期未采取相关措施的，先行登记保存措施自动解除。但对于查封、扣押等行政强制措施，如果到期未及时延期或解除，就违反了《行政强制法》的规定，实施的行政机关可能面临违法或败诉的风险。相关法条如下。

《市场监督管理行政处罚程序规定》第三十五条规定："对于先行登记保存的证据，应当在七个工作日内采取以下措施：（一）根据情况及时采取记录、复制、拍照、录像等证据保全措施；（二）需要检测、检验、检疫、鉴定的，送交检测、检验、检疫、鉴定；（三）依据有关法律、法规规定可以采取查封、扣押等行政强制措施的，决定采取行政强制措施；（四）违法事实成立，应当予以没收的，作出行政处罚决定，没收违法物品；（五）违法事实不成立，或者违法事实成立但依法不应当予以查封、扣押或者没收的，决定解除先行登记保存措施。逾期未采取相关措施的，先行登记保存措施自动解除。"

《行政强制法》第二十八条第一款规定："有下列情形之一的，行政机关应当及时作出解除查封、扣押决定：（一）当事人没有违法行为；（二）查封、扣押的场所、设施或者财物与违法行为无关；（三）行政机关对违法行为已经作出处理决定，不再需要查封、扣押；（四）查封、扣押期限已经届满；（五）其他不再需要采取查封、扣押措施的情形。"

《市场监督管理行政处罚程序规定》第三十八条规定："查封、扣押的期限不得超过三十日；情况复杂的，经市场监督管理部门负责人批准，可以延长，但是延长期限不得超过三十日。法律、行政法规另有规定的除外。延长查封、扣押的决定应当及时书面告知当事人，并说明理由。对物品需要进行检测、检验、检疫、鉴定的，查封、扣押的期间不包括检测、检验、检疫、鉴定的期间。检测、检验、检疫、鉴定的期间应当明确，并书面告知当事人。"

第六，实施的主体不同。对于先行登记保存证据的措施，药品监督管理部门及接受委托的机构均有权实施；而根据《行政强制法》第十七条第一款规定，行政强制措施由法律、法规规定的行政机关在法定职权范围内实施，且行政强制措施权不得委托。

第七，实施的对象不同。先行登记保存的物品必须是与违法行为直接关联的证据。根据《行政强制法》第二十三条的规定，查封、扣押限于涉案的场所、设施或者财物，不得查封、扣押与违法行为无关的场所、设施或者财物；不得查封、扣押公民个人及其所扶养家属的生活必需品。当事人的场所、设施或者财物已被其他国家机关依法查封的，不得重复查封。

（二）行政惩戒措施

行政惩戒措施的相关规定有：《国务院关于建立完善守信联合激励和失信联合惩戒制度加快推进社会诚信建设的指导意见》《国务院关于"先照后证"改革后加强事中事后监管的意见》等。

监管常用方法包括：（1）制定违法行为"黑名单"制度，对违法行为进行惩戒；（2）多部门联合制定违法行为联合惩戒制度，如制定《药品安全"黑名单"信息共享和联合惩戒办法》等；（3）依据有关法律法规和规章的规定，将生产经营者的违法行为，计入信用档案，并予以公示；（4）在"信用中国"等官方网站查询监管对象的信用信息，对多次被行政处罚或列入黑名单的企业进行重点监管，加大监管频次等；（5）根据监管对象的信用登记进行分级分类监管。

五、常见违法行为处罚

药品监管行政处罚统计表

序号	违法行为	违反规定	处罚依据	处罚内容
1	药物非临床安全性评价研究机构、药物临床试验机构未遵守药物非临床研究质量管理规范、药物临床试验质量管理规范的	《药品管理法》第十七条第一款；《药品管理法实施条例》第二十八条	《药品管理法》第一百二十六条；《药品注册管理办法》第一百一十三条	责令限期改正，给予警告。
2	药物非临床安全性评价研究机构、药物临床试验机构未遵守药物非临床研究质量管理规范、药物临床试验质量管理规范，逾期不改正的	《药品管理法》第十七条第一款；《药品管理法实施条例》第二十八条	《药品管理法》第一百二十六条；《药品注册管理办法》第一百一十三条	1. 逾期不改正的，处十万元以上五十万元以下的罚款；2. 情节严重的，处五十万元以上二百万元以下的罚款，责令停产停业整顿直至吊销药品批准证明文件、药品生产许可证、药品经营许可证等，药物非临床安全性评价研究机构、药物临床试验机构等五年内不得开展药物非临床安全性评价研究、药物临床试验，对法定代表人、主要负责人、直接负责的主管人员和其他责任人员，没收违法行为发生期间自本单位所获收入，并处所获收入百分之十以上百分之五十以下的罚款，十年直至终身禁止从事药品生产经营等活动。
3	进口已获得药品注册证书的药品，未按照规定向允许药品进口的口岸所在地药品监督管理部门备案的	《药品管理法》第六十四条第一款；《药品管理法实施条例》第三十七条第一款	《药品管理法》第一百三十二条	责令限期改正，给予警告。

续表

序号	违法行为	违反规定	处罚依据	处罚内容
4	进口已获得药品注册证书的药品,未按照规定向允许药品进口的口岸所在地药品监督管理部门备案,逾期不改正的	《药品管理法》第六十四条第一款;《药品管理法实施条例》第三十七条第一款	《药品管理法》第一百三十二条	逾期不改正的,吊销药品注册证书。
5	骗取临床试验许可、药品生产许可、药品经营许可、医疗机构制剂许可或者药品注册等许可的	《药品管理法》第一百二十三条	《药品管理法》第一百二十三条	1. 撤销相关许可,十年内不受理其相应申请,并处五十万元以上五百万元以下的罚款;2. 情节严重的,对法定代表人、主要负责人、直接负责的主管人员和其他责任人员,处二万元以上二十万元以下的罚款,十年内禁止从事药品生产经营活动,并可以由公安机关处五日以上十五日以下的拘留。
6	伪造、变造、出租、出借、非法买卖许可证或者药品批准证明文件的	《药品管理法》第一百二十二条	《药品管理法》第一百二十二条	1. 没收违法所得,并处违法所得一倍以上五倍以下的罚款;2. 情节严重的,并处违法所得五倍以上十五倍以下的罚款,吊销药品生产许可证、药品经营许可证、医疗机构制剂许可证或者药品批准证明文件,对法定代表人、主要负责人、直接负责的主管人员和其他责任人员,处二万元以上二十万元以下的罚款,十年内禁止从事药品生产经营活动,并可以由公安机关处五日以上十五日以下的拘留;违法所得不足十万元的,按十万元计算。
7	在药品注册中未按照规定实施《药物非临床研究质量管理规范》或者《药物临床试验质量管理规范》的	《药品注册管理办法》第十条	《药品管理法》第一百二十六条;《药品注册管理办法》第一百一十三条	责令限期改正,给予警告。

续表

序号	违法行为	违反规定	处罚依据	处罚内容
8	在药品注册中未按照规定实施《药物非临床研究质量管理规范》或者《药物临床试验质量管理规范》，经责令改正后逾期未改的	《药品注册管理办法》第十条	《药品管理法》第一百二十六条；《药品注册管理办法》第一百一十三条	1. 逾期不改正的，处十万元以上五十万元以下的罚款；2. 情节严重的，处五十万元以上二百万元以下的罚款，责令停产停业整顿直至吊销药品批准证明文件、药品生产许可证、药品经营许可证等，药物非临床安全性评价研究机构、药物临床试验机构等五年内不得开展药物非临床安全性评价研究、药物临床试验，对法定代表人、主要负责人、直接负责的主管人员和其他责任人员，没收违法行为发生期间自本单位所获收入，并处所获收入百分之十以上百分之五十以下的罚款，十年直至终身禁止从事药品生产经营等活动。
9	医疗机构的制剂质量不稳定、疗效不确切、不良反应大或者因其他原因危害人体健康的	《医疗机构制剂注册管理办法（试行）》第三十六条第一款	《医疗机构制剂注册管理办法（试行）》第三十六条第一款	应当责令医疗机构停止配制，并撤销其批准文号。
10	未经批准开展药物临床试验的	《药品管理法》第十九条第一款	《药品管理法》第一百二十五条第（一）项	1. 没收违法生产、销售的药品和违法所得以及包装材料、容器，责令停产停业整顿，并处五十万元以上五百万元以下的罚款；2. 情节严重的，吊销药品批准证明文件、药品生产许可证、药品经营许可证，对法定代表人、主要负责人、直接负责的主管人员和其他责任人员处二万元以上二十万元以下的罚款，十年直至终身禁止从事药品生产经营活动。

续表

序号	违法行为	违反规定	处罚依据	处罚内容
11	申请疫苗临床试验、注册、批签发提供虚假数据、资料、样品或者有其他欺骗行为的	《药品管理法》第十九条第一款、第二十七条	《疫苗管理法》第八十一条第（一）项	1. 没收违法所得和违法生产、销售的疫苗以及专门用于违法生产疫苗的原料、辅料、包装材料、设备等物品，责令停产停业整顿，并处违法生产、销售疫苗货值金额十五倍以上五十倍以下的罚款，货值金额不足五十万元的，按五十万元计算；2. 情节严重的，吊销药品相关批准证明文件，直至吊销药品生产许可证等，对法定代表人、主要负责人、直接负责的主管人员和关键岗位人员以及其他责任人员，没收违法行为发生期间自本单位所获收入，并处所获收入百分之五十以上十倍以下的罚款，十年内直至终身禁止从事药品生产经营活动，由公安机关处五日以上十五日以下拘留。
12	药物临床试验申办者开展药物临床试验前未按规定在药物临床试验登记与信息公示平台进行登记，逾期不改正的	《药品注册管理办法》第三十三条	《药品注册管理办法》第一百一十六条第（一）项	处一万元以上三万元以下罚款。
13	药物临床试验申办者在药物临床试验结束后未登记临床试验结果等信息，逾期不改正的	《药品注册管理办法》第三十三条	《药品注册管理办法》第一百一十六条第（三）项	处一万元以上三万元以下罚款。
14	药物临床试验申办者未按规定提交研发期间安全性更新报告，逾期不改正的	《药品注册管理办法》第二十八条	《药品注册管理办法》第一百一十六条第（二）项	处一万元以上三万元以下罚款。

续表

序号	违法行为	违反规定	处罚依据	处罚内容
15	药物临床试验期间，发现存在安全性问题或者其他风险，临床试验申办者未及时调整临床试验方案、暂停或者终止临床试验，或者未向国务院药品监督管理部门报告的	《药品管理法》第二十二条	《药品管理法》第一百二十七条第（二）项	责令限期改正，给予警告。
16	药物临床试验期间，发现存在安全性问题或者其他风险，临床试验申办者未及时调整临床试验方案、暂停或者终止临床试验，或者未向国务院药品监督管理部门报告，逾期不改正的	《药品管理法》第二十二条	《药品管理法》第一百二十七条第（二）项	逾期不改正的，处十万元以上五十万元以下的罚款。
17	药品上市许可持有人、药品生产企业未经批准，擅自变更生产地址、生产范围等药品生产许可证许可事项的	《药品生产监督管理办法》第十六条第一款	《药品管理法》第一百一十五条；《药品生产监督管理办法》第六十八条第（一）项	责令关闭，没收违法生产、销售的药品和违法所得，并处违法生产、销售的药品（包括已售出和未售出的药品，下同）货值金额十五倍以上三十倍以下的罚款；货值金额不足十万元的，按十万元计算。

续表

序号	违法行为	违反规定	处罚依据	处罚内容
18	生产、销售假药的	《药品管理法》第九十八条第一款、第二款	《药品管理法》第一百一十六条、第一百一十八条	1. 没收违法生产、销售的药品和违法所得，责令停产停业整顿，吊销药品批准证明文件，并处违法生产、销售的药品货值金额十五倍以上三十倍以下的罚款；货值金额不足十万元的，按十万元计算。2. 情节严重的，吊销药品生产许可证、药品经营许可证或者医疗机构制剂许可证，十年内不受理其相应申请；药品上市许可持有人为境外企业的，十年内禁止其药品进口。3. 生产、销售假药情节严重的，对法定代表人、主要负责人、直接负责的主管人员和其他责任人员，没收违法行为发生期间自本单位所获收入，并处所获收入百分之三十以上三倍以下的罚款，终身禁止从事药品生产经营活动，并可以由公安机关处五日以上十五日以下的拘留。对生产者专门用于生产假药的原料、辅料、包装材料、生产设备予以没收。
19	生产、销售的疫苗属于假药的	《药品管理法》第九十八条第一款、第二款	《疫苗管理法》第八十条第一款、第三款	1. 没收违法所得和违法生产、销售的疫苗以及专门用于违法生产疫苗的原料、辅料、包装材料、设备等物品，责令停产停业整顿，吊销药品注册证书，直至吊销药品生产许可证等，并处违法生产、销售疫苗货值金额十五倍以上五十倍以下的罚款，货值金额不足五十万元的，按五十万元计算。2. 生产、销售的疫苗属于假药且情节严重的，由省级以上人民政府药品监督管理部门对法定代表人、主要负责人、直接负责的主管人员和关键岗位人员以及其他责任人员，没收违法行为发生期间自本单位所获收入，并处所获收入一倍以上十倍以下的罚款，终身禁止从事药品生产经营活动，由公安机关处五日以上十五日以下拘留。

续表

序号	违法行为	违反规定	处罚依据	处罚内容
20	生产、销售劣药的	《药品管理法》第九十八条第一款、第三款	《药品管理法》第一百一十七条第一款、第一百一十八条	1. 没收违法生产、销售的药品和违法所得，并处违法生产、销售的药品货值金额十倍以上二十倍以下的罚款；违法生产、批发的药品货值金额不足十万元的，按十万元计算，违法零售的药品货值金额不足一万元的，按一万元计算。2. 情节严重的，责令停产停业整顿直至吊销药品批准证明文件、药品生产许可证、药品经营许可证或者医疗机构制剂许可证。3. 生产、销售劣药且情节严重的，对法定代表人、主要负责人、直接负责的主管人员和其他责任人员，没收违法行为发生期间自本单位所获收入，并处所获收入百分之三十以上三倍以下的罚款，终身禁止从事药品生产经营活动，并可以由公安机关处五日以上十五日以下的拘留。对生产者专门用于生产假药、劣药的原料、辅料、包装材料、生产设备予以没收。
21	生产、销售的疫苗属于劣药的	《药品管理法》第九十八条第一款、第三款	《疫苗管理法》第八十条第二款、第三款	1. 没收违法所得和违法生产、销售的疫苗以及专门用于违法生产疫苗的原料、辅料、包装材料、设备等物品，责令停产停业整顿，并处违法生产、销售疫苗货值金额十倍以上三十倍以下的罚款，货值金额不足五十万元的，按五十万元计算；情节严重的，吊销药品注册证书，直至吊销药品生产许可证等。2. 生产、销售的疫苗属于劣药且情节严重的，由省级以上人民政府药品监督管理部门对法定代表人、主要负责人、直接负责的主管人员和关键岗位人员以及其他责任人员，没收违法行为发生期间自本单位所获收入，并处所获收入一倍以上十倍以下的罚款，终身禁止从事药品生产经营活动，由公安机关处五日以上十五日以下拘留。

续表

序号	违法行为	违反规定	处罚依据	处罚内容
22	生产、销售不符合国家药品标准或者不按照省、自治区、直辖市人民政府药品监督管理部门制定的炮制规范炮制的中药饮片的	《药品管理法》第四十四条第二款；《药品管理法实施条例》第六十六条	《药品管理法》第一百一十七条、第一百一十八条	1. 没收违法生产、销售的药品和违法所得，并处违法生产、销售的药品货值金额十倍以上二十倍以下的罚款；违法生产、批发的药品货值金额不足十万元的，按十万元计算，违法零售的药品货值金额不足一万元的，按一万元计算。2. 情节严重的，责令停产停业整顿直至吊销药品批准证明文件、药品生产许可证、药品经营许可证或者医疗机构制剂许可证。3. 生产、销售的中药饮片不符合药品标准，尚不影响安全性、有效性的，责令限期改正，给予警告；可以处十万元以上五十万元以下的罚款。4. 生产、销售假药，或者生产、销售劣药且情节严重的，对法定代表人、主要负责人、直接负责的主管人员和其他责任人员，没收违法行为发生期间自本单位所获收入，并处所获收入百分之三十以上三倍以下的罚款，终身禁止从事药品生产经营活动，并可以由公安机关处五日以上十五日以下的拘留。对生产者专门用于生产假药、劣药的原料、辅料、包装材料、生产设备予以没收。
23	药品上市许可持有人、药品生产企业未遵守药品生产质量管理规范的	《药品管理法》第四十三条	《药品管理法》第一百二十六条；《药品生产监督管理办法》第六十九条	责令限期改正，给予警告。

续表

序号	违法行为	违反规定	处罚依据	处罚内容
24	药品上市许可持有人、药品生产企业未遵守药品生产质量管理规范，经责令改正，逾期不改正的	《药品管理法》第四十三条	《药品管理法》第一百二十六条；《药品生产监督管理办法》第六十九条	1. 逾期不改正的，处十万元以上五十万元以下的罚款；2. 情节严重的，处五十万元以上二百万元以下的罚款，责令停产停业整顿直至吊销药品批准证明文件、药品生产许可证、药品经营许可证等，药物非临床安全性评价研究机构、药物临床试验机构等五年内不得开展药物非临床安全性评价研究、药物临床试验，对法定代表人、主要负责人、直接负责的主管人员和其他责任人员，没收违法行为发生期间自本单位所获收入，并处所获收入百分之十以上百分之五十以下的罚款，十年直至终身禁止从事药品生产经营等活动。
25	药品上市许可持有人、药品生产企业未按规定办理药品生产许可证登记事项变更的	《药品生产监督管理办法》第十七条	《药品生产监督管理办法》第七十一条第（一）项	处一万元以上三万元以下的罚款。
26	辅料、直接接触药品的包装材料和容器的生产企业及供应商未遵守国家药品监督管理局制定的质量管理规范等相关要求，不能确保质量保证体系持续合规的	《药品生产监督管理办法》第三十三条	《药品管理法》第一百二十六条；《药品生产监督管理办法》第七十条	责令限期改正，给予警告。

续表

序号	违法行为	违反规定	处罚依据	处罚内容
27	辅料、直接接触药品的包装材料和容器的生产企业及供应商未遵守国家药品监督管理局制定的质量管理规范等相关要求,不能确保质量保证体系持续合规,经责令改正逾期不改正的	《药品生产监督管理办法》第三十三条	《药品管理法》第一百二十六条;《药品生产监督管理办法》第七十条	1. 逾期不改正的,处十万元以上五十万元以下的罚款;2. 情节严重的,处五十万元以上二百万元以下的罚款,责令停产停业整顿直至吊销药品批准证明文件、药品生产许可证、药品经营许可证等,药物非临床安全性评价研究机构、药物临床试验机构等五年内不得开展药物非临床安全性评价研究、药物临床试验,对法定代表人、主要负责人、直接负责的主管人员和其他责任人员,没收违法行为发生期间自本单位所获收入,并处所获收入百分之十以上百分之五十以下的罚款,十年直至终身禁止从事药品生产经营等活动。
28	伪造《生物制品批签发合格证》的	《药品管理法》第一百二十二条;《生物制品批签发管理办法》第四十二条第二款	《药品管理法》第一百二十二条;《生物制品批签发管理办法》第四十二条第二款	1. 没收违法所得,并处违法所得一倍以上五倍以下的罚款;2. 情节严重的,并处违法所得五倍以上十五倍以下的罚款,吊销药品生产许可证、药品经营许可证、医疗机构制剂许可证或者药品批准证明文件,对法定代表人、主要负责人、直接负责的主管人员和其他责任人员,处二万元以上二十万元以下的罚款,十年内禁止从事药品生产经营活动,并可以由公安机关处五日以上十五日以下的拘留;违法所得不足十万元的,按十万元计算。
29	药品生产企业提供虚假资料或者样品获取《生物制品批签发合格证》的	《药品管理法》第一百二十三条;《生物制品批签发管理办法》第三条第三款	《药品管理法》第一百二十三条;《生物制品批签发管理办法》第四十二条第一款	1. 撤销相关许可,十年内不受理其相应申请,并处五十万元以上五百万元以下的罚款;2. 情节严重的,对法定代表人、主要负责人、直接负责的主管人员和其他责任人员,处二万元以上二十万元以下的罚款,十年内禁止从事药品生产经营活动,并可以由公安机关处五日以上十五日以下的拘留。

续表

序号	违法行为	违反规定	处罚依据	处罚内容
30	生产、经营的药品包装、标签、说明书不符合规定的	《药品管理法》第四十九条；《药品管理法实施条例》第四十五条第一款	《药品管理法》第一百二十八条；《药品管理法实施条例》第六十八条	1. 责令改正，给予警告；2. 情节严重的，吊销药品注册证书。（除依法应当按照假药、劣药处罚的外）
31	药品上市许可持有人、药品生产企业未按照规定每年对直接接触药品的工作人员进行健康检查并建立健康档案的	《药品生产监督管理办法》第三十条	《药品生产监督管理办法》第七十一条第（二）项	处一万元以上三万元以下的罚款。
32	药品上市许可持有人、药品生产企业未按照规定对列入国家实施停产报告的短缺药品清单的药品进行停产报告的	《药品生产监督管理办法》第四十六条	《药品生产监督管理办法》第七十一条第（三）项	处一万元以上三万元以下的罚款。
33	生产企业擅自生产蛋白同化制剂、肽类激素，或者未按照《反兴奋剂条例》规定渠道供应蛋白同化制剂、肽类激素的	《反兴奋剂条例》第八条第一款、第十四条第一款、第四款	《反兴奋剂条例》第三十八条第（一）项	1. 没收非法生产的蛋白同化制剂、肽类激素和违法所得，并处违法生产药品货值金额二倍以上五倍以下的罚款；2. 情节严重的，由发证机关吊销《药品生产许可证》。

续表

序号	违法行为	违反规定	处罚依据	处罚内容
34	擅自仿制中药保护品种的	《中药品种保护条例》第十七条	《药品管理法》第一百一十六条、第一百一十八条；《中药品种保护条例》第二十三条第一款	以生产假药论处。1. 没收违法生产、销售的药品和违法所得，责令停产停业整顿，吊销药品批准证明文件，并处违法生产、销售的药品货值金额十五倍以上三十倍以下的罚款；货值金额不足十万元的，按十万元计算。2. 情节严重的，吊销药品生产许可证、药品经营许可证或者医疗机构制剂许可证，十年内不受理其相应申请；药品上市许可持有人为境外企业的，十年内禁止其药品进口。3. 生产、销售假药且情节严重的，对法定代表人、主要负责人、直接负责的主管人员和其他责任人员，没收违法行为发生期间自本单位所获收入，并处所获收入百分之三十以上三倍以下的罚款，终身禁止从事药品生产经营活动，并可以由公安机关处五日以上十五日以下的拘留。对生产者专门用于生产假药、劣药的原料、辅料、包装材料、生产设备予以没收。
35	伪造《中药品种保护证书》及有关证明文件生产、销售中药保护品种的	《中药品种保护条例》第二十三条第二款	《中药品种保护条例》第二十三条第二款	没收其全部有关药品及违法所得，并可以处以有关药品正品价格三倍以下罚款。
36	炮制中药饮片应当备案而未备案，或者备案时提供虚假材料的	《中医药法》第二十八条第一款	《中医药法》第五十六条第一款	责令改正，没收违法所得，并处三万元以下罚款，向社会公告相关信息。
37	炮制中药饮片应当备案而未备案，或者备案时提供虚假材料，拒不改正的	《中医药法》第二十八条第一款	《中医药法》第五十六条第一款	责令停止执业活动或者责令停止炮制中药饮片、委托配制中药制剂活动，其直接责任人员五年内不得从事中医药相关活动。

续表

序号	违法行为	违反规定	处罚依据	处罚内容
38	委托配制中药制剂应当备案而未备案,或者备案时提供虚假材料的	《中医药法》第三十一条第二款	《中医药法》第五十六条第一款	责令改正,没收违法所得,并处三万元以下罚款,向社会公告相关信息。
39	委托配制中药制剂应当备案而未备案,或者备案时提供虚假材料,拒不改正的	《中医药法》第三十一条第二款	《中医药法》第五十六条第一款	责令停止执业活动或者责令停止炮制中药饮片、委托配制中药制剂活动,其直接责任人员五年内不得从事中医药相关活动。
40	药品生产企业未按规定建立药品不良反应报告和监测管理制度的	《药品不良反应报告和监测管理办法》第十三条	《药品不良反应报告和监测管理办法》第五十八条第一款第(一)项	给予警告,责令限期改正,可以并处五千元以上三万元以下的罚款。
41	药品生产企业无专门机构、专职人员负责本单位药品不良反应报告和监测工作的	《药品不良反应报告和监测管理办法》第十三条	《药品不良反应报告和监测管理办法》第五十八条第一款第(一)项	给予警告,责令限期改正,可以并处五千元以上三万元以下的罚款。
42	药品生产企业未建立和保存药品不良反应监测档案的	《药品不良反应报告和监测管理办法》第十八条	《药品不良反应报告和监测管理办法》第五十八条第一款第(二)项	给予警告,责令限期改正,可以并处五千元以上三万元以下的罚款。

续表

序号	违法行为	违反规定	处罚依据	处罚内容
43	药品生产企业未按照要求开展药品不良反应或者群体不良事件报告、调查、评价和处理的	《药品不良反应报告和监测管理办法》第十五条，第十九条，第二十条，第二十一条，第二十七条，第二十九条，第三十三条，第四十五条第一款、第二款	《药品不良反应报告和监测管理办法》第五十八条第一款第（三）项	给予警告，责令限期改正，可以并处五千元以上三万元以下的罚款。
44	药品生产企业未按照要求提交定期安全性更新报告的	《药品不良反应报告和监测管理办法》第三十六条，第三十七条第一款、第二款，第三十八条	《药品不良反应报告和监测管理办法》第五十八条第一款第（四）项	给予警告，责令限期改正，可以并处五千元以上三万元以下的罚款。
45	药品生产企业未按照要求开展重点监测的	《药品不良反应报告和监测管理办法》第四十一条	《药品不良反应报告和监测管理办法》第五十八条第一款第（五）项	给予警告，责令限期改正，可以并处五千元以上三万元以下的罚款。
46	药品上市许可持有人未按照规定开展药品不良反应监测的	《药品管理法》第八十条	《药品管理法》第一百三十四条第一款	责令限期改正，给予警告。

续表

序号	违法行为	违反规定	处罚依据	处罚内容
47	药品上市许可持有人未按照规定开展药品不良反应监测，逾期不改正的	《药品管理法》第八十条	《药品管理法》第一百三十四条第一款	逾期不改正的，责令停产停业整顿，并处十万元以上一百万元以下的罚款。
48	药品上市许可持有人未按照规定报告疑似药品不良反应的	《药品管理法》第八十一条第一款	《药品管理法》第一百三十四条第一款	责令限期改正，给予警告。
49	药品上市许可持有人未按照规定报告疑似药品不良反应，逾期不改正的	《药品管理法》第八十一条第一款	《药品管理法》第一百三十四条第一款	逾期不改正的，责令停产停业整顿，并处十万元以上一百万元以下的罚款。
50	药品生产企业未经批准使用药包材产品目录中的药包材的	《药品管理法》第九十八条第一款、第三款	《药品管理法》第一百一十七条第一款、第一百一十八条	1. 没收违法生产、销售的药品和违法所得，并处违法生产、销售的药品货值金额十倍以上二十倍以下的罚款；违法生产、批发的药品货值金额不足十万元的，按十万元计算，违法零售的药品货值金额不足一万元的，按一万元计算。2. 情节严重的，责令停产停业整顿直至吊销药品批准证明文件、药品生产许可证、药品经营许可证或者医疗机构制剂许可证。3. 生产、销售假药，或者生产、销售劣药且情节严重的，对法定代表人、主要负责人、直接负责的主管人员和其他责任人员，没收违法行为发生期间自本单位所获收入，并处所获收入百分之三十以上三倍以下的罚款，终身禁止从事药品生产经营活动，并可以由公安机关处五日以上十五日以下的拘留。对生产者专门用于生产假药、劣药的原料、辅料、包装材料、生产设备予以没收。

续表

序号	违法行为	违反规定	处罚依据	处罚内容
51	疾病预防控制机构、接种单位、疫苗上市许可持有人、疫苗配送单位违反疫苗储存、运输管理规范有关冷链储存、运输要求的	《疫苗管理法》第三十七条	《疫苗管理法》第八十五条	责令改正,给予警告,对违法储存、运输的疫苗予以销毁,没收违法所得。
52	疾病预防控制机构、接种单位、疫苗上市许可持有人、疫苗配送单位违反疫苗储存、运输管理规范有关冷链储存、运输要求,拒不改正的	《疫苗管理法》第三十七条	《疫苗管理法》第八十五条	1. 拒不改正的,对接种单位、疫苗上市许可持有人、疫苗配送单位处二十万元以上一百万元以下的罚款。2. 情节严重的,对接种单位、疫苗上市许可持有人、疫苗配送单位处违法储存、运输疫苗货值金额十倍以上三十倍以下的罚款,货值金额不足十万元的,按十万元计算,责令疫苗上市许可持有人、疫苗配送单位停产停业整顿,直至吊销药品相关批准证明文件、药品生产许可证等,对疫苗上市许可持有人、疫苗配送单位的法定代表人、主要负责人、直接负责的主管人员和关键岗位人员以及其他责任人员依照本法第八十二条规定给予处罚。疾病预防控制机构、接种单位有《疫苗管理法》第八十五条第一款规定违法行为的,由县级以上人民政府卫生健康主管部门对主要负责人、直接负责的主管人员和其他直接责任人员依法给予警告直至撤职处分,责令负有责任的医疗卫生人员暂停一年以上十八个月以下执业活动;造成严重后果的,对主要负责人、直接负责的主管人员和其他直接责任人员依法给予开除处分,并可以吊销接种单位的接种资格,由原发证部门吊销负有责任的医疗卫生人员的执业证书。

续表

序号	违法行为	违反规定	处罚依据	处罚内容
53	疫苗上市许可持有人或者其他单位违反药品相关质量管理规范的	《疫苗管理法》第二十四条；《药品管理法》第十七条第一款，第四十三条，第五十三条第一款、第三款	《疫苗管理法》第八十二条	责令改正，给予警告。
54	疫苗上市许可持有人或者其他单位违反药品相关质量管理规范，拒不改正的	《疫苗管理法》第二十四条；《药品管理法》第十七条第一款，第四十三条，第五十三条第一款、第三款	《疫苗管理法》第八十二条	1. 拒不改正的，处二十万元以上五十万元以下的罚款；2. 情节严重的，处五十万元以上三百万元以下的罚款，责令停产停业整顿，直至吊销药品相关批准证明文件、药品生产许可证等，对法定代表人、主要负责人、直接负责的主管人员和关键岗位人员以及其他责任人员，没收违法行为发生期间自本单位所获收入，并处所获收入百分之五十以上五倍以下的罚款，十年内直至终身禁止从事药品生产经营活动。
55	药品生产企业未对其购销人员进行药品相关知识培训并建立培训档案的	《药品流通监督管理办法》第六条	《药品流通监督管理办法》第三十条第（一）项	责令限期改正，给予警告。
56	药品生产企业未对其购销人员进行药品相关知识培训并建立培训档案，逾期不改正的	《药品流通监督管理办法》第六条	《药品流通监督管理办法》第三十条第（一）项	逾期不改正的，处以五千元以上二万元以下的罚款。

续表

序号	违法行为	违反规定	处罚依据	处罚内容
57	药品生产企业销售药品时未开具销售凭证的	《药品流通监督管理办法》第十一条第一款	《药品流通监督管理办法》第三十条第（二）项	责令限期改正，给予警告。
58	药品生产企业销售药品时未开具销售凭证，逾期不改正的	《药品流通监督管理办法》第十一条第一款	《药品流通监督管理办法》第三十条第（二）项	逾期不改正的，处以五千元以上二万元以下的罚款。
59	药品生产企业未按照规定留存有关资料、销售凭证的	《药品流通监督管理办法》第十二条	《药品流通监督管理办法》第三十条第（三）项	责令限期改正，给予警告。
60	药品生产企业未按照规定留存有关资料、销售凭证，逾期不改正的	《药品流通监督管理办法》第十二条	《药品流通监督管理办法》第三十条第（三）项	逾期不改正的，处以五千元以上二万元以下的罚款。
61	药品生产企业未对药品销售人员销售行为作出具体规定的	《药品流通监督管理办法》第七条	《药品流通监督管理办法》第三十一条	给予警告，责令限期改正。
62	药品生产企业销售本企业受委托生产的或者他人生产的药品的	《药品流通监督管理办法》第九条	《药品管理法》第一百一十五条；《药品流通监督管理办法》第三十二条第(二)项	责令关闭，没收违法生产、销售的药品和违法所得，并处违法生产、销售的药品（包括已售出和未售出的药品，下同）货值金额十五倍以上三十倍以下的罚款；货值金额不足十万元的，按十万元计算。

续表

序号	违法行为	违反规定	处罚依据	处罚内容
63	药品生产企业以展示会、博览会、交易会、订货会、产品宣传会等方式现货销售药品的	《药品流通监督管理办法》第十五条	《药品管理法》第一百一十五条;《药品流通监督管理办法》第三十二条第(三)项	责令关闭,没收违法生产、销售的药品和违法所得,并处违法生产、销售的药品(包括已售出和未售出的药品,下同)货值金额十五倍以上三十倍以下的罚款;货值金额不足十万元的,按十万元计算。
64	药品生产企业知道或者应当知道他人从事无证生产、经营药品行为而为其提供药品的	《药品流通监督管理办法》第十三条	《药品流通监督管理办法》第三十五条	给予警告,责令改正,并处一万元以下的罚款,情节严重的,处一万元以上三万元以下的罚款。
65	药品生产、批发企业未在药品说明书规定的低温、冷藏条件下运输药品的	《药品流通监督管理办法》第十九条第一款	《药品流通监督管理办法》第三十九条第一款	给予警告,责令限期改正。
66	药品生产、批发企业未在药品说明书规定的低温、冷藏条件下运输药品,逾期不改正的	《药品流通监督管理办法》第十九条第一款	《药品流通监督管理办法》第三十九条第一款	1. 逾期不改正的,处以五千元以上二万元以下的罚款;2. 有关药品经依法确认属于假劣药品的,按照《药品管理法》有关规定予以处罚。
67	药品生产、批发企业未在药品说明书规定的低温、冷藏条件下储存药品的	《药品流通监督管理办法》第十九条第一款	《药品管理法》第一百二十六条;《药品流通监督管理办法》第三十九条第二款	责令限期改正,给予警告。

续表

序号	违法行为	违反规定	处罚依据	处罚内容
68	药品生产、批发企业未在药品说明书规定的低温、冷藏条件下储存药品,逾期不改正的	《药品流通监督管理办法》第十九条第一款	《药品管理法》第一百二十六条;《药品流通监督管理办法》第三十九条第二款	1. 逾期不改正的,处十万元以上五十万元以下的罚款;2. 情节严重的,处五十万元以上二百万元以下的罚款,责令停产停业整顿直至吊销药品批准证明文件、药品生产许可证、药品经营许可证等,药物非临床安全性评价研究机构、药物临床试验机构等五年内不得开展药物非临床安全性评价研究、药物临床试验,对法定代表人、主要负责人、直接负责的主管人员和其他责任人员,没收违法行为发生期间自本单位所获收入,并处所获收入百分之十以上百分之五十以下的罚款,十年直至终身禁止从事药品生产经营等活动。
69	药品生产企业以搭售、买药品赠药品、买商品赠药品等方式向公众赠送处方药或者甲类非处方药的	《药品流通监督管理办法》第二十条	《药品流通监督管理办法》第四十条	限期改正,给予警告。
70	药品生产企业以搭售、买药品赠药品、买商品赠药品等方式向公众赠送处方药或者甲类非处方药,逾期不改正或者情节严重的	《药品流通监督管理办法》第二十条	《药品流通监督管理办法》第四十条	逾期不改正或者情节严重的,处以赠送药品货值金额二倍以下的罚款,但是最高不超过三万元。
71	药品生产企业采用邮售、互联网交易等方式直接向公众销售处方药的	《药品流通监督管理办法》第二十一条	《药品流通监督管理办法》第四十二条	责令改正,给予警告,并处销售药品货值金额二倍以下的罚款,但是最高不超过三万元。

续表

序号	违法行为	违反规定	处罚依据	处罚内容
72	持有人违反《药品召回管理办法》规定，在其所在地省、自治区、直辖市人民政府药品监督管理部门责令其召回后而拒不召回的，药品生产企业、药品经营企业、药品使用单位不配合召回的	《药品召回管理办法》第二十九条	《药品管理法》第一百三十五条	药品上市许可持有人在省、自治区、直辖市人民政府药品监督管理部门责令其召回后，拒不召回的，处应召回药品货值金额五倍以上十倍以下的罚款；货值金额不足十万元的，按十万元计算；情节严重的，吊销药品批准证明文件、药品生产许可证、药品经营许可证，对法定代表人、主要负责人、直接负责的主管人员和其他责任人员，处二万元以上二十万元以下的罚款。药品生产企业、药品经营企业、医疗机构拒不配合召回的，处十万元以上五十万元以下的罚款。
73	药品生产企业不配合严重药品不良反应或者群体不良事件相关调查工作的	《药品不良反应报告和监测管理办法》第十七条	《药品不良反应报告和监测管理办法》第五十八条第一款第（六）项	给予警告，责令限期改正，可以并处五千元以上三万元以下的罚款。
74	药品生产企业违反《药品不良反应报告和监测管理办法》其他规定的	《药品不良反应报告和监测管理办法》第三十五条、第十四条、第四十五条第三款	《药品不良反应报告和监测管理办法》第五十八条第一款第（七）项	给予警告，责令限期改正，可以并处五千元以上三万元以下的罚款。
75	药品生产、经营企业在经药品监督管理部门核准的地址以外的场所储存药品的	《药品流通监督管理办法》第八条	《药品管理法实施条例》第六十九条；《药品流通监督管理办法》第三十三条	给予警告，责令限期补办变更登记手续。

续表

序号	违法行为	违反规定	处罚依据	处罚内容
76	药品生产、经营企业在经药品监督管理部门核准的地址以外的场所储存药品，仍从事药品生产经营活动的	《药品流通监督管理办法》第八条	《药品管理法》第一百一十五条；《药品管理法实施条例》第六十九条；《药品流通监督管理办法》第三十三条	1. 逾期不补办的，宣布其《药品生产许可证》《药品经营许可证》和《医疗机构制剂许可证》无效；2. 仍从事药品生产经营活动的，责令关闭，没收违法生产、销售的药品和违法所得，并处违法生产、销售的药品（包括已售出和未售出的药品）货值金额十五倍以上三十倍以下的罚款；货值金额不足十万元的，按十万元计算。
77	未取得药品批准证明文件生产、进口药品的	《药品管理法》第九十八条第四款	《药品管理法》第一百二十四条第一款第（一）项、第三款	1. 没收违法生产、进口、销售的药品和违法所得以及专门用于违法生产的原料、辅料、包装材料和生产设备，责令停产停业整顿，并处违法生产、进口、销售的药品货值金额十五倍以上三十倍以下的罚款；货值金额不足十万元的，按十万元计算。2. 情节严重的，吊销药品批准证明文件直至吊销药品生产许可证、药品经营许可证或者医疗机构制剂许可证，对法定代表人、主要负责人、直接负责的主管人员和其他责任人员，没收违法行为发生期间自本单位所获收入，并处所获收入百分之三十以上三倍以下的罚款，十年直至终身禁止从事药品生产经营活动，并可以由公安机关处五日以上十五日以下的拘留。3. 未经批准进口少量境外已合法上市的药品，情节较轻的，可以依法减轻或者免予处罚。

续表

序号	违法行为	违反规定	处罚依据	处罚内容
78	使用采取欺骗手段取得的药品批准证明文件生产、进口药品的	《药品管理法》第一百二十四条第一款第（二）项	《药品管理法》第一百二十四条第一款第（二）项	1. 没收违法生产、进口、销售的药品和违法所得以及专门用于违法生产的原料、辅料、包装材料和生产设备，责令停产停业整顿，并处违法生产、进口、销售的药品货值金额十五倍以上三十倍以下的罚款；货值金额不足十万元的，按十万元计算；2. 情节严重的，吊销药品批准证明文件直至吊销药品生产许可证、药品经营许可证或者医疗机构制剂许可证，对法定代表人、主要负责人、直接负责的主管人员和其他责任人员，没收违法行为发生期间自本单位所获收入，并处所获收入百分之三十以上三倍以下的罚款，十年直至终身禁止从事药品生产经营活动，并可以由公安机关处五日以上十五日以下的拘留。
79	使用未经审评审批的原料药生产药品的	《药品管理法》第九十八条第四款	《药品管理法》第一百二十四条第一款第（三）项	1. 没收违法生产、进口、销售的药品和违法所得以及专门用于违法生产的原料、辅料、包装材料和生产设备，责令停产停业整顿，并处违法生产、进口、销售的药品货值金额十五倍以上三十倍以下的罚款；货值金额不足十万元的，按十万元计算；2. 情节严重的，吊销药品批准证明文件直至吊销药品生产许可证、药品经营许可证或者医疗机构制剂许可证，对法定代表人、主要负责人、直接负责的主管人员和其他责任人员，没收违法行为发生期间自本单位所获收入，并处所获收入百分之三十以上三倍以下的罚款，十年直至终身禁止从事药品生产经营活动，并可以由公安机关处五日以上十五日以下的拘留。

续表

序号	违法行为	违反规定	处罚依据	处罚内容
80	应当检验而未经检验即销售药品的	《药品管理法》第四十七条第一款、第六十八条	《药品管理法》第一百二十四条第一款第（四）项	1. 没收违法生产、进口、销售的药品和违法所得以及专门用于违法生产的原料、辅料、包装材料和生产设备，责令停产停业整顿，并处违法生产、进口、销售的药品货值金额十五倍以上三十倍以下的罚款；货值金额不足十万元的，按十万元计算；2. 情节严重的，吊销药品批准证明文件直至吊销药品生产许可证、药品经营许可证或者医疗机构制剂许可证，对法定代表人、主要负责人、直接负责的主管人员和其他责任人员，没收违法行为发生期间自本单位所获收入，并处所获收入百分之三十以上三倍以下的罚款，十年直至终身禁止从事药品生产经营活动，并可以由公安机关处五日以上十五日以下的拘留。
81	生产、销售国务院药品监督管理部门禁止使用的药品的	《药品管理法》第一百二十四条第一款第（五）项	《药品管理法》第一百二十四条第一款第（五）项	1. 没收违法生产、进口、销售的药品和违法所得以及专门用于违法生产的原料、辅料、包装材料和生产设备，责令停产停业整顿，并处违法生产、进口、销售的药品货值金额十五倍以上三十倍以下的罚款；货值金额不足十万元的，按十万元计算；2. 情节严重的，吊销药品批准证明文件直至吊销药品生产许可证、药品经营许可证或者医疗机构制剂许可证，对法定代表人、主要负责人、直接负责的主管人员和其他责任人员，没收违法行为发生期间自本单位所获收入，并处所获收入百分之三十以上三倍以下的罚款，十年直至终身禁止从事药品生产经营活动，并可以由公安机关处五日以上十五日以下的拘留。

续表

序号	违法行为	违反规定	处罚依据	处罚内容
82	编造药品生产、检验记录的	《药品管理法》第四十四条第一款	《药品管理法》第一百二十四条第一款第（六）项	1. 没收违法生产、进口、销售的药品和违法所得以及专门用于违法生产的原料、辅料、包装材料和生产设备，责令停产停业整顿，并处违法生产、进口、销售的药品货值金额十五倍以上三十倍以下的罚款；货值金额不足十万元的，按十万元计算；2. 情节严重的，吊销药品批准证明文件直至吊销药品生产许可证、药品经营许可证或者医疗机构制剂许可证，对法定代表人、主要负责人、直接负责的主管人员和其他责任人员，没收违法行为发生期间自本单位所获收入，并处所获收入百分之三十以上三倍以下的罚款，十年直至终身禁止从事药品生产经营活动，并可以由公安机关处五日以上十五日以下的拘留。
83	编造疫苗生产、检验记录或者更改产品批号的	《疫苗管理法》第二十五条	《疫苗管理法》第八十一条第（二）项	1. 没收违法所得和违法生产、销售的疫苗以及专门用于违法生产疫苗的原料、辅料、包装材料、设备等物品，责令停产停业整顿，并处违法生产、销售疫苗货值金额十五倍以上五十倍以下的罚款，货值金额不足五十万元的，按五十万元计算；2. 情节严重的，吊销药品相关批准证明文件，直至吊销药品生产许可证等，对法定代表人、主要负责人、直接负责的主管人员和关键岗位人员以及其他责任人员，没收违法行为发生期间自本单位所获收入，并处所获收入百分之五十以上十倍以下的罚款，十年内直至终身禁止从事药品生产经营活动，由公安机关处五日以上十五日以下拘留。

续表

序号	违法行为	违反规定	处罚依据	处罚内容
84	未经批准在药品生产过程中进行重大变更的	《药品管理法》第七十九条第一款	《药品管理法》第一百二十四条第一款第（七）项	1. 没收违法生产、进口、销售的药品和违法所得以及专门用于违法生产的原料、辅料、包装材料和生产设备，责令停产停业整顿，并处违法生产、进口、销售的药品货值金额十五倍以上三十倍以下的罚款；货值金额不足十万元的，按十万元计算；2. 情节严重的，吊销药品批准证明文件直至吊销药品生产许可证、药品经营许可证或者医疗机构制剂许可证，对法定代表人、主要负责人、直接负责的主管人员和其他责任人员，没收违法行为发生期间自本单位所获收入，并处所获收入百分之三十以上三倍以下的罚款，十年直至终身禁止从事药品生产经营活动，并可以由公安机关处五日以上十五日以下的拘留。
85	使用未经审评的直接接触药品的包装材料或者容器生产药品，或者销售该类药品的	《药品管理法》第九十八条第四款	《药品管理法》第一百二十五条第（二）项	1. 没收违法生产、销售的药品和违法所得以及包装材料、容器，责令停产停业整顿，并处五十万元以上五百万元以下的罚款；2. 情节严重的，吊销药品批准证明文件、药品生产许可证、药品经营许可证，对法定代表人、主要负责人、直接负责的主管人员和其他责任人员处二万元以上二十万元以下的罚款，十年直至终身禁止从事药品生产经营活动。
86	开展生物等效性试验未备案的	《药品管理法》第十九条第一款	《药品管理法》第一百二十七条第（一）项	责令限期改正，给予警告。
87	开展生物等效性试验未备案，逾期不改正的	《药品管理法》第十九条第一款	《药品管理法》第一百二十七条第（一）项	逾期不改正的，处十万元以上五十万元以下的罚款。

续表

序号	违法行为	违反规定	处罚依据	处罚内容
88	药品上市许可持有人、药品生产企业、药品经营企业和医疗机构未按照规定建立并实施药品追溯制度的	《药品管理法》第三十六条	《药品管理法》第一百二十七条第（三）项	责令限期改正，给予警告。
89	药品上市许可持有人、药品生产企业、药品经营企业和医疗机构未按照规定建立并实施药品追溯制度，逾期不改正的	《药品管理法》第三十六条	《药品管理法》第一百二十七条第（三）项	逾期不改正的，处十万元以上五十万元以下的罚款。
90	药品上市许可持有人未按照规定提交年度报告的	《药品管理法》第三十七条	《药品管理法》第一百二十七条第（四）项	责令限期改正，给予警告。
91	药品上市许可持有人未按照规定提交年度报告，逾期不改正的	《药品管理法》第三十七条	《药品管理法》第一百二十七条第（四）项	逾期不改正的，处十万元以上五十万元以下的罚款。
92	药品上市许可持有人未按照规定对药品生产过程中的变更进行备案或者报告的	《药品管理法》第七十九条第一款	《药品管理法》第一百二十七条第（五）项	责令限期改正，给予警告。
93	药品上市许可持有人未按照规定对药品生产过程中的变更进行备案或者报告，逾期不改正的	《药品管理法》第七十九条第一款	《药品管理法》第一百二十七条第（五）项	逾期不改正的，处十万元以上五十万元以下的罚款。
94	药品上市许可持有人未制定药品上市后风险管理计划的	《药品管理法》第七十七条	《药品管理法》第一百二十七条第（六）项	责令限期改正，给予警告。

续表

序号	违法行为	违反规定	处罚依据	处罚内容
95	药品上市许可持有人未制定药品上市后风险管理计划,逾期不改正的	《药品管理法》第七十七条	《药品管理法》第一百二十七条第(六)项	逾期不改正的,处十万元以上五十万元以下的罚款。
96	药品上市许可持有人未按照规定开展药品上市后研究的	《药品管理法》第七十七条	《药品管理法》第一百二十七条第(七)项	责令限期改正,给予警告。
97	药品上市许可持有人未按照规定开展药品上市后研究,逾期不改正的	《药品管理法》第七十七条	《药品管理法》第一百二十七条第(七)项	逾期不改正的,处十万元以上五十万元以下的罚款。
98	药品上市许可持有人未按照规定开展药品上市后评价的	《药品管理法》第八十三条	《药品管理法》第一百二十七条第(七)项	责令限期改正,给予警告。
99	药品上市许可持有人未按照规定开展药品上市后评价,逾期不改正的	《药品管理法》第八十三条	《药品管理法》第一百二十七条第(七)项	逾期不改正的,处十万元以上五十万元以下的罚款。
100	药品包装未按照规定印有、贴有标签或者附有说明书,或标签、说明书未按照规定注明相关信息或印有规定标志的	《药品管理法》第四十九条第一款、第二款、第三款	《药品管理法》第一百二十八条	1.责令改正,给予警告;2.情节严重的,吊销药品注册证书。(除依法应当按照假药、劣药处罚的外)
101	使用未经核准的标签、说明书的	《药品管理法》第二十五条第二款	《药品管理法》第一百二十五条第(三)项	1.没收违法生产、销售的药品和违法所得以及包装材料、容器,责令停产停业整顿,并处五十万元以上五百万元以下的罚款;2.情节严重的,吊销药品批准证明文件、药品生产许可证、药品经营许可证,对法定代表人、主要负责人、直接负责的主管人员和其他责任人员处二万元以上二十万元以下的罚款,十年直至终身禁止从事药品生产经营活动。

续表

序号	违法行为	违反规定	处罚依据	处罚内容
102	药品上市许可持有人、药品生产企业、药品经营企业或者医疗机构未从药品上市许可持有人或者具有药品生产、经营资格的企业购进药品的	《药品管理法》第五十五条	《药品管理法》第一百二十九条	1. 责令改正，没收违法购进的药品和违法所得，并处违法购进药品货值金额二倍以上十倍以下的罚款；2. 情节严重的，并处货值金额十倍以上三十倍以下的罚款，吊销药品批准证明文件、药品生产许可证、药品经营许可证或者医疗机构执业许可证；货值金额不足五万元的，按五万元计算。
103	药品上市许可持有人在省、自治区、直辖市人民政府药品监督管理部门责令其召回后，拒不召回的	《药品管理法》第八十二条	《药品管理法》第一百三十五条	1. 处应召回药品货值金额五倍以上十倍以下的罚款；货值金额不足十万元的，按十万元计算；2. 情节严重的，吊销药品批准证明文件、药品生产许可证、药品经营许可证，对法定代表人、主要负责人、直接负责的主管人员和其他责任人员，处二万元以上二十万元以下的罚款。
104	药品生产企业、药品经营企业、医疗机构拒不配合召回的	《药品管理法》第八十二条第一款	《药品管理法》第一百三十五条	处十万元以上五十万元以下的罚款。
105	药品上市许可持有人、药品生产企业、药品经营企业或者医疗机构违反《药品管理法》规定聘用人员的	《药品管理法》第一百四十条	《药品管理法》第一百四十条	由药品监督管理部门或者卫生健康主管部门责令解聘，处五万元以上二十万元以下的罚款。
106	药品上市许可持有人、药品生产企业、药品经营企业或者医疗机构在药品购销中给予、收受回扣或者其他不正当利益的	《药品管理法》第八十八条第一款	《药品管理法》第一百四十一条第一款	1. 由市场监督管理部门没收违法所得，并处三十万元以上三百万元以下的罚款；2. 情节严重的，吊销药品上市许可持有人、药品生产企业、药品经营企业营业执照，并由药品监督管理部门吊销药品批准证明文件、药品生产许可证、药品经营许可证。

续表

序号	违法行为	违反规定	处罚依据	处罚内容
107	药品上市许可持有人、药品生产企业、药品经营企业或者代理人给使用其药品的医疗机构的负责人、药品采购人员、医师、药师等有关人员财物或者其他不正当利益的	《药品管理法》第八十八条第二款	《药品管理法》第一百四十一条第一款	1. 由市场监督管理部门没收违法所得，并处三十万元以上三百万元以下的罚款；2. 情节严重的，吊销药品上市许可持有人、药品生产企业、药品经营企业营业执照，并由药品监督管理部门吊销药品批准证明文件、药品生产许可证、药品经营许可证。
108	药品上市许可持有人、药品生产企业、药品经营企业在药品研制、生产、经营中向国家工作人员行贿的	《药品管理法》第一百四十一条第二款	《药品管理法》第一百四十一条第二款	对法定代表人、主要负责人、直接负责的主管人员和其他责任人员终身禁止从事药品生产经营活动。
109	药品上市许可持有人、药品生产企业、药品经营企业的负责人、采购人员等有关人员在药品购销中收受其他药品上市许可持有人、药品生产企业、药品经营企业或者代理人给予的财物或者其他不正当利益的	《药品管理法》第一百四十二条第一款	《药品管理法》第一百四十二条第一款	没收违法所得，依法给予处罚；情节严重的，五年内禁止从事药品生产经营活动。

续表

序号	违法行为	违反规定	处罚依据	处罚内容
110	委托生产疫苗未经批准的	《疫苗管理法》第二十二条第四款	《疫苗管理法》第八十一条第（四）项	1. 没收违法所得和违法生产、销售的疫苗以及专门用于违法生产疫苗的原料、辅料、包装材料、设备等物品，责令停产停业整顿，并处违法生产、销售疫苗货值金额十五倍以上五十倍以下的罚款，货值金额不足五十万元的，按五十万元计算；2. 情节严重的，吊销药品相关批准证明文件，直至吊销药品生产许可证等，对法定代表人、主要负责人、直接负责的主管人员和关键岗位人员以及其他责任人员，没收违法行为发生期间自本单位所获收入，并处所获收入百分之五十以上十倍以下的罚款，十年内直至终身禁止从事药品生产经营活动，由公安机关处五日以上十五日以下拘留。
111	疫苗生产工艺、生产场地、关键设备等发生变更按照规定应当经批准而未经批准的	《疫苗管理法》第五十八条第二款	《疫苗管理法》第八十一条第（五）项	1. 没收违法所得和违法生产、销售的疫苗以及专门用于违法生产疫苗的原料、辅料、包装材料、设备等物品，责令停产停业整顿，并处违法生产、销售疫苗货值金额十五倍以上五十倍以下的罚款，货值金额不足五十万元的，按五十万元计算；2. 情节严重的，吊销药品相关批准证明文件，直至吊销药品生产许可证等，对法定代表人、主要负责人、直接负责的主管人员和关键岗位人员以及其他责任人员，没收违法行为发生期间自本单位所获收入，并处所获收入百分之五十以上十倍以下的罚款，十年内直至终身禁止从事药品生产经营活动，由公安机关处五日以上十五日以下拘留。

续表

序号	违法行为	违反规定	处罚依据	处罚内容
112	更新疫苗说明书、标签按照规定应当经核准而未经核准的	《疫苗管理法》第五十九条第一款	《疫苗管理法》第八十一条第（六）项	1. 没收违法所得和违法生产、销售的疫苗以及专门用于违法生产疫苗的原料、辅料、包装材料、设备等物品，责令停产停业整顿，并处违法生产、销售疫苗货值金额十五倍以上五十倍以下的罚款，货值金额不足五十万元的，按五十万元计算；2. 情节严重的，吊销药品相关批准证明文件，直至吊销药品生产许可证等，对法定代表人、主要负责人、直接负责的主管人员和关键岗位人员以及其他责任人员，没收违法行为发生期间自本单位所获收入，并处所获收入百分之五十以上十倍以下的罚款，十年内直至终身禁止从事药品生产经营活动，由公安机关处五日以上十五日以下拘留。
113	疫苗上市许可持有人未按照规定建立疫苗电子追溯系统的	《疫苗管理法》第十条第三款	《疫苗管理法》第八十三条第（一）项	责令改正，给予警告。
114	疫苗上市许可持有人未按照规定建立疫苗电子追溯系统，拒不改正的	《疫苗管理法》第十条第三款	《疫苗管理法》第八十三条第（一）项	1. 拒不改正的，处二十万元以上五十万元以下的罚款；2. 情节严重的，责令停产停业整顿，并处五十万元以上二百万元以下的罚款。
115	疫苗上市许可持有人法定代表人、主要负责人和生产管理负责人、质量管理负责人、质量受权人等关键岗位人员不符合规定条件或者未按照规定对其进行培训、考核的	《疫苗管理法》第二十三条	《疫苗管理法》第八十三条第（二）项	责令改正，给予警告。

续表

序号	违法行为	违反规定	处罚依据	处罚内容
116	疫苗上市许可持有人法定代表人、主要负责人和生产管理负责人、质量管理负责人、质量受权人等关键岗位人员不符合规定条件或者未按照规定对其进行培训、考核，拒不改正的	《疫苗管理法》第二十三条	《疫苗管理法》第八十三条第（二）项	1. 拒不改正的，处二十万元以上五十万元以下的罚款；2. 情节严重的，责令停产停业整顿，并处五十万元以上二百万元以下的罚款。
117	疫苗上市许可持有人未按照规定报告或者备案的	《疫苗管理法》第二十三条、第三十条、第三十一条、第五十四条第二款、第五十八条、第五十九条第一款、第六十条、第六十五条第三款、第七十三条、第七十八条第三款	《疫苗管理法》第八十三条第（三）项	责令改正，给予警告。
118	疫苗上市许可持有人未按照规定报告或者备案，拒不改正的	《疫苗管理法》第二十三条、第三十条、第三十一条、第五十四条第二款、第五十八条、第五十九条第一款、第六十条、第六十五条第三款、第七十三条、第七十八条第三款	《疫苗管理法》第八十三条第（三）项	1. 拒不改正的，处二十万元以上五十万元以下的罚款；2. 情节严重的，责令停产停业整顿，并处五十万元以上二百万元以下的罚款。

续表

序号	违法行为	违反规定	处罚依据	处罚内容
119	疫苗上市许可持有人未按照规定开展上市后研究，或者未按照规定设立机构、配备人员主动收集、跟踪分析疑似预防接种异常反应的	《疫苗管理法》第五十四条第二款、第五十七条	《疫苗管理法》第八十三条第（四）项	责令改正，给予警告。
120	疫苗上市许可持有人未按照规定开展上市后研究，或者未按照规定设立机构、配备人员主动收集、跟踪分析疑似预防接种异常反应，拒不改正的	《疫苗管理法》第五十四条第二款、第五十七条	《疫苗管理法》第八十三条第（四）项	1. 拒不改正的，处二十万元以上五十万元以下的罚款；2. 情节严重的，责令停产停业整顿，并处五十万元以上二百万元以下的罚款。
121	疫苗上市许可持有人未按照规定投保疫苗责任强制保险的	《疫苗管理法》第六十八条	《疫苗管理法》第八十三条第（五）项	责令改正，给予警告。
122	疫苗上市许可持有人未按照规定投保疫苗责任强制保险，拒不改正的	《疫苗管理法》第六十八条	《疫苗管理法》第八十三条第（五）项	1. 拒不改正的，处二十万元以上五十万元以下的罚款；2. 情节严重的，责令停产停业整顿，并处五十万元以上二百万元以下的罚款。
123	疫苗上市许可持有人未按照规定建立信息公开制度的	《疫苗管理法》第七十四条	《疫苗管理法》第八十三条第（六）项	责令改正，给予警告。
124	疫苗上市许可持有人未按照规定建立信息公开制度，拒不改正的	《疫苗管理法》第七十四条	《疫苗管理法》第八十三条第（六）项	1. 拒不改正的，处二十万元以上五十万元以下的罚款；2. 情节严重的，责令停产停业整顿，并处五十万元以上二百万元以下的罚款。

续表

序号	违法行为	违反规定	处罚依据	处罚内容
125	疾病预防控制机构、接种单位、疫苗上市许可持有人、疫苗配送单位有《疫苗管理法》第八十五条规定以外的违反疫苗储存、运输管理规范行为的	《疫苗管理法》第三十七条	《疫苗管理法》第八十六条	责令改正，给予警告，没收违法所得。
126	疾病预防控制机构、接种单位、疫苗上市许可持有人、疫苗配送单位有《疫苗管理法》第八十五条规定以外的违反疫苗储存、运输管理规范行为，拒不改正的	《疫苗管理法》第三十七条	《疫苗管理法》第八十六条	1. 拒不改正的，对接种单位、疫苗上市许可持有人、疫苗配送单位处十万元以上三十万元以下的罚款。2. 情节严重的，对接种单位、疫苗上市许可持有人、疫苗配送单位处违法储存、运输疫苗货值金额三倍以上十倍以下的罚款，货值金额不足十万元的，按十万元计算。3. 疾病预防控制机构、接种单位有《疫苗管理法》第八十五条规定以外的违反疫苗储存、运输管理规范行为的，县级以上人民政府卫生健康主管部门可以对主要负责人、直接负责的主管人员和其他直接责任人员依法给予警告直至撤职处分，责令负有责任的医疗卫生人员暂停六个月以上一年以下执业活动；造成严重后果的，对主要负责人、直接负责的主管人员和其他直接责任人员依法给予开除处分，由原发证部门吊销负有责任的医疗卫生人员的执业证书。

续表

序号	违法行为	违反规定	处罚依据	处罚内容
127	对血液制品生产单位按照生产假药予以处罚的	《药品管理法》第九十八条第一款、第二款；《血液制品管理条例》第三十八条	《药品管理法》第一百一十六条、第一百一十八条；《血液制品管理条例》第三十八条	1. 没收违法生产、销售的药品和违法所得，责令停产停业整顿，吊销药品批准证明文件，并处违法生产、销售的药品货值金额十五倍以上三十倍以下的罚款；货值金额不足十万元的，按十万元计算。2. 情节严重的，吊销药品生产许可证、药品经营许可证或者医疗机构制剂许可证，十年内不受理其相应申请；药品上市许可持有人为境外企业的，十年内禁止其药品进口。3. 情节严重的，对法定代表人、主要负责人、直接负责的主管人员和其他责任人员，没收违法行为发生期间自本单位所获收入，并处所获收入百分之三十以上三倍以下的罚款，终身禁止从事药品生产经营活动，并可以由公安机关处五日以上十五日以下的拘留。对生产者专门用于生产假药、劣药的原料、辅料、包装材料、生产设备予以没收。
128	对血液制品生产单位按照生产劣药予以处罚的	《药品管理法》第九十八条第一款、第三款；《血液制品管理条例》第三十八条	《药品管理法》第一百一十七条第一款、第一百一十八条；《血液制品管理条例》第三十八条	1. 没收违法生产、销售的药品和违法所得，并处违法生产、销售的药品货值金额十倍以上二十倍以下的罚款；违法生产、批发的药品货值金额不足十万元的，按十万元计算，违法零售的药品货值金额不足一万元的，按一万元计算；2. 情节严重的，责令停产停业整顿直至吊销药品批准证明文件、药品生产许可证、药品经营许可证或者医疗机构制剂许可证；3. 情节严重的，对法定代表人、主要负责人、直接负责的主管人员和其他责任人员，没收违法行为发生期间自本单位所获收入，并处所获收入百分之三十以上三倍以下的罚款，终身禁止从事药品生产经营活动，并可以由公安机关处五日以上十五日以下的拘留。对生产者专门用于生产假药、劣药的原料、辅料、包装材料、生产设备予以没收。

续表

序号	违法行为	违反规定	处罚依据	处罚内容
129	血液制品生产单位违反《血液制品管理条例》规定，擅自向其他单位出让、出租、出借以及与他人共用《药品生产企业许可证》、产品批准文号或者供应原料血浆的	《血液制品管理条例》第二十三条	《血液制品管理条例》第三十九条	没收违法所得，并处违法所得五倍以上十倍以下的罚款，没有违法所得的，并处五万元以上十万元以下的罚款。
130	血液制品生产经营单位生产、包装、储存、运输、经营血液制品不符合国家规定的卫生标准和要求的	《血液制品管理条例》第二十九条	《血液制品管理条例》第四十条	责令改正，可以处一万元以下的罚款。
131	擅自进出口血液制品或者出口原料血浆的	《血液制品管理条例》第十九条	《血液制品管理条例》第四十二条	没收所进出口的血液制品或者所出口的原料血浆和违法所得，并处所进出口的血液制品或者所出口的原料血浆总值三倍以上五倍以下的罚款。
132	未取得药品经营许可证经营药品的	《药品管理法》第五十一条第一款	《药品管理法》第一百一十五条	责令关闭，没收违法生产、销售的药品和违法所得，并处违法生产、销售的药品（包括已售出和未售出的药品）货值金额十五倍以上三十倍以下的罚款；货值金额不足十万元的，按十万元计算。
133	擅自在城乡集市贸易市场设点销售药品或在城乡集市贸易市场设点销售的药品超出批准经营的药品范围的	《药品管理法实施条例》第六十条	《药品管理法》第一百一十五条；《药品管理法实施条例》第六十条	责令关闭，没收违法生产、销售的药品和违法所得，并处违法生产、销售的药品（包括已售出和未售出的药品）货值金额十五倍以上三十倍以下的罚款；货值金额不足十万元的，按十万元计算。

续表

序号	违法行为	违反规定	处罚依据	处罚内容
134	药品经营企业擅自变更药品经营许可事项的	《药品管理法实施条例》第十六条	《药品管理法实施条例》第六十九条	1. 由原发证部门给予警告，责令限期补办变更登记手续。2. 逾期不补办的，宣布其《药品生产许可证》《药品经营许可证》和《医疗机构制剂许可证》无效。
135	药品经营企业擅自变更药品经营许可事项，仍从事经营活动的	《药品管理法实施条例》第十六条	《药品管理法》第一百一十五条；《药品管理法实施条例》第六十九条	责令关闭，没收违法生产、销售的药品和违法所得，并处违法生产、销售的药品（包括已售出和未售出的药品）货值金额十五倍以上三十倍以下的罚款；货值金额不足十万元的，按十万元计算。
136	药品经营企业未遵守药品经营质量管理规范的	《药品管理法》第五十三条第一款、第三款	《药品管理法》第一百二十六条	责令限期改正，给予警告。
137	药品经营企业未遵守药品经营质量管理规范，逾期不改正的	《药品管理法》第五十三条第一款、第三款	《药品管理法》第一百二十六条	1. 逾期不改正的，处十万元以上五十万元以下的罚款；2. 情节严重的，处五十万元以上二百万元以下的罚款，责令停产停业整顿直至吊销药品批准证明文件、药品经营许可证等，对法定代表人、主要负责人、直接负责的主管人员和其他责任人员，没收违法行为发生期间自本单位所获收入，并处所获收入百分之十以上百分之五十以下的罚款，十年直至终身禁止从事药品生产经营等活动。
138	药品经营企业购销药品未按照规定进行记录的	《药品管理法》第五十七条	《药品管理法》第一百三十条	1. 责令改正，给予警告；2. 情节严重的，吊销药品经营许可证。

续表

序号	违法行为	违反规定	处罚依据	处罚内容
139	药品经营企业零售药品未正确说明用法、用量等事项，或者未按照规定调配处方，或者销售中药材不标明产地的	《药品管理法》第五十八条	《药品管理法》第一百三十条	1. 责令改正，给予警告；2. 情节严重的，吊销药品经营许可证。
140	药品批发企业擅自经营蛋白同化制剂、肽类激素，或者未按照规定渠道供应蛋白同化制剂、肽类激素的	《反兴奋剂条例》第九条第一款、第十四条第二款、第四款	《反兴奋剂条例》第三十八条第（二）项	1. 没收非法经营的蛋白同化制剂、肽类激素和违法所得，并处违法经营药品货值金额二倍以上五倍以下的罚款；2. 情节严重的，由发证机关吊销《药品经营许可证》。
141	药品零售企业擅自经营蛋白同化制剂、肽类激素的	《反兴奋剂条例》第十条	《反兴奋剂条例》第三十八条第（三）项	1. 没收非法经营的蛋白同化制剂、肽类激素和违法所得，并处违法经营药品货值金额二倍以上五倍以下的罚款；2. 情节严重的，由发证机关吊销《药品经营许可证》。
142	药品经营企业未对其购销人员进行药品相关知识培训并建立培训档案的	《药品流通监督管理办法》第六条	《药品流通监督管理办法》第三十条第（一）项	责令限期改正，给予警告。
143	药品经营企业未对其购销人员进行药品相关知识培训并建立培训档案，逾期不改正的	《药品流通监督管理办法》第六条	《药品流通监督管理办法》第三十条第（一）项	逾期不改正的，处以五千元以上二万元以下的罚款。
144	药品批发企业销售药品时未开具销售凭证的	《药品流通监督管理办法》第十一条第一款	《药品流通监督管理办法》第三十条第（二）项	责令限期改正，给予警告。
145	药品批发企业销售药品时未开具销售凭证，逾期不改正的	《药品流通监督管理办法》第十一条第一款	《药品流通监督管理办法》第三十条第（二）项	逾期不改正的，处以五千元以上二万元以下的罚款。

续表

序号	违法行为	违反规定	处罚依据	处罚内容
146	药品经营企业未按照规定留存有关资料、销售凭证的	《药品流通监督管理办法》第十二条	《药品流通监督管理办法》第三十条第（三）项	责令限期改正，给予警告。
147	药品经营企业未按照规定留存有关资料、销售凭证，逾期不改正的	《药品流通监督管理办法》第十二条	《药品流通监督管理办法》第三十条第（三）项	逾期不改正的，处以五千元以上二万元以下的罚款。
148	药品经营企业未对药品销售人员销售行为作出具体规定的	《药品流通监督管理办法》第七条	《药品流通监督管理办法》第三十一条	给予警告，责令限期改正。
149	在经药品监督管理部门核准的地址以外的场所现货销售药品的	《药品流通监督管理办法》第八条	《药品管理法》第一百一十五条；《药品流通监督管理办法》第三十二条第（一）项	责令关闭，没收违法生产、销售的药品和违法所得，并处违法生产、销售的药品（包括已售出和未售出的药品）货值金额十五倍以上三十倍以下的罚款；货值金额不足十万元的，按十万元计算。
150	药品经营企业以展示会、博览会、交易会、订货会、产品宣传会等方式现货销售药品的	《药品流通监督管理办法》第十五条	《药品管理法》第一百一十五条；《药品流通监督管理办法》第三十二条第（三）项	责令关闭，没收违法生产、销售的药品和违法所得，并处违法生产、销售的药品（包括已售出和未售出的药品）货值金额十五倍以上三十倍以下的罚款；货值金额不足十万元的，按十万元计算。
151	药品经营企业擅自改变经营方式的	《药品流通监督管理办法》第十七条第一款	《药品管理法》第一百一十五条；《药品流通监督管理办法》第三十二条第（四）项	责令关闭，没收违法生产、销售的药品和违法所得，并处违法生产、销售的药品（包括已售出和未售出的药品，下同）货值金额十五倍以上三十倍以下的罚款；货值金额不足十万元的，按十万元计算。

续表

序号	违法行为	违反规定	处罚依据	处罚内容
152	药品经营企业超范围经营药品的	《药品流通监督管理办法》第十七条第二款	《药品管理法》第一百一十五条；《药品流通监督管理办法》第三十二条第（四）项	责令关闭，没收违法生产、销售的药品和违法所得，并处违法生产、销售的药品（包括已售出和未售出的药品，下同）货值金额十五倍以上三十倍以下的罚款；货值金额不足十万元的，按十万元计算。
153	药品零售企业未开具标明规定内容的销售凭证的	《药品流通监督管理办法》第十一条第二款	《药品流通监督管理办法》第三十四条	责令改正，给予警告。
154	药品零售企业未开具标明规定内容的销售凭证，逾期不改正的	《药品流通监督管理办法》第十一条第二款	《药品流通监督管理办法》第三十四条	逾期不改正的，处以五百元以下的罚款。
155	药品经营企业知道或者应当知道他人从事无证生产、经营药品行为而为其提供药品的	《药品流通监督管理办法》第十三条	《药品流通监督管理办法》第三十五条	1. 给予警告，责令改正，并处一万元以下的罚款；2. 情节严重的，处一万元以上三万元以下的罚款。
156	药品生产、经营企业为他人以本企业的名义经营药品提供场所、资质证明文件、票据等便利条件的	《药品流通监督管理办法》第十四条	《药品管理法》第一百二十二条；《药品流通监督管理办法》第三十六条	1. 没收违法所得，并处违法所得一倍以上五倍以下的罚款；2. 情节严重的，并处违法所得五倍以上十五倍以下的罚款，吊销药品生产许可证、药品经营许可证、医疗机构制剂许可证或者药品批准证明文件，对法定代表人、主要负责人、直接负责的主管人员和其他责任人员，处二万元以上二十万元以下的罚款，十年内禁止从事药品生产经营活动，并可以由公安机关处五日以上十五日以下的拘留；违法所得不足十万元的，按十万元计算。

续表

序号	违法行为	违反规定	处罚依据	处罚内容
157	药品经营企业购进或者销售医疗机构配制的制剂的	《药品流通监督管理办法》第十六条	《药品管理法》第一百二十九条;《药品流通监督管理办法》第三十七条	1. 责令改正，没收违法购进的药品和违法所得，并处违法购进药品货值金额二倍以上十倍以下的罚款；2. 情节严重的，并处货值金额十倍以上三十倍以下的罚款，吊销药品批准证明文件、药品生产许可证、药品经营许可证或者医疗机构执业许可证；货值金额不足五万元的，按五万元计算。
158	药品零售企业未按药品分类管理规定的要求凭处方销售处方药的	《药品流通监督管理办法》第十八条第一款	《药品流通监督管理办法》第三十八条第一款	责令限期改正，给予警告。
159	药品零售企业未按药品分类管理规定的要求凭处方销售处方药，逾期不改正或者情节严重的	《药品流通监督管理办法》第十八条第一款	《药品流通监督管理办法》第三十八条第一款	逾期不改正或者情节严重的，处以一千元以下的罚款。
160	药品零售企业在执业药师或者其他依法经过资格认定的药学技术人员不在岗时销售处方药或者甲类非处方药的	《药品流通监督管理办法》第十八条第二款	《药品流通监督管理办法》第三十八条第二款	责令限期改正，给予警告。
161	药品零售企业在执业药师或者其他依法经过资格认定的药学技术人员不在岗时销售处方药或者甲类非处方药，逾期不改正的	《药品流通监督管理办法》第十八条第二款	《药品流通监督管理办法》第三十八条第二款	逾期不改正的，处以一千元以下的罚款。

续表

序号	违法行为	违反规定	处罚依据	处罚内容
162	药品经营企业以搭售、买药品赠药品、买商品赠药品等方式向公众赠送处方药或者甲类非处方药的	《药品流通监督管理办法》第二十条	《药品流通监督管理办法》第四十条	限期改正，给予警告。
163	药品经营企业以搭售、买药品赠药品、买商品赠药品等方式向公众赠送处方药或者甲类非处方药，逾期不改正或者情节严重的	《药品流通监督管理办法》第二十条	《药品流通监督管理办法》第四十条	逾期不改正或者情节严重的，处以赠送药品货值金额二倍以下的罚款，但是最高不超过三万元。
164	药品经营企业采用邮售、互联网交易等方式直接向公众销售处方药的	《药品流通监督管理办法》第二十一条	《药品流通监督管理办法》第四十二条	责令改正，给予警告，并处销售药品货值金额二倍以下的罚款，但是最高不超过三万元。
165	非法收购药品的	《药品流通监督管理办法》第二十二条	《药品管理法》第一百一十五条；《药品流通监督管理办法》第四十三条	责令关闭，没收违法生产、销售的药品和违法所得，并处违法生产、销售的药品（包括已售出和未售出的药品，下同）货值金额十五倍以上三十倍以下的罚款；货值金额不足十万元的，按十万元计算。
166	药品经营企业无专职或者兼职人员负责本单位药品不良反应监测工作的	《药品不良反应报告和监测管理办法》第十三条	《药品不良反应报告和监测管理办法》第五十九条第（一）项	给予警告，责令限期改正。
167	药品经营企业无专职或者兼职人员负责本单位药品不良反应监测工作，逾期不改的	《药品不良反应报告和监测管理办法》第十三条	《药品不良反应报告和监测管理办法》第五十九条第（一）项	逾期不改的，处三万元以下罚款。

续表

序号	违法行为	违反规定	处罚依据	处罚内容
168	药品经营企业未按照要求开展药品不良反应或者群体不良事件报告、调查、评价和处理的	《药品不良反应报告和监测管理办法》第十五条、第十九条、第二十条、第二十一条、第二十七条、第三十条、第四十六条	《药品不良反应报告和监测管理办法》第五十九条第（二）项	给予警告，责令限期改正。
169	药品经营企业未按照要求开展药品不良反应或者群体不良事件报告、调查、评价和处理，逾期不改的	《药品不良反应报告和监测管理办法》第十五条、第十九条、第二十条、第二十一条、第二十七条、第三十条、第四十六条	《药品不良反应报告和监测管理办法》第五十九条第（二）项	逾期不改的，处三万元以下罚款。
170	药品经营企业不配合严重药品不良反应或者群体不良事件相关调查工作的	《药品不良反应报告和监测管理办法》第十七条	《药品不良反应报告和监测管理办法》第五十九条第（三）项	给予警告，责令限期改正。
171	药品经营企业不配合严重药品不良反应或者群体不良事件相关调查工作，逾期不改的	《药品不良反应报告和监测管理办法》第十七条	《药品不良反应报告和监测管理办法》第五十九条第（三）项	逾期不改的，处三万元以下罚款。

续表

序号	违法行为	违反规定	处罚依据	处罚内容
172	未取得《互联网药品信息服务资格证书》从事互联网药品信息服务的	《互联网药品信息服务管理办法》第五条	《互联网药品信息服务管理办法》第二十二条	1. 由国家食品药品监督管理总局或者省、自治区、直辖市食品药品监督管理部门给予警告，并责令其停止从事互联网药品信息服务；2. 情节严重的，移送相关部门，依照有关法律、法规给予处罚。
173	超出有效期使用《互联网药品信息服务资格证书》从事互联网药品信息服务的	《互联网药品信息服务管理办法》第十七条第一款	《互联网药品信息服务管理办法》第二十二条	1. 由国家食品药品监督管理总局或者省、自治区、直辖市食品药品监督管理部门给予警告，并责令其停止从事互联网药品信息服务；2. 情节严重的，移送相关部门，依照有关法律、法规给予处罚。
174	提供互联网药品信息服务的网站不在其网站主页的显著位置标注《互联网药品信息服务资格证书》的证书编号的	《互联网药品信息服务管理办法》第八条	《互联网药品信息服务管理办法》第二十三条	给予警告，责令限期改正。
175	提供互联网药品信息服务的网站不在其网站主页的显著位置标注《互联网药品信息服务资格证书》的证书编号，经责令限期改正拒不改正的	《互联网药品信息服务管理办法》第八条	《互联网药品信息服务管理办法》第二十三条	在限定期限内拒不改正的，对提供非经营性互联网药品信息服务的网站处以五百元以下罚款，对提供经营性互联网药品信息服务的网站处以五千元以上一万元以下罚款。
176	提供的药品信息直接撮合药品网上交易的	《互联网药品信息服务管理办法》第二十四条第（一）项	《互联网药品信息服务管理办法》第二十四条第（一）项	1. 给予警告，责令限期改正；2. 情节严重的，对提供非经营性互联网药品信息服务的网站处以一千元以下罚款，对提供经营性互联网药品信息服务的网站处以一万元以上三万元以下罚款。

续表

序号	违法行为	违反规定	处罚依据	处罚内容
177	超出审核同意的范围提供互联网药品信息服务的	《互联网药品信息服务管理办法》第九条第二款	《互联网药品信息服务管理办法》第二十四条第（二）项	1. 给予警告，责令限期改正；2. 情节严重的，对提供非经营性互联网药品信息服务的网站处以一千元以下罚款，对提供经营性互联网药品信息服务的网站处以一万元以上三万元以下罚款。
178	提供不真实互联网药品信息服务并造成不良社会影响的	《互联网药品信息服务管理办法》第九条	《互联网药品信息服务管理办法》第二十四条第（三）项	1. 给予警告，责令限期改正；2. 情节严重的，对提供非经营性互联网药品信息服务的网站处以一千元以下罚款，对提供经营性互联网药品信息服务的网站处以一万元以上三万元以下罚款。
179	擅自变更互联网药品信息服务项目的	《互联网药品信息服务管理办法》第十九条	《互联网药品信息服务管理办法》第二十四条第（四）项	1. 给予警告，责令限期改正；2. 情节严重的，对提供非经营性互联网药品信息服务的网站处以一千元以下罚款，对提供经营性互联网药品信息服务的网站处以一万元以上三万元以下罚款。
180	销售未取得药品批准证明文件生产、进口药品的	《药品管理法》第一百二十四条第一款第（一）项、第二款	《药品管理法》第一百二十四条第一款、第二款	1. 没收违法生产、进口、销售的药品和违法所得以及专门用于违法生产的原料、辅料、包装材料和生产设备，责令停产停业整顿，并处违法生产、进口、销售的药品货值金额十五倍以上三十倍以下的罚款；货值金额不足十万元的，按十万元计算。2. 情节严重的，吊销药品批准证明文件直至吊销药品生产许可证、药品经营许可证或者医疗机构制剂许可证，对法定代表人、主要负责人、直接负责的主管人员和其他责任人员，没收违法行为发生期间自本单位所获收入，并处所获收入百分之三十以上三倍以下的罚款，十年直至终身禁止从事药品生产经营活动，并可以由公安机关处五日以上十五日以下的拘留。3. 情节严重的，药品使用单位的法定代表人、主要负责人、直接负责的主管人员和其他责任人员有医疗卫生人员执业证书的，还应当吊销执业证书。

续表

序号	违法行为	违反规定	处罚依据	处罚内容
181	销售使用采取欺骗手段取得的药品批准证明文件生产、进口药品的	《药品管理法》第一百二十四条第一款第（二）项、第二款	《药品管理法》第一百二十四条第一款、第二款	1. 没收违法生产、进口、销售的药品和违法所得以及专门用于违法生产的原料、辅料、包装材料和生产设备，责令停产停业整顿，并处违法生产、进口、销售的药品货值金额十五倍以上三十倍以下的罚款；货值金额不足十万元的，按十万元计算。2. 情节严重的，吊销药品批准证明文件直至吊销药品生产许可证、药品经营许可证或者医疗机构制剂许可证，对法定代表人、主要负责人、直接负责的主管人员和其他责任人员，没收违法行为发生期间自本单位所获收入，并处所获收入百分之三十以上三倍以下的罚款，十年直至终身禁止从事药品生产经营活动，并可以由公安机关处五日以上十五日以下的拘留。3. 情节严重的，药品使用单位的法定代表人、主要负责人、直接负责的主管人员和其他责任人员有医疗卫生人员执业证书的，还应当吊销执业证书。
182	销售使用未经审批的原料药生产的药品的	《药品管理法》第一百二十四条第一款第（三）项、第二款	《药品管理法》第一百二十四条第一款、第二款	1. 没收违法生产、进口、销售的药品和违法所得以及专门用于违法生产的原料、辅料、包装材料和生产设备，责令停产停业整顿，并处违法生产、进口、销售的药品货值金额十五倍以上三十倍以下的罚款；货值金额不足十万元的，按十万元计算。2. 情节严重的，吊销药品批准证明文件直至吊销药品生产许可证、药品经营许可证或者医疗机构制剂许可证，对法定代表人、主要负责人、直接负责的主管人员和其他责任人员，没收违法行为发生期间自本单位所获收入，并处所获收入百分之三十以上三倍以下的罚款，十年直至终身禁止从事药品生产经营活动，并可以由公安机关处五日以上十五日以下的拘留。3. 情节严重的，药品使用单位的法定代表人、主要负责人、直接负责的主管人员和其他责任人员有医疗卫生人员执业证书的，还应当吊销执业证书。

续表

序号	违法行为	违反规定	处罚依据	处罚内容
183	药品网络交易第三方平台提供者未履行资质审核、报告、停止提供网络交易平台服务等义务的	《药品管理法》第六十二条第二款、第三款	《药品管理法》第一百三十一条	1. 责令改正，没收违法所得，并处二十万元以上二百万元以下的罚款；2. 情节严重的，责令停业整顿，并处二百万元以上五百万元以下的罚款。
184	药品经营企业未按照规定报告疑似药品不良反应的	《药品管理法》第八十一条第一款	《药品管理法》第一百三十四条第二款	责令限期改正，给予警告。
185	药品经营企业未按照规定报告疑似药品不良反应，逾期不改正的	《药品管理法》第八十一条第一款	《药品管理法》第一百三十四条第二款	逾期不改正的，责令停产停业整顿，并处五万元以上五十万元以下的罚款。
186	疾病预防控制机构以外的单位或者个人向接种单位供应疫苗的	《疫苗管理法》第三十五条第三款	《疫苗管理法》第八十一条第（三）项	1. 没收违法所得和违法生产、销售的疫苗以及专门用于违法生产疫苗的原料、辅料、包装材料、设备等物品，责令停产停业整顿，并处违法生产、销售疫苗货值金额十五倍以上五十倍以下的罚款，货值金额不足五十万元的，按五十万元计算；2. 情节严重的，吊销药品相关批准证明文件，直至吊销药品生产许可证等，对法定代表人、主要负责人、直接负责的主管人员和关键岗位人员以及其他责任人员，没收违法行为发生期间自本单位所获收入，并处所获收入百分之五十以上十倍以下的罚款，十年内直至终身禁止从事药品生产经营活动，由公安机关处五日以上十五日以下拘留。

续表

序号	违法行为	违反规定	处罚依据	处罚内容
187	医疗机构应用传统工艺配制中药制剂未依照《中医药法》备案，或者未按照备案材料载明的要求配制中药制剂的	《中医药法》第三十一条	《中医药法》第五十六条第二款；《药品管理法》第一百一十六条、第一百一十八条	按生产假药给予处罚：1. 没收违法生产、销售的药品和违法所得，责令停产停业整顿，吊销药品批准证明文件，并处违法生产、销售的药品货值金额十五倍以上三十倍以下的罚款；货值金额不足十万元的，按十万元计算。2. 情节严重的，吊销药品生产许可证、药品经营许可证或者医疗机构制剂许可证，十年内不受理其相应申请；药品上市许可持有人为境外企业的，十年内禁止其药品进口。3. 情节严重的，对法定代表人、主要负责人、直接负责的主管人员和其他责任人员，没收违法行为发生期间自本单位所获收入，并处所获收入百分之三十以上三倍以下的罚款，终身禁止从事药品生产经营活动，并可以由公安机关处五日以上十五日以下的拘留。对生产者专门用于生产假药的原料、辅料、包装材料、生产设备予以没收。
188	医疗机构未取得《医疗机构制剂许可证》配制制剂的	《药品管理法》第七十四条第一款；《药品管理法实施条例》第二十条第一款	《药品管理法》第一百一十五条；《医疗机构制剂配制监督管理办法（试行）》第四十九条	责令关闭，没收违法生产、销售的药品和违法所得，并处违法生产、销售的药品（包括已售出和未售出的药品）货值金额十五倍以上三十倍以下的罚款；货值金额不足十万元的，按十万元计算。
189	医疗机构擅自变更《医疗机构制剂许可证》许可事项，应当办理变更登记手续而未办理的	《药品管理法实施条例》第二十一条第一款	《药品管理法实施条例》第六十九条	由原发证部门给予警告，责令限期补办变更登记手续。

续表

序号	违法行为	违反规定	处罚依据	处罚内容
190	医疗机构擅自变更《医疗机构制剂许可证》许可事项，应当办理变更登记手续而未办理，经警告后逾期不补办，仍从事药品生产经营活动的	《药品管理法实施条例》第二十一条第一款	《药品管理法》第一百一十五条；《药品管理法实施条例》第六十九条	1. 逾期不补办的，宣布其《药品生产许可证》《药品经营许可证》和《医疗机构制剂许可证》无效；2. 仍从事药品生产经营活动的，责令关闭，没收违法生产、销售的药品和违法所得，并处违法生产、销售的药品（包括已售出和未售出的药品）货值金额十五倍以上三十倍以下的罚款；货值金额不足十万元的，按十万元计算。
191	医疗机构擅自新增配制剂型或者改变配置场所的	《药品管理法实施条例》第二十一条第二款	《药品管理法实施条例》第六十九条	由原发证部门给予警告，责令限期补办变更登记手续。
192	医疗机构擅自新增配制剂型或者改变配置场所的，经警告后逾期不补办，仍从事药品生产经营活动的	《药品管理法实施条例》第二十一条第二款	《药品管理法》第一百一十五条；《药品管理法实施条例》第六十九条	1. 逾期不补办的，宣布其《药品生产许可证》《药品经营许可证》和《医疗机构制剂许可证》无效；2. 仍从事药品生产经营活动的，责令关闭，没收违法生产、销售的药品和违法所得，并处违法生产、销售的药品（包括已售出和未售出的药品）货值金额十五倍以上三十倍以下的罚款；货值金额不足十万元的，按十万元计算。

续表

序号	违法行为	违反规定	处罚依据	处罚内容
193	医疗机构配制假药的	《药品管理法》第九十八条第一款、第二款	《药品管理法》第一百一十六条、第一百一十八条;《医疗机构制剂注册管理办法(试行)》第四十条第一款	1. 没收违法生产、销售的药品和违法所得,责令停产停业整顿,吊销药品批准证明文件,并处违法生产、销售的药品货值金额十五倍以上三十倍以下的罚款;货值金额不足十万元的,按十万元计算。2. 情节严重的,吊销药品生产许可证、药品经营许可证或者医疗机构制剂许可证,十年内不受理其相应申请;药品上市许可持有人为境外企业的,十年内禁止其药品进口。3. 情节严重的,对法定代表人、主要负责人、直接负责的主管人员和其他责任人员,没收违法行为发生期间自本单位所获收入,并处所获收入百分之三十以上三倍以下的罚款,终身禁止从事药品生产经营活动,并可以由公安机关处五日以上十五日以下的拘留。对生产者专门用于生产假药的原料、辅料、包装材料、生产设备予以没收。
194	医疗机构擅自委托或者接受委托配制制剂的	《医疗机构制剂配制监督管理办法(试行)》第二十八条	《药品管理法》第一百一十六条、第一百一十八条;《医疗机构制剂配制监督管理办法(试行)》第五十一条	1. 没收违法生产、销售的药品和违法所得,责令停产停业整顿,吊销药品批准证明文件,并处违法生产、销售的药品货值金额十五倍以上三十倍以下的罚款;货值金额不足十万元的,按十万元计算。2. 情节严重的,吊销药品生产许可证、药品经营许可证或者医疗机构制剂许可证,十年内不受理其相应申请;药品上市许可持有人为境外企业的,十年内禁止其药品进。3. 情节严重的,对法定代表人、主要负责人、直接负责的主管人员和其他责任人员,没收违法行为发生期间自本单位所获收入,并处所获收入百分之三十以上三倍以下的罚款,终身禁止从事药品生产经营活动,并可以由公安机关处五日以上十五日以下的拘留。对生产者专门用于生产假药、劣药的原料、辅料、包装材料、生产设备予以没收。

续表

序号	违法行为	违反规定	处罚依据	处罚内容
195	医疗机构配制劣药的	《药品管理法》第九十八条第一款、第三款	《药品管理法》第一百一十七条第一款、第一百一十八条；《医疗机构制剂注册管理办法（试行）》第四十条第一款	1. 没收违法生产、销售的药品和违法所得，并处违法生产、销售的药品货值金额十倍以上二十倍以下的罚款；违法生产、批发的药品货值金额不足十万元的，按十万元计算，违法零售的药品货值金额不足一万元的，按一万元计算。2. 情节严重的，责令停产停业整顿直至吊销药品批准证明文件、药品生产许可证、药品经营许可证或者医疗机构制剂许可证。3. 情节严重的，对法定代表人、主要负责人、直接负责的主管人员和其他责任人员，没收违法行为发生期间自本单位所获收入，并处所获收入百分之三十以上三倍以下的罚款，终身禁止从事药品生产经营活动，并可以由公安机关处五日以上十五日以下的拘留。对生产者专门用于生产劣药的原料、辅料、包装材料、生产设备予以没收。
196	医疗机构不按照省、自治区、直辖市人民政府药品监督管理部门批准的标准配制制剂的	《药品管理法》第四十四条；《药品管理法实施条例》第六十六条	《药品管理法》第一百一十七条第一款、第二款，第一百一十八条；《药品管理法实施条例》第六十六条；《医疗机构制剂注册管理办法（试行）》第四十条第二款	1. 没收违法生产、销售的药品和违法所得，并处违法生产、销售的药品货值金额十倍以上二十倍以下的罚款；违法生产、批发的药品货值金额不足十万元的，按十万元计算，违法零售的药品货值金额不足一万元的，按一万元计算。2. 情节严重的，责令停产停业整顿直至吊销药品批准证明文件、药品生产许可证、药品经营许可证或者医疗机构制剂许可证。生产、销售的中药饮片不符合药品标准，尚不影响安全性、有效性的，责令限期改正，给予警告；可以处十万元以上五十万元以下的罚款。3. 情节严重的，对法定代表人、主要负责人、直接负责的主管人员和其他责任人员，没收违法行为发生期间自本单位所获收入，并处所获收入百分之三十以上三倍以下的罚款，终身禁止从事药品生产经营活动，并可以由公安机关处五日以上十五日以下的拘留。对生产者专门用于生产假药、劣药的原料、辅料、包装材料、生产设备予以没收。

续表

序号	违法行为	违反规定	处罚依据	处罚内容
197	医疗机构将其配制的制剂在市场上销售的	《药品管理法》第七十六条第三款;《药品管理法实施条例》第二十四条第一款;《医疗机构制剂注册管理办法(试行)》第四十二条第一款	《药品管理法》第一百三十三条;《医疗机构制剂注册管理办法(试行)》第四十二条第二款	1. 责令改正,没收违法销售的制剂和违法所得,并处违法销售制剂货值金额二倍以上五倍以下的罚款;2. 情节严重的,并处货值金额五倍以上十五倍以下的罚款;货值金额不足五万元的,按五万元计算。
198	医疗机构配制制剂的包装、标签、说明书不符合规定的	《药品管理法》第四十九条;《药品管理法实施条例》第四十六条	《药品管理法》第一百二十八条;《药品管理法实施条例》第六十八条	1. 责令限期改正,给予警告。2. 情节严重的,吊销药品注册证书。(除依法应当按照假药、劣药处罚的外)
199	医疗机构制剂室的关键配制设施等条件发生变化未备案的	《医疗机构制剂配制监督管理办法(试行)》第二十五条	《医疗机构制剂配制监督管理办法(试行)》第五十二条第二款	由所在地省、自治区、直辖市(食品)药品监督管理部门给予警告,责令限期改正。
200	医疗机构制剂室的关键配制设施等条件发生变化未备案,经警告逾期不改正的	《医疗机构制剂配制监督管理办法(试行)》第二十五条	《医疗机构制剂配制监督管理办法(试行)》第五十二条第二款	逾期不改正的,可以处五千元以上一万元以下的罚款。

续表

序号	违法行为	违反规定	处罚依据	处罚内容
201	医疗机构未经批准使用药包材产品目录中的药包材的	《药品管理法》第九十八条第一款、第三款	《药品管理法》第一百一十七条第一款、第一百一十八条	1. 没收违法生产、销售的药品和违法所得，并处违法生产、销售的药品货值金额十倍以上二十倍以下的罚款；违法生产、批发的药品货值金额不足十万元的，按十万元计算，违法零售的药品货值金额不足一万元的，按一万元计算；2. 情节严重的，责令停产停业整顿直至吊销药品批准证明文件、药品生产许可证、药品经营许可证或者医疗机构制剂许可证；3. 情节严重的，对法定代表人、主要负责人、直接负责的主管人员和其他责任人员，没收违法行为发生期间自本单位所获收入，并处所获收入百分之三十以上三倍以下的罚款，终身禁止从事药品生产经营活动，并可以由公安机关处五日以上十五日以下的拘留。对生产者专门用于生产假药、劣药的原料、辅料、包装材料、生产设备予以没收。
202	个人设置的医疗机构超范围和品种向患者提供药品的	《药品管理法实施条例》第二十七条	《药品管理法》第一百一十五条；《药品管理法实施条例》第六十二条	责令关闭，没收违法生产、销售的药品和违法所得，并处违法生产、销售的药品（包括已售出和未售出的药品）货值金额十五倍以上三十倍以下的罚款；货值金额不足十万元的，按十万元计算。

续表

序号	违法行为	违反规定	处罚依据	处罚内容
203	医疗机构使用假药的	《药品管理法》第九十八条第一款、第二款；《药品管理法实施条例》第六十三条	《药品管理法》第一百一十六条、第一百一十八条；《药品管理法实施条例》第六十三条	1. 没收违法生产、销售的药品和违法所得，责令停产停业整顿，吊销药品批准证明文件，并处违法生产、销售的药品货值金额十五倍以上三十倍以下的罚款；货值金额不足十万元的，按十万元计算。2. 情节严重的，吊销药品生产许可证、药品经营许可证或者医疗机构制剂许可证，十年内不受理其相应申请；药品上市许可持有人为境外企业的，十年内禁止其药品进口。3. 情节严重的，对法定代表人、主要负责人、直接负责的主管人员和其他责任人员，没收违法行为发生期间自本单位所获收入，并处所获收入百分之三十以上三倍以下的罚款，终身禁止从事药品生产经营活动，并可以由公安机关处五日以上十五日以下的拘留。对生产者专门用于生产假药的原料、辅料、包装材料、生产设备予以没收。
204	医疗机构使用劣药的	《药品管理法》第九十八条第一款、第三款；《药品管理法实施条例》第六十三条	《药品管理法》第一百一十七条第一款、第一百一十八条；《药品管理法实施条例》第六十三条	1. 没收违法生产、销售的药品和违法所得，并处违法生产、销售的药品货值金额十倍以上二十倍以下的罚款；违法生产、批发的药品货值金额不足十万元的，按十万元计算，违法零售的药品货值金额不足一万元的，按一万元计算。2. 情节严重的，责令停产停业整顿直至吊销药品批准证明文件、药品生产许可证、药品经营许可证或者医疗机构制剂许可证。3. 情节严重的，对法定代表人、主要负责人、直接负责的主管人员和其他责任人员，没收违法行为发生期间自本单位所获收入，并处所获收入百分之三十以上三倍以下的罚款，终身禁止从事药品生产经营活动，并可以由公安机关处五日以上十五日以下的拘留。对生产者专门用于生产劣药的原料、辅料、包装材料、生产设备予以没收。

续表

序号	违法行为	违反规定	处罚依据	处罚内容
205	医疗机构擅自使用其他医疗机构配制的制剂的	《药品管理法》第五十五条;《药品管理法实施条例》第二十四条;《医疗机构制剂注册管理办法(试行)》第二十六条	《药品管理法》第一百二十九条;《药品管理法实施条例》第六十一条;《医疗机构制剂注册管理办法(试行)》第三十九条	1. 责令改正,没收违法购进的药品和违法所得,并处违法购进药品货值金额二倍以上十倍以下的罚款;2. 情节严重的,并处货值金额十倍以上三十倍以下的罚款,吊销药品批准证明文件、药品生产许可证、药品经营许可证或者医疗机构执业许可证;货值金额不足五万元的,按五万元计算。
206	医疗机构采用邮售、互联网交易等方式直接向公众销售处方药的	《药品流通监督管理办法》第二十八条	《药品流通监督管理办法》第四十二条	责令改正,给予警告,并处销售药品货值金额二倍以下的罚款,但是最高不超过三万元。
207	药品使用单位使用未取得药品批准证明文件生产、进口的药品的	《药品管理法》第一百二十四条第一款第(一)项、第二款	《药品管理法》第一百二十四条第一款、第二款	1. 没收违法生产、进口、销售的药品和违法所得以及专门用于违法生产的原料、辅料、包装材料和生产设备,责令停产停业整顿,并处违法生产、进口、销售的药品货值金额十五倍以上三十倍以下的罚款;货值金额不足十万元的,按十万元计算。2. 情节严重的,吊销药品批准证明文件直至吊销药品生产许可证、药品经营许可证或者医疗机构制剂许可证,对法定代表人、主要负责人、直接负责的主管人员和其他责任人员,没收违法行为发生期间自本单位所获收入,并处所获收入百分之三十以上三倍以下的罚款,十年直至终身禁止从事药品生产经营活动,并可以由公安机关处五日以上十五日以下的拘留。3. 情节严重的,药品使用单位的法定代表人、主要负责人、直接负责的主管人员和其他责任人员有医疗卫生人员执业证书的,还应当吊销执业证书。

续表

序号	违法行为	违反规定	处罚依据	处罚内容
208	药品使用单位使用采取欺骗手段取得的药品批准证明文件生产、进口的药品的	《药品管理法》第一百二十四条第一款第（二）项、第二款	《药品管理法》第一百二十四条第一款、第二款	1. 没收违法生产、进口、销售的药品和违法所得以及专门用于违法生产的原料、辅料、包装材料和生产设备，责令停产停业整顿，并处违法生产、进口、销售的药品货值金额十五倍以上三十倍以下的罚款；货值金额不足十万元的，按十万元计算。2. 情节严重的，吊销药品批准证明文件直至吊销药品生产许可证、药品经营许可证或者医疗机构制剂许可证，对法定代表人、主要负责人、直接负责的主管人员和其他责任人员，没收违法行为发生期间自本单位所获收入，并处所获收入百分之三十以上三倍以下的罚款，十年直至终身禁止从事药品生产经营活动，并可以由公安机关处五日以上十五日以下的拘留。3. 情节严重的，药品使用单位的法定代表人、主要负责人、直接负责的主管人员和其他责任人员有医疗卫生人员执业证书的，还应当吊销执业证书。
209	药品使用单位使用未经审评审批的原料药生产的药品的	《药品管理法》第一百二十四条第一款第（三）项、第二款	《药品管理法》第一百二十四条第一款、第二款	1. 没收违法生产、进口、销售的药品和违法所得以及专门用于违法生产的原料、辅料、包装材料和生产设备，责令停产停业整顿，并处违法生产、进口、销售的药品货值金额十五倍以上三十倍以下的罚款；货值金额不足十万元的，按十万元计算。2. 情节严重的，吊销药品批准证明文件直至吊销药品生产许可证、药品经营许可证或者医疗机构制剂许可证，对法定代表人、主要负责人、直接负责的主管人员和其他责任人员，没收违法行为发生期间自本单位所获收入，并处所获收入百分之三十以上三倍以下的罚款，十年直至终身禁止从事药品生产经营活动，并可以由公安机关处五日以上十五日以下的拘留。3. 情节严重的，药品使用单位的法定代表人、主要负责人、直接负责的主管人员和其他责任人员有医疗卫生人员执业证书的，还应当吊销执业证书。

续表

序号	违法行为	违反规定	处罚依据	处罚内容
210	药品使用单位使用应当检验而未经检验即销售的药品的	《药品管理法》第一百二十四条第一款第（四）项、第二款	《药品管理法》第一百二十四条第一款、第二款	1. 没收违法生产、进口、销售的药品和违法所得以及专门用于违法生产的原料、辅料、包装材料和生产设备，责令停产停业整顿，并处违法生产、进口、销售的药品货值金额十五倍以上三十倍以下的罚款；货值金额不足十万元的，按十万元计算。2. 情节严重的，吊销药品批准证明文件直至吊销药品生产许可证、药品经营许可证或者医疗机构制剂许可证，对法定代表人、主要负责人、直接负责的主管人员和其他责任人员，没收违法行为发生期间自本单位所获收入，并处所获收入百分之三十以上三倍以下的罚款，十年直至终身禁止从事药品生产经营活动，并可以由公安机关处五日以上十五日以下的拘留。3. 情节严重的，药品使用单位的法定代表人、主要负责人、直接负责的主管人员和其他责任人员有医疗卫生人员执业证书的，还应当吊销执业证书。
211	药品使用单位使用国务院药品监督管理部门禁止使用的药品的	《药品管理法》第一百二十四条第一款第（五）项、第二款	《药品管理法》第一百二十四条第一款、第二款	1. 没收违法生产、进口、销售的药品和违法所得以及专门用于违法生产的原料、辅料、包装材料和生产设备，责令停产停业整顿，并处违法生产、进口、销售的药品货值金额十五倍以上三十倍以下的罚款；货值金额不足十万元的，按十万元计算。2. 情节严重的，吊销药品批准证明文件直至吊销药品生产许可证、药品经营许可证或者医疗机构制剂许可证，对法定代表人、主要负责人、直接负责的主管人员和其他责任人员，没收违法行为发生期间自本单位所获收入，并处所获收入百分之三十以上三倍以下的罚款，十年直至终身禁止从事药品生产经营活动，并可以由公安机关处五日以上十五日以下的拘留。3. 情节严重的，药品使用单位的法定代表人、主要负责人、直接负责的主管人员和其他责任人员有医疗卫生人员执业证书的，还应当吊销执业证书。

续表

序号	违法行为	违反规定	处罚依据	处罚内容
212	麻醉药品药用原植物种植企业未依照麻醉药品药用原植物年度种植计划进行种植的	《麻醉药品和精神药品管理条例》第八条第一款	《麻醉药品和精神药品管理条例》第六十六条第（一）项	责令限期改正，给予警告。
213	麻醉药品药用原植物种植企业未依照麻醉药品药用原植物年度种植计划进行种植，逾期不改正的	《麻醉药品和精神药品管理条例》第八条第一款	《麻醉药品和精神药品管理条例》第六十六条第（一）项	逾期不改正的，处五万元以上十万元以下的罚款；情节严重的，取消其种植资格。
214	麻醉药品药用原植物种植企业未依照规定报告种植情况的	《麻醉药品和精神药品管理条例》第八条第二款	《麻醉药品和精神药品管理条例》第六十六条第（二）项	责令限期改正，给予警告。
215	麻醉药品药用原植物种植企业未依照规定报告种植情况，逾期不改正的	《麻醉药品和精神药品管理条例》第八条第二款	《麻醉药品和精神药品管理条例》第六十六条第（二）项	逾期不改正的，处五万元以上十万元以下的罚款；情节严重的，取消其种植资格。
216	麻醉药品药用原植物种植企业未依照规定储存麻醉药品的	《麻醉药品和精神药品管理条例》第四十六条、第四十八条	《麻醉药品和精神药品管理条例》第六十六条第（三）项	责令限期改正，给予警告。
217	麻醉药品药用原植物种植企业未依照规定储存麻醉药品，逾期不改正的	《麻醉药品和精神药品管理条例》第四十六条、第四十八条	《麻醉药品和精神药品管理条例》第六十六条第（三）项	逾期不改正的，处五万元以上十万元以下的罚款；情节严重的，取消其种植资格。
218	定点生产企业未按照麻醉药品和精神药品年度生产计划安排生产的	《麻醉药品和精神药品管理条例》第十九条	《麻醉药品和精神药品管理条例》第六十七条第（一）项	责令限期改正，给予警告，并没收违法所得和违法销售的药品。

续表

序号	违法行为	违反规定	处罚依据	处罚内容
219	定点生产企业未按照麻醉药品和精神药品年度生产计划安排生产，逾期不改正的	《麻醉药品和精神药品管理条例》第十九条	《麻醉药品和精神药品管理条例》第六十七条第（一）项	1. 逾期不改正的，责令停产，并处五万元以上十万元以下的罚款；2. 情节严重的，取消其定点生产资格。
220	定点生产企业未按照规定向药品监督管理部门报告生产情况的	《麻醉药品和精神药品管理条例》第十九条	《麻醉药品和精神药品管理条例》第六十七条第（二）项	责令限期改正，给予警告，并没收违法所得和违法销售的药品。
221	定点生产企业未按照规定向药品监督管理部门报告生产情况，逾期不改正的	《麻醉药品和精神药品管理条例》第十九条	《麻醉药品和精神药品管理条例》第六十七条第（二）项	1. 逾期不改正的，责令停产，并处五万元以上十万元以下的罚款；2. 情节严重的，取消其定点生产资格。
222	定点生产企业未依照规定储存麻醉药品和精神药品或者未按规定建立、保存专用账册的	《麻醉药品和精神药品管理条例》第四十六条、第四十八条	《麻醉药品和精神药品管理条例》第六十七条第（三）项	责令限期改正，给予警告，并没收违法所得和违法销售的药品。
223	定点生产企业未依照规定储存麻醉药品和精神药品或者未按规定建立、保存专用账册，逾期不改正的	《麻醉药品和精神药品管理条例》第四十六条、第四十八条	《麻醉药品和精神药品管理条例》第六十七条第（三）项	1. 逾期不改正的，责令停产，并处五万元以上十万元以下的罚款；2. 情节严重的，取消其定点生产资格。
224	定点生产企业未依照规定销售麻醉药品和精神药品的	《麻醉药品和精神药品管理条例》第二十条	《麻醉药品和精神药品管理条例》第六十七条第（四）项	责令限期改正，给予警告，并没收违法所得和违法销售的药品。
225	定点生产企业未依照规定销售麻醉药品和精神药品，逾期不改正的	《麻醉药品和精神药品管理条例》第二十条	《麻醉药品和精神药品管理条例》第六十七条第（四）项	1. 逾期不改正的，责令停产，并处五万元以上十万元以下的罚款；2. 情节严重的，取消其定点生产资格。

续表

序号	违法行为	违反规定	处罚依据	处罚内容
226	定点生产企业未依照规定销毁麻醉药品和精神药品的	《麻醉药品和精神药品管理条例》第六十一条第一款	《麻醉药品和精神药品管理条例》第六十七条第（五）项	责令限期改正，给予警告，并没收违法所得和违法销售的药品。
227	定点生产企业未依照规定销毁麻醉药品和精神药品，逾期不改正的	《麻醉药品和精神药品管理条例》第六十一条第一款	《麻醉药品和精神药品管理条例》第六十七条第（五）项	1. 逾期不改正的，责令停产，并处五万元以上十万元以下的罚款；2. 情节严重的，取消其定点生产资格。
228	定点批发企业未依照规定销售麻醉药品和精神药品或者违反规定经营麻醉药品原料药和第一类精神药品原料药的	《麻醉药品和精神药品管理条例》第二十四条、第二十五条、第二十六条、第二十九条、第三十条	《麻醉药品和精神药品管理条例》第六十八条	责令限期改正，给予警告，并没收违法所得和违法销售的药品。
229	定点批发企业未依照规定销售麻醉药品和精神药品或者违反规定经营麻醉药品原料药和第一类精神药品原料药，逾期不改正的	《麻醉药品和精神药品管理条例》第二十四条、第二十五条、第二十六条、第二十九条、第三十条	《麻醉药品和精神药品管理条例》第六十八条	1. 逾期不改正的，责令停业，并处违法销售药品货值金额二倍以上五倍以下的罚款；2. 情节严重的，取消其定点批发资格。
230	定点批发企业未依照规定购进麻醉药品和第一类精神药品的	《麻醉药品和精神药品管理条例》第二十七条	《麻醉药品和精神药品管理条例》第六十九条第（一）项	责令限期改正，给予警告。
231	定点批发企业未依照规定购进麻醉药品和第一类精神药品，逾期不改正的	《麻醉药品和精神药品管理条例》第二十七条	《麻醉药品和精神药品管理条例》第六十九条第（一）项	1. 逾期不改正的，责令停业，并处二万元以上五万元以下的罚款；2. 情节严重的，取消其定点批发资格。

续表

序号	违法行为	违反规定	处罚依据	处罚内容
232	定点批发企业未保证供药责任区域内的麻醉药品和第一类精神药品的供应的	《麻醉药品和精神药品管理条例》第二十三条第二款	《麻醉药品和精神药品管理条例》第六十九条第（二）项	责令限期改正，给予警告。
233	定点批发企业未保证供药责任区域内的麻醉药品和第一类精神药品的供应，逾期不改正的	《麻醉药品和精神药品管理条例》第二十三条第二款	《麻醉药品和精神药品管理条例》第六十九条第（二）项	1. 逾期不改正的，责令停业，并处二万元以上五万元以下的罚款；2. 情节严重的，取消其定点批发资格。
234	定点批发企业未对医疗机构履行送货义务的	《麻醉药品和精神药品管理条例》第二十八条	《麻醉药品和精神药品管理条例》第六十九条第（三）项	责令限期改正，给予警告。
235	定点批发企业未对医疗机构履行送货义务，逾期不改正的	《麻醉药品和精神药品管理条例》第二十八条	《麻醉药品和精神药品管理条例》第六十九条第（三）项	1. 逾期不改正的，责令停业，并处二万元以上五万元以下的罚款；2. 情节严重的，取消其定点批发资格。
236	定点批发企业未依照规定报告麻醉、精神药品的进货、销售、库存数量以及流向的	《麻醉药品和精神药品管理条例》第五十九条第一款	《麻醉药品和精神药品管理条例》第六十九条第（四）项	责令限期改正，给予警告。
237	定点批发企业未依照规定报告麻醉、精神药品的进货、销售、库存数量以及流向，逾期不改正的	《麻醉药品和精神药品管理条例》第五十九条第一款	《麻醉药品和精神药品管理条例》第六十九条第（四）项	1. 逾期不改正的，责令停业，并处二万元以上五万元以下的罚款；2. 情节严重的，取消其定点批发资格。
238	定点批发企业未按照规定储存麻醉、精神药品，或者未依照规定、保存专用账册的	《麻醉药品和精神药品管理条例》第四十六条、第四十八条	《麻醉药品和精神药品管理条例》第六十九条第（五）项	责令限期改正，给予警告。

续表

序号	违法行为	违反规定	处罚依据	处罚内容
239	定点批发企业未按照规定储存麻醉、精神药品，或者未依照规定、保存专用账册，逾期不改正的	《麻醉药品和精神药品管理条例》第四十六条、第四十八条	《麻醉药品和精神药品管理条例》第六十九条第（五）项	1. 逾期不改正的，责令停业，并处二万元以上五万元以下的罚款；2. 情节严重的，取消其定点批发资格。
240	定点批发企业未按照规定销毁麻醉药品和精神药品的	《麻醉药品和精神药品管理条例》第六十一条第一款	《麻醉药品和精神药品管理条例》第六十九条第（六）项	责令限期改正，给予警告。
241	定点批发企业未按照规定销毁麻醉药品和精神药品，逾期不改正的	《麻醉药品和精神药品管理条例》第六十一条第一款	《麻醉药品和精神药品管理条例》第六十九条第（六）项	1. 逾期不改正的，责令停业，并处二万元以上五万元以下的罚款；2. 情节严重的，取消其定点批发资格。
242	区域性批发企业之间违规调剂麻醉药品，或者因特殊情况调剂麻醉药品和第一类精神药品后未依照规定备案的	《麻醉药品和精神药品管理条例》第二十六条第三款	《麻醉药品和精神药品管理条例》第六十九条第（七）项	责令限期改正，给予警告。
243	区域性批发企业之间违规调剂麻醉药品，或者因特殊情况调剂麻醉药品和第一类精神药品后未依照规定备案，逾期不改正的	《麻醉药品和精神药品管理条例》第二十六条第三款	《麻醉药品和精神药品管理条例》第六十九条第（七）项	1. 逾期不改正的，责令停业，并处二万元以上五万元以下的罚款；2. 情节严重的，取消其定点批发资格。
244	第二类精神药品零售企业违法储存、销售或者销毁第二类精神药品的	《麻醉药品和精神药品管理条例》第三十一条、第三十二条、第四十九条、第六十一条第一款	《麻醉药品和精神药品管理条例》第七十条	责令限期改正，给予警告，并没收违法所得和违法销售的药品。

续表

序号	违法行为	违反规定	处罚依据	处罚内容
245	第二类精神药品零售企业违法储存、销售或者销毁第二类精神药品，逾期不改正的	《麻醉药品和精神药品管理条例》第三十一条、第三十二条、第四十九条、第六十一条第一款	《麻醉药品和精神药品管理条例》第七十条	1. 逾期不改正的，责令停业，并处五千元以上二万元以下的罚款；2. 情节严重的，取消其第二类精神药品零售资格。
246	违反规定购买麻醉药品、精神药品的	《麻醉药品和精神药品管理条例》第三十四条、第三十五条	《麻醉药品和精神药品管理条例》第七十一条	没收违法购买的麻醉药品和精神药品，责令限期改正，给予警告。
247	违反规定购买麻醉药品、精神药品，逾期不改正的	《麻醉药品和精神药品管理条例》第三十四条、第三十五条	《麻醉药品和精神药品管理条例》第七十一条	逾期不改正的，责令停产或者停止相关活动，并处二万元以上五万元以下的罚款。
248	违反规定运输麻醉药品和精神药品的	《麻醉药品和精神药品管理条例》五十条、第五十一条、第五十二条、第五十三条、第五十五条	《麻醉药品和精神药品管理条例》第七十四条第一款	责令改正，给予警告，处二万元以上五万元以下的罚款。
249	提供虚假材料、隐瞒有关情况，或者采取其他欺骗手段取得麻醉、精神药品的实验研究、生产、经营、使用资格的	《麻醉药品和精神药品管理条例》第七十五条	《麻醉药品和精神药品管理条例》第七十五条	1. 由原审批部门撤销其已取得的资格，五年内不得提出有关麻醉药品和精神药品的申请；2. 情节严重的，处一万元以上三万元以下的罚款，有药品生产许可证和药品经营许可证、医疗机构执业许可证的，依法吊销其许可证明文件。

续表

序号	违法行为	违反规定	处罚依据	处罚内容
250	药品研究单位在普通药品实验研究和研制过程中，产生规定管制的麻醉药品和精神药品未按照规定报告的	《麻醉药品和精神药品管理条例》第十二条	《麻醉药品和精神药品管理条例》第七十六条	1. 责令改正，给予警告，没收违法药品；2. 拒不改正的，责令停止实验研究和研制活动。
251	药品临床试验机构以健康人为麻醉药品和第一类精神药品的临床试验的受试对象的	《麻醉药品和精神药品管理条例》第十三条	《麻醉药品和精神药品管理条例》第七十七条	1. 责令停止违法行为，给予警告；2. 情节严重的，取消其药物临床试验机构的资格。
252	定点生产企业、定点批发企业和第二类精神药品零售企业生产、销售假麻醉药品和精神药品的	《药品管理法》第九十八条第一款、第二款；《麻醉药品和精神药品管理条例》第七十八条	《药品管理法》第一百一十六条、第一百一十八条、第一百三十七条第一款第（一）项；《麻醉药品和精神药品管理条例》第七十八条	取消其定点生产资格、定点批发资格或者第二类精神药品零售资格并依照《药品管理法》的有关规定予以处罚（按生产、销售假药予以处罚：1. 没收违法生产、销售的药品和违法所得，责令停产停业整顿，吊销药品批准证明文件，并处违法生产、销售的药品货值金额十五倍以上三十倍以下的罚款；货值金额不足十万元的，按十万元计算。2. 情节严重的，吊销药品生产许可证、药品经营许可证或者医疗机构制剂许可证，十年内不受理其相应申请；药品上市许可持有人为境外企业的，十年内禁止其药品进口。3. 情节严重的，对法定代表人、主要负责人、直接负责的主管人员和其他责任人员，没收违法行为发生期间自本单位所获收入，并处所获收入百分之三十以上三倍以下的罚款，终身禁止从事药品生产经营活动，并可以由公安机关处五日以上十五日以下的拘留。对生产者专门用于生产假药的原料、辅料、包装材料、生产设备予以没收）。

续表

序号	违法行为	违反规定	处罚依据	处罚内容
253	定点生产企业、定点批发企业和第二类精神药品零售企业生产、销售劣麻醉药品和精神药品的	《药品管理法》第九十八条第一款、第三款；《麻醉药品和精神药品管理条例》第七十八条	《药品管理法》第一百一十七条第一款、第一百一十八条；《麻醉药品和精神药品管理条例》第七十八条	取消其定点生产资格、定点批发资格或者第二类精神药品零售资格并依照《药品管理法》的有关规定予以处罚（按生产、销售劣药予以处罚：1. 没收违法生产、销售的药品和违法所得，并处违法生产、销售的药品货值金额十倍以上二十倍以下的罚款；违法生产、批发的药品货值金额不足十万元的，按十万元计算，违法零售的药品货值金额不足一万元的，按一万元计算。2. 情节严重的，责令停产停业整顿直至吊销药品批准证明文件、药品生产许可证、药品经营许可证或者医疗机构制剂许可证。3. 情节严重的，对法定代表人、主要负责人、直接负责的主管人员和其他责任人员，没收违法行为发生期间自本单位所获收入，并处所获收入百分之三十以上三倍以下的罚款，终身禁止从事药品生产经营活动，并可以由公安机关处五日以上十五日以下的拘留。对生产者专门用于生产劣药的原料、辅料、包装材料、生产设备予以没收）。
254	定点生产企业、定点批发企业和其他单位使用现金进行麻醉药品、精神药品交易的	《麻醉药品和精神药品管理条例》第三十条第二款	《麻醉药品和精神药品管理条例》第七十九条	责令改正，给予警告，没收违法交易的药品，并处五万元以上十万元以下的罚款。
255	单位发生麻醉药品和精神药品被盗、被抢、丢失的案件，未采取控制措施或未按照规定报告的	《麻醉药品和精神药品管理条例》第六十四条第一款	《麻醉药品和精神药品管理条例》第八十条	1. 责令改正，给予警告；2. 情节严重的，处五千元以上一万元以下的罚款。

续表

序号	违法行为	违反规定	处罚依据	处罚内容
256	单位倒卖、转让、出租、出借、涂改麻醉药品、精神药品许可证明文件的	《麻醉药品和精神药品管理条例》第八十一条	《麻醉药品和精神药品管理条例》第八十一条	1. 由原审批部门吊销相应许可证明文件，没收违法所得；2. 情节严重的，处违法所得二倍以上五倍以下的罚款；3. 没有违法所得的，处二万元以上五万元以下的罚款。
257	违反规定致使麻醉药品、精神药品流入非法渠道造成危害的	《麻醉药品和精神药品管理条例》第八十二条第一款	《麻醉药品和精神药品管理条例》第八十二条第一款	构成犯罪的，依法追究刑事责任；尚不构成犯罪的，由县级以上公安机关处五万元以上十万元以下的罚款；有违法所得的，没收违法所得；情节严重的，处违法所得二倍以上五倍以下的罚款；由原发证部门吊销其药品生产、经营和使用许可证明文件。
258	单位或者个人擅自生产、收购、经营毒性药品的	《医疗用毒性药品管理办法》第三条、第五条	《医疗用毒性药品管理办法》第十一条	没收其全部毒性药品，并处以警告或按非法所得的五至十倍罚款。
259	易制毒化学品生产、经营、购买、运输或者进口、出口单位未按规定建立安全管理制度的	《易制毒化学品管理条例》第五条第四款	《易制毒化学品管理条例》第四十条第一款第（一）项	1. 给予警告，责令限期改正，处一万元以上五万元以下的罚款；2. 对违反规定生产、经营、购买的易制毒化学品可以予以没收。
260	易制毒化学品生产、经营、购买、运输或者进口、出口单位未按规定建立安全管理制度，逾期不改正的	《易制毒化学品管理条例》第五条第四款	《易制毒化学品管理条例》第四十条第一款第（一）项	逾期不改正的，责令限期停产停业整顿；逾期整顿不合格的，吊销相应的许可证。
261	将许可证或者备案证明转借他人使用的	《易制毒化学品管理条例》第四十条第一款第（二）项	《易制毒化学品管理条例》第四十条第一款第（二）项	1. 给予警告，责令限期改正，处一万元以上五万元以下的罚款；2. 对违反规定生产、经营、购买的易制毒化学品可以予以没收。

续表

序号	违法行为	违反规定	处罚依据	处罚内容
262	将许可证或者备案证明转借他人使用，逾期不改正的	《易制毒化学品管理条例》第四十条第一款第（二）项	《易制毒化学品管理条例》第四十条第一款第（二）项	逾期不改正的，责令限期停产停业整顿；逾期整顿不合格的，吊销相应的许可证。
263	超出许可的品种、数量生产、经营、购买易制毒化学品的	《易制毒化学品管理条例》第四十条第一款第（三）项	《易制毒化学品管理条例》第四十条第一款第（三）项	1. 给予警告，责令限期改正，处一万元以上五万元以下的罚款；2. 对违反规定生产、经营、购买的易制毒化学品可以予以没收。
264	超出许可的品种、数量生产、经营、购买易制毒化学品，逾期不改正的	《易制毒化学品管理条例》第四十条第一款第（三）项	《易制毒化学品管理条例》第四十条第一款第（三）项	逾期不改正的，责令限期停产停业整顿；逾期整顿不合格的，吊销相应的许可证。
265	生产、经营、购买单位不记录或者不如实记录交易情况、不按规定保存交易记录或者不如实、不及时向公安机关和有关行政主管部门备案销售情况的	《易制毒化学品管理条例》第十九条	《易制毒化学品管理条例》第四十条第一款第（四）项	1. 给予警告，责令限期改正，处一万元以上五万元以下的罚款；2. 对违反规定生产、经营、购买的易制毒化学品可以予以没收。
266	生产、经营、购买单位不记录或者不如实记录交易情况、不按规定保存交易记录或者不如实、不及时向公安机关和有关行政主管部门备案销售情况，逾期不改正的	《易制毒化学品管理条例》第十九条	《易制毒化学品管理条例》第四十条第一款第（四）项	逾期不改正的，责令限期停产停业整顿；逾期整顿不合格的，吊销相应的许可证。

续表

序号	违法行为	违反规定	处罚依据	处罚内容
267	易制毒化学品丢失、被盗、被抢后未及时报告，造成严重后果的	《易制毒化学品管理条例》第三十四条	《易制毒化学品管理条例》第四十条第一款第（五）项	1. 给予警告，责令限期改正，处一万元以上五万元以下的罚款；2. 对违反规定生产、经营、购买的易制毒化学品可以予以没收。
268	易制毒化学品丢失、被盗、被抢后未及时报告，造成严重后果，逾期不改正的	《易制毒化学品管理条例》第三十四条	《易制毒化学品管理条例》第四十条第一款第（五）项	逾期不改正的，责令限期停产停业整顿；逾期整顿不合格的，吊销相应的许可证。
269	除个人合法购买第一类中的药品类易制毒化学品药品制剂以及第三类易制毒化学品外，使用现金或者实物进行易制毒化学品交易的	《易制毒化学品管理条例》第五条第三款	《易制毒化学品管理条例》第四十条第一款第（六）项	1. 给予警告，责令限期改正，处一万元以上五万元以下的罚款；2. 对违反规定生产、经营、购买的易制毒化学品可以予以没收。
270	除个人合法购买第一类中的药品类易制毒化学品药品制剂以及第三类易制毒化学品外，使用现金或者实物进行易制毒化学品交易，逾期不改正的	《易制毒化学品管理条例》第五条第三款	《易制毒化学品管理条例》第四十条第一款第（六）项	逾期不改正的，责令限期停产停业整顿；逾期整顿不合格的，吊销相应的许可证。
271	易制毒化学品的产品包装和使用说明书不符合《易制毒化学品管理条例》规定要求的	《易制毒化学品管理条例》第四条	《易制毒化学品管理条例》第四十条第一款第（七）项	1. 给予警告，责令限期改正，处一万元以上五万元以下的罚款；2. 对违反规定生产、经营、购买的易制毒化学品可以予以没收。
272	易制毒化学品的产品包装和使用说明书不符合《易制毒化学品管理条例》规定要求，逾期不改正的	《易制毒化学品管理条例》第四条	《易制毒化学品管理条例》第四十条第一款第（七）项	逾期不改正的，责令限期停产停业整顿；逾期整顿不合格的，吊销相应的许可证。

续表

序号	违法行为	违反规定	处罚依据	处罚内容
273	生产、经营易制毒化学品的单位不如实或者不按时向有关行政主管部门和公安机关报告年度生产、经销和库存等情况的	《易制毒化学品管理条例》第三十六条	《易制毒化学品管理条例》第四十条第一款第（八）项	1. 给予警告，责令限期改正，处一万元以上五万元以下的罚款；2. 对违反规定生产、经营、购买的易制毒化学品可以予以没收。
274	生产、经营易制毒化学品的单位不如实或者不按时向有关行政主管部门和公安机关报告年度生产、经销和库存等情况，逾期不改正的	《易制毒化学品管理条例》第三十六条	《易制毒化学品管理条例》第四十条第一款第（八）项	逾期不改正的，责令限期停产停业整顿；逾期整顿不合格的，吊销相应的许可证。
275	生产、经营、购买、运输或者进口、出口易制毒化学品的单位或者个人拒不接受有关行政主管部门监督检查的	《易制毒化学品管理条例》第三十二条第三款	《易制毒化学品管理条例》第四十二条	1. 由负有监督管理职责的行政主管部门责令改正，对直接负责的主管人员以及其他直接责任人员给予警告；2. 情节严重的，对单位处一万元以上五万元以下的罚款，对直接负责的主管人员以及其他直接责任人员处一千元以上五千元以下的罚款；3. 有违反治安管理行为的，依法给予治安管理处罚；构成犯罪的，依法追究刑事责任。
276	药品类易制毒化学品生产企业、经营企业、使用药品类易制毒化学品的药品生产企业、教学科研单位未按规定执行安全管理制度的	《药品类易制毒化学品管理办法》第三十条、第三十一条、第三十三条	《易制毒化学品管理条例》第四十条第一款第（一）项；《药品类易制毒化学品管理办法》第四十一条	1. 给予警告，责令限期改正，处一万元以上五万元以下的罚款；2. 对违反规定生产、经营、购买的易制毒化学品可以予以没收。

续表

序号	违法行为	违反规定	处罚依据	处罚内容
277	药品类易制毒化学品生产企业、经营企业、使用药品类易制毒化学品的药品生产企业、教学科研单位未按规定执行安全管理制度，逾期不改正的	《药品类易制毒化学品管理办法》第三十条、第三十一条、第三十三条	《易制毒化学品管理条例》第四十条第一款第（一）项；《药品类易制毒化学品管理办法》第四十一条	逾期不改正的，责令限期停产停业整顿；逾期整顿不合格的，吊销相应的许可证。
278	药品类易制毒化学品生产企业自营出口药品类易制毒化学品，未按规定在专用账册中载明或者未按规定留存出口许可、相应证明材料备查的	《药品类易制毒化学品管理办法》第三十二条第一款、第二款	《易制毒化学品管理条例》第四十条第一款第（四）项；《药品类易制毒化学品管理办法》第四十二条	1. 给予警告，责令限期改正，处一万元以上五万元以下的罚款；2. 对违反规定生产、经营、购买的易制毒化学品可以予以没收。
279	药品类易制毒化学品生产企业自营出口药品类易制毒化学品，未按规定在专用账册中载明或者未按规定留存出口许可、相应证明材料备查，逾期不改正的	《药品类易制毒化学品管理办法》第三十二条第一款、第二款	《易制毒化学品管理条例》第四十条第一款第（四）项；《药品类易制毒化学品管理办法》第四十二条	逾期不改正的，责令限期停产停业整顿；逾期整顿不合格的，吊销相应的许可证。
280	药品类易制毒化学品生产企业连续停产一年以上未按规定报告的，或者未经所在地省、自治区、直辖市食品药品监督管理部门现场检查即恢复生产的	《药品类易制毒化学品管理办法》第十条第二款	《药品类易制毒化学品管理办法》第四十三条第（一）项	给予警告，责令限期改正，可以并处一万元以上三万元以下的罚款。

续表

序号	违法行为	违反规定	处罚依据	处罚内容
281	药品类易制毒化学品生产企业未按规定渠道购销药品类易制毒化学品的	《药品类易制毒化学品管理办法》第二十二条、第二十五条第一款	《药品类易制毒化学品管理办法》第四十三条第（二）项	给予警告，责令限期改正，可以并处一万元以上三万元以下的罚款。
282	药品类易制毒化学品经营企业未按规定渠道购销药品类易制毒化学品的	《药品类易制毒化学品管理办法》第二十三条	《药品类易制毒化学品管理办法》第四十三条第（二）项	给予警告，责令限期改正，可以并处一万元以上三万元以下的罚款。
283	麻醉药品区域性批发企业因特殊情况调剂药品类易制毒化学品后未按规定备案的	《药品类易制毒化学品管理办法》第二十五条第二款	《药品类易制毒化学品管理办法》第四十三条第（三）项	给予警告，责令限期改正，可以并处一万元以上三万元以下的罚款。
284	药品类易制毒化学品发生退货，购用单位、供货单位未按规定备案、报告的	《药品类易制毒化学品管理办法》第二十九条第二款	《药品类易制毒化学品管理办法》第四十三条第（四）项	给予警告，责令限期改正，可以并处一万元以上三万元以下的罚款。
285	知道或者应当知道属于假药、劣药或者《药品管理法》第一百二十四条第一款第一项至第五项规定的药品，而为其提供储存、运输等便利条件的	《药品管理法》第一百二十条	《药品管理法》第一百二十条	1. 没收全部储存、运输收入，并处违法收入一倍以上五倍以下的罚款；2. 情节严重的，并处违法收入五倍以上十五倍以下的罚款；违法收入不足五万元的，按五万元计算。
286	通过网络销售国家实行特殊管理的药品的	《药品网络销售监督管理办法》第八条第二款	《药品网络销售监督管理办法》第三十三条	法律、行政法规已有规定的，依照法律、行政法规的规定处罚。法律、行政法规未作规定的，责令限期改正，处五万元以上十万元以下罚款；造成危害后果的，处十万元以上二十万元以下罚款。

续表

序号	违法行为	违反规定	处罚依据	处罚内容
287	通过网络向个人销售处方药，未确保处方来源真实、可靠，未实行实名制的	《药品网络销售监督管理办法》第九条第一款	《药品网络销售监督管理办法》第三十四条第一款	责令限期改正，处三万元以上五万元以下罚款；情节严重的，处五万元以上十万元以下罚款。
288	药品网络零售企业未与电子处方提供单位签订协议，未严格按照有关规定进行处方审核调配，对已经使用的电子处方进行标记，重复使用处方的	《药品网络销售监督管理办法》第九条第二款	《药品网络销售监督管理办法》第三十四条第一款	责令限期改正，处三万元以上五万元以下罚款；情节严重的，处五万元以上十万元以下罚款。
289	药品网络零售企业接收的处方为纸质处方影印版本，未采取有效措施重复使用处方的	《药品网络销售监督管理办法》第九条第四款	《药品网络销售监督管理办法》第三十四条第三款	责令限期改正，处一万元以上三万元以下罚款；情节严重的，处三万元以上五万元以下罚款。
290	药品网络销售企业未向药品监督管理部门报告企业名称、网站名称、应用程序名称、IP地址、域名、药品生产许可证或者药品经营许可证等信息，信息发生变化，未在十个工作日内报告的	《药品网络销售监督管理办法》第十一条	《药品网络销售监督管理办法》第三十五条	责令限期改正；逾期不改正的，处一万元以上三万元以下罚款；情节严重的，处三万元以上五万元以下罚款。
291	药品网络销售企业展示的药品相关信息不真实、准确、合法的	《药品网络销售监督管理办法》第十三条	《药品网络销售监督管理办法》第三十六条	责令限期改正；逾期不改正的，处五万元以上十万元以下罚款。

续表

序号	违法行为	违反规定	处罚依据	处罚内容
292	药品网络零售企业未依法配送药品的	《药品网络销售监督管理办法》第十四条	《药品管理法》第一百二十六条；《药品网络销售监督管理办法》第三十七条	责令限期改正，给予警告；逾期不改正的，处十万元以上五十万元以下的罚款；情节严重的，处五十万元以上二百万元以下的罚款，责令停产停业整顿直至吊销药品批准证明文件、药品生产许可证、药品经营许可证等，对法定代表人、主要负责人、直接负责的主管人员和其他责任人员，没收违法行为发生期间自本单位所获收入，并处所获收入百分之十以上百分之五十以下的罚款，十年直至终身禁止从事药品生产经营等活动。
293	向个人销售药品的，未按照规定出具销售凭证、保存相关记录的	《药品网络销售监督管理办法》第十五条	《药品网络销售监督管理办法》第三十七条	责令限期改正，给予警告；逾期不改正的，处十万元以上五十万元以下的罚款；情节严重的，处五十万元以上二百万元以下的罚款，责令停产停业整顿直至吊销药品批准证明文件、药品生产许可证、药品经营许可证等，对法定代表人、主要负责人、直接负责的主管人员和其他责任人员，没收违法行为发生期间自本单位所获收入，并处所获收入百分之十以上百分之五十以下的罚款，十年直至终身禁止从事药品生产经营等活动。
294	药品检验所在承担药品审批所需要的检验工作时，出具虚假检验报告的	《药品管理法》第一百三十八条；《药品注册管理办法》第一百一十七条	《药品注册管理办法》第一百一十七条	1. 责令改正，给予警告，对单位并处二十万元以上一百万元以下的罚款；对直接负责的主管人员和其他直接责任人员依法给予降级、撤职、开除处分，没收违法所得，并处五万元以下的罚款；2. 情节严重的，撤销其检验资格。

续表

序号	违法行为	违反规定	处罚依据	处罚内容
295	药品检验机构出具虚假检验报告的	《药品管理法》第一百三十八条	《药品管理法》第一百三十八条	1. 责令改正，给予警告，对单位并处二十万元以上一百万元以下的罚款；对直接负责的主管人员和其他直接责任人员依法给予降级、撤职、开除处分，没收违法所得，并处五万元以下的罚款；2. 情节严重的，撤销其检验资格。

六、违法行为典型案例分析

（一）法院案例精选

案例 1：某公司未取得药品生产许可证生产经营药品案[①]

一审法院认定事实：消费者通过 12315 投诉举报某公司，2019 年 6 月 13 日，某市场监管局立案调查并到某公司的经营场所进行现场检查，扣押了该公司正在销售的四宝粉、三七片、天麻粉、黑糖等物品。2019 年 6 月 17 日，某公司法定代表人赵某委托丈夫李某办理调查相关事项。2019 年 8 月 9 日，某市场监管局作出案件调查终结报告，认为某公司的行为构成犯罪，建议移交公安部门处理，并于 2019 年 8 月 15 日将案件移交到某县公安局。2019 年 8 月 29 日，某县公安局认为某公司没有犯罪事实，决定不予立案并通知某市场监管局。2019 年 9 月 4 日，某市场监管局作出行政处罚告知书，拟对某公司进行处罚，并于 2019 年 9 月 9 日通知了某公司。2019 年 9 月 11 日，某公司提出了书面申辩。2019 年 9 月 20 日，某市场监管局召开案审会议，对案件进行了讨论，决定给予某公司行政处罚。2019 年 9 月 25 日，某市场监管局作出某市监罚〔2019〕45 号《行政处罚决定书》，对某公司未取得《药品生产许可证》生产经营药品的行为，没收药品，没收违法所得 1480 元，处货值金额 16660 元 2 倍

[①] 案件来源：昆明铁路运输中级法院行政判决书（2020）云 71 行终 36 号，判决作出时间为 2020 年 5 月 7 日。本书法院案例精选部分均来源于中国裁判文书网，其中所涉及的相关法律规定，均为案件审理当时有效的规定，下同。

的罚款 33320 元；对某公司未取得食品生产许可生产食品的行为，没收食品，处 50000 元罚款；对某公司生产的食品标签、说明书不符合《食品安全法》规定的行为，处 5000 元的罚款；未取得食品生产许可生产食品的行为，与生产的食品标签、说明书不符合《食品安全法》规定的行为有牵连关系，适用吸收原则，按未取得食品生产许可生产食品的行为处罚。最终决定对某公司作如下处罚：一、没收违法所得 1480 元；二、没收药品 87 瓶、食品 48 瓶；三、罚款 83320 元。该《行政处罚决定书》于 2019 年 9 月 29 日送达某公司。

一审法院认为，某市场监管局依法负有对本行政区域内的药品、食品生产销售进行监管的职责，有依法作出行政处罚决定的权力，是本案适格的被告。关于某公司是生产药品还是对农产品进行初级加工的问题，对按照传统既是食品又是中药材的物质，应依据国家公布的目录，结合实际情况，综合分析认定其应纳入的管理范畴。三七和天麻系《中华人民共和国药典》（2015 年版）（以下简称中华药典）收录的药材。某公司将三七、天麻等加工成粉或制作成片剂后，单独或混装成瓶，贴上标签并注明精品药材，标明了产品名称、保质期、生产单位、执行标准、生产许可证、功效、食用方法等，在自己的经营场所进行销售，客观上存在生产销售药品的行为，三七和天麻被加工生产并作为药品流通，依法应当纳入药品管理范围。根据当时有效的 2015 年修正的《药品管理法》第七条第一款、第七十二条的规定，某市场监管局认定某公司生产和销售药品，并作出处罚，有事实和法律依据。关于某公司是否生产食品的问题，其销售的益母草黑糖、老姜黑糖等物品外包装标签上均有"生产单位：某公司；执行标准：GB 14963；生产许可证：SC1265325270××××"的字样。这一行为足以表明某公司是上述物品的生产者。按照《食品生产加工企业质量安全监督管理实施细则（试行）》的规定，分装用于销售的食品的单位和个人属于食品生产加工企业。某公司在自己公司分装用于销售的上述黑糖，但没有根据《食品安全法》第三十五条第一款的规定取得许可，依法应给予处罚。关于本案程序是否违法的问题，第一，某市场监管局办案机构于 2019 年 8 月 9 日形成了案件调查终结报告，但在 2019 年 7 月 11 日就由审核机构出具审核意见，违反了《市场监督管理行政处罚程序暂行规定》第四十五条的规定。但这一过程性错误，没有对某公司的权利义务产生实质影响，故认定某市场监管局审核程序上存在瑕疵。第二，某市场监管局作出案件调查终结报告，经审核后移交公安部门处理，在公安部门认为某公司没有犯罪事实，决定不予刑事立案后，某市场监管局作出行政处罚告知书，通知了某公司，保障其陈述和申辩权利，之后召开案审会议，对案件进行了讨论，给予某公司行政处罚。这一过程符合《行政处罚法》和《市场监督管理行政处罚程序暂行规定》的规定。第三，本案中，某市场监管局在作出处罚决定前未组织听证，符合《行政处罚法》第四十二条，以及《市场监督管理行政处罚听证暂行办法》第五条第一款第（三）项的规定，程序并不违法。第四，李某系某公司法定代表人赵某的丈夫，受赵某委托办理相关事项，其有权代表公司处理授权范围之内的事务。另外，某市场监管局作为行政机关办理行政案件，有权对了解案件情况的人进行调查询问。询问笔录上有李某签字，某公司没有证据证明调查询问过程违反法律规定。综上，某市场监管局作出的行政处罚决定，认定事实清楚，适用法律正确，程序合法，处罚适当。一审法院依照《行政诉讼法》第六十九条的规定，判决驳回某公司的诉讼请求。

二审法院认为，一审认定事实有相应的证据证实，故对一审查明的事实予以确认。

本案二审双方当事人的争议焦点是：1. 本案被查扣的三七粉、三七片、天麻粉等是否属于药品？某公司是否存在无证生产药品行为？2. 某市场监管局作出的行政处罚程序是否违法？

第一，关于本案被查扣的三七粉、三七片、天麻粉等是否属于药品，以及某公司是否存在无证生产药品行为的问题。

二审法院认为，三七和天麻是中华药典收录的中药材，根据国家卫生健康委员会目前公布的药食同源目录，三七和天麻均不属于"既是食品又是药品的物品"名单。本案中，某公司将三七、天麻加工成粉或片剂，单独或混装成瓶，并在包装上标注有精品药材、生产单位、执行单位、功效、食用方法等内容，在其经营场所进行销售，已使上述产品进入药用流通渠道。因此，本案被查扣的三七粉、三七片、天麻粉等属于药品，其生产销售应当符合《药品管理法》等法律法规的规定。某公司在加工、包装、销售上列药品时，未取得《药品管理法》第七条第一款规定的《药品生产许可证》，故某市场监管局对某公司无证生产药品的事实认定清楚。某公司提出的三七粉、天麻粉是初级农产品，不需要许可证的上诉理由不成立，二审法院不予采信。

第二，某市场监管局作出的行政处罚程序是否违法的问题。

二审法院认为，《行政处罚法》第三十一条规定："行政机关在作出行政处罚决定之前，应当告知当事人作出行政处罚决定的事实、理由及依据，并告知当事人依法享有的权利。"第三十二条规定："当事人有权进行陈述和申辩。行政机关必须充分听取当事人的意见，对当事人提出的事实、理由和证据，应当进行复核；当事人提出的事实、理由或者证据成立的，行政机关应当采纳。行政机关不得因当事人申辩而加重处罚。"本案中，某市场监管局在履行了调查、询问、权利义务告知、复核、审批等程序后，对某公司作出行政处罚决定，符合上述法律规定，保障了当事人的合法权利。关于某公司提出的某市场监管局在撰写《案件调查终结报告》之前就将案件送审核，违反法定顺序，程序违法的意见，二审法院认为，参照国家市场监督管理总局发布的《市场监督管理行政处罚程序暂行规定》，市场监督管理机关作出行政处罚应遵循一定的程序。某市场监管局在调查终结后已经作出《案件调查终结报告》，虽然根据在案证据看，该报告撰写时间在审核时间之后，违反了上述规章规定，但并未对某公司的权利义务产生实质影响。因此，一审法院认定某市场监管局在程序上存在瑕疵并无不当，对某公司的该上诉理由不予采信。关于某公司提出的某市场监管局在公安机关不予立案后，未重新撰写《案件调查终结报告》并提交审核、批准的上诉理由，没有法律依据，二审法院亦不予采信。

综上所述，一审判决认定事实清楚，适用法律正确，审理程序合法，依法应予维持。二审法院依法判决驳回上诉，维持原判。

案例2：卢某生伪造、变造、出租、出借、非法买卖许可证或者药品批准证明文件案[①]

一审法院认定事实：2019年8月29日，高某某与卢某生签订《药店转让协议》，合同约定卢某生将位于××区的某某连锁医药有限公司某某店转让给高某某，高某某在2019年8月29日向卢某生支付转让费共计55000元。合同签订后，高某某于2019年8月29日给付转让费55000元后在包头市××区底店经营药店，高某某称转让物品包括：药品经营许可证、营业执照、货架11个、柜台8个、中药柜2个、电脑桌1个、写字台1个、餐桌1个、凳子8个、拆零柜1个、资料柜1个、联想电脑1台、美的空调1台、海尔冰柜1台、冷藏柜1个、扫描仪1台、扫码枪1个、打票机1台、双人床1张、立柜1个、灭火器1个、体重秤1个、灭蝇灯1个、价值12000元的药品以及包头市××区底店83天的房租。卢某生称转让物品包括：货架11个、柜台8个、中药柜2个、电脑桌1个、写字台1个、餐桌1个、凳子8个、拆零柜1个、资料柜1个、联想电脑1台、美的空调1台、海尔冰柜1台、冷藏柜1个、扫描仪1台、扫码枪1个、打票机1台、双人床1张、立柜1个、灭火器1个、体重秤1个、灭蝇灯1个、价值55000元的药品以及包头市××区底店83天的房租。

一审法院认为，本案争议的焦点问题是，案涉《药店转让协议》是否有效。违反《合同法》第五十二条规定的合同无效的五种情形，其中第（五）项规定的是"违反法律、行政法规的强制性规定"。《最高人民法院关于适用〈中华人民共和国合同法〉若干问题的解释（二）》第十四条规定："合同法第五十二条第（五）项规定的'强制性规定'，是指效力性强制性规定。"《药品管理法》第一百二十二条规定："伪造、变造、出租、出借、非法买卖许可证或者药品批准证明文件的，没收违法所得，并处违法所得一倍以上五倍以下的罚款……"可见该规定是管理性强制性规定。《药品经营许可证管理办法》第十二条规定："《药品经营许可证》是企业从事药品经营活动的法定凭证，任

---

① 案件来源：内蒙古自治区包头市中级人民法院民事判决书（2020）内02民终2152号，判决作出时间为2020年10月10日。

何单位和个人不得伪造、变造、买卖、出租和出借。"人民法院确认合同无效，应当以全国人大及其常委会制定的法律和国务院制定的行政法规为依据，不得以地方性法规、行政规章为依据。该管理办法是国家食品药品监督管理局发布的，是部门规章，不能作为确认合同效力的法律依据。本案系卢某生连同药品、货架、柜台等实物一并转让的情形，双方签订《药店转让协议》未违反效力性强制性规定，高某某已实际经营该药店，法院对其确认《药店转让协议》无效并请求退还转让费 55000 元的诉讼请求不予支持。双方在合同履行过程中发生争议，如果存在违约行为或其他法定事由导致高某某不能实现合同目的，高某某可据此主张解除合同。高某某关于损失 1500 元未能举证，对其要求卢某生赔偿损失的诉讼请求不予支持。

综上所述，高某某的诉讼请求不符合法律规定，法院不予支持。一审法院依法判决驳回原告高某某的诉讼请求。

二审经审理查明，一审判决认定的事实清楚，依法予以确认。

二审法院认为：本案的争议焦点是双方当事人签订的《药店转让协议》的效力问题。从该合同的内容和履行情况看，双方当事人并非买卖营业执照和药品经营许可证，因为案涉药店于 2019 年 8 月 29 日转让后，其营业执照显示的企业名称仍为包头市某某医药连锁有限公司某某店（性质为有限责任公司分公司），药品经营许可证仍在包头市某某医药连锁有限公司某某店名下，双方当事人之间转让的只是案涉药店的经营权，所以《药店转让协议》是双方当事人的真实意思表示，未违反法律法规的效力性强制性规定，自成立时生效。

因《药店转让协议》是有效的，故二审法院对高某某以该协议无效的后果提出的返还转让款 55000 元的诉讼请求不予支持。

因高某某所称罚款发生的时间在其接手经营案涉药店之后，且高某某未提交其已缴纳 1500 元罚款以及罚款是由于卢某生的原因所导致的证据，故二审法院对其提出的卢某生向其赔偿罚款损失 1500 元的诉讼请求不予支持。

综上，高某某的上诉请求不能成立，应予驳回。二审法院依法判决驳回上诉，维持原判。

案例 3：某公司生产、销售劣药案[①]

一审法院认定事实为，B 省 A 市市场监督管理局在市场监督检查中，对原告销往本地的三黄片（批号 180628××）进行抽检，委托某食品药品检验所对三黄片（批号 180628××）进行检验，检验报告（TC201903××）显示本批次三黄片中的大黄、盐酸小檗碱、黄芩浸膏三种成份含量不符合国家标准，2019 年 11 月 29 日，B 省药品监督管理局药品生产监督管理处向 C 省药品监督管理局药品生产监督管理处发出不合格药品核查函，要求核查产品相关情况，C 省药品监督管理局药品生产监督管理处收到核查函后当日向 C 省 D 市市场监督管理局发出不合格药品核查函，要求核查产品相关情况，并将核查结果按要求时限函复 B 省药品监督管理局，同时抄报 C 省局药品生产处。2019 年 12 月 9 日，被告 E 市市场监督管理局收到 D 市市场监督管理局交办的某食药监稽便函〔2019〕B002 号不合格药品核查函，要求依法予以查处。被告 2020 年 2 月 20 日立案受理，将某食品药品检验所的检验报告送达至原告，原告收到后，对检验报告不服申请进行复检，经 B 省食品药品检验所 2020 年 1 月 20 日出具编号为 YF201900×× 的检验报告，复检该批次的产品仍为不合格。经查，原告公司该批次三黄片是 2018 年 6 月 28 日生产的，共生产了 41714 盒，抽检用了 14 盒，41700 盒全部销售，其中 8400 盒销往 B 省，实际售出 41231 盒，召回 469 盒；销售价含有税金 138990 元，销售税金 19171.15 元，销售价去税后货值 119818.85 元，召回产品金额 1641.5 元，违法所得 118177.35 元。被告 E 市市场监督管理局依据修订前的《药品管理法》第四十九条第三款"药品成分的含量不符合国家药品标准的，为劣药"的规定，认定该批次药品为劣药。原告于 2020 年 5 月 19 日收到某市监罚听字〔2020〕067 号行政处罚听证告知书，申请听证，2020 年 6 月 3 日进行听证，并进行陈述申辩，被告依据《药品管理法》第七十四条规定，于 2020 年 6 月 19 日作出某市监罚字〔2020〕067 号行政处罚决定书，决定作出以下处罚：1. 没收劣药"三黄片"459 盒；2. 没收

[①] 案件来源：河南省焦作市中级人民法院行政判决书（2021）豫 08 行终 55 号，判决作出时间为 2021 年 3 月 15 日。

违法所得 118177.35 元；3. 罚款销售去税后货值金额的 2.5 倍 299547.13 元；罚没款共计 417724.48 元。原告收到后向 E 市人民政府申请行政复议，E 市人民政府经审查 2020 年 8 月 21 日作出某政复决字〔2020〕14 号行政复议决定书，原告不服诉至法院。

一审法院认为，药品生产企业应保证药品质量，旨在保障公众用药安全和合法权益，保护和促进公众健康。从事药品生产活动，应当遵守药品生产质量管理规范，建立健全药品生产质量管理体系，保证药品生产全过程持续符合法定要求。根据《药品管理法》规定，设区的市级、县级人民政府承担药品监督管理职责的部门负责本行政区域内的药品监督管理工作，被告 E 市市场监督管理局作为职能部门，对药品质量负有监管职责。《市场监督管理行政处罚程序暂行规定》第六条规定，行政处罚由违法行为发生地的县级以上市场监督管理部门管辖，原告销往 B 的不合格药品系在 E 市生产，故 E 市市场监督管理局对本案有管辖权。某食品药品检验所作出的检验报告显示原告生产的三黄片（批号 180628××）中的大黄、盐酸小檗碱、黄芩浸膏三种成份含量不符合国家标准，原告不服申请复检，经 B 省食品药品检验所复检结果仍为不合格，某食品药品检验所和复检机构 B 省食品药品检验所均是有药品检验资质的第三方机构，出具的检验报告具有证明力，可作为认定涉案药品是否合格的依据，原告自检结果不能证明其生产的药品合格。《药品质量抽查检验管理办法》第四十条第二款规定，复检机构出具的复检结论为最终检验结论。被告依据修订前的《药品管理法》相关规定，认定原告生产的三黄片（批号 180628××）为劣药，并根据其生产、销售金额作出处罚决定，其处罚决定认定事实清楚、程序合法、适用法律正确，复议机关作出的复议决定程序合法、结果正确，原告要求撤销处罚决定和复议决定，理由不足不予支持。综上，判决驳回原告诉讼请求。

经二审法院审理查明的案件事实同一审法院认定事实一致。

二审法院认为，2015 年 4 月 24 日修改的《药品管理法》第四十九条第一款规定："禁止生产、销售劣药。"第二款规定："药品成份的含量不符合国家药品标准的，为劣药。"本案中，某食品药品检验所和 B 省食品药品检验所均具备药品检验资质，可以出具涉案药品是否合格的检验报告。根据《药品质量抽查检验管理办法》第四十条第二款"复验机构出具的复验结论为最终检验结论"的规定，B省食品药品检验所作为复检机构出具的检验报告为最终结论，B省食品药品检验所出具的检验报告可以作为认定涉案药品是否合格的依据。B省两级食品药品检验所的检验报告均显示某公司生产的三黄片（批号180628××）中的大黄、盐酸小檗碱、黄芩浸膏三种成份含量不符合国家标准，E市市监局依照《药品管理法》第七十四条的规定，依法认定该批次三黄片为劣药，并以该批次药品销售货值等作出行政处罚，认定事实清楚，适用法律正确，复议机关某市政府所作的复议决定事实清楚、程序合法、适用法律正确。某公司上诉称B省出具的检验报告不能作为行政处罚的依据的理由不能成立，应予驳回；综上所述，一审判决认定事实清楚，程序合法，适用法律正确，应予维持。二审法院依法判决如下：驳回上诉，维持原判。

案例4：某公司销售超过有效期的药品案[①]

被告某县市场监管局于2020年8月18日作出某市监处字〔2020〕03号《行政处罚决定书》，主要内容为："2020年6月24日，本局执法人员对当事人经营场所进行检查，发现药品销售区有木香顺气丸、阿归养血颗粒等8种药品已过有效期。经查：涉案库存的8种过期药品货值金额共计207元，因当事人计算机中无药品管理系统，未建立购进、销售记录，故无法确定已经售出的过期药品数量、金额。2020年8月11日当事人主动注销了《药品经营许可证》。根据《中华人民共和国药品管理法》第九十八条第三款第五项之规定，涉案8种过期药品为劣药。当事人的行为违反了《中华人民共和国药品管理法》第九十八条第一款的规定，构成'销售劣药'的违法行为。依据《中华人民共和国药品管理法》第一百一十七条及《中华人民共和国行政处罚法》第二十七条第一款第一项之规定，除责令改正违法行为外，决定对当事人作如下行政处罚：1. 没收扣押的过期药品。2. 罚款2万元。"

---

① 案件来源：安康铁路运输法院行政判决书（2021）陕7101行初36号，判决作出时间为2021年2月24日。

原告某公司诉称，被告 2020 年 8 月 18 日下发的某市监处字〔2020〕03 号《行政处罚决定书》中，应用法律条款错误。被告于 2020 年 6 月 24 日在原告处检查没收过期药品，共计 207 元。因工作人员疏忽大意，未将临期和过期药品下架，下架的过期药品未按规定位置存放，违反《药品经营质量管理规范》，但过期药品未销售，不属于销售假冒伪劣药品。被告按照销售假冒伪劣药品处罚，属于应用法律不当。故提起行政诉讼，请求法院依法判令：撤销被告某县市场监管局于 2020 年 8 月 18 日作出的某市监处字〔2020〕03 号《行政处罚决定书》；返还被处罚款 2 万元。

经审理查明，原告某公司成立于 2018 年 4 月 9 日，法定代表人为柯某，主要经营范围为：门诊部经营、药品经营、食品经营、医疗器械经营、美容美体服务、健康咨询服务。2020 年 6 月 24 日，被告某县市场监管局执法人员对原告某公司进行检查时，发现药品销售区货架上摆放的木香顺气丸、阿归养血颗粒等 8 种药品已过有效期。因原告计算机中无药品管理系统，未建立购进、销售记录，故无法确定已经售出的过期药品数量、金额。被告当场向原告制作了现场笔录，并作出某市监市综执强决字〔2020〕015 号《行政强制措施决定书》，决定对原告货架上陈列的已超过药品有效期的阿归养血颗粒 17 袋（有效期截至 2020 年 4 月 2 日）、木香顺气丸 8 盒（有效期截至 2020 年 6 月 20 日）、金松止痒洗液 2 盒（有效期截至 2020 年 1 月 30 日）、野菊花栓 3 盒（有效期截至 2019 年 12 月）、复方消痔栓 2 盒（有效期截至 2019 年 10 月）、复合维生素 B 片 1 瓶（有效期截至 2020 年 4 月 14 日）、维生素 B1 片 1 瓶（有效期截至 2020 年 4 月）、维生素 B_6 片 1 瓶（有效期截至 2020 年 1 月 17 日）共计八种药品进行扣押，总计金额 207.2 元。被告当场向原告作出《责令改正通知书》，责令原告立即开展过期药排查、对药品进行分类、粘贴药品价格标签、按药品说明书存放药品、药品管理人员立即办理健康证明。2020 年 7 月 8 日被告决定对原告销售过期药品一案立案调查，并于 2020 年 7 月 15 日制作了案件调查终结报告。原告某公司于 2020 年 7 月 17 日向被告某县市场监管局递交《减轻处罚申请书》，申请减轻处罚。原告于 2020 年 7 月 23 日向被告缴纳了 16000 元罚款，于 2020 年 8 月 10 日又缴纳了 4000 元罚款，共计 2 万元。原告于 2020 年 8 月 11 日向被告申请注销《药品经营许可证》，被告当日决定受理，并于 2020 年 8 月 26 日同意注销，收回《药品经营许可证》。2020 年 8 月 11 日，被告某县市场监管局向原告作出某市监处告字〔2020〕07 号《行政处罚告知书》，告知拟对其作出没收扣押的过期药品、罚款 2 万元的行政处罚，并于当日送达原告。原告在收到该告知书后未提交书面陈述、申辩意见。2020 年 8 月 18 日，被告某县市场监管局向原告作出某市监处字〔2020〕03 号《行政处罚决定书》，决定依据《药品管理法》第一百一十七条之规定及《行政处罚法》第二十七条第一款第（一）项之规定，没收扣押的过期药品、罚款 2 万元，该《行政处罚决定书》于当日送达原告。原告某公司不服该行政处罚决定，于 2021 年 1 月 18 日向法院提起行政诉讼。

法院认为，本案的争议焦点在于原告将过期药品摆放在销售区未撤柜，是否构成销售劣药的违法行为。根据《药品管理法》第九十八条第三款第（五）项之规定，超过有效期的药品为劣药。《药品经营质量管理规范》第一百六十二条规定："企业应当定期对陈列、存放的药品进行检查，重点检查拆零药品和易变质、近效期、摆放时间较长的药品以及中药饮片。发现有质量疑问的药品应当及时撤柜，停止销售，由质量管理人员确认和处理，并保留相关记录。"从被告于 2020 年 6 月 24 日在原告营业场所销售区查扣的药品清单可知，被查扣的 8 种药品已超过有效期 4 天至 8 个月 24 天不等，足以证明原告对销售区陈列的药品并没有定期检查有效期，以至于已超过有效期的药品仍然摆放在销售区货柜上。被告在对原告的营业场所销售区进行检查时，也没有发现原告对已经超过有效期的药品进行标记或提示，原告也没有提供相应证据证明其已实施了有效措施避免过期药品被售出，故原告将过期药品摆放在销售区货柜上不撤柜、不提示的行为，应当认定为销售劣药的行为。《药品管理法》第一百一十七条第一款规定："生产、销售劣药的，没收违法生产、销售的药品和违法所得，并处违法生产、销售的药品货值金额十倍以上二十倍以下的罚款；违法生产、批发的药品货值金额不足十万元的，按十万元计算，违法零售的药品货值金额不足一万元的，按一万元计算；情节严重的，责令停产停业整顿直至吊销药品批准证明文件、药品生产许可证、药品经营许可证或者医疗机构制剂许可证。"此处"违法零售的药品货值"既包括已经售出的货值，也包括未售出的货值，也就是说违法销售劣药的行为并不以实际售出为构成要件，只要实施了销售劣药的行为，即使劣药没有被实际售出，依然属于违法行为，应当受到法律制裁。因此，原告主张其没有销售劣药，与本案证据已证实的事实和上述法律法规的规定不符，法院不予支持。

因原告的计算机中无药品管理系统，未建立购进、销售记录，无法确定已经售出的过期药品数量、金额。被告查扣的过期药品价值金额为207.2元，原告在被告作出行政处罚决定之前主动申请注销《药品经营许可证》，且系首次违法，未正常经营，未造成明显后果，因此被告在法定最低罚款金额十万元的起点之下，根据本案实际情况酌情予以减轻处罚，决定没收扣押的过期药品，罚款2万元，该行政处罚决定认定事实清楚、证据确凿充分、适用法律法规正确、程序合法、量罚适当，法院依法予以维持。据此，依法判决如下：驳回原告某公司的诉讼请求。

（二）其他案例精选

案例一[①]：某市某区市场监督管理局查办某大药房未按照《药品经营许可证》许可的经营范围经营药品案

2021年4月，某市某区市场监督管理局依法对某大药房的经营场所进行现场检查，发现该药房的营业货架上存放有葛根、枸杞子、金银花、罗汉果中药产品，经查阅《中国药典》（2020年版），证实葛根、枸杞子、金银花、罗汉果属于中药饮片。某大药房超出《药品经营许可证》许可的经营范围经营"中药饮片"的行为，违反《药品流通监督管理办法》第十七条之规定。某市某区市场监督管理局依法对当事人作出没收违法所得、罚款40000元的行政处罚。

---

① 案例一至案例五选自江苏省药品监督管理局发布的"雳剑2021"专项行动典型案例，https://mp.weixin.qq.com/s?__biz=MzkzNzMxOTk3Ng==&mid=2247546372&idx=2&sn=cd7ab8ccc0095b5ca26839504d8bab35&source=41#wechat_redirect，最后访问时间：2021年11月1日。

案例二：某市市场监督管理局查办某喷雾包装有限公司未经许可生产药品案

2021年3月，某市市场监督管理局执法人员依法对某喷雾包装有限公司进行现场检查。发现该公司厂房内存放有外观标识"VIGA5000 STRONG""金刚喷雾剂"等产品24箱，产品外包装均标示"Lidocaine"（利多卡因）字样，还发现生产设备2台，传送带上有和现场检查发现的成品类似的罐装物品。经检验，上述产品和疑似原料粉中均含有利多卡因。利多卡因是《中国药典》收载的局部麻醉及抗心律失常药，该公司生产含有利多卡因成分的产品的行为，应按药品进行管理。某市市场监督管理局邀请医院专家召开案件研讨会进行论证，认定产品中利多卡因含量低于合法药品剂量，不足以危害人体健康，故此案不予移送公安机关查处。该公司未取得《药品生产许可证》或《药品经营许可证》生产药品的行为违反了《药品管理法》相关规定。某市市场监督管理局依法对当事人作出没收涉案药品、罚款800000元的行政处罚。

案例三：某市市场监督管理局查办某生物科技有限公司无证经营药品案

2021年7月，某市市场监督管理局接群众举报，称停放某处的面包车内存放有大量甲硝唑氯化钠注射液药品。执法人员立即到达现场调查，当场查扣面包车内8个批次的甲硝唑氯化钠注射液共计1080瓶。经查，面包车及药品均为苏州某生物科技有限公司所有，上述药品为该公司从河南某药店购买后准备销售给美容院。该公司未取得《药品经营许可证》经营药品的行为违反了《药品管理法》相关规定，某市市场监督管理局依法对当事人作出没收涉案药品、没收违法所得3420元、处罚款300000元的行政处罚。

案例四：某区市场监督管理局查办某医疗美容有限公司使用未取得药品批准证明文件进口药品案

2021年8月，某区市场监督管理局根据掌握的前期线索，联合某区卫生监督所，对某医疗美容有限公司涉嫌违法接种九价宫颈癌疫苗行为进行现场检查，当场查获当事人九价疫苗收费票据本1本，内有已经缴费的接种者2人，共缴费16800元，在分诊台找到接种者信息1条等。查明当事人无法提供上述九价宫颈癌疫苗供货商及药品相关资质材料、进货票据、存货记录、销售票据。依据《药品管理法》相关规定，某区市场监督管理局对当事人作出没收违法所得 16800 元、罚款 180000 元的行政处罚。

案例五：某区市场监督管理局查办袁某无证销售假药案

2020 年 12 月，某区市场监督管理局接到某县人民检察院检察建议书及相关案件材料，随即对袁某涉嫌无证销售假药的行为予以立案调查。经查，袁某在无药品经营许可资格的情况下，从某区葛某处购买未经批准生产、进口的药品"MEDITOXIN 牌"肉毒素 50 盒、"HUTOX 牌"肉毒素 30 盒等涉案产品共计货值 51000 元。袁某购进上述药品后，在某区等地进行销售。经某市食品药品监督管理局鉴定，上述涉案产品被认定为假药。2021 年 4 月，依据《药品管理法》相关规定，某区市场监督管理局对当事人作出没收违法所得 25600 元、罚款 153000 元的行政处罚。

七、涉刑案件办理

（一）犯罪的认定

《刑法》第十三条规定，一切危害国家主权、领土完整和安全，分裂国家、颠覆人民民主专政的政权和推翻社会主义制度，破坏社会秩序和经济秩序，侵犯国有财产或者劳动群众集体所有的财产，侵犯公民私人所有的财产，侵犯公民的人身权利、民主权利和其他权利，以及其他危害社会的行为，依照法律应当受刑罚处罚的，都是犯罪，但是情节显著轻微危害不大的，不认为是犯罪。第十四条规定，明知自己的行为会发生危害社会的结果，并且希望或者放任这种结果发生，因而构成犯罪的，是故意犯罪。故意犯罪，应当负刑事责任。第十五条规定，应当预见自己的行为可能发生危害社会的结果，因为疏忽大意而没有预见，或者已经预见而轻信能够避免，以致发生这种结果的，是过失犯罪。过失犯罪，法律有规定的才负刑事责任。第十六条规定，行为在客观上虽然造成了损害结果，但是不是出于故意或者过失，而是由于不能抗拒或者不能预见的原因所引起的，不是犯罪。

(二)刑罚的种类

《刑法》第三十二条规定:"刑罚分为主刑和附加刑。"第三十三条规定:"主刑的种类如下:(一)管制;(二)拘役;(三)有期徒刑;(四)无期徒刑;(五)死刑。"《刑法》第三十四条规定:"附加刑的种类如下:(一)罚金;(二)剥夺政治权利;(三)没收财产。附加刑也可以独立适用。"

关于药品生产经营使用等领域的犯罪主要涉及《刑法》分则第三章破坏社会主义市场经济秩序罪。涉及的罪名主要有:生产、销售、提供假药罪(《刑法》第一百四十一条)、生产、销售、提供劣药罪(《刑法》第一百四十二条)、妨害药品管理罪(《刑法》第一百四十二条之一)等。

(三)相关罪名界定

1. 生产、销售、提供假药罪。

(1)刑法规定。

《刑法》第一百四十一条第一款规定:"生产、销售假药的,处三年以下有期徒刑或者拘役,并处罚金;对人体健康造成严重危害或者有其他严重情节的,处三年以上十年以下有期徒刑,并处罚金;致人死亡或者有其他特别严重情节的,处十年以上有期徒刑、无期徒刑或者死刑,并处罚金或者没收财产。"

本条所称假药,是指《药品管理法》第九十八条第二款规定的药品:"有下列情形之一的,为假药:(一)药品所含成份与国家药品标准规定的成份不符;(二)以非药品冒充药品或者以他种药品冒充此种药品;(三)变质的药品;(四)药品所标明的适应症或者功能主治超出规定范围。"

生产、销售、提供假药罪,是指违反国家药品管理法规,明知是假药而进行生产、销售或者药品使用单位的人员明知是假药而提供给他人使用的行为。

原刑法规定,生产、销售假药,足以严重危害人体健康的,才构成犯罪,《刑法修正案(八)》对此条进行了修正,去掉了足以严重危害人体健康的定罪标准。《刑法修正案(十一)》对此条再次进行修正,一是去除了认定假药的依据,二是增加了定罪情形。

(2) 罪名演变。

根据《最高人民法院、最高人民检察院关于执行〈中华人民共和国刑法〉确定罪名的补充规定（七）》的规定，取消生产、销售假药罪罪名，修改为生产、销售、提供假药罪。本罪是选择性罪名，生产假药构成犯罪的，是生产假药罪；销售假药构成犯罪的，是销售假药罪；提供假药构成犯罪的，是提供假药罪；既生产又销售假药构成犯罪的，是生产、销售假药罪。

(3) 相关司法解释。

《最高人民检察院、公安部关于公安机关管辖的刑事案件立案追诉标准的规定（一）》第十七条规定："[生产、销售假药案（刑法第一百四十一条）]生产、销售假药的，应予立案追诉。但销售少量根据民间传统配方私自加工的药品，或者销售少量未经批准进口的国外、境外药品，没有造成他人伤害后果或者延误诊治，情节显著轻微危害不大的除外。以生产、销售假药为目的，具有下列情形之一的，属于本条规定的'生产'：（一）合成、精制、提取、储存、加工炮制药品原料的；（二）将药品原料、辅料、包装材料制成成品过程中，进行配料、混合、制剂、储存、包装的；（三）印制包装材料、标签、说明书的。医疗机构、医疗机构工作人员明知是假药而有偿提供给他人使用，或者为出售而购买、储存的，属于本条规定的'销售'。本条规定的'假药'，是指依照《中华人民共和国药品管理法》的规定属于假药和按假药处理的药品、非药品。是否属于假药难以确定的，可以根据地市级以上药品监督管理部门出具的认定意见等相关材料进行认定。必要时，可以委托省级以上药品监督管理部门设置或者确定的药品检验机构进行检验。"

《最高人民法院、最高人民检察院关于办理危害药品安全刑事案件适用法律若干问题的解释》第一条规定："生产、销售、提供假药，具有下列情形之一的，应当酌情从重处罚：（一）涉案药品以孕产妇、儿童或者危重病人为主要使用对象的；（二）涉案药品属于麻醉药品、精神药品、医疗用毒性药品、放射性药品、生物制品，或者以药品类易制毒化学品冒充其他药品的；（三）涉案药品属于注射剂药品、急救药品的；（四）涉案药品系用于应对自然灾害、事故灾难、公共卫生事件、社会安全事件等突发事件的；（五）药品使用单位及其工作人员生产、销售假药的；（六）其他应当酌情从重处罚的情形。"

第二条规定："生产、销售、提供假药，具有下列情形之一的，应当认定为刑法第一百四十一条规定的'对人体健康造成严重危害'：（一）造成轻伤或者重伤的；（二）造成轻度残疾或者中度残疾的；（三）造成器官组织损伤导致一般功能障碍或者严重功能障碍的；（四）其他对人体健康造成严重危害的情形。"

第三条规定："生产、销售、提供假药，具有下列情形之一的，应当认定为刑法第一百四十一条规定的'其他严重情节'：（一）引发较大突发公共卫生事件的；（二）生产、销售、提供假药的金额二十万元以上不满五十万元的；（三）生产、销售、提供假药的金额十万元以上不满二十万元，并具有本解释第一条规定情形之一的；（四）根据生产、销售、提供的时间、数量、假药种类、对人体健康危害程度等，应当认定为情节严重的。"

第四条规定："生产、销售、提供假药，具有下列情形之一的，应当认定为刑法第一百四十一条规定的'其他特别严重情节'：（一）致人重度残疾以上的；（二）造成三人以上重伤、中度残疾或者器官组织损伤导致严重功能障碍的；（三）造成五人以上轻度残疾或者器官组织损伤导致一般功能障碍的；（四）造成十人以上轻伤的；（五）引发重大、特别重大突发公共卫生事件的；（六）生产、销售、提供假药的金额五十万元以上的；（七）生产、销售、提供假药的金额二十万元以上不满五十万元，并具有本解释第一条规定情形之一的；（八）根据生产、销售、提供的时间、数量、假药种类、对人体健康危害程度等，应当认定为情节特别严重的。"

第六条规定："以生产、销售、提供假药、劣药为目的，合成、精制、提取、储存、加工炮制药品原料，或者在将药品原料、辅料、包装材料制成成品过程中，进行配料、混合、制剂、储存、包装的，应当认定为刑法第一百四十一条、第一百四十二条规定的'生产'。药品使用单位及其工作人员明知是假药、劣药而有偿提供给他人使用的，应当认定为刑法第一百四十一条、第一百四十二条规定的'销售';无偿提供给他人使用的,应当认定为刑法第一百四十一条、第一百四十二条规定的'提供'。"

第九条规定:"明知他人实施危害药品安全犯罪,而有下列情形之一的,以共同犯罪论处:(一)提供资金、贷款、账号、发票、证明、许可证件的;(二)提供生产、经营场所、设备或者运输、储存、保管、邮寄、销售渠道等便利条件的;(三)提供生产技术或者原料、辅料、包装材料、标签、说明书的;(四)提供虚假药物非临床研究报告、药物临床试验报告及相关材料的;(五)提供广告宣传的;(六)提供其他帮助的。"

第十条规定:"办理生产、销售、提供假药、生产、销售、提供劣药、妨害药品管理等刑事案件,应当结合行为人的从业经历、认知能力、药品质量、进货渠道和价格、销售渠道和价格以及生产、销售方式等事实综合判断认定行为人的主观故意。具有下列情形之一的,可以认定行为人有实施相关犯罪的主观故意,但有证据证明确实不具有故意的除外:(一)药品价格明显异于市场价格的;(二)向不具有资质的生产者、销售者购买药品,且不能提供合法有效的来历证明的;(三)逃避、抗拒监督检查的;(四)转移、隐匿、销毁涉案药品、进销货记录的;(五)曾因实施危害药品安全违法犯罪行为受过处罚,又实施同类行为的;(六)其他足以认定行为人主观故意的情形。"

第十一条规定:"以提供给他人生产、销售、提供药品为目的,违反国家规定,生产、销售不符合药用要求的原料、辅料,符合刑法第一百四十条规定的,以生产、销售伪劣产品罪从重处罚;同时构成其他犯罪的,依照处罚较重的规定定罪处罚。"

第十二条规定:"广告主、广告经营者、广告发布者违反国家规定,利用广告对药品作虚假宣传,情节严重的,依照刑法第二百二十二条的规定,以虚假广告罪定罪处罚。"

第十三条规定:"明知系利用医保骗保购买的药品而非法收购、销售,金额五万元以上的,应当依照刑法第三百一十二条的规定,以掩饰、隐瞒犯罪所得罪定罪处罚;指使、教唆、授意他人利用医保骗保购买药品,进而非法收购、销售，符合刑法第二百六十六条规定的，以诈骗罪定罪处罚。对于利用医保骗保购买药品的行为人是否追究刑事责任，应当综合骗取医保基金的数额、手段、认罪悔罪态度等案件具体情节，依法妥当决定。利用医保骗保购买药品的行为人是否被追究刑事责任，不影响对非法收购、销售有关药品的行为人定罪处罚。对于第一款规定的主观明知，应当根据药品标志、收购渠道、价格、规模及药品追溯信息等综合认定。"

第十五条规定："对于犯生产、销售、提供假药罪、生产、销售、提供劣药罪、妨害药品管理罪的，应当结合被告人的犯罪数额、违法所得，综合考虑被告人缴纳罚金的能力，依法判处罚金。罚金一般应当在生产、销售、提供的药品金额二倍以上；共同犯罪的，对各共同犯罪人合计判处的罚金一般应当在生产、销售、提供的药品金额二倍以上。"

第十六条规定："对于犯生产、销售、提供假药罪、生产、销售、提供劣药罪、妨害药品管理罪的，应当依照刑法规定的条件，严格缓刑、免予刑事处罚的适用。对于被判处刑罚的，可以根据犯罪情况和预防再犯罪的需要，依法宣告职业禁止或者禁止令。《中华人民共和国药品管理法》等法律、行政法规另有规定的，从其规定。对于被不起诉或者免予刑事处罚的行为人，需要给予行政处罚、政务处分或者其他处分的，依法移送有关主管机关处理。"

第十七条规定："单位犯生产、销售、提供假药罪、生产、销售、提供劣药罪、妨害药品管理罪的，对单位判处罚金，并对直接负责的主管人员和其他直接责任人员，依照本解释规定的自然人犯罪的定罪量刑标准处罚。单位犯罪的，对被告单位及其直接负责的主管人员、其他直接责任人员合计判处的罚金一般应当在生产、销售、提供的药品金额二倍以上。"

第十八条规定："根据民间传统配方私自加工药品或者销售上述药品，数量不大，且未造成他人伤害后果或者延误诊治的，或者不以营利为目的实施带有自救、互助性质的生产、进口、销售药品的行为，不应当认定为犯罪。对于是否属于民间传统配方难以确定的，根据地市级以上药品监督管理部门或者有关部门出具的认定意见，结合其他证据作出认定。"

第十九条规定:"刑法第一百四十一条、第一百四十二条规定的'假药''劣药',依照《中华人民共和国药品管理法》的规定认定。对于《中华人民共和国药品管理法》第九十八条第二款第二项、第四项及第三款第三项至第六项规定的假药、劣药,能够根据现场查获的原料、包装,结合犯罪嫌疑人、被告人供述等证据材料作出判断的,可以由地市级以上药品监督管理部门出具认定意见。对于依据《中华人民共和国药品管理法》第九十八条第二款、第三款的其他规定认定假药、劣药,或者是否属于第九十八条第二款第二项、第三款第六项规定的假药、劣药存在争议的,应当由省级以上药品监督管理部门设置或者确定的药品检验机构进行检验,出具质量检验结论。司法机关根据认定意见、检验结论,结合其他证据作出认定。"

第二十条规定:"对于生产、提供药品的金额,以药品的货值金额计算;销售药品的金额,以所得和可得的全部违法收入计算。"

(4) 相关司法指导文件。

《最高人民检察院法律政策研究室对〈关于具有药品经营资质的企业通过非法渠道从私人手中购进药品后销售的如何适用法律问题的请示〉的答复》规定:"司法机关应当根据《中华人民共和国药品管理法》的有关规定,对具有药品经营资质的企业通过非法渠道从私人手中购销的药品的性质进行认定,区分不同情况,分别定性处理:一是对于经认定属于假药、劣药,且达到'两高'《关于办理危害药品安全刑事案件适用法律若干问题的解释》(以下简称《药品解释》) 规定的销售假药罪、销售劣药罪的定罪量刑标准的,应当以销售假药罪、销售劣药罪依法追究刑事责任……三是对于无法认定属于假药、劣药的,可以由药品监督管理部门依照《中华人民共和国药品管理法》的规定给予行政处罚,不宜以非法经营罪追究刑事责任。"

2. 生产、销售、提供劣药罪。

(1) 条文规定。

《刑法》第一百四十二条规定:"生产、销售劣药,对人体健康造成严重危害的,处三年以上十年以下有期徒刑,并处罚金;后果特别严重的,处十年以上有期徒刑或者无期徒刑，并处罚金或者没收财产。药品使用单位的人员明知是劣药而提供给他人使用的，依照前款的规定处罚。"

本条所称劣药，根据《药品管理法》第九十八条第三款规定："有下列情形之一的，为劣药：（一）药品成份的含量不符合国家药品标准；（二）被污染的药品；（三）未标明或者更改有效期的药品；（四）未注明或者更改产品批号的药品；（五）超过有效期的药品；（六）擅自添加防腐剂、辅料的药品；（七）其他不符合药品标准的药品。"

如果生产、销售劣药行为同时触犯了两种罪名，则按处刑较重的罪处罚；如果生产、销售劣药，没有对人体造成严重危害的后果，而销售金额在五万元以上的，则不构成生产、销售劣药罪，而应以生产、销售伪劣产品罪处罚。

（2）罪名演变。

《最高人民法院、最高人民检察院关于执行〈中华人民共和国刑法〉确定罪名的补充规定（七）》取消生产、销售劣药罪罪名，修改为生产、销售、提供劣药罪。

本罪是选择性罪名，生产劣药构成犯罪的，是生产劣药罪；销售劣药构成犯罪的，是销售劣药罪；提供劣药构成犯罪的，是提供劣药罪；既生产又销售劣药构成犯罪的，是生产、销售劣药罪。

（3）相关司法解释。

《最高人民检察院、公安部关于公安机关管辖的刑事案件立案追诉标准的规定（一）》第十八条规定："［生产、销售劣药案（刑法第一百四十二条）］生产（包括配制）、销售劣药，涉嫌下列情形之一的，应予立案追诉：（一）造成人员轻伤、重伤或者死亡的；（二）其他对人体健康造成严重危害的情形。本条规定的'劣药'，是指依照《中华人民共和国药品管理法》的规定，药品成份的含量不符合国家药品标准的药品和按劣药论处的药品。"

《最高人民法院、最高人民检察院关于办理危害药品安全刑事案件适用法律若干问题的解释》第五条规定："生产、销售、提供劣药，具有本解释第一条规定情形之一的，应当酌情从重处罚。生产、销售、提供劣药，具有本解释

第二条规定情形之一的,应当认定为刑法第一百四十二条规定的'对人体健康造成严重危害'。生产、销售、提供劣药,致人死亡,或者具有本解释第四条第一项至第五项规定情形之一的,应当认定为刑法第一百四十二条规定的'后果特别严重'。"

第六条规定:"以生产、销售、提供假药、劣药为目的,合成、精制、提取、储存、加工炮制药品原料,或者在将药品原料、辅料、包装材料制成成品过程中,进行配料、混合、制剂、储存、包装的,应当认定为刑法第一百四十一条、第一百四十二条规定的'生产'。药品使用单位及其工作人员明知是假药、劣药而有偿提供给他人使用的,应当认定为刑法第一百四十一条、第一百四十二条规定的'销售';无偿提供给他人使用的,应当认定为刑法第一百四十一条、第一百四十二条规定的'提供'。"

其他规定详见上文"生产、销售、提供假药罪"司法解释部分。

《最高人民法院、最高人民检察院关于办理妨害预防、控制突发传染病疫情等灾害的刑事案件具体应用法律若干问题的解释》第二条规定:"在预防、控制突发传染病疫情等灾害期间,生产、销售伪劣的防治、防护产品、物资,或者生产、销售用于防治传染病的假药、劣药,构成犯罪的,分别依照刑法第一百四十条、第一百四十一条、第一百四十二条的规定,以生产、销售伪劣产品罪,生产、销售假药罪或者生产、销售劣药罪定罪,依法从重处罚。"

(4)相关司法指导文件。

《最高人民法院关于充分发挥审判职能作用切实维护公共安全的若干意见》规定:"……10. 依法惩治危害食品药品安全犯罪。……要充分认识此类犯罪的严重社会危害,严格缓刑、免刑等非监禁刑的适用。要采取有效措施依法追缴违法犯罪所得,充分适用财产刑,坚决让犯罪分子在经济上无利可图、得不偿失。要依法适用禁止令,有效防范犯罪分子再次危害社会……"

《最高人民检察院法律政策研究室对〈关于具有药品经营资质的企业通过非法渠道从私人手中购进药品后销售的如何适用法律问题的请示〉的答复》规定:"司法机关应当根据《中华人民共和国药品管理法》的有关规定,对具有药品经营资质的企业通过非法渠道从私人手中购销的药品的性质进行认定，区分不同情况，分别定性处理：一是对于经认定属于假药、劣药，且达到'两高'《关于办理危害药品安全刑事案件适用法律若干问题的解释》（以下简称《药品解释》）规定的销售假药罪、销售劣药罪的定罪量刑标准的，应当以销售假药罪、销售劣药罪依法追究刑事责任。二是对于经认定属于劣药，但尚未达到《药品解释》规定的销售劣药罪的定罪量刑标准的，可以依据刑法第一百四十九条、第一百四十条的规定，以销售伪劣产品罪追究刑事责任。三是对于无法认定属于假药、劣药的，可以由药品监督管理部门依照《中华人民共和国药品管理法》的规定给予行政处罚，不宜以非法经营罪追究刑事责任。"

3. 妨害药品管理罪。

（1）条文规定。

《刑法》第一百四十二条之一规定："违反药品管理法规，有下列情形之一，足以严重危害人体健康的，处三年以下有期徒刑或者拘役，并处或者单处罚金；对人体健康造成严重危害或者有其他严重情节的，处三年以上七年以下有期徒刑，并处罚金：（一）生产、销售国务院药品监督管理部门禁止使用的药品的；（二）未取得药品相关批准证明文件生产、进口药品或者明知是上述药品而销售的；（三）药品申请注册中提供虚假的证明、数据、资料、样品或者采取其他欺骗手段的；（四）编造生产、检验记录的。有前款行为，同时又构成本法第一百四十一条、第一百四十二条规定之罪或者其他犯罪的，依照处罚较重的规定定罪处罚。"

（2）相关司法解释。

《最高人民法院、最高人民检察院关于办理危害药品安全刑事案件适用法律若干问题的解释》第七条规定："实施妨害药品管理的行为，具有下列情形之一的，应当认定为刑法第一百四十二条之一规定的'足以严重危害人体健康'：（一）生产、销售国务院药品监督管理部门禁止使用的药品，综合生产、销售的时间、数量、禁止使用原因等情节，认为具有严重危害人体健康的现实危险的；（二）未取得药品相关批准证明文件生产药品或者明知是上述药品而销售，涉案药品属于本解释第一条第一项至第三项规定情形的；（三）未取得药品相关批准证明文件生产药品或者明知是上述药品而销售，涉案药品的适应症、功能主治或者成分不明的；（四）未取得药品相关批准证明文件生产药品或者明知是上述药品而销售，涉案药品没有国家药品标准，且无核准的药品质量标准，但检出化学药成分的；（五）未取得药品相关批准证明文件进口药品或者明知是上述药品而销售，涉案药品在境外也未合法上市的；（六）在药物非临床研究或者药物临床试验过程中故意使用虚假试验用药品，或者瞒报与药物临床试验用药品相关的严重不良事件的；（七）故意损毁原始药物非临床研究数据或者药物临床试验数据，或者编造受试动物信息、受试者信息、主要试验过程记录、研究数据、检测数据等药物非临床研究数据或者药物临床试验数据，影响药品的安全性、有效性和质量可控性的；（八）编造生产、检验记录，影响药品的安全性、有效性和质量可控性的；（九）其他足以严重危害人体健康的情形。对于涉案药品是否在境外合法上市，应当根据境外药品监督管理部门或者权利人的证明等证据，结合犯罪嫌疑人、被告人及其辩护人提供的证据材料综合审查，依法作出认定。对于'足以严重危害人体健康'难以确定的，根据地市级以上药品监督管理部门出具的认定意见，结合其他证据作出认定。"

第八条规定："实施妨害药品管理的行为，具有本解释第二条规定情形之一的，应当认定为刑法第一百四十二条之一规定的'对人体健康造成严重危害'。实施妨害药品管理的行为，足以严重危害人体健康，并具有下列情形之一的，应当认定为刑法第一百四十二条之一规定的'有其他严重情节'：（一）生产、销售国务院药品监督管理部门禁止使用的药品，生产、销售的金额五十万元以上的；（二）未取得药品相关批准证明文件生产、进口药品或者明知是上述药品而销售，生产、销售的金额五十万元以上的；（三）药品申请注册中提供虚假的证明、数据、资料、样品或者采取其他欺骗手段，造成严重后果的；（四）编造生产、检验记录，造成严重后果的；（五）造成恶劣社会影响或者具有其他严重情节的情形。实施刑法第一百四十二条之一规定的行为，同时又构成生产、销售、提供假药罪、生产、销售、提供劣药罪或者其他犯罪的，依照处罚较重的规定定罪处罚。"

其他规定详见上文"生产、销售、提供假药罪"司法解释部分。

(四) 涉刑案例分析

案例 1：赵某、李某销售假药罪[①]

一审判决认定：被告人赵某、李某于 2020 年 5 月底至 7 月初从邹某手中购进假冒的"葛洪牌桂龙药膏"后，通过微信、打电话等方式联系消费者，冒充为"葛洪牌桂龙药膏"的生产厂家某药业集团有限公司的工作人员，向消费者兜售假冒的"葛洪牌桂龙药膏"。当客户购买时，便通过某快递营业点以"刘主管"名义向消费者邮寄假冒的"葛洪牌桂龙药膏"，所得货款由某快递代收后另行结算。2020 年 7 月 11 日，某公安局民警在某快递营业点扣押了 175 瓶假冒的"葛洪牌桂龙药膏"。截至被查获，两人销售假冒的"葛洪牌桂龙药膏"金额共计 62612 元。

经某市市场监督管理局鉴定，涉案"葛洪牌桂龙药膏"为假冒生产厂家某药业集团有限公司的产品。某市场监督管理局"关于认定'桂龙药膏'为假药的函"认定，上述标示为某药业集团有限公司生产的"葛洪牌桂龙药膏"为假药。上述事实，有经庭审质证、确认的鉴定意见，某市市场监督管理局"关于认定'桂龙药膏'为假药的函"，证人张某、李某、冯某、常某、安某、关某、刘某、魏某、柴某的证言，搜查笔录、辨认笔录，证人口述信息、抓获经过、电话查询记录、扣押清单及照片，某速递有限公司业务单（台账）、银行流水账，被告人供述等证据证实，足以认定。

另认定，附带民事公益诉讼部分，被告人赵某、李某销售假药给冯某、常某、安某、关某、刘某、魏某、柴某等人，给人民群众的用药安全造成危险，侵害了众多消费者的合法权益，侵害了社会公共利益。

一审判决认为，被告人赵某、李某违反药品管理法规销售假药，事实清楚，证据确实、充分，其行为已构成销售假药罪，公诉机关指控的罪名成立，

---

① 案件来源：广西壮族自治区钦州市中级人民法院刑事附带民事裁定书（2021）桂 07 刑终 63 号之二，裁判时间为 2021 年 9 月 14 日。

应处以刑罚。被告人赵某、李某共同实施犯罪，作用相当，应为主犯，被告人赵某、李某归案后直至法庭审理中均如实供述其犯罪事实，签字具结认罪认罚，依法可酌情从轻处罚。公诉机关量刑建议适当，予以采纳。被告人赵某、李某明知其销售的药品为假药，仍通过购进假冒的"葛洪牌桂龙药膏"后，以微信、打电话等方式联系消费者，冒充"葛洪牌桂龙药膏"的生产厂家某药业集团有限公司的工作人员，向不特定消费者兜售假冒的"葛洪牌桂龙药膏"，侵害了众多消费者的合法权益，损害了社会公共利益，应当承担消除危险、赔礼道歉、赔偿损失等侵权责任，根据《最高人民法院、最高人民检察院关于检察公益诉讼案件适用法律若干问题的解释》第二十条之规定，人民检察院可以提起附带民事公益诉讼。根据相关证人证言，购买的部分假药已食用，已无法追回，被告人赵某、李某及相关证人购入的未销售的部分假药已由公安机关扣押，扣押的假药应当由公安机关依法销毁。被告人赵某、李某销售假药的行为已经侵害了不特定消费者的合法权益，应承担赔礼道歉的侵权责任，某区人民检察院的上述诉讼请求于法有据，应予支持。为严肃国法，维护国家对药品的管理制度和不特定多数人的身体健康、生命安全。被告人赵某、李某销售假冒的"葛洪牌桂龙药膏"金额应以银行流水账计算，经核算应为62612元，根据《药品管理法》第一百四十四条之规定，被告人赵某、李某应承担价款十倍的惩罚性赔偿金即626120元。

被告人赵某、李某辩称认为两人销售假冒的"葛洪牌桂龙药膏"金额应为42000元，而不是62612元，银行流水账号还包括其他款项，不仅是销售假冒的"葛洪牌桂龙药膏"的收入。经核实，被告人赵某、李某在某速递有限公司业务单上签字确认的台账与银行流水账相互印证，被告人赵某、李某销售假冒的"葛洪牌桂龙药膏"得款为62612元，显然，被告人赵某、李某辩称得款为42000元与事实不符，不予采纳。综上所述，依法判决：被告人赵某、李某犯销售假药罪，判处有期徒刑八个月，并处罚金人民币20000元；被告人李某犯销售假药罪，判处有期徒刑八个月，并处罚金人民币20000元；追缴被告人赵某、李某违法所得人民币62612元，上缴国库；刑事附带民事公益诉讼被告赵某、李某于判决生效后十日内支付惩罚性赔偿金 626120 元，上缴国库；刑事附带民事公益诉讼被告赵某、李某在其假药销售所在地县级以上媒体上公开赔礼道歉，道歉中须声明其所售出的药品为假药，告知消费者使用上述假药的危害性，同时公告持有假药的消费者自行销毁以消除危险，具体内容需经法院审核，限判决生效后一个月内履行；扣押在案的被告人赵某、李某华为 mate30 手机一部（紫色）、oppoR15 手机一部（红色），以及假药"葛洪牌桂龙药膏" 175 瓶，由扣押机关依法处理。

经二审审理查明的事实与一审相同，且一审据以定案的证据已经庭审举证、质证、查证属实。在二审期间，上诉人及检察机关均没有提供新的证据，二审法院对一审认定的事实、采信的证据，予以确认。

二审法院认为，上诉人赵某、李某违反药品管理法规，销售假药，其行为已触犯《刑法》第一百四十二条之规定，构成销售假药罪。一审判决认定上诉人赵某、李某犯销售假药罪的犯罪事实清楚，证据确实充分，定罪准确，量刑适当。上诉人李某、赵某违反药品管理法规，购进假冒的"葛洪牌桂龙药膏"后，冒充"葛洪牌桂龙药膏"的生产厂家，以微信、打电话等方式向不特定消费者进行销售的行为，侵犯了众多不特定消费者的合法权益，损害了社会公共利益，根据《民法典》第一百七十九条之规定，依法应当承担消除危险、赔礼道歉、赔偿损失等民事责任。原公诉机关暨公益诉讼起诉人广西壮族自治区钦州市某区人民检察院的诉讼请求符合法律规定，一审法院对附带民事公益诉讼的判决正确，予以维持。上诉人赵某、李某的上诉意见不能成立，依法应予驳回。一审判决认定事实清楚，证据确实充分，但适用《药品管理法》第一百一十七条不当，依法予以纠正。依法裁定如下：驳回上诉，维持原判。

案例 2：某市某区市场监管局查办张某某等生产销售假药案[①]

2020 年 8 月，某市某区市场监管局根据举报线索，对某区某小区 1 期 6 号

[①] 该案例选自江苏省药品监督管理局发布的"雳剑 2021"专项行动典型案例，https：//mp.weixin.qq.com/s?__biz=MzkzNzMxOTk3Ng==&mid=2247546372&idx=2&sn=cd7ab8ccc0095b5ca26839504d8bab35&source=41#wechat_redirect，最后访问时间：2021 年 11 月 1 日。

楼 103 室进行检查，现场发现标注为"同宇堂宫糜一洗净"的产品 17 瓶和产品包装盒 2200 份。该产品标注了"使用方法：宫内清洗每天早晚各 20ml，主治范围：白带异常、宫颈糜烂、宫颈炎、囊肿、早期宫颈癌"等内容。当事人乔某现场不能提供产品相关证明材料及购进票据。根据《药品管理法》第九十八条第二款第（二）项的规定，某市市场监督管理局认定上述"同宇堂宫糜一洗净"产品为假药。某区市场监督管理局将该案移交公安机关，某市公安局某分局于 2020 年 12 月 5 日立案并与某区市场监督管理局成立联合专案组。2021 年 2 月，专案组经过细致摸排，抓获犯罪嫌疑人张某某、宋某某、高某某等人，捣毁制假售假窝点，该案已移送某区人民检察院审查起诉。

第三章 药品监管难点应对

第一节 投诉举报处置

问题：在药品监管工作中，你有没有遇到过棘手的投诉举报，应如何处理呢？

一、投诉举报受理工作

投诉举报受理工作是一项社会管理工作，又是一门很复杂的社会艺术。它需要法律和药品监管知识、专业技能常识、社会礼仪知识、社会心理学知识，还要具备处理各种复杂情况的技能和应急能力。要想使投诉举报人满意，需要耐心、细心和为人民服务的热心等。

（一）受理范围

要严格按照法律法规或单位"三定"方案确定的职权进行受理。

（二）受理礼仪

1. 在接听电话时，注意接听电话的时机，应在电话铃响两声后接听最好。首先向对方礼貌问好，并主动报出单位名称；其次，耐心询问投诉举报诉求，认真做好记录，集中精力减少重复问话，保持微笑让投诉举报人感受到耐心和热情；最后，挂电话时，要重复对方诉求，向投诉举报人进行核实，感谢他对监管工作的理解和支持，告知尽快办理，办结后会及时回复，并告知联系方式（座机），如果有什么问题，可以随时联系。

2. 接待投诉举报人时，一定要热情，要有认真的态度。热情地为投诉举报人倒水，请他坐下，脸上时刻保持笑容，说话声音不要太大，语速和缓，表意清晰。热情询问来意，认真记录诉求，正确记录投诉举报人信息，请对方验证投诉举报内容后进行签字等。

3. 通过邮箱等受理时，要及时对投诉举报内容进行登记，经主管领导批准后，转交有处理权限的部门办理，并及时告知投诉举报人，此投诉举报已经受理，会尽快办理并及时回复，无法联系的除外。

4. 通过系统受理时，要及时对投诉举报内容进行核实，属于单位职权的，及时接单，并转交有处理权限的部门。如不属于本单位职权的，要与投诉举报分派部门及时联系，对工单进行退单等。

（三）受理注意事项

1. 电话没有挂断前或者接待没有结束前，不要与旁边的人谈笑、讲话、聊天，不在接电话或者接待时，与同事发生冲突或批评同事等。

2. 投诉举报人很配合时，要及时表示感谢；如果投诉举报人不配合，或态度激动，一定要有耐心，要始终坚守自己的原则，对于不理解的话语，要耐心做好解释。应始终保持冷静，不计较对方无礼甚至粗鲁的言语。任何情况下都不要情绪失控，严格按照法定程序进行受理、做好记录。

3. 如果投诉举报人反映的问题，不能确定是否为单位管辖事项时，要和对方说清楚，不要马上拒绝，建议告知对方，需要进行核实，等和有关部门核实后会及时回复对方，争取对方的理解。如确实不属于本单位权限范围的事项，可以为投诉举报人提供解决渠道，或告知可以帮其将有关情况移送有管辖权的部门办理。

4. 要根据投诉举报人的学识、年龄、性别等情况，采取不同的交流方式。以对方熟悉的语言，能理解和接受的表达方式，向其解释法律或专业问题；换位思考，理解对方的想法，对投诉举报人的遭遇表示同情，对其进行投诉举报，对监管工作的信任表示感谢，耐心听取对方的叙述，运用恰当的提问来控制方向，引导投诉举报人的思路和谈话内容围绕监管职权展开。

(四) 接听电话推荐用语

1. 接起电话时:"您好,这里是某单位投诉举报热线电话,请问有什么可以帮您?"

2. "您好!我是某单位某部门,关于您向我们咨询的××问题,情况是这样的……"

3. 询问诉求人称呼时:"先生/女士,请问您贵姓?怎么称呼您?"

4. 应答诉求人问题时:"×先生/女士,关于……"

5. 如未正确领会诉求人意图时,应主动与其确认:"×先生/女士,您是说(您的意思是……)"

6. 需要诉求人等待时:"×先生/女士,就您所提的这个问题我需要查询相关资料,请您稍等×分钟好吗?"

7. 确认诉求人信息时:"×先生/女士,可以将您的××个人信息提供给我部门吗?以便我帮您查询。"

8. 核实信息时,仔细核对同音字、具体地址。例如:"×先生/女士,您的名字是伟大的伟吗?您说的××门是在某某区的某某地址吗?"

9. 电话一次性就能解决来电人问题时:"×先生/女士,您的问题我给您解释清楚了吗?如果没有其他问题,就不多打扰您了,感谢您的来电/接听(感谢您对我单位工作提出意见和建议)。"

10. 通过其他渠道咨询到的信息,需要明确告知诉求人:"您咨询的问题,我们是通过××途径查询到的。"

11. 对复杂问题无法立即回复,在给予诉求人答复时:"×先生/女士,非常抱歉,麻烦您耐心等待一下,您反映的问题我们将在×日前给您答复。"

12. 对问题无法一次性予以回复时:"×先生/女士,针对××问题,我给您留个电话,我们随时保持联系,给您解释清楚。"

13. 通话结束时:"感谢您对药品监管工作的关注和支持,再见。"

二、投诉举报处理工作

(一) 到现场前的准备工作

1. 制定工作计划：对重复投诉举报或疑难复杂的投诉举报，单位或部门要提前召开会议进行专题研究，制定现场检查取证工作计划和工作人员分工，对可能出现的情况提前做好研判，提出具体的应对措施，提前做出不同方案，如投诉举报人不在注册地址经营，应提前查询其实际经营地址。如果无法联系投诉举报人，被投诉举报人又未在实际注册地生产经营，应做好相关的计划和解决方案。

2. 准备好执法文书。常见的执法文书有现场笔录、责令改正通知书、询问调查笔录等。如果现场可能有产品，应提前准备好先行登记保存或查封扣押的文书，以及封条等。

3. 准备执法设备。准备好录音笔、执法记录仪、照相机或者摄像机、打印机、笔记本电脑等，提前充好电，试用一下确保能正常使用。

4. 备好现场检测设备与取样工具。根据投诉举报反映的问题，决定需要携带的设备和工具。

5. 报告或通知相关部门。根据投诉举报反映的内容，看看是否需要汇报上级部门，或通知相关单位或部门进行配合，开展联合执法。

(二) 开展现场检查

至少出动2名执法人员，到达现场后要出示执法证件，耐心向被举报人说明来意，切记不要泄露投诉举报内容和投诉举报人信息。针对反映的内容，认真细致开展检查，要求被投诉举报人提供相关材料，制作现场笔录，根据实际情况，制定其他文书或采取相关措施，严控生产经营风险和涉嫌违法产品流通风险。

监督检查力求全面，突出重点；调查人员原则上要有针对性，重点围绕投诉举报反映的问题，提取正反两个方面的证据。

现场调查情况的处理：如属本部门职权，进一步调查核实，如需立案，经主管领导审批进行立案调查。如不属本部门职权,要及时向有管辖权的部门进行移送。如果被投诉举报人涉嫌刑事犯罪,及时移送公安部门进一步调查处理。

三、答复工作

(一) 答复的原则

要诉什么,答什么。要对投诉举报反映的所有问题进行回应。属于本部门管辖事项,将办理情况告知投诉举报人。不属于本部门管辖的事项,将移送情况告知投诉举报人,或建议投诉举报人向有关部门反映。

语言要简洁,语意清楚,语态谦逊。答复前最好将回复内容写成文字或拟好提纲,围绕投诉举报人反映的问题,进行逐一回复。投诉举报人如提出新的问题或疑问,不直接答复,可以表示会尽快解答。

注意不要争论,不过多解释。遇到新问题时,不要直接下结论,避免激化矛盾。遇到投诉举报人不满意或情绪激动时,一定要冷静,不要被其情绪所左右,紧紧围绕提前准备好的答复内容进行答复。对于新问题,认真做好记录,并和投诉举报人做好核实,明确进一步答复的时间,争取得到投诉举报人的理解。

(二) 答复推荐用语

1. 对复杂问题无法立即回复,在给予诉求人答复时:"×先生/女士,非常抱歉,麻烦您耐心等待一下,您反映的问题我们将在×日前给您答复。"

2. 对问题无法一次性回复,在回复时:"×先生/女士,针对××问题,可能我们还需要进一步核实,我给您留个电话,我们随时保持联系,核实清楚后我们会及时给您解释清楚。"

3. 了解市民对本次回复的反馈时:"以上是我们对您本次咨询/投诉/举报的答复。您看问题给您解决了吗?您对我们的服务是非常满意,满意,基本满意,不满意还是非常不满意。"

4. 通话结束时:"感谢您对药品监管工作的关注和支持,再见。"

第二节　复议、诉讼的预防和应对[①]

问题：面对频频发生的行政复议和诉讼，你是否觉得手忙脚乱？如何让药品监管从容不迫？

2021年7月15日，新修订的《行政处罚法》正式实施。行政执法"三项制度"的新要求、规范电子证据使用的新规定、保障当事人权利的新内容，都给药监部门的监督和执法提出了新的挑战。一旦执行不好，或执行不到位，极易引发行政复议和诉讼。笔者结合多年药监工作经验，尝试分析如何预防复议、诉讼，并努力提出应对之策。

一、行政复议和诉讼的预防

药品监管部门作出的具体行政行为，必须合法、适当。不仅要主体合法、内容合法，而且程序也要合法。任何一个环节出现问题，都可能引发行政复议和诉讼。

（一）主体合法

药监部门的具体行政行为是指各级药品监管部门为实现药品行政管理目标和任务，依职权或应行政相对人的申请所实施的对公民、法人或者其他组织的权利义务产生实际影响的行为，包括作为和不作为。具体行为必须由有管辖权的行政主体实施。《药品管理法》第八条规定："国务院药品监督管理部门主管全国药品监督管理工作。国务院有关部门在各自职责范围内负责与药品有关的监督管理工作。国务院药品监督管理部门配合国务院有关部门，执行国家药品行业发展规划和产业政策。省、自治区、直辖市人民政府药品监督管理部门负责本行政区域内的药品监督管理工作。设区的市级、县级人民政府承担药品监督管理职责的部门（以下称药品监督管理部门）负责本行政区域内的药品监督

[①] 本节内容已于2022年1月28日在中国食品药品网上发表。

管理工作。县级以上地方人民政府有关部门在各自职责范围内负责与药品有关的监督管理工作。"此条款对各级药监部门的管辖范围、监督管理事权等进行了划分和明确。

《行政处罚法》第十七条规定："行政处罚由具有行政处罚权的行政机关在法定职权范围内实施。"《市场监督管理行政处罚程序规定》第七条规定，行政处罚由违法行为发生地的县级以上市场监督管理部门管辖，法律、行政法规、部门规章另有规定的，从其规定。第八条规定，县级、设区的市级市场监督管理部门依职权管辖本辖区内发生的行政处罚案件，法律、法规、规章规定由省级以上市场监督管理部门管辖的，从其规定。第九条第一款规定，市场监督管理部门派出机构在本部门确定的权限范围内以本部门的名义实施行政处罚，法律、法规授权以派出机构名义实施行政处罚的除外。由此可见，各级药品监管部门要依照法定的权限和程序，管辖本行政区域内的行政处罚案件。

综上，药监部门具体行政行为，包括行政处罚的实施，都需由具有管辖权的药监部门作出。如《行政处罚法》第三十八条第一款规定："行政处罚没有依据或者实施主体不具有行政主体资格的，行政处罚无效。"也就是说，如果实施行政处罚的药监部门无处罚资格，没有行政处罚权，作出的行政处罚均属无效。

（二）内容合法

药监机关开展监管和实施行政处罚必须依法行政。药监部门的依法行政，是指药监部门必须根据《药品管理法》《疫苗管理法》《药品管理法实施条例》等法律法规的规定设立并依法取得、行使其行政权力，对其行政行为的后果承担相应责任。简言之，法定职责必须为，法无授权不可为。依法行政是依法治国基本方略的重要内容，是法治原则的体现，是现代法治国家政府行使权力时，所普遍奉行的基本准则，更是药监部门依法履行职权的必然要求。

行政权力的使用，包括决策、执行和监督三个环节。依法行政，包括依法决策、依法执法和依法受监督三个环节。药品监管部门及其公职人员依照法定职权和程序行使行政药品管理权，贯彻实施《药品管理法》《疫苗管理法》

《药品管理法实施条例》《药品生产监督管理办法》《药品注册管理办法》等法律、法规、规章。药监部门的监督和执法要坚持的基本原则有合法性原则、合理性原则、正当程序原则、效率原则、诚实守信原则、责任原则。药品监督和执法,具有主动性、单方意志性和自由裁量性等特点。总之,药监部门具体行政行为的作出,必须内容合法、证据确凿充分,适用法律法规正确,符合法定程序,严格依法行政。如果超越或者滥用法定的职权,就属于越权行为、无效行为。

(三) 程序合法

程序合法,是药品监督和执法行为公正、合法的保证。如果程序有瑕疵,就难以达到执法的效果,更难以体现法律的公平正义。《行政处罚法》首次纳入行政执法"三项制度",即增加行政执法公示、执法全过程记录制度,完善重大执法决定法制审核制度。对执法公示要求进行了明确,增加规定行政处罚的实施机关、立案依据、实施程序和救济渠道等信息应当公示;执法全过程要进行记录,增加规定行政机关应当依法以文字、音像等形式,对行政处罚的启动、调查取证、审核、决定、送达、执行等进行全过程记录,归档保存;细化了法制审核要求,列明法制审核的具体适用情形,明确未经法制审核或者审核未通过的不得作出行政决定。药监领域要严格执行行政执法"三项制度",保证监督和执法活动严格按照相关程序开展,积极预防或减少复议和诉讼的发生。

《市场监督管理行政处罚程序规定》第二条规定:"市场监督管理部门实施行政处罚,适用本规定。"第三条规定:"市场监督管理部门实施行政处罚,应当遵循公正、公开的原则,坚持处罚与教育相结合,做到事实清楚、证据确凿、适用依据正确、程序合法、处罚适当。"第四条第一款规定,市场监管部门实施行政处罚实行回避制度。第十八条规定,办案人员应当全面、客观、公正、及时进行案件调查,收集、调取证据,并依照法律、法规、规章的规定进行检查。首次向当事人收集、调取证据的,应当告知其享有陈述权、申辩权以及申请回避的权利。第五十一条第一款规定:拟给予行政处罚的案件,市场监督管理部门在作出行政处罚决定之前，应当书面告知当事人拟作出的行政处罚内容及事实、理由、依据，并告知当事人依法享有陈述权、申辩权。拟作出的行政处罚属于听证范围的，还应当告知当事人有要求听证的权利。第六十一条规定：办案人员在行政处罚决定作出前，应当告知当事人拟作出的行政处罚内容及事实、理由、依据，并告知当事人有权进行陈述和申辩。当事人进行陈述和申辩的，办案人员应当记入笔录。

以上关于药品领域实施行政处罚的强制性程序，药监部门必须严格遵守。违反相关程序的，行政处罚则可能被依法变更、撤销、确认违法或者确认无效。

另外，药品监管执法机关作出的具体行政行为还必须适当。如《行政处罚法》第五条第二款规定，设定和实施行政处罚必须以事实为依据，与违法行为的事实、性质、情节以及社会危害程度相当。否则就有可能引发复议和诉讼。

二、行政复议和诉讼的应对措施

行政复议和诉讼的发生，一方面说明行政相对人的法治意识，特别是维权意识在增强；另一方面也说明了当前的监管和执法还可能存在一些不足。行政机关的败诉，可能引发国家赔偿，更为严重的是，会影响到药品监管和执法部门的良好执法形象，影响药监执法和监管的权威性。因此，药品监管和执法部门，要采取适当措施，做好积极应诉、短期应对，努力构建长效机制，提升监督执法水平，从根本上预防和减少复议、诉讼的发生。

（一）快速响应，积极应对，确保复议、诉讼及时解决

首先要迅速反应，做好答辩应诉。面对复议、诉讼，努力做到"不抵触、不抗拒、响应快、忙应对"。快速查找《行政复议法》《行政诉讼法》相关知识和要求，对引发复议、诉讼的具体行政行为进行梳理、分析，收集整理相关证据和执法依据，起草答辩状（书），确定答辩或应诉、出庭人员，提前了解案情、及时做好相关准备。

其次要挖掘根源，寻找解决方案。重新审视引发复议、诉讼的具体行政行

为，有无超越职权，是否存在不作为，程序是否合法，证据是否确凿充分，事实调查是否清楚等，特别是提起复议、诉讼的主体是否存在误解，比如，明明是 A 单位的职权，其认为是 B 机关不作为，如果及时把此情况与申请主体沟通，申请主体搞清楚情况后，就会主动撤诉，避免行政资源的浪费。

此外，还要加强沟通，及时化解争议。在应诉阶段，要主动与复议机关或司法机关取得联系，介绍作出具体行政行为的理由和依据，这有利于相关部门全面了解案情，回应群众诉求，及时化解争议。

（二）积极总结，汲取教训，构建长效应对机制

一是完善制度，建立规程，确保监督执法质量。药监部门要根据行政执法的"三项制度"，结合单位和监管实际，建立和完善本单位的行政执法"三项制度"，制定投诉举报、监督检查、行政处罚工作规程，完善回避、听证、电子证据收集和使用等制度，切实保障当事人的陈述、申辩权。要建立健全行政执法标准和行政执法责任制，建立和完善行政执法过错责任追究制，对不作为、乱作为等行为进行限制和追究，从制度上杜绝违法违纪行为发生。

二是建立预案，提高认识，确保监督执法风险可控。在监督执法中引入风险意识，要充分认识到防范执法风险的重要性，将风险防范贯穿监督执法始终，特别要认识到，发生执法风险不仅会削弱药监部门的执法权威和公信力，而且可能要承担相应的法律责任，因此不能麻痹大意，不能有丝毫懈怠。要始终把执法风险防范工作放在重要位置，最大限度地预防风险的发生，根据单位和监管对象实际，建立和健全执法风险应急预案，对执法风险进行排查，做到心中有数、提前预防、有效应对、随时可控。

三是换位思考，真正做到依法行政。在监督执法时，药监部门要学会换位思考，打开监管和执法思路，一方面做好监督工作，为企业高质量发展搞好服务；另一方面重拳治理违法违规行为，确保药品市场秩序井然。换位思考，就是药监部门在监督执法时，可以想象一下，如果你是投诉举报人，对监管部门的办理结果是否满意，所有诉求是否得到解决，特别是关于投诉举报奖励和赔偿的请求能否真正实现；监管部门的执法有无程序和实体方面的问题，如果提

起复议和诉讼，自己是否能胜诉；如果你是检察监督部门，监管执法部门的监督执法是否合法、适当，是否履职到位，是否有不作为和乱作为的嫌疑；如果你是司法部门，要看看监管执法部门的具体行政行为是否证据确凿、适用法律法规是否正确，程序是否合法，有无违法的情况；如果你是纪检监察部门，要关注监督执法部门的行政行为是否有违纪违法情况，特别是有无廉政方面的问题；如果你是法制监督部门，要看监督执法部门是否严格按照法定程序、法定时限开展监督执法，是否做到了依法行政等。这样，可以确保监管部门的监督执法行为，经得住各种因素的考验。

四是公正监督、公开执法，确保监督执法公正文明。《行政处罚法》第四十二条规定："行政处罚应当由具有行政执法资格的执法人员实施。执法人员不得少于两人，法律另有规定的除外。执法人员应当文明执法，尊重和保护当事人合法权益。"药监部门要根据此要求，文明执法，阳光执法，不搞"钓鱼"执法。同时坚持人性化执法，坚持说理式"柔性"执法，杜绝粗暴执法。要严格按照《政府信息公开条例》的要求，公开、公示行政执法主体，行政执法的事项、依据、条件、程序、结果，并公布行政执法人员姓名、职位、职责等。做到执法过程公开、执法程序合法、执法结果公示，确保监督执法公正文明。

五是加强培训，强化指导，确保监督执法水平。加强监管人员能力建设，组织监管人员认真学习贯彻"两法两条例"，特别加强对《行政复议法》《行政诉讼法》和新修订《行政处罚法》的学习，努力提升监管人员整体执法水平。与此同时，加强对监管人员的指导，组织监管人员参与复议答辩和法院庭审，提升复议、诉讼的应对水平。

六是完善机制，强化监督，确保监管执法规范合法。要规范药监部门的内部监督机制，加大行政执法错案责任追究力度，加强对执法部门及其执法人员执法的评议考核，使执法活动在有效监督下进行。要自觉接受人大、政协、纪检、监察等部门以及行业协会、商会等组织的监督，虚心接受批评建议，努力改进监督执法工作。

第三节　行政处罚信息公开的风险预防及应对[①]

问题：行政处罚信息公开是否存在泄密、引发舆情、履职风险等风险？是否极易引发复议、诉讼？又应如何积极应对？

修订后的《政府信息公开条例》已于 2019 年 5 月 15 日正式实施。条例明确，行政机关应当主动公开本行政机关实施行政处罚、行政强制的依据、条件、程序，以及本行政机关认为具有一定社会影响的行政处罚决定。这对保障人民群众的知情权、参与权和监督权，提升行政处罚的透明度、威慑力和权威性具有十分重要的意义。

药品监管行政处罚信息反映出药品监管部门的履职情况，可能会涉及国家秘密、商业秘密、个人隐私以及与人民群众密切相关的事项等，主动公开极易引发失泄密、司法败诉、履职问责、舆情发酵等诸多风险。那么，药品监管部门如何在依法保障公众获取信息的同时又防控主要风险呢？

一、风险不容小视

笔者梳理发现，公开药品监管行政处罚信息主要存在以下风险。

一是失泄密风险。行政处罚信息涉及行政相对人的商业秘密、个人隐私，甚至国家秘密，如果在网站、微博、微信公众号等平台主动公开，或依公民、法人、其他组织申请，未经区分处理或未向第三人征询意见将上述信息公开，存在失泄密风险，容易给国家、有关单位、个人带来无法挽回的损失，甚至还可能使工作人员触犯刑法，走上犯罪的道路。

二是司法风险。《政府信息公开条例》赋予公民、法人或者其他组织因政府信息公开申请行政复议和提起行政诉讼的权利。近年来，随着公众知情权意识、法治意识的不断增强，对行政处罚信息公开的需求也日益增加。行政处罚信息主动公开为公众找到类似违法行为的相关案例提供了便利，但也有可能

[①] 本节内容已于 2019 年 8 月 13 日在《中国医药报》上发表。

"暴露"同案不同罚的情况。当前，依申请公开处罚信息因公开的内容、程序、形式等方面存在瑕疵，导致行政复议、行政诉讼数量呈明显上升趋势，也使药品监管部门面临更大的司法审查风险。行政复议、诉讼案件不仅牵扯药品监管部门投入大量精力，带来的败诉风险也越来越受到重视。

三是舆情风险。在当今信息大爆炸的年代，微博、微信、抖音等新兴传播媒介使每一个普通个体都能成为信息发布平台。同时，部分媒体为吸引读者眼球，可能扩大传播政府部门的敏感信息，使主动公开或依申请公开后的行政处罚信息成为舆情关注的焦点，进而扩大政府信息公开的不利影响，使执法机关的公信力、执法的公正性受到质疑，甚至造成系统性风险。另外，如果药品监管部门公开了某些有影响力的单位、个人因生产、销售假劣药而被处罚的信息，极易刺激公众的神经，引发社会恐慌和舆情蔓延。

四是履职风险。一方面，受专业知识和业务水平的限制，或其他一些难以预计因素的影响，药品监管部门执法人员的行政处罚执法难免存在一些瑕疵和疏漏，主动公开行政处罚信息则将这些短板问题曝光，会导致执法权威下降，甚至面临问责风险。另一方面，办理处罚信息公开的工作人员如不熟悉信息公开业务，不掌握相关法律法规，难以区分何种信息应公开或如何公开，对行政处罚信息中潜在的履职风险没有清晰的认识，将会导致履职问责的发生。

二、健全完善制度

近年来，如何做好行政处罚信息公开工作已引起药品监管部门和社会各方的高度关注。药品监管部门通过明确任务、落实责任、加强督查、严肃问责等行政手段，不断规范药品监管行政处罚信息公开流程，已取得明显成效。但因存在信息公开体制、机制不健全，相关规定有待进一步完善等问题，行政处罚信息公开工作仍任重道远。为实现药品监管部门和公众的良性互动，更好地满足人民群众对信息公开的需求和防控主要风险，建议采取以下措施予以完善。

一是健全制度，完善长效机制。《行政处罚法》对行政处罚信息如何公开未作出具体规定。《政府信息公开条例》虽然对行政处罚信息主动公开的内容、途径作出了具体规定，但对处罚信息公开的形式、程序、范围等未作出详尽规定。在现行法律框架下，有关部门应尽快出台药品监管行政处罚信息主动公开或依申请公开方面的细化规定；药品监管部门也要根据《政府信息公开条例》规定，及时建立健全信息公开工作考核制度、社会评议制度、责任追究制度以及行政处罚信息公开审查机制，明确审查的程序和责任等，完善长效机制。

二是加强监督，确保合法无密。行政处罚信息在制作和保存前，应强制要求合法性审查，未经合法性审查或经审查不合格的，不得作出行政处罚决定。行政处罚信息在主动公开和依申请公开前，也要进行合法性审查，未经合法性审查或经审查不能公开的，不得公开。同时，主管部门还要依照《保守国家秘密法》以及其他法律、法规和国家有关规定，对拟公开的行政处罚信息进行保密审查，确保无密后才允许公开。另外，建议主管部门根据《政府信息公开条例》规定，加强对行政处罚信息公开工作的监督检查，对未按照要求开展行政处罚信息公开工作的，要予以督促整改或者通报批评；需要对负有责任的领导人员和直接责任人员追究责任的，依法向有关机关提出处理建议。

三是加强培训，提高执法水平。《政府信息公开条例》第四十八条规定："政府信息公开工作主管部门应当对行政机关的政府信息公开工作人员定期进行培训。"练好内功是防控风险的第一要务，建议药品监管部门加强对工作人员的"专业化"培训，强化对《政府信息公开条例》《药品管理法》《药品管理法实施条例》等法律法规的培训，编制警示案例，加强日常指导和监督检查，打造一支反应灵敏、专业高效的行政处罚信息公开队伍。

四是制定清单，明确公开责任。建议药品监管部门对现有行政处罚信息公开工作进行梳理，制定科学的行政处罚信息公开清单，明确行政处罚信息公开特别是主动公开的职责、程序、内容、条件、形式等，认真查找行政处罚信息公开工作的风险点，并制定切实可行的防控风险措施。

五是信用支撑，制约权利滥用。《政府信息公开条例》第三十五条规定："申请人申请公开政府信息的数量、频次明显超过合理范围，行政机关可以要求申请人说明理由。行政机关认为申请理由不合理的，告知申请人不予处理……"这从制度上制约了权利滥用,也是政府信息公开立法上的进步。建议药品监管部门在推动信用体系建设工作中,将公民、法人或其他组织依法行使获取行政处罚信息权和诉权的情况纳入信用体系,对滥用权利甚至利用行政处罚信息公开谋求不当利益的,经行政处罚信息公开机构认定后,记入申请人信用档案。对因行政处罚信息公开被列入"黑名单"的申请人,申请行政处罚信息公开时,需说明理由。

六是正面引导,争取舆论支持。药品监管部门在公开行政处罚信息时,要加大正面宣传,主动发声,营造良好舆论氛围。一方面,通过官方网站、微博、微信公众号等,集中宣传相关法律法规,展示行政处罚信息公开工作成果;另一方面,及时收集、编制、发布药品监管部门行政处罚信息公开胜诉典型案例,帮助公众认清知情权的权利边界,引导媒体积极宣传行政处罚信息公开的正面影响。

第二篇　医疗器械监管执法篇

第一章　医疗器械监管基础知识

第一节　医疗器械基础知识

问题：医疗器械安全与我们的生活息息相关，关乎人们的身体健康和生命安全，在生产生活中我们如何界定一个产品是不是医疗器械呢？

一、医疗器械的定义

根据《医疗器械监督管理条例》第一百零三条第一款，医疗器械，是指直接或者间接用于人体的仪器、设备、器具、体外诊断试剂及校准物、材料以及其他类似或者相关的物品，包括所需要的计算机软件。其效用主要通过物理等方式获得，不是通过药理学、免疫学或者代谢的方式获得，或者虽然有这些方式参与但是只起辅助作用。医疗器械的目的是：（1）疾病的诊断、预防、监护、治疗或者缓解；（2）损伤的诊断、监护、治疗、缓解或者功能补偿；（3）生理结构或者生理过程的检验、替代、调节或者支持；（4）生命的支持或者维持；（5）妊娠控制；（6）通过对来自人体的样本进行检查，为医疗或者诊断目的提供信息。

需注意：医疗器械的效用主要通过物理等方式获得。

二、医疗器械的分类

（一）按照风险程度由低到高分类

根据《医疗器械监督管理条例》第六条，国家对医疗器械按照风险程度实行分类管理。第一类是风险程度低，实行常规管理可以保证其安全、有效的医疗器械。第二类是具有中度风险，需要严格控制管理以保证其安全、有效的医疗器械。第三类是具有较高风险，需要采取特别措施严格控制管理以保证其安全、有效的医疗器械。评价医疗器械风险程度，应当考虑医疗器械的预期目的、结构特征、使用方法等因素。国务院药品监督管理部门负责制定医疗器械的分类规则和分类目录，并根据医疗器械生产、经营、使用情况，及时对医疗器械的风险变化进行分析、评价，对分类规则和分类目录进行调整。制定、调整分类规则和分类目录，应当充分听取医疗器械注册人、备案人、生产经营企业以及使用单位、行业组织的意见，并参考国际医疗器械分类实践。医疗器械分类规则和分类目录应当向社会公布。

《医疗器械分类规则》第四条规定，医疗器械按照风险程度由低到高，管理类别依次分为第一类、第二类和第三类。医疗器械风险程度，应当根据医疗器械的预期目的，通过结构特征、使用形式、使用状态、是否接触人体等因素综合判定。

（二）依据影响医疗器械风险程度的因素分类

《医疗器械分类规则》第五条规定："依据影响医疗器械风险程度的因素，医疗器械可以分为以下几种情形：（一）根据结构特征的不同，分为无源医疗器械和有源医疗器械。（二）根据是否接触人体，分为接触人体器械和非接触人体器械。（三）根据不同的结构特征和是否接触人体，医疗器械的使用形式包括：无源接触人体器械：液体输送器械、改变血液体液器械、医用敷料、侵入器械、重复使用手术器械、植入器械、避孕和计划生育器械、其他无源接触人体器械。无源非接触人体器械：护理器械、医疗器械清洗消毒器械、其他无源非接触人体器械。有源接触人体器械：能量治疗器械、诊断监护器械、液体输送器械、电离辐射器械、植入器械、其他有源接触人体器械。有源非接触人体器械：临床检验仪器设备、独立软件、医疗器械消毒灭菌设备、其他有源非接触人体器械……"

医疗器械的分类目录详见《国家食品药品监督管理总局关于发布医疗器械分类目录的公告》。

三、医疗器械注册人、备案人

（一）定义

《医疗器械监督管理条例》第一百零三条第二款规定，医疗器械注册人、备案人，是指取得医疗器械注册证或者办理医疗器械备案的企业或者研制机构。

（二）责任

《医疗器械监督管理条例》第十三条第二款规定："医疗器械注册人、备案人应当加强医疗器械全生命周期质量管理，对研制、生产、经营、使用全过程中医疗器械的安全性、有效性依法承担责任。"

（三）法定义务

《医疗器械监督管理条例》第二十条规定："医疗器械注册人、备案人应当履行下列义务：（一）建立与产品相适应的质量管理体系并保持有效运行；（二）制定上市后研究和风险管控计划并保证有效实施；（三）依法开展不良事件监测和再评价；（四）建立并执行产品追溯和召回制度；（五）国务院药品监督管理部门规定的其他义务。境外医疗器械注册人、备案人指定的我国境内企业法人应当协助注册人、备案人履行前款规定的义务。"

四、医疗器械标准

根据《医疗器械监督管理条例》第七条规定，医疗器械产品应当符合医疗器械强制性国家标准；尚无强制性国家标准的，应当符合医疗器械强制性行业标准。可见医疗器械标准分为国家标准和行业标准。

五、医疗器械的注册证和备案凭证编号

《医疗器械注册与备案管理办法》第一百一十五条规定："医疗器械注册证格式由国家药品监督管理局统一制定。注册证编号的编排方式为：×1械注×2××××3×4××5××××6。其中：×1为注册审批部门所在地的简称；境内第三类医

疗器械、进口第二类、第三类医疗器械为'国'字；境内第二类医疗器械为注册审批部门所在地省、自治区、直辖市简称；×2为注册形式：'准'字适用于境内医疗器械；'进'字适用于进口医疗器械；'许'字适用于香港、澳门、台湾地区的医疗器械；××××3为首次注册年份；×4为产品管理类别；××5为产品分类编码；××××6为首次注册流水号。延续注册的，××××3和××××6数字不变。产品管理类别调整的，应当重新编号。"

第一百一十六条规定："第一类医疗器械备案编号的编排方式为：×1械备××××2××××3。其中：×1为备案部门所在地的简称：进口第一类医疗器械为'国'字；境内第一类医疗器械为备案部门所在地省、自治区、直辖市简称加所在地设区的市级行政区域的简称（无相应设区的市级行政区域时，仅为省、自治区、直辖市的简称）；××××2为备案年份；××××3为备案流水号。"

六、医疗器械的不良事件监测和再评价相关术语

《医疗器械不良事件监测和再评价管理办法》第四条规定："本办法下列用语的含义：（一）医疗器械上市许可持有人，是指医疗器械注册证书和医疗器械备案凭证的持有人，即医疗器械注册人和备案人。（二）医疗器械不良事件，是指已上市的医疗器械，在正常使用情况下发生的，导致或者可能导致人体伤害的各种有害事件。（三）严重伤害，是指有下列情况之一者：1.危及生命；2.导致机体功能的永久性伤害或者机体结构的永久性损伤；3.必须采取医疗措施才能避免上述永久性伤害或者损伤。（四）群体医疗器械不良事件，是指同一医疗器械在使用过程中，在相对集中的时间、区域内发生，对一定数量人群的身体健康或者生命安全造成损害或者威胁的事件。（五）医疗器械不良事件监测，是指对医疗器械不良事件的收集、报告、调查、分析、评价和控制的过程。（六）医疗器械重点监测，是指为研究某一品种或者产品上市后风险情况、特征、严重程度、发生率等，主动开展的阶段性监测活动。（七）医疗器械再评价，是指对已注册或者备案、上市销售的医疗器械的安全性、有效性进行重新评价，并采取相应措施的过程。"

七、如何判断一个产品是否为医疗器械

从大的方面来说，一般看这个产品是否符合医疗器械的定义和医疗器械的类别。首先，根据《医疗器械监督管理条例》第一百零三条第一款规定："医疗器械，是指直接或者间接用于人体的仪器、设备、器具、体外诊断试剂及校准物、材料以及其他类似或者相关的物品，包括所需要的计算机软件；其效用主要通过物理等方式获得，不是通过药理学、免疫学或者代谢的方式获得，或者虽然有这些方式参与但是只起辅助作用；其目的是：（一）疾病的诊断、预防、监护、治疗或者缓解；（二）损伤的诊断、监护、治疗、缓解或者功能补偿；（三）生理结构或者生理过程的检验、替代、调节或者支持；（四）生命的支持或者维持；（五）妊娠控制；（六）通过对来自人体的样本进行检查，为医疗或者诊断目的提供信息。"根据这一规定，可判断该产品是否符合医疗器械的定义。

其次，从外包装、产品效用途径、预期目的等方面进行判断。比如，从产品的标签和说明书来看，产品名称是否标明为医疗器械，是否为医疗器械的通用名称，产品有无取得医疗器械的注册和备案，有无注册证或备案编号，产品生产企业是否为医疗器械生产企业，有无医疗器械生产许可证号等。比如，从产品效用途径来看，该产品是否主要通过物理等方式获得，不是通过药理学、免疫学或者代谢的方式获得，或者虽然有这些方式参与但是只起辅助作用。再比如，看该产品的预用目的，是否属于上述《医疗器械监督管理条例》第一百零三条第一款关于医疗器械的定义中规定的目的等。

最后，看该产品是否属于医疗器械分类目录中的品种，主要依据《化妆品分类规则和分类目录》《体外诊断试剂注册与备案管理办法》等进行综合判定。

八、医疗器械监管和执法常用依据

医疗器械监管和执法常用依据包括：1. 医疗器械监督管理条例；2. 医疗器械分类规则、医疗器械分类目录；3. 医疗器械临床试验质量管理规范；

4. 医疗器械网络销售监督管理办法；5. 医疗器械注册与备案管理办法；6. 医疗器械生产质量管理规范；7. 医疗器械生产监督管理办法；8. 医疗器械经营质量管理规范；9. 医疗器械经营监督管理办法；10. 医疗器械使用质量监督管理办法；11. 医疗器械不良事件监测和再评价管理办法；12. 刑法等。

第二节　医疗器械监管事权划分

《医疗器械监督管理条例》第三条规定，国务院药品监督管理部门负责全国医疗器械监督管理工作。国务院有关部门在各自的职责范围内负责与医疗器械有关的监督管理工作。第四条规定，县级以上地方人民政府应当加强对本行政区域的医疗器械监督管理工作的领导，组织协调本行政区域内的医疗器械监督管理工作以及突发事件应对工作，加强医疗器械监督管理能力建设，为医疗器械安全工作提供保障。县级以上地方人民政府负责药品监督管理的部门负责本行政区域的医疗器械监督管理工作。县级以上地方人民政府有关部门在各自的职责范围内负责与医疗器械有关的监督管理工作。

《医疗器械生产监督管理办法》第五条规定，国家药品监督管理局负责全国医疗器械生产监督管理工作。省、自治区、直辖市药品监督管理部门负责本行政区域第二类、第三类医疗器械生产监督管理，依法按照职责负责本行政区域第一类医疗器械生产监督管理，并加强对本行政区域第一类医疗器械生产监督管理工作的指导。设区的市级负责药品监督管理的部门依法按照职责监督管理本行政区域第一类医疗器械生产活动。第六条规定，药品监督管理部门依法设置或者指定的医疗器械审评、检查、检验、监测与评价等专业技术机构，按照职责分工承担相关技术工作，为医疗器械生产监督管理提供技术支撑。国家药品监督管理局食品药品审核查验中心组织拟订医疗器械检查制度规范和技术文件，承担重大有因检查和境外检查等工作，并对省、自治区、直辖市医疗器械检查机构质量管理体系进行指导和评估。

《医疗器械经营监督管理办法》第五条规定，国家药品监督管理局主管全国医疗器械经营监督管理工作。省、自治区、直辖市药品监督管理部门负责本行政区域的医疗器械经营监督管理工作。设区的市级、县级负责药品监督管理的部门负责本行政区域的医疗器械经营监督管理工作。第六条规定，药品监督管理部门依法设置或者指定的医疗器械检查、检验、监测与评价等专业技术机构，按照职责分工承担相关技术工作并出具技术意见，为医疗器械经营监督管理提供技术支持。

《医疗器械使用质量监督管理办法》第三条规定，国家食品药品监督管理总局负责全国医疗器械使用质量监督管理工作。县级以上地方食品药品监督管理部门负责本行政区域的医疗器械使用质量监督管理工作。上级食品药品监督管理部门负责指导和监督下级食品药品监督管理部门开展医疗器械使用质量监督管理工作。

第三节　医疗器械监管方式

问题： 医疗器械行业迎来高质量发展的重要机遇期，创新医疗器械等新的监管对象的出现，给药品监管部门提出新的挑战，当前，我们应如何强化监管，提高监管效能呢？

一、医疗器械检查

常见的医疗器械检查有飞行检查、日常检查、重点检查、有因检查、跟踪检查、体系检查、专项检查等。

（一）飞行检查

1. 概念。《药品医疗器械飞行检查办法》第二条规定："本办法所称药品医疗器械飞行检查，是指食品药品监督管理部门针对药品和医疗器械研制、生产、经营、使用等环节开展的不预先告知的监督检查。"

2. 职权划分。《药品医疗器械飞行检查办法》第三条规定："国家食品药品监督管理总局负责组织实施全国范围内的药品医疗器械飞行检查。地方各级食品药品监督管理部门负责组织实施本行政区域的药品医疗器械飞行检查。"

3. 原则。《药品医疗器械飞行检查办法》第四条规定："药品医疗器械飞行检查应当遵循依法独立、客观公正、科学处置的原则,围绕安全风险防控开展。"

4. 各方责任。《药品医疗器械飞行检查办法》第五条规定："被检查单位对食品药品监督管理部门组织实施的药品医疗器械飞行检查应当予以配合,不得拒绝、逃避或者阻碍。"第六条规定："食品药品监督管理部门应当按照政府信息公开的要求公开检查结果,对重大或者典型案件,可以采取新闻发布等方式向社会公开。"第七条规定："食品药品监督管理部门及有关工作人员应当严格遵守有关法律法规、廉政纪律和工作要求,不得向被检查单位提出与检查无关的要求,不得泄露飞行检查相关情况、举报人信息及被检查单位的商业秘密。"

5. 检查程序。

程序	相关规定
启动	1. 启动的情形。《药品医疗器械飞行检查办法》第八条规定："有下列情形之一的,食品药品监督管理部门可以开展药品医疗器械飞行检查:(一)投诉举报或者其他来源的线索表明可能存在质量安全风险的;(二)检验发现存在质量安全风险的;(三)药品不良反应或者医疗器械不良事件监测提示可能存在质量安全风险的;(四)对申报资料真实性有疑问的;(五)涉嫌严重违反质量管理规范要求的;(六)企业有严重不守信记录的;(七)其他需要开展飞行检查的情形。" 2. 准备及要求。《药品医疗器械飞行检查办法》第九条规定:"开展飞行检查应当制定检查方案,明确检查事项、时间、人员构成和方式等。需要采用不公开身份的方式进行调查的,检查方案中应当予以明确。必要时,食品药品监督管理部门可以联合公安机关等有关部门共同开展飞行检查。" 《药品医疗器械飞行检查办法》第十条规定:"食品药品监督管理部门派出的检查组应当由 2 名以上检查人员组成,检查组实行组长负责制。检查人员应当是食品药品行政执法人员、依法取得检查员资格的人员或者取得本次检查授权的其他人员;根据检查工作需要,食品药品监督管理部门可以请相关领域专家参加检查工作。参加检查的人员应当签署无利益冲突声明和廉政承诺书;所从事的检查活动与其个人利益之间可能发生矛盾或者冲突的,应当主动提出回避。"

续表

程序	相关规定
启动	《药品医疗器械飞行检查办法》第十一条规定："检查组应当调查核实被检查单位执行药品和医疗器械监管法律法规的实际情况，按照检查方案明确现场检查重点，并可以根据风险研判提出风险管控预案。" 《药品医疗器械飞行检查办法》第十二条规定："检查组成员不得事先告知被检查单位检查行程和检查内容，指定地点集中后，第一时间直接进入检查现场；直接针对可能存在的问题开展检查；不得透露检查过程中的进展情况、发现的违法线索等相关信息。" 《药品医疗器械飞行检查办法》第十三条规定："上级食品药品监督管理部门组织实施飞行检查的，可以适时通知被检查单位所在地食品药品监督管理部门。被检查单位所在地食品药品监督管理部门应当派员协助检查，协助检查的人员应当服从检查组的安排。" 《药品医疗器械飞行检查办法》第十四条规定："组织实施飞行检查的食品药品监督管理部门应当加强对检查组的指挥，根据现场检查反馈的情况及时调整应对策略，必要时启动协调机制，并可以派相关人员赴现场协调和指挥。"
检查	1. 检查组职责。《药品医疗器械飞行检查办法》第十五条规定："检查组到达检查现场后，检查人员应当出示相关证件和受食品药品监督管理部门委派开展监督检查的执法证明文件，通报检查要求及被检查单位的权利和义务。" 《药品医疗器械飞行检查办法》第十七条规定："检查组应当详细记录检查时间、地点、现场状况等；对发现的问题应当进行书面记录，并根据实际情况收集或者复印相关文件资料、拍摄相关设施设备及物料等实物和现场情况、采集实物以及询问有关人员等。询问记录应当包括询问对象姓名、工作岗位和谈话内容等，并经询问对象逐页签字或者按指纹。记录应当及时、准确、完整，客观真实反映现场检查情况。飞行检查过程中形成的记录及依法收集的相关资料、实物等，可以作为行政处罚中认定事实的依据。" 《药品医疗器械飞行检查办法》第十八条规定："需要抽取成品及其他物料进行检验的，检查组可以按照抽样检验相关规定抽样或者通知被检查单位所在地食品药品监督管理部门按规定抽样。抽取的样品应当由具备资质的技术机构进行检验或者鉴定，所抽取样品的检验费、鉴定费由组织实施飞行检查的食品药品监督管理部门承担。" 《药品医疗器械飞行检查办法》第十九条规定："检查组认为证据可能灭失或者以后难以取得的，以及需要采取行政强制措施的，可以通知被检查单位所在地食品药品监督管理部门。被检查单位所在地食品药品监督管理部门应当依法采取证据保全或者行政强制措施。" 《药品医疗器械飞行检查办法》第二十条第一款规定："有下列情形之一的，检查组应当立即报组织实施飞行检查的食品药品监督管理部门及时作出决定：（一）需要增加检查力量或者延伸检查范围的；（二）需要采取产品召回或者暂停研制、生产、销售、使用等风险控制措施的；（三）需要立案查处的；（四）涉嫌犯罪需要移送

续表

程序	相关规定
检查	公安机关的；（五）其他需要报告的事项。" 《药品医疗器械飞行检查办法》第二十二条规定："检查结束时，检查组应当向被检查单位通报检查相关情况。被检查单位有异议的，可以陈述和申辩，检查组应当如实记录。" 《药品医疗器械飞行检查办法》第二十三条规定："检查结束后，检查组应当撰写检查报告。检查报告的内容包括：检查过程、发现问题、相关证据、检查结论和处理建议等。" 2. 被检查单位义务。《药品医疗器械飞行检查办法》第十六条规定："被检查单位及有关人员应当及时按照检查组要求，明确检查现场负责人，开放相关场所或者区域，配合对相关设施设备的检查，保持正常生产经营状态，提供真实、有效、完整的文件、记录、票据、凭证、电子数据等相关材料，如实回答检查组的询问。" 《药品医疗器械飞行检查办法》第二十条第二款规定："需要采取风险控制措施的，被检查单位应当按照食品药品监督管理部门的要求采取相应措施。" 3. 相关时间。《药品医疗器械飞行检查办法》第二十一条规定："现场检查时间由检查组根据检查需要确定，以能够查清查实问题为原则。经组织实施飞行检查的食品药品监督管理部门同意后，检查组方可结束检查。" 《药品医疗器械飞行检查办法》第二十四条规定："检查组一般应当在检查结束后5个工作日内，将检查报告、检查记录、相关证据材料等报组织实施飞行检查的食品药品监督管理部门。必要时，可以抄送被检查单位所在地食品药品监督管理部门。"
处理	1. 可以采取的措施。《药品医疗器械飞行检查办法》第二十五条规定："根据飞行检查结果，食品药品监督管理部门可以依法采取限期整改、发告诫信、约谈被检查单位、监督召回产品、收回或者撤销相关资格认证认定证书，以及暂停研制、生产、销售、使用等风险控制措施。风险因素消除后，应当及时解除相关风险控制措施。" 2. 立案的查处部门。《药品医疗器械飞行检查办法》第二十六条规定："国家食品药品监督管理总局组织实施的飞行检查发现违法行为需要立案查处的，国家食品药品监督管理总局可以直接组织查处，也可以指定被检查单位所在地食品药品监督管理部门查处。地方各级食品药品监督管理部门组织实施的飞行检查发现违法行为需要立案查处的，原则上应当直接查处。由下级食品药品监督管理部门查处的，组织实施飞行检查的食品药品监督管理部门应当跟踪督导查处情况。" 3. 发现涉嫌犯罪的处理。《药品医疗器械飞行检查办法》第二十七条规定："飞行检查发现的违法行为涉嫌犯罪的，由负责立案查处的食品药品监督管理部门移送公安机关，并抄送同级检察机关。" 4. 拒绝、逃避检查的情形和后果。《药品医疗器械飞行检查办法》第二十八条规定："食品药品监督管理部门有权在任何时间进入被检查单位研制、生产、经营、使用等场所进行检查，被检查单位不得拒绝、逃避。被检查单位有下列情形之一的，视为拒绝、逃避检查：（一）拖延、限制、拒绝检查人员进入被检查场所或者

程序	相关规定
处理	区域的，或者限制检查时间的；（二）无正当理由不提供或者延迟提供与检查相关的文件、记录、票据、凭证、电子数据等材料的；（三）以声称工作人员不在、故意停止生产经营等方式欺骗、误导、逃避检查的；（四）拒绝或者限制拍摄、复印、抽样等取证工作的；（五）其他不配合检查的情形。检查组对被检查单位拒绝、逃避检查的行为应当进行书面记录，责令改正并及时报告组织实施飞行检查的食品药品监督管理部门；经责令改正后仍不改正、造成无法完成检查工作的，检查结论判定为不符合相关质量管理规范或者其他相关要求。" 《药品医疗器械飞行检查办法》第二十九条规定："被检查单位因违法行为应当受到行政处罚，且具有拒绝、逃避监督检查或者伪造、销毁、隐匿有关证据材料等情形的，由食品药品监督管理部门按照《中华人民共和国药品管理法》、《中华人民共和国药品管理法实施条例》、《医疗器械监督管理条例》等有关规定从重处罚。" 5. 违反治安管理的情形。《药品医疗器械飞行检查办法》第三十条规定："被检查单位有下列情形之一，构成违反治安管理行为的，由食品药品监督管理部门商请公安机关依照《中华人民共和国治安管理处罚法》的规定进行处罚：（一）阻碍检查人员依法执行职务，或者威胁检查人员人身安全的；（二）伪造、变造、买卖或者使用伪造、变造的审批文件、认证认定证书等的；（三）隐藏、转移、变卖、损毁食品药品监督管理部门依法查封、扣押的财物的；（四）伪造、隐匿、毁灭证据或者提供虚假证言，影响依法开展检查的。" 6. 上下级部门的沟通和监督。《药品医疗器械飞行检查办法》第三十一条规定："上级食品药品监督管理部门应当及时将其组织实施的飞行检查结果通报被检查单位所在地食品药品监督管理部门。下级食品药品监督管理部门应当及时将其组织实施的飞行检查中发现的重大问题书面报告上一级食品药品监督管理部门，并于每年年底前将该年度飞行检查的总结报告上一级食品药品监督管理部门。" 《药品医疗器械飞行检查办法》第三十二条规定："针对飞行检查中发现的区域性、普遍性或者长期存在、比较突出的问题，上级食品药品监督管理部门可以约谈被检查单位所在地食品药品监督管理部门主要负责人或者当地人民政府负责人。被约谈的食品药品监督管理部门应当及时提出整改措施，并将整改情况上报。" 7. 违纪犯罪时的处理。《药品医疗器械飞行检查办法》第三十三条规定："食品药品监督管理部门及有关工作人员有下列情形之一的，应当公开通报；对有关工作人员按照干部管理权限给予行政处分和纪律处分，或者提出处理建议；涉嫌犯罪的，依法移交司法机关处理：（一）泄露飞行检查信息的；（二）泄露举报人信息或者被检查单位商业秘密的；（三）出具虚假检查报告或者检验报告的；（四）干扰、拖延检查或者拒绝立案查处的；（五）违反廉政纪律的；（六）有其他滥用职权或者失职渎职行为的。"

（二）日常检查

日常检查是指医疗器械监管部门依照法定职权对不特定对象或者不特定事项进行检查。

关于医疗器械生产日常监督现场检查工作，应依照《医疗器械监督管理条例》《医疗器械生产监督管理办法》《医疗器械生产质量管理规范》等，参照《医疗器械生产日常监督现场检查工作指南》开展。

关于医疗器械经营和使用日常监督现场检查工作，应依照《医疗器械监督管理条例》《医疗器械网络销售监督管理办法》《医疗器械经营监督管理办法》《医疗器械经营质量管理规范》《医疗器械使用质量监督管理办法》等，参照《国家食品药品监管总局关于印发医疗器械经营质量管理规范现场检查指导原则的通知》开展。

（三）重点检查

《医疗器械生产监督管理办法》第五十一条规定："药品监督管理部门对医疗器械注册人、备案人自行生产的，开展监督检查时重点检查：（一）医疗器械注册人、备案人执行法律法规、医疗器械生产质量管理规范情况；（二）按照强制性标准以及经注册、备案的产品技术要求组织生产，实际生产与医疗器械注册备案、医疗器械生产许可备案等内容的一致情况；（三）质量管理体系运行持续合规、有效情况；（四）法定代表人、企业负责人、管理者代表等人员了解熟悉医疗器械相关法律法规情况；（五）管理者代表履职情况；（六）法定代表人、企业负责人、管理者代表、质量检验机构或者专职人员、生产场地、环境条件、关键生产检验设备等变化情况；（七）用户反馈、企业内部审核等所发现问题的纠正预防措施；（八）企业产品抽检、监督检查、投诉举报等发现问题的整改落实情况；（九）内部审核、管理评审、变更控制、年度自查报告等情况；（十）其他应当重点检查的内容。"第五十二条规定："药品监督管理部门对医疗器械注册人、备案人采取委托生产方式的，开展监督检查时重点检查：（一）医疗器械注册人、备案人执行法律法规、医疗器械生产质量管理规范情况；（二）质量管理体系运行是否持续合规、有效；（三）管理者代表履职情况；（四）按照强制性标准以及经注册或者备案的产品技术要求组织生产情况；（五）用户反馈、企业内部审核等所发现问题的纠正预防措施；（六）内部审核、管理评审、变更控制、年度自查报告等情况；（七）开展不良事件监测、再评价以及产品安全风险信息收集与评估等情况；（八）产品的上市放行情况；（九）对受托生产企业的监督情况，委托生产质量协议的履行、委托生产产品的设计转换和变更控制、委托生产产品的生产放行等情况；（十）其他应当重点检查的内容。必要时，可以对受托生产企业开展检查。"第五十三条规定："药品监督管理部门对受托生产企业开展监督检查时重点检查：（一）实际生产与医疗器械注册备案、医疗器械生产许可备案等内容的一致情况；（二）受托生产企业执行法律法规、医疗器械生产质量管理规范情况；（三）法定代表人、企业负责人、管理者代表等人员了解熟悉医疗器械相关法律法规情况；（四）法定代表人、企业负责人、管理者代表、质量检验机构或者专职人员、生产场地、环境条件、关键生产检验设备等变化情况；（五）产品的生产放行情况；（六）企业产品抽检、监督检查、投诉举报等发现问题的整改落实情况；（七）内部审核、管理评审、年度自查报告等情况；（八）其他应当重点检查的内容。必要时，可以对医疗器械注册人、备案人开展检查。"

《医疗器械经营监督管理办法》第五十一条规定："设区的市级、县级负责药品监督管理的部门应当结合医疗器械经营企业提交的年度自查报告反映的情况加强监督检查。"第五十二条规定："药品监督管理部门应当对有下列情形的进行重点监督检查：（一）上一年度监督检查中发现存在严重问题的；（二）因违反有关法律、法规受到行政处罚的；（三）风险会商确定的重点检查企业；（四）有不良信用记录的；（五）新开办或者经营条件发生重大变化的医疗器械批发企业和第三类医疗器械零售企业；（六）为其他医疗器械注册人、备案人和生产经营企业专门提供贮存、运输服务的；（七）其他需要重点监督检查的情形。"

（四）体系检查

医疗器械体系检查的主要依据有《医疗器械生产质量管理规范》《医疗器械生产企业质量体系考核办法》《国家药监局关于发布医疗器械注册质量管理

体系核查指南的通告》等。

医疗器械体系检查常见问题包括：

1. 从事医疗器械什么活动适用《医疗器械生产质量管理规范》？

《医疗器械生产质量管理规范》第二条规定："医疗器械生产企业（以下简称企业）在医疗器械设计开发、生产、销售和售后服务等过程中应当遵守本规范的要求。"

2. 《医疗器械注册质量管理体系核查指南》适用于哪类医疗器械的体系检查？

《医疗器械注册质量管理体系核查指南》第二条规定："本指南适用于医疗器械监管部门对第二类、第三类医疗器械开展的注册质量管理体系现场核查。"

3. 监管部门应在多长时间内完成检查？

根据《境内第三类医疗器械注册质量管理体系核查工作程序》第七条的规定，省、自治区、直辖市药品监督管理部门应当自收到体系核查通知起30个工作日内完成质量管理体系核查工作。对于国家局器械审评中心参与核查的项目，省、自治区、直辖市药品监督管理部门应当在开展现场检查5个工作日前书面通知国家局器械审评中心。

4. 实施检查前应做些什么准备工作？

根据《境内第三类医疗器械注册质量管理体系核查工作程序》第八条规定，检查组实施现场检查前应当制定现场检查方案。现场检查方案内容包括：企业基本情况、检查品种、检查目的、检查依据、现场检查时间、日程安排、检查项目、检查组成员及分工等。现场检查时间一般为1至3天，如3天仍不能完成检查的，可适当延长时间。检查组应当由2名以上（含2名）检查员组成，企业所在的设区的市级药品监督管理部门可派1名观察员参加现场检查。必要时，药品监督管理部门可邀请有关专家参加现场检查。对于提交自检报告的，检查时应当选派熟悉检验人员参与检查。

5. 检查组长负责什么工作？

根据《境内第三类医疗器械注册质量管理体系核查工作程序》第九条的规

定,现场检查实行检查组长负责制。检查组长负责组织召开现场检查首次会议、末次会议以及检查组内部会议,负责现场检查资料汇总,审定现场检查结论。

(五) 有因检查

《医疗器械生产监督管理办法》第五十四条规定:"药品监督管理部门对不良事件监测、抽查检验、投诉举报等发现可能存在严重质量安全风险的,应当开展有因检查。有因检查原则上采取非预先告知的方式进行。"

《医疗器械经营监督管理办法》第五十三条规定:"药品监督管理部门对不良事件监测、抽查检验、投诉举报等发现可能存在严重质量安全风险的,原则上应当开展有因检查。有因检查原则上采取非预先告知的方式进行。"

(六) 跟踪检查

《医疗器械生产监督管理办法》第五十五条规定:"药品监督管理部门对企业的整改情况应当开展跟踪检查。跟踪检查可以对企业提交的整改报告进行书面审查,也可以对企业的问题整改、责任落实、纠正预防措施等进行现场复查。"

(七) 专项检查

开展医疗器械专项整治工作时,要以集采中标品种、无菌和植入性医疗器械、疫情防护器械等为重点产品,以农村、城乡结合部、造假高发地为重点区域,以医疗器械临床试验机构、新建企业、新增车间、扩充生产线、委托生产,既往排查检查发现问题较多、监督抽检不合格产品频次较多的企业为重点对象,从检查核查、监督抽检、不良事件监测、网络监测、舆情监测、投诉举报等渠道全面排查违法违规信息,充分利用大数据开展分析研判,认真筛查涉嫌违法违规的大案要案线索,全面提高专项整治的针对性、靶向性和有效性。

(八) 医疗器械抽验

医疗器械监督抽验的依据,主要有《医疗器械监督管理条例》《医疗器械召回管理办法》《国家药监局关于印发医疗器械质量抽查检验管理办法的通知》等，其他相关内容请参见药品监督抽验检查部分内容。

《医疗器械经营监督管理办法》第五十六条规定："药品监督管理部门应当加强医疗器械经营环节的抽查检验，对抽查检验不合格的，应当及时处置。省级以上药品监督管理部门应当根据抽查检验结论及时发布医疗器械质量公告。"

《医疗器械生产监督管理办法》第六十三条规定："药品监督管理部门开展现场检查时，可以根据需要进行抽查检验。"

《医疗器械使用质量监督管理办法》第二十五条规定："食品药品监督管理部门应当加强对使用环节医疗器械的抽查检验。省级以上食品药品监督管理部门应当根据抽查检验结论，及时发布医疗器械质量公告。"

二、责任约谈

《医疗器械生产监督管理办法》第六十六条规定："医疗器械注册人、备案人、受托生产企业对存在的医疗器械质量安全风险，未采取有效措施消除的，药品监督管理部门可以对医疗器械注册人、备案人、受托生产企业的法定代表人或者企业负责人进行责任约谈。涉及跨区域委托生产的，约谈情况应当通报相关药品监督管理部门。"

《医疗器械经营监督管理办法》第五十九条规定："医疗器械注册人、备案人、经营企业对存在的医疗器械质量安全风险，未采取有效措施消除的，药品监督管理部门可以对医疗器械注册人、备案人、经营企业的法定代表人或者企业负责人进行责任约谈。"

三、医疗器械应急处置

监管部门要制定医疗器械安全突发事件应急预案等，建立应急队伍，加强对应急队伍的培训，提升应急队伍的处置能力。坚持"平战结合"的原则，定期或不定期开展应急演练，做好医疗器械安全舆情收集，及时处置医疗器械安全突发事件。辖区企业要建立和完善医疗器械安全突发事件应急预案，畅通信息报送机制。

四、风险会商

《医疗器械生产监督管理办法》第六十五条规定："药品监督管理部门应当定期组织开展风险会商，对辖区内医疗器械质量安全风险进行分析和评价，及时采取相应的风险控制措施。"

《医疗器械经营监督管理办法》第五十八条规定："药品监督管理部门应当根据监督检查、产品抽检、不良事件监测、投诉举报、行政处罚等情况，定期开展风险会商研判，做好医疗器械质量安全隐患排查和防控处置工作。"

五、分级分类监管

《医疗器械生产监督管理办法》第四十八条规定："药品监督管理部门依据产品和企业的风险程度，对医疗器械注册人、备案人、受托生产企业实行分级管理并动态调整。国家药品监督管理局组织制定重点监管产品目录。省、自治区、直辖市药品监督管理部门结合实际确定本行政区域重点监管产品目录。省、自治区、直辖市药品监督管理部门依据重点监管产品目录以及医疗器械生产质量管理状况，结合医疗器械不良事件、产品投诉举报以及企业信用状况等因素，组织实施分级监督管理工作。"第六十七条规定："省、自治区、直辖市药品监督管理部门应当建立并及时更新辖区内第二类、第三类医疗器械注册人、受托生产企业信用档案，设区的市级负责药品监督管理的部门应当依法按照职责建立并及时更新辖区内第一类医疗器械备案人、受托生产企业信用档案。信用档案中应当包括生产许可备案和生产产品品种、委托生产、监督检查结果、违法行为查处、质量抽查检验、不良行为记录和投诉举报等信息。对有不良信用记录的医疗器械注册人、备案人和受托生产企业，药品监督管理部门应当增加监督检查频次，依法加强失信惩戒。"

《医疗器械经营监督管理办法》第六十条规定："设区的市级负责药品监督

管理的部门应当建立并及时更新辖区内医疗器械经营企业信用档案。信用档案中应当包括医疗器械经营企业许可备案、监督检查结果、违法行为查处、质量抽查检验、自查报告、不良行为记录和投诉举报等信息。对有不良信用记录的医疗器械注册人、备案人和经营企业,药品监督管理部门应当增加监督检查频次,依法加强失信惩戒。"

第二章　医疗器械全生命周期监管

问题：新修订的《医疗器械监督管理条例》，从鼓励创新、简化流程、鼓励临床试验、全生命周期监管等方面，推动了立法的进步，对推动医疗器械行业高质量发展意义重大，同时，对监管提出了更高的要求，作为药监部门，该如何强化医疗器械全生命周期监管，牢牢守住质量安全底线呢？

第一节　医疗器械研制监管

一、免于临床评价的情形

《医疗器械监督管理条例》第二十四条第一款规定："医疗器械产品注册、备案，应当进行临床评价；但是符合下列情形之一，可以免于进行临床评价：（一）工作机理明确、设计定型，生产工艺成熟，已上市的同品种医疗器械临床应用多年且无严重不良事件记录，不改变常规用途的；（二）其他通过非临床评价能够证明该医疗器械安全、有效的。"

二、开展临床评价的要求

《医疗器械监督管理条例》第二十四条第二款规定："国务院药品监督管理部门应当制定医疗器械临床评价指南。"

第二十五条规定："进行医疗器械临床评价，可以根据产品特征、临床风险、已有临床数据等情形，通过开展临床试验，或者通过对同品种医疗器械临床文献资料、临床数据进行分析评价，证明医疗器械安全、有效。按照国务院药品监督管理部门的规定,进行医疗器械临床评价时,已有临床文献资料、临床数据不足以确认产品安全、有效的医疗器械,应当开展临床试验。"

第二十六条规定:"开展医疗器械临床试验,应当按照医疗器械临床试验质量管理规范的要求,在具备相应条件的临床试验机构进行,并向临床试验申办者所在地省、自治区、直辖市人民政府药品监督管理部门备案。接受临床试验备案的药品监督管理部门应当将备案情况通报临床试验机构所在地同级药品监督管理部门和卫生主管部门。医疗器械临床试验机构实行备案管理。医疗器械临床试验机构应当具备的条件以及备案管理办法和临床试验质量管理规范,由国务院药品监督管理部门会同国务院卫生主管部门制定并公布。国家支持医疗机构开展临床试验,将临床试验条件和能力评价纳入医疗机构等级评审,鼓励医疗机构开展创新医疗器械临床试验。"

第二十七条规定:"第三类医疗器械临床试验对人体具有较高风险的,应当经国务院药品监督管理部门批准。国务院药品监督管理部门审批临床试验,应当对拟承担医疗器械临床试验的机构的设备、专业人员等条件,该医疗器械的风险程度,临床试验实施方案,临床受益与风险对比分析报告等进行综合分析,并自受理申请之日起60个工作日内作出决定并通知临床试验申办者。逾期未通知的,视为同意。准予开展临床试验的,应当通报临床试验机构所在地省、自治区、直辖市人民政府药品监督管理部门和卫生主管部门。临床试验对人体具有较高风险的第三类医疗器械目录由国务院药品监督管理部门制定、调整并公布。"

第二十八条规定:"开展医疗器械临床试验,应当按照规定进行伦理审查,向受试者告知试验目的、用途和可能产生的风险等详细情况,获得受试者的书面知情同意;受试者为无民事行为能力人或者限制民事行为能力人的,应当依法获得其监护人的书面知情同意。开展临床试验,不得以任何形式向受试者收取与临床试验有关的费用。"

第二十九条规定:"对正在开展临床试验的用于治疗严重危及生命且尚无有效治疗手段的疾病的医疗器械,经医学观察可能使患者获益,经伦理审查、知情同意后,可以在开展医疗器械临床试验的机构内免费用于其他病情相同的患者,其安全性数据可以用于医疗器械注册申请。"

第二节 医疗器械注册和备案监管

一、注册和备案的定义及分类

(一)定义

《医疗器械注册与备案管理办法》第三条规定:"医疗器械注册是指医疗器械注册申请人(以下简称申请人)依照法定程序和要求提出医疗器械注册申请,药品监督管理部门依据法律法规,基于科学认知,进行安全性、有效性和质量可控性等审查,决定是否同意其申请的活动。医疗器械备案是指医疗器械备案人(以下简称备案人)依照法定程序和要求向药品监督管理部门提交备案资料,药品监督管理部门对提交的备案资料存档备查的活动。"

(二)职权划分

《医疗器械注册与备案管理办法》第四条规定:"国家药品监督管理局主管全国医疗器械注册与备案管理工作,负责建立医疗器械注册与备案管理工作体系和制度,依法组织境内第三类和进口第二类、第三类医疗器械审评审批,进口第一类医疗器械备案以及相关监督管理工作,对地方医疗器械注册与备案工作进行监督指导。"

第五条规定:"国家药品监督管理局医疗器械技术审评中心(以下简称国家局器械审评中心)负责需进行临床试验审批的医疗器械临床试验申请以及境内第三类和进口第二类、第三类医疗器械产品注册申请、变更注册申请、延续注册申请等的技术审评工作。国家药品监督管理局医疗器械标准管理中心、中国食品药品检定研究院、国家药品监督管理局食品药品审核查验中心(以下简称国家局审核查验中心)、国家药品监督管理局药品评价中心、国家药品监督管理局行政事项受理服务和投诉举报中心、国家药品监督管理局信息中心等其他专业技术机构，依职责承担实施医疗器械监督管理所需的医疗器械标准管理、分类界定、检验、核查、监测与评价、制证送达以及相应的信息化建设与管理等相关工作。"

第六条规定："省、自治区、直辖市药品监督管理部门负责本行政区域内以下医疗器械注册相关管理工作：（一）境内第二类医疗器械注册审评审批；（二）境内第二类、第三类医疗器械质量管理体系核查；（三）依法组织医疗器械临床试验机构以及临床试验的监督管理；（四）对设区的市级负责药品监督管理的部门境内第一类医疗器械备案的监督指导。省、自治区、直辖市药品监督管理部门设置或者指定的医疗器械专业技术机构，承担实施医疗器械监督管理所需的技术审评、检验、核查、监测与评价等工作。设区的市级负责药品监督管理的部门负责境内第一类医疗器械产品备案管理工作。"

（三）原则

《医疗器械注册与备案管理办法》第七条规定："医疗器械注册与备案管理遵循依法、科学、公开、公平、公正的原则。"

（四）分类

《医疗器械注册与备案管理办法》第八条规定："第一类医疗器械实行产品备案管理。第二类、第三类医疗器械实行产品注册管理。境内第一类医疗器械备案，备案人向设区的市级负责药品监督管理的部门提交备案资料。境内第二类医疗器械由省、自治区、直辖市药品监督管理部门审查，批准后发给医疗器械注册证。境内第三类医疗器械由国家药品监督管理局审查，批准后发给医疗器械注册证。进口第一类医疗器械备案，备案人向国家药品监督管理局提交备案资料。进口第二类、第三类医疗器械由国家药品监督管理局审查，批准后发给医疗器械注册证。"具体如下表。

医疗器械注册与备案表

产品分类	许可类型	品　　种	批准机关	批准结果
第一类医疗器械	备案	境内第一类医疗器械备案	设区的市级负责药品监督管理的部门	发给医疗器械备案凭证
		进口第一类医疗器械备案	国家药品监督管理局	
第二类医疗器械	注册	境内第二类医疗器械注册	省、自治区、直辖市药品监督管理部门	发给医疗器械注册证
		进口第二类医疗器械注册	国家药品监督管理局	
第三类医疗器械	注册	境内第三类医疗器械注册	国家药品监督管理局	
		进口第三类医疗器械注册	国家药品监督管理局	

（五）各方责任

1. 注册人、备案人。《医疗器械注册与备案管理办法》第九条规定："医疗器械注册人、备案人应当加强医疗器械全生命周期质量管理，对研制、生产、经营、使用全过程中的医疗器械的安全性、有效性和质量可控性依法承担责任。"

《医疗器械监督管理条例》第二十条规定："医疗器械注册人、备案人应当履行下列义务：（一）建立与产品相适应的质量管理体系并保持有效运行；（二）制定上市后研究和风险管控计划并保证有效实施；（三）依法开展不良事件监测和再评价；（四）建立并执行产品追溯和召回制度；（五）国务院药品监督管理部门规定的其他义务。境外医疗器械注册人、备案人指定的我国境内企业法人应当协助注册人、备案人履行前款规定的义务。"

第二十一条规定："已注册的第二类、第三类医疗器械产品，其设计、原材料、生产工艺、适用范围、使用方法等发生实质性变化，有可能影响该医疗器械安全、有效的，注册人应当向原注册部门申请办理变更注册手续；发生其他变化的，应当按照国务院药品监督管理部门的规定备案或者报告。"

2. 药品监管部门。《医疗器械注册与备案管理办法》第十条规定："国家药品监督管理局对临床急需医疗器械实行优先审批，对创新医疗器械实行特别审批，鼓励医疗器械的研究与创新，推动医疗器械产业高质量发展。"

第十一条规定:"国家药品监督管理局依法建立健全医疗器械标准、技术指导原则等体系,规范医疗器械技术审评和质量管理体系核查,指导和服务医疗器械研发和注册申请。"

第十二条规定:"药品监督管理部门依法及时公开医疗器械注册、备案相关信息,申请人可以查询审批进度和结果,公众可以查阅审批结果。未经申请人同意,药品监督管理部门、专业技术机构及其工作人员、参与评审的专家等人员不得披露申请人或者备案人提交的商业秘密、未披露信息或者保密商务信息,法律另有规定或者涉及国家安全、重大社会公共利益的除外。"

二、注册和备案的基本要求

各方主体注册与备案基本要求统计表

责任主体	法定要求	相关法条
医疗器械注册申请人和备案人	应当遵守相关法律、法规、规章、强制性标准,遵循医疗器械安全和性能基本原则,参照相关技术指导原则,证明注册、备案的医疗器械安全、有效、质量可控,保证全过程信息真实、准确、完整和可追溯。	《医疗器械注册与备案管理办法》第十三条
	申请人、备案人应当为能够承担相应法律责任的企业或者研制机构。	《医疗器械注册与备案管理办法》第十四条第一款
	申请人、备案人应当建立与产品相适应的质量管理体系,并保持有效运行。	《医疗器械注册与备案管理办法》第十五条
	申请注册或者进行备案,应当按照国家药品监督管理局有关注册、备案的要求提交相关资料,申请人、备案人对资料的真实性负责。 注册、备案资料应当使用中文。根据外文资料翻译的,应当同时提供原文。引用未公开发表的文献资料时,应当提供资料权利人许可使用的文件。	《医疗器械注册与备案管理办法》第十七条

续表

责任主体	法定要求	相关法条
医疗器械注册申请人和备案人	申请进口医疗器械注册、办理进口医疗器械备案,应当提交申请人、备案人注册地或者生产地所在国家(地区)主管部门准许该医疗器械上市销售的证明文件。 申请人、备案人注册地或者生产地所在国家(地区)未将该产品作为医疗器械管理的,申请人、备案人需提供相关文件,包括注册地或者生产地所在国家(地区)准许该产品上市销售的证明文件。 未在申请人、备案人注册地或者生产地所在国家(地区)上市的创新医疗器械,不需提交相关文件。	《医疗器械注册与备案管理办法》第十八条
	医疗器械应当符合适用的强制性标准。产品结构特征、预期用途、使用方式等与强制性标准的适用范围不一致的,申请人、备案人应当提出不适用强制性标准的说明,并提供相关资料。 没有强制性标准的,鼓励申请人、备案人采用推荐性标准。	《医疗器械注册与备案管理办法》第十九条
	医疗器械注册、备案工作应当遵循医疗器械分类规则和分类目录的有关要求。	《医疗器械注册与备案管理办法》第二十条
办理医疗器械注册或者备案事务的人员	应当具有相应的专业知识,熟悉医疗器械注册、备案管理的法律、法规、规章和注册管理相关规定。	《医疗器械注册与备案管理办法》第十六条
药品监督管理部门	持续推进审评审批制度改革,加强医疗器械监管科学研究,建立以技术审评为主导,核查、检验、监测与评价等为支撑的医疗器械注册管理技术体系,优化审评审批流程,提高审评审批能力,提升审评审批质量和效率。	《医疗器械注册与备案管理办法》第二十一条
医疗器械专业技术机构	建立健全沟通交流制度,明确沟通交流的形式和内容,根据工作需要组织与申请人进行沟通交流。	《医疗器械注册与备案管理办法》第二十二条
医疗器械专业技术机构	根据工作需要建立专家咨询制度,在审评、核查、检验等过程中就重大问题听取专家意见,充分发挥专家的技术支撑作用。	《医疗器械注册与备案管理办法》第二十三条

续表

责任主体	法定要求	相关法条
境外申请人或者备案人	应当指定中国境内的企业法人作为代理人，办理相关医疗器械注册、备案事项。	《医疗器械注册与备案管理办法》第十四条第二款
代理人	应当依法协助注册人、备案人履行《医疗器械监督管理条例》第二十条第一款规定的义务，并协助境外注册人、备案人落实相应法律责任。	《医疗器械注册与备案管理办法》第十四条第二款

三、备案和注册的相关期限

《医疗器械监督管理条例》第二十二条第一款、第二款规定："医疗器械注册证有效期为5年。有效期届满需要延续注册的，应当在有效期届满6个月前向原注册部门提出延续注册的申请。除有本条第三款规定情形外，接到延续注册申请的药品监督管理部门应当在医疗器械注册证有效期届满前作出准予延续的决定。逾期未作决定的，视为准予延续。"

第二十三条规定："对新研制的尚未列入分类目录的医疗器械，申请人可以依照本条例有关第三类医疗器械产品注册的规定直接申请产品注册，也可以依据分类规则判断产品类别并向国务院药品监督管理部门申请类别确认后依照本条例的规定申请产品注册或者进行产品备案。直接申请第三类医疗器械产品注册的，国务院药品监督管理部门应当按照风险程度确定类别，对准予注册的医疗器械及时纳入分类目录。申请类别确认的，国务院药品监督管理部门应当自受理申请之日起20个工作日内对该医疗器械的类别进行判定并告知申请人。"

四、不予延续注册的情形

《医疗器械监督管理条例》第二十二条第三款规定："有下列情形之一的，不予延续注册：（一）未在规定期限内提出延续注册申请；（二）医疗器械强制性标准已经修订，申请延续注册的医疗器械不能达到新要求；（三）附条件批准的医疗器械，未在规定期限内完成医疗器械注册证载明事项。"

第三节 医疗器械生产、经营、使用监管

一、生产、经营许可

(一) 生产许可及备案

1. 应具备的条件。

《医疗器械监督管理条例》第三十条、《医疗器械生产监督管理办法》第九条规定:"从事医疗器械生产活动,应当具备下列条件:(一)有与生产的医疗器械相适应的生产场地、环境条件、生产设备以及专业技术人员;(二)有能对生产的医疗器械进行质量检验的机构或者专职检验人员以及检验设备;(三)有保证医疗器械质量的管理制度;(四)有与生产的医疗器械相适应的售后服务能力;(五)符合产品研制、生产工艺文件规定的要求。"

2. 职权划分。

(1)第一类医疗器械生产许可。《医疗器械监督管理条例》第三十一条规定:"从事第一类医疗器械生产的,应当向所在地设区的市级人民政府负责药品监督管理的部门备案,在提交符合本条例第三十条规定条件的有关资料后即完成备案。医疗器械备案人自行生产第一类医疗器械的,可以在依照本条例第十五条规定进行产品备案时一并提交符合本条例第三十条规定条件的有关资料,即完成生产备案。"

《医疗器械生产监督管理办法》第二十二条规定:"从事第一类医疗器械生产的,应当向所在地设区的市级负责药品监督管理的部门备案,在提交本办法第十条规定的相关材料后,即完成生产备案,获取备案编号。医疗器械备案人自行生产第一类医疗器械的,可以在办理产品备案时一并办理生产备案。药品监督管理部门应当在生产备案之日起3个月内,对提交的资料以及执行医疗器械生产质量管理规范情况开展现场检查。对不符合医疗器械生产质量管理规范要求的,依法处理并责令限期改正;不能保证产品安全、有效的,取消备案并

向社会公告。"

（2）第二类、第三类医疗器械生产许可。《医疗器械监督管理条例》第三十二条规定："从事第二类、第三类医疗器械生产的，应当向所在地省、自治区、直辖市人民政府药品监督管理部门申请生产许可并提交其符合本条例第三十条规定条件的有关资料以及所生产医疗器械的注册证。受理生产许可申请的药品监督管理部门应当对申请资料进行审核，按照国务院药品监督管理部门制定的医疗器械生产质量管理规范的要求进行核查，并自受理申请之日起20个工作日内作出决定。对符合规定条件的，准予许可并发给医疗器械生产许可证；对不符合规定条件的，不予许可并书面说明理由。医疗器械生产许可证有效期为5年。有效期届满需要延续的，依照有关行政许可的法律规定办理延续手续。"

《医疗器械生产监督管理办法》第十条规定："在境内从事第二类、第三类医疗器械生产的，应当向所在地省、自治区、直辖市药品监督管理部门申请生产许可，并提交下列材料：（一）所生产的医疗器械注册证以及产品技术要求复印件；（二）法定代表人（企业负责人）身份证明复印件；（三）生产、质量和技术负责人的身份、学历、职称相关材料复印件；（四）生产管理、质量检验岗位从业人员学历、职称一览表；（五）生产场地的相关文件复印件，有特殊生产环境要求的，还应当提交设施、环境的相关文件复印件；（六）主要生产设备和检验设备目录；（七）质量手册和程序文件目录；（八）生产工艺流程图；（九）证明售后服务能力的相关材料；（十）经办人的授权文件。申请人应当确保所提交的材料合法、真实、准确、完整和可追溯。相关材料可以通过联网核查的，无需申请人提供。"

第十一条规定："省、自治区、直辖市药品监督管理部门收到申请后，应当根据下列情况分别作出处理：（一）申请事项属于本行政机关职权范围，申请资料齐全、符合法定形式的，应当受理申请；（二）申请资料存在可以当场更正的错误的，应当允许申请人当场更正；（三）申请资料不齐全或者不符合法定形式的，应当当场或者在5个工作日内一次告知申请人需要补正的全部内容,逾期不告知的,自收到申请资料之日起即为受理;(四)申请事项依法不属于本行政机关职权范围的,应当即时作出不予受理的决定,并告知申请人向有关行政机关申请。省、自治区、直辖市药品监督管理部门受理或者不予受理医疗器械生产许可申请的,应当出具加盖本行政机关专用印章和注明日期的受理或者不予受理通知书。"

第十三条规定:"省、自治区、直辖市药品监督管理部门应当对申请资料进行审核,按照国家药品监督管理局制定的医疗器械生产质量管理规范的要求进行核查,并自受理申请之日起20个工作日内作出决定。现场核查可以与产品注册体系核查相结合,避免重复核查。需要整改的,整改时间不计入审核时限。符合规定条件的,依法作出准予许可的书面决定,并于10个工作日内发给《医疗器械生产许可证》;不符合规定条件的,作出不予许可的书面决定,并说明理由,同时告知申请人享有依法申请行政复议或者提起行政诉讼的权利。"

(3)注意事项。①听证。《医疗器械生产监督管理办法》第十二条规定:"法律、法规、规章规定实施行政许可应当听证的事项,或者药品监督管理部门认为需要听证的其他涉及公共利益的重大行政许可事项,药品监督管理部门应当向社会公告,并举行听证。医疗器械生产许可申请直接涉及申请人与他人之间重大利益关系的,药品监督管理部门在作出行政许可决定前,应当告知申请人、利害关系人享有要求听证的权利。"

②法定注销的情形。《医疗器械生产监督管理办法》第二十一条规定:"有下列情形之一的,由原发证部门依法注销医疗器械生产许可证,并予以公告:(一)主动申请注销的;(二)有效期届满未延续的;(三)市场主体资格依法终止的;(四)医疗器械生产许可证依法被吊销或者撤销的;(五)法律、法规规定应当注销行政许可的其他情形。"

③禁止行为。《医疗器械生产监督管理办法》第二十四条规定:"任何单位或者个人不得伪造、变造、买卖、出租、出借医疗器械生产许可证。"

④跨省设立生产场地。《医疗器械生产监督管理办法》第十八条规定:"医

疗器械生产企业跨省、自治区、直辖市设立生产场地的，应当向新设生产场地所在地省、自治区、直辖市药品监督管理部门申请医疗器械生产许可。"

⑤许可证遗失。《医疗器械生产监督管理办法》第十九条规定："医疗器械生产许可证遗失的，应当向原发证部门申请补发。原发证部门应当及时补发医疗器械生产许可证，补发的医疗器械生产许可证编号和有效期限与原许可证一致。"

⑥正本、副本变更。《医疗器械生产监督管理办法》第二十条规定："医疗器械生产许可证正本、副本变更的，发证部门应当重新核发变更后的医疗器械生产许可证正本、副本，收回原许可证正本、副本；仅副本变更的，发证部门应当重新核发变更后的医疗器械生产许可证副本，收回原许可证副本。变更后的医疗器械生产许可证编号和有效期限不变。"

（二）经营备案、许可

1. 职权划分。

（1）经营第一类医疗器械不需许可和备案。《医疗器械经营监督管理办法》第四条规定："按照医疗器械风险程度，医疗器械经营实施分类管理。经营第三类医疗器械实行许可管理，经营第二类医疗器械实行备案管理，经营第一类医疗器械不需要许可和备案。"

（2）第二类医疗器械经营备案。《医疗器械监督管理条例》第四十一条规定："从事第二类医疗器械经营的，由经营企业向所在地设区的市级人民政府负责药品监督管理的部门备案并提交符合本条例第四十条规定条件的有关资料。按照国务院药品监督管理部门的规定，对产品安全性、有效性不受流通过程影响的第二类医疗器械，可以免于经营备案。"

《医疗器械经营监督管理条例》第二十一条第一款规定："从事第二类医疗器械经营的，经营企业应当向所在地设区的市级负责药品监督管理的部门备案，并提交符合本办法第十条规定的资料（第七项除外），即完成经营备案，获取经营备案编号。"

（3）第三类医疗器械经营许可。《医疗器械监督管理条例》第四十二条规定："从事第三类医疗器械经营的，经营企业应当向所在地设区的市级人民政府负责药品监督管理的部门申请经营许可并提交符合本条例第四十条规定条件的有关资料。受理经营许可申请的负责药品监督管理的部门应当对申请资料进行审查，必要时组织核查，并自受理申请之日起 20 个工作日内作出决定。对符合规定条件的，准予许可并发给医疗器械经营许可证；对不符合规定条件的，不予许可并书面说明理由。医疗器械经营许可证有效期为 5 年。有效期届满需要延续的，依照有关行政许可的法律规定办理延续手续。"

（4）注意事项。《医疗器械经营监督管理办法》第二十条规定："有下列情形之一的，由原发证部门依法注销医疗器械经营许可证，并予以公告：（一）主动申请注销的；（二）有效期届满未延续的；（三）市场主体资格依法终止的；（四）医疗器械经营许可证依法被吊销或者撤销的；（五）法律、法规规定应当注销行政许可的其他情形。"

第二十八条规定："任何单位和个人不得伪造、变造、买卖、出租、出借医疗器械经营许可证。"

2. 无需许可的情形。

《医疗器械监督管理条例》第四十三条规定："医疗器械注册人、备案人经营其注册、备案的医疗器械，无需办理医疗器械经营许可或者备案，但应当符合本条例规定的经营条件。"

《医疗器械经营监督管理办法》第二十五条规定："对产品安全性、有效性不受流通过程影响的第二类医疗器械，可以免予经营备案。具体产品名录由国家药品监督管理局制定、调整并公布。"

第二十六条规定："从事非营利的避孕医疗器械贮存、调拨和供应的机构，应当符合有关规定，无需办理医疗器械经营许可或者备案。"

第二十七条规定："医疗器械注册人、备案人在其住所或者生产地址销售其注册、备案的医疗器械，无需办理医疗器械经营许可或者备案，但应当符合规定的经营条件；在其他场所贮存并销售医疗器械的，应当按照规定办理医疗器械经营许可或者备案。"

二、医疗器械生产、经营、使用法定要求

医疗器械的生产经营使用活动，需按照《医疗器械监督管理条例》《医疗器械生产质量管理规范》《医疗器械生产监督管理办法》《医疗器械经营质量管理规范》《医疗器械网络销售监督管理办法》《医疗器械经营监督管理办法》开展。具体见下表。

医疗器械生产经营使用要求统计表

从事活动	法定要求	相关规定
从事医疗器械生产活动	从事医疗器械生产活动，应当具备下列条件：（一）有与生产的医疗器械相适应的生产场地、环境条件、生产设备以及专业技术人员；（二）有能对生产的医疗器械进行质量检验的机构或者专职检验人员以及检验设备；（三）有保证医疗器械质量的管理制度；（四）有与生产的医疗器械相适应的售后服务能力；（五）符合产品研制、生产工艺文件规定的要求。	《医疗器械监督管理条例》第三十条
	从事医疗器械生产活动，应当具备下列条件：（一）有与生产的医疗器械相适应的生产场地、环境条件、生产设备以及专业技术人员；（二）有能对生产的医疗器械进行质量检验的机构或者专职检验人员以及检验设备；（三）有保证医疗器械质量的管理制度；（四）有与生产的医疗器械相适应的售后服务能力；（五）符合产品研制、生产工艺文件规定的要求。	《医疗器械生产监督管理办法》第九条
	医疗器械注册人、备案人、受托生产企业应当按照医疗器械生产质量管理规范，建立健全与所生产医疗器械相适应的质量管理体系并保证其有效运行；严格按照经注册或者备案的产品技术要求组织生产，保证出厂的医疗器械符合强制性标准以及经注册或者备案的产品技术要求。 医疗器械注册人、备案人、受托生产企业应当定期对质量管理体系的运行情况进行自查，并按照国务院药品监督管理部门的规定提交自查报告。	《医疗器械监督管理条例》第三十五条
	医疗器械的生产条件发生变化，不再符合医疗器械质量管理体系要求的，医疗器械注册人、备案人、受托生产企业应当立即采取整改措施；可能影响医疗器械安全、有效的，应当立即停止生产活动，并向原生产许可或者生产备案部门报告。	《医疗器械监督管理条例》第三十六条

续表

从事活动	法定要求	相关规定
从事医疗器械生产活动	生产地址变更或者生产范围增加的，应当向原发证部门申请医疗器械生产许可变更，并提交《医疗器械生产监督管理办法》第十条规定中涉及变更内容的有关材料，原发证部门应当依照《医疗器械生产监督管理办法》第十三条的规定进行审核并开展现场核查。车间或者生产线进行改造，导致生产条件发生变化，可能影响医疗器械安全、有效的，应当向原发证部门报告。属于许可事项变化的，应当按照规定办理相关许可变更手续。	《医疗器械生产监督管理办法》第十五条
	企业名称、法定代表人（企业负责人）、住所变更或者生产地址文字性变更，以及生产范围核减的，应当在变更后30个工作日内，向原发证部门申请登记事项变更，并提交相关材料。原发证部门应当在5个工作日内完成登记事项变更。	《医疗器械生产监督管理办法》第十六条
	医疗器械生产许可证有效期届满延续的，应当在有效期届满前90个工作日至30个工作日期间提出延续申请。逾期未提出延续申请的，不再受理其延续申请。	《医疗器械生产监督管理办法》第十七条第一款
	医疗器械生产企业跨省、自治区、直辖市设立生产场地的，应当向新设生产场地所在地省、自治区、直辖市药品监督管理部门申请医疗器械生产许可。	《医疗器械生产监督管理办法》第十八条
	医疗器械生产许可证遗失的，应当向原发证部门申请补发。原发证部门应当及时补发医疗器械生产许可证，补发的医疗器械生产许可证编号和有效期限与原许可证一致。	《医疗器械生产监督管理办法》第十九条
	医疗器械注册人、备案人、受托生产企业应当按照医疗器械生产质量管理规范的要求，建立健全与所生产医疗器械相适应的质量管理体系并保持其有效运行，并严格按照经注册或者备案的产品技术要求组织生产，保证出厂的医疗器械符合强制性标准以及经注册或者备案的产品技术要求。	《医疗器械生产监督管理办法》第二十五条
	医疗器械注册人、备案人的法定代表人、主要负责人对其生产的医疗器械质量安全全面负责。	《医疗器械生产监督管理办法》第二十六条
	医疗器械注册人、备案人、受托生产企业应当配备管理者代表。管理者代表受法定代表人或者主要负责人委派，履行建立、实施并保持质量管理体系有效运行等责任。	《医疗器械生产监督管理办法》第二十七条

续表

从事活动	法定要求	相关规定
从事医疗器械生产活动	医疗器械注册人、备案人、受托生产企业应当开展医疗器械法律、法规、规章、标准以及质量管理等方面的培训，建立培训制度，制定培训计划，加强考核并做好培训记录。	《医疗器械生产监督管理办法》第二十八条
	医疗器械注册人、备案人、受托生产企业应当按照所生产产品的特性、工艺流程以及生产环境要求合理配备、使用设施设备，加强对设施设备的管理，并保持其有效运行。	《医疗器械生产监督管理办法》第二十九条
	医疗器械注册人、备案人应当开展设计开发到生产的转换活动，并进行充分验证和确认，确保设计开发输出适用于生产。	《医疗器械生产监督管理办法》第三十条
	医疗器械注册人、备案人、受托生产企业应当加强采购管理，建立供应商审核制度，对供应商进行评价，确保采购产品和服务符合相关规定要求。医疗器械注册人、备案人、受托生产企业应当建立原材料采购验收记录制度，确保相关记录真实、准确、完整和可追溯。	《医疗器械生产监督管理办法》第三十一条
	医疗器械注册人、备案人委托生产的，应当对受托方的质量保证能力和风险管理能力进行评估，按照国家药品监督管理局制定的委托生产质量协议指南要求，与其签订质量协议以及委托协议，监督受托方履行有关协议约定的义务。受托生产企业应当按照法律、法规、规章、医疗器械生产质量管理规范、强制性标准、产品技术要求、委托生产质量协议等要求组织生产，对生产行为负责，并接受医疗器械注册人、备案人的监督。	《医疗器械生产监督管理办法》第三十二条
	医疗器械注册人、备案人、受托生产企业应当建立记录管理制度，确保记录真实、准确、完整和可追溯。	《医疗器械生产监督管理办法》第三十三条第一款
	医疗器械注册人、备案人应当负责产品上市放行，建立产品上市放行规程，明确放行标准、条件，并对医疗器械生产过程记录和质量检验结果进行审核，符合标准和条件的，经授权的放行人员签字后方可上市。委托生产的，医疗器械注册人、备案人还应当对受托生产企业的生产放行文件进行审核。受托生产企业应当建立生产放行规程，明确生产放行的标准、条件，确认符合标准、条件的，方可出厂。不符合法律、法规、规章、强制性标准以及经注册或者备案的产品技术要求的，不得放行出厂和上市。	《医疗器械生产监督管理办法》第三十四条

续表

从事活动	法定要求	相关规定
从事医疗器械生产活动	医疗器械注册人、备案人应当建立并实施产品追溯制度，保证产品可追溯。受托生产企业应当协助注册人、备案人实施产品追溯。	《医疗器械生产监督管理办法》第三十五条
	医疗器械注册人、备案人、受托生产企业应当按照国家实施医疗器械唯一标识的有关要求，开展赋码、数据上传和维护更新，保证信息真实、准确、完整和可追溯。	《医疗器械生产监督管理办法》第三十六条
	医疗器械注册人、备案人、受托生产企业应当建立纠正措施程序，确定产生问题的原因，采取有效措施，防止相关问题再次发生。医疗器械注册人、备案人、受托生产企业应当建立预防措施程序，查清潜在问题的原因，采取有效措施，防止问题发生。	《医疗器械生产监督管理办法》第三十七条
	医疗器械注册人、备案人应当按照医疗器械生产质量管理规范的要求，对可能影响产品安全性和有效性的原材料、生产工艺等变化进行识别和控制。需要进行注册变更或者备案变更的，应当按照注册备案管理的规定办理相关手续。	《医疗器械生产监督管理办法》第三十八条
	新的强制性标准实施后，医疗器械注册人、备案人应当及时识别产品技术要求和强制性标准的差异，需要进行注册变更或者备案变更的，应当按照注册备案管理的规定办理相关手续。	《医疗器械生产监督管理办法》第三十九条
	医疗器械注册人、备案人、受托生产企业应当按照医疗器械不良事件监测相关规定落实不良事件监测责任，开展不良事件监测，向医疗器械不良事件监测技术机构报告调查、分析、评价、产品风险控制等情况。	《医疗器械生产监督管理办法》第四十条
	医疗器械注册人、备案人发现生产的医疗器械不符合强制性标准、经注册或者备案的产品技术要求，或者存在其他缺陷的，应当立即停止生产，通知相关经营企业、使用单位和消费者停止经营和使用，召回已经上市销售的医疗器械，采取补救、销毁等措施，记录相关情况，发布相关信息，并将医疗器械召回和处理情况向药品监督管理部门和卫生主管部门报告。受托生产企业应当按照医疗器械召回的相关规定履行责任，并协助医疗器械注册人、备案人对所生产的医疗器械实施召回。	《医疗器械生产监督管理办法》第四十一条

续表

从事活动	法定要求	相关规定
从事医疗器械生产活动	医疗器械生产企业应当向药品监督管理部门报告所生产的产品品种情况。增加生产产品品种的，应当向原生产许可或者生产备案部门报告，涉及委托生产的，还应当提供委托方、受托生产产品、受托期限等信息。医疗器械生产企业增加生产产品涉及生产条件变化，可能影响产品安全、有效的，应当在增加生产产品30个工作日前向原生产许可部门报告，原生产许可部门应当及时开展现场核查。属于许可事项变化的，应当按照规定办理相关许可变更。	《医疗器械生产监督管理办法》第四十二条
	医疗器械生产企业连续停产一年以上且无同类产品在产的，重新生产时，应当进行必要的验证和确认，并书面报告药品监督管理部门。可能影响质量安全的，药品监督管理部门可以根据需要组织核查。	《医疗器械生产监督管理办法》第四十三条
	医疗器械注册人、备案人、受托生产企业的生产条件发生变化，不再符合医疗器械质量管理体系要求的，应当立即采取整改措施；可能影响医疗器械安全、有效的，应当立即停止生产活动，并向原生产许可或者生产备案部门报告。受托生产企业应当及时将变化情况告知医疗器械注册人、备案人。	《医疗器械生产监督管理办法》第四十四条
	医疗器械注册人、备案人、受托生产企业应当每年对质量管理体系的运行情况进行自查，并于次年3月31日前向所在地药品监督管理部门提交自查报告。进口医疗器械注册人、备案人由其代理人向代理人所在地省、自治区、直辖市药品监督管理部门提交自查报告。	《医疗器械生产监督管理办法》第四十五条
从事医疗器械经营活动	应当有与经营规模和经营范围相适应的经营场所和贮存条件，以及与经营的医疗器械相适应的质量管理制度和质量管理机构或者人员。	《医疗器械监督管理条例》第四十条
	从事医疗器械经营活动，应当具备下列条件：（一）与经营范围和经营规模相适应的质量管理机构或者质量管理人员，质量管理人员应当具有相关专业学历或者职称；（二）与经营范围和经营规模相适应的经营场所；（三）与经营范围和经营规模相适应的贮存条件；（四）与经营的医疗器械相适应的质量管理制度；（五）与经营的医疗器械相适应的专业指导、技术培训和售后服务的质量管理机构或者人员。从事第三类医疗器械经营的企业还应当具有符合医疗器械经营质量管理制度要求的计算机信息管理系统，保证经营的产品可追溯。鼓励从事第一类、第二类医疗器械经营的企业建立符合医疗器械经营质量管理制度要求的计算机信息管理系统。	《医疗器械经营监督管理办法》第九条

续表

从事活动	法定要求	相关规定
从事医疗器械经营活动	从事第三类医疗器械经营的，经营企业应当向所在地设区的市级负责药品监督管理的部门提出申请，并提交下列资料：（一）法定代表人（企业负责人）、质量负责人身份证明、学历或者职称相关材料复印件；（二）企业组织机构与部门设置；（三）医疗器械经营范围、经营方式；（四）经营场所和库房的地理位置图、平面图、房屋产权文件或者租赁协议复印件；（五）主要经营设施、设备目录；（六）经营质量管理制度、工作程序等文件目录；（七）信息管理系统基本情况；（八）经办人授权文件。医疗器械经营许可申请人应当确保提交的资料合法、真实、准确、完整和可追溯。	《医疗器械经营监督管理办法》第十条
	经营企业跨设区的市设置库房的，由医疗器械经营许可发证部门或者备案部门通报库房所在地设区的市级负责药品监督管理的部门。	《医疗器械经营监督管理办法》第十七条
	医疗器械经营许可证遗失的，应当向原发证部门申请补发。原发证部门应当及时补发医疗器械经营许可证，补发的医疗器械经营许可证编号和有效期限与原许可证一致。	《医疗器械经营监督管理办法》第十九条
	经营企业新设立独立经营场所的，应当依法单独申请医疗器械经营许可或者进行备案。	《医疗器械经营监督管理办法》第十八条
	从事第二类医疗器械经营的，经营企业应当向所在地设区的市级负责药品监督管理的部门备案，并提交符合《医疗器械经营监督管理办法》第十条规定的资料（第七项除外），即完成经营备案，获取经营备案编号。医疗器械经营备案人应当确保提交的资料合法、真实、准确、完整和可追溯。	《医疗器械经营监督管理办法》第二十一条
	第二类医疗器械经营企业的经营场所、经营方式、经营范围、库房地址等发生变化的，应当及时进行备案变更。必要时设区的市级负责药品监督管理的部门开展现场检查。现场检查不符合医疗器械经营质量管理规范要求的，责令限期改正；不能保证产品安全、有效的，取消备案并向社会公告。	《医疗器械经营监督管理办法》第二十四条
	从事医疗器械经营，应当按照法律法规和医疗器械经营质量管理规范的要求，建立覆盖采购、验收、贮存、销售、运输、售后服务等全过程的质量管理制度和质量控制措施，并做好相关记录，保证经营条件和经营活动持续符合要求。	《医疗器械经营监督管理办法》第二十九条

续表

从事活动	法定要求	相关规定
从事医疗器械经营活动	医疗器械经营企业应当建立并实施产品追溯制度，保证产品可追溯。医疗器械经营企业应当按照国家有关规定执行医疗器械唯一标识制度。	《医疗器械经营监督管理办法》第三十条
	医疗器械经营企业应当从具有合法资质的医疗器械注册人、备案人、经营企业购进医疗器械。	《医疗器械经营监督管理办法》第三十一条
	医疗器械经营企业应当建立进货查验记录制度，购进医疗器械时应当查验供货企业的资质，以及医疗器械注册证和备案信息、合格证明文件。进货查验记录应当真实、准确、完整和可追溯。进货查验记录包括：（一）医疗器械的名称、型号、规格、数量；（二）医疗器械注册证编号或者备案编号；（三）医疗器械注册人、备案人和受托生产企业名称、生产许可证号或者备案编号；（四）医疗器械的生产批号或者序列号、使用期限或者失效日期、购货日期等；（五）供货者的名称、地址以及联系方式。进货查验记录应当保存至医疗器械有效期满后 2 年；没有有效期的，不得少于 5 年。植入类医疗器械进货查验记录应当永久保存。	《医疗器械经营监督管理办法》第三十二条
	医疗器械经营企业应当采取有效措施，确保医疗器械运输、贮存符合医疗器械说明书或者标签标示要求，并做好相应记录。对温度、湿度等环境条件有特殊要求的，应当采取相应措施，保证医疗器械的安全、有效。	《医疗器械经营监督管理办法》第三十三条
	医疗器械注册人、备案人和经营企业委托其他单位运输、贮存医疗器械的，应当对受托方运输、贮存医疗器械的质量保障能力进行评估，并与其签订委托协议，明确运输、贮存过程中的质量责任，确保运输、贮存过程中的质量安全。	《医疗器械经营监督管理办法》第三十四条
	医疗器械注册人、备案人委托销售的，应当委托符合条件的医疗器械经营企业，并签订委托协议，明确双方的权利和义务。	《医疗器械经营监督管理办法》第三十六条
	医疗器械注册人、备案人和经营企业应当加强对销售人员的培训和管理，对销售人员以本企业名义从事的医疗器械购销行为承担法律责任。	《医疗器械经营监督管理办法》第三十七条

续表

从事活动	法定要求	相关规定
从事医疗器械经营活动	从事第二类、第三类医疗器械批发业务以及第三类医疗器械零售业务的经营企业应当建立销售记录制度。销售记录信息应当真实、准确、完整和可追溯。销售记录包括：（一）医疗器械的名称、型号、规格、注册证编号或者备案编号、数量、单价、金额；（二）医疗器械的生产批号或者序列号、使用期限或者失效日期、销售日期；（三）医疗器械注册人、备案人和受托生产企业名称、生产许可证编号或者备案编号。从事第二类、第三类医疗器械批发业务的企业，销售记录还应当包括购货者的名称、地址、联系方式、相关许可证明文件编号或者备案编号等。销售记录应当保存至医疗器械有效期满后 2 年；没有有效期的，不得少于 5 年。植入类医疗器械销售记录应当永久保存。	《医疗器械经营监督管理办法》第三十八条
	医疗器械经营企业应当提供售后服务。约定由供货者或者其他机构提供售后服务的，经营企业应当加强管理，保证医疗器械售后的安全使用。	《医疗器械经营监督管理办法》第三十九条
	医疗器械经营企业应当配备专职或者兼职人员负责售后管理，对客户投诉的质量问题应当查明原因，采取有效措施及时处理和反馈，并做好记录，必要时及时通知医疗器械注册人、备案人、生产经营企业。	《医疗器械经营监督管理办法》第四十条
	医疗器械经营企业应当协助医疗器械注册人、备案人，对所经营的医疗器械开展不良事件监测，按照国家药品监督管理局的规定，向医疗器械不良事件监测技术机构报告。	《医疗器械经营监督管理办法》第四十一条
	医疗器械经营企业发现其经营的医疗器械不符合强制性标准、经注册或者备案的产品技术要求，或者存在其他缺陷的，应当立即停止经营，通知医疗器械注册人、备案人等有关单位，并记录停止经营和通知情况。医疗器械注册人、备案人认为需要召回的，应当立即召回。	《医疗器械经营监督管理办法》第四十二条
	第三类医疗器械经营企业停业一年以上，恢复经营前，应当进行必要的验证和确认，并书面报告所在地区的市级负责药品监督管理的部门。可能影响质量安全的，药品监督管理部门可以根据需要组织核查。医疗器械注册人、备案人、经营企业经营条件发生重大变化，不再符合医疗器械经营质量管理体系要求的，应当立即采取整改措施；可能影响医疗器械安全、有效的，应当立即停止经营活动，并向原经营许可或者备案部门报告。	《医疗器械经营监督管理办法》第四十三条

续表

从事活动	法定要求	相关规定
从事医疗器械经营活动	医疗器械经营企业应当建立质量管理自查制度，按照医疗器械经营质量管理规范要求进行自查，每年3月31日前向所在地市县级负责药品监督管理的部门提交上一年度的自查报告。	《医疗器械经营监督管理办法》第四十四条
	从事医疗器械经营活动的，不得经营未依法注册或者备案，无合格证明文件以及过期、失效、淘汰的医疗器械。禁止进口、销售过期、失效、淘汰等已使用过的医疗器械。	《医疗器械经营监督管理办法》第四十五条
从事医疗器械使用活动	医疗器械使用单位应当从具备合法资质的医疗器械注册人、备案人、生产经营企业购进医疗器械。购进医疗器械时，应当查验供货者的资质和医疗器械的合格证明文件，建立进货查验记录制度。从事第二类、第三类医疗器械批发业务以及第三类医疗器械零售业务的经营企业，还应当建立销售记录制度。记录事项包括：（一）医疗器械的名称、型号、规格、数量；（二）医疗器械的生产批号、使用期限或者失效日期、销售日期；（三）医疗器械注册人、备案人和受托生产企业的名称；（四）供货者或者购货者的名称、地址以及联系方式；（五）相关许可证明文件编号等。进货查验记录和销售记录应当真实、准确、完整和可追溯，并按照国务院药品监督管理部门规定的期限予以保存。国家鼓励采用先进技术手段进行记录。	《医疗器械监督管理条例》第四十五条
	医疗器械使用单位应当有与在用医疗器械品种、数量相适应的贮存场所和条件。医疗器械使用单位应当加强对工作人员的技术培训，按照产品说明书、技术操作规范等要求使用医疗器械。医疗器械使用单位配置大型医用设备，应当符合国务院卫生主管部门制定的大型医用设备配置规划，与其功能定位、临床服务需求相适应，具有相应的技术条件、配套设施和具备相应资质、能力的专业技术人员，并经省级以上人民政府卫生主管部门批准，取得大型医用设备配置许可证。大型医用设备配置管理办法由国务院卫生主管部门会同国务院有关部门制定。大型医用设备目录由国务院卫生主管部门商国务院有关部门提出，报国务院批准后执行。	《医疗器械监督管理条例》第四十八条

续表

从事活动	法定要求	相关规定
从事医疗器械使用活动	医疗器械使用单位对重复使用的医疗器械，应当按照国务院卫生主管部门制定的消毒和管理的规定进行处理。一次性使用的医疗器械不得重复使用，对使用过的应当按照国家有关规定销毁并记录。一次性使用的医疗器械目录由国务院药品监督管理部门会同国务院卫生主管部门制定、调整并公布。列入一次性使用的医疗器械目录，应当具有充足的无法重复使用的证据理由。重复使用可以保证安全、有效的医疗器械，不列入一次性使用的医疗器械目录。对因设计、生产工艺、消毒灭菌技术等改进后重复使用可以保证安全、有效的医疗器械，应当调整出一次性使用的医疗器械目录，允许重复使用。	《医疗器械监督管理条例》第四十九条
	医疗器械使用单位对需要定期检查、检验、校准、保养、维护的医疗器械，应当按照产品说明书的要求进行检查、检验、校准、保养、维护并予以记录，及时进行分析、评估，确保医疗器械处于良好状态，保障使用质量；对使用期限长的大型医疗器械，应当逐台建立使用档案，记录其使用、维护、转让、实际使用时间等事项。记录保存期限不得少于医疗器械规定使用期限终止后五年。	《医疗器械监督管理条例》第五十条
	医疗器械使用单位应当妥善保存购入第三类医疗器械的原始资料，并确保信息具有可追溯性。使用大型医疗器械以及植入和介入类医疗器械的，应当将医疗器械的名称、关键性技术参数等信息以及与使用质量安全密切相关的必要信息记载到病历等相关记录中。	《医疗器械监督管理条例》第五十一条
	发现使用的医疗器械存在安全隐患的，医疗器械使用单位应当立即停止使用，并通知医疗器械注册人、备案人或者其他负责产品质量的机构进行检修；经检修仍不能达到使用安全标准的医疗器械，不得继续使用。	《医疗器械监督管理条例》第五十二条
	对国内尚无同品种产品上市的体外诊断试剂，符合条件的医疗机构根据本单位的临床需要，可以自行研制，在执业医师指导下在本单位内使用。具体管理办法由国务院药品监督管理部门会同国务院卫生主管部门制定。	《医疗器械监督管理条例》第五十三条
	医疗器械使用单位不得使用未依法注册或者备案、无合格证明文件以及过期、失效、淘汰的医疗器械。	《医疗器械监督管理条例》第五十五条

续表

从事活动	法定要求	相关规定
从事医疗器械使用活动	医疗器械使用单位应当按照《医疗器械使用质量监督管理办法》，配备与其规模相适应的医疗器械质量管理机构或者质量管理人员，建立覆盖质量管理全过程的使用质量管理制度，承担本单位使用医疗器械的质量管理责任。	《医疗器械使用质量监督管理办法》第四条第一款
	医疗器械使用单位之间转让在用医疗器械，转让方应当确保所转让的医疗器械安全、有效，不得转让过期、失效、淘汰以及检验不合格的医疗器械。	《医疗器械监督管理条例》第五十六条
	医疗机构因临床急需进口少量第二类、第三类医疗器械的，经国务院药品监督管理部门或者国务院授权的省、自治区、直辖市人民政府批准，可以进口。进口的医疗器械应当在指定医疗机构内用于特定医疗目的。禁止进口过期、失效、淘汰等已使用过的医疗器械。	《医疗器械监督管理条例》第五十七条第三款、第四款
	医疗器械使用单位发现所使用的医疗器械发生不良事件或者可疑不良事件的，应当按照医疗器械不良事件监测的有关规定报告并处理。	《医疗器械使用质量监督管理办法》第六条
	对医疗器械使用单位采购、验收与贮存方面的要求。详见《医疗器械使用质量监督管理办法》第二章规定。	《医疗器械使用质量监督管理办法》第七条至第十二条
	对医疗器械使用单位使用、维护与转让方面的要求。详见《医疗器械使用质量监督管理办法》第三章规定。	《医疗器械使用质量监督管理办法》第十三条至第二十一条

第四节　医疗器械网络销售监管及执法

问题：当前，医疗器械网络销售蓬勃发展，整个行业前景喜人，但医美等方面存在的违法犯罪等问题，也给我们敲响了警钟，如何引导网络经营者依法经营，监管部门在搞好服务的同时，又如何提升监管能力呢？

一、医疗器械一般网络销售

医疗器械网络销售主体主要包括两类：一是电子商务经营者，二是消费者。

(一) 电子商务经营者的内涵和基本分类

电子商务经营者包括电子商务平台经营者、平台内经营者，以及通过自建网站、其他网络服务销售商品或者提供服务的电子商务经营者，不包括自然人。

《电子商务法》第九条规定："本法所称电子商务经营者，是指通过互联网等信息网络从事销售商品或者提供服务的经营活动的自然人、法人和非法人组织，包括电子商务平台经营者、平台内经营者以及通过自建网站、其他网络服务销售商品或者提供服务的电子商务经营者。本法所称电子商务平台经营者，是指在电子商务中为交易双方或者多方提供网络经营场所、交易撮合、信息发布等服务，供交易双方或者多方独立开展交易活动的法人或者非法人组织。本法所称平台内经营者，是指通过电子商务平台销售商品或者提供服务的电子商务经营者。"本条是《电子商务法》关于电子商务经营者概念内涵和基本分类的规定，根据这一规定可知，电子商务经营者主要分为三大类：一是电子商务平台经营者；二是平台内经营者；三是通过自建网站、其他网络服务销售商品或者提供服务的电子商务经营者。

《网络交易监督管理办法》第七条规定："本办法所称网络交易经营者，是指组织、开展网络交易活动的自然人、法人和非法人组织，包括网络交易平台经营者、平台内经营者、自建网站经营者以及通过其他网络服务开展网络交易活动的网络交易经营者。本办法所称网络交易平台经营者，是指在网络交易活动中为交易双方或者多方提供网络经营场所、交易撮合、信息发布等服务，供交易双方或者多方独立开展网络交易活动的法人或者非法人组织。本办法所称平台内经营者，是指通过网络交易平台开展网络交易活动的网络交易经营者……"

《医疗器械监督管理条例》第四十六条第一款规定："从事医疗器械网络销售的，应当是医疗器械注册人、备案人或者医疗器械经营企业。从事医疗器械网络销售的经营者，应当将从事医疗器械网络销售的相关信息告知所在地设区的市级人民政府负责药品监督管理的部门，经营第一类医疗器械和本条例第四十一条第二款规定的第二类医疗器械的除外。"

《医疗器械网络销售监督管理办法》第四条第二款规定："从事医疗器械网络销售的企业，是指通过网络销售医疗器械的医疗器械上市许可持有人（即医疗器械注册人或者备案人，以下简称持有人）和医疗器械生产经营企业。"第四条第三款规定："医疗器械网络交易服务第三方平台提供者，是指在医疗器械网络交易中仅提供网页空间、虚拟交易场所、交易规则、交易撮合、电子订单等交易服务，供交易双方或者多方开展交易活动，不直接参与医疗器械销售的企业。"

第七条规定："从事医疗器械网络销售的企业应当是依法取得医疗器械生产许可、经营许可或者办理备案的医疗器械生产经营企业。法律法规规定不需要办理许可或者备案的除外。持有人通过网络销售其医疗器械，医疗器械生产企业受持有人委托通过网络销售受托生产的医疗器械，不需要办理经营许可或者备案，其销售条件应当符合《医疗器械监督管理条例》和本办法的要求。持有人委托开展医疗器械网络销售的，应当评估确认受托方的合法资质、销售条件、技术水平和质量管理能力，对网络销售过程和质量控制进行指导和监督，对网络销售的医疗器械质量负责。"

（二）平台内经营者的特殊情形

网络社交、网络直播等网络服务提供者为经营者提供网络经营场所、商品浏览、订单生成、在线支付等网络交易平台服务的，应当依法履行网络交易平台经营者的义务。通过上述网络交易平台服务开展网络交易活动的经营者，应当依法履行平台内经营者的义务。

二、医疗器械网络销售常用监督和执法依据

医疗器械网络销售常用监督和执法依据包括：1. 医疗器械监督管理条例；2. 电子商务法；3. 网络交易监督管理办法；4. 互联网信息服务管理办法；5. 医疗器械网络销售监督管理办法；6. 互联网药品信息服务管理办法；7. 医疗器械说明书和标签管理规定；8. 刑法等。

三、医疗器械网络销售监管

(一) 医疗器械网络销售许可

1. 取得营业执照。

从事医疗器械网络销售，电子商务平台经营者、平台内经营者以及通过自建网站、其他网络服务销售商品或提供服务者一般需取得营业执照。提供服务的电子商务经营者也需取得营业执照。

《网络交易监督管理办法》第八条第一款规定："网络交易经营者不得违反法律、法规、国务院决定的规定，从事无证无照经营。除《中华人民共和国电子商务法》第十条规定的不需要进行登记的情形外，网络交易经营者应当依法办理市场主体登记。"

《电子商务法》第十条规定："电子商务经营者应当依法办理市场主体登记……"第十二条规定："电子商务经营者从事经营活动，依法需要取得相关行政许可的，应当依法取得行政许可。"

《网络交易监督管理办法》第十二条规定："网络交易经营者应当在其网站首页或者从事经营活动的主页面显著位置，持续公示经营者主体信息或者该信息的链接标识。鼓励网络交易经营者链接到国家市场监督管理总局电子营业执照亮照系统，公示其营业执照信息。已经办理市场主体登记的网络交易经营者应当如实公示下列营业执照信息以及与其经营业务有关的行政许可等信息，或者该信息的链接标识：（一）企业应当公示其营业执照登载的统一社会信用代码、名称、企业类型、法定代表人（负责人）、住所、注册资本（出资额）等信息；（二）个体工商户应当公示其营业执照登载的统一社会信用代码、名称、经营者姓名、经营场所、组成形式等信息……"

2. 告知监管部门。

从事医疗器械网络销售的经营者，应当将从事医疗器械网络销售的相关信息告知所在地设区的市级人民政府负责药品监督管理的部门，经营第一类医疗器械和《医疗器械监督管理条例》第四十一条第二款规定的第二类医疗器械的除外。

《医疗器械监督管理条例》第四十六条第一款规定:"从事医疗器械网络销售的,应当是医疗器械注册人、备案人或者医疗器械经营企业。从事医疗器械网络销售的经营者,应当将从事医疗器械网络销售的相关信息告知所在地设区的市级人民政府负责药品监督管理的部门,经营第一类医疗器械和本条例第四十一条第二款规定的第二类医疗器械的除外。"

3. 取得许可或备案。

《医疗器械网络销售监督管理办法》第七条规定:"从事医疗器械网络销售的企业应当是依法取得医疗器械生产许可、经营许可或者办理备案的医疗器械生产经营企业。法律法规规定不需要办理许可或者备案的除外。持有人通过网络销售其医疗器械,医疗器械生产企业受持有人委托通过网络销售受托生产的医疗器械,不需要办理经营许可或者备案,其销售条件应当符合《医疗器械监督管理条例》和本办法的要求。持有人委托开展医疗器械网络销售的,应当评估确认受托方的合法资质、销售条件、技术水平和质量管理能力,对网络销售过程和质量控制进行指导和监督,对网络销售的医疗器械质量负责。"

第十六条规定:"医疗器械网络交易服务第三方平台提供者应当向所在地省级食品药品监督管理部门备案,填写医疗器械网络交易服务第三方平台备案表,并提交以下材料:(一)营业执照原件、复印件;(二)法定代表人或者主要负责人、医疗器械质量安全管理人身份证明原件、复印件;(三)组织机构与部门设置说明;(四)办公场所地理位置图、房屋产权证明文件或者租赁协议(附房屋产权证明文件)原件、复印件;(五)电信业务经营许可证原件、复印件或者非经营性互联网信息服务备案说明;(六)《互联网药品信息服务资格证书》原件、复印件;(七)医疗器械网络交易服务质量管理制度等文件目录;(八)网站或者网络客户端应用程序基本情况介绍和功能说明;(九)其他相关证明材料。"

第十八条规定:"医疗器械网络交易服务第三方平台提供者名称、法定代表人或者主要负责人、网站名称、网络客户端应用程序名、网站域名、网站IP地址、电信业务经营许可证或者非经营性互联网信息服务备案编号等备案信息发生变化的，应当及时变更备案。"

4. 销售信息备案。

《医疗器械网络销售监督管理办法》第八条规定："从事医疗器械网络销售的企业，应当填写医疗器械网络销售信息表，将企业名称、法定代表人或者主要负责人、网站名称、网络客户端应用程序名、网站域名、网站IP地址、电信业务经营许可证或者非经营性互联网信息服务备案编号、医疗器械生产经营许可证件或者备案凭证编号等信息事先向所在地设区的市级食品药品监督管理部门备案。相关信息发生变化的，应当及时变更备案。"

5. 取得《互联网药品信息服务资格证书》。

《医疗器械网络销售监督管理办法》第九条规定："从事医疗器械网络销售的企业，应当通过自建网站或者医疗器械网络交易服务第三方平台开展医疗器械网络销售活动。通过自建网站开展医疗器械网络销售的企业，应当依法取得《互联网药品信息服务资格证书》，并具备与其规模相适应的办公场所以及数据备份、故障恢复等技术条件。"

6. 公示许可备案信息。

《医疗器械网络销售监督管理办法》第十条规定："从事医疗器械网络销售的企业，应当在其主页面显著位置展示其医疗器械生产经营许可证件或者备案凭证，产品页面应当展示该产品的医疗器械注册证或者备案凭证。相关展示信息应当画面清晰，容易辨识。其中，医疗器械生产经营许可证件或者备案凭证、医疗器械注册证或者备案凭证的编号还应当以文本形式展示。相关信息发生变更的，应当及时更新展示内容。"

第十九条规定："医疗器械网络交易服务第三方平台提供者，应当在其网站主页面显著位置标注医疗器械网络交易服务第三方平台备案凭证的编号。"

《电子商务法》第十五条规定："电子商务经营者应当在其首页显著位置，持续公示营业执照信息、与其经营业务有关的行政许可信息、属于依照本法第十条规定的不需要办理市场主体登记情形等信息，或者上述信息的链接标识。前款规定的信息发生变更的，电子商务经营者应当及时更新公示信息。"

(二) 医疗器械网络销售监管职权划分

《医疗器械网络销售监督管理办法》第三条规定:"国家食品药品监督管理总局负责指导全国医疗器械网络销售、医疗器械网络交易服务的监督管理,并组织开展全国医疗器械网络销售和网络交易服务监测。省级食品药品监督管理部门负责医疗器械网络交易服务的监督管理。县级以上地方食品药品监督管理部门负责本行政区域内医疗器械网络销售的监督管理。"

第十七条规定:"省级食品药品监督管理部门应当当场对企业提交材料的完整性进行核对,符合规定的予以备案,发给医疗器械网络交易服务第三方平台备案凭证;提交资料不齐全或者不符合法定情形的,应当一次性告知需要补充材料的事项。省级食品药品监督管理部门应当在备案后 7 个工作日内向社会公开相关备案信息。备案信息包括企业名称、法定代表人或者主要负责人、网站名称、网络客户端应用程序名、网站域名、网站 IP 地址、电信业务经营许可证或者非经营性互联网信息服务备案编号、医疗器械网络交易服务第三方平台备案凭证编号等。省级食品药品监督管理部门应当在医疗器械网络交易服务第三方平台提供者备案后 3 个月内,对医疗器械网络交易服务第三方平台开展现场检查。"

(三) 医疗器械网络销售监管重点

1. 第三方平台法定义务是否履行到位。

监管重点主要包括:(1) 第三方平台提供者是否严格履行对入驻平台的医疗器械网络销售者的资质审核义务;(2) 第三方平台提供者是否对发生在平台的医疗器械经营行为进行有效管理;(3) 第三方平台提供者是否及时停止涉嫌违法违规的医疗器械网络销售者的网络交易服务。

《医疗器械监督管理条例》第四十六条第二款规定:"为医疗器械网络交易提供服务的电子商务平台经营者应当对入网医疗器械经营者进行实名登记,审查其经营许可、备案情况和所经营医疗器械产品注册、备案情况,并对其经营行为进行管理。电子商务平台经营者发现入网医疗器械经营者有违反本条例规定行为的,应当及时制止并立即报告医疗器械经营者所在地设区的市级人民政府负责药品监督管理的部门;发现严重违法行为的,应当立即停止提供网络交易平台服务。"

2. 电子商务经营者的一般法律义务。

所谓"电子商务经营者的一般法律义务",是指所有类型的电子商务经营者均应遵守的法律义务。除行政许可备案义务外,主要有:

(1) 依法纳税与办理纳税登记义务。

《电子商务法》第十一条第一款规定:"电子商务经营者应当依法履行纳税义务,并依法享受税收优惠。"

(2) 合法诚信经营义务。

①依法开具发票义务。

《电子商务法》第十四条规定:"电子商务经营者销售商品或者提供服务应当依法出具纸质发票或者电子发票等购货凭证或者服务单据。电子发票与纸质发票具有同等法律效力。"

②业务终止提前告知义务。

《电子商务法》第十六条规定:"电子商务经营者自行终止从事电子商务的,应当提前三十日在首页显著位置持续公示有关信息。"

③依法披露信息义务。

《电子商务法》第十七条规定:"电子商务经营者应当全面、真实、准确、及时地披露商品或者服务信息,保障消费者的知情权和选择权。电子商务经营者不得以虚构交易、编造用户评价等方式进行虚假或者引人误解的商业宣传,欺骗、误导消费者。"

④不滥用市场支配地位义务。

《电子商务法》第二十二条规定:"电子商务经营者因其技术优势、用户数量、对相关行业的控制能力以及其他经营者对该电子商务经营者在交易上的依赖程度等因素而具有市场支配地位的,不得滥用市场支配地位,排除、限制竞争。"

⑤合法经营义务。

《医疗器械经营监督管理办法》第七十二条规定:"从事医疗器械网络销售

的，应当遵守法律、法规和规章有关规定。"

《电子商务法》第二十六条规定："电子商务经营者从事跨境电子商务，应当遵守进出口监督管理的法律、行政法规和国家有关规定。"

⑥建立制度诚信经营义务。

《医疗器械网络销售监督管理办法》第四条第一款规定："从事医疗器械网络销售的企业、医疗器械网络交易服务第三方平台提供者应当遵守医疗器械法规、规章和规范，建立健全管理制度，依法诚信经营，保证医疗器械质量安全。"

（3）个人信息保护义务。

①搜索与广告规制义务。

《电子商务法》第十八条规定："电子商务经营者根据消费者的兴趣爱好、消费习惯等特征向其提供商品或者服务的搜索结果的，应当同时向该消费者提供不针对其个人特征的选项，尊重和平等保护消费者合法权益。电子商务经营者向消费者发送广告的，应当遵守《中华人民共和国广告法》的有关规定。"

②合法收集、使用个人信息。

《电子商务法》第二十三条规定："电子商务经营者收集、使用其用户的个人信息，应当遵守法律、行政法规有关个人信息保护的规定。"

③明示查询权、更正权、删除权行使的方式、程序，不得设置不合理条件。

《电子商务法》第二十四条规定："电子商务经营者应当明示用户信息查询、更正、删除以及用户注销的方式、程序，不得对用户信息查询、更正、删除以及用户注销设置不合理条件。电子商务经营者收到用户信息查询或者更正、删除的申请的，应当在核实身份后及时提供查询或者更正、删除用户信息。用户注销的，电子商务经营者应当立即删除该用户的信息；依照法律、行政法规的规定或者双方约定保存的，依照其规定。"

④数据信息提供与安全保护。

《电子商务法》第二十五条规定："有关主管部门依照法律、行政法规的规定要求电子商务经营者提供有关电子商务数据信息的，电子商务经营者应当提供。有关主管部门应当采取必要措施保护电子商务经营者提供的数据信息的安全，并对其中的个人信息、隐私和商业秘密严格保密，不得泄露、出售或者非法向他人提供。"

(4) 消费者权益保护义务。

①合法提供商品、服务。

《电子商务法》第十三条规定："电子商务经营者销售的商品或者提供的服务应当符合保障人身、财产安全的要求和环境保护要求，不得销售或者提供法律、行政法规禁止交易的商品或者服务。"

②不得随意搭售。

《电子商务法》第十九条规定："电子商务经营者搭售商品或者服务，应当以显著方式提请消费者注意，不得将搭售商品或者服务作为默认同意的选项。"

③交付风险。

《电子商务法》第二十条规定："电子商务经营者应当按照承诺或者与消费者约定的方式、时限向消费者交付商品或者服务，并承担商品运输中的风险和责任。但是，消费者另行选择快递物流服务提供者的除外。"

④押金收取与退还。

《电子商务法》第二十一条规定："电子商务经营者按照约定向消费者收取押金的，应当明示押金退还的方式、程序，不得对押金退还设置不合理条件。消费者申请退还押金，符合押金退还条件的，电子商务经营者应当及时退还。"

(5) 保障数据真实、完善、可追溯义务。

《医疗器械网络销售监督管理办法》第五条规定："从事医疗器械网络销售的企业、医疗器械网络交易服务第三方平台提供者应当采取技术措施，保障医疗器械网络销售数据和资料的真实、完整、可追溯。"

(6) 积极配合监管部门义务。

《医疗器械网络销售监督管理办法》第六条规定："从事医疗器械网络销售

的企业、医疗器械网络交易服务第三方平台提供者应当积极配合食品药品监督管理部门开展网络监测、抽样检验、现场检查等监督管理，按照食品药品监督管理部门的要求存储数据，提供信息查询、数据提取等相关支持。"

3. 第三方平台法定义务。

第三方平台除需履行以上法定义务外，还需要履行以下义务。

（1）核验、登记、签订协议义务。

《医疗器械监督管理条例》第四十六条第二款规定："为医疗器械网络交易提供服务的电子商务平台经营者应当对入网医疗器械经营者进行实名登记，审查其经营许可、备案情况和所经营医疗器械产品注册、备案情况，并对其经营行为进行管理。电子商务平台经营者发现入网医疗器械经营者有违反本条例规定行为的，应当及时制止并立即报告医疗器械经营者所在地设区的市级人民政府负责药品监督管理的部门；发现严重违法行为的，应当立即停止提供网络交易平台服务。"

《医疗器械网络销售监督管理办法》第二十一条规定："医疗器械网络交易服务第三方平台提供者应当对申请入驻平台的企业提供的医疗器械生产经营许可证件或者备案凭证、医疗器械注册证或者备案凭证、企业营业执照等材料进行核实，建立档案并及时更新，保证入驻平台的企业许可证件或者备案凭证所载明的生产经营场所等许可或者备案信息真实。医疗器械网络交易服务第三方平台提供者应当与入驻平台的企业签订入驻协议，并在协议中明确双方义务及违约处置措施等相关内容。"

《电子商务法》第二十七条第一款规定："电子商务平台经营者应当要求申请进入平台销售商品或者提供服务的经营者提交其身份、地址、联系方式、行政许可等真实信息，进行核验、登记，建立登记档案，并定期核验更新。"

（2）设置质量管理机构或者配备专兼职管理人员、建立质量管理制度义务。

《医疗器械网络销售监督管理办法》第十五条规定："医疗器械网络交易服务第三方平台提供者应当依法取得《互联网药品信息服务资格证书》，具备与其规模相适应的办公场所以及数据备份、故障恢复等技术条件,设置专门的医疗器械网络质量安全管理机构或者配备医疗器械质量安全管理人员。"第四条第一款规定:"从事医疗器械网络销售的企业、医疗器械网络交易服务第三方平台提供者应当遵守医疗器械法规、规章和规范,建立健全管理制度,依法诚信经营,保证医疗器械质量安全。"第二十条规定:"医疗器械网络交易服务第三方平台提供者应当建立包括入驻平台的企业核实登记、质量安全监测、交易安全保障、网络销售违法行为制止及报告、严重违法行为平台服务停止、安全投诉举报处理、消费者权益保护、质量安全信息公告等管理制度。"

(3)管理检查、违法行为制止、停止服务及报告义务。

《医疗器械监督管理条例》第四十六条第二款规定:"为医疗器械网络交易提供服务的电子商务平台经营者应当对入网医疗器械经营者进行实名登记,审查其经营许可、备案情况和所经营医疗器械产品注册、备案情况,并对其经营行为进行管理。电子商务平台经营者发现入网医疗器械经营者有违反本条例规定行为的,应当及时制止并立即报告医疗器械经营者所在地设区的市级人民政府负责药品监督管理的部门;发现严重违法行为的,应当立即停止提供网络交易平台服务。"

《医疗器械网络销售监督管理办法》第二十三条规定:"医疗器械网络交易服务第三方平台提供者应当对平台上的医疗器械销售行为及信息进行监测,发现入驻网络交易服务第三方平台的企业存在超范围经营、发布虚假信息、夸大宣传等违法违规行为、无法取得联系或者存在其他严重安全隐患的,应当立即对其停止网络交易服务,并保存有关记录,向所在地省级食品药品监督管理部门报告。发现入驻网络交易服务第三方平台的企业被食品药品监督管理部门责令停产停业、吊销许可证件等处罚,或者平台交易的产品被食品药品监督管理部门暂停销售或者停止销售的,应当立即停止提供相关网络交易服务。"

(4)信息记录保存义务。

《医疗器械网络销售监督管理办法》第二十二条规定:"医疗器械网络交易

服务第三方平台提供者应当记录在其平台上开展的医疗器械交易信息，记录应当保存至医疗器械有效期后 2 年；无有效期的，保存时间不得少于 5 年；植入类医疗器械交易信息应当永久保存。相关记录应当真实、完整、可追溯。"

《电子商务法》第三十一条规定："电子商务平台经营者应当记录、保存平台上发布的商品和服务信息、交易信息，并确保信息的完整性、保密性、可用性。商品和服务信息、交易信息保存时间自交易完成之日起不少于三年；法律、行政法规另有规定的，依照其规定。"

（5）及时发布质量安全隐患信息义务。

《医疗器械网络销售监督管理办法》第二十四条规定："医疗器械网络交易服务第三方平台提供者应当在网站醒目位置及时发布产品质量安全隐患等相关信息。"

（6）保障交易安全、制定应急预案及报告义务。

《电子商务法》第三十条规定："电子商务平台经营者应当采取技术措施和其他必要措施保证其网络安全、稳定运行，防范网络违法犯罪活动，有效应对网络安全事件，保障电子商务交易安全。电子商务平台经营者应当制定网络安全事件应急预案，发生网络安全事件时，应当立即启动应急预案，采取相应的补救措施，并向有关主管部门报告。"

（7）制定平台服务协议和交易规则及信息保护义务。

《电子商务法》第三十二条规定："电子商务平台经营者应当遵循公开、公平、公正的原则，制定平台服务协议和交易规则，明确进入和退出平台、商品和服务质量保障、消费者权益保护、个人信息保护等方面的权利和义务。"

（8）公示义务。

《电子商务法》第三十三条规定："电子商务平台经营者应当在其首页显著位置持续公示平台服务协议和交易规则信息或者上述信息的链接标识，并保证经营者和消费者能够便利、完整地阅览和下载。"第三十四条第一款规定："电子商务平台经营者修改平台服务协议和交易规则，应当在其首页显著位置公开征求意见，采取合理措施确保有关各方能够及时充分表达意见。修改内容应当至少在实施前七日予以公示。"第三十六条规定:"电子商务平台经营者依据平台服务协议和交易规则对平台内经营者违反法律、法规的行为实施警示、暂停或者终止服务等措施的,应当及时公示。"

(9)不合理限制和不合理收费禁止义务。

《电子商务法》第三十五条规定:"电子商务平台经营者不得利用服务协议、交易规则以及技术等手段,对平台内经营者在平台内的交易、交易价格以及与其他经营者的交易等进行不合理限制或者附加不合理条件,或者向平台内经营者收取不合理费用。"

(10)自营业务显著标示义务。

《电子商务法》第三十七条规定:"电子商务平台经营者在其平台上开展自营业务的,应当以显著方式区分标记自营业务和平台内经营者开展的业务,不得误导消费者。电子商务平台经营者对其标记为自营的业务依法承担商品销售者或者服务提供者的民事责任。"

(11)建立信用评价制度义务。

《电子商务法》第三十九条规定:"电子商务平台经营者应当建立健全信用评价制度,公示信用评价规则,为消费者提供对平台内销售的商品或者提供的服务进行评价的途径。电子商务平台经营者不得删除消费者对其平台内销售的商品或者提供的服务的评价。"

(12)其他法定义务。

4. 平台内经营者的法定义务。

本着"线上线下一致"原则,通过网络销售医疗器械,应严格遵守《医疗器械监督管理条例》《医疗器械网络销售监督管理办法》《网络交易监督管理办法》《医疗器械经营质量管理规范》等相关规定。

四、医疗器械网络销售常见违法行为处罚

（一）第三方平台法律责任

1. 第三方平台常见违法行为。

第三方平台常见违法行为处罚统计表

序号	违法行为	违反规定	处罚依据	处罚内容
1	为医疗器械网络交易提供服务的电子商务平台经营者违反规定，未履行对入网医疗器械经营者进行实名登记义务的，责令限期改正，逾期不改正的	《医疗器械监督管理条例》第四十六条第二款	《电子商务法》第八十条第一款第（一）项；《医疗器械监督管理条例》第九十二条	逾期不改正的，处二万元以上十万元以下的罚款；情节严重的，责令停业整顿，并处十万元以上五十万元以下的罚款。
2	为医疗器械网络交易提供服务的电子商务平台经营者违反规定，未履行审查入网医疗器械经营者许可、注册、备案情况义务的	《医疗器械监督管理条例》第四十六条第二款	《电子商务法》第八十三条；《医疗器械监督管理条例》第九十二条	由市场监督管理部门责令限期改正，可以处五万元以上五十万元以下的罚款；情节严重的，责令停业整顿，并处五十万元以上二百万元以下的罚款。
3	为医疗器械网络交易提供服务的电子商务平台经营者违反规定，未履行对入网医疗器械经营者制止并报告违法行为义务，责令限期改正，逾期不改正的	《医疗器械监督管理条例》第四十六条第二款	《电子商务法》第八十条第一款第（三）项；《医疗器械监督管理条例》第九十二条	逾期不改正的，处二万元以上十万元以下的罚款；情节严重的，责令停业整顿，并处十万元以上五十万元以下的罚款。
4	为医疗器械网络交易提供服务的电子商务平台经营者违反规定，未履行对入网医疗器械经营者停止提供网络交易平台服务义务，责令限期改正，逾期不改正的	《医疗器械监督管理条例》第四十六条第二款	《电子商务法》第八十条第一款第（三）项；《医疗器械监督管理条例》第九十二条	逾期不改正的，处二万元以上十万元以下的罚款；情节严重的，责令停业整顿，并处十万元以上五十万元以下的罚款。

续表

序号	违法行为	违反规定	处罚依据	处罚内容
5	医疗器械网络交易服务第三方平台提供者未按照《医疗器械网络销售监督管理办法》要求展示医疗器械网络交易服务第三方平台备案凭证编号的	《医疗器械网络销售监督管理办法》第十九条	《医疗器械网络销售监督管理办法》第四十条第（二）项	责令改正，给予警告。
6	医疗器械网络交易服务第三方平台提供者未按照《医疗器械网络销售监督管理办法》要求展示医疗器械网络交易服务第三方平台备案凭证编号，拒不改正的	《医疗器械网络销售监督管理办法》第十九条	《医疗器械网络销售监督管理办法》第四十条第（二）项	拒不改正的，处五千元以上一万元以下罚款。
7	医疗器械网络交易服务第三方平台提供者备案事项发生变化未按规定办理变更，拒不改正的	《医疗器械网络销售监督管理办法》第十八条	《医疗器械网络销售监督管理办法》第四十一条第（三）项	拒不改正的，处五千元以上二万元以下罚款。
8	医疗器械网络交易服务第三方平台提供者未按规定要求设置与其规模相适应的质量安全管理机构或者配备质量安全管理人员的	《医疗器械网络销售监督管理办法》第十五条	《医疗器械网络销售监督管理办法》第四十一条第（四）项	责令改正，给予警告。
9	医疗器械网络交易服务第三方平台提供者未按规定要求设置与其规模相适应的质量安全管理机构或者配备质量安全管理人员，拒不改正的	《医疗器械网络销售监督管理办法》第十五条	《医疗器械网络销售监督管理办法》第四十一条第（四）项	拒不改正的，处五千元以上二万元以下罚款。
10	医疗器械网络交易服务第三方平台提供者未按规定建立并执行质量管理制度的	《医疗器械网络销售监督管理办法》第三十三条第一款	《医疗器械网络销售监督管理办法》第四十一条第（五）项	责令改正，给予警告。

续表

序号	违法行为	违反规定	处罚依据	处罚内容
11	医疗器械网络交易服务第三方平台提供者未按规定建立并执行质量管理制度，拒不改正的	《医疗器械网络销售监督管理办法》第三十三条第一款	《医疗器械网络销售监督管理办法》第四十一条第（五）项	拒不改正的，处五千元以上二万元以下罚款。
12	医疗器械网络交易服务第三方平台提供者未按《医疗器械网络销售监督管理办法》规定备案，责令限期改正，拒不改正的	《医疗器械网络销售监督管理办法》第十六条	《医疗器械网络销售监督管理办法》第四十二条	拒不改正的，向社会公告，处三万元以下罚款。
13	医疗器械网络交易服务第三方平台条件发生变化，不再满足规定要求的	《医疗器械网络销售监督管理办法》第四十三条第（一）项	《医疗器械网络销售监督管理办法》第四十三条第（一）项	责令改正，给予警告。
14	医疗器械网络交易服务第三方平台条件发生变化，不再满足规定要求，拒不改正的	《医疗器械网络销售监督管理办法》第四十三条第（一）项	《医疗器械网络销售监督管理办法》第四十三条第（一）项	拒不改正的，处一万元以上三万元以下罚款。
15	医疗器械网络交易服务第三方平台提供者不配合食品药品监督管理部门的监督检查，或者拒绝、隐瞒、不如实提供相关材料和数据的	《医疗器械网络销售监督管理办法》第四十三条第（二）项	《医疗器械网络销售监督管理办法》第四十三条第（二）项	责令改正，给予警告。

续表

序号	违法行为	违反规定	处罚依据	处罚内容
16	医疗器械网络交易服务第三方平台提供者不配合食品药品监督管理部门的监督检查，或者拒绝、隐瞒、不如实提供相关材料和数据，拒不改正的	《医疗器械网络销售监督管理办法》第四十三条第（二）项	《医疗器械网络销售监督管理办法》第四十三条第（二）项	拒不改正的，处一万元以上三万元以下罚款。

2. 第三方平台常见违法行为案例分析。

典型案例：商户销售虚假注册证号医用口罩，对第三方平台如何定性处罚①

【案情】

2021年1月6日，某市药品监督管理局在检查中发现，第三方平台A的网页上，医疗器械生产经营企业B销售的医用口罩C，产品注册证编号系虚假编号。监管人员在国家药监局和产品标识生产商所在地省级药品监管部门网站上，均未查询到医用口罩C的相关注册信息。据第三方平台A称，医疗器械生产经营企业B曾向平台提供医用口罩C的注册证纸质证明文件，平台在审核其提交信息时，确认平台登记的医用口罩C注册证编号与纸质文件相符，但未通过监管部门网站或其他渠道确证该产品相关信息。

经查，医疗器械生产经营企业B已取得医疗器械生产经营许可证，并在其主页显著位置进行展示。医用口罩C产品页面也包含该产品的医疗器械注册证，并以文本形式呈现（注册证编号系虚假编号）。第三方平台A已取得《互联网药品信息服务资格证书》和医疗器械网络交易服务第三方平台备案凭证，也建立了企业核实登记、质量安全监测、网络违法行为禁止等管理制度，但均未严格执行。平台相关管理人员缺乏医疗器械专业知识，平台方对其也无相关培训记录。

---

① 本案例已于2021年5月10日在《中国医药报》上发表。

监管人员当场依法扣押医用口罩 C，责令第三方平台 A 暂停提供相关网络交易服务。

【分歧】

案件查办过程中，监管人员达成一致意见，将医疗器械生产经营企业 B 的违法行为，定性为生产销售未取得医疗器械注册证的第二类医疗器械、未按照要求展示医疗器械注册证和未建立并执行相关质量管理制度。但关于对第三方平台 A 的违法行为如何定性处罚，监管人员产生了分歧。

第一种意见认为，第三方平台 A 的行为应定性为未对申请入驻平台企业提供的医疗器械注册证进行核实，未尽到资质资格审核义务，违反了《医疗器械网络销售监督管理办法》第二十一条第一款"医疗器械网络交易服务第三方平台提供者应当对申请入驻平台的企业提供的医疗器械生产经营许可证件或者备案凭证、医疗器械注册证或者备案凭证、企业营业执照等材料进行核实，建立档案并及时更新，保证入驻平台的企业许可证件或者备案凭证所载明的生产经营场所等许可或者备案信息真实"的规定，应依据《医疗器械网络销售监督管理办法》第三十七条和《电子商务法》第八十三条规定予以处罚。

第二种意见认为，第三方平台 A 已对入驻平台的医疗器械生产经营企业 B 提供的纸质材料与平台上该企业提交的电子材料进行核对，已尽到审核义务，不应当承担相关法律责任。

第三种意见认为，第三方平台 A 的行为应定性为未建立并执行质量管理制度，违反了《医疗器械网络销售监督管理办法》第二十条"医疗器械网络交易服务第三方平台提供者应当建立包括入驻平台的企业核实登记、质量安全监测、交易安全保障、网络销售违法行为制止及报告、严重违法行为平台服务停止、安全投诉举报处理、消费者权益保护、质量安全信息公告等管理制度"的规定，应适用《医疗器械网络销售监督管理办法》第四十一条第（五）项规定予以处罚。

第四种意见认为，第三方平台 A 的行为应定性为未建立并执行质量管理制度、未对申请入驻平台的企业提供的医疗器械注册证进行核实，未尽到资质资格审核义务，违反了《医疗器械网络销售监督管理办法》第二十条、第二十一条第一款的规定，应适用《医疗器械网络销售监督管理办法》第三十七条、第四十一条第（五）项和《电子商务法》第八十三条规定予以处罚。

【评析】

笔者同意第一种意见，理由如下：

第一，从第三方平台的责任来看，依据《电子商务法》第九条第二款"本法所称电子商务平台经营者，是指在电子商务中为交易双方或者多方提供网络经营场所、交易撮合、信息发布等服务，供交易双方或者多方独立开展交易活动的法人或者非法人组织"和《医疗器械网络销售监督管理办法》第四条第三款"医疗器械网络交易服务第三方平台提供者，是指在医疗器械网络交易中仅提供网页空间、虚拟交易场所、交易规则、交易撮合、电子订单等交易服务，供交易双方或者多方开展交易活动，不直接参与医疗器械销售的企业"的规定，结合本案，第三方平台A在医用口罩C的网络交易中，仅提供互联网信息相关服务，不直接参与医用口罩C的销售。

第二，从第三方平台的法定义务来看，根据《医疗器械网络销售监督管理办法》第二十一条规定，笔者认为，第三方平台未尽到审核义务。首先，审核应是实质审核，而不是形式审核。第三方平台应建立并严格执行审核相关制度，相关质量管理人员应具备审核能力、知道核实方法，要能"保证入驻平台的企业许可证件或者备案凭证所载明的生产经营场所等许可或者备案信息真实"。其次，审核要穷尽一切手段。审核不仅要与入驻平台的企业核实相关信息，也应通过官方网站进行查询，或与监管部门进行核实。第三方平台应穷尽一切办法核实信息，确保入驻平台企业的相关信息真实。本案中，第三方平台A虽然进行了形式审核，但没有进行实质审核，更没有穷尽一切手段核实信息，故应认定其没有尽到审核义务，因此，笔者认为第二种观点是错误的。

第三，从法律适用来看，本案中，第三方平台A建立了相关管理制度，但没有严格执行，所以认为第三方平台A违反了《医疗器械网络销售监督管理办法》第二十一条规定，未建立并执行相关质量管理制度的观点是错误的。

关于第三方平台 A 未尽到审核义务应如何处罚，《医疗器械网络销售监督管理办法》没有直接规定。依据该办法第三十七条"从事医疗器械网络销售的企业、医疗器械网络交易服务第三方平台提供者违反法律法规有关规定从事销售或者交易服务，法律法规已有规定的，从其规定。构成犯罪的，移送公安机关处理"之规定，本案中第三方平台 A 的行为应优先适用《电子商务法》相关规定。也就是说，第三方平台 A 未尽到审核义务，应适用《电子商务法》第八十三条"电子商务平台经营者违反本法第三十八条规定，对平台内经营者侵害消费者合法权益行为未采取必要措施，或者对平台内经营者未尽到资质资格审核义务，或者对消费者未尽到安全保障义务的，由市场监督管理部门责令限期改正，可以处五万元以上五十万元以下的罚款；情节严重的，责令停业整顿，并处五十万元以上二百万元以下的罚款"之规定进行处罚。因此，笔者认为，第一种观点是正确的。

（二）平台内经营者的法律责任

1. 平台内经营者常见违法行为。

平台内经营者常见违法行为处罚统计表

序号	违法行为	违反规定	处罚依据	处罚内容
1	无《互联网药品信息服务资格证书》销售医疗器械的	《医疗器械网络销售监督管理办法》第九条	《互联网药品信息服务管理办法》第二十二条	未取得或者超出有效期使用《互联网药品信息服务资格证书》从事互联网药品信息服务的，由国家食品药品监督管理总局或者省、自治区、直辖市食品药品监督管理部门给予警告，并责令其停止从事互联网药品信息服务；情节严重的，移送相关部门，依照有关法律、法规给予处罚。

续表

序号	违法行为	违反规定	处罚依据	处罚内容
2	从事医疗器械网络销售的企业未按照规定备案的	《医疗器械网络销售监督管理办法》第八条	《医疗器械网络销售监督管理办法》第三十九条	由县级以上地方监管部门责令限期改正，给予警告；拒不改正的，向社会公告，处一万元以下罚款。
3	未取得医疗器械经营许可从事网络第三类医疗器械销售的	《医疗器械监督管理条例》第四十二条第一款；《医疗器械网络销售监督管理办法》第七条第一款	《医疗器械监督管理条例》第八十一条第一款第（三）项；《医疗器械网络销售监督管理办法》第三十八条	没收违法所得、违法生产经营的医疗器械和用于违法生产经营的工具、设备、原材料等物品；违法生产经营的医疗器械货值金额不足一万元的，并处五万元以上十五万元以下罚款；货值金额一万元以上的，并处货值金额十五倍以上三十倍以下罚款；情节严重的，责令停产停业，十年内不受理相关责任人以及单位提出的医疗器械许可申请，对违法单位的法定代表人、主要负责人、直接负责的主管人员和其他责任人员，没收违法行为发生期间自本单位所获收入，并处所获收入百分之三十以上三倍以下罚款，终身禁止其从事医疗器械生产经营活动。

续表

序号	违法行为	违反规定	处罚依据	处罚内容
4	未取得第二类医疗器械经营备案凭证从事网络第二类医疗器械销售,责令限期改正,逾期不改正的	《医疗器械监督管理条例》第四十一条第一款;《医疗器械网络销售监督管理办法》第七条第一款	《医疗器械监督管理条例》第八十四条第(三)项;《医疗器械网络销售监督管理办法》第三十八条	向社会公告单位和产品名称,责令限期改正;逾期不改正的,没收违法所得、违法生产经营的医疗器械;违法生产经营的医疗器械货值金额不足一万元的,并处一万元以上五万元以下罚款;货值金额一万元以上的,并处货值金额五倍以上二十倍以下罚款;情节严重的,对违法单位的法定代表人、主要负责人、直接负责的主管人员和其他责任人员,没收违法行为发生期间自本单位所获收入,并处所获收入百分之三十以上二倍以下罚款,五年内禁止其从事医疗器械生产经营活动。
5	从事医疗器械网络销售的企业未按照《医疗器械网络销售监督管理办法》规定备案的	《医疗器械网络销售监督管理办法》第八条	《医疗器械网络销售监督管理办法》第三十九条	责令限期改正,给予警告。
6	从事医疗器械网络销售的企业未按照《医疗器械网络销售监督管理办法》规定备案,拒不改正的	《医疗器械网络销售监督管理办法》第八条	《医疗器械网络销售监督管理办法》第三十九条	拒不改正的,向社会公告,处一万元以下罚款。

续表

序号	违法行为	违反规定	处罚依据	处罚内容
7	从事医疗器械网络销售的企业未按照《医疗器械网络销售监督管理办法》要求展示医疗器械生产经营许可证或者备案凭证、医疗器械注册证或者备案凭证的	《医疗器械网络销售监督管理办法》第十条	《医疗器械网络销售监督管理办法》第四十条第（一）项	责令改正，给予警告。
8	从事医疗器械网络销售的企业未按照《医疗器械网络销售监督管理办法》要求展示医疗器械生产经营许可证或者备案凭证、医疗器械注册证或者备案凭证，拒不改正的	《医疗器械网络销售监督管理办法》第十条	《医疗器械网络销售监督管理办法》第四十条第（一）项	拒不改正的，处五千元以上一万元以下罚款。
9	从事医疗器械网络销售的企业备案信息发生变化，未按规定变更的	《医疗器械网络销售监督管理办法》第八条	《医疗器械网络销售监督管理办法》第四十一条第（一）项	责令改正，给予警告。
10	从事医疗器械网络销售的企业备案信息发生变化，未按规定变更，拒不改正的	《医疗器械网络销售监督管理办法》第八条	《医疗器械网络销售监督管理办法》第四十一条第（一）项	拒不改正的，处五千元以上二万元以下罚款。
11	从事医疗器械网络销售的企业未按规定建立并执行质量管理制度的	《医疗器械网络销售监督管理办法》第三十三条第一款	《医疗器械网络销售监督管理办法》第四十一条第（二）项	责令改正，给予警告。
12	从事医疗器械网络销售的企业未按规定建立并执行质量管理制度，拒不改正的	《医疗器械网络销售监督管理办法》第三十三条第一款	《医疗器械网络销售监督管理办法》第四十一条第（二）项	拒不改正的，处五千元以上二万元以下罚款。

续表

序号	违法行为	违反规定	处罚依据	处罚内容
13	从事医疗器械网络销售的企业条件发生变化，不再满足规定要求的	《医疗器械网络销售监督管理办法》第四十三条第（一）项	《医疗器械网络销售监督管理办法》第四十三条第（一）项	责令改正，给予警告。
14	从事医疗器械网络销售的企业条件发生变化，不再满足规定要求，拒不改正的	《医疗器械网络销售监督管理办法》第四十三条第（一）项	《医疗器械网络销售监督管理办法》第四十三条第（一）项	拒不改正的，处一万元以上三万元以下罚款。
15	从事医疗器械网络销售的企业提供者不配合食品药品监督管理部门的监督检查，或者拒绝、隐瞒、不如实提供相关材料和数据的	《医疗器械网络销售监督管理办法》第四十三条第（二）项	《医疗器械网络销售监督管理办法》第四十三条第（二）项	责令改正，给予警告。
16	从事医疗器械网络销售的企业提供者不配合食品药品监督管理部门的监督检查，或者拒绝、隐瞒、不如实提供相关材料和数据，拒不改正的	《医疗器械网络销售监督管理办法》第四十三条第（二）项	《医疗器械网络销售监督管理办法》第四十三条第（二）项	拒不改正的，处一万元以上三万元以下罚款。
17	从事医疗器械网络销售的企业超出经营范围销售的	《医疗器械网络销售监督管理办法》第十三条第一款	《医疗器械网络销售监督管理办法》第四十四条第一款第（一）项	责令改正，处一万元以上三万元以下罚款。
18	医疗器械批发企业从事医疗器械网络销售，销售给不具有资质的经营企业、使用单位的	《医疗器械网络销售监督管理办法》第十三条第二款	《医疗器械网络销售监督管理办法》第四十四条第一款第（二）项	责令改正，处一万元以上三万元以下罚款。

续表

序号	违法行为	违反规定	处罚依据	处罚内容
19	医疗器械零售企业从事医疗器械网络销售,将非消费者自行使用的医疗器械销售给消费者个人的	《医疗器械网络销售监督管理办法》第十三条第三款	《医疗器械网络销售监督管理办法》第四十四条第一款第(一)项、第二款	责令改正,处一万元以上三万元以下罚款。
20	从事医疗器械网络销售的企业未按照医疗器械说明书和标签标示要求运输、贮存医疗器械的	《医疗器械监督管理条例》第四十七条;《医疗器械网络销售监督管理办法》第十四条	《医疗器械监督管理条例》第八十八条第(三)项;《医疗器械网络销售监督管理办法》第四十五条	责令改正,处一万元以上五万元以下罚款。
21	从事医疗器械网络销售的企业未按照医疗器械说明书和标签标示要求运输、贮存医疗器械,拒不改正的	《医疗器械监督管理条例》第四十七条;《医疗器械网络销售监督管理办法》第十四条	《医疗器械监督管理条例》第八十八条第(三)项;《医疗器械网络销售监督管理办法》第四十五条	拒不改正的,处五万元以上十万元以下罚款;情节严重的,责令停产停业,直至由原发证部门吊销医疗器械生产许可证、医疗器械经营许可证,对违法单位的法定代表人、主要负责人、直接负责的主管人员和其他责任人员,没收违法行为发生期间自本单位所获收入,并处所获收入百分之三十以上二倍以下罚款,五年内禁止其从事医疗器械生产经营活动。

2. 平台内经营者常见违法行为案例分析。

典型案例：网络直播平台自营"械字号面膜",如何处理[1]

【案情】

2022年1月,某地市场监管局接到群众举报,称某网络直播平台A在现场

---

[1] 本案例已于2022年6月27日在《中国医药报》上发表。

直播销售"械字号面膜",涉嫌违法,要求查处。接到举报后,执法人员立即赶赴平台 A 实际经营地开展调查。

经查,平台 A 系第三方平台,在其直播间里,由平台工作人员现场销售"械字号面膜"。平台 A 已取得营业执照,其销售的所谓"械字号面膜"产品真实名称为"医用透明质酸钠修复贴",外包装上有产品的注册证编号、医疗器械生产许可证号、医疗器械注册人名称等信息,医疗器械分类是"Ⅱ",是医用敷料,属第二类医疗器械。执法人员查询国家药监局网站后,发现涉案产品外包装上的医疗器械生产许可证编号、医疗器械注册人名称、产品注册证号等信息与网站登记内容一致。

经进一步调查,平台 A 未取得互联网药品信息服务资格证书和第二类医疗器械经营备案凭证,其营业执照的经营范围中也不包含销售第二类医疗器械。执法人员当即对涉案产品进行扣押。

【分歧】

对于平台 A 通过自身平台销售医疗器械的方式属于自营行为,执法人员没有异议,但对于该行为应如何定性、如何处理,执法人员的观点有分歧。

第一种观点认为,平台 A 自营销售"械字号面膜",存在三个违法行为:

一是未办理备案即销售第二类医疗器械,违反了《医疗器械监督管理条例》第四十一条第一款关于"从事第二类医疗器械经营的,由经营企业向所在地设区的市级人民政府负责药品监督管理的部门备案并提交符合本条例第四十条规定条件的有关资料"的规定,应依据该条例第八十四条第(三)项规定的"经营第二类医疗器械,应当备案但未备案"的情形予以相应处罚。

二是平台 A 未依法取得互联网药品信息服务资格证书即销售第二类医疗器械,违反了现行《医疗器械网络销售监督管理办法》第九条关于"从事医疗器械网络销售的企业,应当通过自建网站或者医疗器械网络交易服务第三方平台开展医疗器械网络销售活动。通过自建网站开展医疗器械网络销售的企业,应当依法取得《互联网药品信息服务资格证书》"的规定,应依据《医疗器械网络销售监督管理办法》第三十七条和《互联网药品信息服务管理办法》第二十二条的规定予以处罚。

三是平台 A 未办理备案即网售第二类医疗器械，违反了《医疗器械网络销售监督管理办法》第八条关于"从事医疗器械网络销售的企业，应当填写医疗器械网络销售信息表……备案凭证编号等信息事先向所在地设区的市级食品药品监督管理部门备案"的规定，应依据《医疗器械网络销售监督管理办法》第三十九条规定，"责令限期改正，给予警告；拒不改正的，向社会公告，处 1 万元以下罚款"。

根据《行政处罚法》第二十九条关于"对当事人的同一个违法行为，不得给予两次以上罚款的行政处罚。同一个违法行为违反多个法律规范应当给予罚款处罚的，按照罚款数额高的规定处罚"的规定，上述三个违法行为应按照处罚较重的《医疗器械监督管理条例》第八十四条的规定予以行政处罚。

第二种观点认为，平台 A 为入驻商户提供网络信息服务，属平台经营者；其又在自己的平台从事自营业务，属医疗器械网络经营者，存在双重身份。

当平台 A 为入驻的经营者提供网络信息服务时，未取得互联网药品信息服务资格证书，违反了《医疗器械网络销售监督管理办法》第十五条关于"医疗器械网络交易服务第三方平台提供者应当依法取得《互联网药品信息服务资格证》"的规定；其未向省级药监部门备案，违反了《医疗器械网络销售监督管理办法》第十六条关于"医疗器械网络交易服务第三方平台提供者应当向所在地省级食品药品监督管理部门备案，填写医疗器械网络交易服务第三方平台备案表"的规定，应移送省级药品监管部门处理。

当平台 A 在自己的平台上开展自营业务时，未办理第二类医疗器械经营备案，违反了《医疗器械网络销售监督管理办法》第七条第一款和《医疗器械监督管理条例》第四十一条的规定，市级药品监管部门应依据《医疗器械监督管理条例》第八十四条第（三）项的规定予以处罚。

【评析】

上述两种观点的最大分歧在于：某网络直播平台 A 是否为双重身份？对此，笔者同意第二种观点，理由如下：

第一，本案中存在若干违法主体及若干违法行为。

首先，从医疗器械网售条件来看，根据《医疗器械监督管理条例》第四十一条规定可知，平台 A 从事第二类医疗器械的销售，必须先向所在地市级药品监管部门备案。本案中，平台 A 构成从事第二类医疗器械经营未备案的违法行为，其违法身份为医疗器械经营企业。

其次，从医疗器械销售渠道来看，按照《医疗器械网络销售监督管理办法》第九条以及第十五条的规定，网络直播平台在网上销售第二类医疗器械，应当通过自建网站或第三方平台开展。但不论是哪种方式，都需要取得互联网药品信息服务资格证书。

本案中，平台 A 是通过自建网站还是第三方平台销售第二类医疗器械，其定性存在争议。从表面上看，自建网站和第三方平台是重合的，但自建网站俗称"独立站"，一般是"卖家自己搭建的网站平台，用以展示或者销售自己的产品，网站没有其他卖家，所有产品均由自己发布"。显而易见，平台 A 并非"独立站"，其不仅销售自己的产品，还为入驻商户提供网络信息服务，因此其性质应为第三方平台。根据《医疗器械网络销售监督管理办法》第四条第三款关于"医疗器械网络交易服务第三方平台提供者，是指在医疗器械网络交易中仅提供网页空间、虚拟交易场所、交易规则、交易撮合、电子订单等交易服务，供交易双方或者多方开展交易活动，不直接参与医疗器械销售的企业"的规定，平台 A 在自身平台销售第二类医疗器械时，存在双重身份，即医疗器械网络销售方和第三方平台。

最后，从医疗器械网络销售的监管来看，按照《医疗器械网络销售监督管理办法》第十六条的规定，平台 A 构成未向所在地省级药品监管部门备案的违法行为。

综上，本案中存在两个违法主体和三个违法行为。故第一种观点是错误的。

第二，从监管部门的管辖权来看。《医疗器械网络销售监督管理办法》第三条明确，省级药品监管部门负责医疗器械网络交易服务的监督管理，县级以上药品监管部门负责本行政区域内医疗器械网络销售的监督管理。

本案中，平台A销售第二类医疗器械时，属县级以上药品监管部门即市级市场监管部门监管；而其作为第三方平台提供医疗器械网络交易服务时，未取得互联网药品信息服务资质证书和未向省级药品监管部门备案的违法行为，市级市场监管部门应依法移送给省级药品监管部门处理。

第三，从法律适用来看。平台A未办理备案即从事医疗器械网络销售的违法行为，违反了《医疗器械监督管理条例》第四十一条和《医疗器械网络销售监督管理办法》第七条第一款的规定，应由市级药品监管部门依据《医疗器械网络销售监督管理办法》第三十九条和《医疗器械监督管理条例》第八十四条第（三）项的规定予以处罚。

而平台A未取得互联网药品信息服务资格证书即提供医疗器械信息服务的行为，违反了《医疗器械网络销售监督管理办法》第十五条的规定，应由省级药品监管部门依据《互联网药品信息服务管理办法》第二十二条规定予以处罚；其未备案的行为，违反了《医疗器械网络销售监督管理办法》第十六条的规定，应由省级药品监管部门依据《医疗器械网络销售监督管理办法》第四十二条的规定予以处罚。

综上，由于本案中存在不同的违法主体和多个违法行为，故对平台A的违法行为不可适用《行政处罚法》"一事不二罚"的规定，应由省级和市级药品监管部门分别裁量，合并处罚。

第五节　跨境销售医疗器械

一、跨境电商零售进口

关于跨境电商零售进口的定义及条件、跨境电商零售进口主体及各方主体责任，请参照"跨境药品销售部分"。

二、跨境销售医疗器械典型案例分析

典型案例：境内代理人网络销售无中文标签的医疗器械如何处理①

【案情】

2021年12月，某省药监局接到群众举报，称某境外医疗器械注册人A指定的境内代理人B，通过某跨境电商第三方平台C销售无中文标签的医疗器械一次性末梢采血器D，怀疑有质量问题，要求查处。接到举报后，某省药监局第一时间派出执法人员前往平台C，对境内代理人B开展调查。

经查，涉案产品系进口第三类医疗器械，系境外注册人A生产，由其指定的境内代理人B销售。B是A委托的国内总经销商，负责进口医疗器械的注册、销售等事宜，涉案产品是其进口到国内进行网络销售的。举报人在平台C下单后，B从国内经营地发货，通过快递送至举报人手中。

某省药监局在国家药监局网站上查询到了涉案产品的注册证信息，注册证上的信息与境外注册人、境内代理人的实际情况相符。经进一步调查，涉案产品无中文标签，是因境外注册人在产品出厂时，忘记加贴中文标签，境内代理人在进口时，未及时查看是否有中文标签，也未及时加贴导致，某省药监局当即对涉案产品进行扣押。

【分歧】

本案中，对于跨境电商第三方平台C是否尽到法定审核等义务，以及应承担的法定责任暂且不论，单就境内代理人B的行为如何定性、该如何处理，执法人员内部存在分歧。

第一种观点认为，B的行为合法。涉案产品系进口第三类医疗器械，在跨境电商第三方平台上进行销售，销售的产品是境外原装商品，属跨境销售进口医疗器械，无需中文标签。

第二种观点认为，B进口无中文标签的医疗器械并进行网络销售，属违法行为。《医疗器械说明书和标签管理规定》第九条第一款规定："医疗器械说明

---

① 本案例已于2022年2月23日在中国食品药品网上发表。

书和标签文字内容应当使用中文，中文的使用应当符合国家通用的语言文字规范。医疗器械说明书和标签可以附加其他文种，但应当以中文表述为准。"《医疗器械监督管理条例》第五十七条第二款规定："进口的医疗器械应当有中文说明书、中文标签。说明书、标签应当符合本条例规定以及相关强制性标准的要求，并在说明书中载明医疗器械的原产地以及境外医疗器械注册人、备案人指定的我国境内企业法人的名称、地址、联系方式。没有中文说明书、中文标签或者说明书、标签不符合本条规定的，不得进口。"应依据《医疗器械监督管理条例》第九十八条第一款"境外医疗器械注册人、备案人指定的我国境内企业法人未依照本条例规定履行相关义务的，由省、自治区、直辖市人民政府药品监督管理部门责令改正，给予警告，并处5万元以上10万元以下罚款；情节严重的，处10万元以上50万元以下罚款，5年内禁止其法定代表人、主要负责人、直接负责的主管人员和其他责任人员从事医疗器械生产经营活动"的规定，予以行政处罚。

【评析】

笔者赞同第二种观点，理由如下：

第一，从网络销售的定性来看，境内代理人通过跨境电商第三方平台销售进口医疗器械，是否属于跨境电商零售进口？

根据2018年商务部等部门联合印发的《关于完善跨境电子商务零售进口监管有关工作的通知》第一条，所谓跨境电商零售进口，是指中国境内消费者通过跨境电商第三方平台经营者自境外购买商品，并通过"网购保税进口"或"直购进口"运递进境的消费行为。本案中，举报人是通过跨境电商第三方平台购买的进口医疗器械，是从境内购买的，不是"自境外购买"，涉案产品是从国内经营地址，通过国内的快递公司送至举报人手中，也并未通过"网购保税进口"或"直购进口"运递进境。

第二，从网络销售的主体来看，B是否属于跨境电商企业？

通过网络销售进口医疗器械，涉及的主体有哪些？根据《关于完善跨境电子商务零售进口监管有关工作的通知》第二条，跨境电商零售进口的主体主要有以下几种：一是跨境电商企业，即自境外向境内消费者销售跨境电商零售进口商品的境外注册企业，为商品的货权所有人；二是跨境电商平台，即在境内办理工商登记，为交易双方（消费者和跨境电商企业）提供网页空间、虚拟经营场所、交易规则、交易撮合、信息发布等服务，设立供交易双方独立开展交易活动的信息网络系统的经营者；三是境内服务商，即在境内办理工商登记，接受跨境电商企业委托为其提供申报、支付、物流、仓储等服务，具有相应运营资质，直接向海关提供有关支付、物流和仓储信息，接受海关、市场监管等部门后续监管，承担相应责任的主体；四是消费者，即跨境电商临时进口商品的境内购买人。

本案中，代理人B既不是"自境外向境内消费者销售跨境电商零售进口商品的境外注册企业"，也非"接受跨境电商企业委托为其提供申报、支付、物流、仓储等服务"，而是接受委托，为境外注册人提供注册和销售等事宜，因此不属于"境内服务商"。涉案产品也非跨境电商零售进口商品，举报人更不是"跨境电商临时进口商品的境内购买人"。故第一种观点是错误的。

第三，从境内代理人的法定义务与责任来看，根据《医疗器械监督管理条例》第五十七条第二款和《医疗器械说明书和标签管理规定》第二条"凡在中华人民共和国境内销售、使用的医疗器械，应当按照本规定要求附有说明书和标签"的规定，本案中，境内代理人B进口了无中文标签的第三类医疗器械，并在国内进行网络销售，违反了上述条款规定，未尽到其法定义务，应依据《医疗器械监督管理条例》第九十八条予以行政处罚。故第二种观点是正确的。

第三章 医疗器械监督执法

第一节 医疗器械常见违法行为处罚

医疗器械监管行政处罚统计表

序号	违法行为	违反规定	处罚依据	处罚内容
1	生产未取得医疗器械注册证的第二类、第三类医疗器械的	《医疗器械监督管理条例》第三十二条第一款；《医疗器械生产监督管理办法》第十条第一款第（一）项	《医疗器械监督管理条例》第八十一条第一款第（一）项、第二款；《医疗器械生产监督管理办法》第七十三条	没收违法所得、违法生产经营的医疗器械和用于违法生产经营的工具、设备、原材料等物品；违法生产经营的医疗器械货值金额不足一万元的，并处五万元以上十五万元以下罚款；货值金额一万元以上的，并处货值金额十五倍以上三十倍以下罚款；情节严重的，责令停产停业，由原发证部门吊销医疗器械生产许可证或者医疗器械经营许可证，十年内不受理相关责任人以及单位提出的医疗器械许可申请，对违法单位的法定代表人、主要负责人、直接负责的主管人员和其他责任人员，没收违法行为发生期间自本单位所获收入，并处所获收入百分之三十以上三倍以下罚款，终身禁止其从事医疗器械生产经营活动。

续表

序号	违法行为	违反规定	处罚依据	处罚内容
2	经营未取得医疗器械注册证的第二类、第三类医疗器械的	《医疗器械监督管理条例》第五十五条	《医疗器械监督管理条例》第八十一条第一款第（一）项、第二款；《医疗器械经营监督管理办法》第六十五条	没收违法所得、违法生产经营的医疗器械和用于违法生产经营的工具、设备、原材料等物品；违法生产经营的医疗器械货值金额不足一万元的，并处五万元以上十五万元以下罚款；货值金额一万元以上的，并处货值金额十五倍以上三十倍以下罚款；情节严重的，责令停产停业，由原发证部门吊销医疗器械生产许可证或者医疗器械经营许可证，十年内不受理相关责任人以及单位提出的医疗器械许可申请，对违法单位的法定代表人、主要负责人、直接负责的主管人员和其他责任人员，没收违法行为发生期间自本单位所获收入，并处所获收入百分之三十以上三倍以下罚款，终身禁止其从事医疗器械生产经营活动。
3	未经许可从事第二类、第三类医疗器械生产活动的	《医疗器械监督管理条例》第三十二条第一款；《医疗器械生产监督管理办法》第十条	《医疗器械监督管理条例》第八十一条第一款第（二）项；《医疗器械生产监督管理办法》第七十三条	没收违法所得、违法生产经营的医疗器械和用于违法生产经营的工具、设备、原材料等物品；违法生产经营的医疗器械货值金额不足一万元的，并处五万元以上十五万元以下罚款；货值金额一万元以上的，并处货值金额十五倍以上三十倍以下罚款；情节严重的，责令停产停业，十年内不受理相关责任人以及单位提出的医疗器械许可申请，对违法单位的法定代表人、主要负责人、直接负责的主管人员和其他责任人员，没收违法行为发生期间自本单位所获收入，并处所获收入百分之三十以上三倍以下罚款，终身禁止其从事医疗器械生产经营活动。

续表

序号	违法行为	违反规定	处罚依据	处罚内容
4	未经许可从事第三类医疗器械经营活动的	《医疗器械监督管理条例》第四十二条第一款;《医疗器械经营监督管理办法》第十条第一款	《医疗器械监督管理条例》第八十一条第一款第（三）项;《医疗器械经营监督管理办法》第六十六条第二款	没收违法所得、违法生产经营的医疗器械和用于违法生产经营的工具、设备、原材料等物品；违法生产经营的医疗器械货值金额不足一万元的，并处五万元以上十五万元以下罚款；货值金额一万元以上的，并处货值金额十五倍以上三十倍以下罚款；情节严重的，责令停产停业，十年内不受理相关责任人以及单位提出的医疗器械许可申请，对违法单位的法定代表人、主要负责人、直接负责的主管人员和其他责任人员，没收违法行为发生期间自本单位所获收入，并处所获收入百分之三十以上三倍以下罚款，终身禁止其从事医疗器械生产经营活动。
5	生产超出生产范围或者与医疗器械生产产品登记表载明生产产品不一致的第二类、第三类医疗器械的		《医疗器械监督管理条例》第八十一条第一款第（二）项;《医疗器械生产监督管理办法》第七十三条	没收违法所得、违法生产经营的医疗器械和用于违法生产经营的工具、设备、原材料等物品；违法生产经营的医疗器械货值金额不足一万元的，并处五万元以上十五万元以下罚款；货值金额一万元以上的，并处货值金额十五倍以上三十倍以下罚款；情节严重的，责令停产停业，十年内不受理相关责任人以及单位提出的医疗器械许可申请，对违法单位的法定代表人、主要负责人、直接负责的主管人员和其他责任人员，没收违法行为发生期间自本单位所获收入，并处所获收入百分之三十以上三倍以下罚款，终身禁止其从事医疗器械生产经营活动。

续表

序号	违法行为	违反规定	处罚依据	处罚内容
6	在未经许可的生产场地生产第二类、第三类医疗器械的	《医疗器械生产监督管理办法》第十条、第十五条第一款	《医疗器械监督管理条例》第八十一条第一款第（二）项；《医疗器械生产监督管理办法》第七十四条第（二）项	没收违法所得、违法生产经营的医疗器械和用于违法生产经营的工具、设备、原材料等物品；违法生产经营的医疗器械货值金额不足一万元的，并处五万元以上十五万元以下罚款；货值金额一万元以上的，并处货值金额十五倍以上三十倍以下罚款；情节严重的，责令停产停业，十年内不受理相关责任人以及单位提出的医疗器械许可申请，对违法单位的法定代表人、主要负责人、直接负责的主管人员和其他责任人员，没收违法行为发生期间自本单位所获收入，并处所获收入百分之三十以上三倍以下罚款，终身禁止其从事医疗器械生产经营活动。
7	医疗器械生产许可证有效期届满后，未依法办理延续，仍继续从事医疗器械生产的	《医疗器械生产监督管理办法》第十七条	《医疗器械监督管理条例》第八十一条第一款第（二）项；《医疗器械生产监督管理办法》第七十四条第（三）项	没收违法所得、违法生产经营的医疗器械和用于违法生产经营的工具、设备、原材料等物品；违法生产经营的医疗器械货值金额不足一万元的，并处五万元以上十五万元以下罚款；货值金额一万元以上的，并处货值金额十五倍以上三十倍以下罚款；情节严重的，责令停产停业，十年内不受理相关责任人以及单位提出的医疗器械许可申请，对违法单位的法定代表人、主要负责人、直接负责的主管人员和其他责任人员，没收违法行为发生期间自本单位所获收入，并处所获收入百分之三十以上三倍以下罚款，终身禁止其从事医疗器械生产经营活动。

续表

序号	违法行为	违反规定	处罚依据	处罚内容
8	医疗器械经营许可证有效期届满后未依法办理延续、仍继续从事医疗器械经营的	《医疗器械经营监督管理办法》第十六条第一款	《医疗器械监督管理条例》第八十一条第一款第（三）项；《医疗器械经营监督管理办法》第六十六条第一款第（二）项	没收违法所得、违法生产经营的医疗器械和用于违法生产经营的工具、设备、原材料等物品；违法生产经营的医疗器械货值金额不足一万元的，并处五万元以上十五万元以下罚款；货值金额一万元以上的，并处货值金额十五倍以上三十倍以下罚款；情节严重的，责令停产停业，十年内不受理相关责任人以及单位提出的医疗器械许可申请，对违法单位的法定代表人、主要负责人、直接负责的主管人员和其他责任人员，没收违法行为发生期间自本单位所获收入，并处所获收入百分之三十以上三倍以下罚款，终身禁止其从事医疗器械生产经营活动。
9	提供虚假资料或者采取其他欺骗手段取得医疗器械许可的（部门规章另有规定的除外）	《医疗器械监督管理条例》第八十三条第一款	《医疗器械监督管理条例》第八十三条第一款；《医疗器械经营监督管理办法》第六十五条	不予行政许可，已经取得行政许可的，由作出行政许可决定的部门撤销行政许可，没收违法所得、违法生产经营使用的医疗器械，十年内不受理相关责任人以及单位提出的医疗器械许可申请；违法生产经营使用的医疗器械货值金额不足一万元的，并处五万元以上十五万元以下罚款；货值金额一万元以上的，并处货值金额十五倍以上三十倍以下罚款；情节严重的，责令停产停业，对违法单位的法定代表人、主要负责人、直接负责的主管人员和其他责任人员，没收违法行为发生期间自本单位所获收入，并处所获收入百分之三十以上三倍以下罚款，终身禁止其从事医疗器械生产经营活动。

续表

序号	违法行为	违反规定	处罚依据	处罚内容
10	提供虚假资料或者采取其他欺骗手段取得医疗器械生产许可证的	《医疗器械监督管理条例》第十四条第四款；《医疗器械生产监督管理办法》第十条	《医疗器械监督管理条例》第八十三条第一款；《医疗器械生产监督管理办法》第七十三条	不予行政许可，已经取得行政许可的，由作出行政许可决定的部门撤销行政许可，没收违法所得、违法生产经营使用的医疗器械，十年内不受理相关责任人以及单位提出的医疗器械许可申请；违法生产经营使用的医疗器械货值金额不足一万元的，并处五万元以上十五万元以下罚款；货值金额一万元以上的，并处货值金额十五倍以上三十倍以下罚款；情节严重的，责令停产停业，对违法单位的法定代表人、主要负责人、直接负责的主管人员和其他责任人员，没收违法行为发生期间自本单位所获收入，并处所获收入百分之三十以上三倍以下罚款，终身禁止其从事医疗器械生产经营活动。
11	提供虚假资料或者采取其他欺骗手段取得医疗器械经营许可证的	《医疗器械监督管理条例》第十四条第四款	《医疗器械监督管理条例》第八十三条第一款；《医疗器械经营监督管理办法》第六十五条	不予行政许可，已经取得行政许可的，由作出行政许可决定的部门撤销行政许可，没收违法所得、违法生产经营使用的医疗器械，十年内不受理相关责任人以及单位提出的医疗器械许可申请；违法生产经营使用的医疗器械货值金额不足一万元的，并处五万元以上十五万元以下罚款；货值金额一万元以上的，并处货值金额十五倍以上三十倍以下罚款；情节严重的，责令停产停业，对违法单位的法定代表人、主要负责人、直接负责的主管人员和其他责任人员，没收违法行为发生期间自本单位所获收入，并处所获收入百分之三十以上三倍以下罚款，终身禁止其从事医疗器械生产经营活动。
12	伪造、变造、买卖、出租、出借相关医疗器械许可证件的	《医疗器械监督管理条例》第八十三条第二款	《医疗器械监督管理条例》第八十三条第二款	由原发证部门予以收缴或者吊销，没收违法所得；违法所得不足一万元的，并处五万元以上十万元以下罚款；违法所得一万元以上的，并处违法所得十倍以上二十倍以下罚款；构成违反治安管理行为的，由公安机关依法予以治安管理处罚。

续表

序号	违法行为	违反规定	处罚依据	处罚内容
13	伪造、变造、买卖、出租、出借医疗器械生产许可证的	《医疗器械监督管理条例》第八十三条第二款;《医疗器械生产监督管理办法》第二十四条	《医疗器械监督管理条例》第八十三条第二款;《医疗器械生产监督管理办法》第七十三条	由原发证部门予以收缴或者吊销,没收违法所得;违法所得不足一万元的,并处五万元以上十万元以下罚款;违法所得一万元以上的,并处违法所得十倍以上二十倍以下罚款;构成违反治安管理行为的,由公安机关依法予以治安管理处罚。
14	伪造、变造、买卖、出租、出借医疗器械经营许可证的	《医疗器械监督管理条例》第八十三条第二款;《医疗器械经营监督管理办法》第二十八条	《医疗器械监督管理条例》第八十三条第二款;《医疗器械经营监督管理办法》第六十五条	由原发证部门予以收缴或者吊销,没收违法所得;违法所得不足一万元的,并处五万元以上十万元以下罚款;违法所得一万元以上的,并处违法所得十倍以上二十倍以下罚款;构成违反治安管理行为的,由公安机关依法予以治安管理处罚。
15	医疗器械注册人未按照要求对发生变化进行备案的,责令限期改正,逾期不改正的	《医疗器械注册与备案管理办法》第七十九条	《医疗器械注册与备案管理办法》第一百零七条	处一万元以上三万元以下罚款。
16	体外诊断试剂注册人未按照要求对发生变化进行备案的,责令限期改正,逾期不改正的	《体外诊断试剂注册与备案管理办法》第七十八条	《体外诊断试剂注册与备案管理办法》第一百零七条	处一万元以上三万元以下罚款。

续表

序号	违法行为	违反规定	处罚依据	处罚内容
17	从事第一类医疗器械生产活动未按规定备案，责令限期改正，逾期不改正的	《医疗器械监督管理条例》第三十一条第一款；《医疗器械生产监督管理办法》第二十二条	《医疗器械监督管理条例》第八十四条第（二）项；《医疗器械生产监督管理办法》第七十五条	没收违法所得、违法生产经营的医疗器械；违法生产经营的医疗器械货值金额不足一万元的，并处一万元以上五万元以下罚款；货值金额一万元以上的，并处货值金额五倍以上二十倍以下罚款；情节严重的，对违法单位的法定代表人、主要负责人、直接负责的主管人员和其他责任人员，没收违法行为发生期间自本单位所获收入，并处所获收入百分之三十以上二倍以下罚款，五年内禁止其从事医疗器械生产经营活动。
18	生产未经备案的第一类医疗器械，责令限期改正，逾期不改正的	《医疗器械监督管理条例》第十五条	《医疗器械监督管理条例》第八十四条第（一）项	没收违法所得、违法生产经营的医疗器械；违法生产经营的医疗器械货值金额不足一万元的，并处一万元以上五万元以下罚款；货值金额一万元以上的，并处货值金额五倍以上二十倍以下罚款；情节严重的，对违法单位的法定代表人、主要负责人、直接负责的主管人员和其他责任人员，没收违法行为发生期间自本单位所获收入，并处所获收入百分之三十以上二倍以下罚款，五年内禁止其从事医疗器械生产经营活动。
19	经营未经备案的第一类医疗器械，责令限期改正，逾期不改正的	《医疗器械监督管理条例》第十五条	《医疗器械监督管理条例》第八十四条第（一）项	没收违法所得、违法生产经营的医疗器械；违法生产经营的医疗器械货值金额不足一万元的，并处一万元以上五万元以下罚款；货值金额一万元以上的，并处货值金额五倍以上二十倍以下罚款；情节严重的，对违法单位的法定代表人、主要负责人、直接负责的主管人员和其他责任人员，没收违法行为发生期间自本单位所获收入，并处所获收入百分之三十以上二倍以下罚款，五年内禁止其从事医疗器械生产经营活动。

续表

序号	违法行为	违反规定	处罚依据	处罚内容
20	经营二类医疗器械未按规定备案，责令限期改正，逾期不改正的	《医疗器械监督管理条例》第四十一条第一款；《医疗器械经营监督管理办法》第二十一条	《医疗器械监督管理条例》第八十四条第（三）项；《医疗器械经营监督管理办法》第六十五条	没收违法所得、违法生产经营的医疗器械；违法生产经营的医疗器械货值金额不足一万元的，并处一万元以上五万元以下罚款；货值金额一万元以上的，并处货值金额五倍以上二十倍以下罚款；情节严重的，对违法单位的法定代表人、主要负责人、直接负责的主管人员和其他责任人员，没收违法行为发生期间自本单位所获收入，并处所获收入百分之三十以上二倍以下罚款，五年内禁止其从事医疗器械生产经营活动。
21	已经备案的资料不符合要求，责令限期改正，逾期不改正的	《医疗器械监督管理条例》第十四条第一款、第二款	《医疗器械监督管理条例》第八十四条第（四）项	没收违法所得、违法生产经营的医疗器械；违法生产经营的医疗器械货值金额不足一万元的，并处一万元以上五万元以下罚款；货值金额一万元以上的，并处货值金额五倍以上二十倍以下罚款；情节严重的，对违法单位的法定代表人、主要负责人、直接负责的主管人员和其他责任人员，没收违法行为发生期间自本单位所获收入，并处所获收入百分之三十以上二倍以下罚款，五年内禁止其从事医疗器械生产经营活动。
22	从事医疗器械（含体外诊断试剂）产品备案时提供虚假资料的	《医疗器械监督管理条例》第十四条第四款	《医疗器械监督管理条例》第八十五条	向社会公告备案单位和产品名称，没收违法所得、违法生产经营的医疗器械；违法生产经营的医疗器械货值金额不足一万元的，并处二万元以上五万元以下罚款；货值金额一万元以上的，并处货值金额五倍以上二十倍以下罚款；情节严重的，责令停产停业，对违法单位的法定代表人、主要负责人、直接负责的主管人员和其他责任人员，没收违法行为发生期间自本单位所获收入，并处所获收入百分之三十以上三倍以下罚款，十年内禁止其从事医疗器械生产经营活动。

续表

序号	违法行为	违反规定	处罚依据	处罚内容
23	从事第二类医疗器械经营备案时提供虚假资料的	《医疗器械监督管理条例》第十四条第四款	《医疗器械监督管理条例》第八十五条;《医疗器械经营监督管理办法》第六十五条	向社会公告备案单位和产品名称,没收违法所得、违法生产经营的医疗器械;违法生产经营的医疗器械货值金额不足一万元的,并处二万元以上五万元以下罚款;货值金额一万元以上的,并处货值金额五倍以上二十倍以下罚款;情节严重的,责令停产停业,对违法单位的法定代表人、主要负责人、直接负责的主管人员和其他责任人员,没收违法行为发生期间自本单位所获收入,并处所获收入百分之三十以上三倍以下罚款,十年内禁止其从事医疗器械生产经营活动。
24	生产不符合强制性标准或者不符合经注册或者备案的产品技术要求的医疗器械的	《医疗器械监督管理条例》第七条、第三十五条第一款;《医疗器械生产监督管理办法》第二十五条	《医疗器械监督管理条例》第八十六条第(一)项;《医疗器械生产监督管理办法》第七十六条	责令改正,没收违法生产经营使用的医疗器械;违法生产经营使用的医疗器械货值金额不足一万元的,并处二万元以上五万元以下罚款;货值金额一万元以上的,并处货值金额五倍以上二十倍以下罚款;情节严重的,责令停产停业,直至由原发证部门吊销医疗器械注册证、医疗器械生产许可证、医疗器械经营许可证,对违法单位的法定代表人、主要负责人、直接负责的主管人员和其他责任人员,没收违法行为发生期间自本单位所获收入,并处所获收入百分之三十以上三倍以下罚款,十年内禁止其从事医疗器械生产经营活动。
25	经营不符合强制性标准或者不符合经注册或者备案的产品技术要求的医疗器械的	《医疗器械监督管理条例》第七条	《医疗器械监督管理条例》第八十六条第(一)项	责令改正,没收违法生产经营使用的医疗器械;违法生产经营使用的医疗器械货值金额不足一万元的,并处二万元以上五万元以下罚款;货值金额一万元以上的,并处货值金额五倍以上二十倍以下罚款;情节严重的,责令停产停业,直至由原发证部门吊销医疗器械注册证、医疗器械生产许可证、医疗器械经营许可证,对违法单位的法定代表人、主要负责人、直接负责的主管人员和其他责任人员,没收违法行为发生期间自本单位所获收入,并处所获收入百分之三十以上三倍以下罚款,十年内禁止其从事医疗器械生产经营活动。

续表

序号	违法行为	违反规定	处罚依据	处罚内容
26	使用不符合强制性标准或者不符合经注册或者备案的产品技术要求的医疗器械的	《医疗器械监督管理条例》第七条；《医疗器械使用质量监督管理办法》第五条	《医疗器械监督管理条例》第八十六条第（一）项；《医疗器械使用质量监督管理办法》第二十七条第（一）项	责令改正，没收违法生产经营使用的医疗器械；违法生产经营使用的医疗器械货值金额不足一万元的，并处二万元以上五万元以下罚款；货值金额一万元以上的，并处货值金额五倍以上二十倍以下罚款；情节严重的，责令停产停业，直至由原发证部门吊销医疗器械注册证、医疗器械生产许可证、医疗器械经营许可证，对违法单位的法定代表人、主要负责人、直接负责的主管人员和其他责任人员，没收违法行为发生期间自本单位所获收入，并处所获收入百分之三十以上三倍以下罚款，十年内禁止其从事医疗器械生产经营活动。
27	医疗器械注册人、备案人、受托生产企业未按照经注册或者备案的产品技术要求组织生产的	《医疗器械监督管理条例》第三十五条第一款；《医疗器械生产监督管理办法》第二十五条	《医疗器械监督管理条例》第八十六条第（二）项；《医疗器械生产监督管理办法》第七十六条	责令改正，没收违法生产经营使用的医疗器械；违法生产经营使用的医疗器械货值金额不足一万元的，并处二万元以上五万元以下罚款；货值金额一万元以上的，并处货值金额五倍以上二十倍以下罚款；情节严重的，责令停产停业，直至由原发证部门吊销医疗器械注册证、医疗器械生产许可证、医疗器械经营许可证，对违法单位的法定代表人、主要负责人、直接负责的主管人员和其他责任人员，没收违法行为发生期间自本单位所获收入，并处所获收入百分之三十以上三倍以下罚款，十年内禁止其从事医疗器械生产经营活动。
28	医疗器械注册人、备案人、受托生产企业未依照《医疗器械监督管理条例》规定建立质量管理体系并保持有效运行，影响产品安全、有效的	《医疗器械监督管理条例》第二十条第一款第（一）项、第三十五条第一款、第四十四条；《医疗器械生产监督管理办法》第二十五条	《医疗器械监督管理条例》第八十六条第（二）项；《医疗器械生产监督管理办法》第七十六条	责令改正，没收违法生产经营使用的医疗器械；违法生产经营使用的医疗器械货值金额不足一万元的，并处二万元以上五万元以下罚款；货值金额一万元以上的，并处货值金额五倍以上二十倍以下罚款；情节严重的，责令停产停业，直至由原发证部门吊销医疗器械注册证、医疗器械生产许可证、医疗器械经营许可证，对违法单位的法定代表人、主要负责人、直接负责的主管人员和其他责任人员，没收违法行为发生期间自本单位所获收入，并处所获收入百分之三十以上三倍以下罚款，十年内禁止其从事医疗器械生产经营活动。

续表

序号	违法行为	违反规定	处罚依据	处罚内容
29	经营无合格证明文件、过期、失效、淘汰的医疗器械的	《医疗器械监督管理条例》第五十五条;《医疗器械经营监督管理办法》第四十五条第一款	《医疗器械监督管理条例》第八十六条第（三）项;《医疗器械经营监督管理办法》第六十五条	责令改正，没收违法生产经营使用的医疗器械；违法生产经营使用的医疗器械货值金额不足一万元的，并处二万元以上五万元以下罚款；货值金额一万元以上的，并处货值金额五倍以上二十倍以下罚款；情节严重的，责令停产停业，直至由原发证部门吊销医疗器械注册证、医疗器械生产许可证、医疗器械经营许可证，对违法单位的法定代表人、主要负责人、直接负责的主管人员和其他责任人员，没收违法行为发生期间自本单位所获收入，并处所获收入百分之三十以上三倍以下罚款，十年内禁止其从事医疗器械生产经营活动。
30	使用无合格证明文件、过期、失效、淘汰的医疗器械，或者使用未依法注册的医疗器械的	《医疗器械监督管理条例》第五十五条;《医疗器械使用质量监督管理办法》第十二条	《医疗器械监督管理条例》第八十六条第（三）项;《医疗器械使用质量监督管理办法》第二十七条第（二）项	责令改正，没收违法生产经营使用的医疗器械；违法生产经营使用的医疗器械货值金额不足一万元的，并处二万元以上五万元以下罚款；货值金额一万元以上的，并处货值金额五倍以上二十倍以下罚款；情节严重的，责令停产停业，直至由原发证部门吊销医疗器械注册证、医疗器械生产许可证、医疗器械经营许可证，对违法单位的法定代表人、主要负责人、直接负责的主管人员和其他责任人员，没收违法行为发生期间自本单位所获收入，并处所获收入百分之三十以上三倍以下罚款，十年内禁止其从事医疗器械生产经营活动。
31	在负责药品监督管理的部门责令召回后仍拒不召回医疗器械的	《医疗器械监督管理条例》第六十七条第三款;《医疗器械召回管理办法》第二十四条第一款	《医疗器械监督管理条例》第八十六条第（四）项;《医疗器械召回管理办法》第二十九条	责令改正，没收违法生产经营使用的医疗器械；违法生产经营使用的医疗器械货值金额不足一万元的，并处二万元以上五万元以下罚款；货值金额一万元以上的，并处货值金额五倍以上二十倍以下罚款；情节严重的，责令停产停业，直至由原发证部门吊销医疗器械注册证、医疗器械生产许可证、医疗器械经营许可证，对违法单位的法定代表人、主要负责人、直接负责的主管人员和其他责任人员，没收违法行为发生期间自本单位所获收入，并处所获收入百分之三十以上三倍以下罚款，十年内禁止其从事医疗器械生产经营活动。

续表

序号	违法行为	违反规定	处罚依据	处罚内容
32	在负责药品监督管理的部门责令停止或者暂停生产、进口、经营后，仍拒不停止生产、进口、经营医疗器械的	《医疗器械监督管理条例》第六十七条第三款	《医疗器械监督管理条例》第八十六条第（四）项；《医疗器械经营监督管理办法》第六十五条	责令改正，没收违法生产经营使用的医疗器械；违法生产经营使用的医疗器械货值金额不足一万元的，并处二万元以上五万元以下罚款；货值金额一万元以上的，并处货值金额五倍以上二十倍以下罚款；情节严重的，责令停产停业，直至由原发证部门吊销医疗器械注册证、医疗器械生产许可证、医疗器械经营许可证，对违法单位的法定代表人、主要负责人、直接负责的主管人员和其他责任人员，没收违法行为发生期间自本单位所获收入，并处所获收入百分之三十以上三倍以下罚款，十年内禁止其从事医疗器械生产经营活动。
33	委托不具备《医疗器械监督管理条例》规定条件的企业生产医疗器械，或者未对受托生产企业的生产行为进行管理的	《医疗器械监督管理条例》第三十四条第一款、第二款	《医疗器械监督管理条例》第八十六条第（五）项；《医疗器械生产监督管理办法》第七十六条	责令改正，没收违法生产经营使用的医疗器械；违法生产经营使用的医疗器械货值金额不足一万元的，并处二万元以上五万元以下罚款；货值金额一万元以上的，并处货值金额五倍以上二十倍以下罚款；情节严重的，责令停产停业，直至由原发证部门吊销医疗器械注册证、医疗器械生产许可证、医疗器械经营许可证，对违法单位的法定代表人、主要负责人、直接负责的主管人员和其他责任人员，没收违法行为发生期间自本单位所获收入，并处所获收入百分之三十以上三倍以下罚款，十年内禁止其从事医疗器械生产经营活动。
34	进口过期、失效、淘汰等已使用过的医疗器械的	《医疗器械监督管理条例》第五十七条第四款	《医疗器械监督管理条例》第八十六条第（六）项	责令改正，没收违法生产经营使用的医疗器械；违法生产经营使用的医疗器械货值金额不足一万元的，并处二万元以上五万元以下罚款；货值金额一万元以上的，并处货值金额五倍以上二十倍以下罚款；情节严重的，责令停产停业，直至由原发证部门吊销医疗器械注册证、医疗器械生产许可证、医疗器械经营许可证，对违法单位的法定代表人、主要负责人、直接负责的主管人员和其他责任人员，没收违法行为发生期间自本单位所获收入，并处所获收入百分之三十以上三倍以下罚款，十年内禁止其从事医疗器械生产经营活动。

续表

序号	违法行为	违反规定	处罚依据	处罚内容
35	生产条件发生变化、不再符合医疗器械质量管理体系要求，未依照《医疗器械监督管理条例》规定整改、停止生产、报告的	《医疗器械监督管理条例》第三十六条；《医疗器械生产监督管理办法》第四十四条	《医疗器械监督管理条例》第八十八条第（一）项；《医疗器械生产监督管理办法》第七十七条	责令改正，处一万元以上五万元以下罚款。
36	生产条件发生变化、不再符合医疗器械质量管理体系要求，未依照《医疗器械监督管理条例》规定整改、停止生产、报告，拒不改正的	《医疗器械监督管理条例》第三十六条	《医疗器械监督管理条例》第八十八条第（一）项	拒不改正的，处五万元以上十万元以下罚款；情节严重的，责令停产停业，直至由原发证部门吊销医疗器械生产许可证、医疗器械经营许可证，对违法单位的法定代表人、主要负责人、直接负责的主管人员和其他责任人员，没收违法行为发生期间自本单位所获收入，并处所获收入百分之三十以上二倍以下罚款，五年内禁止其从事医疗器械生产经营活动。
37	生产说明书、标签不符合《医疗器械监督管理条例》规定的医疗器械的	《医疗器械监督管理条例》第三十九条	《医疗器械监督管理条例》第八十八条第（二）项；《医疗器械说明书和标签管理规定》第十八条	责令改正，处一万元以上五万元以下罚款。

续表

序号	违法行为	违反规定	处罚依据	处罚内容
38	生产说明书、标签不符合《医疗器械监督管理条例》规定的医疗器械，拒不改正的	《医疗器械监督管理条例》第三十九条	《医疗器械监督管理条例》第八十八条第（二）项	拒不改正的，处五万元以上十万元以下罚款；情节严重的，责令停产停业，直至由原发证部门吊销医疗器械生产许可证、医疗器械经营许可证，对违法单位的法定代表人、主要负责人、直接负责的主管人员和其他责任人员，没收违法行为发生期间自本单位所获收入，并处所获收入百分之三十以上二倍以下罚款，五年内禁止其从事医疗器械生产经营活动。
39	经营说明书、标签不符合《医疗器械监督管理条例》规定的医疗器械（含进口医疗器械）的	《医疗器械监督管理条例》第三十九条；《医疗器械说明书和标签管理规定》第四条	《医疗器械监督管理条例》第八十八条第（二）项；《医疗器械说明书和标签管理规定》第十八条；《医疗器械经营监督管理办法》第六十五条	责令改正，处一万元以上五万元以下罚款。
40	经营说明书、标签不符合《医疗器械监督管理条例》规定的医疗器械（含进口医疗器械），拒不改正的	《医疗器械监督管理条例》第三十九条	《医疗器械监督管理条例》第八十八条第（二）项	拒不改正的，处五万元以上十万元以下罚款；情节严重的，责令停产停业，直至由原发证部门吊销医疗器械生产许可证、医疗器械经营许可证，对违法单位的法定代表人、主要负责人、直接负责的主管人员和其他责任人员，没收违法行为发生期间自本单位所获收入，并处所获收入百分之三十以上二倍以下罚款，五年内禁止其从事医疗器械生产经营活动。

续表

序号	违法行为	违反规定	处罚依据	处罚内容
41	医疗器械经营企业未按照医疗器械说明书和标签标示要求运输、贮存医疗器械的	《医疗器械监督管理条例》第四十七条；《医疗器械经营监督管理办法》第二十九条	《医疗器械监督管理条例》第八十八条第（三）项；《医疗器械经营监督管理办法》第六十五条	责令改正，处一万元以上五万元以下罚款。
42	医疗器械经营企业未按照医疗器械说明书和标签标示要求运输、贮存医疗器械，拒不改正的	《医疗器械监督管理条例》第四十七条；《医疗器械经营监督管理办法》第二十九条	《医疗器械监督管理条例》第八十八条第（三）项；《医疗器械经营监督管理办法》第六十五条	拒不改正的，处五万元以上十万元以下罚款；情节严重的，责令停产停业，直至由原发证部门吊销医疗器械生产许可证、医疗器械经营许可证，对违法单位的法定代表人、主要负责人、直接负责的主管人员和其他责任人员，没收违法行为发生期间自本单位所获收入，并处所获收入百分之三十以上二倍以下罚款，五年内禁止其从事医疗器械生产经营活动。
43	医疗器械使用单位未按照医疗器械说明书和标签标示要求贮存医疗器械的	《医疗器械监督管理条例》第四十七条；《医疗器械使用质量监督管理办法》第十条	《医疗器械监督管理条例》第八十八条第（三）项；《医疗器械使用质量监督管理办法》第二十八条第（一）项	责令改正，处一万元以上五万元以下罚款。
44	医疗器械使用单位未按照医疗器械说明书和标签标示要求贮存医疗器械，拒不改正的	《医疗器械监督管理条例》第四十七条；《医疗器械使用质量监督管理办法》第十条	《医疗器械监督管理条例》第八十八条第（三）项；《医疗器械使用质量监督管理办法》第二十八条第（一）项	拒不改正的，处五万元以上十万元以下罚款；情节严重的，责令停产停业，直至由原发证部门吊销医疗器械生产许可证、医疗器械经营许可证，对违法单位的法定代表人、主要负责人、直接负责的主管人员和其他责任人员，没收违法行为发生期间自本单位所获收入，并处所获收入百分之三十以上二倍以下罚款，五年内禁止其从事医疗器械生产经营活动。

续表

序号	违法行为	违反规定	处罚依据	处罚内容
45	医疗器械使用单位转让过期、失效、淘汰或者检验不合格的在用医疗器械的	《医疗器械监督管理条例》第五十六条；《医疗器械使用质量监督管理办法》第二十条第三款	《医疗器械监督管理条例》第八十八条第（四）项；《医疗器械使用质量监督管理办法》第二十八条第（二）项	责令改正，处一万元以上五万元以下罚款。
46	医疗器械使用单位转让过期、失效、淘汰或者检验不合格的在用医疗器械，拒不改正的	《医疗器械监督管理条例》第五十六条	《医疗器械监督管理条例》第八十八条第（四）项	拒不改正的，处五万元以上十万元以下罚款；情节严重的，责令停产停业，直至由原发证部门吊销医疗器械生产许可证、医疗器械经营许可证，对违法单位的法定代表人、主要负责人、直接负责的主管人员和其他责任人员，没收违法行为发生期间自本单位所获收入，并处所获收入百分之三十以上二倍以下罚款，五年内禁止其从事医疗器械生产经营活动。
47	医疗器械使用单位捐赠过期、失效、淘汰或者检验不合格的在用医疗器械的	《医疗器械使用质量监督管理办法》第二十一条第二款	《医疗器械监督管理条例》第八十八条；《医疗器械使用质量监督管理办法》第二十八条第（二）项	责令改正，处一万元以上五万元以下罚款。

续表

序号	违法行为	违反规定	处罚依据	处罚内容
48	医疗器械使用单位捐赠过期、失效、淘汰或者检验不合格的在用医疗器械，拒不改正的	《医疗器械使用质量监督管理办法》第二十一条第二款	《医疗器械监督管理条例》第八十八条；《医疗器械使用质量监督管理办法》第二十八条第（二）项	拒不改正的，处五万元以上十万元以下罚款；情节严重的，责令停产停业，直至由原发证部门吊销医疗器械生产许可证、医疗器械经营许可证，对违法单位的法定代表人、主要负责人、直接负责的主管人员和其他责任人员，没收违法行为发生期间自本单位所获收入，并处所获收入百分之三十以上二倍以下罚款，五年内禁止其从事医疗器械生产经营活动。
49	未按照要求提交质量管理体系自查报告的	《医疗器械监督管理条例》第三十五条第二款；《医疗器械生产监督管理办法》第四十五条	《医疗器械监督管理条例》第八十九条第（一）项	责令改正，给予警告。
50	未按照要求提交质量管理体系自查报告，拒不改正的	《医疗器械监督管理条例》第三十五条第二款；《医疗器械生产监督管理办法》第四十五条	《医疗器械监督管理条例》第八十九条第（一）项	拒不改正的，处一万元以上十万元以下罚款；情节严重的，责令停产停业，直至由原发证部门吊销医疗器械注册证、医疗器械生产许可证、医疗器械经营许可证，对违法单位的法定代表人、主要负责人、直接负责的主管人员和其他责任人员处一万元以上三万元以下罚款。
51	医疗器械经营企业、使用单位从不具备合法资质的供货者购进医疗器械的	《医疗器械监督管理条例》第四十五条第一款	《医疗器械监督管理条例》第八十九条第（二）项	责令改正，给予警告。

续表

序号	违法行为	违反规定	处罚依据	处罚内容
52	医疗器械经营企业、使用单位从不具备合法资质的供货者购进医疗器械，拒不改正的	《医疗器械监督管理条例》第四十五条第一款	《医疗器械监督管理条例》第八十九条第（二）项	拒不改正的，处一万元以上十万元以下罚款；情节严重的，责令停产停业，直至由原发证部门吊销医疗器械注册证、医疗器械生产许可证、医疗器械经营许可证，对违法单位的法定代表人、主要负责人、直接负责的主管人员和其他责任人员处一万元以上三万元以下罚款。
53	医疗器械经营企业未依照《医疗器械监督管理条例》规定建立并执行医疗器械进货查验记录制度的	《医疗器械监督管理条例》第四十五条；《医疗器械经营监督管理办法》第三十二条第一款	《医疗器械监督管理条例》第八十九条第（三）项；《医疗器械经营监督管理办法》第六十五条	责令改正，给予警告。
54	医疗器械经营企业未依照《医疗器械监督管理条例》规定建立并执行医疗器械进货查验记录制度，拒不改正的	《医疗器械监督管理条例》第四十五条；《医疗器械经营监督管理办法》第三十二条第一款	《医疗器械监督管理条例》第八十九条第（三）项；《医疗器械经营监督管理办法》第六十五条	拒不改正的，处一万元以上十万元以下罚款；情节严重的，责令停产停业，直至由原发证部门吊销医疗器械注册证、医疗器械生产许可证、医疗器械经营许可证，对违法单位的法定代表人、主要负责人、直接负责的主管人员和其他责任人员处一万元以上三万元以下罚款。
55	医疗器械使用单位未依照《医疗器械监督管理条例》规定建立并执行医疗器械进货查验记录制度的	《医疗器械监督管理条例》第四十五条；《医疗器械使用质量监督管理办法》第八条、第九条第一款	《医疗器械监督管理条例》第八十九条第（三）项；《医疗器械使用质量监督管理办法》第二十九条第（一）项	责令改正，给予警告。

续表

序号	违法行为	违反规定	处罚依据	处罚内容
56	医疗器械使用单位未依照《医疗器械监督管理条例》规定建立并执行医疗器械进货查验记录制度，拒不改正的	《医疗器械监督管理条例》第四十五条；《医疗器械使用质量监督管理办法》第八条、第九条第一款	《医疗器械监督管理条例》第八十九条第（三）项；《医疗器械使用质量监督管理办法》第二十九条第（一）项	拒不改正的，处一万元以上十万元以下罚款；情节严重的，责令停产停业，直至由原发证部门吊销医疗器械注册证、医疗器械生产许可证、医疗器械经营许可证，对违法单位的法定代表人、主要负责人、直接负责的主管人员和其他责任人员处一万元以上三万元以下罚款。
57	从事第二类、第三类医疗器械批发业务以及第三类医疗器械零售业务的经营企业未依照《医疗器械监督管理条例》规定建立并执行销售记录制度的	《医疗器械监督管理条例》第四十五条；《医疗器械经营监督管理办法》第三十八条第一款	《医疗器械监督管理条例》第八十九条第（四）项；《医疗器械经营监督管理办法》第六十五条	责令改正，给予警告。

续表

序号	违法行为	违反规定	处罚依据	处罚内容
58	从事第二类、第三类医疗器械批发业务以及第三类医疗器械零售业务的经营企业未依照《医疗器械监督管理条例》规定建立并执行销售记录制度，拒不改正的	《医疗器械监督管理条例》第四十五条；《医疗器械经营监督管理办法》第三十八条第一款	《医疗器械监督管理条例》第八十九条第（四）项；《医疗器械经营监督管理办法》第六十五条	拒不改正的，处一万元以上十万元以下罚款；情节严重的，责令停产停业，直至由原发证部门吊销医疗器械注册证、医疗器械生产许可证、医疗器械经营许可证，对违法单位的法定代表人、主要负责人、直接负责的主管人员和其他责任人员处一万元以上三万元以下罚款。
59	对需要定期检查、检验、校准、保养、维护的医疗器械，医疗器械使用单位未按照产品说明书要求进行检查、检验、校准、保养、维护并予以记录，及时进行分析、评估，确保医疗器械处于良好状态的	《医疗器械监督管理条例》第五十条；《医疗器械使用质量监督管理办法》第十五条	《医疗器械监督管理条例》第八十九条第（九）项；《医疗器械使用质量监督管理办法》第二十九条第（二）项	责令改正，给予警告。

续表

序号	违法行为	违反规定	处罚依据	处罚内容
60	对需要定期检查、检验、校准、保养、维护的医疗器械，医疗器械使用单位未按照产品说明书要求进行检查、检验、校准、保养、维护并予以记录，及时进行分析、评估，确保医疗器械处于良好状态，拒不改正的	《医疗器械监督管理条例》第五十条；《医疗器械使用质量监督管理办法》第十五条	《医疗器械监督管理条例》第八十九条第（九）项；《医疗器械使用质量监督管理办法》第二十九条第（二）项	拒不改正的，处一万元以上十万元以下罚款；情节严重的，责令停产停业，直至由原发证部门吊销医疗器械注册证、医疗器械生产许可证、医疗器械经营许可证，对违法单位的法定代表人、主要负责人、直接负责的主管人员和其他责任人员处一万元以上三万元以下罚款。
61	医疗器械使用单位未妥善保存购入第三类医疗器械的原始资料的	《医疗器械监督管理条例》第五十一条第一款；《医疗器械使用质量监督管理办法》第九条第二款	《医疗器械监督管理条例》第八十九条第（十）项；《医疗器械使用质量监督管理办法》第二十九条第（四）项	责令改正，给予警告。

续表

序号	违法行为	违反规定	处罚依据	处罚内容
62	医疗器械使用单位未妥善保存购入第三类医疗器械的原始资料，拒不改正的	《医疗器械监督管理条例》第五十一条第一款；《医疗器械使用质量监督管理办法》第九条第二款	《医疗器械监督管理条例》第八十九条第（十）项；《医疗器械使用质量监督管理办法》第二十九条第（四）项	拒不改正的，处一万元以上十万元以下罚款；情节严重的，责令停产停业，直至由原发证部门吊销医疗器械注册证、医疗器械生产许可证、医疗器械经营许可证，对违法单位的法定代表人、主要负责人、直接负责的主管人员和其他责任人员处一万元以上三万元以下罚款。
63	医疗器械注册人、备案人、生产经营企业、使用单位未依照规定开展医疗器械不良事件监测的	《医疗器械监督管理条例》第二十条第一款第（三）项、第六十二条第一款、第二款；《医疗器械不良事件监测和再评价管理办法》第十四条第（四）项、第十六条第（四）项	《医疗器械监督管理条例》第八十九条第（五）项；《医疗器械不良事件监测和再评价管理办法》第七十条第（一）项、第七十一条第（一）项	责令改正，给予警告。

续表

序号	违法行为	违反规定	处罚依据	处罚内容
64	医疗器械注册人、备案人、生产经营企业、使用单位未依照规定开展医疗器械不良事件监测，拒不改正的	《医疗器械监督管理条例》第二十条第一款第（三）项、第六十二条第一款、第二款；《医疗器械不良事件监测和再评价管理办法》第十四条第（四）项、第十六条第（四）项	《医疗器械监督管理条例》第八十九条第（五）项；《医疗器械不良事件监测和再评价管理办法》第七十条第（一）项、第七十一条第（一）项	拒不改正的，处一万元以上十万元以下罚款；情节严重的，责令停产停业，直至由原发证部门吊销医疗器械注册证、医疗器械生产许可证、医疗器械经营许可证，对违法单位的法定代表人、主要负责人、直接负责的主管人员和其他责任人员处一万元以上三万元以下罚款。
65	医疗器械注册人、备案人未主动收集并按照时限要求报告医疗器械不良事件的	《医疗器械监督管理条例》第二十条第一款第（三）项、第六十二条第一款；《医疗器械不良事件监测和再评价管理办法》第十四条第（三）项、第十六条第（三）项	《医疗器械监督管理条例》第八十九条第（五）项；《医疗器械不良事件监测和再评价管理办法》第七十条第（一）项、第七十一条第（一）项	责令改正，给予警告。

续表

序号	违法行为	违反规定	处罚依据	处罚内容
66	医疗器械注册人、备案人未主动收集并按照时限要求报告医疗器械不良事件，拒不改正的	《医疗器械监督管理条例》第二十条第一款第（三）项、第六十二条第一款；《医疗器械不良事件监测和再评价管理办法》第十四条第（三）项、第十六条第（三）项	《医疗器械监督管理条例》第八十九条第（五）项；《医疗器械不良事件监测和再评价管理办法》第七十条第（一）项、第七十一条第（一）项	拒不改正的，处一万元以上十万元以下罚款；情节严重的，责令停产停业，直至由原发证部门吊销医疗器械注册证、医疗器械生产许可证、医疗器械经营许可证，对违法单位的法定代表人、主要负责人、直接负责的主管人员和其他责任人员处一万元以上三万元以下罚款。
67	医疗器械生产经营企业、使用单位未主动收集并按照时限要求报告医疗器械不良事件的	《医疗器械监督管理条例》第六十二条第二款；《医疗机构使用质量监督管理办法》第六条、《医疗器械不良事件监测和再评价管理办法》第十六条第（三）项	《医疗器械监督管理条例》第八十九条第（五）项；《医疗器械不良事件监测和再评价管理办法》第七十一条第（一）项	责令改正，给予警告。

续表

序号	违法行为	违反规定	处罚依据	处罚内容
68	医疗器械生产经营企业、使用单位未主动收集并按照时限要求报告医疗器械不良事件，拒不改正的	《医疗器械监督管理条例》第六十二条第二款；《医疗机构使用质量监督管理办法》第六条、《医疗器械不良事件监测和再评价管理办法》第十六条第（三）项	《医疗器械监督管理条例》第八十九条第（五）项；《医疗器械不良事件监测和再评价管理办法》第七十一条第（一）项	拒不改正的，处一万元以上十万元以下罚款；情节严重的，责令停产停业，直至由原发证部门吊销医疗器械注册证、医疗器械生产许可证、医疗器械经营许可证，对违法单位的法定代表人、主要负责人、直接负责的主管人员和其他责任人员处一万元以上三万元以下罚款。
69	医疗器械注册人、备案人不配合药品监督管理部门和监测机构开展的医疗器械不良事件相关调查和采取的控制措施的	《医疗器械监督管理条例》第六十五条；《医疗器械不良事件监测和再评价管理办法》第十四条第（七）项	《医疗器械监督管理条例》第八十九条第（五）项；《医疗器械不良事件监测和再评价管理办法》第七十条第（四）项	责令改正，给予警告。
70	医疗器械注册人、备案人不配合药品监督管理部门和监测机构开展的医疗器械不良事件相关调查和采取的控制措施，拒不改正的	《医疗器械监督管理条例》第六十五条；《医疗器械不良事件监测和再评价管理办法》第十四条第（七）项	《医疗器械监督管理条例》第八十九条第（五）项；《医疗器械不良事件监测和再评价管理办法》第七十条第（四）项	拒不改正的，处一万元以上十万元以下罚款；情节严重的，责令停产停业，直至由原发证部门吊销医疗器械注册证、医疗器械生产许可证、医疗器械经营许可证，对违法单位的法定代表人、主要负责人、直接负责的主管人员和其他责任人员处一万元以上三万元以下罚款。

续表

序号	违法行为	违反规定	处罚依据	处罚内容
71	医疗器械生产经营企业、使用单位不配合药品监督管理部门和监测机构开展的医疗器械不良事件相关调查和采取的控制措施的	《医疗器械监督管理条例》第六十五条；《医疗器械不良事件监测和再评价管理办法》第十六条第（五）项	《医疗器械监督管理条例》第八十九条第（五）项；《医疗器械不良事件监测和再评价管理办法》第七十一条第（三）项	责令改正，给予警告。
72	医疗器械生产经营企业、使用单位不配合药品监督管理部门和监测机构开展的医疗器械不良事件相关调查和采取的控制措施，拒不改正的	《医疗器械监督管理条例》第六十五条；《医疗器械不良事件监测和再评价管理办法》第十六条第（五）项	《医疗器械监督管理条例》第八十九条第（五）项；《医疗器械不良事件监测和再评价管理办法》第七十一条第（三）项	拒不改正的，处一万元以上十万元以下罚款；情节严重的，责令停产停业，直至由原发证部门吊销医疗器械注册证、医疗器械生产许可证、医疗器械经营许可证，对违法单位的法定代表人、主要负责人、直接负责的主管人员和其他责任人员处一万元以上三万元以下罚款。
73	医疗器械注册人、备案人未按照规定制定上市后研究和风险管控计划并保证有效实施的	《医疗器械监督管理条例》第二十条第一款第（二）项	《医疗器械监督管理条例》第八十九条第（六）项	责令改正，给予警告。

续表

序号	违法行为	违反规定	处罚依据	处罚内容
74	医疗器械注册人、备案人未按照规定制定上市后研究和风险管控计划并保证有效实施，拒不改正的	《医疗器械监督管理条例》第二十条第一款第（二）项	《医疗器械监督管理条例》第八十九条第（六）项	拒不改正的，处一万元以上十万元以下罚款；情节严重的，责令停产停业，直至由原发证部门吊销医疗器械注册证、医疗器械生产许可证、医疗器械经营许可证，对违法单位的法定代表人、主要负责人、直接负责的主管人员和其他责任人员处一万元以上三万元以下罚款。
75	医疗器械注册人、备案人未按照规定建立并执行产品追溯制度的	《医疗器械监督管理条例》第二十条第一款第（四）项	《医疗器械监督管理条例》第八十九条第（七）项	责令改正，给予警告。
76	医疗器械注册人、备案人未按照规定建立并执行产品追溯制度，拒不改正的	《医疗器械监督管理条例》第二十条第一款第（四）项	《医疗器械监督管理条例》第八十九条第（七）项	拒不改正的，处一万元以上十万元以下罚款；情节严重的，责令停产停业，直至由原发证部门吊销医疗器械注册证、医疗器械生产许可证、医疗器械经营许可证，对违法单位的法定代表人、主要负责人、直接负责的主管人员和其他责任人员处一万元以上三万元以下罚款。
77	医疗器械注册人、备案人、经营企业从事医疗器械网络销售未按照规定告知负责药品监督管理的部门的	《医疗器械监督管理条例》第四十六条第一款	《医疗器械监督管理条例》第八十九条第（八）项	责令改正，给予警告。

续表

序号	违法行为	违反规定	处罚依据	处罚内容
78	医疗器械注册人、备案人、经营企业从事医疗器械网络销售未按照规定告知负责药品监督管理的部门，拒不改正的	《医疗器械监督管理条例》第四十六条第一款	《医疗器械监督管理条例》第八十九条第（八）项	拒不改正的，处一万元以上十万元以下罚款；情节严重的，责令停产停业，直至由原发证部门吊销医疗器械注册证、医疗器械生产许可证、医疗器械经营许可证，对违法单位的法定代表人、主要负责人、直接负责的主管人员和其他责任人员处一万元以上三万元以下罚款。
79	医疗器械生产企业未依照《医疗器械生产监督管理办法》第四十二条第二款的规定向药品监督管理部门报告所生产的产品品种情况及相关信息的	《医疗器械生产监督管理办法》第四十二条第二款	《医疗器械生产监督管理办法》第七十八条第（一）项	由药品监督管理部门依职责给予警告，并处一万元以上五万元以下罚款。
80	未按照国家实施医疗器械唯一标识的有关要求，组织开展赋码、数据上传和维护更新等工作，拒不改正的	《医疗器械生产监督管理办法》第三十六条	《医疗器械生产监督管理办法》第七十九条第（二）项	由药品监督管理部门依职责责令限期改正；拒不改正的，处一万元以上五万元以下罚款；情节严重的，处五万元以上十万元以下罚款。

续表

序号	违法行为	违反规定	处罚依据	处罚内容
81	未按照规定办理《医疗器械生产许可证》变更登记的	《医疗器械生产监督管理办法》第十六条	《医疗器械生产监督管理办法》第七十九条第（一）项	由药品监督管理部门依职责责令限期改正。
82	未按照规定办理《医疗器械生产许可证》变更登记，拒不改正的	《医疗器械生产监督管理办法》第十六条	《医疗器械生产监督管理办法》第七十九条第（一）项	拒不改正的，处一万元以上五万元以下罚款；情节严重的，处五万元以上十万元以下罚款。
83	连续停产一年以上且无同类产品在产，重新生产时未进行必要的验证和确认并向所在地药品监督管理部门报告的	《医疗器械生产监督管理办法》第四十三条	《医疗器械生产监督管理办法》第七十八条第（二）项	由药品监督管理部门依职责给予警告，并处一万元以上五万元以下罚款。
84	医疗器械生产企业增加生产产品品种，应当依法办理许可变更而未办理的	《医疗器械生产监督管理办法》第四十二条第二款	《医疗器械监督管理条例》第八十一条；《医疗器械生产监督管理办法》第七十四条第（三）项	由负责药品监督管理的部门没收违法所得、违法生产经营的医疗器械和用于违法生产经营的工具、设备、原材料等物品；违法生产经营的医疗器械货值金额不足一万元的，并处五万元以上十五万元以下罚款；货值金额一万元以上的，并处货值金额十五倍以上三十倍以下罚款；情节严重的，责令停产停业，十年内不受理相关责任人以及单位提出的医疗器械许可申请，对违法单位的法定代表人、主要负责人、直接负责的主管人员和其他责任人员，没收违法行为发生期间自本单位所获收入，并处所获收入百分之三十以上三倍以下罚款，终身禁止其从事医疗器械生产经营活动。

续表

序号	违法行为	违反规定	处罚依据	处罚内容
85	第三类医疗器械经营企业未按照《医疗器械经营监督管理办法》规定办理企业名称、法定代表人、企业负责人变更，拒不改正的	《医疗器械经营监督管理办法》第十五条	《医疗器械经营监督管理办法》第六十九条	处五千元以上三万元以下罚款。
86	医疗器械经营企业未建立质量管理自查制度，未按照医疗器械经营质量管理规范要求进行自查，未在每年3月31日前向所在地市县级负责药品监督管理的部门提交上一年度的自查报告，拒不改正的	《医疗器械经营监督管理办法》第四十四条	《医疗器械经营监督管理办法》第六十八条	处一万元以上五万元以下罚款；情节严重的，处五万元以上十万元以下罚款。

续表

序号	违法行为	违反规定	处罚依据	处罚内容
87	医疗器械经营企业违反《医疗器械经营监督管理办法》规定为其他医疗器械生产经营企业专门提供贮存、运输服务，拒不改正的	《医疗器械经营监督管理办法》第六十八条	《医疗器械经营监督管理办法》第六十八条	处一万元以上五万元以下罚款；情节严重的，处五万元以上十万元以下罚款。
88	未按照法律法规和医疗器械经营质量管理规范的要求，建立覆盖采购、验收、贮存、销售、运输、售后服务等全过程的质量管理制度和质量控制措施，并做好相关记录，保证经营条件和经营活动持续符合要求的	《医疗器械经营监督管理办法》第二十九条	《医疗器械监督管理条例》第八十六条；《医疗器械经营监督管理办法》第六十七条	由负责药品监督管理的部门责令改正，没收违法生产经营使用的医疗器械；违法生产经营使用的医疗器械货值金额不足一万元的，并处二万元以上五万元以下罚款；货值金额一万元以上的，并处货值金额五倍以上二十倍以下罚款；情节严重的，责令停产停业，直至由原发证部门吊销医疗器械注册证、医疗器械生产许可证、医疗器械经营许可证，对违法单位的法定代表人、主要负责人、直接负责的主管人员和其他责任人员，没收违法行为发生期间自本单位所获收入，并处所获收入百分之三十以上三倍以下罚款，十年内禁止其从事医疗器械生产经营活动。

续表

序号	违法行为	违反规定	处罚依据	处罚内容
89	第三类医疗器械经营企业擅自变更经营场所、经营范围、经营方式、库房地址的	《医疗器械经营监督管理办法》第十五条	《医疗器械经营监督管理办法》第六十六条第一款第（一）项	责令限期改正，并处一万元以上五万元以下罚款；情节严重的，处五万元以上十万元以下罚款；造成危害后果的，处十万元以上二十万元以下罚款。
90	为医疗器械网络交易提供服务的电子商务平台经营者违反规定，未履行对入网医疗器械经营者进行实名登记义务的，责令限期改正，逾期不改正的	《医疗器械监督管理条例》第四十六条第二款	《电子商务法》第八十条第一款第（一）项；《医疗器械监督管理条例》第九十二条	逾期不改正的，处二万元以上十万元以下的罚款；情节严重的，责令停业整顿，并处十万元以上五十万元以下的罚款。
91	为医疗器械网络交易提供服务的电子商务平台经营者违反规定，未履行审查入网医疗器械经营者许可、注册、备案情况义务的	《医疗器械监督管理条例》第四十六条第二款	《电子商务法》第八十三条；《医疗器械监督管理条例》第九十二条	由市场监督管理部门责令限期改正，可以处五万元以上五十万元以下的罚款；情节严重的，责令停业整顿，并处五十万元以上二百万元以下的罚款。

续表

序号	违法行为	违反规定	处罚依据	处罚内容
92	为医疗器械网络交易提供服务的电子商务平台经营者违反规定，未履行对入网医疗器械经营者制止并报告违法行为义务，责令限期改正，逾期不改正的	《医疗器械监督管理条例》第四十六条第二款	《电子商务法》第八十条第一款第（三）项；《医疗器械监督管理条例》第九十二条	逾期不改正的，处二万元以上十万元以下的罚款；情节严重的，责令停业整顿，并处十万元以上五十万元以下的罚款。
93	为医疗器械网络交易提供服务的电子商务平台经营者违反规定，未履行对入网医疗器械经营者停止提供网络交易平台服务义务，责令限期改正，逾期不改正的	《医疗器械监督管理条例》第四十六条第二款	《电子商务法》第八十条第一款第（三）项；《医疗器械监督管理条例》第九十二条	逾期不改正的，处二万元以上十万元以下的罚款；情节严重的，责令停业整顿，并处十万元以上五十万元以下的罚款。
94	未进行医疗器械临床试验机构备案开展临床试验，拒不改正的	《医疗器械监督管理条例》第二十六条第二款	《医疗器械监督管理条例》第九十三条第一款	拒不改正的，该临床试验数据不得用于产品注册、备案，处五万元以上十万元以下罚款，并向社会公告；造成严重后果的，五年内禁止其开展相关专业医疗器械临床试验，并处十万元以上三十万元以下罚款，由卫生主管部门对违法单位的法定代表人、主要负责人、直接负责的主管人员和其他责任人员，没收违法行为发生期间自本单位所获收入，并处所获收入百分之三十以上三倍以下罚款，依法给予处分。

续表

序号	违法行为	违反规定	处罚依据	处罚内容
95	临床试验申办者开展临床试验未经备案的	《医疗器械监督管理条例》第二十六条第一款	《医疗器械监督管理条例》第九十三条第二款	责令停止临床试验，对临床试验申办者处五万元以上十万元以下罚款，并向社会公告；造成严重后果的，处十万元以上三十万元以下罚款。该临床试验数据不得用于产品注册、备案，五年内不受理相关责任人以及单位提出的医疗器械注册申请。
96	医疗器械（含体外诊断试剂）临床试验机构开展医疗器械临床试验未遵守临床试验质量管理规范的	《医疗器械监督管理条例》第二十六条第一款	《医疗器械监督管理条例》第九十四条	责令改正或者立即停止临床试验，处五万元以上十万元以下罚款；造成严重后果的，五年内禁止其开展相关专业医疗器械临床试验，由卫生主管部门对违法单位的法定代表人、主要负责人、直接负责的主管人员和其他责任人员，没收违法行为发生期间自本单位所获收入，并处所获收入百分之三十以上三倍以下罚款，依法给予处分。
97	临床试验申办者未经批准开展对人体具有较高风险的第三类医疗器械临床试验的	《医疗器械监督管理条例》第二十七条第一款	《医疗器械监督管理条例》第九十三条第三款	责令立即停止临床试验，对临床试验申办者处十万元以上三十万元以下罚款，并向社会公告；造成严重后果的，处三十万元以上一百万元以下罚款。该临床试验数据不得用于产品注册，十年内不受理相关责任人以及单位提出的医疗器械临床试验和注册申请，对违法单位的法定代表人、主要负责人、直接负责的主管人员和其他责任人员，没收违法行为发生期间自本单位所获收入，并处所获收入百分之三十以上三倍以下罚款。
98	医疗器械临床试验机构出具虚假报告的	《医疗器械监督管理条例》第九十五条	《医疗器械监督管理条例》第九十五条	由负责药品监督管理的部门处十万元以上三十万元以下罚款；有违法所得的，没收违法所得；十年内禁止其开展相关专业医疗器械临床试验；由卫生主管部门对违法单位的法定代表人、主要负责人、直接负责的主管人员和其他责任人员，没收违法行为发生期间自本单位所获收入，并处所获收入百分之三十以上三倍以下罚款，依法给予处分。

续表

序号	违法行为	违反规定	处罚依据	处罚内容
99	隐瞒真实情况或者提供虚假材料申请医疗器械广告审查的	《药品、医疗器械、保健食品、特殊医学用途配方食品广告审查管理暂行办法》第三十条第（一）项	《广告法》第六十四条；《药品、医疗器械、保健食品、特殊医学用途配方食品广告审查管理暂行办法》第三十条	广告审查机关不予受理或者不予批准，予以警告，一年内不受理该申请人的广告审查申请。
100	以欺骗、贿赂等不正当手段取得医疗器械广告审查批准的	《药品、医疗器械、保健食品、特殊医学用途配方食品广告审查管理暂行办法》第三十条第（三）项	《广告法》第六十四条；《药品、医疗器械、保健食品、特殊医学用途配方食品广告审查管理暂行办法》第三十条	广告审查机关予以撤销，处十万元以上二十万元以下的罚款，三年内不受理该申请人的广告审查申请。
101	医疗器械使用单位未按规定配备与其规模相适应的医疗器械质量管理机构或者质量管理人员的	《医疗器械使用质量监督管理办法》第四条第一款	《医疗器械使用质量监督管理办法》第三十条第（一）项	责令限期改正，给予警告。

续表

序号	违法行为	违反规定	处罚依据	处罚内容
102	医疗器械使用单位未按规定配备与其规模相适应的医疗器械质量管理机构或者质量管理人员，拒不改正的	《医疗器械使用质量监督管理办法》第四条第一款	《医疗器械使用质量监督管理办法》第三十条第（一）项	拒不改正的，处一万元以下罚款。
103	医疗器械使用单位未按规定建立覆盖质量管理全过程的使用质量管理制度的	《医疗器械使用质量监督管理办法》第四条第一款	《医疗器械使用质量监督管理办法》第三十条第（一）项	责令限期改正，给予警告。
104	医疗器械使用单位未按规定建立覆盖质量管理全过程的使用质量管理制度，拒不改正的	《医疗器械使用质量监督管理办法》第四条第一款	《医疗器械使用质量监督管理办法》第三十条第（一）项	拒不改正的，处一万元以下罚款。
105	医疗器械使用单位未按规定由指定的部门或者人员统一采购医疗器械的	《医疗器械使用质量监督管理办法》第七条	《医疗器械使用质量监督管理办法》第三十条第（二）项	责令限期改正，给予警告。

续表

序号	违法行为	违反规定	处罚依据	处罚内容
106	医疗器械使用单位未按规定由指定的部门或者人员统一采购医疗器械，拒不改正的	《医疗器械使用质量监督管理办法》第七条	《医疗器械使用质量监督管理办法》第三十条第（二）项	拒不改正的，处一万元以下罚款。
107	医疗器械使用单位购进、使用未备案的第一类医疗器械的	《医疗器械使用质量监督管理办法》第十二条	《医疗器械使用质量监督管理办法》第三十条第（三）项	责令限期改正，给予警告。
108	医疗器械使用单位购进、使用未备案的第一类医疗器械，拒不改正的	《医疗器械使用质量监督管理办法》第十二条	《医疗器械使用质量监督管理办法》第三十条第（三）项	拒不改正的，处一万元以下罚款。
109	医疗器械使用单位贮存医疗器械的场所、设施及条件与医疗器械品种、数量不相适应的	《医疗器械使用质量监督管理办法》第十条	《医疗器械使用质量监督管理办法》第三十条第（四）项	责令限期改正，给予警告。

续表

序号	违法行为	违反规定	处罚依据	处罚内容
110	医疗器械使用单位贮存医疗器械的场所、设施及条件与医疗器械品种、数量不相适应,拒不改正的	《医疗器械使用质量监督管理办法》第十条	《医疗器械使用质量监督管理办法》第三十条第（四）项	拒不改正的,处一万元以下罚款。
111	医疗器械使用单位未按照贮存条件、医疗器械有效期限等要求对贮存的医疗器械进行定期检查并记录的	《医疗器械使用质量监督管理办法》第十一条	《医疗器械使用质量监督管理办法》第三十条第（四）项	责令限期改正,给予警告。
112	医疗器械使用单位未按照贮存条件、医疗器械有效期限等要求对贮存的医疗器械进行定期检查并记录,拒不改正的	《医疗器械使用质量监督管理办法》第十一条	《医疗器械使用质量监督管理办法》第三十条第（四）项	拒不改正的,处一万元以下罚款。
113	医疗器械使用单位未按规定建立、执行医疗器械使用前质量检查制度的	《医疗器械使用质量监督管理办法》第十三条	《医疗器械使用质量监督管理办法》第三十条第（五）项	责令限期改正,给予警告。

续表

序号	违法行为	违反规定	处罚依据	处罚内容
114	医疗器械使用单位未按规定建立、执行医疗器械使用前质量检查制度，拒不改正的	《医疗器械使用质量监督管理办法》第十三条	《医疗器械使用质量监督管理办法》第三十条第（五）项	拒不改正的，处一万元以下罚款。
115	医疗器械使用单位未按规定索取、保存医疗器械维护维修相关记录的	《医疗器械使用质量监督管理办法》第十八条	《医疗器械使用质量监督管理办法》第三十条第（六）项	责令限期改正，给予警告。
116	医疗器械使用单位未按规定索取、保存医疗器械维护维修相关记录，拒不改正的	《医疗器械使用质量监督管理办法》第十八条	《医疗器械使用质量监督管理办法》第三十条第（六）项	拒不改正的，处一万元以下罚款。
117	医疗器械使用单位未按规定对本单位从事医疗器械维护维修的相关技术人员进行培训考核、建立培训档案的	《医疗器械使用质量监督管理办法》第十八条	《医疗器械使用质量监督管理办法》第三十条第（七）项	责令限期改正，给予警告。

续表

序号	违法行为	违反规定	处罚依据	处罚内容
118	医疗器械使用单位未按规定对本单位从事医疗器械维护维修的相关技术人员进行培训考核、建立培训档案，拒不改正的	《医疗器械使用质量监督管理办法》第十八条	《医疗器械使用质量监督管理办法》第三十条第（七）项	拒不改正的，处一万元以下罚款。
119	医疗器械使用单位未按规定对其医疗器械质量管理工作进行自查、形成自查报告的	《医疗器械使用质量监督管理办法》第二十四条	《医疗器械使用质量监督管理办法》第三十条第（八）项	责令限期改正，给予警告。
120	医疗器械使用单位未按规定对其医疗器械质量管理工作进行自查、形成自查报告，拒不改正的	《医疗器械使用质量监督管理办法》第二十四条	《医疗器械使用质量监督管理办法》第三十条第（八）项	拒不改正的，处一万元以下罚款。
121	医疗器械生产经营企业未按要求提供维护维修服务的	《医疗器械使用质量监督管理办法》第十七条第一款	《医疗器械使用质量监督管理办法》第三十一条	给予警告，责令限期改正。

续表

序号	违法行为	违反规定	处罚依据	处罚内容
122	医疗器械生产经营企业未按要求提供维护维修服务，情节严重或者拒不改正的	《医疗器械使用质量监督管理办法》第十七条第一款	《医疗器械使用质量监督管理办法》第三十一条	情节严重或者拒不改正的，处五千元以上二万元以下罚款。
123	医疗器械生产经营企业未按要求提供维修所必需的材料和信息的	《医疗器械使用质量监督管理办法》第十七条第二款	《医疗器械使用质量监督管理办法》第三十一条	给予警告，责令限期改正。
124	医疗器械生产经营企业未按要求提供维修所必需的材料和信息，情节严重或者拒不改正的	《医疗器械使用质量监督管理办法》第十七条第二款	《医疗器械使用质量监督管理办法》第三十一条	情节严重或者拒不改正的，处五千元以上二万元以下罚款。
125	医疗器械使用单位、生产经营企业和维修服务机构等不配合食品药品监督管理部门的监督检查或者拒绝、隐瞒、不如实提供有关情况和资料的	《医疗器械使用质量监督管理办法》第二十三条第三款	《医疗器械使用质量监督管理办法》第三十二条	责令改正，给予警告，可以并处二万元以下罚款。

续表

序号	违法行为	违反规定	处罚依据	处罚内容
126	未取得医疗器械经营许可从事网络第三类医疗器械销售的	《医疗器械监督管理条例》第四十二条第一款；《医疗器械网络销售监督管理办法》第七条第一款	《医疗器械监督管理条例》第八十一条第一款第（三）项；《医疗器械网络销售监督管理办法》第三十八条	没收违法所得、违法生产经营的医疗器械和用于违法生产经营的工具、设备、原材料等物品；违法生产经营的医疗器械货值金额不足一万元的，并处五万元以上十五万元以下罚款；货值金额一万元以上的，并处货值金额十五倍以上三十倍以下罚款；情节严重的，责令停产停业，十年内不受理相关责任人以及单位提出的医疗器械许可申请，对违法单位的法定代表人、主要负责人、直接负责的主管人员和其他责任人员，没收违法行为发生期间自本单位所获收入，并处所获收入百分之三十以上三倍以下罚款，终身禁止其从事医疗器械生产经营活动。
127	未取得第二类医疗器械经营备案凭证从事网络第二类医疗器械销售，责令限期改正，逾期不改正的	《医疗器械监督管理条例》第四十一条第一款；《医疗器械网络销售监督管理办法》第七条第一款	《医疗器械监督管理条例》第八十四条第（三）项；《医疗器械网络销售监督管理办法》第三十八条	向社会公告单位和产品名称，责令限期改正；逾期不改正的，没收违法所得、违法生产经营的医疗器械；违法生产经营的医疗器械货值金额不足一万元的，并处一万元以上五万元以下罚款；货值金额一万元以上的，并处货值金额五倍以上二十倍以下罚款；情节严重的，对违法单位的法定代表人、主要负责人、直接负责的主管人员和其他责任人员，没收违法行为发生期间自本单位所获收入，并处所获收入百分之三十以上二倍以下罚款，五年内禁止其从事医疗器械生产经营活动。
128	从事医疗器械网络销售的企业未按照《医疗器械网络销售监督管理办法》规定备案的	《医疗器械网络销售监督管理办法》第八条	《医疗器械网络销售监督管理办法》第三十九条	责令限期改正，给予警告。

续表

序号	违法行为	违反规定	处罚依据	处罚内容
129	从事医疗器械网络销售的企业未按照《医疗器械网络销售监督管理办法》规定备案，拒不改正的	《医疗器械网络销售监督管理办法》第八条	《医疗器械网络销售监督管理办法》第三十九条	拒不改正的，向社会公告，处一万元以下罚款。
130	从事医疗器械网络销售的企业未按照《医疗器械网络销售监督管理办法》要求展示医疗器械生产经营许可证或者备案凭证、医疗器械注册证或者备案凭证的	《医疗器械网络销售监督管理办法》第十条	《医疗器械网络销售监督管理办法》第四十条第（一）项	责令改正，给予警告。
131	从事医疗器械网络销售的企业未按照《医疗器械网络销售监督管理办法》要求展示医疗器械生产经营许可证或者备案凭证、医疗器械注册证或者备案凭证，拒不改正的	《医疗器械网络销售监督管理办法》第十条	《医疗器械网络销售监督管理办法》第四十条第（一）项	拒不改正的，处五千元以上一万元以下罚款。

续表

序号	违法行为	违反规定	处罚依据	处罚内容
132	医疗器械网络交易服务第三方平台提供者未按照《医疗器械网络销售监督管理办法》要求展示医疗器械网络交易服务第三方平台备案凭证编号的	《医疗器械网络销售监督管理办法》第十九条	《医疗器械网络销售监督管理办法》第四十条第（二）项	责令改正，给予警告。
133	医疗器械网络交易服务第三方平台提供者未按照《医疗器械网络销售监督管理办法》要求展示医疗器械网络交易服务第三方平台备案凭证编号，拒不改正的	《医疗器械网络销售监督管理办法》第十九条	《医疗器械网络销售监督管理办法》第四十条第（二）项	拒不改正的，处五千元以上一万元以下罚款。
134	从事医疗器械网络销售的企业备案信息发生变化，未按规定变更的	《医疗器械网络销售监督管理办法》第八条	《医疗器械网络销售监督管理办法》第四十一条第（一）项	责令改正，给予警告。

续表

序号	违法行为	违反规定	处罚依据	处罚内容
135	从事医疗器械网络销售的企业备案信息发生变化，未按规定变更，拒不改正的	《医疗器械网络销售监督管理办法》第八条	《医疗器械网络销售监督管理办法》第四十一条第（一）项	拒不改正的，处五千元以上二万元以下罚款。
136	从事医疗器械网络销售的企业未按规定建立并执行质量管理制度的	《医疗器械网络销售监督管理办法》第三十三条第一款	《医疗器械网络销售监督管理办法》第四十一条第（二）项	责令改正，给予警告。
137	从事医疗器械网络销售的企业未按规定建立并执行质量管理制度，拒不改正的	《医疗器械网络销售监督管理办法》第三十三条第一款	《医疗器械网络销售监督管理办法》第四十一条第（二）项	拒不改正的，处五千元以上二万元以下罚款。
138	医疗器械网络交易服务第三方平台提供者备案事项发生变化未按规定办理变更的	《医疗器械网络销售监督管理办法》第十八条	《医疗器械网络销售监督管理办法》第四十一条第（三）项	责令改正，给予警告。
139	医疗器械网络交易服务第三方平台提供者备案事项发生变化未按规定办理变更，拒不改正的	《医疗器械网络销售监督管理办法》第十八条	《医疗器械网络销售监督管理办法》第四十一条第（三）项	拒不改正的，处五千元以上二万元以下罚款。

续表

序号	违法行为	违反规定	处罚依据	处罚内容
140	医疗器械网络交易服务第三方平台提供者未按规定要求设置与其规模相适应的质量安全管理机构或者配备质量安全管理人员的	《医疗器械网络销售监督管理办法》第十五条	《医疗器械网络销售监督管理办法》第四十一条第（四）项	责令改正，给予警告。
141	医疗器械网络交易服务第三方平台提供者未按规定要求设置与其规模相适应的质量安全管理机构或者配备质量安全管理人员，拒不改正的	《医疗器械网络销售监督管理办法》第十五条	《医疗器械网络销售监督管理办法》第四十一条第（四）项	拒不改正的，处五千元以上二万元以下罚款。
142	医疗器械网络交易服务第三方平台提供者未按规定建立并执行质量管理制度的	《医疗器械网络销售监督管理办法》第三十三条第一款	《医疗器械网络销售监督管理办法》第四十一条第（五）项	责令改正，给予警告。
143	医疗器械网络交易服务第三方平台提供者未按规定建立并执行质量管理制度，拒不改正的	《医疗器械网络销售监督管理办法》第三十三条第一款	《医疗器械网络销售监督管理办法》第四十一条第（五）项	拒不改正的，处五千元以上二万元以下罚款。

续表

序号	违法行为	违反规定	处罚依据	处罚内容
144	医疗器械网络交易服务第三方平台提供者未按《医疗器械网络销售监督管理办法》规定备案,责令限期改正,拒不改正的	《医疗器械网络销售监督管理办法》第十六条	《医疗器械网络销售监督管理办法》第四十二条	拒不改正的,向社会公告,处三万元以下罚款。
145	从事医疗器械网络销售的企业、医疗器械网络交易服务第三方平台条件发生变化,不再满足规定要求的	《医疗器械网络销售监督管理办法》第四十三条第(一)项	《医疗器械网络销售监督管理办法》第四十三条第(一)项	责令改正,给予警告。
146	从事医疗器械网络销售的企业、医疗器械网络交易服务第三方平台条件发生变化,不再满足规定要求,拒不改正的	《医疗器械网络销售监督管理办法》第四十三条第(一)项	《医疗器械网络销售监督管理办法》第四十三条第(一)项	拒不改正的,处一万元以上三万元以下罚款。

续表

序号	违法行为	违反规定	处罚依据	处罚内容
147	从事医疗器械网络销售的企业、医疗器械网络交易服务第三方平台提供者不配合食品药品监督管理部门的监督检查，或者拒绝、隐瞒、不如实提供相关材料和数据的	《医疗器械网络销售监督管理办法》第四十三条第（二）项	《医疗器械网络销售监督管理办法》第四十三条第（二）项	责令改正，给予警告。
148	从事医疗器械网络销售的企业、医疗器械网络交易服务第三方平台提供者不配合食品药品监督管理部门的监督检查，或者拒绝、隐瞒、不如实提供相关材料和数据，拒不改正的	《医疗器械网络销售监督管理办法》第四十三条第（二）项	《医疗器械网络销售监督管理办法》第四十三条第（二）项	拒不改正的，处一万元以上三万元以下罚款。
149	从事医疗器械网络销售的企业超出经营范围销售的	《医疗器械网络销售监督管理办法》第十三条第一款	《医疗器械网络销售监督管理办法》第四十四条第一款第（一）项	责令改正，处一万元以上三万元以下罚款。

续表

序号	违法行为	违反规定	处罚依据	处罚内容
150	医疗器械批发企业从事医疗器械网络销售，销售给不具有资质的经营企业、使用单位的	《医疗器械网络销售监督管理办法》第十三条第二款	《医疗器械网络销售监督管理办法》第四十四条第一款第（二）项	责令改正，处一万元以上三万元以下罚款。
151	医疗器械零售企业从事医疗器械网络销售，将非消费者自行使用的医疗器械销售给消费者个人的	《医疗器械网络销售监督管理办法》第十三条第三款	《医疗器械网络销售监督管理办法》第四十四条第一款第（一）项、第二款	责令改正，处一万元以上三万元以下罚款。
152	从事医疗器械网络销售的企业未按照医疗器械说明书和标签标示要求运输、贮存医疗器械的	《医疗器械监督管理条例》第四十七条；《医疗器械网络销售监督管理办法》第十四条	《医疗器械监督管理条例》第八十八条第（三）项；《医疗器械网络销售监督管理办法》第四十五条	责令改正，处一万元以上五万元以下罚款。
153	从事医疗器械网络销售的企业未按照医疗器械说明书和标签标示要求运输、贮存医疗器械，拒不改正的	《医疗器械监督管理条例》第四十七条；《医疗器械网络销售监督管理办法》第十四条	《医疗器械监督管理条例》第八十八条第（三）项；《医疗器械网络销售监督管理办法》第四十五条	拒不改正的，处五万元以上十万元以下罚款；情节严重的，责令停产停业，直至由原发证部门吊销医疗器械生产许可证、医疗器械经营许可证，对违法单位的法定代表人、主要负责人、直接负责的主管人员和其他责任人员，没收违法行为发生期间自本单位所获收入，并处所获收入百分之三十以上二倍以下罚款，五年内禁止其从事医疗器械生产经营活动。

续表

序号	违法行为	违反规定	处罚依据	处罚内容
154	医疗器械生产企业未按照要求及时向社会发布产品召回信息的	《医疗器械召回管理办法》第十四条	《医疗器械召回管理办法》第三十条第（一）项	予以警告，责令限期改正，并处三万元以下罚款。
155	医疗器械生产企业未在规定时间内将召回医疗器械的决定通知到医疗器械经营企业、使用单位或者告知使用者的	《医疗器械召回管理办法》第十五条第一款	《医疗器械召回管理办法》第三十条第（二）项	予以警告，责令限期改正，并处三万元以下罚款。
156	医疗器械生产企业未按照药品监督管理部门要求采取改正措施或者重新召回医疗器械的	《医疗器械召回管理办法》第十八条、第二十三条、第二十七条第二款	《医疗器械召回管理办法》第三十条第（三）项	予以警告，责令限期改正，并处三万元以下罚款。
157	医疗器械生产企业未对召回医疗器械的处理作详细记录或者未向药品监督管理部门报告的	《医疗器械召回管理办法》第二十一条	《医疗器械召回管理办法》第三十条第（四）项	予以警告，责令限期改正，并处三万元以下罚款。

续表

序号	违法行为	违反规定	处罚依据	处罚内容
158	医疗器械生产企业未按照《医疗器械召回管理办法》规定建立医疗器械召回管理制度的	《医疗器械召回管理办法》第六条第一款	《医疗器械召回管理办法》第三十一条第（一）项	予以警告，责令限期改正。
159	医疗器械生产企业未按照《医疗器械召回管理办法》规定建立医疗器械召回管理制度，逾期未改正的	《医疗器械召回管理办法》第六条第一款	《医疗器械召回管理办法》第三十一条第（一）项	逾期未改正的，处三万元以下罚款。
160	医疗器械生产企业拒绝配合药品监督管理部门开展调查的	《医疗器械召回管理办法》第十一条	《医疗器械召回管理办法》第三十一条第（二）项	予以警告，责令限期改正。
161	医疗器械生产企业拒绝配合药品监督管理部门开展调查，逾期未改正的	《医疗器械召回管理办法》第十一条	《医疗器械召回管理办法》第三十一条第（二）项	逾期未改正的，处三万元以下罚款。

续表

序号	违法行为	违反规定	处罚依据	处罚内容
162	医疗器械生产企业未按照《医疗器械召回管理办法》规定提交医疗器械召回事件报告表、调查评估报告和召回计划、医疗器械召回计划实施情况和总结评估报告的	《医疗器械召回管理办法》第十六条第一款、第二十条、第二十二条	《医疗器械召回管理办法》第三十一条第（三）项	予以警告，责令限期改正。
163	医疗器械生产企业未按照《医疗器械召回管理办法》规定提交医疗器械召回事件报告表、调查评估报告和召回计划、医疗器械召回计划实施情况和总结评估报告，逾期未改正的	《医疗器械召回管理办法》第十六条第一款、第二十条、第二十二条	《医疗器械召回管理办法》第三十一条第（三）项	逾期未改正的，处三万元以下罚款。
164	医疗器械生产企业变更召回计划，未报药品监督管理部门备案的	《医疗器械召回管理办法》第十九条	《医疗器械召回管理办法》第三十一条第（四）项	予以警告，责令限期改正。

续表

序号	违法行为	违反规定	处罚依据	处罚内容
165	医疗器械生产企业变更召回计划，未报药品监督管理部门备案，逾期未改正的	《医疗器械召回管理办法》第十九条	《医疗器械召回管理办法》第三十一条第（四）项	逾期未改正的，处三万元以下罚款。
166	医疗器械经营企业、使用单位发现其经营、使用的医疗器械可能为缺陷产品的，未立即暂停销售或者使用该医疗器械，或未及时通知医疗器械生产企业或者供货商，并向所在地省级药品监督管理部门报告的	《医疗器械召回管理办法》第七条第一款	《医疗器械召回管理办法》第三十二条	责令停止销售、使用存在缺陷的医疗器械，并处五千元以上三万元以下罚款；造成严重后果的，由原发证部门吊销《医疗器械经营许可证》。
167	医疗器械经营企业、使用单位拒绝配合有关医疗器械缺陷调查、拒绝协助医疗器械生产企业召回医疗器械的	《医疗器械召回管理办法》第六条第三款	《医疗器械召回管理办法》第三十三条	予以警告，责令限期改正。

续表

序号	违法行为	违反规定	处罚依据	处罚内容
168	医疗器械经营企业、使用单位拒绝配合有关医疗器械缺陷调查、拒绝协助医疗器械生产企业召回医疗器械，逾期拒不改正的	《医疗器械召回管理办法》第六条第三款	《医疗器械召回管理办法》第三十三条	逾期拒不改正的，处三万元以下罚款。
169	医疗器械经营企业、使用单位未按照要求配备与其经营或者使用规模相适应的机构或者人员从事医疗器械不良事件监测相关工作的	《医疗器械不良事件监测和再评价管理办法》第十六条第（二）项	《医疗器械不良事件监测和再评价管理办法》第七十四条第一款第（二）项	责令改正，给予警告。
170	医疗器械经营企业、使用单位未按照要求配备与其经营或者使用规模相适应的机构或者人员从事医疗器械不良事件监测相关工作，拒不改正的	《医疗器械不良事件监测和再评价管理办法》第十六条第（二）项	《医疗器械不良事件监测和再评价管理办法》第七十四条第一款第（二）项	拒不改正的，处五千元以上二万元以下罚款。

续表

序号	违法行为	违反规定	处罚依据	处罚内容
171	医疗器械上市许可持有人未按照要求开展医疗器械重点监测的	《医疗器械不良事件监测和再评价管理办法》第四十五条	《医疗器械不良事件监测和再评价管理办法》第七十三条第（十一）项	责令改正，给予警告。
172	医疗器械上市许可持有人未按照要求开展医疗器械重点监测，拒不改正的	《医疗器械不良事件监测和再评价管理办法》第四十五条	《医疗器械不良事件监测和再评价管理办法》第七十三条第（十一）项	拒不改正的，处五千元以上二万元以下罚款。
173	医疗器械上市许可持有人未按照要求开展再评价、隐匿再评价结果、应当提出注销申请而未提出的	《医疗器械不良事件监测和再评价管理办法》第十四条第（六）项、第六十二条第一款	《医疗器械不良事件监测和再评价管理办法》第七十二条	责令改正，给予警告，可以并处一万元以上三万元以下罚款。
174	医疗器械经营企业、使用单位未及时向持有人报告所收集或者获知的医疗器械不良事件的	《医疗器械不良事件监测和再评价管理办法》第十六条第（三）项、第二十条第二款、第二十五条第二款、第三十三条	《医疗器械不良事件监测和再评价管理办法》第七十四条第一款第（五）项	责令改正，给予警告。

续表

序号	违法行为	违反规定	处罚依据	处罚内容
175	医疗器械经营企业、使用单位未及时向持有人报告所收集或者获知的医疗器械不良事件，拒不改正的	《医疗器械不良事件监测和再评价管理办法》第十六条第（三）项、第二十条第二款、第二十五条第二款、第三十三条	《医疗器械不良事件监测和再评价管理办法》第七十四条第一款第（五）项	拒不改正的，处五千元以上二万元以下罚款。
176	医疗器械上市许可持有人未按照规定建立医疗器械不良事件监测和再评价工作制度的	《医疗器械不良事件监测和再评价管理办法》第十四条第（一）项	《医疗器械不良事件监测和再评价管理办法》第七十三条第（一）项	责令改正，给予警告。
177	医疗器械上市许可持有人未按照规定建立医疗器械不良事件监测和再评价工作制度，拒不改正的	《医疗器械不良事件监测和再评价管理办法》第十四条第（一）项	《医疗器械不良事件监测和再评价管理办法》第七十三条第（一）项	拒不改正的，处五千元以上二万元以下罚款。
178	医疗器械上市许可持有人存在其他违反《医疗器械不良事件监测和再评价管理办法》规定行为的	《医疗器械不良事件监测和再评价管理办法》第七十三条第（十二）项	《医疗器械不良事件监测和再评价管理办法》第七十三条第（十二）项	责令改正，给予警告。

续表

序号	违法行为	违反规定	处罚依据	处罚内容
179	医疗器械上市许可持有人存在其他违反《医疗器械不良事件监测和再评价管理办法》规定行为，拒不改正的	《医疗器械不良事件监测和再评价管理办法》第七十三条第（十二）项	《医疗器械不良事件监测和再评价管理办法》第七十三条第（十二）项	拒不改正的，处五千元以上二万元以下罚款。
180	医疗器械上市许可持有人未按照时限要求报告评价结果或者提交群体医疗器械不良事件调查报告的	《医疗器械不良事件监测和再评价管理办法》第二十九条、第三十二条第一款	《医疗器械不良事件监测和再评价管理办法》第七十条第（三）项	责令改正，给予警告。
181	医疗器械上市许可持有人未按照时限要求报告评价结果或者提交群体医疗器械不良事件调查报告，拒不改正的	《医疗器械不良事件监测和再评价管理办法》第二十九条、第三十二条第一款	《医疗器械不良事件监测和再评价管理办法》第七十条第（三）项	拒不改正的，处五千元以上二万元以下罚款；情节严重的，责令停产停业，直至由原发证部门吊销医疗器械生产许可证、医疗器械经营许可证。
182	医疗器械上市许可持有人未按照要求报告境外医疗器械不良事件和境外控制措施的	《医疗器械不良事件监测和再评价管理办法》第二十七条、第五十三条	《医疗器械不良事件监测和再评价管理办法》第七十三条第（八）项	责令改正，给予警告。

续表

序号	违法行为	违反规定	处罚依据	处罚内容
183	医疗器械上市许可持有人未按照要求报告境外医疗器械不良事件和境外控制措施，拒不改正的	《医疗器械不良事件监测和再评价管理办法》第二十七条、第五十三条	《医疗器械不良事件监测和再评价管理办法》第七十三条第（八）项	拒不改正的，处五千元以上二万元以下罚款。
184	医疗器械经营企业、使用单位未配合持有人对医疗器械不良事件调查和评价的	《医疗器械不良事件监测和再评价管理办法》第十六条第（四）项、第三十三条	《医疗器械不良事件监测和再评价管理办法》第七十四条第一款第（六）项	责令改正，给予警告。
185	医疗器械经营企业、使用单位未配合持有人对医疗器械不良事件调查和评价，拒不改正的	《医疗器械不良事件监测和再评价管理办法》第十六条第（四）项、第三十三条	《医疗器械不良事件监测和再评价管理办法》第七十四条第一款第（六）项	拒不改正的，处五千元以上二万元以下罚款。
186	医疗器械上市许可持有人、经营企业、使用单位应当注册而未注册为国家医疗器械不良事件监测信息系统用户的	《医疗器械不良事件监测和再评价管理办法》第十九条第一款	《医疗器械不良事件监测和再评价管理办法》第七十三条第（四）项、第七十四条第一款第（四）项	责令改正，给予警告。

续表

序号	违法行为	违反规定	处罚依据	处罚内容
187	医疗器械上市许可持有人、经营企业、使用单位应当注册而未注册为国家医疗器械不良事件监测信息系统用户，拒不改正的	《医疗器械不良事件监测和再评价管理办法》第十九条第一款	《医疗器械不良事件监测和再评价管理办法》第七十三条第（四）项、第七十四条第一款第（四）项	拒不改正的，处五千元以上二万元以下罚款。
188	医疗器械上市许可持有人未主动维护用户信息，或者未持续跟踪和处理监测信息的	《医疗器械不良事件监测和再评价管理办法》第十九条第一款	《医疗器械不良事件监测和再评价管理办法》第七十三条第（五）项	责令改正，给予警告。
189	医疗器械上市许可持有人未主动维护用户信息，或者未持续跟踪和处理监测信息，拒不改正的	《医疗器械不良事件监测和再评价管理办法》第十九条第一款	《医疗器械不良事件监测和再评价管理办法》第七十三条第（五）项	拒不改正的，处五千元以上二万元以下罚款。
190	医疗器械经营企业、使用单位未按照要求建立医疗器械不良事件监测工作制度的	《医疗器械不良事件监测和再评价管理办法》第十六条第（一）项	《医疗器械不良事件监测和再评价管理办法》第七十四条第一款第（一）项	责令改正，给予警告。

续表

序号	违法行为	违反规定	处罚依据	处罚内容
191	医疗器械经营企业、使用单位未按照要求建立医疗器械不良事件监测工作制度，拒不改正的	《医疗器械不良事件监测和再评价管理办法》第十六条第（一）项	《医疗器械不良事件监测和再评价管理办法》第七十四条第一款第（一）项	拒不改正的，处五千元以上二万元以下罚款。
192	医疗器械上市许可持有人未按照要求提交创新医疗器械产品分析评价汇总报告的	《医疗器械不良事件监测和再评价管理办法》第四十七条第二款	《医疗器械不良事件监测和再评价管理办法》第七十三条第（九）项	责令改正，给予警告。
193	医疗器械上市许可持有人未按照要求提交创新医疗器械产品分析评价汇总报告，拒不改正的	《医疗器械不良事件监测和再评价管理办法》第四十七条第二款	《医疗器械不良事件监测和再评价管理办法》第七十三条第（九）项	拒不改正的，处五千元以上二万元以下罚款。
194	医疗器械上市许可持有人、经营企业、使用单位未保存不良事件监测记录或者保存年限不足的	《医疗器械不良事件监测和再评价管理办法》第二十二条	《医疗器械不良事件监测和再评价管理办法》第七十三条第（三）项、第七十四条第一款第（三）项	责令改正，给予警告。

续表

序号	违法行为	违反规定	处罚依据	处罚内容
195	医疗器械上市许可持有人、经营企业、使用单位未保存不良事件监测记录或者保存年限不足，拒不改正的	《医疗器械不良事件监测和再评价管理办法》第二十二条	《医疗器械不良事件监测和再评价管理办法》第七十三条第（三）项、第七十四条第一款第（三）项	拒不改正的，处五千元以上二万元以下罚款。
196	医疗器械经营企业、使用单位存在其他违反《医疗器械不良事件监测和再评价管理办法》规定行为的	《医疗器械不良事件监测和再评价管理办法》第七十四条第一款第（七）项	《医疗器械不良事件监测和再评价管理办法》第七十四条第一款第（七）项	责令改正，给予警告。
197	医疗器械经营企业、使用单位存在其他违反《医疗器械不良事件监测和再评价管理办法》规定行为，拒不改正的	《医疗器械不良事件监测和再评价管理办法》第七十四条第一款第（七）项	《医疗器械不良事件监测和再评价管理办法》第七十四条第一款第（七）项	拒不改正的，处五千元以上二万元以下罚款。
198	医疗器械上市许可持有人未根据不良事件情况采取相应控制措施并向社会公布的	《医疗器械不良事件监测和再评价管理办法》第四十八条	《医疗器械不良事件监测和再评价管理办法》第七十三条第（六）项	责令改正，给予警告。

续表

序号	违法行为	违反规定	处罚依据	处罚内容
199	医疗器械上市许可持有人未根据不良事件情况采取相应控制措施并向社会公布,拒不改正的	《医疗器械不良事件监测和再评价管理办法》第四十八条	《医疗器械不良事件监测和再评价管理办法》第七十三条第(六)项	拒不改正的,处五千元以上二万元以下罚款。
200	医疗器械上市许可持有人未按照要求配备与其产品相适应的机构和人员从事医疗器械不良事件监测相关工作的	《医疗器械不良事件监测和再评价管理办法》第十四条第(二)项	《医疗器械不良事件监测和再评价管理办法》第七十三条第(二)项	责令改正,给予警告。
201	医疗器械上市许可持有人未按照要求配备与其产品相适应的机构和人员从事医疗器械不良事件监测相关工作,拒不改正的	《医疗器械不良事件监测和再评价管理办法》第十四条第(二)项	《医疗器械不良事件监测和再评价管理办法》第七十三条第(二)项	拒不改正的,处五千元以上二万元以下罚款。
202	医疗器械上市许可持有人未按照要求撰写、提交或者留存上市后定期风险评价报告的	《医疗器械不良事件监测和再评价管理办法》第十四条第(五)项、第三十八条、第三十九条、第四十五条	《医疗器械不良事件监测和再评价管理办法》第七十三条第(七)项	责令改正,给予警告。

续表

序号	违法行为	违反规定	处罚依据	处罚内容
203	医疗器械上市许可持有人未按照要求撰写、提交或者留存上市后定期风险评价报告，拒不改正的	《医疗器械不良事件监测和再评价管理办法》第十四条第（五）项、第三十八条、第三十九条、第四十五条	《医疗器械不良事件监测和再评价管理办法》第七十三条第（七）项	拒不改正的，处五千元以上二万元以下罚款。
204	医疗器械上市许可持有人未公布联系方式、主动收集不良事件信息的	《医疗器械不良事件监测和再评价管理办法》第二十条第一款	《医疗器械不良事件监测和再评价管理办法》第七十三条第（十）项	责令改正，给予警告。
205	医疗器械上市许可持有人未公布联系方式、主动收集不良事件信息，拒不改正的	《医疗器械不良事件监测和再评价管理办法》第二十条第一款	《医疗器械不良事件监测和再评价管理办法》第七十三条第（十）项	拒不改正的，处五千元以上二万元以下罚款。
206	医疗器械上市许可持有人、经营企业、使用单位瞒报、漏报、虚假报告的	《医疗器械不良事件监测和再评价管理办法》第七十条第（二）项、第七十一条第（二）项	《医疗器械不良事件监测和再评价管理办法》第七十条第（二）项、第七十一条第（二）项	责令改正，给予警告。

续表

序号	违法行为	违反规定	处罚依据	处罚内容
207	医疗器械上市许可持有人、经营企业、使用单位瞒报、漏报、虚假报告，拒不改正的	《医疗器械不良事件监测和再评价管理办法》第七十条第（二）项、第七十一条第（二）项	《医疗器械不良事件监测和再评价管理办法》第七十条第（二）项、第七十一条第（二）项	拒不改正的，处五千元以上二万元以下罚款；情节严重的，责令停产停业，直至由原发证部门吊销医疗器械生产许可证、医疗器械经营许可证。
208	境外医疗器械注册人、备案人指定的我国境内企业法人未依照《医疗器械监督管理条例》规定履行相关义务的	《医疗器械监督管理条例》第二十条第一款、第二款	《医疗器械监督管理条例》第九十八条第一款	由省、自治区、直辖市人民政府药品监督管理部门责令改正，给予警告，并处五万元以上十万元以下罚款；情节严重的，处十万元以上五十万元以下罚款，五年内禁止其法定代表人、主要负责人、直接负责的主管人员和其他责任人员从事医疗器械生产经营活动。
209	境外医疗器械注册人、备案人拒不履行依据《医疗器械监督管理条例》作出的行政处罚决定的	《医疗器械监督管理条例》第九十八条第二款	《医疗器械监督管理条例》第九十八条第二款	十年内禁止其医疗器械进口。

续表

序号	违法行为	违反规定	处罚依据	处罚内容
210	医疗器械研制、生产、经营单位和检验机构违反《医疗器械监督管理条例》规定使用禁止从事医疗器械生产经营活动、检验工作的人员的	《医疗器械监督管理条例》第九十九条	《医疗器械监督管理条例》第九十九条	责令改正，给予警告。
211	医疗器械研制、生产、经营单位和检验机构违反《医疗器械监督管理条例》规定使用禁止从事医疗器械生产经营活动、检验工作的人员，拒不改正的	《医疗器械监督管理条例》第九十九条	《医疗器械监督管理条例》第九十九条	拒不改正的，责令停产停业直至吊销许可证件。
212	医疗器械不良事件监测技术机构未依照《医疗器械监督管理条例》规定履行职责，致使监测工作出现重大失误的	《医疗器械监督管理条例》第一百条	《医疗器械监督管理条例》第一百条	责令改正，通报批评，给予警告；造成严重后果的，对违法单位的法定代表人、主要负责人、直接负责的主管人员和其他责任人员，依法给予处分。

续表

序号	违法行为	违反规定	处罚依据	处罚内容
213	医疗器械技术审评机构未依照《医疗器械监督管理条例》规定履行职责，致使审评工作出现重大失误的	《医疗器械监督管理条例》第一百条；《医疗器械注册与备案管理办法》第五十四条、第五十七条、第八十条	《医疗器械监督管理条例》第一百条；《医疗器械注册与备案管理办法》第一百零九条	责令改正，通报批评，给予警告；造成严重后果的，对违法单位的法定代表人、主要负责人、直接负责的主管人员和其他责任人员，依法给予处分。
214	医疗器械（仅限体外诊断试剂）技术审评机构未依照本办法规定履行职责，致使审评工作出现重大失误的	《体外诊断试剂注册与备案管理办法》第五十三条、第五十六条、第八十条	《体外诊断试剂注册与备案管理办法》第一百零九条	责令改正，通报批评，给予警告；造成严重后果的，对违法单位的法定代表人、主要负责人、直接负责的主管人员和其他责任人员，依法给予处分。

第二节 医疗器械常见违法行为处罚案例分析

一、热点案例精选

典型案例1：擅自改变医疗器械产品名称，应如何定性处罚[①]

【案情】

某市场监督管理局对辖区内某医疗器械生产企业的成品库进行检查，发现该企业生产的一种血液透析器出现多个产品名称：包装盒上标注的产品名称是"二醋酸膜空心纤维透析器"，说明书上的产品名称为"醋酸膜空心纤维透析

---

① 本案例已于2020年6月8日在《中国医药报》上发表。

器"，最小包装上的产品名称为"尼普洛二醋酸空心纤维透析器"。

经调查，执法人员发现该产品《医疗器械注册证》及《医疗器械产品注册登记表》上登记的注册名称为"空心纤维透析器"，与所查产品包装盒、说明书及最小包装上标注的产品名称均不一致。该企业相关负责人解释称：企业在产品名称中添加"二醋酸"字样，是为方便医疗机构使用产品时区分型号，添加代表企业名称的"尼普洛"字样，则是为了扩大企业品牌影响力。

【分歧】

对于以上违法行为如何定性处罚，执法人员有四种不同意见：

第一种意见认为，产品包装盒、说明书及最小包装上标注的产品名称与注册名称均不一致，可以认定该产品为未经注册产品，违反《国务院关于加强食品等产品安全监督管理的特别规定》第三条第一款关于"生产经营者应当对其生产、销售的产品安全负责，不得生产、销售不符合法定要求的产品"的规定，应依据该规定第三条第三款予以处罚。

第二种意见认为，该产品说明书、标签内容与企业注册登记相关内容不一致，违反《医疗器械监督管理条例》第三十九条第一款关于"医疗器械应当有说明书、标签。说明书、标签的内容应当与经注册或者备案的相关内容一致，确保真实、准确"的规定。应依据该条例第八十八条第一款第（二）项予以处罚。

第三种意见认为，该产品包装盒、说明书及最小包装上标注的产品名称未使用通用名称，违反《医疗器械监督管理条例》第三十七条关于"医疗器械应当使用通用名称。通用名称应当符合国务院药品监督管理部门制定的医疗器械命名规则"，以及《医疗器械说明书和标签管理规定》第八条第一款"医疗器械的产品名称应当使用通用名称，通用名称应当符合国家食品药品监督管理总局制定的医疗器械命名规则。第二类、第三类医疗器械的产品名称应当与医疗器械注册证中的产品名称一致"的规定，应依据《医疗器械监督管理条例》第八十八条第一款第（二）项予以处罚。

第四种意见认为，生产企业对产品名称作出文字性改变，但未及时申请变更,违反《医疗器械注册与备案管理办法》第七十九条第三款关于"注册证载明的产品名称、型号、规格、结构及组成、适用范围、产品技术要求、进口医疗器械的生产地址等,属于前款规定的需要办理变更注册的事项。注册人名称和住所、代理人名称和住所等,属于前款规定的需要备案的事项。境内医疗器械生产地址变更的,注册人应当在办理相应的生产许可变更后办理备案"的规定,应依据该办法第一百零七条规定予以处罚。

【评析】

笔者同意第三种意见,理由如下:

本案涉及的是医疗器械说明书和标签的规范问题。说明书和标签是医疗器械外在质量的重要组成部分,其规范与否对医疗器械的安全使用有重要影响。本案中,医疗器械生产企业为方便医疗机构使用和扩大企业自身宣传,放弃使用通用名称,擅自改变产品说明书和标签上的产品名称,导致产品名称与注册证中的名称不一致。

一般而言,对产品名称作出文字性变更分为两种情形:一种是涉及医疗器械注册证载明内容的变更,另一种是医疗器械包装事项的变更。这两种情形所对应的罚则是不同的。

《医疗器械注册与备案管理办法》第七十九条第三款规定:注册证载明的产品名称、型号、规格、结构及组成、适用范围、产品技术要求、进口医疗器械的生产地址等,属于前款规定的需要办理变更注册的事项。注册人名称和住所、代理人名称和住所等,属于前款规定的需要备案的事项。境内医疗器械生产地址变更的,注册人应当在办理相应的生产许可变更后办理备案。

由此可见,注册证上的产品名称改变属于需要办理变更注册的事项,如果生产企业对注册证上的产品名称进行更改,但未及时申请变更,则违反《医疗器械注册与备案管理办法》第七十九条第三款的相关规定。但在本案中,该生产企业未对产品注册证上的产品名称作任何修改,因此第四种意见不符合案情。笔者认为,生产企业对产品说明书和标签上产品名称的修改,应属于对医疗器械包装事项的更改,违反《医疗器械监督管理条例》第三十七条关于"医疗器械应当使用通用名称。通用名称应当符合国务院药品监督管理部门制定的医疗器械命名规则"和《医疗器械说明书和标签管理规定》第八条第一款相关规定，应依据《医疗器械监督管理条例》第八十八条第（二）项规定予以处罚。

第一种意见认为涉案产品属于未经注册产品，这与案情明显不符。调查显示，涉案产品已依法取得《医疗器械注册证》，因此第一种意见是错误的。第二种意见认为，涉案产品说明书和标签内容与经注册的相关内容不一致，但在本案中，生产企业未在涉案产品说明书和标签上使用规范的通用名称是导致出现这一现象的根本原因。因此，本案违法行为应定性为"未使用通用名称"更为准确。

本案中，涉案产品作为第三类医疗器械，风险性较高。相关产品生产、经营、使用企业应严格强化产品质量管理，消除安全隐患，全力筑牢用械安全防线。

典型案例 2：销售冒用他人注册证等信息的医用外科口罩，应如何定性处罚[①]

【案情】

某地市场监督管理局接到举报，称辖区内某药店销售的"飘安牌"医用外科口罩系假冒他人厂名厂址、许可证编号和医疗器械注册证生产的产品。接到举报后，该市场监管局立即组织执法人员对被举报药店进行检查，发现该药店（已取得医疗器械经营的相关资质）正在销售相关产品，但其在售产品外包装颜色和标识与"正品"有细微区别，执法人员当场依法实施扣押。

经查，该药店是从某供货商处购进的"飘安牌"医用外科口罩，共购进 800 包，已销售 600 包，售价为 25 元/包，货值金额为 20000 元。且药店购进产品时，未查验供货者的资质和医疗器械的合格证明文件。另经协查，该产品标示生产厂家证实，药店所售产品非其生产，所用商标也未得到授权，系假冒其厂名厂址、许可证编号和医疗器械注册证生产的产品。

---

① 本案例已于 2020 年 7 月 27 日在《中国医药报》上发表。

【分歧】

本案中，药店存在两个违法行为，一是未查验供货者的资质和医疗器械的合格证明文件，未建立进货查验记录制度，违反了《医疗器械监督管理条例》第四十五条第一款的规定，应依据该条例第八十九条第（二）项规定予以处罚。对此执法人员均无异议，在此不作讨论。二是该药店销售冒用他人厂名厂址、许可证编号和医疗器械注册证生产的产品，关于对此违法行为应该如何定性处罚，执法人员持有四种不同处理意见。

第一种意见认为，该药店的行为属于经营未依法注册、无合格证明文件的医疗器械，违反了《医疗器械监督管理条例》第五十五条的规定，应依据该条例第八十六条第（三）项规定进行定性处罚，即由负责药品监督管理的部门责令改正，没收违法生产经营使用的医疗器械；违法生产经营使用的医疗器械货值金额不足1万元的，并处2万元以上5万元以下罚款；货值金额1万元以上的，并处货值金额5倍以上20倍以下罚款；情节严重的，责令停产停业，直至由原发证部门吊销医疗器械注册证、医疗器械生产许可证、医疗器械经营许可证，对违法单位的法定代表人、主要负责人、直接负责的主管人员和其他责任人员，没收违法行为发生期间自本单位所获收入，并处所获收入30%以上3倍以下罚款，10年内禁止其从事医疗器械生产经营活动。

第二种意见认为，该药店的行为属于销售侵犯注册商标专用权的商品，违反了《商标法》第五十七条第（三）项规定，应依据《商标法》第六十条第二款规定予以处罚，即工商行政管理部门处理时，认定侵权行为成立的，责令立即停止侵权行为，没收、销毁侵权商品，违法经营额5万元以上的，可以处违法经营额5倍以下的罚款，没有违法经营额或者违法经营额不足5万元的，可以处25万元以下的罚款。

第三种意见认为，该药店的行为属于销售冒用他人厂名厂址的产品，违反了《产品质量法》第三十七条规定，应依据《产品质量法》第五十三条和第五十五条规定予以处罚。

第四种意见认为，该药店的行为构成"法条竞合"，即实施了一个销售冒用他人厂名厂址、许可证编号和医疗器械注册证生产的产品的行为，但同时触犯了《医疗器械监督管理条例》《商标法》《产品质量法》《国务院关于加强食品等产品安全监督管理的特别规定》的不同条款，应根据"法条竞合"适用原则，从一重处罚。

【评析】

笔者同意第四种意见，理由如下：

第一，对该药店从一重处罚符合"一事不再罚"和"过罚相当"的原则。《行政处罚法》第二十九条规定，对当事人的同一个违法行为，不得给予两次以上罚款的行政处罚。同一个违法行为违反多个法律规范应当给予罚款处罚的，按照罚款数额高的规定处罚。

"对当事人的同一个违法行为，不得给予两次以上罚款的行政处罚"，即"一事不再罚"原则。这从禁止重复罚款的角度对一个行为违反数个法条如何处罚作了明确规定。《行政处罚法》第五条规定，行政处罚遵循公正、公开的原则。设定和实施行政处罚必须以事实为依据，与违法行为的事实、性质、情节以及社会危害程度相当。即"过罚相当"原则。这要求行政机关在实施行政处罚时，罚种和处罚幅度要与违法行为人的违法过错程度相适应，避免畸轻畸重。

本案中，药店的违法行为属于"一个违法主体实施的一个违法行为"，根据"一事不再罚"原则，行政机关除责令其立即改正违法行为外，不得给予两次以上罚款的行政处罚。同时，根据"过罚相当"原则，结合本案案情，对该药店从一重处罚比较合理。

第二，对该药店从一重处罚符合"法条竞合"的通用处理原则。"法条竞合"是指，由于各种行政法律法规规章交错的规定，一个违法行为同时触犯了同一法律规范的两个以上条款或两个以上法律规范，数个法条之间在调整对象上存在包含或交叉关系，因而只能适用其中一个法律规范条文而排斥其他法律规范条文适用的情形。行政机关可以依据不同的法律条款，从一重处罚。

适用法条竞合，通常以上位法优于下位法、新法优于旧法、特别法优于普通法、重法优于轻法等为原则。其中，特别法优于普通法，可以是同一法阶位置或不同法阶位置的法律冲突。就本案而言，《产品质量法》是全国人大常委会通过的法律，而《医疗器械监督管理条例》和《国务院关于加强食品等产品安全监督管理的特别规定》均是国务院公布的行政法规和法规性文件，虽位阶不同，但涉及医疗器械产品的处罚，《医疗器械监督管理条例》相对于《产品质量法》《国务院关于加强食品等产品安全监督管理的特别规定》属于特别法，应优先适用。

那么，《医疗器械监督管理条例》和《商标法》应如何选择适用？《医疗器械监督管理条例》第八十六条第（三）项规定，经营、使用无合格证明文件、过期、失效、淘汰的医疗器械，或者使用未依法注册的医疗器械，由负责药品监督管理的部门责令改正，没收违法生产经营使用的医疗器械；违法生产经营使用的医疗器械货值金额不足1万元的，并处2万元以上5万元以下罚款；货值金额1万元以上的，并处货值金额5倍以上20倍以下罚款；情节严重的，责令停产停业，直至由原发证部门吊销医疗器械注册证、医疗器械生产许可证、医疗器械经营许可证，对违法单位的法定代表人、主要负责人、直接负责的主管人员和其他责任人员，没收违法行为发生期间自本单位所获收入，并处所获收入30%以上3倍以下罚款，10年内禁止其从事医疗器械生产经营活动。《商标法》第六十条第二款规定：工商行政管理部门处理时，认定侵权行为成立的，责令立即停止侵权行为，没收、销毁侵权商品和主要用于制造侵权商品、伪造注册商标标识的工具，违法经营额5万元以上的，可以处违法经营额5倍以下的罚款，没有违法经营额或者违法经营额不足5万元的，可以处25万元以下的罚款。本案货值金额为20000元，无情节严重情形，按照《医疗器械监督管理条例》相关规定，最高可罚20万元；按照《商标法》最高则可罚25万元以下金额。根据"重法优于轻法"的适用原则，本案应按照《商标法》对药店进行处罚。

典型案例3：免费赠送过期口罩是否应当予以处罚[①]

【案情】

近日，某地市场监督管理局接到举报，称某药店在销售医用口罩（属于第二类医疗器械）时，免费赠送已过期的医用口罩。接到举报后，该地市场监督管理局执法人员立即开展现场检查，发现举报属实。

经查，该药店正在举行"买一赠一"促销活动，其售卖的医用口罩无质量问题，但免费赠送的医用口罩已超过保质期。据悉，该批医用口罩是从合法渠道购进。截至调查当日，该药店共赠送该批口罩2包，库存1包。执法人员当即责令其停止违法行为，并对涉案产品进行扣押。

【分歧】

对于该药店免费赠送超过保质期的医用口罩的行为如何处理，执法人员中出现三种不同意见。

第一种意见认为，对该药店免费赠送医用口罩的行为不应当予以处罚。理由是，超过保质期的口罩属于免费赠送产品，不能将药店的赠与行为定性为销售行为，且相关法律法规未对免费赠送超过保质期医疗器械的经营行为作出明确的处罚规定。按照"法无禁止即可为"的原则，该药店的口罩赠与行为不构成违法，故不应当承担行政责任。

第二种意见认为，该药店免费赠送医用口罩的行为构成销售行为，属销售过期医疗器械的违法行为，违反了《医疗器械经营监督管理办法》第四十五条第一款关于"从事医疗器械经营活动的，不得经营未依法注册或者备案，无合格证明文件以及过期、失效、淘汰的医疗器械"，以及《医疗器械监督管理条例》第五十五条关于"医疗器械经营企业、使用单位不得经营、使用未依法注册或者备案、无合格证明文件以及过期、失效、淘汰的医疗器械"的规定，应依据《医疗器械经营监督管理办法》第六十五条和《医疗器械监督管理条例》第八十六条规定予以处罚。

第三种意见认为，该药店免费赠送医用口罩的行为构成销售行为，属销售

---

① 本案例已于2020年3月30日在《中国医药报》上发表。

失效产品的违法行为，违反了《产品质量法》第三十五条规定："销售者不得销售国家明令淘汰并停止销售的产品和失效、变质的产品。"监管部门应当依据《产品质量法》第五十二条规定予以处罚。

【评析】

笔者同意第二种意见，理由如下：

医疗器械的安全关乎人民群众的身体健康与生命安全，因此，其研制、生产、经营、使用，必须符合国家法律法规的强制性规定，药品监管部门应依法对医疗器械进行监督管理。综合分析案情和执法人员的意见分歧，笔者认为，本案涉及两个法律问题，即该药店的免费赠送行为是否属于销售行为，以及该行为是否应当处罚和如何处罚。

首先，关于该药店免费赠送行为是否属于销售行为，笔者认为，本案药店对消费者的促销附赠行为不能等同于普通民事主体之间的赠送，应该认定为销售行为。根据案情，虽然药店附赠的医用口罩是免费的，但其附赠行为的目的在于销售其正规经营的医用口罩，属于销售行为的一部分。因此，应将药店赠送行为认定为销售行为，经营者应对其赠品承担质量安全责任，并保证赠品安全并符合国家强制性要求。第一种意见认为，"该药店免费赠送医用口罩的行为不能定性为销售行为"，其实是混淆了商业赠与行为与一般民事赠与行为。

其次，关于监管部门是否应对该药店进行行政处罚及如何处罚，笔者认为，本案药店免费赠与口罩的行为属于销售行为，即销售过期医疗器械产品，监管部门理应对其进行行政处罚。那么，应该如何处罚？本案第二种意见和第三种意见对违法行为定性和适用法律产生了分歧。笔者认为，《医疗器械监督管理条例》是关于医疗器械安全监管的专门法规，相对于《产品质量法》而言，属于特别规定，根据"特殊法优于普通法"的法律适用原则，应优先适用《医疗器械监督管理条例》。

根据本案案情，该药店免费赠送超过保质期的医用口罩行为，违反了《医疗器械监督管理条例》第五十五条和《医疗器械经营监督管理办法》第四十五条第一款的规定，应依据《医疗器械经营监督管理办法》第六十五条和《医疗器械监督管理条例》第八十六条对其予以行政处罚,即"由负责药品监督管理的部门责令改正,没收违法生产经营使用的医疗器械;违法生产经营使用的医疗器械货值金额不足1万元的,并处2万元以上5万元以下罚款"。

综上所述,笔者认为,该药店免费赠送超过保质期口罩的行为,属于销售过期、失效医疗器械的行为,违反了相关法律法规的规定,理应承担相应的法律责任,药品监管部门有权对其予以行政处罚。同时,因该药店销售的医用口罩是特殊产品,属于第二类医疗器械,监管部门应优先适用《医疗器械监督管理条例》和《医疗器械经营监督管理办法》的相关规定对其进行处罚。

【思考】

本案折射出消费者法治意识的觉醒、某些医疗器械经营者法律知识的薄弱,同时也说明药品监管部门日常监管工作还存在易忽略的环节。通过分析本案,我们应该明确的是,销售商品时的附赠行为也属于销售行为的一部分,经营者理应保障赠送商品的质量安全。为了杜绝此类案件的发生,监管部门要加强对"免费赠送不合格产品"等容易忽略问题的关注,同时鼓励社会各界积极参与,加强社会监督,营造良好的药械安全社会共治氛围。

二、法院案例精选

案例:高某未取得医疗器械经营许可从事第三类医疗器械网络销售案[①]

法院查明:某市市场监督管理局于2020年7月29日作出某市监食药(某)械罚〔2020〕0008号行政处罚决定书,认定被执行人高某未取得医疗器械经营许可从事第三类医疗器械网络销售活动的行为违反了《医疗器械网络销售监督管理办法》第七条第一款的规定。根据《医疗器械网络销售监督管理办法》第三十八条、《医疗器械监督管理条例》第六十三条第一款第(三)项的规定,决定给予如下行政处罚:1. 没收违法所得21892元;2. 罚款218920元。某市市场监督管理局同日将某市监食药(某)械罚〔2020〕0008号行政处罚

---

① 案件来源:河南省长垣市人民法院行政裁定书(2021)豫0728行审16号,裁判作出时间为2021年4月19日。

决定书送达被执行人高某。

申请执行人某市市场监督管理局于2021年4月1日作出某市监催告字〔2021〕15-1号行政处罚决定履行催告书，要求被执行人自收到催告书之日起十日内，履行申请执行人作出的某市监食药（某）械罚〔2020〕0008号行政处罚决定书规定的义务，即缴清应缴违法所得21892元、罚款218920元及加处罚款218920元。如果被执行人逾期未履行，申请执行人将依法申请人民法院强制执行。该催告书于当日送达给被执行人高某。因被执行人高某在催告期后仍未履行相关义务，申请执行人某市市场监督管理局遂向法院申请对被执行人违法所得21892元、罚款218920元以及加处罚款218920元依法强制执行。

法院认为，申请执行人某市市场监督管理局作出的某市监食药（某）械罚〔2020〕0008号行政处罚决定书认定事实清楚，适用法律正确。被执行人高某在申请执行人告知的法定期限内未申请复议，亦未提起行政诉讼，该行政处罚决定书已经发生法律效力。申请执行人在申请本院强制执行前已催告被执行人履行义务，被执行人经催告后一直拒不履行，该行政处罚决定书已生效并具有可执行内容，符合申请执行条件。依法裁定如下：准予执行某市市场监督管理局作出的某市监食药（某）械罚〔2020〕0008号行政处罚决定书，被执行人高某缴纳违法所得21892元、罚款218920元及加处罚款218920元。

三、医美专项典型案例

案例1[①]：查办某医疗美容诊所有限公司使用未依法注册的第三类医疗器械案

2021年1月18日，某市某区市场监督管理局执法人员在开展某市医疗美容行业专项行动检查时，现场发现某地某医疗美容诊所有限公司经营场所内存放无中文标识，显示型号为MFR49TIP的治疗电极7支。

[①] 案例1至案例4选自江苏省药品监督管理局官网，http://da.jiangsu.gov.cn/art/2021/10/18/art_82336_10076068.html，最后访问时间：2021年10月18日。

【案件调查】

经查，当事人于 2019 年 2 月 19 日取得《医疗机构执业许可证》，当月购进射频治疗仪 1 套（型号规格：INFINI，注册证编号：国械注进 2016325××××）。2019 年 4 月，当事人委托朋友在韩国购买了型号为 MFR49TIP 的治疗电极 20 支，在其诊所中配套合法购进的射频治疗仪用于诊疗活动。依据《医疗器械分类目录》，当事人购进使用的治疗电极为第三类医疗器械。当事人将该治疗电极作用于人体的行为，构成使用未依法注册的医疗器械的行为。自 2019 年 4 月以来，当事人共购进上述治疗电极 20 支，先后使用 13 支作用于人体。违反了《医疗器械监督管理条例》（2017 年版）第四十条"医疗器械经营企业、使用单位不得经营、使用未依法注册、无合格证明文件以及过期、失效、淘汰的医疗器械"之规定。

【查处结果】

依据《医疗器械监督管理条例》（2017 年版）第六十六条规定，对当事人作出行政处罚：责令立即停止违法行为，没收涉案的 MFR49TIP 治疗电极 7 支，罚款 98880 元。

【启示建议】

违法行为隐蔽难发现。当事人作为合法取得《医疗机构执业许可证》的医疗机构，不得将未依法注册的医疗器械使用于人体是其应知应会的常识，但在利益的驱使下知法犯法。当事人从非法渠道私自购进未经注册的医疗器械，将其与医疗器械产品配套使用，单是检查射频治疗仪主机很难发现违法行为，具有较强的欺骗性。调查取证严谨细致。面对涉案产品无中文标签标识的情况，本案执法人员巧妙利用门诊病历核算涉案产品货值，并处货值金额 8 倍罚款，有力地打击了当事人的违法行为。

案例 2：查办某地某医疗美容门诊有限公司未按照说明书和标签标示的要求贮存医疗器械案

2021 年 6 月 16 日，某市市场监督管理局执法人员日常监督检查中，发现常州某医疗美容门诊有限公司未能按照说明书和标签标示的要求贮存医疗器械"某医用胶原充填剂"。

【案件调查】

经查，当事人于 2021 年 4 月购进 10 支"某医用胶原充填剂"，每支的规格型号是 0.5ml，已使用 2 支。6 月 16 日，检查人员在当事人的储藏冷柜中发现 8 支"某医用胶原充填剂"，储藏冷柜温度为 13℃，与产品要求的"2℃－8℃保存，请勿冻存"储藏条件不符。当事人未按照医疗器械说明书和标签标示的要求贮存医疗器械的行为违反了《医疗器械监督管理条例》第四十七条的规定。

【查处结果】

依据《医疗器械监督管理条例》第八十八条第（三）项的规定对当事人作出行政处罚：责令整改，罚款 2 万元。

【启示建议】

检查稽查有效衔接，有利于强化医疗器械经营使用质量管理规范。本案是某市市场监管局推进医疗美容行业专项行动检查发现的违法线索，并及时移交稽查机构查处的典型案例，充分体现了检查与稽查衔接的重要作用。该案的依法查处对使用单位在强化医疗器械质量管理等方面起到了很好的警示作用。

案例 3：查办某市某区某医院使用过期医疗器械案

2021 年 5 月，某市某区市场监督管理局（以下简称某区局）开展专项检查，执法人员发现在某医院检验科检验室柜中存有过期医疗器械。

【案件调查】

2021 年 5 月 11 日，某区局对某医院专项检查时，发现在该医院检验科检验室柜中存有过期医疗器械。某区局当场采取行政强制措施扣押了查获的过期医疗器械，并于当时立案。经查，涉案过期医疗器械为第二类医疗器械，当事人分别于 2019 年 5 月和 12 月从某生物技术股份有限公司进购了上述三批次药敏试剂，数量为 15×3 盒（20 人份/盒），进货单价为 106 元/盒。根据当事人提供的该款药敏试剂"使用记录"，证明当事人存在使用过期医疗器械的行为。某医院使用过期医疗器械的行为违反了《医疗器械监督管理条例》（2017 年版）第四十条的规定。

【查处结果】

依照《医疗器械监督管理条例》（2017年版）第六十六条之规定，某区局依法对当事人使用过期医疗器械的行为责令整改并作出如下行政处罚：没收过期医疗器械"某某"药敏测定板76条、"某某"无菌矿物油23支；罚款21000元。

【启示建议】

在本案中，执法人员通过在当事人检验室柜中发现过期医疗器械的线索，采取扣押登记记录本、对负责人和检验室工作人员分别询问调查的多种方式开展调查取证，最后当事人主动承认存在使用过期医疗器械的行为并提供了更详细的证据材料。在执法过程中要当场掌握医疗机构使用过期医疗器械的证据是困难的，所以在认定上需要有力的证据证明，作为执法单位应该采取多种取证方式，对具体的操作人员进行详细的询问了解，同时可以根据各案件的具体情况对待使用的过期医疗器械作出谨慎又准确的判断。

案例4：查办某药物研究所有限公司生产销售标签不符合规定的医疗器械透明质酸钠凝胶案

2021年6月，某检查分局根据案件线索移送，对某药物研究所有限公司进行现场检查，发现某药物研究所有限公司生产销售的某医用透明质酸钠凝胶（批号为20011106）标签未标注注册信息等内容。

【案件调查】

2021年6月11日，经某检查分局对某药物研究所有限公司的现场检查及对委托代理人的询问调查表明，上述产品是该公司生产并销售的。由于该公司正在更改产品的外包装，审核时相关信息是全的，专门预留了位置，印刷时不知因为什么原因，导致该批产品外包装上少了"产品注册证编号、产品技术要求编号、生产许可证编号"等内容，成品包装时也未能发现上述缺陷，导致该批次产品出现标签不符合规定的情况。当公司发现上述情况时，第一时间采取了召回措施。某药物研究所有限公司生产并销售的"医用透明质酸钠凝胶"标签不符合规定的行为，违反了《医疗器械说明书和标签管理规定》第四条。

【查处结果】

根据《医疗器械说明书和标签管理规定》第十八条,《医疗器械监督管理条例》(2017年版)第六十七条,《行政处罚法》第五条、第二十七条第一款第(四)项及《药品和医疗器械行政处罚裁量适用规则》第七条第(四)项、国家市场监管总局《规范市场监督管理行政处罚裁量权的指导意见》第七条第二款第(一)项、第(二)项之规定,某局决定给予某药物研究所有限公司罚款10000元的行政处罚。

案例5[①]:查办某市某医疗美容诊所有限公司使用未依法注册的第三类医疗器械案

2021年4月13日,某市某区市场监督管理局执法人员开展医疗美容行业专项行动检查任务时,发现某医疗美容诊所有限公司的壁橱内存有无任何中文标签的进口玻尿酸,现场也不能提供供货方资质材料和任何购进票据。

【案件调查】

经查,该公司多年前通过微信购买进口玻尿酸(型号规格:1. deimalax cross linked hyaluronic acid deep plus, LOT: CLC1××××, 有效期: 2021-12, 数量3盒; 2. CYTOCARE 532 HYALURONIC ACID 32mg +REJUVENTING COMP×× ××, LOT: 2020-07, LOT: 2023-06, 批号: CTVZ27, 数量1盒),未索取供货方资质材料和相关购进发票,只能提供供货方的微信号,且目前无法联系。

【查处结果】

依据《医疗器械监督管理条例》(2017年版)第六十六条规定,对当事人作出行政处罚:给予没收涉案物品4盒和罚款30000元。

【启示建议】

进口的医疗器械应当有中文说明书、中文标签。没有中文说明书、中文标签或者说明书、标签不符合本条规定的,不得进口。当事人作为一家美容诊所,应当具备相关法律意识,但在购进相关医疗器械时没有对供货商资质以及

[①] 案例5至案例6选自江苏省药品监督管理局官网,http://da.jiangsu.gov.cn/art/2021/10/19/art_82336_10078439.html,最后访问时间:2021年10月19日。

产品质量尽到合理审验责任。本案执法人员在专项检查时不放过任何一个角落,在壁橱的一个隐蔽处发现涉案产品,发现后当场扣押,及时固定证据,不仅有效地查处了当事人的违法行为,同时对当事人进行了法治教育。

案例6:查办某医疗美容有限公司使用过期医疗器械案

2021年4月16日,某市某区市场监督管理局执法人员在对某医疗美容有限公司的日常监督检查中,发现该医疗美容机构手术室内存放过期医疗器械,当事人涉嫌使用过期医疗器械。

【案件调查】

经查,某市某医疗美容有限公司成立于2018年7月25日,是医疗美容诊所,目前处于在业状态。该公司于2019年3月10日购进了5盒可吸收性外科缝线,产品注册号:国食药监械(准)字2014第36××××号,规格:7-0,生产企业:上海浦东某医疗用品股份有限公司,批号:18T0614AJ,生产日期:17/06/17,失效日期:20/06/16,12包装,购进价格为75元/盒,购进至案发,该公司共使用了4盒该批号可吸收性外科缝线,由于该公司未记录使用情况,具体使用时间不详,库存1盒未开封,一直存放在大手术室铁皮柜左上柜内。同时,该公司于2019年6月10日购进了1盒一次性使用心电电极,注册证编号:沪械注准2017221××××,型号规格:915T50,制造商:上海某医疗保健用品有限公司,批号:18121××××,生产日期:20181213,有效期至:20201212,50枚装,购进价格为35.5元/盒,购进后一直存放在铁皮柜右侧抽屉内。上述涉案医疗器械均购自某医疗器械有限公司,由于涉案医疗器械未单独收费,包含在诊疗项目内,故认定涉案医疗器械的总货值金额为110.5元,当事人无违法所得。

【查处结果】

依据《医疗器械监督管理条例》(2017年版)第六十六条第一款第(三)项,对当事人作出行政处罚:责令该公司改正违法行为,没收涉案的1盒未开封的可吸收性外科缝线和1盒已开封的一次性使用心电电极,罚款10000元。

【启示建议】

强化日常监督监管,有针对性地监督检查是发现医疗美容案件线索的重点之一。目前医疗美容机构的从业人员水平参差不齐，管理普遍存在漏洞，医疗器械购入和使用把关不严，容易引发各种违法行为，从而导致行业乱象。本案执法人员在日常监管中，能够有重点有目标地去检查，对发现的案件精准定性，及时查处。

案例 7 [①]：查办某市某古颜美容店经营标签不符合规定的医疗器械案

2021 年 5 月，某市某县市场监督管理局执法人员对某古颜美容店进行现场检查，现场查获标签不符合规定的医疗器械"医用冷敷贴"9 盒。

【案件调查】

经查，当事人在 2021 年 5 月之前分批从微信名为"某身材管理"微信好友处购进上述产品 50 盒，购进价格为每盒 20 元，前后 3 次共转账给微信好友"某身材管理"1000 元。当事人销售上述产品的价格为每盒 30 元，已销售 40 盒，当事人自用了 1 盒，上述不符合标签规定的医疗器械货值金额为 1470 元，当事人销售上述产品取得违法所得 1200 元。当事人经营的上述一类医疗器械"医用冷敷贴"备案内容"预期用途"中不包含"医用防护补水保湿"，且未标注生产企业的联系方式，不符合医疗器械标签规定。

【查处结果】

依据《医疗器械监督管理条例》（2017 年版）第六十七条的规定，某市某县市场监督管理局依法对当事人作出行政处罚：没收被扣押的 9 盒医用冷敷贴，罚款 10000 元。

案例 8：查办南京某医疗美容诊所有限公司经营使用未依法注册的医疗器械案

2021 年 4 月，某区市场监督管理局执法人员在开展某市医疗美容行业专项行动检查时，发现某医疗美容诊所有限公司小仓库货柜上摆放有某产品，产品标签为韩文和英文混合，内容物为一次性针头 5 盒，产品经当事人陈述为一次性医用针头，用于给顾客打水光针，用作美容补水，上述产品无任何中文标签，现场未能提供有效的供货方资质材料，也不能提供任何购进票据。

[①] 案例 7 至案例 11 选自江苏省药品监督管理局官网，http://da.jiangsu.gov.cn/art/2021/10/28/art_82336_10088793.html，最后访问时间：2021 年 10 月 28 日。

【案件调查】

经查，上述产品为该公司购买的进口一次性医用针头，但未索取供货方资质材料和相关购进发票，当事人自述购买价格为40元/盒，共计200元，涉案一次性医用针头用于给顾客美容补水，每次美容补水收费150元，其中顾客使用类似的一次性医用针头收费为0.6元/支。涉案针头每盒100支，共计500支。

【查处结果】

依据《医疗器械监督管理条例》（2017年版）第六十六条的规定，某区市场监督管理局对当事人作出行政处罚：没收5盒被扣押的一次性针头、罚款30000元。

案例9：查办某市某区某美甲美容有限责任司使用未依法注册的医疗器械案

2020年12月，某市某区市场监督管理局执法人员收到某区卫生健康委员会案件移送书，案件移送书提供了某美甲美容有限责任公司涉嫌在美容服务经营活动中使用未依法注册的医疗器械的线索，现场查获货值金额2000元的多功能OPT美容仪1台。

【案件调查】

经查，当事人使用的涉案美容仪治疗原理为采用强脉冲光，对不同颜色、不同深度的人体各部位皮肤毛发进行永久性脱毛。该美容仪属于列入医疗器械分类目录中"09物理治疗器械"类别的医疗器械。案发后，当事人未能提供上述美容仪的有效合格证明文件和医疗器械注册证。当事人作为医疗器械使用单位，使用了无合格证明文件和医疗器械注册证的医疗器械。

【查处结果】

依据《医疗器械监督管理条例》（2017年版）第六十六条第一款第（三）项的规定，2021年4月，某区市场监督管理局依法对当事人作出行政处罚：没收涉案美容仪1台，处以罚款20000元。

案例10：查办某市某医疗科技有限公司生产销售不合格医疗器械一次性使用手术电极案

2021年1月，某省药品监督管理局某检查分局收到省局转发的检验报告，涉及某医疗科技有限公司生产的"一次性使用手术电极"（苏械注准201522××××，规格型号：DN-2，批号：2020××××）。经某省医疗器械检验所检验，检验结果为不符合规定。

【案件调查】

经查，上述产品是某市某医疗科技有限公司2020年生产的，共生产入库15000只，至检查当日无库存。该批次产品抽样用了3只，对外销售12297只。货值金额合计136732.90元。当事人收到产品不合格报告后，对涉案产品采取了召回措施。

【查处结果】

依据《医疗器械监督管理条例》（2017年版）第六十六条第（一）项、《行政处罚法》第四条第二款、第二十七条第一款的规定，某省药品监督管理局依法对当事人作出行政处罚：罚款683664.50元。

案例11：查办某市某医疗器械有限公司在未经许可的地址上生产医疗器械一次性使用无菌眼科手术刀案

2020年9月，某省药品监督管理局某检查分局执法人员在对某市某医疗器械有限公司进行监督检查时，发现该公司新增了某地址作为成型加工车间，但生产许可证和产品注册证中生产地址未进行变更。

【案件调查】

经查，某市某医疗器械有限公司生产许可证注册地址是"某某地址"，由于成型加工车间生产场地不足，企业就将厂房擅自新增了隔壁的"某某号"，但许可证和注册证中的生产地址未及时进行变更。该公司在租赁"某某号"后，就在此地址生产"一次性使用无菌眼科手术刀"产品。由于该产品大部分是销往国外的，国内销售的份额非常少，公司领导认为销往国外的产品不需要在原先许可的车间内生产，就租用了隔壁的上述厂房。后来由于国外与国内销售的产品生产工艺一样，生产人员贪图方便，就将国内销售的产品也放在租用的厂房内一起生产了，只是在批生产记录上标示"中文"字样，然后分别在入库单上以"内销、外贸"来区分国内、国外销售。公司从租赁厂房开始一共生产国内销售的"一次性使用无菌眼科手术刀"7个批次,合计395把,目前已全部销售完毕了,销售的单价均为20元/把,总销售金额是7900元。

【查处结果】

依据《医疗器械生产监督管理办法》(2014年版)第六十一条第四款和第六十三条的规定,2021年3月某省药品监督管理局依法对当事人作出行政处罚:没收违法所得7900元,罚款75000元。

第三节 医疗器械涉刑案件办理

问题:某某生产、销售冒用他人厂名厂址的医用口罩,销售金额达五万元以上,社会危害性大,情节严重,某某是构成生产销售伪劣产品罪、销售假冒注册商标的商品罪,还是销售不符合标准的医用器材罪,如何区分和定性呢?

一、医疗器械常见涉刑罪名及相关法条

(一)生产销售伪劣产品罪

1. 刑法规定。

《刑法》第一百四十条规定:"生产者、销售者在产品中掺杂、掺假,以假充真,以次充好或者以不合格产品冒充合格产品,销售金额五万元以上不满二十万元的,处二年以下有期徒刑或者拘役,并处或者单处销售金额百分之五十以上二倍以下罚金;销售金额二十万元以上不满五十万元的,处二年以上七年以下有期徒刑,并处销售金额百分之五十以上二倍以下罚金;销售金额五十万元以上不满二百万元的,处七年以上有期徒刑,并处销售金额百分之五十以上二倍以下罚金;销售金额二百万元以上的,处十五年有期徒刑或者无期徒刑,并处销售金额百分之五十以上二倍以下罚金或者没收财产。"

2. 相关司法解释。

《最高人民检察院、公安部关于公安机关管辖的刑事案件立案追诉标准的规定(一)》第十六条规定:"[生产、销售伪劣产品案(刑法第一百四十

条)〕生产者、销售者在产品中掺杂、掺假，以假充真，以次充好或者以不合格产品冒充合格产品，涉嫌下列情形之一的，应予立案追诉：（一）伪劣产品销售金额五万元以上的；（二）伪劣产品尚未销售，货值金额十五万元以上的；（三）伪劣产品销售金额不满五万元，但将已销售金额乘以三倍后，与尚未销售的伪劣产品货值金额合计十五万元以上的。本条规定的'掺杂、掺假'，是指在产品中掺入杂质或者异物，致使产品质量不符合国家法律、法规或者产品明示质量标准规定的质量要求，降低、失去应有使用性能的行为；'以假充真'，是指以不具有某种使用性能的产品冒充具有该种使用性能的产品的行为；'以次充好'，是指以低等级、低档次产品冒充高等级、高档次产品，或者以残次、废旧零配件组合、拼装后冒充正品或者新产品的行为；'不合格产品'，是指不符合《中华人民共和国产品质量法》规定的质量要求的产品。对本条规定的上述行为难以确定的，应当委托法律、行政法规规定的产品质量检验机构进行鉴定。本条规定的'销售金额'，是指生产者、销售者出售伪劣产品后所得和应得的全部违法收入；'货值金额'，以违法生产、销售的伪劣产品的标价计算；没有标价的，按照同类合格产品的市场中间价格计算。货值金额难以确定的，按照《扣押、追缴、没收物品估价管理办法》的规定，委托估价机构进行确定。"

《最高人民法院、最高人民检察院关于办理生产、销售伪劣商品刑事案件具体应用法律若干问题的解释》第一条规定："刑法第一百四十条规定的'在产品中掺杂、掺假'，是指在产品中掺入杂质或者异物，致使产品质量不符合国家法律、法规或者产品明示质量标准规定的质量要求，降低、失去应有使用性能的行为。刑法第一百四十条规定的'以假充真'，是指以不具有某种使用性能的产品冒充具有该种使用性能的产品的行为。刑法第一百四十条规定的'以次充好'，是指以低等级、低档次产品冒充高等级、高档次产品，或者以残次、废旧零配件组合、拼装后冒充正品或者新产品的行为。刑法第一百四十条规定的'不合格产品'，是指不符合《中华人民共和国产品质量法》第二十六条第二款规定的质量要求的产品。对本条规定的上述行为难以确定的，应当委托法律、行政法规规定的产品质量检验机构进行鉴定。"

第二条规定："刑法第一百四十条、第一百四十九条规定的'销售金额'，是指生产者、销售者出售伪劣产品后所得和应得的全部违法收入。伪劣产品尚未销售，货值金额达到刑法第一百四十条规定的销售金额三倍以上的，以生产、销售伪劣产品罪（未遂）定罪处罚。货值金额以违法生产、销售的伪劣产品的标价计算；没有标价的，按照同类合格产品的市场中间价格计算。货值金额难以确定的，按照国家计划委员会、最高人民法院、最高人民检察院、公安部1997年4月22日联合发布的《扣押、追缴、没收物品估价管理办法》的规定，委托指定的估价机构确定。多次实施生产、销售伪劣产品行为，未经处理的，伪劣产品的销售金额或者货值金额累计计算。"

第九条规定："知道或者应当知道他人实施生产、销售伪劣商品犯罪，而为其提供贷款、资金、账号、发票、证明、许可证件，或者提供生产、经营场所或者运输、仓储、保管、邮寄等便利条件，或者提供制假生产技术的，以生产、销售伪劣商品犯罪的共犯论处。"

第十条规定："实施生产、销售伪劣商品犯罪，同时构成侵犯知识产权、非法经营等其他犯罪的，依照处罚较重的规定定罪处罚。"

第十一条规定："实施刑法第一百四十条至第一百四十八条规定的犯罪，又以暴力、威胁方法抗拒查处，构成其他犯罪的，依照数罪并罚的规定处罚。"

第十二条规定："国家机关工作人员参与生产、销售伪劣商品犯罪的，从重处罚。"

3. 法院案例精选。

案例：蒋某某等生产销售伪劣产品案[①]

原审判决认定，2020年8月，被告人蒋某某通过张某某联系马某某、贾某某订购一次性医用防护服7万套，张某某、马某某、贾某某购买白板防护服，蒋某某提供印有某医疗器械有限公司的"某某某语"商标使用说明书、包装塑料袋及包装袋、包装箱、产品合格证等，在汶上县万邦贸易服装厂内，由马文

[①] 案件来源：山东省济宁市中级人民法院刑事裁定书（2021）鲁08刑终186号，判决作出时间：2021年6月29日。

勇（另案处理）雇用工人加工包装。蒋某某、张某某、马某某、贾某某将上述包装后的一次性医用防护服、配套鞋套销售给某商贸有限公司，案值175万元。因为产品质量问题，客户退回一次性医用防护服66050件。经鉴定，蒋某某、张某某、马某某、贾某某销售的一次性医用防护服不符合GB19082-2009《医用一次性防护服技术要求》标准，系伪劣产品。

2020年8月25日，被告人蒋某某主动向公安局投案；2020年8月26日16时，被告人张某某接电话通知后到公安局接受讯问；2020年8月26日10时，被告人马某某接电话通知后到公安局接受讯问；2020年8月26日14时30分，被告人贾某某接电话通知后到公安局接受讯问。

另查明，被告人张某某向某商贸有限公司退款10万元，被告人马某某向某商贸有限公司退款40万元，被告人贾某某向某商贸有限公司退款20万元，取得了某商贸有限公司谅解。

原审法院审理认为，被告人蒋某某、张某某、马某某、贾某某以假充真，销售假冒产品，销售金额超过5万元，其行为均构成销售伪劣产品罪。被告人蒋某某在共同犯罪中起主要作用，系主犯，依法应当按照其所参与的全部犯罪处罚；被告人张某某、马某某、贾某某在共同犯罪中起次要作用，系从犯，依法应当减轻处罚。被告人张某某、马某某、贾某某退回部分货款，取得了对方的谅解，亦可酌情从轻处罚。被告人蒋某某、张某某、贾某某、马某某有自首情节，依法可以减轻处罚。依照《刑法》第一百四十条、第二十五条第一款、第二十六条第一款、第四款、第二十七条、第六十七条第一款、第五十二条、第五十三条、第六十四条之规定，以被告人蒋某某犯销售伪劣产品罪，判处有期徒刑六年，罚金人民币九十万元；以被告人张某某犯销售伪劣产品罪，判处有期徒刑四年，罚金人民币五十万元；以被告人马某某犯销售伪劣产品罪，判处有期徒刑四年，罚金人民币五十万元；以被告人贾某某犯销售伪劣产品罪，判处有期徒刑四年，罚金人民币五十万元；扣押在案的66050套防护服，由某县公安局依法处理。

经二审审理查明的事实、证据与一审相同。一审法院在判决书中列举的认定本案事实的证据,已在一审开庭时质证并确认,二审法院审查后予以确认。在二审法院审理期间,上诉人蒋某某、张某某、马某某、贾某某及其辩护人均未提出新的证据。

二审法院认为,上诉人蒋某某、张某某、马某某、贾某某销售以假充真、以次充好的假冒伪劣产品,销售金额超过5万元,其行为均已构成销售伪劣产品罪。原审判决根据各上诉人的犯罪事实、性质、作用及认罪悔罪态度等情节对其作出判罚。关于上诉人蒋某某提出的涉案产品不属于假冒的上诉辩解及上诉人张某某、马某某的辩护人提出的认定二上诉人明知是伪劣产品而销售的犯罪事实错误、证据未达到"确实、充分"的标准的辩护意见。经查,原审判决综合在案的证人赵某、尹某等人的证言、转账记录等书证、检验报告及各上诉人的供述等证据,能够认定在疫情期间,各上诉人明知医用防护服的生产、销售均需要相应的资质,在未取得某公司书面授权的情形下,明知系以假充真、以次充好的假冒伪劣产品而销售,其行为属侵犯知识产权犯罪与生产、销售伪劣商品犯罪的竞合犯,依法应按处罚较重的犯罪定罪处罚,原审判决认定各上诉构成生产、销售伪劣产品罪证据确实充分,并无不当。关于上诉人马某某、贾某某及其辩护人提出的认定其涉案金额不当的上诉辩解及相应辩护意见,经查,在案各上诉人为谋取非法利益,经共谋后相互配合实施犯罪,具有概括的犯罪故意,已构成共同犯罪,涉案产品均系假冒他人商标的伪劣产品,各上诉人均应对犯罪总额承担刑事责任,原审判决对认定各上诉人的涉案金额并无不当。原审判决对各上诉人具有的从轻或减轻处罚情节均已在量刑时体现,判处刑罚适当。各上诉人提出的上诉辩解及其辩护人提出的辩护意见均不能成立,不予采纳。原审判决认定事实清楚,定罪准确,量刑适当,审判程序合法。据此,依法裁定驳回上诉,维持原判。

(二) 生产、销售不符合标准的医用器材罪

1. 刑法规定。

《刑法》第一百四十五条规定:"生产不符合保障人体健康的国家标准、行业标准的医疗器械、医用卫生材料,或者销售明知是不符合保障人体健康的国

家标准、行业标准的医疗器械、医用卫生材料，足以严重危害人体健康的，处三年以下有期徒刑或者拘役，并处销售金额百分之五十以上二倍以下罚金；对人体健康造成严重危害的，处三年以上十年以下有期徒刑，并处销售金额百分之五十以上二倍以下罚金；后果特别严重的，处十年以上有期徒刑或者无期徒刑，并处销售金额百分之五十以上二倍以下罚金或者没收财产。"

2. 构成要件。

销售不符合标准的医用器材罪构成要件：客体为国家对医用器材的专门管理制度和公共安全，主体是一般主体，既包括单位，也包括个人，一般指销售者，特殊情况下是使用者。主观方面，一般认为是故意，即明知是不符合保障人体健康的国家标准、行业标准的医疗器械、医用卫生材料而销售的心理状态。本罪在客观方面表现为：第一，行为人明知是不符合保障人体健康的国家标准、行业标准的医疗器械、医用卫生材料而销售。第二，医疗机构或个人，知道或应当知道是不符合保障人体健康的国家标准、行业标准的医疗器械、医用卫生材料而购买、使用，对人体健康造成严重危害的行为。客体方面：本罪侵犯的客体为复杂客体。其主要客体为国家对医疗用品的专门管理制度，次要客体为公共安全。

3. 相关司法解释。

《最高人民法院、最高人民检察院关于办理生产、销售伪劣商品刑事案件具体应用法律若干问题的解释》第六条规定："生产、销售不符合标准的医疗器械、医用卫生材料，致人轻伤或者其他严重后果的，应认定为刑法第一百四十五条规定的'对人体健康造成严重危害'。生产、销售不符合标准的医疗器械、医用卫生材料，造成感染病毒性肝炎等难以治愈的疾病、一人以上重伤、三人以上轻伤或者其他严重后果的，应认定为'后果特别严重'。生产、销售不符合标准的医疗器械、医用卫生材料，致人死亡、严重残疾、感染艾滋病、三人以上重伤、十人以上轻伤或者造成其他特别严重后果的，应认定为'情节特别恶劣'。医疗机构或者个人，知道或者应当知道是不符合保障人体健康的国家标准、行业标准的医疗器械、医用卫生材料而购买、使用，对人体健康造成严重危害的,以销售不符合标准的医用器材罪定罪处罚。没有国家标准、行业标准的医疗器械,注册产品标准可视为'保障人体健康的行业标准'。"

4. 本罪需要注意的几个问题。

(1) 医疗器械的认定。

根据《医疗器械监督管理条例》第一百零三条:"本条例下列用语的含义:医疗器械,是指直接或者间接用于人体的仪器、设备、器具、体外诊断试剂及校准物、材料以及其他类似或者相关的物品,包括所需要的计算机软件;其效用主要通过物理等方式获得,不是通过药理学、免疫学或者代谢的方式获得,或者虽然有这些方式参与但是只起辅助作用;其目的是:(一)疾病的诊断、预防、监护、治疗或者缓解;(二)损伤的诊断、监护、治疗、缓解或者功能补偿;(三)生理结构或者生理过程的检验、替代、调节或者支持;(四)生命的支持或者维持;(五)妊娠控制;(六)通过对来自人体的样本进行检查,为医疗或者诊断目的提供信息……"

如何判断一个产品是否为医疗器械?首先,这个产品要符合以上规定关于医疗器械的定义。其次,要根据《医疗器械分类规则》附件中的医疗器械分类判定表、《医疗器械分类目录》判定其属于何种类别的医疗器械。最后,要结合产品标签、说明书、操作手册等,通过该产品的名称、是否取得批准文号、使用目的和预期用途等综合判定。

(2) 医用卫生材料的认定。

医用卫生材料是指用于诊断、治疗、预防人的疾病,调节人的生理功能的辅助材料,如医用纱布、药棉等。

(3) 本罪是危险犯。

销售不符合标准的医疗器械、医用卫生材料,只要足以严重危害人体健康,就构成犯罪。为了更有利于保护广大公民的利益,《刑法修正案(四)》将生产、销售不符合标准的医用器材犯罪规定为危险犯,只要行为人实施了刑法规定的行为,足以严重危害人体健康,无论危害结果是否实际发生,都构成犯罪。

(4) 本罪视同"销售"的规定。

医疗机构或者个人，知道或者应当知道是不符合保障人体健康的国家标准、行业标准的医疗器械、医用卫生材料而购买并有偿使用，对人体健康造成严重危害的，以销售不符合标准的医用器材罪定罪处罚。

5. 不构成本罪的情形。

根据《刑法》第一百四十五条规定，行为人构成销售不符合标准的医用器材罪需具备两个基本条件：一是销售明知是不符合保障人体健康的国家标准、行业标准的医疗器械和医用卫生材料；二是达到了足以严重危害人体健康的标准。没有同时具备这两个基本条件的，一般情况下不构成本罪，或者以其他犯罪论处。比如行为人不知道是不符合人体健康的国家标准、行业标准的医疗器材而销售，或者生产、销售不符合保障人体健康标准的医疗器械和医用卫生材料，没有对人体健康造成严重危害的，不构成销售不符合标准的医用器材罪。

行为人不是故意销售伪劣医疗器械，而是由于业务水平不高或者生产过程中的某种缺陷，或者不知内情的过失等制造、销售了不符合标准的医疗器械和医用卫生材料的，一般由当地的主管行政部门进行处理，不能认定为犯罪。

6. 立案标准。

根据《最高人民检察院、公安部关于公安机关管辖的刑事案件立案追诉标准的规定（一）》第二十一条，生产不符合保障人体健康的国家标准、行业标准的医疗器械、医用卫生材料，或者销售明知是不符合保障人体健康的国家标准、行业标准的医疗器械、医用卫生材料，涉嫌下列情形之一的，应予立案追诉：(1) 进入人体的医疗器械的材料中含有超过标准的有毒有害物质的；(2) 进入人体的医疗器械的有效性指标不符合标准要求，导致治疗、替代、调节、补偿功能部分或者全部丧失，可能造成贻误诊治或者人体严重损伤的；(3) 用于诊断、监护、治疗的有源医疗器械的安全指标不合符强制性标准要求，可能对人体构成伤害或者潜在危害的；(4) 用于诊断、监护、治疗的有源医疗器械的主要性能指标不合格，可能造成贻误诊治或者人体严重损伤的；(5) 未经批准，擅自增加功能或者适用范围，可能造成贻误诊治或者人体严重损伤的；

（6）其他足以严重危害人体健康或者对人体健康造成严重危害的情形。

7. 依法从重处罚的情形。

《最高人民法院、最高人民检察院关于办理妨碍预防、控制突发传染病疫情等灾害的刑事案件具体应用若干问题的解释》第三条规定："在预防、控制突发传染病疫情等灾害期间，生产用于防治传染病的不符合保障人体健康的国家标准、行业标准的医疗器械、医用卫生材料，或者销售明知是用于防治传染病的不符合保障人体健康的国家标准、行业标准的医疗器械、医用卫生材料，不具有防护、救治功能，足以严重危害人体健康的，依照刑法第一百四十五条的规定，以生产、销售不符合标准的医用器材罪定罪，依法从重处罚。医疗机构或者个人，知道或者应当知道系前款规定的不符合保障人体健康的国家标准、行业标准的医疗器械、医用卫生材料而购买并有偿使用的，以销售不符合标准的医用器材罪定罪，依法从重处罚。"

8. 与生产、销售伪劣产品罪的区别和法律适用原则。

《刑法》第一百四十条规定："生产者、销售者在产品中掺杂、掺假，以假充真，以次充好或者以不合格产品冒充合格产品，销售金额五万元以上不满二十万元的，处二年以下有期徒刑或者拘役，并处或者单处销售金额百分之五十以上二倍以下罚金；销售金额二十万元以上不满五十万元的，处二年以上七年以下有期徒刑，并处销售金额百分之五十以上二倍以下罚金；销售金额五十万元以上不满二百万元的，处七年以上有期徒刑，并处销售金额百分之五十以上二倍以下罚金；销售金额二百万元以上的，处十五年有期徒刑或者无期徒刑，并处销售金额百分之五十以上二倍以下罚金或者没收财产。"

《刑法》第一百四十九条规定："生产、销售本节第一百四十一条至第一百四十八条所列产品，不构成各该条规定的犯罪，但是销售金额在五万元以上的，依照本节第一百四十条的规定定罪处罚。生产、销售本节第一百四十一条至第一百四十八条所列产品，构成各该条规定的犯罪，同时又构成本节第一百四十条规定之罪的，依照处罚较重的规定定罪处罚。"

《刑法》第一百四十五条规定："生产不符合保障人体健康的国家标准、行业标准的医疗器械、医用卫生材料，或者销售明知是不符合保障人体健康的国家标准、行业标准的医疗器械、医用卫生材料，足以严重危害人体健康的，处三年以下有期徒刑或者拘役，并处销售金额百分之五十以上二倍以下罚金；对人体健康造成严重危害的，处三年以上十年以下有期徒刑，并处销售金额百分之五十以上二倍以下罚金；后果特别严重的，处十年以上有期徒刑或者无期徒刑，并处销售金额百分之五十以上二倍以下罚金或者没收财产。"

由以上三个法条可知，销售不符合标准的医用器材罪和销售伪劣商品罪均属生产销售伪劣商品罪，侵害了国家对商品的监管秩序和人民群众的身体健康，但前者针对医疗器械和医用卫生材料，侵害的客体为国家对医疗器械和医用卫生材料的监管秩序；后者仅针对一般的伪劣产品，侵害的客体为国家产品质量监管秩序。若销售不符合标准的医疗器械和医用卫生材料，并没有对人体健康造成严重危害，但其销售金额已达 5 万元时，只能以生产、销售伪劣产品罪定罪处罚。实施销售伪劣产品罪，同时又构成销售不符合标准的医用器材罪的，以处罚较重的规定定罪处罚。

9. 与医疗事故罪的区别。

《刑法》第三百三十五条规定："医务人员由于严重不负责任，造成就诊人死亡或者严重损害就诊人身体健康的，处三年以下有期徒刑或者拘役。"

《刑法》第一百四十五条规定："生产不符合保障人体健康的国家标准、行业标准的医疗器械、医用卫生材料，或者销售明知是不符合保障人体健康的国家标准、行业标准的医疗器械、医用卫生材料，足以严重危害人体健康的，处三年以下有期徒刑或者拘役，并处销售金额百分之五十以上二倍以下罚金；对人体健康造成严重危害的，处三年以上十年以下有期徒刑，并处销售金额百分之五十以上二倍以下罚金；后果特别严重的，处十年以上有期徒刑或者无期徒刑，并处销售金额百分之五十以上二倍以下罚金或者没收财产。"

从表面上看，这两罪区别很大，前者是针对销售明知是不符合保障人体健康的国家标准、行业标准的医疗器械、医用卫生材料，足以严重危害人体健康的行为；后者针对指医务人员由于严重不负责任，造成就诊人死亡或者严重损害就诊人身体健康的行为。但是当医疗人员知道或应当知道是不符合标准的医疗器械、医用卫生材料而购买使用，从而发生了严重危害人体健康的后果时，就容易在认定上出现困难。前者重点在于医疗器械、医用卫生材料不合格，后者则是在诊疗护理工作中违反规章制度和诊疗护理常规。根据特别法优于普通法的刑法理论，当医疗人员购买不符合标准的医疗器械、医用卫生材料并有偿使用的，属于销售不符合标准的医用器材行为；没有购买或者无偿使用不符合标准的医疗器械、医用卫生材料，比如借用或者购买后免费使用，对人体造成危害的，则应当属于医疗事故行为。

（三）假冒注册商标罪

1. 刑法规定。

《刑法》第二百一十三条规定："未经注册商标所有人许可，在同一种商品、服务上使用与其注册商标相同的商标，情节严重的，处三年以下有期徒刑，并处或者单处罚金；情节特别严重的，处三年以上十年以下有期徒刑，并处罚金。"

2. 相关司法解释。

《最高人民法院、最高人民检察院关于办理侵犯知识产权刑事案件具体应用法律若干问题的解释》第一条规定："未经注册商标所有人许可，在同一种商品上使用与其注册商标相同的商标，具有下列情形之一的，属于刑法第二百一十三条规定的'情节严重'，应当以假冒注册商标罪判处三年以下有期徒刑或者拘役，并处或者单处罚金：（一）非法经营数额在五万元以上或者违法所得数额在三万元以上的；（二）假冒两种以上注册商标，非法经营数额在三万元以上或者违法所得数额在二万元以上的；（三）其他情节严重的情形。具有下列情形之一的，属于刑法第二百一十三条规定的'情节特别严重'，应当以假冒注册商标罪判处三年以上七年以下有期徒刑，并处罚金：（一）非法经营数额在二十五万元以上或者违法所得数额在十五万元以上的；（二）假冒两种以上注册商标，非法经营数额在十五万元以上或者违法所得数额在十万元以上的；(三) 其他情节特别严重的情形。"

第八条规定："刑法第二百一十三条规定的'相同的商标',是指与被假冒的注册商标完全相同,或者与被假冒的注册商标在视觉上基本无差别、足以对公众产生误导的商标。刑法第二百一十三条规定的'使用',是指将注册商标或者假冒的注册商标用于商品、商品包装或者容器以及产品说明书、商品交易文书,或者将注册商标或者假冒的注册商标用于广告宣传、展览以及其他商业活动等行为。"

第十三条规定："实施刑法第二百一十三条规定的假冒注册商标犯罪,又销售该假冒注册商标的商品,构成犯罪的,应当依照刑法第二百一十三条的规定,以假冒注册商标罪定罪处罚。实施刑法第二百一十三条规定的假冒注册商标犯罪,又销售明知是他人的假冒注册商标的商品,构成犯罪的,应当实行数罪并罚。"

3. 法院案例精选。

案例：张某等生产假冒注册商标的商品案[①]

公诉机关指控,2021年1月,吉林省某医药物流有限公司员工发现多平台买到了假冒自己公司注册商标的"某昊"医用外科口罩。

经查：被告人张某为法人的某济医疗器械有限公司,2020年3月注册成立,生产并销售一次性民用防护口罩。2020年7月,张某通过李某(另案)获得某医药物流有限公司的营业执照、医用口罩的生产资质和检测报告以及"某昊"一次性医用口罩包装袋的样品,2020年9月,张某以某济医疗器械有限公司的名义,通过印制包装袋、合格证、委托加工等方式生产并销售假冒的"某昊"一次性医用口罩。其中销售给某商贸有限公司王某1388.6万只,销售额为47.0775万元；销售给某名医疗器械有限公司苗某134.5万只,销售额为17.1450万元。综上,张某销售假冒"某昊"一次性医用口罩总额为64.2225万元。

被告人韩某实际经营的某开防护用品有限公司,于2020年4月注册成立,

---

① 案件来源：长春市双阳区人民法院刑事判决书(2021)吉0112刑初221号,判决作出时间为2021年10月25日。

生产并销售一次性防护口罩。2020 年 11 月，被告人韩某以某开防护用品有限公司的名义与张某（代表某济医疗器械有限公司）签订委托加工协议，韩某将某开公司生产的 270 万只一次性防护口罩装入由张某提供的仿造的"某昊"（"某昊"牌为某医药物流有限公司的注册商标）一次性医用口罩包装袋内，以 28.9285 万元的价格销售给张某，再由张某进行出售。2020 年 11 月至 2021 年 3 月，韩某又通过印制"某昊"医用外科口罩包装袋、合格证的方式，装入某开公司生产的一次性防护口罩 430.73 万只，雇用徐某通过拼多多平台销售假冒的"某昊"医用外科口罩，销售额为 55.9418 万元。综上，韩某销售假冒"某昊"注册商标的一次性医用口罩、医用外科口罩总额为 83.26638 万元。

案发后，被告人张某、韩某被抓获到案，且均已赔偿并得到被侵权企业的谅解。

公诉机关认为，被告人张某、韩某作为公司、企业的法人、实际控制人违反国家商标管理法规，未经注册商标所有人许可，在同一种商品上使用与其注册商标相同的商标，情节特别严重，其行为触犯了《刑法》第二百一十三条之规定，犯罪事实清楚，证据确实充分，应当以假冒注册商标罪追究其刑事责任。被告单位及被告人均认罪认罚，依据《刑事诉讼法》第十五条的规定，可以从宽处理。根据《刑事诉讼法》第一百七十六条的规定，提起公诉。

被告单位某开防护用品有限公司、某济医疗器械有限公司、被告人韩某、张某对公诉机关指控的罪名及犯罪事实均无异议，认罪认罚且签字具结，在开庭审理过程中亦无异议。

法院认为，被告单位某开防护用品有限公司、某济医疗器械有限公司违反国家商标管理法规，未经注册商标所有人许可，在同一种商品上使用与其注册商标相同的商标，情节特别严重，其行为已构成假冒注册商标罪，被告人韩某、张某作为上述公司的实际控制人、法人，其行为亦构成假冒注册商标罪；公诉机关指控罪名成立，定罪及适用法律正确，应予支持。被告单位某开防护用品有限公司、某济医疗器械有限公司表示认罪认罚，可以从轻处罚；被告人韩某、张某具有坦白情节，认罪认罚，可以从轻处罚；鉴于被告人韩某、张某认罪认罚，对坦白情节在量刑时不重复评价。现已赔偿被害单位的经济损失，取得谅解，可以酌情从轻处罚。公诉机关的量刑建议适当，法院予以采纳，依法判决如下：被告单位某开防护用品有限公司犯假冒注册商标罪，判处罚金人民币45万元；被告单位某济医疗器械有限公司犯假冒注册商标罪，判处罚金人民币35万元；被告人韩某犯假冒注册商标罪，判处有期徒刑三年，缓刑五年，并处罚金人民币5万元；被告人张某犯假冒注册商标罪，判处有期徒刑三年，缓刑五年，并处罚金人民币5万元；对扣押的作案工具及赃物，予以没收，由扣押机关依法执行。

（四）销售假冒注册商标的商品罪

1. 刑法规定。

《刑法》第二百一十四条规定："销售明知是假冒注册商标的商品，违法所得数额较大或者有其他严重情节的，处三年以下有期徒刑，并处或者单处罚金；违法所得数额巨大或者有其他特别严重情节的，处三年以上十年以下有期徒刑，并处罚金。"

2. 相关司法解释。

《最高人民法院、最高人民检察院关于办理侵犯知识产权刑事案件具体应用法律若干问题的解释》第二条规定："销售明知是假冒注册商标的商品，销售金额在五万元以上的，属于刑法第二百一十四条规定的'数额较大'，应当以销售假冒注册商标的商品罪判处三年以下有期徒刑或者拘役，并处或者单处罚金。销售金额在二十五万元以上的，属于刑法第二百一十四条规定的'数额巨大'，应当以销售假冒注册商标的商品罪判处三年以上七年以下有期徒刑，并处罚金。"

第九条规定："刑法第二百一十四条规定的'销售金额'，是指销售假冒注册商标的商品后所得和应得的全部违法收入。具有下列情形之一的，应当认定为属于刑法第二百一十四条规定的'明知'：（一）知道自己销售的商品上的注册商标被涂改、调换或者覆盖的；（二）因销售假冒注册商标的商品受到过行政处罚或者承担过民事责任、又销售同一种假冒注册商标的商品的；（三）伪造、涂改商标注册人授权文件或者知道该文件被伪造、涂改的；（四）其他知道或者应当知道是假冒注册商标的商品的情形。"

3. 典型案例。

典型案例：销售假冒注册商标的医用口罩，应以何罪移送公安机关①

【案情】

某地市场监管局接到举报，称某药店正在销售假冒某品牌一次性医用口罩（属于第二类医疗器械）。接到举报后，执法人员立即开展现场检查，发现该药店销售某品牌医用口罩无合格证明，存在明显的质量问题，执法人员当即将涉案口罩扣押，并抽样送检。

经查，该医用口罩是药店负责人焦某从河北省某地购进，共购进300万只，购进价格为5元/只，售价为7元/只，已销售112万只，销售金额共计78.4万元。经检验机构检验，该医用口罩细菌过滤效率、微生物指标均不符合行业标准要求，判定为不合格产品。经委托某品牌生产厂家所在地药品监管部门协查，确定该医用口罩属于假冒他人商标的商品。

【分歧】

关于焦某销售假冒某品牌口罩，数额较大，涉嫌构成刑事犯罪，应当移送公安机关办理，执法人员没有异议。但应当以涉嫌构成何种犯罪行为移送公安机关，执法人员有五种不同意见。

第一种意见认为，焦某的行为涉嫌构成销售伪劣产品罪。《刑法》第一百四十条规定，生产者、销售者在产品中掺杂、掺假，以假充真，以次充好或者以不合格产品冒充合格产品，且销售金额在五万元以上的，构成生产、销售伪劣产品罪。本案中，焦某销售了假冒的某品牌医用口罩，以假充真，以次充好或者以不合格产品冒充合格产品，销售金额达78.4万元，涉嫌构成销售伪劣产品罪，应以涉嫌构成销售伪劣产品罪移送给公安机关办理。

第二种意见认为，焦某的行为涉嫌构成销售假冒注册商标的商品罪。《刑法》第二百一十四条规定，销售明知是假冒注册商标的商品，销售金额数额较

---

① 本案例已于2020年4月7日在中国食品药品网上发表。

大的,以销售假冒注册商标的商品罪定罪处罚。本案中,焦某明知是假冒某品牌注册商标的医用口罩,仍然销售,侵犯了他人的商标注册权,且数额较大,涉嫌构成销售假冒注册商标的商品罪,应以涉嫌构成销售假冒注册商标的商品罪移送给公安机关办理。

第三种意见认为,焦某的行为涉嫌构成销售不符合标准的医用器材罪。《刑法》第一百四十五条规定,生产不符合保障人体健康的国家标准、行业标准的医疗器械、医用卫生材料,或者销售明知是不符合保障人体健康的国家标准、行业标准的医疗器械、医用卫生材料,足以严重危害人体健康的,以生产、销售不符合标准的医用器材罪定罪处罚。本案中,焦某明知其购进的医用口罩存在质量问题仍然销售,且数量较大,并足以严重危害人体健康,涉嫌构成销售不符合标准的医用器材罪,应以涉嫌构成销售不符合标准的医用器材罪移送给公安机关办理。

第四种意见认为,焦某的行为涉嫌构成销售假冒注册商标的商品罪、销售不符合标准的医用器材罪、销售假冒伪劣产品罪,应以上述罪名一并移送公安机关办理。

第五种意见认为,焦某的行为属于刑法上的竞合犯,其销售假冒某品牌注册商标的医用口罩的行为,同时涉嫌构成销售假冒注册商标的商品罪、销售不符合标准的医用器材罪,应择一重罪进行定罪。

【评析】

笔者同意第五种意见,理由如下:

综观本案案情和执法人员分歧,笔者认为,本案涉及以下法律问题:焦某实施了几个违法犯罪行为,涉嫌构成何罪,以及是否应数罪并罚。

第一,关于焦某实施了几个违法犯罪行为。本案中焦某销售了假冒某品牌注册商标的医用口罩,数额较大,实质上只是实施了一个违法行为,但同时触犯了销售假冒注册商标的商品罪、销售不符合标准的卫生器材罪、销售假冒伪劣产品罪三个罪名,属于"竞合犯"。

所谓"竞合犯",又称犯罪的竞合,是指不同的犯罪彼此交织在一起。竞合犯是由两个以上具体罪名的犯罪构成要件同时适用于同一具体的犯罪事实，发生评价范围上的交叉、重合或者包容而形成的一种复杂犯罪形态，其基本特征是部分或者全部事实要素被数个刑法规范重复评价。其特征有四个方面：(1) 一个犯罪行为；(2) 触犯规定不同罪名的数个法条；(3) 法律本质都是一罪，而非数罪；(4) 适用一个法条并且按照一罪予以处罚。

对于第一种观点，根据《刑法》第一百四十九条规定是不合理的。《刑法》第一百四十九条规定："生产、销售本节第一百四十一条至第一百四十八条所列产品，不构成各该条规定的犯罪，但是销售金额在五万元以上的，依照本节第一百四十条的规定定罪处罚。生产、销售本节第一百四十一条至第一百四十八条所列产品，构成各该条规定的犯罪，同时又构成本节第一百四十条规定之罪的，依照处罚较重的规定定罪处罚。"据此，并比较《刑法》第一百四十条规定的生产、销售伪劣产品罪和《刑法》第一百四十五条规定的销售不符合标准的卫生器材罪的刑罚，后者处罚较重，故应以销售不符合标准的卫生器材罪定罪，第一种观点是错误的。

第二，焦某涉嫌构成何罪。结合本案案情，焦某是构成销售假冒注册商标的商品罪还是销售不符合标准的卫生器材罪？根据竞合犯通用适用原则，应择一重进行定罪量刑。比较《刑法》第二百一十四条规定的销售假冒注册商标的商品罪和《刑法》第一百四十五条规定的销售不符合标准的卫生器材罪刑罚情况，后者较重，结合本案案情，焦某以涉嫌销售不符合标准的卫生器材罪移送公安机关较为合适，故第二种观点是错误的。

对于第三种观点，虽然焦某最终也是以"销售不符合标准的卫生器材罪"定罪移送的，但其没有考虑到焦某构成竞合犯，应根据竞合犯的适用原则来定罪，这种观点是不全面的。

第三，焦某是否应数罪并罚。本案中，焦某实施了一个违法犯罪行为，虽然同时触犯了三个不同的罪名，但实质是犯一罪，根据《刑法》第五条"刑罚的轻重，应当与犯罪分子所犯罪行和承担的刑事责任相适应"的规定，无需对焦某进行数罪并罚，故第四种观点是错误的。

【思考】

药品监管部门在办理涉刑案件需要移送时,需要正确区分和适用"生产、销售不符合标准的医用器械罪""生产、销售伪劣商品罪"和"销售假冒注册商标的商品罪"。如果生产、销售的是《医疗器械分类目录》中的医用防护口罩、医用外科口罩等医疗器械,且不符合国家标准和行业标准,可以以涉嫌生产、销售不符合标准的医用器材罪移送公安机关;对于生产、销售没有列入《医疗器械分类目录》的其他物品,如普通一次性口罩等,如果以次充好,以不合格产品冒充合格产品,销售金额在五万元以上,可以以涉嫌生产、销售伪劣产品罪移送公安机关。如果行为人生产、销售医疗器械的行为或生产、销售伪劣商品的行为同时构成销售假冒注册商标的商品罪,应择一重定罪移送公安机关。

二、行刑衔接工作

2023年1月10日,国家药品监督管理局、国家市场监督管理总局、公安部、最高人民法院、最高人民检察院印发《药品行政执法与刑事司法衔接工作办法》。该办法在五个方面对药品执法行刑衔接工作进行了完善。一是明确了药品监管部门、公安机关、人民检察院、人民法院等各部门的职责边界,增加药品监管部门移送案件的具体职责,明确公安机关案件受理审查、执法联动的职责,强调检察院对药品监管部门移送涉嫌犯罪案件活动和公安机关有关立案侦查活动履行监督责任,增加人民法院对财产刑和从业限制的判罚,提高法律震慑力。二是完善了案件移送的条件、时限和移送监督,明确了公安机关、检察机关反向移送要求,对衔接工作流程、程序和时间、材料要求等方面作出更加具体的规定,增强可操作性。三是规范了涉案物品检验、认定、移送、保管和处置程序。规定药监部门应当设立检验检测绿色通道,积极协助公安、司法机关提供涉嫌犯罪案件涉案物品的检验结论和认定意见。与新修订的危害药品安全"两高"司法解释相衔接,完善了涉案物品认定结论。明确了涉案物品移交、保管和处置程序,规定案件移送的同时移交涉案物品。对因客观条件所限或对保管、处置有特殊要求的涉案物品，公安机关可以与药品监管部门签订涉案物品委托保管协议，委托药品监管部门代为保管和处置。相关保管、处置等费用有困难的，由药品监管部门会同公安机关等部门报请本级人民政府解决。四是强化了协作配合与督办。各部门应推动建立地区间、部门间药品案件查办联动机制，通报案件办理工作情况，建立双向案件咨询制度。明确了公安机关提前介入、加强执法联动的责任，药监部门在工作中发现明显涉嫌犯罪的线索，应当立即通报，同级公安机关应当及时进行审查，必要时进行调查核实。对药监部门查处、移送案件过程中，发现行为人可能存在逃匿或者转移、灭失、销毁证据等情形的，应当由公安机关协助采取紧急措施，必要时和药品监管部门协同加快移送进度，依法采取紧急措施予以处置。五是加强信息共享和通报。强调各部门应通过行政执法与刑事司法衔接信息共享平台，逐步实现涉嫌犯罪案件网上移送、网上受理、网上监督。该办法还依据新修订的法律、法规和国务院文件，增加了行政拘留的衔接、行政处罚与刑事处罚的衔接、行纪衔接等条款，明确有关部门的分工与职责。

国家药品监督管理局、国家市场监督管理总局、公安部、最高人民法院、最高人民检察院将指导各省、自治区、直辖市药监局、市场监管局、公安厅（局）、高级人民法院、人民检察院贯彻落实相关法律、法规、国务院文件和《药品行政执法与刑事司法衔接工作办法》规定，充分发挥行刑衔接工作机制的作用，加大对药品领域违法犯罪行为的打击力度，严防严管严控药品安全风险，切实保障人民群众用药用械用妆安全。

《药品行政执法与刑事司法衔接工作办法》适用于各级药品监管部门、公安机关、人民检察院、人民法院办理的药品领域（含药品、医疗器械、化妆品）涉嫌违法犯罪案件。

第四章 医疗器械监管难点

第一节 疑难投诉举报处置

投诉举报问题处理示例：举报未取得医疗器械经营许可从事网络第三类医疗器械销售。

一、现场检查前的准备工作

1. 制定检查计划：制定检查计划时，要充分考虑现场可能出现的各项情况，提前做好应对措施。对待一般举报，应由科室负责人与处理举报的承办人员提前研究调查取证的工作计划和人员分工等。

2. 准备执法文书：现场笔录、询问笔录、先行登记保存文书、查封扣押文书、责令改正通知书、封条等。

3. 准备取证设备：录音笔、照相机或者摄像机、执法记录仪、U盘等。

4. 准备执法工具：手持机、笔记本电脑、打印机等。

5. 查阅相关规定：《医疗器械监督管理条例》《医疗器械网络销售监督管理办法》《医疗器械经营监督管理办法》《医疗器械经营质量管理规范》《医疗器械网络销售监督管理办法》《电子商务法》等。

6. 通过平台或其他方式，查询网络经营者注册地、涉嫌违法行为发生地，确认是否有管辖权，确认线下实体店地址或实际经营场所地址，需要的路途时间，需要的交通工具和方式等。

二、现场监督检查

要求必须有两名以上监督人员进入现场，出示执法证件后，依法进行举报的调查处理工作。在进行现场检查以前，必须向经营者说明：检查的同时，会采取录音、照相、摄像等取证的工作方式。

（一）检查内容

1. 营业执照：检查批准项目、经营范围、有效期、经营地址、主体信息等。

2. 医疗器械经营许可证：检查该经营者有无取得医疗器械经营许可证。

3. 该经营者销售的产品有无第三类医疗器械，如果有，购进数量多少、能否提供供货方资质、产品是否合格、购进渠道是否合法等。

4. 该经营者有无建立销售记录，共销售多少第三类医疗器械，货值金额、违法所得多少，销售方是谁等。

5. 该经营者近几年有无违法行为，之前有无违法行为，有无行政处罚等。

6. 该经营者网络经营有无其他违法问题。

（二）调查取证

1. 现场笔录。

在制作现场笔录时，只能记录现场看到的内容。要根据在现场看到的与举报相关"情况"检查相关内容以及该经营者网络销售具体情况，如实记录。例如到现场后，认真查看该经营者有无取得营业执照、医疗器械经营许可证，是否销售第三类医疗器械，第三类医疗器械是否取得注册证，该产品的生产方是否取得生产许可等。

2. 询问笔录。

询问笔录要根据参与经营的人员情况，确定需要调查的人员和相关内容。要求一人一份，采取分开调查的方式。对需要调查的人员又不在现场的，可以事后进行补充调查。每一份调查笔录都要根据相关法律法规的要求，由被调查人确认、签字。

（1）对经营者的调查。法定代表人（负责人）不能接受调查的，可以委托其他人员接受询问。法定代表人（负责人）出具授权委托书。在调查该主体是否取得相关许可时，要求被询问人出具相关证明，如医疗器械经营许可证原件。在询问网络销售情况时，要求被询问者说清楚涉案产品的购销存情况，并与其提供的相关材料相一致，如有不一致的信息，请被询问人进行解释，并提供相关证明。

（2）对第三方平台的询问。调查平台内该经营者在入驻平台时，有无提供医疗器械经营许可证，医疗器械网络销售情况，能否提供相关证据材料等。

（3）对举报人的调查（必要时）。主要内容有：核实举报人身份（个人身份）、调查举报情况，确认举报内容、发现经营者无证情况、经营者销售第三类医疗器械情况，是否提供相关证据等。

（三）相关证据的提取

针对现场检查的实际情况，确定一种或者几种取证的方式作为客观补充证据。对现场检查的过程、发现的问题等，用执法记录仪进行全程记录，或使用其他设备进行实地录音、录像或者照相等工作，并在返回单位进行技术处理后，请网络经营者进行签字确认，方可作为证据进行保存。

（四）现场处理工作

1. 针对现场检查的情况，结合《医疗器械监督管理条例》《医疗器械网络销售监督管理办法》等相关的法律法规的要求，进行普法宣传，提高从业人员的医疗器械安全意识和法治意识。

2. 提出现场改进意见，并要求现场负责人员进行签字、确认。如果现场负责人员拒绝签字，可以找见证人，请见证人签名，检查人员在现场笔录上对该情况进行注明。

3. 应根据实际情况依法下达《责令改正通知书》。内容应包括：责令改正的内容，整改的类型，是立即改正还是限期改正，救济的途径等。

三、行政处罚与相关规定

根据现场取证的情况，事实清楚，证据不足的，作出不给予行政处罚的处理决定。但要求经营者采取补救措施，并根据整改措施进行复查。比如，该经营者有医疗器械经营许可证，但没有及时上传网络，就可以要求该经营者立即改正，立即将医疗器械经营许可证上传网络。

根据现场取证和调查的情况，事实清楚，证据确凿的，应根据相关规定进行处罚。例如，关于当事人未取得医疗器械经营许可从事第三类医疗器械网络销售的行为，相关条款适用如下：

1. 违反条款。《医疗器械监督管理条例》第四十二条第一款和《医疗器械网络销售监督管理办法》第七条第一款。

2. 责令改正依据。《行政处罚法》第二十三条。

3. 处罚依据。《医疗器械监督管理条例》第八十一条第一款第（三）项和《医疗器械网络销售监督管理办法》第三十八条。

四、移送

在处理举报的过程中，如果发现第三方平台未尽到法定义务，应将其违法行为移送该平台注册地的监管部门处理。

如果发现当事人涉嫌构成刑事犯罪，药品监管部门应依据《药品行政执法与刑事司法衔接工作办法》将违法线索移送至公安部门进一步处理。

五、答复

在法定的时限内，将处理结果及时反馈给举报人。

六、其他需要考虑的问题

1. 举报人有无举报奖励的诉求。在受理此举报时，要和举报人进行核实，或认真查看举报内容，看其是否有申领举报奖励的诉求。如有此诉求，其反映的内容经调查确认，符合申领举报奖励的条件，要依法为举报人申请举报奖励，并和举报人沟通好，依法合理地将举报奖励支付给举报人。在执法实践中，因职责不同，会存在举报承办部门和行政处罚部门不是同一部门的情形，这种情况下，两个部门要加强沟通，明确办理举报奖励申领和发放的部门，防止出现举报办理不彻底、举报奖励未发放的执法风险。

2. 如何避免行政诉讼和行政复议。一是严格按照法定程序、法定时限进行处理。不管是下达责令改正通知书,还是行政处罚决定书,都要有充分的证据作为支撑,要能形成完整的证据链。二是做好与举报人和被举报人的沟通,及时了解举报诉求和被举报人情况,争取双方的理解和支持等。

第二节 职业索赔人的应对

问题: 药监领域网络职业索赔人是否受保护,面对频频发生的网络职业索赔人的投诉举报,该如何应对?

近年来,随着电商行业的高速发展,越来越多的"网络职业索赔人"应运而生。"网络职业打假人""网络职业差评师""网络职业索偿人"等新角色花样翻新,令人眼花缭乱。药品领域"职业索赔人"的打假阵地,已悄悄从专盯实体药店、超市、化妆品店转移到互联网上。通过浏览网页寻找"打假"信息,进行或不进行购买,即向有关监管部门投诉举报,并通过行政复议、行政诉讼等渠道,向监管部门施压,此种现象已引发社会的广泛关注。笔者结合监管实际,尝试分析原因,努力提出解决之策。

一、"职业索赔人"的界定

何为"网络职业索赔人"?截至目前,并未有相关法律法规对其进行定性。一般而言,"网络职业索赔人"是以索赔为目的,以投诉举报、复议诉讼、信访等为手段,专门从事"网络职业索赔"的个人或组织。其一般紧盯网络销售者经营商品的瑕疵,以损害商家声誉、提起投诉举报为要挟,要求网络经营者支付比法定赔偿标准更高的赔偿款。

"网络职业索赔人"不同于传统意义上的"职业打假人"。"网络职业索赔人"是以非法占用为目的,针对商品的标签标识等非质量性、非实质性瑕疵,或经营者的夸大、虚假宣传行为,以威胁、恐吓、胁迫等非法手段,要求网络经营者进行高额赔偿。可以说,职业打假尚在法律允许的框架下,对监督网络经营者提升产品质量、维护消费者权益等方面,还存在积极的作用。但"网络职业索赔人"，其索赔事由缺乏权利基础，已超出法律允许的范围。

"网络职业索赔人"也不同于传统意义上的"消费者"。普通消费者网购商品是为了消费，往往是以满足生产和生活需要为目的，具有明显的适量性、周期性等特点。而"网络职业索赔人"一般是先发现某种商品存在问题，然后重复购买，或在某领域重复购买有相似问题的商品，增加购买数量和金额，从而获取高额赔偿，其重复购买的目的，往往是得到更多的赔偿，通常表现出明显过量性的特点。

二、"网络职业索赔人"的特征

一是批量操作，格式明显。因互联网信息量大，往往浏览一个网站，就可能发现多个网络经营者或者同类产品存在同一问题。比如，某电商第三方平台上，多个化妆品经营者存在虚假夸大宣传、销售"三无"产品等行为。"网络职业索赔人"往往利用同一"模板"，以相似方式批量操作，要求网络经营者高额赔偿，或制作同一模板的投诉举报材料，向监管部门批量反映，投诉举报文书呈现同一"格式"。批量列举问题、批量罗列法条，目的都是要求高额赔偿。存在"广撒网、多举报、列法条、索赔高"等特征。

二是手段多样，目的明显。"网络职业索赔人"一般通过以下常见手段，以实现高额赔偿的目的，比如"知假买假"，故意购买标签标识不规范或存在虚假宣传等问题产品，利用网络经营者"息事宁人""恐惧"等心理，直接向其索取高额赔偿；或是不购买任何产品，通过网络浏览信息，依据《消费者权益保护法》等向药品监管部门举报，提出举报奖励和高额赔偿请求。

有的"网络职业索赔人"在提起投诉举报的同时或之后，向不同部门提出信息公开、行政复议、行政诉讼、信访等要求，变相对监管部门和被举报人施压，从而实现其高额索赔的目的。有的向人民法院提起民事诉讼，向网络经营者、产品供货方、产品生产者等提出高额赔偿的要求。有的索赔行为与恶意注册、虚假交易、"差评师"、有偿删帖相结合，索取高额赔偿。其花样很多，但目的高度一致，都是为了索取高额赔偿。

三是多次购买、套路明显。根据购买主体的不同,"网络职业索赔人"的重复购买形式一般分为两种:第一种是针对同一网络经营者重复购买。此种形式又根据购买主体是否唯一,分为"普通形态"和"特殊形态"。"普通形态"实施主体具有唯一性,实践中,多表现为以某个确定的个体或组织,针对某一问题商品进行重复购买,继而主张索赔。而"特殊形态"的购买主体不具有唯一性,常表现为多人购买,但这些人来自同一组织。此种形式网购最为常见。他们常用的暗语有"吃货"(只退款不退货)、开车(已找到假货)、上车(已组团打假)、下车(已获得赔偿)。常用的战术为"狼群战术"。

第二种是针对不同网络经营者重复购买。打假索赔行为具有一定的针对性,此种形式针对特定产品展开,发现特定产品问题后,去其他网络经营者处购买该特定产品,然后进行批量索赔,套路明显。

三、"网络职业索赔人"存在的原因

一是存在空间有待消除。"网络职业索赔人"只需要网络,就可以收集网络经营者以及产品信息,通过手机或其他上网工具,可以轻松完成信息收集、整理、投诉举报等。成本低廉,有时甚至是"零成本"。他们不需要太多的专业知识,就可以发现商品标签标识问题、虚假宣传等问题,之后通过网络或手机与网络经营者联系,要挟对方高额赔偿,如果达不到目的,就声称要向监管部门投诉举报。一些网络经营者自知理亏,就拿钱"消灾"。"网络职业索赔"往往成本低、牟利快、收益高,吸引一些人趋之若鹜。

二是法律法规有待完善。《市场监督管理投诉举报处理暂行办法》第十五条规定:"投诉有下列情形之一的,市场监督管理部门不予受理:……(三)不是为生活消费需要购买、使用商品或者接受服务,或者不能证明与被投诉人之间存在消费者权益争议的……"此规定明确了"不以生活消费为目的的投诉不予受理",使借"打假"等名义实施恶意投诉的"恶意索赔"行为受到了规制。但遗憾的是,对恶意举报等行为未进行限制。

《消费者权益保护法》第五十五条第一款规定,"经营者提供商品或者服务

有欺诈行为的，应当按照消费者的要求增加赔偿其受到的损失，增加赔偿的金额为消费者购买商品的价款或者接受服务的费用的三倍；增加赔偿的金额不足五百元的，为五百元。法律另有规定的，依照其规定"。《最高人民法院关于审理食品药品纠纷案件适用法律若干问题的规定》第三条规定，"因食品、药品质量问题发生纠纷，购买者向生产者、销售者主张权利，生产者、销售者以购买者明知食品、药品存在质量问题而仍然购买为由进行抗辩的，人民法院不予支持"。以上规定严厉打击了不良商家，但同时也为"网络职业索赔人"的出现、生存盈利、发展壮大提供了空间，特别是未对"消费者"等概念进行界定，对"知假买假"行为的支持，对"职业打假人"和"职业索赔人"未进行区分，使"网络职业索赔人"有了牟利机会。

三是市场秩序有待规范。互联网行业的蓬勃发展，为人们网络购物带来极大便利。在家动动手指，就可以轻松购买药品、化妆品或医疗器械。但因网络销售具有隐蔽性、信息不对称性等特点，再加上网络销售者业务水平参差不齐，个别网络销售者法治意识不强，不能熟练掌握产品标签标识、质量安全等方面的法律法规和专业知识，诚信意识淡薄，进货查验制度执行不到位，在内部管理、质量检测、上架商品日期监控、产品存储等方面存在漏洞，不能很好地履行主体责任，甚至还知假卖假，导致问题产品频现，给"网络职业索赔人"提供了牟利的土壤。

四是监管水平有待提升。面对网络信息量大、从业主体多、监管要求高等特点，传统的监管模式已很难适应新业态监管需求。特别是"微信售药"、"直播带货"、跨境电商等新业态的快速发展，更是对监管能力提出较大挑战。部分监管人员还不能很好地适应当前监管要求，不能及时发现、查处问题产品，为企业提供有针对性的指导和高质量服务，为"网络职业索赔人"钻空子留有机会。

五是法治意识有待提高。一方面，一些"网络职业索赔人"为了牟取高额赔偿，不惜铤而走险，进行恶意评价、恶意索赔，甚至进行敲诈勒索，实现牟取暴利的目的，但对于网络经营者是否真正存在违法行为，并不十分上心，一旦拿到高额赔偿，就不再关注其是否违法，不再进行投诉举报，甚至投诉举报后进行撤诉处理，导致有些涉嫌违法的行为得不到追究，个别网络经营者得以逃避法律的制裁。另一方面，个别网络经营者法治意识不强，遭遇"网络职业索赔人"高额索赔时，被威胁、恐吓、敲诈勒索所吓倒，为了逃避法律的制裁或为了减少麻烦，主动满足"网络职业索赔人"的不合理要求。

四、监管部门的应对、规制措施

（一）完善制度规定，限制牟利行为

面对"网络职业索赔人"借打假之名行索赔之实的行为，建议加快制定完善相关规定，从法律上规制"职业索赔"行为。既要维护和鼓励合法的"打假"行为，又要对"职业索赔"的恶意索赔、敲诈勒索等行为予以打击。建议对现行《消费者权益保护法》进行修订，并及时出台《消费者权益保护法实施条例》。进一步明确"消费者"和"购买者"之间的关系，建议将"职业索赔者""恶意竞争者"排除在适用惩罚性赔偿的主体外，从法律层面消除"职业索赔人"存在的空间。

具体到药品监管领域，建议在正在制定中的《药品网络销售监督管理办法》中，增加对"网络职业索赔人"恶意索赔予以规范的内容；建议在未来修订《医疗器械网络销售监督管理办法》时，或出台化妆品网络销售监督管理规定时，能考虑对"网络职业索赔人"恶意举报、敲诈勒索行为的规范问题，从法治层面将其违法打假、恶意索赔的大门关闭。

在遵循上位法的前提下，针对网络销售实际，建议各地制定相应的地方性法规、行政部门的政策性和规范性文件等。如2018年10月20日，上海市七部门联合发布了《关于有效应对职业索赔职业举报行为维护营商环境的指导意见》，首次以官方文件的形式，明确了"职业索赔、职业举报"的概念，同时建立"黑名单"制度予以制约，将"以职业索赔、职业举报为主要表现形式的私益性"的"职业打假"行为列为打击对象，将"敲诈勒索"企业等行为定性为违法犯罪行为，加大了打击力度，为创造良好的消费环境和社会诚信，提供了制度支撑，此举值得借鉴。

（二）强化监管能力，提升执法水平

一是开展智慧监管，排查经营风险。充分利用互联网、大数据、云计算、区块链和人工智能等现代信息技术，强化对药品领域新技术、新产品、新业态等监管力度，运用云计算等大数据收集、统计、分析等功能，排查网络销售者、第三方平台经营风险，提升监管的靶向性，努力实现"依法管网、以网管网、信用管网、协同管网"，不断促进网络销售市场逐步走向法治化的轨道。

二是加强队伍建设，提升监管效能。开展法制培训，组织监管人员认真学习、熟练掌握《消费者权益保护法》《产品质量法》《市场监督管理投诉举报处理暂行办法》《药品管理法》《网络销售监督管理办法》《化妆品生产经营监督管理办法》等法律法规，做到比"网络职业索赔人"更专业，严格按照法定程序和法定要求妥善处理投诉举报、信息公开等业务，坚决拒绝被"网络职业索赔人"所利用。

三是完善内部管理，确保依法行政。建立投诉举报内部监督岗或通过系统警示提醒，督促办理人员依法按时限办结。完善办理规程，规范办理程序，加强法治指导，梳理总结"网络职业索赔人"的特点和应对技巧，建立完善"网络职业索赔人"特殊人群数据库和投诉举报异常名录等。对于"网络职业索赔人"提出的投诉举报，高度重视，认真对待，对于恶意索赔等行为不予支持，严格依法按时限办理，不给"网络职业索赔人"要挟的机会。

（三）强化主体责任，提升法治意识

一方面，督促药品领域网络经营者强化内部管理，建立并执行质量安全负责人制度和进货查验制度，提升法治意识，避免出现经营问题产品等违法行为。

另一方面，鼓励网络经营者，特别是电子商务平台经营者，承担维权打假的重任。网络经营者要严格按照经营管理规范开展经营活动，定期排查问题产品，规范内部管理，减少或杜绝违法行为发生，不给"网络职业索赔人"可乘之机；电商平台要根据《电子商务法》《网络交易监督管理办法》《药品管理法》《化妆品监督管理条例》《医疗器械网络销售监督管理办法》等，自觉履行制止违法行为、停止信息服务、向药品监管部门报告等法定义务，主动建立首问负责制，对于问题产品进行先行赔付，再向入驻经营者追偿。

（四）科学分类管理，规范引导发展

对药品领域合法的"职业打假人"的"打假"，与"职业索赔人"的"假打"进行区别对待，倡导公益性打假行为。对于合法的"职业打假"，按照投诉举报奖励的相关规定，依法为"职业打假"申请奖励。在受理其投诉举报时，进行普法宣传，提升法治意识，甚至可以将其发展为"线人"，为药品监管部门提供违法线索，共同打击药品领域违法犯罪行为。

而对于"职业索赔人"的"假打"、恶意索赔等行为，要严厉打击，建立"网络职业索赔人"黑名单制度，对故意破坏市场秩序的"网络职业索赔人"进行归档管理，提前预防。当其借"打假"行恶意索赔、敲诈勒索之实时，要及时收集其违法犯罪证据，涉嫌构成刑事犯罪时，要移送公安部门进一步处理。

第三节 境内代理人的监管

境内代理人身份多样、法定义务不明确、相关规定有待完善，在这样的监管形势下，该如何做好境内代理人的监管呢？

《医疗器械注册与备案管理办法》已于 2021 年 10 月 1 日正式施行，该办法首次明确医疗器械境内代理人的日常监督管理由省级药品监管部门负责。这对明确监管部门职责、规范境内代理人监管、强化主体责任、保障进口医疗器械安全等方面具有重要意义。2022 年 3 月 10 日，国家市场监管总局发布的《医疗器械生产监督管理办法》，于 2022 年 5 月 1 日起施行，该办法进一步明确了进口医疗器械注册人、备案人由其代理人向代理人所在地省、自治区、直辖市药品监督管理部门提交质量体系运行情况的自查报告。这对明确境内代理人法定义务，强化境外注册人、备案人主体责任具有重大意义。但在监管实践中，境内代理人还存在规定缺失、身份复杂、义务模糊等问题，亟须直面解决。笔者结合基层监管实践，从境内代理人监管存在的问题入手，尝试提出一些应对之策。

一、监管存在的问题

（一）相关规定缺失，法定义务难以明确

根据《医疗器械监督管理条例》第二十条关于"医疗器械注册人、备案人应当履行下列义务：（一）建立与产品相适应的质量管理体系并保持有效运行；（二）制定上市后研究和风险管控计划并保证有效实施；（三）依法开展不良事件监测和再评价；（四）建立并执行产品追溯和召回制度；（五）国务院药品监督管理部门规定的其他义务。境外医疗器械注册人、备案人指定的我国境内企业法人应当协助注册人、备案人履行前款规定的义务"的规定，"境外医疗器械注册人、备案人指定的我国境内企业法人"的法定义务是"协助义务"。这个"境外医疗器械注册人、备案人指定的我国境内企业法人"是不是境内代理人呢？其又具体如何"协助"呢，相关规定并未进一步明确。

为明确境内代理人的法定义务，国家市场监督管理总局曾于 2018 年 12 月 24 日发布过《进口医疗器械代理人监督管理办法（征求意见稿）》。该征求意见稿第七条规定："代理人应当履行下列义务：（一）按照规定办理医疗器械注册或者备案事务；（二）承担境内销售的进口医疗器械不良事件监测和报告，将境内不良事件信息反馈境外医疗器械上市许可持有人，对医疗器械不良事件监测机构、药品监督管理部门开展的不良事件调查予以配合，并按规定及时向药品监督管理部门报告境外发生的医疗器械不良事件；（三）承担医疗器械上市后的产品召回，并向药品监督管理部门报告；（四）协助药品监督管理部门开展对境外医疗器械上市许可持有人的检查和违法行为查处；（五）配合药品监督管理部门开展医疗器械产品质量监督抽查检验、评价等监督管理工作并提供相关资料和信息；（六）掌握所代理进口医疗器械进口情况和在中国境内的销售、分布情况，确保产品可追溯；（七）负责药品监督管理部门与境外医疗器械上市许可持有人之间的联络，及时向境外医疗器械上市许可持有人告知相

关法律法规和技术方面的要求；（八）敦促并协助境外医疗器械上市许可持有人完成含有条件性审批的注册证书内容；（九）调查处理消费者投诉，并将处理结果反馈投诉人，收集、汇总投诉信息及时反馈境外医疗器械上市许可持有人；（十）药品监督管理部门规定的其他义务。代理人对产品质量和相关服务违法行为，与境外医疗器械上市许可持有人承担连带责任。"这一规定对境内代理人的法定义务和法律责任进行了明确，有利于强化主体责任、明确监管要求、确保产品安全。但遗憾的是，截至今日，《进口医疗器械代理人监督管理办法》并未正式出台实施。

（二）身份复杂多样，法定身份难以界定

在进口医疗器械监管实践中，笔者发现境内代理人身份多样，与境外注册人的关系也不尽相同，主要有以下几种情形：一是身份单一、没有关联，比如单纯为境外注册人提供产品注册服务或单纯为境外注册人销售产品。二是身兼多职，没有关联，比如既为境外注册人提供注册服务，又是其境内销售代理商，但与境外注册人无关联。三是身兼多职，存在关联。比如某境内代理人既是境外注册人在境内成立的分公司或子公司，又受其委托或指定，为其提供注册、销售、售后等服务。

因当前法律、法规、规章未对境内代理人的身份、服务内容，以及是否与境外注册人存在关联关系等作出明确的规定和要求，监管实践中存在遇到进口医疗器械召回、不良事件监测、监督抽验、虚假资料骗取注册证等情形时，存在境外注册人、备案人沟通联系获取资料难、查处难和追责难等问题，亟须对境内代理人的法定身份进行界定。

（三）委托事项不同，法定义务难以履行

如上文所述，境内代理人接受境外注册人、备案人委托，或被其指定为其提供注册或销售等服务。如果仅提供注册服务，实践中，会出现其法定义务难以履行的问题。比如，根据《医疗器械召回管理办法》第三条关于"本办法所称医疗器械召回，是指医疗器械生产企业按照规定的程序对其已上市销售的某一类别、型号或者批次的存在缺陷的医疗器械产品，采取警示、检查、修理、

重新标签、修改并完善说明书、软件更新、替换、收回、销毁等方式进行处理的行为。前款所述医疗器械生产企业，是指境内医疗器械产品注册人或者备案人、进口医疗器械的境外制造厂商在中国境内指定的代理人"，以及第六条第一款关于"医疗器械生产企业应当按照本办法的规定建立健全医疗器械召回管理制度，收集医疗器械安全相关信息，对可能的缺陷产品进行调查、评估，及时召回缺陷产品"的规定，境内代理人视同医疗器械的生产企业，需要履行建立健全召回制度、收集产品安全信息、开展调查评估、召回缺陷产品等法定义务。但因有些境内代理人身份特殊，仅为境外注册人提供产品注册服务，产品注册证上虽然显示其为境内代理人，但其实际并不为境外注册人提供销售、售后等服务，又与境外注册人无任何关联，事实上，其无法了解产品进口情况和销售去向，也难以完全履行上述产品召回相关法定义务。

二、应对措施

一要完善相关规定。《医疗器械注册与备案管理办法》第一百零二条规定："国家药品监督管理局应当及时将代理人信息通报代理人所在地省、自治区、直辖市药品监督管理部门。省、自治区、直辖市药品监督管理部门对本行政区域内的代理人组织开展日常监督管理。"关于此条规定中的"日常监督管理"具体包括什么内容存在争议，是包括注册和备案方面的日常监督管理，还是包括日常监督检查、监督抽验、不良反应监测、产品召回等内容的日常监督管理？换句话说，《医疗器械注册与备案管理办法》能否明确其他监管内容？

再加上，境内代理人身份复杂，省级药品监管部门与市县监管部门职责的不同，都给监管实践带来诸多困惑。根据《国家药品监督管理局职能配置、内设机构和人员编制规定》第三条第（十二）项关于"有关职责分工。1. 与国家市场监督管理总局的有关职责分工。国家药品监督管理局负责制定药品、医疗器械和化妆品监管制度，并负责药品、医疗器械和化妆品研制环节的许可、检查和处罚。省级药品监督管理部门负责药品、医疗器械和化妆品生产环节的许可、检查和处罚，以及药品批发许可、零售连锁总部许可、互联网销售第三方平台备案及检查和处罚。市县两级市场监管部门负责药品零售、医疗器械经营的许可、检查和处罚,以及化妆品经营和药品、医疗器械使用环节质量的检查和处罚……"的规定,如果境内代理人是境外注册人、备案人指定的境内企业法人,为其提供注册备案代理和境内销售等服务,其就可能既属省级药品监管部门监管,又属市县市场监管部门监管。在此种监管职责发生交叉的情形下,不同的监管部门该如何监管?

针对上述情况,建议国家有关部门完善制度体系,加快立法进程,制定《医疗器械监督管理条例》《医疗器械生产监督管理办法》《医疗器械经营监督管理办法》配套的法规、规章,对境内代理人的监管作进一步的明确,对不同药品监管部门的职权进行划分,或尽快出台实施《进口医疗器械代理人监督管理办法》,明确境内代理人法定身份、义务及责任,对不同药品监管部门的监管职责和权限进一步细化。

二是明确法定身份。如上文所述,境内代理人身份复杂,如果不明确其法定身份,将导致其法定义务难以履行、监管中主体难以查找等问题。比如,如果境内代理人只负责注册备案等业务,虽然进口医疗器械的注册证信息显示其是境内代理人,但其不是境外注册人、备案人指定的"境内企业法人",实际上很难履行产品召回、不良反应监测等义务。另外,对于境外注册人、备案人指定的"境内企业法人",一方面监管部门很难直接联系上境外注册备案人,另一方面因境外注册人、备案人指定的"境内企业法人"不是注册证上的"境内代理人",省级监管部门也很难与其建立联系,对其监管的难度可想而知,在此种情形下,谁来监督"境内指定的企业法人"是否尽到其"协助"的法定义务呢?

令我们高兴的是,《进口医疗器械代理人监督管理办法(征求意见稿)》第二条第一款规定,"本办法所称的进口医疗器械代理人(以下简称代理人)是指向我国境内出口医疗器械的境外医疗器械上市许可持有人在我国境内设立的代表机构或者经授权我国境内唯一的企业法人。代理人名称、住所和联系方式等信息在医疗器械注册证或者备案信息中载明",首次明确了进口医疗器械代理人的定义。此规定虽未正式发布实施，但对界定境内代理人法定身份、强化对其监管、弥补监管空白等提供了思路。

三要强化主体责任。境内代理人或境外注册人、备案人指定的"境内企业法人"，要依据现行的《医疗器械监督管理条例》《医疗器械注册与备案管理办法》《医疗器械召回管理办法》《医疗器械不良事件监测和再评价管理办法》等规定，协助境外注册人、备案人建立并运行质量管理体系、制定并实施上市后研究和风险管控计划、依法开展不良事件监测和再评价、建立并执行产品追溯和召回制度，协助境外注册人加强进口医疗器械全生命周期质量管理，确保进口医疗器械安全、有效。要根据《医疗器械生产监督管理办法》做好相关准备，积极协助境外注册人、备案人履行好质量体系运行情况自查工作，并依法按时限向所在地药品监管部门提交自查报告。

四要实施社会共治。国家有关部门要制定医疗器械产业规划和政策，对境内代理人代理的境外注册人、备案人创新医疗器械产品注册、备案予以优先审评审批，推动创新医疗器械行业高质量发展；加强医疗器械监管信息化建设，及时将代理人信息通报代理人所在地省、自治区、直辖市药品监督管理部门。要提高在线政务服务水平，为境外注册人、备案人委托的境内代理人开展产品注册、备案等提供便利；药品监管、市场监管、海关等部门要加强沟通和联系，建立和完善联合执法等工作机制，开展联合信用惩戒，使境内代理人一处失信，处处受限，形成监管合力，增强执法震慑力；医疗器械行业协会或商会等行业组织，要加强行业自律，推进诚信体系建设，督促境内代理人依法开展产品注册备案或经营活动，引导企业诚实守信；鼓励新闻媒体或普通民众开展社会监督，对境内代理人的违法行为进行曝光或投诉举报，努力营造社会共治良好氛围，切实保障人民群众的用械安全。

第三篇 化妆品监管执法篇

第一章　化妆品监管基础知识

第一节　化妆品基础知识

问题：《化妆品监督管理条例》对化妆品的界定有什么变化？对化妆品新原料的使用又有哪些新的要求呢？

一、化妆品的定义

《化妆品监督管理条例》第三条规定："本条例所称化妆品，是指以涂擦、喷洒或者其他类似方法，施用于皮肤、毛发、指甲、口唇等人体表面，以清洁、保护、美化、修饰为目的的日用化学工业产品。"

注意，不符合化妆品定义的产品不是化妆品，如：（1）需破皮、口服、明示或暗示医疗效果的产品不属于化妆品；（2）驱蚊、驱虫类产品不属于化妆品；（3）消毒类产品不属于化妆品。

《化妆品监督管理条例》对化妆品的定义进行了调整，但依然从使用方法、作用部位和使用目的三个方面对化妆品进行界定。变化在于，在使用目的上，借鉴了美国、欧盟、日本等对于化妆品定义的表述，将"美容"改为"美化"，增加了"保护"，删除了"消除不良气味、护肤"。

对于儿童彩妆是否为化妆品的问题，《国家药监局综合司关于标示名称为"儿童彩妆"产品定性有关问题的复函》规定："一、依据《化妆品监督管理条例》第三条的规定，化妆品是指以涂擦、喷洒或者其他类似方法，施用于皮肤、毛发、指甲、口唇等人体表面，以清洁、保护、美化、修饰为目的的日用化学工业产品。据此，判定一种产品是否属于化妆品，应当根据该产品的使用方法、施用部位、使用目的、产品属性等进行界定。如果产品的标签、说明书、外观形态等表明该产品符合化妆品定义，无论其单独销售或与玩具等其他产品一并销售，该产品都属于化妆品，依法应当按照化妆品进行管理。二、请示中涉及的产品符合化妆品的定义，故该产品应当按照化妆品管理。生产经营未经注册或者备案的化妆品、未经许可从事化妆品生产活动的，负责药品监督管理的部门应当依据《化妆品监督管理条例》的规定予以查处。"

二、化妆品的分类

（一）相关规定

《化妆品监督管理条例》第四条规定："国家按照风险程度对化妆品、化妆品原料实行分类管理。化妆品分为特殊化妆品和普通化妆品。国家对特殊化妆品实行注册管理，对普通化妆品实行备案管理。化妆品原料分为新原料和已使用的原料。国家对风险程度较高的化妆品新原料实行注册管理，对其他化妆品新原料实行备案管理。"第十六条第一款规定："用于染发、烫发、祛斑美白、防晒、防脱发的化妆品以及宣称新功效的化妆品为特殊化妆品。特殊化妆品以外的化妆品为普通化妆品。"

（二）化妆品分类管理制度

我国对特殊化妆品实行目录管理。《化妆品监督管理条例》第十六条规定，用于染发、烫发、祛斑美白、防晒、防脱发的化妆品以及宣称新功效的化妆品为特殊化妆品，即"5+1"，并规定根据化妆品的功效宣称、作用部位、产品剂型、使用人群等因素，制定、公布化妆品分类规则和分类目录。

国家药监局制定了《化妆品分类规则和分类目录》，已于2021年5月1日起施行。其中，分类目录有：（1）功效宣称分类目录；（2）作用部位分类目录；（3）使用人群分类目录；（4）产品剂型分类目录；（5）使用方法分类目录。

（三）特例：牙膏及香皂

《化妆品监督管理条例》第七十七条规定："牙膏参照本条例有关普通化妆

品的规定进行管理。牙膏备案人按照国家标准、行业标准进行功效评价后，可以宣称牙膏具有防龋、抑牙菌斑、抗牙本质敏感、减轻牙龈问题等功效。牙膏的具体管理办法由国务院药品监督管理部门拟订，报国务院市场监督管理部门审核、发布。香皂不适用本条例，但是宣称具有特殊化妆品功效的适用本条例。"

需注意：牙膏参照普通化妆品进行管理，香皂中仅宣传具有特殊化妆品功效的产品适用《化妆品监督管理条例》。

三、化妆品注册人、备案人

（一）责任

《化妆品监督管理条例》第六条第一款规定："化妆品注册人、备案人对化妆品的质量安全和功效宣称负责。"

（二）需具备的条件

《化妆品监督管理条例》第十八条规定："化妆品注册申请人、备案人应当具备下列条件：（一）是依法设立的企业或者其他组织；（二）有与申请注册、进行备案的产品相适应的质量管理体系；（三）有化妆品不良反应监测与评价能力。"

四、化妆品新原料

（一）新原料的定义及管理

《化妆品监督管理条例》第十一条规定："在我国境内首次使用于化妆品的天然或者人工原料为化妆品新原料。具有防腐、防晒、着色、染发、祛斑美白功能的化妆品新原料，经国务院药品监督管理部门注册后方可使用；其他化妆品新原料应当在使用前向国务院药品监督管理部门备案。国务院药品监督管理部门可以根据科学研究的发展，调整实行注册管理的化妆品新原料的范围，经国务院批准后实施。"第四条第一款规定："国家按照风险程度对化妆品、化妆品原料实行分类管理。"第四条第三款规定："化妆品原料分为新原料和已使用的原料。国家对风险程度较高的化妆品新原料实行注册管理，对其他化妆品新原料实行备案管理。"

（二）新原料注册或备案应提交的资料

《化妆品监督管理条例》第十二条规定："申请化妆品新原料注册或者进行化妆品新原料备案，应当提交下列资料：（一）注册申请人、备案人的名称、地址、联系方式；（二）新原料研制报告；（三）新原料的制备工艺、稳定性及其质量控制标准等研究资料；（四）新原料安全评估资料。注册申请人、备案人应当对所提交资料的真实性、科学性负责。"

（三）三年内的报告义务

《化妆品监督管理条例》第十四条规定："经注册、备案的化妆品新原料投入使用后3年内，新原料注册人、备案人应当每年向国务院药品监督管理部门报告新原料的使用和安全情况。对存在安全问题的化妆品新原料，由国务院药品监督管理部门撤销注册或者取消备案。3年期满未发生安全问题的化妆品新原料，纳入国务院药品监督管理部门制定的已使用的化妆品原料目录。经注册、备案的化妆品新原料纳入已使用的化妆品原料目录前，仍然按照化妆品新原料进行管理。"

五、化妆品生产相关术语

《化妆品生产质量管理规范》第六十四条规定："本规范有关用语含义如下：批：在同一生产周期、同一工艺过程内生产的，质量具有均一性的一定数量的化妆品。批号：用于识别一批产品的唯一标识符号，可以是一组数字或者数字和字母的任意组合，用以追溯和审查该批化妆品的生产历史。半成品：是指除填充或者灌装工序外，已完成其他全部生产加工工序的产品。物料：生产中使用的原料和包装材料。外购的半成品应当参照物料管理。成品：完成全部生产工序、附有标签的产品。产品：生产的化妆品半成品和成品。工艺用水：生产中用来制造、加工产品以及与制造、加工工艺过程有关的用水。内包材:直接接触化妆品内容物的包装材料。生产车间:从事化妆品生产、贮存的区域,按照产品工艺环境要求,可以划分为洁净区、准洁净区和一般生产区。洁净区:需要对环境中尘粒及微生物数量进行控制的区域(房间),其建筑结构、装备及使用应当能够减少该区域内污染物的引入、产生和滞留。准洁净区:需要对环境中微生物数量进行控制的区域(房间),其建筑结构、装备及使用应当能够减少该区域内污染物的引入、产生和滞留。一般生产区:生产工序中不接触化妆品内容物、清洁内包材,不对微生物数量进行控制的生产区域。物料平衡:产品、物料实际产量或者实际用量及收集到的损耗之和与理论产量或者理论用量之间的比较,并考虑可以允许的偏差范围。验证:证明任何操作规程或者方法、生产工艺或者设备系统能够达到预期结果的一系列活动。"

六、化妆品编号

《化妆品生产经营监督管理办法》第六十五条规定:"化妆品生产许可证编号的编排方式为:×妆××××××××。其中,第一位×代表许可部门所在省、自治区、直辖市的简称,第二位到第五位×代表4位数许可年份,第六位到第九位×代表4位数许可流水号。"

七、生产许可项目划分单元

《化妆品生产经营监督管理办法》第十六条规定:"化妆品生产许可项目按照化妆品生产工艺、成品状态和用途等,划分为一般液态单元、膏霜乳液单元、粉单元、气雾剂及有机溶剂单元、蜡基单元、牙膏单元、皂基单元、其他单元。国家药品监督管理局可以根据化妆品质量安全监督管理实际需要调整生产许可项目划分单元。具备儿童护肤类、眼部护肤类化妆品生产条件的,应当在生产许可项目中特别标注。"

八、化妆品标签相关术语

《化妆品标签管理办法》第二十二条规定："本办法所称最小销售单元等名词术语的含义如下：最小销售单元：以产品销售为目的，将产品内容物随产品包装容器、包装盒以及产品说明书等一起交付消费者时的最小包装的产品形式。销售包装：最小销售单元的包装。包括直接接触内容物的包装容器、放置包装容器的包装盒以及随附于产品的说明书。内容物：包装容器内所装的产品。展示面：化妆品在陈列时，除底面外能被消费者看到的任何面。可视面：化妆品在不破坏销售包装的情况下，能被消费者看到的任何面。引导语：用以引出标注内容的用语，如'产品名称'、'净含量'等。"

九、化妆品监管和执法常用依据

化妆品监管和执法常用依据包括：1. 化妆品监督管理条例；2. 化妆品生产经营监督管理办法；3. 化妆品注册备案管理办法；4. 化妆品标识管理规定；5. 进出口化妆品检验检疫监督管理办法；6. 化妆品新原料注册备案资料管理规定；7. 化妆品注册与备案检验工作规范；8. 化妆品安全技术规范；9. 化妆品生产质量管理规范；10. 儿童化妆品监督管理规定；11. 化妆品标签管理办法；12. 化妆品分类规则和分类目录；13. 化妆品功效宣称评价规范；14. 化妆品安全评估技术导则；15. 化妆品注册备案资料管理规定；16. 刑法等。

第二节　化妆品监管事权划分

问题： 化妆品如何监管？各级药品监管部门有怎样的事权？行业协会、消费者协会、新闻媒体如何进行社会共治？

《化妆品监督管理条例》第五条规定："国务院药品监督管理部门负责全国化妆品监督管理工作。国务院有关部门在各自职责范围内负责与化妆品有关的监督管理工作。县级以上地方人民政府负责药品监督管理的部门负责本行政区域的化妆品监督管理工作。县级以上地方人民政府有关部门在各自职责范围内负责与化妆品有关的监督管理工作。"

《化妆品生产经营监督管理办法》第三条规定："国家药品监督管理局负责全国化妆品监督管理工作。县级以上地方人民政府负责药品监督管理的部门负责本行政区域的化妆品监督管理工作。"第七条规定："国家药品监督管理局加强信息化建设，为公众查询化妆品信息提供便利化服务。负责药品监督管理的部门应当依法及时公布化妆品生产许可、监督检查、行政处罚等监督管理信息。"第八条规定："负责药品监督管理的部门应当充分发挥行业协会、消费者协会和其他消费者组织、新闻媒体等的作用，推进诚信体系建设，促进化妆品安全社会共治。"

第三节　化妆品监管方式

问题：如何更好地对化妆品生产经营企业（者）进行监管，开展飞行检查、专项检查还是坚持日常监督检查？

一、化妆品检查

通常来说，化妆品检查分为日常监督检查、专项检查、飞行检查等。

（一）日常监督检查

关于化妆品生产检查，主要依据《化妆品生产质量管理规范》《化妆品生产质量管理规范检查要点及判定原则》《化妆品生产经营监督管理办法》等开展。因《化妆品卫生监督条例》已失效，《化妆品生产经营日常监督现场检查工作指南》未根据《化妆品监督管理条例》进行修订，故该指南与《化妆品监督管理条例》《化妆品生产质量管理规范》不冲突的内容可供参考。

关于化妆品经营检查，应根据《化妆品监督管理条例》《化妆品生产经营监督管理办法》等开展，可参照《化妆品经营企业日常监督现场检查工作指南》开展。

1. 化妆品生产企业现场检查。

(1) 检查流程图。

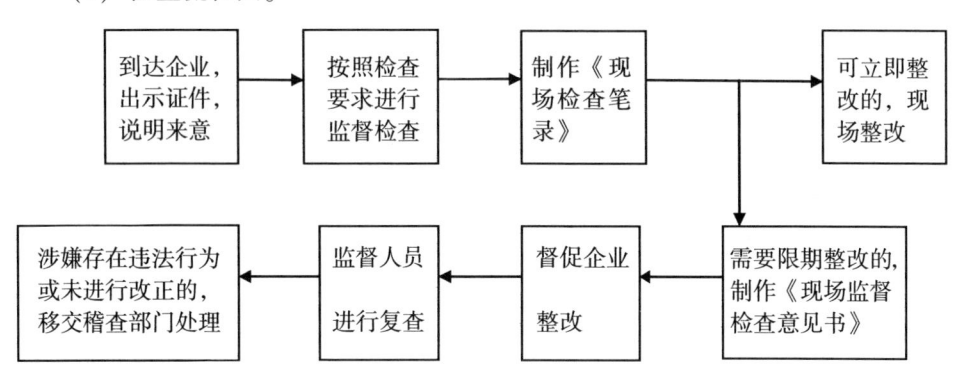

到达企业,出示证件,说明来意 → 按照检查要求进行监督检查 → 制作《现场检查笔录》 → 可立即整改的,现场整改

涉嫌存在违法行为或未进行改正的,移交稽查部门处理 ← 监督人员进行复查 ← 督促企业整改 ← 需要限期整改的,制作《现场监督检查意见书》

(2) 检查重点内容。

下列《监督检查要点一览表》为现场检查的重点内容,各地区可根据监管实际,有针对性地选择检查内容。

监督检查要点一览表

序号	检查内容	检查方式	检查要点
1	合法性	查阅资料	(1) 检查《化妆品生产企业卫生许可证》是否在许可有效期限内;生产项目是否超出行政许可范围。 (2) 生产特殊用途化妆品是否有有效许可批件;非特殊用途化妆品是否经备案(上市后两个月内)。
2	生产条件	查阅资料 现场检查	(3) 厂区环境是否清洁卫生;周围30米内是否有可能对产品安全性造成影响的污染源。 (4) 是否擅自更改已许可的生产场地、功能布局及设施;生产车间是否按已许可的设计功能使用。 (5) 生产车间内墙面、地面、天花、门窗、纱窗及通风排气网罩等是否有破损、剥落、霉迹等现象;是否保持清洁;产生粉尘的生产场所是否配备有效的除尘设施。 (6) 更衣室是否设置衣柜、换鞋柜,宜采用拦截式设计;衣、帽、鞋是否清洁、数量足够;洗手、消毒设施是否能正常运转。 (7) 生产车间是否存放与生产无关的物品。

续表

序号	检查内容	检查方式	检查要点
3	人员管理	查阅档案 现场检查	（8）是否配备专职化妆品卫生管理员和检验人员；检验员、配制员是否经专业培训和考核合格。 （9）直接从事化妆品生产的从业人员是否持有健康检查合格证明；是否建立从业人员健康档案；是否按要求进行培训考核。 （10）生产人员生产时是否穿戴工作服、鞋、帽；工作服是否整洁，穿戴是否符合要求；生产人员是否在生产场所吸烟、进食或存放个人生活用品；直接从事化妆品生产的人员是否戴首饰、手表、染指甲或留长指甲。 （11）患有手癣、指甲癣、手部湿疹、发生于手部的银屑病或者鳞屑、渗出性皮肤病以及患有痢疾、伤寒、病毒性肝炎、活动性肺结核等传染病的人员是否已经调离直接从事化妆品生产的岗位。
4	生产过程	现场检查 查阅资料	（12）生产设备、检验仪器设备、生产车间空气净化设施或通风排气设施、消毒设施是否正常运转及定期维护；有无使用、维护记录，记录是否完整。 （13）生产用水水质是否达到国家生活饮用水卫生标准（GB5749-2006）的要求（pH值除外）；生产工艺用水是否定期监测。 （14）生产管理、品质管理、卫生管理、人员管理等制度是否健全、落实；是否建立并执行化妆品不良反应监测制度及不合格产品召回报告制度。 （15）是否制定化妆品生产的标准操作规程；是否按规程进行生产。 （16）化妆品生产过程中是否建立各项原始记录（包括原料和成品进出库记录、产品配方、称量记录、批生产记录、批号管理、批包装记录、岗位操作记录及工艺规程中各个关键控制点监控记录等）并妥善保存，各项记录是否完整并有可追溯性。 （17）生产过程中的废弃物是否设固定存放区域或专用容器收集，及时处理。 （18）生产设备、容器、工具等在使用前后是否进行清洗和消毒。

续表

序号	检查内容	检查方式	检查要点
5	检验情况	查阅资料	(19) 生产过程中是否对原料、半成品和成品进行卫生质量监控。 (20) 是否按要求开展每批产品出厂前的微生物项目检验工作，是否建立检验记录，记录是否真实完整，记录保留期限应比产品的保质期长6个月。 (21) 生产企业在化妆品投放市场前，对质量合格的产品是否附有合格标记。
6	原料管理	查阅资料 现场检查	(22) 各种原料是否按待检、合格、不合格分别存放，是否有品名[INCI名（如有必须标注）或中文化学名称]、供应商名称、规格、批号或生产日期和有效期、入库日期等中文标识或信息；原料名称用代号或编码标识的，必须有相应的INCI名（如有必须标注）或中文化学名称。经验收或检验合格的原料，是否按不同品种和批次分开存放，库存原料标识内容是否完整，有无建立原料进出库账、卡。如采用计算机控制系统，应能确保不合格物料不放行。 (23) 不合格的原料是否按有关规定及时处理并有处理记录。 (24) 所使用的原料有无相应的检验报告或品质保证证明材料。 (25) 是否使用化妆品禁用原料及未经批准的化妆品新原料生产；限用原料是否在规定的使用限度内。
7	仓储管理	查阅资料 现场检查	(26) 成品是否按待检、合格、不合格、退货等分区存放并有明显标志，如采用计算机控制系统，应能确保不合格产品不放行。 (27) 不合格产品及退货产品是否及时处理并有完整的记录。 (28) 易燃、易爆品和有毒化学品是否单独存放。使用记录是否完整。
8	产品标签说明书	现场检查	(29) 产品标签、标识、说明书是否符合规定。 (30) 是否建立健全和落实包装材料、产品标签标识管理制度。

(3) 主要检查方式。

主要检查方式有听取汇报、检查管理文件和各项生产记录、现场检查等。

(4) 监督措施。

①检查结束后，检查人员可要求企业人员回避，汇总检查情况，核对检查中发现的问题，讨论检查意见。遇到特殊情况时，应及时向主管领导汇报。

②与企业沟通，核实检查中发现的问题，通报检查情况。经确认，填写《现场检查笔录》。笔录应全面、真实、客观地反映现场检查情况，并具有可追溯性（符合规定的项目与不符合规定的项目均应记录）。

③对发现的不合格项目，监督人员应下达《责令改正通知书》，能立即整改的，应当监督企业当场整改。不能立即整改的，根据企业生产管理情况，责令限期整改，并跟踪复查。逾期不整改或整改后仍不符合要求的，应当移送稽查部门处理。

④对发现涉嫌存在违法行为的，应当直接移送稽查部门依法查处。

⑤要求企业负责人在《现场检查笔录》上签字确认，拒绝签字或由于企业原因无法实施检查的，应由至少2名检查人员在检查记录中注明情况并签字确认。

⑥监督检查的原始资料，由实施检查的部门指定专人负责整理、建档和保管。

2. 化妆品经营企业现场检查。

（1）检查流程图。

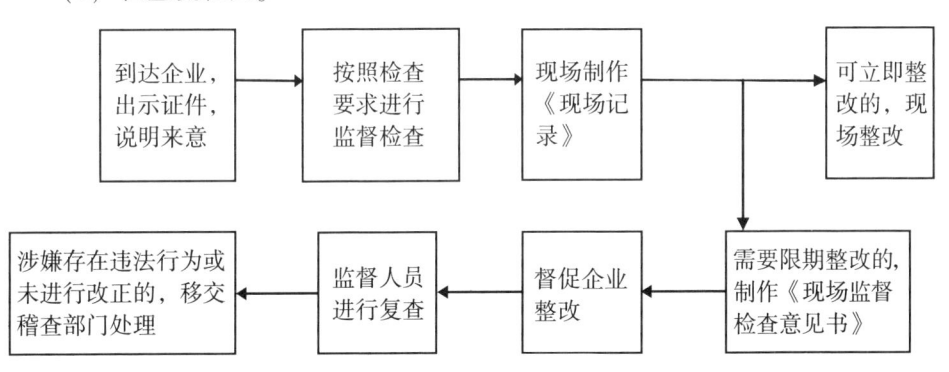

到达企业，出示证件，说明来意 → 按照检查要求进行监督检查 → 现场制作《现场记录》 → 可立即整改的，现场整改

涉嫌存在违法行为或未进行改正的，移交稽查部门处理 ← 监督人员进行复查 ← 督促企业整改 ← 需要限期整改的，制作《现场监督检查意见书》

（2）检查重点内容。

下列《监督检查要点一览表》为现场检查的重点内容，各地区可根据监管实际，有针对性地选择检查内容。

监督检查要点一览表

序号	检查内容	检查方式	检查要点
1	化妆品合法性	现场检查查阅资料	(1) 所经营的国产化妆品是否由取得有效的《化妆品生产企业卫生许可证》的企业生产。 (2) 国产特殊用途化妆品是否取得"国产特殊用途化妆品批准文号"。 (3) 进口非特殊用途化妆品是否取得"进口非特殊用途化妆品备案凭证"（查看复印件）；进口特殊用途化妆品是否取得"进口特殊用途化妆品卫生许可批件"（查看复印件）。 (4) 经营的进口化妆品是否在卫生许可批件或备案凭证有效期内入境。 (5) 进口化妆品是否经过检验检疫部门检验。
2	化妆品标识标签	现场检查	(6) 所经营的化妆品是否有质量合格标记。 (7) 产品名称是否符合《化妆品命名规定》《消费品使用说明化妆品通用标签》及其他化妆品标签标识管理相关规定。 (8) 国产化妆品是否标明生产企业的名称和地址；进口化妆品标明原产国名或地区名、经销商、进口商、在华代理商的名称和地址。 (9) 产品是否标注生产日期和保质期，或者标注生产批号和限期使用日期。 (10) 国产化妆品是否标明生产企业的卫生许可证编号。 (11) 特殊用途化妆品是否标示批准文号；进口非特殊用途化妆品是否标示备案文号。
3	购货验收制度	现场检查查阅资料	(12) 检查化妆品经营企业是否执行化妆品进货查验制度；是否索取供货企业的相关合法性证件材料；是否建立供货企业档案；是否建立购货台账。
4	产品保质期	现场检查	(13) 抽查化妆品是否过期。
5	储存条件、卫生情况	现场检查	(14) 检查化妆品经营企业经营场所和仓库是否保持内外整洁；是否有通风、防尘、防潮、防虫、防鼠等设施；散装和供顾客试用的化妆品是否有防污染设施。 (15) 是否按规定的储存条件储存化妆品。
6	产品宣传、店内宣传	现场检查	(16) 所经营的化妆品是否宣传疗效；所经营的化妆品是否使用医疗术语；所经营的化妆品是否标注有适应症。 (17) 所经营的化妆品是否存在虚假或夸大宣传。 (18) 检查店内宣传资料是否存在宣称预防、治疗疾病功能等违规行为。
7	其他违法行为	现场检查	(19) 是否有自制化妆品行为。

（二）专项检查

1. 定义。

化妆品专项检查是指化妆品监督管理部门集中对某一类或几类化妆品进行全面、重点的质量监督检查的活动，通常用于特定时期或针对某类质量问题较突出的化妆品，如儿童化妆品专项检查、防晒类化妆品专项检查等。

2. 特点。

专项检查有较强的针对性，便于找问题、查原因、进行化妆品生产销售市场专门整顿，对强化企业主体责任，确保群众用妆安全意义重大。

3. 专项检查。

近几年来，药监部门持续开展了化妆品"线上净网线下清源"专项整治，排查清理化妆品网络销售者、化妆品电子商务平台销售的违法产品，以及网上展示的违法产品信息、生产企业和产品虚假资质信息，打击网络经营化妆品违法犯罪，整顿和规范化妆品市场秩序。集中排查清理化妆品网络销售者、化妆品电子商务平台销售的非法添加禁用物质化妆品、假冒化妆品、无证化妆品、未取得批准文号的特殊用途化妆品、未经备案的普通化妆品、经国家药监局或者省级药监局公告或者通告不符合国家化妆品卫生标准的化妆品、国家药监局或者省级药监局通知暂停或者停止销售的化妆品、违法宣称药妆、EGF（表皮生长因子）、干细胞等的化妆品等。对在网络销售过程中明示或者暗示具有医疗作用、以引人误解或者混淆的企业名称或者商标等代替产品名称进行宣传的化妆品信息，予以集中清理。

对化妆品网络销售者、化妆品电子商务平台上展示的化妆品生产企业信息和产品资质信息进行排查清理。及时核对国家药监局对应的数据查询页面，对已吊销、冒用其他企业生产许可证、超过有效期未办理延续的企业资质信息，以及已撤销、冒用其他产品注册或者备案信息、超过有效期未办理延续的产品资质信息，予以集中清理。

（三）飞行检查

飞行检查，即在事先不通知被检查对象的情况下，对其实施的快速现场检查。

1. 检查主要依据。

检查的主要依据包括：《化妆品生产质量管理规范》《化妆品生产质量管理规范检查要点及判定原则》《化妆品生产经营监督管理办法》《化妆品监督管理条例》《化妆品安全技术规范》，以及企业生产化妆品的相关国家标准和行业标准。

2. 飞行检查重点。

（1）文件方面：企业根据《化妆品生产监督管理规范》策划的体系文件是否完整，是否适宜。

（2）记录方面：化妆品生产流程批记录追溯包括从原料、包装材料供应商管理直至成品装车发货的全过程追溯，以及按体系文件策划要求产生的其他相关记录。

（3）现场方面：仓储现场（原料仓、低温仓或冰柜、包材仓、成品仓）；生产现场（原料预进和备料区域，原料称量区域，乳化等制作区域，半成品静置区域，包材拆包/清洁或清洗/消毒区域，内包材储存区域，灌装区域，外包装区域）；设施管理（水处理系统，空调过滤系统等）；实验现场：资源配备、实验方法、人员能力、实验数据处理等。

（4）人员健康和卫生：从事直接与原料接触人员的健康状况，以及作业人员进入洁净区域的相关卫生要求（如：换鞋、更衣、洗手消毒、风淋等），要关注公司对人员健康管理的策划，以及现场的执行情况。另外，外来人员进入洁净区域的相关要求和执行情况也会在现场检查时一并关注。

（5）生产过程管控要求：生产过程管控自然是现场检查的重点之一，除以上关注厂房设施、设备的清洁消毒外，生产过程管控也是检查重点，比如：制作过程使用的配方与备案成份的一致性，生产过程的操作是否与策划工艺一致，生产过程中物理的、化学的、微生物的污染物控制，交叉污染的控制，人为差错的控制等。

（6）标识管理和可追溯性：生产过程的批记录是飞行检查必查项目，所以标识管理和可追溯性也自然是重点内容，同时也是最基本要求。追溯管理过程的源头在原料和内包装材料仓库的标识，所以仓库要对原料和内包装材料按要求进行清晰完整的标识。批记录的完整追溯要能做到从成品喷码信息反追到组装包装记录，再到灌装记录，再到制作记录，最后追溯到最原始的原料和内包材信息。

二、化妆品抽验

（一）相关依据

化妆品抽验相关规定有：《化妆品监督管理条例》《化妆品生产经营监督管理办法》《化妆品生产质量管理规范》《化妆品抽样检验管理办法》等。

（二）组织实施的监管部门

《化妆品监督管理条例》第四十八条规定："省级以上人民政府药品监督管理部门应当组织对化妆品进行抽样检验；对举报反映或者日常监督检查中发现问题较多的化妆品，负责药品监督管理的部门可以进行专项抽样检验。进行抽样检验，应当支付抽取样品的费用，所需费用纳入本级政府预算。负责药品监督管理的部门应当按照规定及时公布化妆品抽样检验结果。"

《化妆品抽样检验管理办法》第四条规定："国家药品监督管理局每年组织开展国家化妆品抽样检验工作。省、自治区、直辖市药品监督管理部门每年组织开展本行政区域内的化妆品抽样检验工作，并按照国家药品监督管理局的要求，承担国家化妆品抽样检验任务。设区的市级、县级负责药品监督管理的部门根据工作需要，组织开展本行政区域内的化妆品抽样检验工作，并按照上级负责药品监督管理的部门的要求，承担化妆品抽样检验任务。"

（三）化妆品抽样检验重点产品

《化妆品抽样检验管理办法》第十条规定："化妆品抽样检验应当重点关注下列产品：（一）儿童化妆品和特殊化妆品；（二）使用新原料的化妆品；（三）监督检查、案件查办、不良反应监测、安全风险监测、投诉举报、舆情监测等监管工作中发现问题较多的；（四）既往抽样检验不合格率较高的；（五）流通范围广、使用频次高的；（六）其他安全风险较高的产品。"

（四）化妆品检验机构

《化妆品监督管理条例》第四十九条第一款规定："化妆品检验机构按照国家有关认证认可的规定取得资质认定后，方可从事化妆品检验活动。化妆品检验机构的资质认定条件由国务院药品监督管理部门、国务院市场监督管理部门制定。"

（五）必要时制定补充检验项目和检验方法

《化妆品监督管理条例》第五十条规定："对可能掺杂掺假或者使用禁止用于化妆品生产的原料生产的化妆品，按照化妆品国家标准规定的检验项目和检验方法无法检验的，国务院药品监督管理部门可以制定补充检验项目和检验方法，用于对化妆品的抽样检验、化妆品质量安全案件调查处理和不良反应调查处置。"

（六）复检

《化妆品监督管理条例》第五十一条规定："对依照本条例规定实施的检验结论有异议的，化妆品生产经营者可以自收到检验结论之日起7个工作日内向实施抽样检验的部门或者其上一级负责药品监督管理的部门提出复检申请，由受理复检申请的部门在复检机构名录中随机确定复检机构进行复检。复检机构出具的复检结论为最终检验结论。复检机构与初检机构不得为同一机构。复检机构名录由国务院药品监督管理部门公布。"

《化妆品抽样检验管理办法》第三十六条规定："化妆品注册人、备案人、受托生产企业对样品真实性有异议的，应当在收到检验报告等材料和抽样检验结果告知书之日起7个工作日内，向送达抽样检验结果告知书的核查处置部门提出异议申请，并提交相关证明材料。化妆品生产经营者对样品的检验方法、标准适用有异议的，应当自收到检验报告等材料和抽样检验结果告知书之日起7个工作日内，向实施抽样检验的部门提出异议申请，并提交相关证明材料。

境外化妆品注册人、备案人可以委托其境内责任人提交异议申请。"

《化妆品抽样检验管理办法》第三十八条规定:"被抽样产品的化妆品生产经营者对检验结论有异议的,应当自收到检验报告等材料和抽样检验结果告知书之日起 7 个工作日内,向实施抽样检验的部门或者其上一级负责药品监督管理的部门以书面形式提出复检申请。同一样品的复检申请仅限一次,被抽样产品相关的生产经营者应当协调一致后由一方提出。向国家药品监督管理局提出复检申请的,国家药品监督管理局可以委托实施抽样检验的省级药品监督管理部门负责办理。"

(七) 需注意的问题

1. 抽样分类。

《化妆品抽样检验管理办法》第十四条第一款规定,抽样分为现场抽样和网络抽样,增加了网络抽样的方式。

2. 抽样人员的禁止行为。

《化妆品抽样检验管理办法》第十五条规定:"抽样人员在抽样过程中不得有下列行为:(一) 样品签封后擅自拆封或者更换样品;(二) 泄露被抽样化妆品生产经营者的商业秘密;(三) 其他影响抽样公正性的行为。"

3. 抽样发现异常情况的处理。

《化妆品抽样检验管理办法》第十七条第一款规定:"抽样中,发现涉嫌存在以下情形的化妆品,属于抽样异常情况,抽样单位应当依法立案调查或者将问题线索依法通报具有管辖权的负责药品监督管理的部门:(一) 未经注册的特殊化妆品或者未备案上市销售、进口的普通化妆品;(二) 超过使用期限;(三) 无中文标签;(四) 标签标注禁止标注的内容;(五) 其他涉嫌违法的化妆品。"

4. 不予抽样情形。

《化妆品抽样检验管理办法》第十九条规定:"有下列情形之一的,原则上不予抽样:(一) 产品仅供出口;(二) 产品已开封、发生破损或者受到污染,可能影响检验结果;(三) 产品剩余使用期限不足 6 个月,产品使用期限小于 6

个月的除外；（四）其他不予抽样的情形。"

5. 拒收样品情形。

《化妆品抽样检验管理办法》第二十八条规定："有下列情形之一的，承检机构可以向抽样单位说明理由后拒绝接收样品：（一）样品发生破损或者受到污染；（二）样品封签信息不完整、封样不规范，可能影响检验结果公正性；（三）抽样文书信息不完整、不准确，或者与样品实物明显不符；（四）样品贮存、运输条件不符合要求，可能影响检验结果；（五）样品品种混淆或者批次不一致；（六）样品数量明显不符合检验要求；（七）其他可能影响样品质量和检验结果的情形。"

6. 不予复检的情形。

《化妆品抽样检验管理办法》第三十九条规定："有下列情形之一的，不予复检：（一）微生物检验项目不符合规定；（二）特殊原因导致复检备份样品无法复检；（三）样品超过使用期限；（四）逾期提交复检申请；（五）法律法规规定的不予复检的其他情形。"

三、行政约谈

《化妆品监督管理条例》第五十七条规定："化妆品生产经营过程中存在安全隐患，未及时采取措施消除的，负责药品监督管理的部门可以对化妆品生产经营者的法定代表人或者主要负责人进行责任约谈。化妆品生产经营者应当立即采取措施，进行整改，消除隐患。责任约谈情况和整改情况应当纳入化妆品生产经营者信用档案。"

四、紧急控制措施

《化妆品监督管理条例》第五十四条规定："对造成人体伤害或者有证据证明可能危害人体健康的化妆品，负责药品监督管理的部门可以采取责令暂停生产、经营的紧急控制措施，并发布安全警示信息；属于进口化妆品的，国家出入境检验检疫部门可以暂停进口。"

五、化妆品应急处置

监管部门要制定化妆品安全突发事件应急预等，建立应急队伍，加强对应急队伍的培训，提升应急队伍的处置能力。坚持"平战结合"的原则，定期或不定期开展应急演练，做好化妆品安全舆情收集，及时处置化妆品安全突发事件。辖区企业要建立和完善化妆品安全突发事件应急预案，畅通信息报送机制。

相关规定有《国家药监局关于印发化妆品安全突发事件应急预案的通知》（国药监妆〔2021〕2号）等。

第二章 化妆品全生命周期监管

第一节 化妆品注册备案监管

问题：化妆品如何注册、备案？注册、备案有什么新要求？监管部门或从事化妆品生产经营者，应如何做呢？

一、注册、备案的定义及分类

《化妆品注册备案管理办法》第三条规定："化妆品、化妆品新原料注册，是指注册申请人依照法定程序和要求提出注册申请，药品监督管理部门对申请注册的化妆品、化妆品新原料的安全性和质量可控性进行审查，决定是否同意其申请的活动。化妆品、化妆品新原料备案，是指备案人依照法定程序和要求，提交表明化妆品、化妆品新原料安全性和质量可控性的资料，药品监督管理部门对提交的资料存档备查的活动。"第四条规定："国家对特殊化妆品和风险程度较高的化妆品新原料实行注册管理，对普通化妆品和其他化妆品新原料实行备案管理。"

二、职权划分

《化妆品注册备案管理办法》第五条规定："国家药品监督管理局负责特殊化妆品、进口普通化妆品、化妆品新原料的注册和备案管理，并指导监督省、自治区、直辖市药品监督管理部门承担的化妆品备案相关工作。国家药品监督管理局可以委托具备相应能力的省、自治区、直辖市药品监督管理部门实施进口普通化妆品备案管理工作。国家药品监督管理局化妆品技术审评机构（以下简称技术审评机构）负责特殊化妆品、化妆品新原料注册的技术审评工作，进口普通化妆品、化妆品新原料备案后的资料技术核查工作，以及化妆品新原料使用和安全情况报告的评估工作。国家药品监督管理局行政事项受理服务机构（以下简称受理机构）、审核查验机构、不良反应监测机构、信息管理机构等专业技术机构，承担化妆品注册和备案管理所需的注册受理、现场核查、不良反应监测、信息化建设与管理等工作。"第六条规定："省、自治区、直辖市药品监督管理部门负责本行政区域内国产普通化妆品备案管理工作，在委托范围内以国家药品监督管理局的名义实施进口普通化妆品备案管理工作，并协助开展特殊化妆品注册现场核查等工作。"

三、《化妆品注册备案管理办法》与原有规定变化对比

品种	《化妆品注册备案管理办法》	《化妆品卫生监督条例》等旧规定
化妆品	注册人、备案人条件 第二十八条第一款：化妆品注册申请人、备案人应当具备下列条件：（一）是依法设立的企业或者其他组织；（二）有与申请注册、进行备案化妆品相适应的质量管理体系；（三）有不良反应监测与评价的能力。	无注册人、备案人的概念
	境内责任人义务 第八条：注册人、备案人在境外的，应当指定我国境内的企业法人作为境内责任人。境内责任人应当履行以下义务：（一）以注册人、备案人的名义，办理化妆品、化妆品新原料注册、备案；（二）协助注册人、备案人开展化妆品不良反应监测、化妆品新原料安全监测与报告工作；（三）协助注册人、备案人实施化妆品、化妆品新原料召回工作；（四）按照与注册人、备案人的协议，对投放境内市场的化妆品、化妆品新原料承担相应的质量安全责任；（五）配合药品监督管理部门的监督检查工作。	《化妆品行政许可申报受理规定》（2009年12月发布）第五条第二款：进口化妆品行政许可申请人应是进口化妆品生产企业。进口化妆品新原料行政许可申请人应是进口化妆品新原料生产企业或化妆品生产企业。同一申请人应委托一个在中国境内依法登记注册，并具有独立法人资格的单位作为在华申报责任单位，负责代理申报有关事宜。申请人可以变更在华申报责任单位。 第六条：申请人和在华申报责任单位应当按照国家有关法律、法规、标准和规范的要求申报化妆品行政许可，对申报资料负责并承担相应的法律责任。

续表

品种	《化妆品注册备案管理办法》	《化妆品卫生监督条例》等旧规定
化妆品	备案管理 第三十四条：普通化妆品上市或者进口前，备案人按照国家药品监督管理局的要求通过信息服务平台提交备案资料后即完成备案。 第三十七条第一款：普通化妆品的备案人应当每年向承担备案管理工作的药品监督管理部门报告生产、进口情况，以及符合法律法规、强制性国家标准、技术规范的情况。	《国产非特殊用途化妆品备案管理办法》 第四条：国产非特殊用途化妆品应在产品投放市场后2个月内，由生产企业向所在行政区域内的省级食品药品监督管理部门申请备案，并按照有关要求提交备案资料，履行备案手续。委托生产的，由生产企业（以下称委托方）向实际生产企业（以下称受托方）所在行政区域内的省级食品药品监督管理部门申请备案。有多个受托方的，由委托方选择向其中一个受托方所在行政区域内的省级食品药品监督管理部门申请备案。委托方应将备案登记凭证复印件分别提交其他受托方所在行政区域内的省级食品药品监督管理部门。仅限于出口的，由实际生产企业向所在行政区域内的省级食品药品监督管理部门申请备案。 第八条：省级食品药品监督管理部门收到国产非特殊用途化妆品备案申请后，对备案资料齐全并符合规定形式的，应当当场予以备案并于5日内发给备案登记凭证；备案资料不齐全或不符合规定形式的不予备案并说明理由。 《国家药监局关于在全国范围实施进口非特殊用途化妆品备案管理有关事宜的公告》（2018年第88号）：二、进口化妆品生产企业应当在产品进口前，委托境内责任人登录国家药品监管局政务网站（www.nmpa.gov.cn）"网上办事"栏目，通过"进口非特殊用途化妆品备案管理系统"网络平台，办理备案手续，取得电子版备案凭证后方可进口。备案产品按照"国妆网备进字（境内责任人所在省份简称）+四位年份数字+六位顺序编号"的规则进行编号。

续表

品种	《化妆品注册备案管理办法》	《化妆品卫生监督条例》等旧规定
化妆品	注册变更管理 第四十一条：已经注册的特殊化妆品的注册事项发生变化的，国家药品监督管理局根据变化事项对产品安全、功效的影响程度实施分类管理：（一）不涉及安全性、功效宣称的事项发生变化的，注册人应当及时向国家药品监督管理局备案；（二）涉及安全性的事项发生变化的，以及生产工艺、功效宣称等方面发生实质性变化的，注册人应当向国家药品监督管理局提出产品注册变更申请；（三）产品名称、配方等发生变化，实质上构成新的产品的，注册人应当重新申请注册。	凡注册事项发生变化的，一律按注册变更程序办理。
	原料使用要求 第三十条：化妆品注册人、备案人应当选择符合法律、行政法规、强制性国家标准和技术规范要求的原料用于化妆品生产，对其使用的化妆品原料安全性负责。化妆品注册人、备案人申请注册、进行备案时，应当通过信息服务平台明确原料来源和原料安全相关信息。	《化妆品安全技术规范》中对所用原料质量规格有要求的，一般需提供由原料生产企业出具的质量规格证明。产品配方中使用动物脏器组织及血液制品提取物为原料的，应当申报其来源、质量规格和原料生产国允许使用的证明。若某些原料可能带入安全性风险物质，必要时也需提供原料安全相关信息。
	执行标准 第三十二条：化妆品注册人、备案人应当明确产品执行的标准，并在申请注册或者进行备案时提交药品监督管理部门。	无此要求。但需要提供产品质量安全控制要求、生产工艺简述与简图、技术要求等文件。
	特殊化妆品包装上传 第四十八条：特殊化妆品取得注册证后，注册人应当在产品投放市场前，将上市销售的产品标签图片上传至信息服务平台，供社会公众查询。	进口非特殊用途化妆品备案时需上传包装和标签，且取得备案凭证后会在备案服务平台公布。特殊用途化妆品无此要求。

续表

品种	《化妆品注册备案管理办法》	《化妆品卫生监督条例》等旧规定
化妆品	台湾、香港、澳门地区产品注册备案编号 根据第六十二条规定，中国台湾、香港、澳门的化妆品注册备案后采用独立的注册备案编号。普通化妆品为国妆网备制字（境内责任人所在省、自治区、直辖市简称）+四位年份数+本年度全国备案产品顺序数；特殊化妆品为国妆特制字+四位年份数+本年度注册产品顺序数。	台湾、香港、澳门地区产品与其他国家进口化妆品采用一样的编号方式。
化妆品新原料	境内责任人义务 第八条：注册人、备案人在境外的，应当指定我国境内的企业法人作为境内责任人。境内责任人应当履行以下义务：（一）以注册人、备案人的名义，办理化妆品、化妆品新原料注册、备案；（二）协助注册人、备案人开展化妆品不良反应监测、化妆品新原料安全监测与报告工作；（三）协助注册人、备案人实施化妆品、化妆品新原料召回工作；（四）按照与注册人、备案人的协议，对投放境内市场的化妆品、化妆品新原料承担相应的质量安全责任；（五）配合药品监督管理部门的监督检查工作。	《化妆品行政许可申报受理规定》（2009年12月发布） 第五条第二款：进口化妆品行政许可申请人应是进口化妆品生产企业。进口化妆品新原料行政许可申请人应是进口化妆品新原料生产企业或化妆品生产企业。同一申请人应委托一个在中国境内依法登记注册，并具有独立法人资格的单位作为在华申报责任单位，负责代理申报有关事宜。申请人可以变更在华申报责任单位。 第六条：申请人和在华申报责任单位应当按照国家有关法律、法规、标准和规范的要求申报化妆品行政许可，对申报资料负责并承担相应的法律责任。
	备案管理 第十八条：化妆品新原料备案人按照国家药品监督管理局的要求提交资料后即完成备案。	所有化妆品新原料都采用注册管理。

续表

品种	《化妆品注册备案管理办法》	《化妆品卫生监督条例》等旧规定
化妆品新原料	安全期监测制度 第十九条：已经取得注册、完成备案的化妆品新原料实行安全监测制度。安全监测的期限为3年，自首次使用化妆品新原料的化妆品取得注册或者完成备案之日起算。 第二十一条第二款：化妆品新原料注册人、备案人应当在化妆品新原料安全监测每满一年前30个工作日内，汇总、分析化妆品新原料使用和安全情况，形成年度报告报送国家药品监督管理局。 第二十条第二款：化妆品注册人、备案人使用化妆品新原料生产化妆品的，相关化妆品申请注册、办理备案时应当通过信息服务平台经化妆品新原料注册人、备案人关联确认。 第二十六条第二款：对存在安全问题的化妆品新原料，由国家药品监督管理局撤销注册或者取消备案；未发生安全问题的，由国家药品监督管理局纳入已使用的化妆品原料目录。 第十二条第二款：调整已使用的化妆品原料的使用目的、安全使用量等的，应当按照新原料注册、备案要求申请注册、进行备案。	化妆品新原料注册完成后，国家药品监督管理部门会发布公告信息。不存在安全监测期，所有企业可将该原料用于化妆品生产，但使用目的和使用量等应当符合原料公示的技术要求内容。
	国家药品监督管理部门发布新原料作为化妆品原料使用的公告，不设置编号规则。	注册备案编号 第六十二条第（一）项、第（二）项：化妆品、化妆品新原料取得注册或者进行备案后，按照下列规则进行编号。（一）化妆品新原料备案编号规则：国妆原备字+四位年份数+本年度备案化妆品新原料顺序数。（二）化妆品新原料注册编号规则：国妆原注字+四位年份数+本年度注册化妆品新原料顺序数。

四、功效宣称评价新要求

《化妆品功效宣称评价规范》已于 2021 年 5 月 1 日起正式实施，自此，化妆品注册人、备案人申请特殊化妆品注册或者进行普通化妆品备案的，应当依据《化妆品功效宣称评价规范》的要求对化妆品的功效宣称进行评价，并在国家药监局指定的专门网站上传产品功效宣称依据的摘要。

第二节　化妆品生产、经营、使用监管

一、生产、经营许可

（一）生产许可

《化妆品监督管理条例》第二十七条规定："从事化妆品生产活动，应当向所在地省、自治区、直辖市人民政府药品监督管理部门提出申请，提交其符合本条例第二十六条规定条件的证明资料，并对资料的真实性负责。省、自治区、直辖市人民政府药品监督管理部门应当对申请资料进行审核，对申请人的生产场所进行现场核查，并自受理化妆品生产许可申请之日起 30 个工作日内作出决定。对符合规定条件的，准予许可并发给化妆品生产许可证；对不符合规定条件的，不予许可并书面说明理由。化妆品生产许可证有效期为 5 年。有效期届满需要延续的，依照《中华人民共和国行政许可法》的规定办理。"第二十六条规定："从事化妆品生产活动，应当具备下列条件：（一）是依法设立的企业；（二）有与生产的化妆品相适应的生产场地、环境条件、生产设施设备；（三）有与生产的化妆品相适应的技术人员；（四）有能对生产的化妆品进行检验的检验人员和检验设备；（五）有保证化妆品质量安全的管理制度。"

（二）经营、使用许可

从事化妆品经营、使用活动，需向市场监管部门取得营业执照，无需向药品监管部门取得相关许可。

二、生产、经营、使用条件

（一）生产许可条件

《化妆品生产经营监督管理办法》第九条规定："申请化妆品生产许可，应当符合下列条件：（一）是依法设立的企业；（二）有与生产的化妆品品种、数量和生产许可项目等相适应的生产场地，且与有毒、有害场所以及其他污染源保持规定的距离；（三）有与生产的化妆品品种、数量和生产许可项目等相适应的生产设施设备且布局合理，空气净化、水处理等设施设备符合规定要求；（四）有与生产的化妆品品种、数量和生产许可项目等相适应的技术人员；（五）有与生产的化妆品品种、数量相适应，能对生产的化妆品进行检验的检验人员和检验设备；（六）有保证化妆品质量安全的管理制度。"

（二）化妆品经营或使用条件

只需要取得营业执照即可。

三、化妆品生产、经营、使用要求

（一）化妆品生产要求

责任主体	生产要求	相关规定
国家药品监督管理局	制定化妆品生产质量管理规范，明确质量管理机构与人员、质量保证与控制、厂房设施与设备管理、物料与产品管理、生产过程管理、产品销售管理等要求。	《化妆品生产经营监督管理办法》第二十四条第一款
化妆品注册人、备案人、受托生产企业	化妆品注册人、备案人、受托生产企业应当按照化妆品生产质量管理规范的要求组织生产化妆品，建立化妆品生产质量管理体系并保证持续有效运行。生产车间等场所不得贮存、生产对化妆品质量有不利影响的产品。	《化妆品生产经营监督管理办法》第二十四条第二款
	化妆品注册人、备案人、受托生产企业应当诚信自律，按照《化妆品生产质量管理规范》的要求建立生产质量管理体系，实现对化妆品物料采购、生产、检验、贮存、销售和召回等全过程的控制和追溯，确保持续稳定地生产出符合质量安全要求的化妆品。	《化妆品生产质量管理规范》第三条

续表

责任主体	生产要求	相关规定
化妆品注册人、备案人、受托生产企业	化妆品注册人、备案人、受托生产企业应当建立并执行供应商遴选、原料验收、生产过程及质量控制、设备管理、产品检验及留样等保证化妆品质量安全的管理制度。	《化妆品生产经营监督管理办法》第二十五条
	化妆品注册人、备案人委托生产化妆品的,应当委托取得相应化妆品生产许可的生产企业生产,并对其生产活动全过程进行监督,对委托生产的化妆品的质量安全负责。受托生产企业应当具备相应的生产条件,并依照法律、法规、强制性国家标准、技术规范和合同约定组织生产,对生产活动负责,接受委托方的监督。	《化妆品生产经营监督管理办法》第二十六条
	从事化妆品生产活动的化妆品注册人、备案人、受托生产企业应当建立与生产的化妆品品种、数量和生产许可项目等相适应的组织机构,明确质量管理、生产等部门的职责和权限,配备与生产的化妆品品种、数量和生产许可项目等相适应的技术人员和检验人员。	《化妆品生产质量管理规范》第四条第一款
	化妆品注册人、备案人、受托生产企业应当建立化妆品质量安全责任制,落实化妆品质量安全主体责任。化妆品注册人、备案人、受托生产企业的法定代表人、主要负责人对化妆品质量安全工作全面负责。	《化妆品生产经营监督管理办法》第二十七条
	化妆品注册人、备案人、受托生产企业应当建立并执行产品销售记录制度,并确保所销售产品的出货单据、销售记录与货品实物一致。	《化妆品生产质量管理规范》第五十八条第一款
	化妆品注册人、备案人、受托生产企业应当建立并执行从业人员健康管理制度,建立从业人员健康档案。健康档案至少保存 3 年。直接从事化妆品生产活动的人员应当每年接受健康检查。患有国务院卫生行政主管部门规定的有碍化妆品质量安全疾病的人员不得直接从事化妆品生产活动。	《化妆品生产经营监督管理办法》第二十九条
	化妆品注册人、备案人、受托生产企业应当制定从业人员年度培训计划,开展化妆品法律、法规、规章、强制性国家标准、技术规范等知识培训,并建立培训档案。生产岗位操作人员、检验人员应当具有相应的知识和实际操作技能。	《化妆品生产经营监督管理办法》第三十条
	化妆品注册人、备案人应当按照规定对出厂的化妆品留样并记录。留样应当保持原始销售包装且数量满足产品质量检验的要求。留样保存期限不得少于产品使用期限届满后 6 个月。委托生产化妆品的,受托生产企业也应当按照前款的规定留样并记录。	《化妆品生产经营监督管理办法》第三十一条第二款、第三款

续表

责任主体	生产要求	相关规定
化妆品注册人、备案人、受托生产企业	化妆品注册人、备案人、受托生产企业应当建立并执行原料以及直接接触化妆品的包装材料进货查验记录制度、产品销售记录制度。进货查验记录和产品销售记录应当真实、完整，保证可追溯，保存期限不得少于产品使用期限期满后1年；产品使用期限不足1年的，记录保存期限不得少于2年。委托生产化妆品的，原料以及直接接触化妆品的包装材料进货查验等记录可以由受托生产企业保存。	《化妆品生产经营监督管理办法》第三十二条
	化妆品注册人、备案人、受托生产企业应当每年对化妆品生产质量管理规范的执行情况进行自查。自查报告应当包括发现的问题、产品质量安全评价、整改措施等，保存期限不得少于2年。经自查发现生产条件发生变化，不再符合化妆品生产质量管理规范要求的，化妆品注册人、备案人、受托生产企业应当立即采取整改措施；发现可能影响化妆品质量安全的，应当立即停止生产，并向所在地省、自治区、直辖市药品监督管理部门报告。影响质量安全的风险因素消除后，方可恢复生产。省、自治区、直辖市药品监督管理部门可以根据实际情况组织现场检查。	《化妆品生产经营监督管理办法》第三十三条
	化妆品注册人、备案人、受托生产企业连续停产1年以上，重新生产前，应当进行全面自查，确认符合要求后，方可恢复生产。自查和整改情况应当在恢复生产之日起10个工作日内向所在地省、自治区、直辖市药品监督管理部门报告。	《化妆品生产经营监督管理办法》第三十四条
	供儿童使用的化妆品应当符合法律、法规、强制性国家标准、技术规范以及化妆品生产质量管理规范等关于儿童化妆品质量安全的要求，并按照国家药品监督管理局的规定在产品标签上进行标注。	《化妆品生产经营监督管理办法》第三十六条
	化妆品注册人、备案人、受托生产企业应当采取措施避免产品性状、外观形态等与食品、药品等产品相混淆，防止误食、误用。生产、销售用于未成年人的玩具、用具等，应当依法标明注意事项，并采取措施防止产品被误用为儿童化妆品。	《化妆品生产经营监督管理办法》第三十八条第一款、第二款
	化妆品注册人、备案人、受托生产企业应当建立并执行产品贮存和运输管理制度。依照有关法律法规的规定和产品标签标示的要求贮存、运输产品，定期检查并及时处理变质或者超过使用期限等质量异常的产品。	《化妆品生产质量管理规范》第五十九条

续表

责任主体	生产要求	相关规定
化妆品注册人、备案人、受托生产企业	化妆品注册人、备案人、受托生产企业应当建立并执行退货记录制度。	《化妆品生产质量管理规范》第六十条第一款
	化妆品注册人、备案人、受托生产企业应当建立并执行产品质量投诉管理制度，指定人员负责处理产品质量投诉并记录。质量管理部门应当对投诉内容进行分析评估，并提升产品质量。	《化妆品生产质量管理规范》第六十一条
	化妆品注册人、备案人应当建立并实施化妆品不良反应监测和评价体系。受托生产企业应当建立并执行化妆品不良反应监测制度。化妆品注册人、备案人、受托生产企业应当配备与其生产化妆品品种、数量相适应的机构和人员，按规定开展不良反应监测工作，并形成监测记录。	《化妆品生产质量管理规范》第六十二条
	化妆品注册人、备案人应当建立并执行产品召回管理制度，依法实施召回工作。发现产品存在质量缺陷或者其他问题，可能危害人体健康的，应当立即停止生产，召回已经上市销售的产品，通知相关化妆品经营者和消费者停止经营、使用，记录召回和通知情况。对召回的产品，应当清晰标识、单独存放，并视情况采取补救、无害化处理、销毁等措施。因产品质量问题实施的化妆品召回和处理情况，化妆品注册人、备案人应当及时向所在地省、自治区、直辖市药品监督管理部门报告。受托生产企业应当建立并执行产品配合召回制度。发现其生产的产品有第一款规定情形的，应当立即停止生产，并通知相关化妆品注册人、备案人。化妆品注册人、备案人实施召回的，受托生产企业应当予以配合。召回记录内容应当至少包括产品名称、净含量、使用期限、召回数量、实际召回数量、召回原因、召回时间、处理结果、向监管部门报告情况等。	《化妆品生产质量管理规范》第六十三条

（二）化妆品经营和使用要求

责任主体	经营使用要求	相关规定
化妆品经营者	应当建立并执行进货查验记录制度，查验供货者的市场主体登记证明、化妆品注册或者备案情况、产品出厂检验合格证明，如实记录并保存相关凭证。记录和凭证保存期限应当符合《化妆品监督管理条例》第三十一条第一款的规定。化妆品经营者不得自行配制化妆品。	《化妆品监督管理条例》第三十八条

续表

责任主体	经营使用要求	相关规定
化妆品经营者	应当建立并执行进货查验记录制度，查验直接供货者的市场主体登记证明、特殊化妆品注册证或者普通化妆品备案信息、化妆品的产品质量检验合格证明并保存相关凭证，如实记录化妆品名称、特殊化妆品注册证编号或者普通化妆品备案编号、使用期限、净含量、购进数量、供货者名称、地址、联系方式、购进日期等内容。	《化妆品生产经营监督管理办法》第三十九条
	实行统一配送的化妆品经营者，可以由经营者总部统一建立并执行进货查验记录制度，按照《化妆品生产经营监督管理办法》的规定，统一进行查验记录并保存相关凭证。经营者总部应当保证所属分店能提供所经营化妆品的相关记录和凭证。	《化妆品生产经营监督管理办法》第四十条
	应当依照有关法律、法规的规定和化妆品标签标示的要求贮存、运输化妆品，定期检查并及时处理变质或者超过使用期限的化妆品。	《化妆品监督管理条例》第三十九条
	化妆品集中交易市场开办者、展销会举办者应当审查入场化妆品经营者的市场主体登记证明，承担入场化妆品经营者管理责任，定期对入场化妆品经营者进行检查；发现入场化妆品经营者有违反《化妆品监督管理条例》规定行为的，应当及时制止并报告所在地县级人民政府负责药品监督管理的部门。	《化妆品监督管理条例》第四十条
	化妆品集中交易市场开办者、展销会举办者应当建立保证化妆品质量安全的管理制度并有效实施，承担入场化妆品经营者管理责任，督促入场化妆品经营者依法履行义务，每年或者展销会期间至少组织开展一次化妆品质量安全知识培训。化妆品集中交易市场开办者、展销会举办者应当建立入场化妆品经营者档案，审查入场化妆品经营者的市场主体登记证明，如实记录经营者名称或者姓名、联系方式、住所等信息。入场化妆品经营者档案信息应当及时核验更新，保证真实、准确、完整，保存期限不少于经营者在场内停止经营后2年。化妆品展销会举办者应当在展销会举办前向所在地县级负责药品监督管理的部门报告展销会的时间、地点等基本信息。	《化妆品生产经营监督管理办法》第四十二条

续表

责任主体	经营使用要求	相关规定
化妆品经营者	化妆品集中交易市场开办者、展销会举办者应当建立化妆品检查制度，对经营者的经营条件以及化妆品质量安全状况进行检查。发现入场化妆品经营者有违反化妆品监督管理条例以及《化妆品生产经营监督管理办法》规定行为的，应当及时制止，依照集中交易市场管理规定或者与经营者签订的协议进行处理，并向所在地县级负责药品监督管理的部门报告。鼓励化妆品集中交易市场开办者、展销会举办者建立化妆品抽样检验、统一销售凭证格式等制度。	《化妆品生产经营监督管理办法》第四十三条
	以免费试用、赠予、兑换等形式向消费者提供化妆品的，应当依法履行化妆品监督管理条例以及《化妆品生产经营监督管理办法》规定的化妆品经营者义务。	《化妆品生产经营监督管理办法》第四十九条
美容美发机构、宾馆等	在经营服务中使用化妆品或者为消费者提供化妆品的，应当依法履行化妆品监督管理条例以及《化妆品生产经营监督管理办法》规定的化妆品经营者义务。美容美发机构经营中使用的化妆品以及宾馆等为消费者提供的化妆品应当符合最小销售单元标签的规定。美容美发机构应当在其服务场所内显著位置展示其经营使用的化妆品的销售包装，方便消费者查阅化妆品标签的全部信息，并按照化妆品标签或者说明书的要求，正确使用或者引导消费者正确使用化妆品。	《化妆品生产经营监督管理办法》第四十一条

第三节 化妆品网络销售监管与执法

问题： 化妆品网络销售大有可为！面对蓬勃发展的化妆品网络销售，化妆品网络销售经营者面临怎样的机遇？面对跨境电商、直播带货、海外代购等新业态，监管部门又应如何应对？

一、一般网络销售

（一）化妆品网络销售主体

化妆品网络销售主体主要包括两个方面：一是电子商务经营者，二是消费者。

1. 电子商务经营者的内涵和基本分类。

《电子商务法》第九条规定:"本法所称电子商务经营者,是指通过互联网等信息网络从事销售商品或者提供服务的经营活动的自然人、法人和非法人组织,包括电子商务平台经营者、平台内经营者以及通过自建网站、其他网络服务销售商品或者提供服务的电子商务经营者。本法所称电子商务平台经营者,是指在电子商务中为交易双方或者多方提供网络经营场所、交易撮合、信息发布等服务,供交易双方或者多方独立开展交易活动的法人或者非法人组织。本法所称平台内经营者,是指通过电子商务平台销售商品或者提供服务的电子商务经营者。"本条是《电子商务法》关于电子商务经营者概念内涵和基本分类的规定,根据这一规定可知,电子商务经营者主要分为三大类:一是电子商务平台经营者;二是平台内经营者;三是通过自建网站、其他网络服务销售商品或者提供服务的电子商务经营者。

《网络交易监督管理办法》第七条第一款、第二款、第三款规定:"本办法所称网络交易经营者,是指组织、开展网络交易活动的自然人、法人和非法人组织,包括网络交易平台经营者、平台内经营者、自建网站经营者以及通过其他网络服务开展网络交易活动的网络交易经营者。本办法所称网络交易平台经营者,是指在网络交易活动中为交易双方或者多方提供网络经营场所、交易撮合、信息发布等服务,供交易双方或者多方独立开展网络交易活动的法人或者非法人组织。本办法所称平台内经营者,是指通过网络交易平台开展网络交易活动的网络交易经营者。"

2. 平台内经营者的特殊情形。

网络社交、网络直播等网络服务提供者为经营者提供网络经营场所、商品浏览、订单生成、在线支付等网络交易平台服务的,应当依法履行网络交易平台经营者的义务。通过上述网络交易平台服务开展网络交易活动的经营者,应当依法履行平台内经营者的义务。

(二) 化妆品网络销售监督执法常用依据

化妆品网络销售监督执法常用依据包括:1. 化妆品监督管理条例;2. 电

子商务法；3. 网络交易监督管理办法；4. 化妆品标签管理办法；5. 化妆品生产经营监督管理办法；6. 刑法等。

（三）化妆品网络销售监管重点

1. 化妆品网络销售许可。

从事化妆品网络销售，电子商务平台经营者、平台内经营者以及通过自建网站、其他网络服务销售化妆品者一般需取得营业执照。提供服务的电子商务经营者也需取得营业执照等。

《网络交易监督管理办法》第八条第一款规定："网络交易经营者不得违反法律、法规、国务院决定的规定，从事无证无照经营。除《中华人民共和国电子商务法》第十条规定的不需要进行登记的情形外，网络交易经营者应当依法办理市场主体登记。"

2. 化妆品网络销售监管重点。

化妆品网络销售监管重点主要包括第三方平台法定义务是否履行到位：（1）第三方平台提供者是否严格履行对入驻平台的化妆品网络销售者的资质审核义务；（2）第三方平台提供者是否对发生在平台的化妆品经营行为进行有效管理；（3）第三方平台提供者是否及时停止涉嫌违法违规的化妆品网络销售者的网络交易服务；（4）第三方平台是否设立质量管理机构或质量安全负责人。

3. 电子商务经营者的一般法律义务。

所谓"电子商务经营者的一般法律义务"，是指所有类型的电子商务经营者均应遵守的法律义务。主要有：

（1）市场主体登记义务。

《电子商务法》第十条规定："电子商务经营者应当依法办理市场主体登记……"

《网络交易监督管理办法》第八条第一款规定："网络交易经营者不得违反法律、法规、国务院决定的规定，从事无证无照经营。除《中华人民共和国电子商务法》第十条规定的不需要进行登记的情形外，网络交易经营者应当依法办理市场主体登记。"第三款规定："个人从事网络交易活动，年交易额累计不超过 10 万元的,依照《中华人民共和国电子商务法》第十条的规定不需要进行登记。同一经营者在同一平台或者不同平台开设多家网店的,各网店交易额合并计算。个人从事的零星小额交易须依法取得行政许可的,应当依法办理市场主体登记。"第九条规定:"仅通过网络开展经营活动的平台内经营者申请登记为个体工商户的,可以将网络经营场所登记为经营场所,将经常居住地登记为住所,其住所所在地的县、自治县、不设区的市、市辖区市场监督管理部门为其登记机关。同一经营者有两个以上网络经营场所的,应当一并登记。"第十条规定:"平台内经营者申请将网络经营场所登记为经营场所的,由其入驻的网络交易平台为其出具符合登记机关要求的网络经营场所相关材料。"第十二条规定:"网络交易经营者应当在其网站首页或者从事经营活动的主页面显著位置,持续公示经营者主体信息或者该信息的链接标识。鼓励网络交易经营者链接到国家市场监督管理总局电子营业执照亮照系统,公示其营业执照信息。已经办理市场主体登记的网络交易经营者应当如实公示下列营业执照信息以及与其经营业务有关的行政许可等信息,或者该信息的链接标识:(一)企业应当公示其营业执照登载的统一社会信用代码、名称、企业类型、法定代表人(负责人)、住所、注册资本(出资额)等信息;(二)个体工商户应当公示其营业执照登载的统一社会信用代码、名称、经营者姓名、经营场所、组成形式等信息……"

(2)依法纳税与办理纳税登记义务。

《电子商务法》第十一条第一款规定:"电子商务经营者应当依法履行纳税义务,并依法享受税收优惠。"

(3)合法合规经营义务。

①依法取得行政许可义务。

《电子商务法》第十二条规定:"电子商务经营者从事经营活动,依法需要取得相关行政许可的,应当依法取得行政许可。"

②依法亮照义务。

《电子商务法》第十五条第一款规定:"电子商务经营者应当在其首页显著

位置，持续公示营业执照信息、与其经营业务有关的行政许可信息、属于依照本法第十条规定的不需要办理市场主体登记情形等信息，或者上述信息的链接标识。"

③依法开具发票义务。

《电子商务法》第十四条规定："电子商务经营者销售商品或者提供服务应当依法出具纸质发票或者电子发票等购货凭证或者服务单据。电子发票与纸质发票具有同等法律效力。"

④业务终止提前告知义务。

《电子商务法》第十六条规定："电子商务经营者自行终止从事电子商务的，应当提前三十日在首页显著位置持续公示有关信息。"

⑤依法披露信息义务。

《电子商务法》第十七条规定："电子商务经营者应当全面、真实、准确、及时地披露商品或者服务信息，保障消费者的知情权和选择权。电子商务经营者不得以虚构交易、编造用户评价等方式进行虚假或者引人误解的商业宣传，欺骗、误导消费者。"

⑥不可滥用市场支配地位。

《电子商务法》第二十二条规定："电子商务经营者因其技术优势、用户数量、对相关行业的控制能力以及其他经营者对该电子商务经营者在交易上的依赖程度等因素而具有市场支配地位的，不得滥用市场支配地位，排除、限制竞争。"

⑦合法经营跨境电商义务。

《电子商务法》第二十六条规定："电子商务经营者从事跨境电子商务，应当遵守进出口监督管理的法律、行政法规和国家有关规定。"

（4）个人信息保护义务。

①搜索与广告规制义务。

《电子商务法》第十八条规定："电子商务经营者根据消费者的兴趣爱好、消费习惯等特征向其提供商品或者服务的搜索结果的，应当同时向该消费者提供不针对其个人特征的选项，尊重和平等保护消费者合法权益。电子商务经营者向消费者发送广告的，应当遵守《中华人民共和国广告法》的有关规定。"

②合法收集、使用个人信息。

《电子商务法》第二十三条规定："电子商务经营者收集、使用其用户的个人信息，应当遵守法律、行政法规有关个人信息保护的规定。"

③明示查询权、更正权、删除权方式、程序，不得设置不合理条件。

《电子商务法》第二十四条规定："电子商务经营者应当明示用户信息查询、更正、删除以及用户注销的方式、程序，不得对用户信息查询、更正、删除以及用户注销设置不合理条件。电子商务经营者收到用户信息查询或者更正、删除的申请的，应当在核实身份后及时提供查询或者更正、删除用户信息。用户注销的，电子商务经营者应当立即删除该用户的信息；依照法律、行政法规的规定或者双方约定保存的，依照其规定。"

④数据信息提供与安全保护。

《电子商务法》第二十五条规定："有关主管部门依照法律、行政法规的规定要求电子商务经营者提供有关电子商务数据信息的，电子商务经营者应当提供。有关主管部门应当采取必要措施保护电子商务经营者提供的数据信息的安全，并对其中的个人信息、隐私和商业秘密严格保密，不得泄露、出售或者非法向他人提供。"

（5）消费者权益保护义务。

①合法提供商品、服务。

《电子商务法》第十三条规定："电子商务经营者销售的商品或者提供的服务应当符合保障人身、财产安全的要求和环境保护要求，不得销售或者提供法律、行政法规禁止交易的商品或者服务。"

②不得随意搭售。

《电子商务法》第十九条规定："电子商务经营者搭售商品或者服务，应当以显著方式提请消费者注意，不得将搭售商品或者服务作为默认同意的选项。"

③交付风险。

《电子商务法》第二十条规定："电子商务经营者应当按照承诺或者与消费

者约定的方式、时限向消费者交付商品或者服务,并承担商品运输中的风险和责任。但是,消费者另行选择快递物流服务提供者的除外。"

④押金收取与退还。

《电子商务法》第二十一条规定:"电子商务经营者按照约定向消费者收取押金的,应当明示押金退还的方式、程序,不得对押金退还设置不合理条件。消费者申请退还押金,符合押金退还条件的,电子商务经营者应当及时退还。"

4. 第三方平台法定义务。

(1) 核验、登记义务。

《化妆品监督管理条例》第四十一条第一款规定:"电子商务平台经营者应当对平台内化妆品经营者进行实名登记,承担平台内化妆品经营者管理责任,发现平台内化妆品经营者有违反本条例规定行为的,应当及时制止并报告电子商务平台经营者所在地省、自治区、直辖市人民政府药品监督管理部门;发现严重违法行为的,应当立即停止向违法的化妆品经营者提供电子商务平台服务。"

《化妆品生产经营监督管理办法》第四十五条规定:"化妆品电子商务平台经营者应当对申请入驻的平台内化妆品经营者进行实名登记,要求其提交身份、地址、联系方式等真实信息,进行核验、登记,建立登记档案,并至少每6个月核验更新一次。化妆品电子商务平台经营者对平台内化妆品经营者身份信息的保存时间自其退出平台之日起不少于3年。"

《电子商务法》第二十七条第一款规定:"电子商务平台经营者应当要求申请进入平台销售商品或者提供服务的经营者提交其身份、地址、联系方式、行政许可等真实信息,进行核验、登记,建立登记档案,并定期核验更新。"

(2) 设置质量管理机构或者配备专兼职管理人员、建立质量管理制度并实施义务。

《化妆品生产经营监督管理办法》第四十六条第一款规定:"化妆品电子商务平台经营者应当设置化妆品质量管理机构或者配备专兼职管理人员,建立平台内化妆品日常检查、违法行为制止及报告、投诉举报处理等化妆品质量安全管理制度并有效实施,加强对平台内化妆品经营者相关法规知识宣传。鼓励化妆品电子商务平台经营者开展抽样检验。"

（3）管理检查、违法行为制止、报告义务。

《化妆品生产经营监督管理办法》第四十六条第二款规定："化妆品电子商务平台经营者应当依法承担平台内化妆品经营者管理责任，对平台内化妆品经营者的经营行为进行日常检查，督促平台内化妆品经营者依法履行化妆品监督管理条例以及本办法规定的义务。发现违法经营化妆品行为的，应当依法或者依据平台服务协议和交易规则采取删除、屏蔽、断开链接等必要措施及时制止，并报告所在地省、自治区、直辖市药品监督管理部门。"

《化妆品监督管理条例》第四十一条第一款规定："电子商务平台经营者应当对平台内化妆品经营者进行实名登记，承担平台内化妆品经营者管理责任，发现平台内化妆品经营者有违反本条例规定行为的，应当及时制止并报告电子商务平台经营者所在地省、自治区、直辖市人民政府药品监督管理部门；发现严重违法行为的，应当立即停止向违法的化妆品经营者提供电子商务平台服务。"

（4）信息记录、重大信息报告、协助配合义务。

《化妆品生产经营监督管理办法》第四十七条规定："化妆品电子商务平台经营者收到化妆品不良反应信息、投诉举报信息的，应当记录并及时转交平台内化妆品经营者处理；涉及产品质量安全的重大信息，应当及时报告所在地省、自治区、直辖市药品监督管理部门。负责药品监督管理的部门因监督检查、案件调查等工作需要，要求化妆品电子商务平台经营者依法提供相关信息的，化妆品电子商务平台经营者应当予以协助、配合。"

（5）发现违法行为停止、暂停提供服务义务。

《化妆品生产经营监督管理办法》第四十八条规定："化妆品电子商务平台经营者发现有下列严重违法行为的，应当立即停止向平台内化妆品经营者提供电子商务平台服务：（一）因化妆品质量安全相关犯罪被人民法院判处刑罚的；（二）因化妆品质量安全违法行为被公安机关拘留或者给予其他治安管理处罚的；（三）被药品监督管理部门依法作出吊销许可证、责令停产停业等处罚的；

（四）其他严重违法行为。因涉嫌化妆品质量安全犯罪被立案侦查或者提起公诉，且有证据证明可能危害人体健康的，化妆品电子商务平台经营者可以依法或者依据平台服务协议和交易规则暂停向平台内化妆品经营者提供电子商务平台服务。化妆品电子商务平台经营者知道或者应当知道平台内化妆品经营者被依法禁止从事化妆品生产经营活动的，不得向其提供电子商务平台服务。"

《化妆品监督管理条例》第四十一条第一款规定："电子商务平台经营者应当对平台内化妆品经营者进行实名登记，承担平台内化妆品经营者管理责任，发现平台内化妆品经营者有违反本条例规定行为的，应当及时制止并报告电子商务平台经营者所在地省、自治区、直辖市人民政府药品监督管理部门；发现严重违法行为的，应当立即停止向违法的化妆品经营者提供电子商务平台服务。"

（6）保障交易安全、制定应急预案及报告义务。

《电子商务法》第三十条规定："电子商务平台经营者应当采取技术措施和其他必要措施保证其网络安全、稳定运行，防范网络违法犯罪活动，有效应对网络安全事件，保障电子商务交易安全。电子商务平台经营者应当制定网络安全事件应急预案，发生网络安全事件时，应当立即启动应急预案，采取相应的补救措施，并向有关主管部门报告。"

（7）记录保存义务。

《电子商务法》第三十一条规定："电子商务平台经营者应当记录、保存平台上发布的商品和服务信息、交易信息，并确保信息的完整性、保密性、可用性。商品和服务信息、交易信息保存时间自交易完成之日起不少于三年；法律、行政法规另有规定的，依照其规定。"

《化妆品生产经营监督管理办法》第四十五条规定："化妆品电子商务平台经营者应当对申请入驻的平台内化妆品经营者进行实名登记，要求其提交身份、地址、联系方式等真实信息，进行核验、登记，建立登记档案，并至少每6个月核验更新一次。化妆品电子商务平台经营者对平台内化妆品经营者身份信息的保存时间自其退出平台之日起不少于3年。"

(8) 制定平台服务协议和交易规则及信息保护义务。

《电子商务法》第三十二条规定:"电子商务平台经营者应当遵循公开、公平、公正的原则,制定平台服务协议和交易规则,明确进入和退出平台、商品和服务质量保障、消费者权益保护、个人信息保护等方面的权利和义务。"

(9) 公示义务。

《电子商务法》第三十三条规定:"电子商务平台经营者应当在其首页显著位置持续公示平台服务协议和交易规则信息或者上述信息的链接标识,并保证经营者和消费者能够便利、完整地阅览和下载。"第三十四条第一款规定:"电子商务平台经营者修改平台服务协议和交易规则,应当在其首页显著位置公开征求意见,采取合理措施确保有关各方能够及时充分表达意见。修改内容应当至少在实施前七日予以公示。"第三十六条规定:"电子商务平台经营者依据平台服务协议和交易规则对平台内经营者违反法律、法规的行为实施警示、暂停或者终止服务等措施的,应当及时公示。"

(10) 不合理限制和不合理收费禁止义务。

《电子商务法》第三十五条规定:"电子商务平台经营者不得利用服务协议、交易规则以及技术等手段,对平台内经营者在平台内的交易、交易价格以及与其他经营者的交易等进行不合理限制或者附加不合理条件,或者向平台内经营者收取不合理费用。"

(11) 自营义务显著标示义务。

《电子商务法》第三十七条规定:"电子商务平台经营者在其平台上开展自营业务的,应当以显著方式区分标记自营业务和平台内经营者开展的业务,不得误导消费者。电子商务平台经营者对其标记为自营的业务依法承担商品销售者或者服务提供者的民事责任。"

(12) 建立信用评价制度义务。

《电子商务法》第三十九条第一款规定:"电子商务平台经营者应当建立健全信用评价制度,公示信用评价规则,为消费者提供对平台内销售的商品或者提供的服务进行评价的途径。电子商务平台经营者不得删除消费者对其平台内销售的商品或者提供的服务的评价。"

5. 平台内经营者法定义务。

本着"线上线下一致"原则，通过网络销售化妆品，应严格遵守《化妆品监督管理条例》《化妆品生产经营监督管理办法》《网络交易监督管理办法》等相关规定。

（四）化妆品网络销售常见违法行为处罚

1. 化妆品网络经营者法律责任。

（1）第三方平台法律责任。

①常见违法行为。

第三方平台的常见违法行为，主要包括：

第一，对平台内经营者的违法情形未采取必要的处置措施，发现违法行为，未及时制止，并向监管部门报告，未尽法定的管理、监督义务。《化妆品监督管理条例》第四十一条第一款规定："电子商务平台经营者应当对平台内化妆品经营者进行实名登记，承担平台内化妆品经营者管理责任，发现平台内化妆品经营者有违反本条例规定行为的，应当及时制止并报告电子商务平台经营者所在地省、自治区、直辖市人民政府药品监督管理部门；发现严重违法行为的，应当立即停止向违法的化妆品经营者提供电子商务平台服务。"

《化妆品监督管理条例》第六十七条规定："电子商务平台经营者未依照本条例规定履行实名登记、制止、报告、停止提供电子商务平台服务等管理义务的，由省、自治区、直辖市人民政府药品监督管理部门依照《中华人民共和国电子商务法》的规定给予处罚。"

《电子商务法》第八十条规定："电子商务平台经营者有下列行为之一的，由有关主管部门责令限期改正；逾期不改正的，处二万元以上十万元以下的罚款；情节严重的，责令停业整顿，并处十万元以上五十万元以下的罚款：（一）不履行本法第二十七条规定的核验、登记义务的；（二）不按照本法第二十八条规定向市场监督管理部门、税务部门报送有关信息的；（三）不按照本法第二十九条规定对违法情形采取必要的处置措施，或者未向有关主管部门报告的；（四）不履行本法第三十一条规定的商品和服务信息、交易信息保存义务的。法律、行政法规对前款规定的违法行为的处罚另有规定的，依照其规定。"

第二，违反"公示"、提供评价途径等义务。《电子商务法》第八十一条规定："电子商务平台经营者违反本法规定，有下列行为之一的，由市场监督管理部门责令限期改正，可以处二万元以上十万元以下的罚款；情节严重的，处十万元以上五十万元以下的罚款：（一）未在首页显著位置持续公示平台服务协议、交易规则信息或者上述信息的链接标识的；（二）修改交易规则未在首页显著位置公开征求意见，未按照规定的时间提前公示修改内容，或者阻止平台内经营者退出的；（三）未以显著方式区分标记自营业务和平台内经营者开展的业务的；（四）未为消费者提供对平台内销售的商品或者提供的服务进行评价的途径，或者擅自删除消费者的评价的。电子商务平台经营者违反本法第四十条规定，对竞价排名的商品或者服务未显著标明'广告'的，依照《中华人民共和国广告法》的规定处罚。"

第三，对平台内经营者交易等进行不合理限制或者附加不合理条件，或者向平台内经营者收取不合理费用的。《电子商务法》第八十二条规定："电子商务平台经营者违反本法第三十五条规定，对平台内经营者在平台内的交易、交易价格或者与其他经营者的交易等进行不合理限制或者附加不合理条件，或者向平台内经营者收取不合理费用的，由市场监督管理部门责令限期改正，可以处五万元以上五十万元以下的罚款；情节严重的，处五十万元以上二百万元以下的罚款。"

第四，对平台内经营者侵害消费者合法权益行为未采取必要措施，或者对平台内经营者未尽到资质资格审核义务，或者对消费者未尽到安全保障义务的。《电子商务法》第三十八条规定："电子商务平台经营者知道或者应当知道平台内经营者销售的商品或者提供的服务不符合保障人身、财产安全的要求，或者有其他侵害消费者合法权益行为，未采取必要措施的，依法与该平台内经营者承担连带责任。对关系消费者生命健康的商品或者服务，电子商务平台经营者对平台内经营者的资质资格未尽到审核义务，或者对消费者未尽到安全保障义务，造成消费者损害的，依法承担相应的责任。"

《电子商务法》第八十三条规定："电子商务平台经营者违反本法第三十八条规定，对平台内经营者侵害消费者合法权益行为未采取必要措施，或者对平台内经营者未尽到资质资格审核义务，或者对消费者未尽到安全保障义务的，由市场监督管理部门责令限期改正，可以处五万元以上五十万元以下的罚款；情节严重的，责令停业整顿，并处五十万元以上二百万元以下的罚款。"

②典型案例。

典型案例1：第三方平台销售未经注册的特殊化妆品，应如何定性处罚[①]

【案情】

某市药监局在监督检查中发现，第三方平台A的网页上，B公司销售的C防晒化妆品未经注册，该产品所使用的注册证号为标示生产厂家其他产品所有。

经查，第三方平台A根据平台服务协议，曾要求B公司上传C防晒化妆品的相关资质和检验报告，在审核过程中，发现C防晒化妆品所使用的注册证号为标示生产厂家其他产品所有，遂要求B公司改正，在平台上传C防晒化妆品的特殊化妆品注册批件。但A平台因人事变动，未及时跟踪B公司改正进度，且未把相关情况向监管部门及时报告。

又经查询国家药监局相关信息，监管人员发现上述违法事实属实，立即对涉案产品依法扣押。据统计，B公司共购进该防晒化妆品50瓶，通过A平台已销售40瓶，库存10瓶。售价80元/瓶，违法所得3200元，货值金额4000元。

【分歧】

关于案件如何定性，执法人员一致认为B公司在A平台销售标示生产厂家其他产品注册证号的特殊化妆品的违法行为，应定性为销售未经注册的特殊化妆品，但关于第三方平台A的违法行为如何定性处罚，执法人员持有不同观点。

第一种观点认为，第三方平台A的违法行为属销售未经注册的特殊化妆品，违反了《化妆品监督管理条例》第五十九条第（二）项规定和《电子商

---

① 本案例已于2021年3月31日在《中国医药报》上发表。

务法》第三十八条规定，应依据《化妆品监督管理条例》第五十九条规定予以处罚。

第二种观点认为，第三方平台 A 的违法行为属对平台内某公司违法情形未采取必要的处置措施，违反了《化妆品监督管理条例》第四十一条规定，应依据《化妆品监督管理条例》第六十七条和《电子商务法》第八十条规定予以处罚。

【评析】

笔者同意第二种观点，理由如下：

第一，从第三方平台的界定来看，根据《电子商务法》第九条"本法所称电子商务经营者，是指通过互联网等信息网络从事销售商品或者提供服务的经营活动的自然人、法人和非法人组织，包括电子商务平台经营者、平台内经营者以及通过自建网站、其他网络服务销售商品或者提供服务的电子商务经营者。本法所称电子商务平台经营者，是指在电子商务中为交易双方或者多方提供网络经营场所、交易撮合、信息发布等服务，供交易双方或者多方独立开展交易活动的法人或者非法人组织。本法所称平台内经营者，是指通过电子商务平台销售商品或者提供服务的电子商务经营者"的规定，本案中的第三方平台系通过电子商务平台提供服务的电子商务经营者，其不直接从事化妆品销售，而是为化妆品网络销售提供服务。故笔者认为，认定第三方平台的违法行为属销售未经注册的化妆品的观点有待商榷。

第二，从第三方平台应承担的法定义务来看，作为提供服务的第三方电子商务平台，在本案网络销售化妆品的过程中，应承担怎样的法定义务？根据《电子商务法》第二十七条"电子商务平台经营者应当要求申请进入平台销售商品或者提供服务的经营者提交其身份、地址、联系方式、行政许可等真实信息，进行核验、登记，建立登记档案，并定期核验更新"和《化妆品监督管理条例》第四十一条"电子商务平台经营者应当对平台内化妆品经营者进行实名登记，承担平台内化妆品经营者管理责任，发现平台内化妆品经营者有违反本条例规定行为的，应当及时制止并报告电子商务平台经营者所在地省、自治区、直辖市人民政府药品监督管理部门；发现严重违法行为的，应当立即停止向违法的化妆品经营者提供电子商务平台服务"的规定，第三方平台负有对入驻平台经营者的真实信息进行核验、实名登记、建档、核验更新的管理责任，同时对发现的入驻平台经营者的违法行为应及时制止并报告监管部门，一旦发现严重违法行为应立即停止提供服务。

第三，从第三方平台应承担的法律责任来看，第一种观点认为，根据《电子商务法》第三十八条"电子商务平台经营者知道或者应当知道平台内经营者销售的商品或者提供的服务不符合保障人身、财产安全的要求，或者有其他侵害消费者合法权益行为，未采取必要措施的，依法与该平台内经营者承担连带责任。对关系消费者生命健康的商品或者服务，电子商务平台经营者对平台内经营者的资质资格未尽到审核义务，或者对消费者未尽到安全保障义务，造成消费者损害的，依法承担相应的责任"的规定，第三方平台应依法承担连带责任，故对第三方平台的违法行为定性为销售未经注册的化妆品。笔者认为，这样定性有两个问题，一是第三方平台作为供交易双方或者多方独立开展交易活动的法人或者非法人组织，其本身并未销售化妆品，只是为销售化妆品提供服务；二是《电子商务法》第三十八条中的连带责任，应为民事责任，此种民事责任是为了保护消费者的利益，而不是要平台承担与 B 公司销售未经注册的特殊化妆品的连带行政责任。

综上所述，笔者认为，第三方平台未尽到相应的核验管理、发现违法行为及时制止并报告监管部门、发现严重违法行为立即停止提供服务等法定义务，违反了《化妆品监督管理条例》第四十一条规定，应依据《化妆品监督管理条例》第六十七条和《电子商务法》第八十条规定予以处罚，故第二种观点是正确的。

典型案例 2：化妆品直播带货时虚假宣传，第三方平台有无责任[①]

【案情】

2022 年 1 月 30 日，某地市场监管局接到举报，称在第三方平台 A 的直播

---

① 本案例已于 2022 年 5 月 23 日在《中国医药报》上发表。

间内，当地某公司 B 的工作人员在直播销售某特殊用途化妆品"三宝冻干粉"时，对该化妆品的功能、用户评价等进行了虚假或引人误解的商业宣传，涉嫌违法，要求查处。该局立即派出两名执法人员，赶赴 B 公司实际经营地开展调查。

经查，B 公司属平台内经营者，在 A 平台直播间对其销售的"三宝冻干粉"进行直播宣传时，通过展示板宣称该产品"含有左旋 VC、依克多因、辅酶 Q10 等成分，以上成分具有延缓肌肤衰老等功效"；在截取视频的第 40 秒处，宣传"11 万单好评率 100%"；视频第 01 分 02 秒处，宣传"三宝"所有的产品好评率都是 100%。主播使用的展示板、直播时使用的宣传用语均由 B 公司提供。B 公司无法提供"三宝冻干粉"产品具有与左旋 VC、依克多因、辅酶 Q10 等主要成分同样功效的证明材料。B 公司后台数据显示，有一款"三宝多效眼霜"的商品评价为"好评率 99%"，未达到好评率 100%。

因第三方平台 A 属某省药监局管辖，上述涉嫌违法的有关线索被移送至某省药监局，某省药监局及时对 A 平台开展调查。经查，A 平台已取得营业执照等经营资质，与 B 公司签订了平台入驻协议，对平台内经营者建立了登记档案，并定期进行核验更新，配备了兼职质量管理人员，建立了相关质量管理制度。A 平台也曾接到消费者关于 B 公司在直播带货时虚假宣传的投诉。接到投诉后，A 平台调取了 B 公司的直播视频，发现举报属实，曾对 B 公司进行劝告，告知其如果继续进行虚假宣传，将终止其网络交易服务。但 B 公司并未改正，仍在直播带货时进行上述虚假宣传。

【分歧】

B 公司直播带货时进行虚假宣传，其行为违反了《反不正当竞争法》第八条第一款关于"经营者不得对其商品的性能、功能、质量、销售状况、用户评价、曾获荣誉等作虚假或者引人误解的商业宣传，欺骗、误导消费者"的规定，应依据该法第二十条第一款予以处罚，对此执法人员没有争议。但对于第三方平台 A 是否违法、应如何处理，执法人员产生了分歧。

第一种观点认为，A 平台不违法，不应承担法律责任。A 平台在发现 B 公司销售特殊用途化妆品时存在虚假宣传，曾进行过劝告，并告知如果继续上述虚假宣传行为，将终止网络交易服务。A平台已尽到其法定义务，故不存在违法行为，不应承担相应法律责任。

第二种观点认为，A平台违法，应承担相应的法律责任。A平台未依法履行管理责任，发现平台内经营者存在违法行为时，未及时制止并报告监管部门，违反了《化妆品监督管理条例》第四十一条第一款关于"电子商务平台经营者应当对平台内化妆品经营者进行实名登记，承担平台内化妆品经营者管理责任，发现平台内化妆品经营者有违反本条例规定行为的，应当及时制止并报告电子商务平台经营者所在地省、自治区、直辖市人民政府药品监督管理部门；发现严重违法行为的，应当立即停止向违法的化妆品经营者提供电子商务平台服务"，以及《化妆品生产经营监督管理办法》第四十六条第二款关于"化妆品电子商务平台经营者应当依法承担平台内化妆品经营者管理责任，对平台内化妆品经营者的经营行为进行日常检查，督促平台内化妆品经营者依法履行化妆品监督管理条例以及本办法规定的义务。发现违法经营化妆品行为的，应当依法或者依据平台服务协议和交易规则采取删除、屏蔽、断开链接等必要措施及时制止，并报告所在地省、自治区、直辖市药品监督管理部门"的规定，应依据《化妆品生产经营监督管理办法》第五十七条、《化妆品监督管理条例》第六十七条和《电子商务法》第八十条第一款第（三）项的规定予以处罚。

【评析】

笔者赞同第二种观点。具体分析如下：

第一，从违法行为的认定来看。根据《电子商务法》第九条第二款、第三款关于"本法所称电子商务平台经营者，是指在电子商务中为交易双方或者多方提供网络经营场所、交易撮合、信息发布等服务，供交易双方或者多方独立开展交易活动的法人或者非法人组织。本法所称平台内经营者，是指通过电子商务平台销售商品或者提供服务的电子商务经营者"的规定，结合本案来看，B公司在A平台直播带货销售化妆品，A平台是平台经营者，B公司是平台内经营者。

本案中，B 公司在 A 平台上销售某化妆品时虚假宣传，涉嫌违法；A 平台在接到消费者投诉后，已发现 B 公司的违法行为，进行了劝告和告知。根据《化妆品监督管理条例》第四十一条第一款和《化妆品生产经营监督管理办法》第四十六条第二款的规定，发现违法经营化妆品行为的，应当依法或者依据平台服务协议和交易规则采取删除、屏蔽、断开链接等必要措施及时制止，并报告所在地省级药监部门，而不是采取劝告、告知等行为。很明显，A 平台未尽到其法定义务，存在违法行为。故第一种观点是错误的。

第二，从违法行为的定性来看。本案中，A 平台对平台内经营者进行了实名登记，并定期核验更新，配备了质量管理人员，建立了相关质量管理制度，依法履行了一些法定义务。但其在发现平台内经营者存在虚假宣传等违法行为时，没有履行"依法或者依据平台服务协议和交易规则采取删除、屏蔽、断开链接等必要措施及时制止，并报告所在地省、自治区、直辖市药品监督管理部门"等法定义务，其行为属于"发现违法行为未采取必要措施及时制止，并报告监管部门"的违法行为。

第三，从法律责任的承担来看。《化妆品生产经营监督管理办法》第五十七条明确："化妆品生产经营的违法行为，化妆品监督管理条例等法律法规已有规定的，依照其规定。"《化妆品监督管理条例》第六十七条规定："电子商务平台经营者未依照本条例规定履行实名登记、制止、报告、停止提供电子商务平台服务等管理义务的，由省、自治区、直辖市人民政府药品监督管理部门依照《中华人民共和国电子商务法》的规定给予处罚。"《电子商务法》第八十条明确规定："电子商务平台经营者有下列行为之一的，由有关主管部门责令限期改正；逾期不改正的，处二万元以上十万元以下的罚款；情节严重的，责令停业整顿，并处十万元以上五十万元以下的罚款：……（三）不按照本法第二十九条规定对违法情形采取必要的处置措施，或者未向有关主管部门报告的……"

据此，A 平台应承担的法律责任为"由有关主管部门责令限期改正；逾期不改正的，处二万元以上十万元以下的罚款"。故第二种观点是正确的。

(2) 平台内经营者法律责任。

①常见违法行为。

平台内经营者常见违法行为包括：网络销售标签违法宣称的化妆品，包括标签内容与注册或备案资料不一致、虚假或引人误解，明示暗示医疗作用以及违法宣称药妆、干细胞、刷酸、医学护肤品等；网络销售功效宣传违法的化妆品。

②法院案例精选。

案例：张某某网络销售功效宣传虚假的化妆品案[①]

法院经审理认定事实如下：被告某公司是"某多多"电商平台的经营者。2019 年 6 月 27 日，被告张某某申请入驻某多多平台，开设店铺"某某化妆品"。

2021 年 1 月 25 日，原告在被告张某某开设的某多多店铺"某某化妆品"购买了 31 套涉案化妆品，支付货款 2480 元。涉案化妆品包含日霜 20g，晚霜 20g，隔离霜 20g，精华素 40ml，洁面乳 100g，另送眼霜 1 支，面膜 5 片。被告张某某通过某快递发货，原告在 2021 年 1 月 27 日、29 日收到包裹，经查看该化妆品标签信息为：生产许可证号 XK16-1083×××，特殊卫妆准字号（2004）字 20××号，卫生许可证号（2004）卫妆准字 29-XK-25××号，监制为某某化妆品有限公司，授权为广州市 B 有限公司，出品商为深圳 A 有限公司，保质期三年，有效期至 2024 年 1 月 2 日。涉案化妆品包装盒正面印有"白的持久，美的永恒"，被告张某某在网页中宣传具有"美白、祛斑"功效，并承诺"假一赔十"。

原告通过国家企业信用信息公示系统查询，发现广州市 B 有限公司已经于 2019 年 3 月 11 日注销，也并未查到深圳 A 有限公司的工商登记信息，遂向某市市场监督管理局某监管局举报。该局于 2021 年 2 月 18 日出具《回复函》称：深圳 A 有限公司未进行商事主体登记，未取得《营业执照》，也未取得《化妆品生产许可证》，其深圳某工业区 B 栋 136 号的地址不存在。另外，原告通过国家药品监督管理局查询特殊卫妆准字号（2004）字 20××号并不存在，

---

① 案件来源：上海市长宁区人民法院民事判决书（2021）沪 0105 民初 7928 号，判决作出时间为 2021 年 9 月 26 日。

且其卫生许可证、生产许可证早已经作废。

另查明，涉案产品已经下架，店铺"某某化妆品"仍在经营。被告某公司已经向原告披露了被告张某某的基本信息和联系方式。庭审中，原告表示涉案商品均未退款，被告某公司对此予以认可。

法院认为，原告张某通过某多多平台网站向被告张某某开设的店铺购买涉案商品，系双方真实意思表示，双方之间的网络购物合同关系依法成立并生效。

涉案商品从名称及宣传用语来看，属于化妆品。参照国家食品药品监督管理总局制定的《关于进一步明确化妆品注册备案有关执行问题的函》（食药监药化管便函〔2014〕70号）中"关于美白化妆品的范围界定。凡产品宣称可对皮肤本身产生美白增白效果的，严格按照特殊用途化妆品实施许可管理；产品通过物理遮盖方式发生效果，且功效宣称中明确含有美白、增白文字表述的，纳入特殊用途化妆品实施管理，审核要求参照非特殊用途化妆品相关规定执行"的规定，只有特殊用途化妆品才能宣称具有"美白""祛斑"功效。本案中，涉案化妆品外包装标注的出品商深圳A有限公司、特殊卫妆准字号（2004）字20××号并不存在，且其卫生许可证、生产许可证均已经作废，涉案产品亦未取得特殊用途化妆品批准文号，却在商品详情中宣传具有"美白祛斑"功效，违反了上述规定，故涉案化妆品系不符合产品安全标准的化妆品。

被告销售不符合产品安全标准的化妆品，原告据此要求解除合同、返还货款，于法有据，法院依法予以支持。根据法律规定，合同解除后，已经履行的，根据履行情况和合同性质，当事人可以要求恢复原状、采取其他补救措施，并有权要求赔偿损失。法院认为，所谓恢复原状，在买卖合同中即恢复到买受人和出卖人履行合同前的财产状态，因此双方互负返还义务，故原告理应将涉案产品返还给被告张某某，使其可以通过合法途径予以处置。原告购买涉案商品共计31套，支付货款2480元，如原告不能退还，法院酌定以每套80元的价格折抵被告张某某应退还原告的货款，退货产生的运费应由被告张某某负担。

案涉商品详情页面"假一赔十"承诺条款系卖家对所售商品的承诺，属于双方网络购物合同项下约定内容，被告张某某作为卖家应当履行"假一赔十"

约定，原告要求被告张某某支付十倍赔偿，法院依法予以支持。

原告另诉请要求被告某公司承担共同退还货款的责任。法院认为，被告某公司在被告张某某入驻平台时审核了其基本信息，在本案纠纷发生后向原告披露了销售者的真实信息，且无证据证明其明知或应知销售者销售不符合安全标准的商品。因此，原告该项诉请缺乏事实与法律依据，法院依法不予支持。

综上，法院依法判决如下：被告张某某应于本判决生效之日起十日内向原告退还货款 2480 元并支付货款十倍赔偿金 24800 元；原告张某应于本判决生效之日起十日内退还被告张某某化妆品 31 套，如届时不能退还，则以每套 80 元的价格折抵被告张某某应退还原告张某的货款，退货产生的运费由被告张某某承担；驳回原告张某的其余诉讼请求。

二、跨境销售化妆品

（一）电商零售进口

本部分内容请参考"跨境销售药品"部分。

（二）跨境化妆品出口

1. 跨境化妆品出口相关要求。

《化妆品监督管理条例》第四十五条第三款规定："出口的化妆品应当符合进口国（地区）的标准或者合同要求。"依据这一规定，可知"仅供出口"的化妆品应当符合进口国（地区）的标准和合同要求，但如果"仅供出口"化妆品转为境内销售，那么理应遵守国内化妆品标准和相关法律法规。

2. 典型案例。

典型案例：网售"仅供出口"普通化妆品，应如何定性处罚[①]

【案情】

2021 年 6 月，某地市场监管局接到举报称，在网络商城 A，化妆品品牌官方旗舰店 B 销售的眼线笔 C 属"仅供出口"的国产普通化妆品，该产品备案信

[①] 本案例已于 2021 年 8 月 23 日在《中国医药报》上发表。

息"成分"一项为"无（备注：仅供出口）"，涉嫌违法。接到举报后，该市场监管局立即组织执法人员赶赴商城 A 网络平台公司开展现场检查。检查发现，旗舰店 B 为境内化妆品经营商，专营某品牌国内化妆品；眼线笔 C 系普通化妆品，其标签未标注"仅供出口"相关信息。

执法人员查询国家药监局网站发现，眼线笔 C 备案信息显示：仅供出口。旗舰店 B 辩称，眼线笔 C 因种种原因滞销，其生产商（备案人）便将其转为内销。经进一步调查发现，旗舰店 B 建立并执行了进货查验记录制度，但因员工对业务不熟悉，导致购进并销售了眼线笔 C。旗舰店 B 共购进 10 支眼线笔 C，已销售 2 支，购进价为每支 40 元，销售价为每支 60 元，货值金额为 600 元，违法所得为 120 元。

【分歧】

对于旗舰店 B 网络销售"仅供出口"普通化妆品应如何定性处罚，执法人员产生了分歧。

第一种意见认为，旗舰店 B 的行为不构成违法。旗舰店 B 销售"仅供出口"普通化妆品的行为，类似于销售出口转内销的外贸服装。而且，该产品已进行"仅供出口"普通化妆品备案，不违反相关法律法规。

第二种意见认为，旗舰店 B 的行为构成违法。《化妆品监督管理条例》第十七条规定："特殊化妆品经国务院药品监督管理部门注册后方可生产、进口。国产普通化妆品应当在上市销售前向备案人所在地省、自治区、直辖市人民政府药品监督管理部门备案。进口普通化妆品应当在进口前向国务院药品监督管理部门备案。"本案中，眼线笔 C 未经备案，因此，旗舰店 B 的行为属上市销售未经备案的普通化妆品，应依据《化妆品监督管理条例》第六十一条第一款第（一）项规定进行处罚。

第三种意见认为，旗舰店 B 的行为构成违法。旗舰店 B 销售的"仅供出口"普通化妆品眼线笔 C 只取得了出口相关备案，并未取得国内相关备案，其行为属经营未取得备案的普通化妆品，应依据《化妆品监督管理条例》第六十一条第一款第（一）项规定进行处罚。

【评析】

笔者赞同第三种意见，理由如下：

第一，从化妆品的特殊属性来看，化妆品是一种特殊的产品，分为特殊化妆品和普通化妆品。依据《化妆品监督管理条例》第三条"本条例所称化妆品，是指以涂擦、喷洒或者其他类似方法，施用于皮肤、毛发、指甲、口唇等人体表面，以清洁、保护、美化、修饰为目的的日用化学工业产品"，第四条第一款"国家对特殊化妆品实行注册管理，对普通化妆品实行备案管理"，以及《产品质量法》第二条第一款、第二款"在中华人民共和国境内从事产品生产、销售活动，必须遵守本法。本法所称产品是指经过加工、制作，用于销售的产品"的规定，化妆品相对于服装等普通产品而言，是一种特殊的产品，按照风险程度，分为特殊化妆品和普通化妆品。本案中，眼线笔C属于普通化妆品，需进行备案管理。

第二，从化妆品备案相关规定来看，国产普通化妆品上市销售前，备案人应根据要求进行备案。依据《化妆品监督管理条例》第十七条和《化妆品注册备案管理办法》第二条"在中华人民共和国境内从事化妆品和化妆品新原料注册、备案及其监督管理活动，适用本办法"的规定，国产普通化妆品在上市销售前，备案人应向所在地省级药监部门进行备案。结合本案来看，备案人完成了眼线笔C的出口备案，仅供出口销售，说明该产品符合出口相关备案要求。但若备案人因滞销等原因将眼线笔C转为境内销售，笔者认为，备案人应根据《化妆品监督管理条例》《化妆品注册备案管理办法》等规定，对眼线笔C重新进行备案，完成备案后方可在境内销售。本案中，眼线笔C生产商（备案人）在国内上市销售未重新备案的眼线笔C，其行为属上市销售未经备案的普通化妆品。而旗舰店B并非上市销售备案的责任人，其销售眼线笔C的行为属经营未经备案的普通化妆品。所以，第二种意见是错误的。

第三，从法律适用的角度来看，"仅供出口"化妆品转内销，应适用《化妆品监督管理条例》及其配套文件相关规定进行定性处罚。依据《化妆品监督管理条例》第二条及第四十五条第三款"出口的化妆品应当符合进口国（地区）的标准或者合同要求"的规定，可知"仅供出口"的化妆品应当符合进口国（地区）的标准和合同要求，但如果"仅供出口"化妆品转为境内销售，那么理应遵守国内化妆品标准和相关法律法规。本案中，旗舰店 B 在网络平台销售"仅供出口"的眼线笔 C，属境内销售，但眼线笔 C 未经国内备案，因此，旗舰店 B 的行为属经营未经备案的普通化妆品，应依据《化妆品监督管理条例》第六十一条第一款第（一）项规定进行处罚，由负责药品监督管理的部门没收违法所得和违法经营的化妆品，并处一万元以上五万元以下罚款。故第三种意见正确。

那么，如何辨识"仅供出口"化妆品？"仅供出口"化妆品是否应有相关标签标识？笔者查询发现，国内化妆品相关法律法规，包括于 2022 年 5 月 1 日起正式施行的《化妆品标签管理办法》均未对"仅供出口"化妆品标签标识作出明确规定。为了解决上述问题，笔者建议做好以下三方面工作：

一是立法部门完善制度。建议立法部门通过完善相关法律法规，特别是标签标识管理规定，规范"仅供出口"化妆品标签标识。

二是监管部门加强监管。建议监管部门加强对"仅供出口"化妆品的监管，加大飞行检查、日常检查力度。同时，积极开展《化妆品监督管理条例》《化妆品注册备案管理办法》等化妆品监管法律法规宣贯，提升化妆品生产经营者和消费者的法治意识。

三是加强社会共治。建议化妆品注册人、备案人加强化妆品生产经营全过程管理和上市后产品质量安全管控；化妆品生产者依照法律法规、标准规范从事生产经营活动；化妆品经营者建立并执行进货查验记录制度，避免"仅供出口"化妆品流入国内市场；化妆品行业协会加强行业自律，引导化妆品生产经营者依法从事生产经营活动；消费者增强维权意识，自觉抵制化妆品违法行为。

（三）跨境销售化妆品常见违法行为处罚

1. 跨境电商销售无中文标签的化妆品。

①相关规定。

根据《商务部、发展改革委、财政部、海关总署、税务总局、市场监管总局关于完善跨境电子商务零售进口监管有关工作的通知》，跨境电商企业应履行对消费者的提醒告知义务，会同跨境电商平台在商品订购网页或其他醒目位置向消费者提供风险告知书，消费者确认同意后方可下单购买。告知书应至少包含以下内容：相关商品直接购自境外，可能无中文标签，消费者可通过网站查看商品中文电子标签。

②典型案例。

典型案例：网售无中文标签进口化妆品，应如何定性处罚[①]

【案情】

2021年2月，北京市某区市场监管局接到投诉举报，称在网络商城平台A，"全球购"美妆专营店B销售的眼霜C无中文标签，涉嫌违法。接到举报后，该局立即组织执法人员赶赴平台A开展现场检查。检查发现，平台A为跨境电商第三方平台经营者，专营店B为注册在中国香港的跨境电商公司。眼霜C系进口化妆品，实物确无中文标签，但在平台A的网页可以查询到该眼霜的中文标签。据进一步调查，投诉举报人于2021年1月中旬购买眼霜C，执法人员查询该眼霜物流信息发现，其由专营店B自保税区发出，经海关报关清关邮递至举报人。

对于举报情况，专营店B辩称，眼霜C为跨境进口商品，已在商品详情页面展示中文电子标签，并在消费者下单前履行告知义务，明确无纸质中文标签，消费者可在商品详情页面查看电子标签等事宜，故不存在标签瑕疵行为。

【分歧】

案件办理过程中，执法人员关于对专营店B网售进口化妆品无中文标签行为应如何定性处罚，产生了分歧。

第一种观点认为，专营店B的行为涉嫌违法。专营店B属跨境电商，其通过网络从事跨境零售进口经营业务，实质已将经营业务扩展至消费者常住地，应适用消费者常住地法律。专营店B销售无中文标签进口化妆品的行为，违反了《消费者权益保护法》第八条第一款"消费者享有知悉其购买、使用的商品

---

① 本案例已于2021年6月28日在《中国医药报》上发表。

或者接受的服务的真实情况的权利",以及《化妆品监督管理条例》第十七条"进口普通化妆品应当在进口前向国务院药品监督管理部门备案"和第三十五条第二款"进口化妆品可以直接使用中文标签,也可以加贴中文标签;加贴中文标签的,中文标签内容应当与原标签内容一致"的规定,应依据《化妆品监督管理条例》第六十一条第一款第(一)项和第(五)项予以处罚。

第二种观点认为,专营店 B 的行为不构成违法。专营店 B 通过网络平台销售进口化妆品,从事的是跨境电商商务活动,其在监管要求、纳税主体、商品性质等方面与传统的进出口贸易有重大区别。眼霜 C 系进口化妆品,专营店 B 已在平台 A 的商品详情页展示眼霜 C 的中文电子标签,并在消费者下单前履行告知义务,明确无中文标签,消费者可在商品详情页查看电子标签。也就是说,消费者可以通过中文电子标签了解商品详情。因此,专营店 B 的行为未侵害消费者的知情权。另外,眼霜 C 系终端消费者个人自用物品,目前法律对跨境零售进口化妆品的中文电子标签能否代替中文标签,未作出禁止性规定,故专营店 B 的行为不构成违法。

【评析】

笔者同意第二种观点,理由如下:

第一,从"全球购"网络销售的法律性质来看,平台 A 属跨境电商第三方平台经营者;专营店 B 为出售进口产品的卖家,属跨境电商零售进口经营者。

根据《商务部、发展改革委、财政部、海关总署、税务总局、市场监管总局关于完善跨境电子商务零售进口监管有关工作的通知》,跨境电商零售进口主要包括四个参与主体——跨境电商零售进口经营者(跨境电商企业)、跨境电商第三方平台经营者(跨境电商平台)、境内服务商和消费者。其中,跨境电商零售进口经营者是指自境外向境内消费者销售跨境电商零售进口商品的境外注册企业,为商品的货权所有人;跨境电商第三方平台经营者是指在境内办理工商登记,为交易双方提供网页空间、虚拟经营场所、交易规则、交易撮合、信息发布等服务,设立供交易双方独立开展交易活动的信息网络系统的经营者;消费者是指跨境电商零售进口商品的境内购买人。本案中,专营店 B 为跨境电商企业，其借助跨境电商平台A达成交易、支付结算，并通过跨境物流将商品邮寄到消费者手中。

第二，从"全球购"网络销售的特点来看，其作为一种新型国际贸易方式，与传统的进出口贸易有重大区别。一是无须向监管部门注册或备案。根据《海关总署关于跨境电子商务零售进出口商品有关监管事宜的公告》第（四）项："对跨境电子商务直购进口商品及适用'网购保税进口'（监管方式代码1210）进口政策的商品，按照个人自用进境物品监管，不执行有关商品首次进口许可批件、注册或备案要求。但对相关部门明令暂停进口的疫区商品和对出现重大质量安全风险的商品启动风险应急处置时除外。"二是跨境电商服务过程中是以消费者本人的名义向海关报关、纳税。根据上述公告第（十三）项："跨境电子商务零售进口商品消费者（订购人）为纳税义务人。在海关注册登记的跨境电子商务平台企业、物流企业或申报企业作为税款的代收代缴义务人，代为履行纳税义务，并承担相应的补税义务及相关法律责任。"三是境外商品通关的性质是消费者个人行邮物品，而不是贸易商品。

第三，从消费者权益维护角度来看，跨境电商零售进口作为一种新型贸易模式具有特殊性，其产品入境后既具有商业性质，又是终端消费者个人自用物品，具有双重属性。《消费者权益保护法》第八条规定，"消费者享有知悉其购买、使用的商品或者接受的服务的真实情况的权利"，但对于知悉的方式并未作出明确规定。本案中，跨境电商企业通过跨境电商平台，在商品详情页展示中文电子标签，并在消费者下单前履行告知义务。因此，笔者认为，跨境电商企业未侵害消费者的知情权。

另根据《电子商务法》第二十六条"电子商务经营者从事跨境电子商务，应当遵守进出口监督管理的法律、行政法规和国家有关规定"的规定，国家相关部门针对跨境零售进口制定的规范性文件是开展跨境电商活动的重要依据。《商务部、发展改革委、财政部、海关总署、税务总局、市场监管总局关于完善跨境电子商务零售进口监管有关工作的通知》明确，跨境电商企业应履行对消费者的提醒告知义务，会同跨境电商平台在商品订购网页或其他醒目位置向消费者提供风险告知书，消费者确认同意后方可下单购买。告知书应至少包含以下内容：相关商品直接购自境外，可能无中文标签，消费者可通过网站查看商品中文电子标签。结合本案来看，眼霜C为进口商品，虽然实物无中文标签，但专营店B已在平台A的商品详情页面展示中文电子标签，消费者在购买时，可以通过商品详情页面获知其购买、使用的商品的真实情况。因此，专营店B并未侵害消费者的知情权。

2. 非法代购网络销售化妆品。

根据《海关总署关于跨境电子商务零售进出口商品有关监管事宜的公告》，跨境电子商务企业是指自境外向境内消费者销售跨境电子商务零售进口商品的境外注册企业（不包括在海关特殊监管区域或保税物流中心内注册的企业），或者境内向境外消费者销售跨境电子商务零售出口商品的企业，为商品的货权所有人。

三、化妆品网络销售涉刑案件办理

（一）化妆品网络销售常见涉刑罪名

化妆品网络销售常见涉刑犯罪为走私普通货物、物品罪。

1. 刑法及海关法相关规定。

《刑法》第一百五十三条规定："走私本法第一百五十一条、第一百五十二条、第三百四十七条规定以外的货物、物品的，根据情节轻重，分别依照下列规定处罚：（一）走私货物、物品偷逃应缴税额较大或者一年内曾因走私被给予二次行政处罚后又走私的，处三年以下有期徒刑或者拘役，并处偷逃应缴税额一倍以上五倍以下罚金。（二）走私货物、物品偷逃应缴税额巨大或者有其他严重情节的，处三年以上十年以下有期徒刑，并处偷逃应缴税额一倍以上五倍以下罚金。（三）走私货物、物品偷逃应缴税额特别巨大或者有其他特别严重情节的，处十年以上有期徒刑或者无期徒刑，并处偷逃应缴税额一倍以上五倍以下罚金或者没收财产。单位犯前款罪的，对单位判处罚金，并对其直接负责的主管人员和其他直接责任人员，处三年以下有期徒刑或者拘役；情节严重的,处三年以上十年以下有期徒刑;情节特别严重的,处十年以上有期徒刑。对多次走私未经处理的,按照累计走私货物、物品的偷逃应缴税额处罚。"

第一百五十四条规定:"下列走私行为,根据本节规定构成犯罪的,依照本法第一百五十三条的规定定罪处罚:(一)未经海关许可并且未补缴应缴税额,擅自将批准进口的来料加工、来件装配、补偿贸易的原材料、零件、制成品、设备等保税货物,在境内销售牟利的;(二)未经海关许可并且未补缴应缴税额,擅自将特定减税、免税进口的货物、物品,在境内销售牟利的。"

第一百五十五条规定:"下列行为,以走私罪论处,依照本节的有关规定处罚:(一)直接向走私人非法收购国家禁止进口物品的,或者直接向走私人非法收购走私进口的其他货物、物品,数额较大的;(二)在内海、领海、界河、界湖运输、收购、贩卖国家禁止进出口物品的,或者运输、收购、贩卖国家限制进出口货物、物品,数额较大,没有合法证明的。"

第一百五十六条规定:"与走私罪犯通谋,为其提供贷款、资金、帐号、发票、证明,或者为其提供运输、保管、邮寄或者其他方便的,以走私罪的共犯论处。"

第一百五十七条规定:"武装掩护走私的,依照本法第一百五十一条第一款的规定从重处罚。以暴力、威胁方法抗拒缉私的,以走私罪和本法第二百七十七条规定的阻碍国家机关工作人员依法执行职务罪,依照数罪并罚的规定处罚。"

《海关法》第八十二条规定:"违反本法及有关法律、行政法规,逃避海关监管,偷逃应纳税款、逃避国家有关进出境的禁止性或者限制性管理,有下列情形之一的,是走私行为:(一)运输、携带、邮寄国家禁止或者限制进出境货物、物品或者依法应当缴纳税款的货物、物品进出境的;(二)未经海关许可并且未缴纳应纳税款、交验有关许可证件,擅自将保税货物、特定减免税货物以及其他海关监管货物、物品、进境的境外运输工具,在境内销售的;(三)有逃避海关监管,构成走私的其他行为的。有前款所列行为之一,尚不构成犯罪的,由海关没收走私货物、物品及违法所得,可以并处罚款;专门或者多次用于掩护走私的货物、物品，专门或者多次用于走私的运输工具，予以没收，藏匿走私货物、物品的特制设备，责令拆毁或者没收。有第一款所列行为之一，构成犯罪的，依法追究刑事责任。"

第八十三条规定："有下列行为之一的，按走私行为论处，依照本法第八十二条的规定处罚：（一）直接向走私人非法收购走私进口的货物、物品的；（二）在内海、领海、界河、界湖，船舶及所载人员运输、收购、贩卖国家禁止或者限制进出境的货物、物品，或者运输、收购、贩卖依法应当缴纳税款的货物，没有合法证明的。"

第八十四条规定："伪造、变造、买卖海关单证，与走私人通谋为走私人提供贷款、资金、帐号、发票、证明、海关单证，与走私人通谋为走私人提供运输、保管、邮寄或者其他方便，构成犯罪的，依法追究刑事责任；尚不构成犯罪的，由海关没收违法所得，并处罚款。"

2. 构成要件。

对于走私普通货物、物品罪的构成要件，客体方面：本罪所侵犯的是国家对外贸易管制秩序。客观方面：表现为逃避海关监管，非法运输、携带、邮寄国家禁止进出口的武器、弹药、核材料、假币等以外的货物、物品进出境，且偷逃应缴纳关税额达 10 万元以上的行为。主体方面：本罪的主体为一般主体，即达到刑事责任年龄且具有刑事责任能力的自然人均能构成本罪。依据《刑法》第一百五十三条第二款的规定，单位也可成为本罪主体。主观方面：本罪的主观方面只能由故意构成，过失不构成本罪。

3. 相关司法解释。

《最高人民法院、最高人民检察院关于办理走私刑事案件适用法律若干问题的解释》第十六条规定："走私普通货物、物品，偷逃应缴税额在十万元以上不满五十万元的，应当认定为刑法第一百五十三条第一款规定的'偷逃应缴税额较大'；偷逃应缴税额在五十万元以上不满二百五十万元的，应当认定为'偷逃应缴税额巨大'；偷逃应缴税额在二百五十万元以上的，应当认定为'偷逃应缴税额特别巨大'。走私普通货物、物品，具有下列情形之一，偷逃应缴税额在三十万元以上不满五十万元的，应当认定为刑法第一百五十三条第一款规定的'其他严重情节'；偷逃应缴税额在一百五十万元以上不满二百五十万元的，应当认定为'其他特别严重情节'：（一）犯罪集团的首要分子；（二）使用特种车辆从事走私活动的；（三）为实施走私犯罪，向国家机关工作人员行贿的；（四）教唆、利用未成年人、孕妇等特殊人群走私的；（五）聚众阻挠缉私的。"

第十七条规定："刑法第一百五十三条第一款规定的'一年内曾因走私被给予二次行政处罚后又走私'中的'一年内'，以因走私第一次受到行政处罚的生效之日与'又走私'行为实施之日的时间间隔计算确定；'被给予二次行政处罚'的走私行为，包括走私普通货物、物品以及其他货物、物品；'又走私'行为仅指走私普通货物、物品。"

第十八条规定："刑法第一百五十三条规定的'应缴税额'，包括进出口货物、物品应当缴纳的进出口关税和进口环节海关代征税的税额。应缴税额以走私行为实施时的税则、税率、汇率和完税价格计算；多次走私的，以每次走私行为实施时的税则、税率、汇率和完税价格逐票计算；走私行为实施时间不能确定的，以案发时的税则、税率、汇率和完税价格计算。刑法第一百五十三条第三款规定的'多次走私未经处理'，包括未经行政处理和刑事处理。"

第十九条规定："刑法第一百五十四条规定的'保税货物'，是指经海关批准，未办理纳税手续进境，在境内储存、加工、装配后应予复运出境的货物，包括通过加工贸易、补偿贸易等方式进口的货物，以及在保税仓库、保税工厂、保税区或者免税商店内等储存、加工、寄售的货物。"

第二十条规定："直接向走私人非法收购走私进口的货物、物品，在内海、领海、界河、界湖运输、收购、贩卖国家禁止进出口的物品，或者没有合法证明，在内海、领海、界河、界湖运输、收购、贩卖国家限制进出口的货物、物品，构成犯罪的，应当按照走私货物、物品的种类，分别依照刑法第一百五十一条、第一百五十二条、第一百五十三条、第三百四十七条、第三百五十条的规定定罪处罚。刑法第一百五十五条第二项规定的'内海'，包括内河的入海口水域。"

第二十一条规定:"未经许可进出口国家限制进出口的货物、物品,构成犯罪的,应当依照刑法第一百五十一条、第一百五十二条的规定,以走私国家禁止进出口的货物、物品罪等罪名定罪处罚;偷逃应缴税额,同时又构成走私普通货物、物品罪的,依照处罚较重的规定定罪处罚。取得许可,但超过许可数量进出口国家限制进出口的货物、物品,构成犯罪的,依照刑法第一百五十三条的规定,以走私普通货物、物品罪定罪处罚。租用、借用或者使用购买的他人许可证,进出口国家限制进出口的货物、物品的,适用本条第一款的规定定罪处罚。"

第二十二条规定:"在走私的货物、物品中藏匿刑法第一百五十一条、第一百五十二条、第三百四十七条、第三百五十条规定的货物、物品,构成犯罪的,以实际走私的货物、物品定罪处罚;构成数罪的,实行数罪并罚。"

(二) 法院案例精选

案例:吕某走私普通货物、物品案[①]

公诉机关指控,被告人吕某曾因走私分别于同一年 2 次被某海关给予行政处罚,行政处罚决定书(某闸关查字〔2020〕0120 号、某闸关查字〔2020〕0140 号)均已送达生效。

被告人吕某经某口岸旅检现场无申报通道入境,无书面向海关申报,被海关关员截查。关员从其随身携带的购物袋中查获白兰地酒 1 瓶、护肤品 1 套。经中国检验认证集团珠海有限公司对上述白兰地酒和护肤品进行鉴定:"RE-MYMARTIN"牌白兰地酒(标称规格型号:/瓶,标称产地:法国,标称酒精度:40%vol,标称等级:XO)/1 瓶;"LANEIGE"牌精华水(标称规格型号:200ml/支,标称产地:韩国)200ml/1 支;"LANEIGE"牌保湿乳(标称规格型号 120ml/支,标称产地:韩国)120ml/1 支;"LANEIGE"牌精华露(标称规格型号:5ml/支,标称产地:韩国)5ml/1 支;"LANEIGE"牌保湿乳霜

---

① 案件来源:广东省珠海市中级人民法院刑事判决书(2021)粤 04 刑初 17 号,判决作出时间为 2021 年 4 月 16 日。

(标称规格型号：10ml/支，标称产地：韩国）10ml/1 支；"LANEIGE"牌面膜（标称规格型号：15ml/瓶，标称产地：韩国）15ml/1 瓶。经拱北海关核定，上述白兰地酒和护肤品偷逃应缴税额共计人民币 512.50 元。

为证实上述指控，公诉机关当庭宣读、出示了物证、书证、被告人供述和辩解、鉴定意见、检查笔录等证据。

公诉机关认为，被告人吕某违反国家法律法规，逃避海关监管，一年内曾因走私被给予二次行政处罚后又走私，其行为已触犯《中华人民共和国刑法》第一百五十三条第一款第（一）项的规定，应当以走私普通物品罪追究其刑事责任。被告人吕某认罪认罚，根据《中华人民共和国刑事诉讼法》第十五条的规定，可以从宽处理。并建议判处被告人吕某拘役一个月，并处罚金人民币一千零二十五元。

被告人吕某对指控事实、罪名及量刑建议没有异议且签字具结，在开庭审理过程中亦无异议。

被告人吕某的辩护人对公诉机关指控的罪名无异议，提出被告人吕某犯罪情节轻微，自愿认罪认罚，请求对其从宽处罚。

经审理查明的事实与起诉书指控一致。

上述事实，被告人吕某在开庭审理过程中亦无异议，且有经庭审举证、质证的受案登记表、立案决定书、归案经过、查验记录、扣押决定书、扣押笔录、扣押清单、现场照片、中国检验认证集团珠海有限公司出具的鉴定证书、涉嫌走私的货物、物品偷逃税款海关核定证明书、行政处罚决定书、特别警示、被告人吕某的身份证明、关于提供旅客入出境记录的函、被告人吕某在侦查阶段的供述和辩解等证据予以证实。

法院认为，被告人吕某一年内曾因走私被给予二次行政处罚后又走私，其行为已构成走私普通物品罪。公诉机关指控的事实和罪名成立，予以支持。被告人吕某到案后能如实供述自己的罪行，愿意接受处罚，对被告人吕某可以从轻处罚。对辩护人所提相关辩护意见予以采纳。公诉机关的量刑建议适当。扣押的"REMYMARTIN"牌白兰地酒一瓶、"LANEIGE"牌护肤品四支、面膜一瓶系走私物品，予以没收。根据被告人吕某犯罪的事实、犯罪的性质、情节和社会危害程度，依法判决如下：一、被告人吕某犯走私普通物品罪，判处拘役一个月，并处罚金人民币一千零二十五元。二、扣押在案的"REMYMARTIN"牌白兰地酒一瓶、"LANEIGE"牌护肤品四支、面膜一瓶予以没收。

第三章　化妆品监督执法

第一节　化妆品监督执法常见违法行为处罚

化妆品监管常见违法行为处罚表

序号	违法行为	违反规定	处罚依据	处罚内容
1	未经许可从事化妆品生产活动的	《化妆品监督管理条例》第二十七条	《化妆品监督管理条例》第五十九条第（一）项	没收违法所得、违法生产经营的化妆品和专门用于违法生产经营的原料、包装材料、工具、设备等物品；违法生产经营的化妆品货值金额不足一万元的，并处五万元以上十五万元以下罚款；货值金额一万元以上的，并处货值金额十五倍以上三十倍以下罚款；情节严重的，责令停产停业、由备案部门取消备案或者由原发证部门吊销化妆品许可证件，十年内不予办理其提出的化妆品备案或者受理其提出的化妆品行政许可申请，对违法单位的法定代表人或者主要负责人、直接负责的主管人员和其他直接责任人员处以其上一年度从本单位取得收入的三倍以上五倍以下罚款，终身禁止其从事化妆品生产经营活动；构成犯罪的，依法追究刑事责任。

续表

序号	违法行为	违反规定	处罚依据	处罚内容
2	化妆品注册人、备案人委托未取得相应化妆品生产许可的企业生产化妆品的	《化妆品监督管理条例》第二十八条第二款	《化妆品监督管理条例》第五十九条第（一）项	没收违法所得、违法生产经营的化妆品和专门用于违法生产经营的原料、包装材料、工具、设备等物品；违法生产经营的化妆品货值金额不足一万元的，并处五万元以上十五万元以下罚款；货值金额一万元以上的，并处货值金额十五倍以上三十倍以下罚款；情节严重的，责令停产停业、由备案部门取消备案或者由原发证部门吊销化妆品许可证件，十年内不予办理其提出的化妆品备案或者受理其提出的化妆品行政许可申请，对违法单位的法定代表人或者主要负责人、直接负责的主管人员和其他直接责任人员处以其上一年度从本单位取得收入的三倍以上五倍以下罚款，终身禁止其从事化妆品生产经营活动；构成犯罪的，依法追究刑事责任。
3	生产经营或者进口未经注册的特殊化妆品的	《化妆品监督管理条例》第十七条、第四十二条	《化妆品监督管理条例》第五十九条第（二）项	没收违法所得、违法生产经营的化妆品和专门用于违法生产经营的原料、包装材料、工具、设备等物品；违法生产经营的化妆品货值金额不足一万元的，并处五万元以上十五万元以下罚款；货值金额一万元以上的，并处货值金额十五倍以上三十倍以下罚款；情节严重的，责令停产停业、由备案部门取消备案或者由原发证部门吊销化妆品许可证件，十年内不予办理其提出的化妆品备案或者受理其提出的化妆品行政许可申请，对违法单位的法定代表人或者主要负责人、直接负责的主管人员和其他直接责任人员处以其上一年度从本单位取得收入的三倍以上五倍以下罚款，终身禁止其从事化妆品生产经营活动；构成犯罪的，依法追究刑事责任。

续表

序号	违法行为	违反规定	处罚依据	处罚内容
4	使用禁止用于化妆品生产的原料生产化妆品的	《化妆品监督管理条例》第十五条	《化妆品监督管理条例》第五十九条第（三）项	没收违法所得、违法生产经营的化妆品和专门用于违法生产经营的原料、包装材料、工具、设备等物品；违法生产经营的化妆品货值金额不足一万元的，并处五万元以上十五万元以下罚款；货值金额一万元以上的，并处货值金额十五倍以上三十倍以下罚款；情节严重的，责令停产停业、由备案部门取消备案或者由原发证部门吊销化妆品许可证件，十年内不予办理其提出的化妆品备案或者受理其提出的化妆品行政许可申请，对违法单位的法定代表人或者主要负责人、直接负责的主管人员和其他直接责任人员处以其上一年度从本单位取得收入的三倍以上五倍以下罚款，终身禁止其从事化妆品生产经营活动；构成犯罪的，依法追究刑事责任。
5	使用应当注册但未经注册的新原料生产化妆品的	《化妆品监督管理条例》第十一条	《化妆品监督管理条例》第五十九条第（三）项	没收违法所得、违法生产经营的化妆品和专门用于违法生产经营的原料、包装材料、工具、设备等物品；违法生产经营的化妆品货值金额不足一万元的，并处五万元以上十五万元以下罚款；货值金额一万元以上的，并处货值金额十五倍以上三十倍以下罚款；情节严重的，责令停产停业、由备案部门取消备案或者由原发证部门吊销化妆品许可证件，十年内不予办理其提出的化妆品备案或者受理其提出的化妆品行政许可申请，对违法单位的法定代表人或者主要负责人、直接负责的主管人员和其他直接责任人员处以其上一年度从本单位取得收入的三倍以上五倍以下罚款，终身禁止其从事化妆品生产经营活动；构成犯罪的，依法追究刑事责任。

续表

序号	违法行为	违反规定	处罚依据	处罚内容
6	在化妆品中非法添加可能危害人体健康的物质的	《化妆品监督管理条例》第五十九条第(三)项	《化妆品监督管理条例》第五十九条第(三)项	没收违法所得、违法生产经营的化妆品和专门用于违法生产经营的原料、包装材料、工具、设备等物品；违法生产经营的化妆品货值金额不足一万元的，并处五万元以上十五万元以下罚款；货值金额一万元以上的，并处货值金额十五倍以上三十倍以下罚款；情节严重的，责令停产停业、由备案部门取消备案或者由原发证部门吊销化妆品许可证件，十年内不予办理其提出的化妆品备案或者受理其提出的化妆品行政许可申请，对违法单位的法定代表人或者主要负责人、直接负责的主管人员和其他直接责任人员处以其上一年度从本单位取得收入的三倍以上五倍以下罚款，终身禁止其从事化妆品生产经营活动；构成犯罪的，依法追究刑事责任。
7	使用超过使用期限、废弃、回收的化妆品或者原料生产化妆品的	《化妆品监督管理条例》第三十条第二款	《化妆品监督管理条例》第五十九条第(三)项	没收违法所得、违法生产经营的化妆品和专门用于违法生产经营的原料、包装材料、工具、设备等物品；违法生产经营的化妆品货值金额不足一万元的，并处五万元以上十五万元以下罚款；货值金额一万元以上的，并处货值金额十五倍以上三十倍以下罚款；情节严重的，责令停产停业、由备案部门取消备案或者由原发证部门吊销化妆品许可证件，十年内不予办理其提出的化妆品备案或者受理其提出的化妆品行政许可申请，对违法单位的法定代表人或者主要负责人、直接负责的主管人员和其他直接责任人员处以其上一年度从本单位取得收入的三倍以上五倍以下罚款，终身禁止其从事化妆品生产经营活动；构成犯罪的，依法追究刑事责任。

续表

序号	违法行为	违反规定	处罚依据	处罚内容
8	使用不符合强制性国家标准、技术规范的原料、直接接触化妆品的包装材料的	《化妆品监督管理条例》第三十条第一款	《化妆品监督管理条例》第六十条第（一）项	没收违法所得、违法生产经营的化妆品和专门用于违法生产经营的原料、包装材料、工具、设备等物品；违法生产经营的化妆品货值金额不足一万元的，并处一万元以上五万元以下罚款；货值金额一万元以上的，并处货值金额五倍以上二十倍以下罚款；情节严重的，责令停产停业、由备案部门取消备案或者由原发证部门吊销化妆品许可证件，对违法单位的法定代表人或者主要负责人、直接负责的主管人员和其他直接责任人员处以其上一年度从本单位取得收入的一倍以上三倍以下罚款，十年内禁止其从事化妆品生产经营活动。
9	使用应当备案但未备案的新原料生产化妆品的	《化妆品监督管理条例》第十一条	《化妆品监督管理条例》第六十条第（一）项	没收违法所得、违法生产经营的化妆品和专门用于违法生产经营的原料、包装材料、工具、设备等物品；违法生产经营的化妆品货值金额不足一万元的，并处一万元以上五万元以下罚款；货值金额一万元以上的，并处货值金额五倍以上二十倍以下罚款；情节严重的，责令停产停业、由备案部门取消备案或者由原发证部门吊销化妆品许可证件，对违法单位的法定代表人或者主要负责人、直接负责的主管人员和其他直接责任人员处以其上一年度从本单位取得收入的一倍以上三倍以下罚款，十年内禁止其从事化妆品生产经营活动。
10	不按照强制性国家标准或者技术规范使用原料的	《化妆品监督管理条例》第六条第二款	《化妆品监督管理条例》第六十条第（一）项	没收违法所得、违法生产经营的化妆品和专门用于违法生产经营的原料、包装材料、工具、设备等物品；违法生产经营的化妆品货值金额不足一万元的，并处一万元以上五万元以下罚款；货值金额一万元以上的，并处货值金额五倍以上二十倍以下罚款；情节严重的，责令停产停业、由备案部门取消备案或者由原发证部门吊销化妆品许可证件，对违法单位的法定代表人或者主要负责人、直接负责的主管人员和其他直接责任人员处以其上一年度从本单位取得收入的一倍以上三倍以下罚款，十年内禁止其从事化妆品生产经营活动。

续表

序号	违法行为	违反规定	处罚依据	处罚内容
11	生产经营不符合强制性国家标准、技术规范的化妆品的	《化妆品监督管理条例》第六条第二款、第二十五条第三款、第四十二条	《化妆品监督管理条例》第六十条第（二）项	没收违法所得、违法生产经营的化妆品和专门用于违法生产经营的原料、包装材料、工具、设备等物品；违法生产经营的化妆品货值金额不足一万元的，并处一万元以上五万元以下罚款；货值金额一万元以上的，并处货值金额五倍以上二十倍以下罚款；情节严重的，责令停产停业、由备案部门取消备案或者由原发证部门吊销化妆品许可证件，对违法单位的法定代表人或者主要负责人、直接负责的主管人员和其他直接责任人员处其上一年度从本单位取得收入的一倍以上三倍以下罚款，十年内禁止其从事化妆品生产经营活动。
12	生产不符合化妆品注册、备案资料载明的技术要求的化妆品的	《化妆品监督管理条例》第二十九条第二款	《化妆品监督管理条例》第六十条第（二）项	没收违法所得、违法生产经营的化妆品和专门用于违法生产经营的原料、包装材料、工具、设备等物品；违法生产经营的化妆品货值金额不足一万元的，并处一万元以上五万元以下罚款；货值金额一万元以上的，并处货值金额五倍以上二十倍以下罚款；情节严重的，责令停产停业、由备案部门取消备案或者由原发证部门吊销化妆品许可证件，对违法单位的法定代表人或者主要负责人、直接负责的主管人员和其他直接责任人员处其上一年度从本单位取得收入的一倍以上三倍以下罚款，十年内禁止其从事化妆品生产经营活动。
13	经营不符合化妆品注册、备案资料载明的技术要求的化妆品的	《化妆品监督管理条例》第六十条第（二）项、第四十二条	《化妆品监督管理条例》第六十条第（二）项	没收违法所得、违法生产经营的化妆品和专门用于违法生产经营的原料、包装材料、工具、设备等物品；违法生产经营的化妆品货值金额不足一万元的，并处一万元以上五万元以下罚款；货值金额一万元以上的，并处货值金额五倍以上二十倍以下罚款；情节严重的，责令停产停业、由备案部门取消备案或者由原发证部门吊销化妆品许可证件，对违法单位的法定代表人或者主要负责人、直接负责的主管人员和其他直接责任人员处其上一年度从本单位取得收入的一倍以上三倍以下罚款，十年内禁止其从事化妆品生产经营活动。

续表

序号	违法行为	违反规定	处罚依据	处罚内容
14	未按照化妆品生产质量管理规范的要求组织生产的	《化妆品监督管理条例》第二十九条第一款	《化妆品监督管理条例》第六十条第（三）项	没收违法所得、违法生产经营的化妆品和专门用于违法生产经营的原料、包装材料、工具、设备等物品；违法生产经营的化妆品货值金额不足一万元的，并处一万元以上五万元以下罚款；货值金额一万元以上的，并处货值金额五倍以上二十倍以下罚款；情节严重的，责令停产停业、由备案部门取消备案或者由原发证部门吊销化妆品许可证，对违法单位的法定代表人或者主要负责人、直接负责的主管人员和其他直接责任人员处以其上一年度从本单位取得收入的一倍以上三倍以下罚款，十年内禁止其从事化妆品生产经营活动。
15	更改化妆品使用期限的	《化妆品监督管理条例》第六十条第（四）项、第四十二条	《化妆品监督管理条例》第六十条第（四）项	没收违法所得、违法生产经营的化妆品和专门用于违法生产经营的原料、包装材料、工具、设备等物品；违法生产经营的化妆品货值金额不足一万元的，并处一万元以上五万元以下罚款；货值金额一万元以上的，并处货值金额五倍以上二十倍以下罚款；情节严重的，责令停产停业、由备案部门取消备案或者由原发证部门吊销化妆品许可证，对违法单位的法定代表人或者主要负责人、直接负责的主管人员和其他直接责任人员处以其上一年度从本单位取得收入的一倍以上三倍以下罚款，十年内禁止其从事化妆品生产经营活动。
16	化妆品经营者擅自配制化妆品的	《化妆品监督管理条例》第三十八条第二款、第四十二条	《化妆品监督管理条例》第六十条第（五）项	没收违法所得、违法生产经营的化妆品和专门用于违法生产经营的原料、包装材料、工具、设备等物品；违法生产经营的化妆品货值金额不足一万元的，并处一万元以上五万元以下罚款；货值金额一万元以上的，并处货值金额五倍以上二十倍以下罚款；情节严重的，责令停产停业、由备案部门取消备案或者由原发证部门吊销化妆品许可证，对违法单位的法定代表人或者主要负责人、直接负责的主管人员和其他直接责任人员处以其上一年度从本单位取得收入的一倍以上三倍以下罚款，十年内禁止其从事化妆品生产经营活动。

续表

序号	违法行为	违反规定	处罚依据	处罚内容
17	化妆品经营者经营变质、超过使用期限的化妆品的	《化妆品监督管理条例》第六十条第（五）项、第四十二条	《化妆品监督管理条例》第六十条第（五）项	没收违法所得、违法生产经营的化妆品和专门用于违法生产经营的原料、包装材料、工具、设备等物品；违法生产经营的化妆品货值金额不足一万元的，并处一万元以上五万元以下罚款；货值金额一万元以上的，并处货值金额五倍以上二十倍以下罚款；情节严重的，责令停产停业、由备案部门取消备案或者由原发证部门吊销化妆品许可证件，对违法单位的法定代表人或者主要负责人、直接负责的主管人员和其他直接责任人员处以其上一年度从本单位取得收入的一倍以上三倍以下罚款，十年内禁止其从事化妆品生产经营活动。
18	在负责药品监督管理的部门责令其实施召回后拒不召回的	《化妆品监督管理条例》第四十四条第五款、第四十二条	《化妆品监督管理条例》第六十条第（六）项	没收违法所得、违法生产经营的化妆品和专门用于违法生产经营的原料、包装材料、工具、设备等物品；违法生产经营的化妆品货值金额不足一万元的，并处一万元以上五万元以下罚款；货值金额一万元以上的，并处货值金额五倍以上二十倍以下罚款；情节严重的，责令停产停业、由备案部门取消备案或者由原发证部门吊销化妆品许可证件，对违法单位的法定代表人或者主要负责人、直接负责的主管人员和其他直接责任人员处以其上一年度从本单位取得收入的一倍以上三倍以下罚款，十年内禁止其从事化妆品生产经营活动。
19	在负责药品监督管理的部门责令停止或者暂停生产、经营后拒不停止或者暂停生产、经营的	《化妆品监督管理条例》第四十四条第五款、第四十二条	《化妆品监督管理条例》第六十条第（六）项	没收违法所得、违法生产经营的化妆品和专门用于违法生产经营的原料、包装材料、工具、设备等物品；违法生产经营的化妆品货值金额不足一万元的，并处一万元以上五万元以下罚款；货值金额一万元以上的，并处货值金额五倍以上二十倍以下罚款；情节严重的，责令停产停业、由备案部门取消备案或者由原发证部门吊销化妆品许可证件，对违法单位的法定代表人或者主要负责人、直接负责的主管人员和其他直接责任人员处以其上一年度从本单位取得收入的一倍以上三倍以下罚款，十年内禁止其从事化妆品生产经营活动。

续表

序号	违法行为	违反规定	处罚依据	处罚内容
20	上市销售、经营或者进口未备案的普通化妆品的	《化妆品监督管理条例》第十七条、第四十二条	《化妆品监督管理条例》第六十一条第一款第（一）项	没收违法所得、违法生产经营的化妆品，并可以没收专门用于违法生产经营的原料、包装材料、工具、设备等物品；违法生产经营的化妆品货值金额不足一万元的，并处一万元以上三万元以下罚款；货值金额一万元以上的，并处货值金额三倍以上十倍以下罚款；情节严重的，责令停产停业、由备案部门取消备案或者由原发证部门吊销化妆品许可证件，对违法单位的法定代表人或者主要负责人、直接负责的主管人员和其他直接责任人员处以其上一年度从本单位取得收入的一倍以上二倍以下罚款，五年内禁止其从事化妆品生产经营活动。
21	未依照《化妆品监督管理条例》规定设质量安全负责人的	《化妆品监督管理条例》第三十二条	《化妆品监督管理条例》第六十一条第一款第（二）项	没收违法所得、违法生产经营的化妆品，并可以没收专门用于违法生产经营的原料、包装材料、工具、设备等物品；违法生产经营的化妆品货值金额不足一万元的，并处一万元以上三万元以下罚款；货值金额一万元以上的，并处货值金额三倍以上十倍以下罚款；情节严重的，责令停产停业、由备案部门取消备案或者由原发证部门吊销化妆品许可证件，对违法单位的法定代表人或者主要负责人、直接负责的主管人员和其他直接责任人员处以其上一年度从本单位取得收入的一倍以上二倍以下罚款，五年内禁止其从事化妆品生产经营活动。
22	化妆品注册人、备案人未对受托生产企业的生产活动进行监督的	《化妆品监督管理条例》第二十八条第二款	《化妆品监督管理条例》第六十一条第一款第（三）项	没收违法所得、违法生产经营的化妆品，并可以没收专门用于违法生产经营的原料、包装材料、工具、设备等物品；违法生产经营的化妆品货值金额不足一万元的，并处一万元以上三万元以下罚款；货值金额一万元以上的，并处货值金额三倍以上十倍以下罚款；情节严重的，责令停产停业、由备案部门取消备案或者由原发证部门吊销化妆品许可证件，对违法单位的法定代表人或者主要负责人、直接负责的主管人员和其他直接责任人员处以其上一年度从本单位取得收入的一倍以上二倍以下罚款，五年内禁止其从事化妆品生产经营活动。

续表

序号	违法行为	违反规定	处罚依据	处罚内容
23	未依照《化妆品监督管理条例》规定建立并执行从业人员健康管理制度的	《化妆品监督管理条例》第三十三条	《化妆品监督管理条例》第六十一条第一款第（四）项	没收违法所得、违法生产经营的化妆品，并可以没收专门用于违法生产经营的原料、包装材料、工具、设备等物品；违法生产经营的化妆品货值金额不足一万元的，并处一万元以上三万元以下罚款；货值金额一万元以上的，并处货值金额三倍以上十倍以下罚款；情节严重的，责令停产停业、由备案部门取消备案或者由原发证部门吊销化妆品许可证件，对违法单位的法定代表人或者主要负责人、直接负责的主管人员和其他直接责任人员处以其上一年度从本单位取得收入的一倍以上二倍以下罚款，五年内禁止其从事化妆品生产经营活动。
24	生产经营标签不符合《化妆品监督管理条例》规定的化妆品的	《化妆品监督管理条例》第三十五条、第三十六条、第三十七条、第四十二条	《化妆品监督管理条例》第六十一条第一款第（五）项	没收违法所得、违法生产经营的化妆品，并可以没收专门用于违法生产经营的原料、包装材料、工具、设备等物品；违法生产经营的化妆品货值金额不足一万元的，并处一万元以上三万元以下罚款；货值金额一万元以上的，并处货值金额三倍以上十倍以下罚款；情节严重的，责令停产停业、由备案部门取消备案或者由原发证部门吊销化妆品许可证件，对违法单位的法定代表人或者主要负责人、直接负责的主管人员和其他直接责任人员处以其上一年度从本单位取得收入的一倍以上二倍以下罚款，五年内禁止其从事化妆品生产经营活动。
25	生产经营的化妆品的标签存在瑕疵但不影响质量安全且不会对消费者造成误导，责令改正后拒不改正的	《化妆品监督管理条例》第六十一条第二款、第四十二条	《化妆品监督管理条例》第六十一条第二款	处二千元以下罚款。

续表

序号	违法行为	违反规定	处罚依据	处罚内容
26	化妆品的标签存在文字、符号、数字的字号不规范，或者出现多字、漏字、错别字、非规范汉字，但不影响质量安全且不会对消费者造成误导，责令改正后拒不改正的	《化妆品标签管理办法》第二十条第一款第（一）项	《化妆品监督管理条例》第六十一条第二款；《化妆品标签管理办法》第二十条第一款第（一）项	处二千元以下罚款。
27	化妆品的标签存在使用期限、净含量的标注方式和格式不规范等，但不影响质量安全且不会对消费者造成误导，责令改正后拒不改正的	《化妆品标签管理办法》第二十条第一款第（二）项	《化妆品监督管理条例》第六十一条第二款；《化妆品标签管理办法》第二十条第一款第（二）项	处二千元以下罚款。

续表

序号	违法行为	违反规定	处罚依据	处罚内容
28	化妆品标签不清晰难以辨认、识读的,或者部分印字脱落或者粘贴不牢,但不影响质量安全且不会对消费者造成误导,责令改正后拒不改正的	《化妆品标签管理办法》第二十条第一款第(三)项	《化妆品监督管理条例》第六十一条第二款;《化妆品标签管理办法》第二十条第一款第(三)项	处二千元以下罚款。
29	化妆品的标签存在化妆品成分名称不规范或者成分未按照配方含量的降序列出,但不影响质量安全且不会对消费者造成误导,责令改正后拒不改正的	《化妆品标签管理办法》第二十条第一款第(四)项	《化妆品监督管理条例》第六十一条第二款;《化妆品标签管理办法》第二十条第一款第(四)项	处二千元以下罚款。
30	化妆品的标签存在未按照规定使用引导语,但不影响质量安全且不会对消费者造成误导,责令改正后拒不改正的	《化妆品标签管理办法》第二十条第一款第(五)项	《化妆品监督管理条例》第六十一条第二款;《化妆品标签管理办法》第二十条第一款第(五)项	处二千元以下罚款。

续表

序号	违法行为	违反规定	处罚依据	处罚内容
31	化妆品的标签存在产品中文名称未在显著位置标注，但不影响质量安全且不会对消费者造成误导，责令改正后拒不改正的	《化妆品标签管理办法》第二十条第一款第（六）项	《化妆品监督管理条例》第六十一条第二款；《化妆品标签管理办法》第二十条第一款第（六）项	处二千元以下罚款。
32	化妆品的标签存在其他违反标签管理规定但不影响产品质量安全且不会对消费者造成误导的情形，责令改正后拒不改正的	《化妆品标签管理办法》第二十条第一款第（七）项	《化妆品监督管理条例》第六十一条第二款；《化妆品标签管理办法》第二十条第一款第（七）项	处二千元以下罚款。
33	未依照《化妆品监督管理条例》规定公布化妆品功效宣称依据的摘要的	《化妆品监督管理条例》第二十二条	《化妆品监督管理条例》第六十二条第一款第（一）项	责令改正，给予警告，并处一万元以上三万元以下罚款；情节严重的，责令停产停业，并处三万元以上五万元以下罚款，对违法单位的法定代表人或者主要负责人、直接负责的主管人员和其他直接责任人员处一万元以上三万元以下罚款。
34	未依照《化妆品监督管理条例》规定建立并执行进货查验记录制度、产品销售记录制度的	《化妆品监督管理条例》第三十一条、第三十八条第一款、第四十二条	《化妆品监督管理条例》第六十二条第一款第（二）项	责令改正，给予警告，并处一万元以上三万元以下罚款；情节严重的，责令停产停业，并处三万元以上五万元以下罚款，对违法单位的法定代表人或者主要负责人、直接负责的主管人员和其他直接责任人员处一万元以上三万元以下罚款。

续表

序号	违法行为	违反规定	处罚依据	处罚内容
35	未依照《化妆品监督管理条例》规定对化妆品生产质量管理规范的执行情况进行自查的	《化妆品监督管理条例》第三十四条	《化妆品监督管理条例》第六十二条第一款第（三）项	责令改正，给予警告，并处一万元以上三万元以下罚款；情节严重的，责令停产停业，并处三万元以上五万元以下罚款，对违法单位的法定代表人或者主要负责人、直接负责的主管人员和其他直接责任人员处一万元以上三万元以下罚款。
36	未依照《化妆品监督管理条例》规定贮存、运输化妆品的	《化妆品监督管理条例》第三十九条、第四十二条	《化妆品监督管理条例》第六十二条第一款第（四）项	责令改正，给予警告，并处一万元以上三万元以下罚款；情节严重的，责令停产停业，并处三万元以上五万元以下罚款，对违法单位的法定代表人或者主要负责人、直接负责的主管人员和其他直接责任人员处一万元以上三万元以下罚款。
37	未依照《化妆品监督管理条例》规定监测、报告化妆品不良反应的	《化妆品监督管理条例》第五十二条第一款	《化妆品监督管理条例》第六十二条第一款第（五）项	责令改正，给予警告，并处一万元以上三万元以下罚款；情节严重的，责令停产停业，并处三万元以上五万元以下罚款，对违法单位的法定代表人或者主要负责人、直接负责的主管人员和其他直接责任人员处一万元以上三万元以下罚款。
38	对化妆品不良反应监测机构、负责药品监督管理的部门开展的化妆品不良反应调查不予配合的	《化妆品监督管理条例》第五十二条第三款	《化妆品监督管理条例》第六十二条第一款第（五）项	责令改正，给予警告，并处一万元以上三万元以下罚款；情节严重的，责令停产停业，并处三万元以上五万元以下罚款，对违法单位的法定代表人或者主要负责人、直接负责的主管人员和其他直接责任人员处一万元以上三万元以下罚款。

续表

序号	违法行为	违反规定	处罚依据	处罚内容
39	在申请化妆品行政许可时提供虚假资料或者采取其他欺骗手段的	《化妆品监督管理条例》第十二条、第十九条	《化妆品监督管理条例》第六十四条第一款	不予行政许可,已经取得行政许可的,由作出行政许可决定的部门撤销行政许可,五年内不受理其提出的化妆品相关许可申请,没收违法所得和已经生产、进口的化妆品;已经生产、进口的化妆品货值金额不足一万元的,并处五万元以上十五万元以下罚款;货值金额一万元以上的,并处货值金额十五倍以上三十倍以下罚款;对违法单位的法定代表人或者主要负责人、直接负责的主管人员和其他直接责任人员处以其上一年度从本单位取得收入的三倍以上五倍以下罚款,终身禁止其从事化妆品生产经营活动。
40	伪造、变造、出租、出借或者转让化妆品许可证件的	《化妆品监督管理条例》第六十四条第二款	《化妆品监督管理条例》第六十四条第二款	予以收缴或者吊销,没收违法所得;违法所得不足一万元的,并处五万元以上十万元以下罚款;违法所得一万元以上的,并处违法所得十倍以上二十倍以下罚款;构成违反治安管理行为的,由公安机关依法给予治安管理处罚;构成犯罪的,依法追究刑事责任。
41	在国产普通化妆品上市销售前备案时提供虚假资料的	《化妆品监督管理条例》第十七条、第十八条、第十九条	《化妆品监督管理条例》第六十五条第一款	由备案部门取消备案,三年内不予办理其提出的该项备案,没收违法所得和已经生产、进口的化妆品;已经生产、进口的化妆品货值金额不足一万元的,并处一万元以上三万元以下罚款;货值金额一万元以上的,并处货值金额三倍以上十倍以下罚款;情节严重的,责令停产停业直至由原发证部门吊销化妆品生产许可证,对违法单位的法定代表人或者主要负责人、直接负责的主管人员和其他直接责任人员处以其上一年度从本单位取得收入的一倍以上二倍以下罚款,五年内禁止其从事化妆品生产经营活动。

续表

序号	违法行为	违反规定	处罚依据	处罚内容
42	备案部门取消备案后，仍然使用该化妆品新原料生产化妆品的	《化妆品监督管理条例》第六十五条第三款	《化妆品监督管理条例》第六十条	没收违法所得、违法生产经营的化妆品和专门用于违法生产经营的原料、包装材料、工具、设备等物品；违法生产经营的化妆品货值金额不足一万元的，并处一万元以上五万元以下罚款；货值金额一万元以上的，并处货值金额五倍以上二十倍以下罚款；情节严重的，责令停产停业、由备案部门取消备案或者由原发证部门吊销化妆品许可证，对违法单位的法定代表人或者主要负责人、直接负责的主管人员和其他直接责任人员处以其上一年度从本单位取得收入的一倍以上三倍以下罚款，十年内禁止其从事化妆品生产经营活动。
43	备案部门取消备案后，仍然上市销售、进口该普通化妆品的	《化妆品监督管理条例》第六十五条第三款	《化妆品监督管理条例》第六十一条第一款	没收违法所得、违法生产经营的化妆品，并可以没收专门用于违法生产经营的原料、包装材料、工具、设备等物品；违法生产经营的化妆品货值金额不足一万元的，并处一万元以上三万元以下罚款；货值金额一万元以上的，并处货值金额三倍以上十倍以下罚款；情节严重的，责令停产停业、由备案部门取消备案或者由原发证部门吊销化妆品许可证，对违法单位的法定代表人或者主要负责人、直接负责的主管人员和其他直接责任人员处以其上一年度从本单位取得收入的一倍以上二倍以下罚款，五年内禁止其从事化妆品生产经营活动。
44	化妆品注册人未按照规定申请特殊化妆品变更注册的	《化妆品注册备案管理办法》第四十一条第（二）项、第四十九条第一款	《化妆品注册备案管理办法》第五十六条第一款	由原发证的药品监督管理部门责令改正，给予警告，处一万元以上三万元以下罚款。

续表

序号	违法行为	违反规定	处罚依据	处罚内容
45	化妆品新原料注册人未按照规定申请化妆品新原料变更注册的	《化妆品注册备案管理办法》第五十六条第一款	《化妆品注册备案管理办法》第五十六条第一款	由原发证的药品监督管理部门责令改正，给予警告，处一万元以上三万元以下罚款。
46	化妆品备案人未按照规定更新普通化妆品备案信息的	《化妆品注册备案管理办法》第五十六条第二款	《化妆品注册备案管理办法》第五十六条第二款	由承担备案管理工作的药品监督管理部门责令改正，给予警告，处五千元以上三万元以下罚款。
47	化妆品新原料备案人未按照规定更新化妆品新原料备案信息的	《化妆品注册备案管理办法》第五十六条第二款	《化妆品注册备案管理办法》第五十六条第二款	由承担备案管理工作的药品监督管理部门责令改正，给予警告，处五千元以上三万元以下罚款。
48	化妆品注册人未按照规定重新注册的	《化妆品注册备案管理办法》第四十一条第（三）项	《化妆品监督管理条例》第五十九条；《化妆品注册备案管理办法》第五十六条第三款	没收违法所得、违法生产经营的化妆品和专门用于违法生产经营的原料、包装材料、工具、设备等物品；违法生产经营的化妆品货值金额不足一万元的，并处五万元以上十五万元以下罚款；货值金额一万元以上的，并处货值金额十五倍以上三十倍以下罚款；情节严重的，责令停产停业、由备案部门取消备案或者由原发证部门吊销化妆品许可证件，十年内不予办理其提出的化妆品备案或者受理其提出的化妆品行政许可申请，对违法单位的法定代表人或者主要负责人、直接负责的主管人员和其他直接责任人员处以其上一年度从本单位取得收入的三倍以上五倍以下罚款，终身禁止其从事化妆品生产经营活动；构成犯罪的，依法追究刑事责任。

续表

序号	违法行为	违反规定	处罚依据	处罚内容
49	化妆品新原料注册人未按照规定重新注册的	《化妆品注册备案管理办法》第四十一条第（三）项	《化妆品监督管理条例》第五十九条；《化妆品注册备案管理办法》第五十六条第三款	没收违法所得、违法生产经营的化妆品和专门用于违法生产经营的原料、包装材料、工具、设备等物品；违法生产经营的化妆品货值金额不足一万元的，并处五万元以上十五万元以下罚款；货值金额一万元以上的，并处货值金额十五倍以上三十倍以下罚款；情节严重的，责令停产停业、由备案部门取消备案或者由原发证部门吊销化妆品许可证件，十年内不予办理其提出的化妆品备案或者受理其提出的化妆品行政许可申请，对违法单位的法定代表人或者主要负责人、直接负责的主管人员和其他直接责任人员处以其上一年度从本单位取得收入的三倍以上五倍以下罚款，终身禁止其从事化妆品生产经营活动；构成犯罪的，依法追究刑事责任。
50	化妆品备案人未按照规定重新备案的	《化妆品注册备案管理办法》第三十六条	《化妆品监督管理条例》第六十一条第一款；《化妆品注册备案管理办法》第五十六条第三款	没收违法所得、违法生产经营的化妆品，并可以没收专门用于违法生产经营的原料、包装材料、工具、设备等物品；违法生产经营的化妆品货值金额不足一万元的，并处一万元以上三万元以下罚款；货值金额一万元以上的，并处货值金额三倍以上十倍以下罚款；情节严重的，责令停产停业、由备案部门取消备案或者由原发证部门吊销化妆品许可证件，对违法单位的法定代表人或者主要负责人、直接负责的主管人员和其他直接责任人员处以其上一年度从本单位取得收入的一倍以上二倍以下罚款，五年内禁止其从事化妆品生产经营活动。

续表

序号	违法行为	违反规定	处罚依据	处罚内容
51	化妆品新原料注册人、备案人未在化妆品新原料安全监测每满一年前三十个工作日内，汇总、分析化妆品新原料使用和安全情况，形成年度报告报送国家药品监督管理局，责令改正后拒不改正的	《化妆品注册备案管理办法》第二十一条第二款	《化妆品注册备案管理办法》第五十七条	处五千元以上三万元以下罚款。
52	化妆品新原料注册人、备案人未建立化妆品新原料上市后的安全风险监测和评价体系，对化妆品新原料的安全性进行追踪研究，对化妆品新原料的使用和安全情况进行持续监测和评价，责令改正后拒不改正的	《化妆品注册备案管理办法》第二十一条第一款	《化妆品注册备案管理办法》第五十七条	处五千元以上三万元以下罚款。

续表

序号	违法行为	违反规定	处罚依据	处罚内容
53	化妆品生产许可证有效期内，申请人的许可条件发生变化，或者需要变更许可证载明事项的，未向原发证的药品监督管理部门申请变更的	《化妆品生产经营监督管理办法》第十七条	《化妆品生产经营监督管理办法》第五十八条第一款	并处一万元以上三万元以下罚款。
54	生产许可项目发生变化，可能影响产品质量安全的生产设施设备发生变化，或者在化妆品生产场地原址新建、改建、扩建车间，化妆品生产企业未在投入生产前向原发证的药品监督管理部门申请变更，并依照规定提交与变更有关的资料的	《化妆品生产经营监督管理办法》第十八条第一款	《化妆品生产经营监督管理办法》第五十八条第一款	并处一万元以上三万元以下罚款。

续表

序号	违法行为	违反规定	处罚依据	处罚内容
55	生产企业名称、住所、法定代表人或者负责人等发生变化，化妆品生产企业未自发生变化之日起三十个工作日内向原发证的药品监督管理部门申请变更，并提交与变更有关的资料的	《化妆品生产经营监督管理办法》第十九条第一款	《化妆品生产经营监督管理办法》第五十八条第一款	并处一万元以上三万元以下罚款。
56	质量安全负责人、预留的联系方式等发生变化，化妆品生产企业未在变化后十个工作日内向原发证的药品监督管理部门报告，责令改正后拒不改正的	《化妆品生产经营监督管理办法》第十九条第二款	《化妆品生产经营监督管理办法》第五十八条第二款	处五千元以下罚款。

续表

序号	违法行为	违反规定	处罚依据	处罚内容
57	化妆品生产企业生产的化妆品不属于化妆品生产许可证上载明的许可项目划分单元的，视为未经许可从事化妆品生产活动	《化妆品生产经营监督管理办法》第五十八条第三款	《化妆品监督管理条例》第五十九条第（一）项；《化妆品生产经营监督管理办法》第五十八条第三款	没收违法所得、违法生产经营的化妆品和专门用于违法生产经营的原料、包装材料、工具、设备等物品；违法生产经营的化妆品货值金额不足一万元的，并处五万元以上十五万元以下罚款；货值金额一万元以上的，并处货值金额十五倍以上三十倍以下罚款；情节严重的，责令停产停业、由备案部门取消备案或者由原发证部门吊销化妆品许可证，十年内不予办理其提出的化妆品备案或者受理其提出的化妆品行政许可申请，对违法单位的法定代表人或者主要负责人、直接负责的主管人员和其他直接责任人员处以其上一年度从本单位取得收入的三倍以上五倍以下罚款，终身禁止其从事化妆品生产经营活动；构成犯罪的，依法追究刑事责任。
58	化妆品生产企业未经许可擅自迁址的，视为未经许可从事化妆品生产活动	《化妆品生产经营监督管理办法》第五十八条第三款	《化妆品监督管理条例》第五十九条第（一）项；《化妆品生产经营监督管理办法》第五十八条第三款	没收违法所得、违法生产经营的化妆品和专门用于违法生产经营的原料、包装材料、工具、设备等物品；违法生产经营的化妆品货值金额不足一万元的，并处五万元以上十五万元以下罚款；货值金额一万元以上的，并处货值金额十五倍以上三十倍以下罚款；情节严重的，责令停产停业、由备案部门取消备案或者由原发证部门吊销化妆品许可证，十年内不予办理其提出的化妆品备案或者受理其提出的化妆品行政许可申请，对违法单位的法定代表人或者主要负责人、直接负责的主管人员和其他直接责任人员处以其上一年度从本单位取得收入的三倍以上五倍以下罚款，终身禁止其从事化妆品生产经营活动；构成犯罪的，依法追究刑事责任。

续表

序号	违法行为	违反规定	处罚依据	处罚内容
59	化妆品生产企业在化妆品生产许可有效期届满且未获得延续许可时仍从事化妆品生产活动的，视为未经许可从事化妆品生产活动	《化妆品生产经营监督管理办法》第五十八条第三款	《化妆品监督管理条例》第五十九条第（一）项；《化妆品生产经营监督管理办法》第五十八条第三款	没收违法所得、违法生产经营的化妆品和专门用于违法生产经营的原料、包装材料、工具、设备等物品；违法生产经营的化妆品货值金额不足一万元的，并处五万元以上十五万元以下罚款；货值金额一万元以上的，并处货值金额十五倍以上三十倍以下罚款；情节严重的，责令停产停业、由备案部门取消备案或者由原发证部门吊销化妆品许可证件，十年内不予办理其提出的化妆品备案或者受理其提出的化妆品行政许可申请，对违法单位的法定代表人或者主要负责人、直接负责的主管人员和其他直接责任人员处以其上一年度从本单位取得收入的三倍以上五倍以下罚款，终身禁止其从事化妆品生产经营活动；构成犯罪的，依法追究刑事责任。
60	监督检查中发现化妆品注册人、备案人、受托生产企业违反化妆品生产质量管理规范检查要点，未按照化妆品生产质量管理规范的要求组织生产的	《化妆品生产经营监督管理办法》第二十四条第二款	《化妆品监督管理条例》第六十条第（三）项；《化妆品生产经营监督管理办法》第五十九条第一款	没收违法所得、违法生产经营的化妆品和专门用于违法生产经营的原料、包装材料、工具、设备等物品；违法生产经营的化妆品货值金额不足一万元的，并处一万元以上五万元以下罚款；货值金额一万元以上的，并处货值金额五倍以上二十倍以下罚款；情节严重的，责令停产停业、由备案部门取消备案或者由原发证部门吊销化妆品许可证件，对违法单位的法定代表人或者主要负责人、直接负责的主管人员和其他直接责任人员处以其上一年度从本单位取得收入的一倍以上三倍以下罚款，十年内禁止其从事化妆品生产经营活动。

续表

序号	违法行为	违反规定	处罚依据	处罚内容
61	化妆品展销会举办者未在展销会举办前向所在地县级负责药品监督管理的部门报告展销会的时间、地点等基本信息，责令改正后拒不改正的	《化妆品生产经营监督管理办法》第四十二条第三款	《化妆品生产经营监督管理办法》第六十条	处五千以上三万元以下罚款。
62	化妆品集中交易市场开办者、展销会举办者未依照《化妆品监督管理条例》规定履行审查、检查、制止、报告等管理义务的	《化妆品监督管理条例》第四十条	《化妆品监督管理条例》第六十六条	处二万元以上十万元以下罚款；情节严重的，责令停业，并处十万元以上五十万元以下罚款。
63	境外化妆品注册人、备案人指定的在我国境内的企业法人未协助开展化妆品不良反应监测、实施产品召回的	《化妆品监督管理条例》第二十三条	《化妆品监督管理条例》第七十条第一款	由省、自治区、直辖市人民政府药品监督管理部门责令改正，给予警告，并处二万元以上十万元以下罚款；情节严重的，处十万元以上五十万元以下罚款，五年内禁止其法定代表人或者主要负责人、直接负责的主管人员和其他直接责任人员从事化妆品生产经营活动。

续表

序号	违法行为	违反规定	处罚依据	处罚内容
64	化妆品电子商务平台经营者未依照《化妆品监督管理条例》规定履行实名登记、制止、报告、停止提供电子商务平台服务等管理义务的	《化妆品监督管理条例》第四十一条	《电子商务法》第八十条；《化妆品监督管理条例》第六十七条	由省、自治区、直辖市人民政府药品监督管理部门责令限期改正；逾期不改正的，处二万元以上十万元以下的罚款；情节严重的，责令停业整顿，并处十万元以上五十万元以下的罚款。
65	化妆品技术审评机构、化妆品不良反应监测机构和负责化妆品安全风险监测的机构未依照《化妆品监督管理条例》规定履行职责，致使技术审评、不良反应监测、安全风险监测工作出现重大失误的	《化妆品监督管理条例》第七十二条	《化妆品监督管理条例》第七十二条	责令改正，给予警告，通报批评；造成严重后果的，对其法定代表人或者主要负责人、直接负责的主管人员和其他直接责任人员，依法给予或者责令给予降低岗位等级、撤职或者开除的处分。

续表

序号	违法行为	违反规定	处罚依据	处罚内容
66	化妆品生产经营者招用、聘用不得从事化妆品生产经营活动的人员从事化妆品生产经营的	《化妆品监督管理条例》第三十三条、第七十三条	《化妆品监督管理条例》第七十三条	责令改正，给予警告。
67	化妆品生产经营者招用、聘用不得从事化妆品生产经营活动的人员从事化妆品生产经营，责令改正后拒不改正的	《化妆品监督管理条例》第三十三条、第七十三条	《化妆品监督管理条例》第七十三条	责令停产停业直至吊销化妆品许可证件。
68	化妆品检验机构招用、聘用不得从事化妆品检验工作的人员从事化妆品检验的	《化妆品监督管理条例》第七十三条	《化妆品监督管理条例》第七十三条	责令改正，给予警告。
69	化妆品检验机构招用、聘用不得从事化妆品检验工作的人员从事化妆品检验，责令改正后拒不改正的	《化妆品监督管理条例》第七十三条	《化妆品监督管理条例》第七十三条	责令停产停业直至吊销化妆品检验机构资质证书。

第二节 化妆品监督执法行政处罚案例分析

一、法院案例精选

案例1：罗某经营未经注册的特殊用途化妆品案[①]

对案件有关事实，法院认定如下：

2021年6月22日，原告在某多多平台被告经营的"某某美容美妆"店铺购买了10套"某美白祛斑霜某祛痘印早晚霜"产品，并支付货款共计1362元。2021年6月23日，案涉商品发货，原告于2021年6月26日签收。

原告提交的案涉商品外包装照片载明，案涉商品生产商为台湾宜兰市康乐路××号；总代理为某市某区日滨路××号A栋；卫生许可证为（94）；卫妆准字为02-3K-10××号；打印字标注的生产日期为2021年5月5日。

原告提交的案涉商品交易快照中的参数载明，案涉商品生产地为中国大陆；宣传图片中展示的国产特殊用途化妆品行政许可证的编号为国妆特字G201522××，批准日期为2019年8月12日，有效期至2023年8月11日。

原告主张案涉产品中存在有害物质，不符合安全标准，并提交了某研究所有限公司于2021年7月2日出具的两份《检测报告》加以证明。其中，编号RH2021113××的样品名称为"某某早霜"的检测报告显示：检测样品的生产单位为广州某（美肤）生物科技有限公司；检测项目"菌落总数（CFU/g）"检测结果为$8.0×10^5$，单项评价为不合格，检测项目"铜绿假单胞菌指标限值"检测结果为检出，单项评价为不合格。备注中显示菌落总数、铜绿假单胞菌不符合《化妆品安全技术规范》（2015年版）要求。编号RH2021113××的样品名称为"某某晚霜"的检测报告显示：检测样品的生产单位为广州某（美肤）生物科技有限公司；检测项目"汞（mg/kg）"的检测结果为3071.900，单项

[①] 案件来源：广州互联网法院民事判决书（2021）粤0192民初26987号，判决作出时间为2021年10月13日。

评价为不合格，备注中显示汞不符合《化妆品安全技术规范》（2015年版）要求。法院经审查认为，上述两份检测报告的样品生产单位均为"广州某（美肤）生物科技有限公司"，与产品包装上注明的生产商"台湾宜兰市康乐路××号"不符，故该两份检测报告与本案不具有关联性，本院不予采纳。

为证明案涉商品质量检测合格，被告提交了其向案外人进货时案外人向其提供的某市产品质量监督检验研究院于2019年9月17日作出的《检测报告》。该报告显示产品名称"某美白祛印霜"、生产单位"广州某某化妆品有限公司"的16项检测项目均合格。法院经审查认为，上述检测报告显示的生产单位与案涉产品外包装显示的生产单位亦不相符，故对被告提交的检测报告，法院亦不予采纳。

另查明，案涉商品在国家药品监督管理局官网并未被查询到注册或备案信息。

法院认为，本案系信息网络买卖合同纠纷。根据原告起诉依据的事实理由以及被告的答辩意见，本案争议焦点为：案涉化妆品是否符合安全标准。

《最高人民法院关于审理食品药品纠纷案件适用法律若干问题的规定》第十五条第一款规定："生产不符合安全标准的食品或者销售明知是不符合安全标准的食品，消费者除要求赔偿损失外，依据食品安全法等法律规定向生产者、销售者主张赔偿金的，人民法院应予支持。"第十七条第一款规定："消费者与化妆品、保健食品等产品的生产者、销售者、广告经营者、广告发布者、推荐者、检验机构等主体之间的纠纷，参照适用本规定。"《食品安全法》第一百四十八条第二款规定："生产不符合食品安全标准的食品或者经营明知是不符合食品安全标准的食品，消费者除要求赔偿损失外，还可以向生产者或者经营者要求支付价款十倍或者损失三倍的赔偿金；增加赔偿的金额不足一千元的，为一千元。但是，食品的标签、说明书存在不影响食品安全且不会对消费者造成误导的瑕疵的除外。"据此，销售明知是不符合安全标准的化妆品，消费者有权主张惩罚性赔偿。本案中，原告并未提供证据证明案涉化妆品存在不符合安全标准的质量问题。此外，为统一行政和司法对不安全化妆品的判断标准，又因化妆品安全与否的认定属于行政机关的职责范围，故消费者主张所购买的化妆品不符合安全标准的，不应排除行政机关的专业认定。本案中，原告提交的证据不足以证实其有关惩罚性赔偿的主张，故对原告有关惩罚性赔偿的诉讼请求，法院依法不予支持。至于原告主张在国家药品监督管理局官网并未能查询到案涉商品的注册或备案信息，对此，法院认为，案涉产品是否经过国家药品监督管理局准予注册或备案，与案涉产品是否符合安全标准，并不具有直接关系，据此不足以认定案涉产品存在不符合安全标准的质量问题，故对原告的该项主张，法院不予采信。

鉴于被告在庭审过程中同意退还原告货款，并明确表示不需要原告将案涉产品退回其处，故对原告要求被告退还货款的诉讼请求，法院依法予以支持。原告有关误工费、交通费、复印费、精神损失费等的诉讼请求，并未提交相关证据证明，故对上述诉讼请求，法院依法不予支持。至于鉴定报告费用750元，由于法院并未对该鉴定报告予以采纳，且原告并未提交相关发票，故对该项诉讼请求，法院亦不予支持。

综上所述，原告有关退还货款、支付惩罚性赔偿及相关损失的诉讼请求，法院依法予以部分支持。依法判决如下：被告罗某于本判决发生法律效力之日起十日内向原告苏某退还货款1362元；驳回原告苏某的其他诉讼请求。

案例2：王某销售不符合产品安全标准的化妆品案[①]

法院经审理查明：2020年5月27日，原告通过"某多多"购物平台在被告处购买了名为"某中药海藻面膜小颗粒美白补水保湿面膜祛斑痘收缩毛孔修复面膜"的面膜粉产品两罐，产品购买金额396元（免运费）。收货地址为某市某区某小区，联系人为某省，联系电话为137××××8314。被告通过某快递向该收货地址发货。涉案产品分别于2020年6月1日、6月3日被签收。该产品在网页宣传上标有"美白""祛斑"字样，产品外包装上标有"美白"字样。产品外包装上仅标注"中药海藻面膜功效""使用方法"，未标注生产日期、

---

① 案件来源：湖南省株洲市天元区人民法院民事判决书（2020）湘0211民初2453号，判决作出时间为2020年8月20日。

保质期、厂名厂址和生产许可证等信息，亦未标注特殊用途化妆品批文。原告认为涉案产品系"三无"产品，且不是特殊用途化妆品却宣称有"美白""祛斑"功效，不符合产品安全标准，违反了国家相关法律法规，损害了原告合法权益，遂诉至法院。

　　法院认为，原告从被告经营的网店购买涉案产品，并支付相应货款，可以认定双方之间形成网络购物合同关系。根据《化妆品卫生监督条例》第二条"本条例所称的化妆品，是指以涂擦、喷洒或者其他类似的方法，散布于人体表面任何部位（皮肤、毛发、指甲、口唇等），以达到清洁、消除不良气味、护肤、美容和修饰目的的日用化学工业产品"的规定，涉案产品宣称系面膜产品，则属于化妆品。根据上述条例第十条"生产特殊用途的化妆品，必须经国务院化妆品监督管理部门批准，取得批准文号后方可生产。特殊用途化妆品是指用于育发、染发、烫发、脱毛、美乳、健美、除臭、祛斑、防晒的化妆品"的规定，以及参照国家食品药品监督管理总局制定的《关于进一步明确化妆品注册备案有关执行问题的函》（食药监药化管便函〔2014〕70号）中"关于美白化妆品的范围界定。凡产品宣称可对皮肤本身产生美白增白效果的，严格按照特殊用途化妆品实施许可管理；产品通过物理遮盖方式发生效果，且功效宣称中明确含有美白、增白文字表述的，纳入特殊用途化妆品实施管理，审核要求参照非特殊用途化妆品相关规定执行"的规定，只有特殊用途化妆品才能宣称具有"美白""祛斑"功效，而涉案产品未取得特殊用途化妆品批准文号，却在网页及外包装上宣传"美白""祛斑"功效，违反了上述规定，被告作为个人销售未取得批准文号的特殊用途化妆品不符合上述条例第十三条第（四）项中关于化妆品经营单位和个人不得销售"未取得批准文号的特殊用途化妆品"的规定。同时，涉案产品未标注生产日期、保质期、厂名厂址和生产许可证等信息，不符合《产品质量法》第二十七条"产品或者其包装上的标识必须真实，并符合下列要求：（一）有产品质量检验合格证明；（二）有中文标明的产品名称、生产厂厂名和厂址……（四）限期使用的产品，应当在显著位置清晰地标明生产日期和安全使用期或者失效日期……"的规定。综上所述，涉案产品系不符合产品安全标准的化妆品。至于原告能否根据《最高人民法院关于审理食品药品纠纷案件适用法律若干问题的规定》第十五条、第十七条规定适用十倍赔偿，法院认为，首先，《最高人民法院关于审理食品药品纠纷案件适用法律若干问题的规定》适用于消费者因食品、药品提起的民事诉讼，化妆品虽不属于药品，但其性质与药品有一定程度上的相似，故司法解释出于保护消费者的考虑，规定了化妆品及保健品可参照适用，实际上是扩大了消费者保护的领域。但消费者就其所购商品主张价款十倍的惩罚性赔偿，仍应当有明确的法律规定。其次，《食品安全法》规定了食品生产销售领域实行惩罚性赔偿，《最高人民法院关于审理食品药品纠纷案件适用法律若干问题的规定》作为对《食品安全法》适用的具体解释，其再次明确和重申了食品生产销售领域实行惩罚性赔偿制度，但从该解释第十五条的文字表述看，该条文仅限于"食品"，并未将惩罚性赔偿制度向药品、化妆品等领域扩展，故原告要求就化妆品参照适用食品生产销售领域"退一赔十"的惩罚性赔偿制度，缺乏法律依据，不予支持。被告隐瞒涉案化妆品的真实情况进行销售牟利，应当认定该行为存在欺诈，可适用《消费者权益保护法》第五十五条的规定由被告向原告退还货款并支付货款三倍的赔偿款，原告超出此范围的上诉请求，法院不予支持。同时，涉案产品系不符合产品安全标准的化妆品，故法院予以没收并销毁。

综上所述，法院依法判决如下：限被告王某于本判决生效之日起十日内退还原告田某货款396元，并赔偿原告1188元；驳回原告田某的其他诉讼请求。

案例3：某名妆化妆品店经营侵犯注册商标专用权化妆品案①

一审法院认定事实：某某会社是在韩国注册成立的化妆品公司，主要经营化妆品、衣服、鞋子、饰品等商品的制造和销售。北京某某公司是某某会社在中国设立的全资子公司，主要经营某某会社产品的进口贸易和在中国市场上的销售。第10494197号"NATUREREPUBLIC"注册商标系经中国国家工商行政管理总局商标局（以下简称国家商标局）核准注册，注册人为某某会社自然共

---

① 案件来源：湖北省高级人民法院民事判决书（2021）鄂知民终6号，判决作出时间为2021年10月12日。

和国，核定使用商品（第 3 类）：香水；化妆洗液；润肤液；染睫毛油；眼线笔；口红；粉底；洗面霜；化妆粉；防晒霜；防晒液；洗发液；美容面膜；指甲油；画眉铅笔；化妆品；滋养霜（化妆品）。注册有效期限为 2013 年 5 月 7 日至 2023 年 5 月 6 日。2013 年 11 月 4 日，该商标经国家商标局核准，变更注册人名义为某某会社。

北京某某公司经国家商标局核准注册第 9481384 号"某某"注册商标，核定使用商品（第三类）：香水、化妆洗液、洁肤乳液、染睫毛油、口红、化妆粉、洗面奶、化妆品、画眉铅笔、美容面膜。注册有效期限为 2012 年 6 月 7 日至 2022 年 6 月 6 日。2018 年 1 月 1 日，北京某某公司与某某会社签订《商标排他使用许可合同》，将该商标许可给某某会社在中国行政区域内使用，排他性授权使用许可，使用期限为 2018 年 1 月 1 日至 2022 年 6 月 5 日，并授权某某会社对侵犯该商标权的行为以自己的名义向法院起诉。

2019 年 1 月 1 日，某某会社向北京某某公司出具授权委托书，授权北京某某公司鉴定涉嫌假冒注册商标的产品。

2019 年 8 月 26 日，天津市某公证处出具（2019）津某开证经字第 10×× 号公证书。该公证书记载：公证员吕某、公证人员王某随同北京某知识产权代理有限公司天津分公司的委托代理人李某于 2019 年 8 月 2 日来到位于某省某市某区的某名妆商店，在公证人员的监督下，李某以普通消费者的身份使用手机支付宝支付功能购买了标识有"NATUREREPUBLIC"的商品一盒，李某使用手机支付宝支付功能付款后取得销售小票一张。公证人员使用李某的手机对支付宝支付内容进行屏幕截图，并将截图内容发送至公证人员处。公证人员当场收存上述购买商品及相关票据，并对上述购买地点进行了拍照。在当天购买结束后，公证人员对上述所购买商品及相关票据进行了拍照和封存。上述被封存的购买商品及相关票据交由李某保管。上述购买过程由公证员吕某、公证人员王某全程监督。

经当庭查验并拆封公证封存的实物，内有芦荟胶一盒以及机打小票一张。该芦荟胶用圆柱状塑料盒盛装并经过密封，盒面包装纸印有"NATUREREPUB-

LIC"字样，底部包装纸印有产品到期时间和条形码；圆盒侧面贴有纸质标签，标签上列明商品的具体信息：商品名（某某芦荟舒缓保湿凝胶）、化学成分、净含量、保质期、生产商等。机打小票显示商户名称"某名妆 CBD 店"、品名"某某芦荟舒缓保湿凝胶"、金额 19 元。通联支付 POS 签购单商户名称为某商贸有限公司。某名妆化妆品店对被控侵权产品是由其销售的事实没有异议。

某名妆化妆品店为个体工商户，经营者为贵某，经营场所为某省某市某区 58 号 CBD 购物中心内北一层 1286-1288 号，经营范围为日用化工品零售，注册日期为 2010 年 1 月 29 日。

某商贸有限公司的住所地为某省某市某区某大道 58-3-2094 号，经营范围为粮油、蔬菜、商品（含糕点、面包、果品、酒、饮料、茶叶）、服装、鞋帽、化妆品、卫生用品、厨具、卫具、日用百货等。注册日期为 2013 年 6 月 28 日。法定代表人为贵某。

对有争议的证据和事实，一审法院认定如下：

1. 某某会社提交了北京市方正公证处作出的（2019）京方正内经证字第 024××号公证书、（2019）京方正内经证字第 047××号公证书，证明某某会社在中国的全资子公司北京某某国际贸易有限公司享有第 9481384 号注册商标专用权，并授权某某会社排他许可使用。某名妆化妆品店、某商贸有限公司对该公证书的真实性无异议，但认为其并未使用该商标。原审法院认为，某名妆化妆品店销售的涉案产品侧面中文标签上使用的"某某"字样与某某会社享有排他许可使用权的"某某"注册商标一致，能够起到识别商品来源的作用，应认定为商标性使用，一审法院对该证据予以采信。

2. 某某会社提交了北京某某公司出具的《鉴别证明》一份，并提供某某会社生产的正品比对，拟证明某名妆化妆品店销售的产品系假冒某某会社注册商标的产品。某名妆化妆品店质证认为，北京某某公司不具备鉴定资质，应该由法定机构鉴定。《鉴别证明》没有落款时间，且涉嫌侵权产品在购买后公证处立即封存了，该公司无法进行鉴别。对《鉴别证明》的真实性、合法性、关联性均有异议。

一审法院将公证封存的芦荟胶与某某会社的正品芦荟胶比对，二者外形及包装较为近似，盒面、底部均有相似图文的包装纸，侧面均有纸质标签，但侧面纸质标签印刷的字体及内容有明显差异，公证封存的芦荟胶侧面标签上没有进口商的名称和信息。正品芦荟胶的瓶盖右下角圆形图案标签里有个芦荟花形状的图案，叶状图案里有锯齿状，该图案系防伪标识，而公证封存的芦荟胶瓶盖虽印有类似的图案，但叶状图案里没有锯齿状。

对某某会社的该组证据，一审法院认为，《鉴别证明》虽有瑕疵，但某某会社的委托诉讼代理人当庭说明了鉴别正品与仿冒品的方法，且经比对，被控侵权产品与正品存在明显区别，对某某会社提交的该组证据予以采信，能够证明被控侵权产品系假冒某某会社的产品。

3. 某某会社向一审法院提交了公证费、维权费票据，拟证明为制止侵权开支的合理费用。某名妆化妆品店、某商贸有限公司认为公证费发票、维权费发票不能证实与本案的关联性。一审法院认为，某某会社提交了公证费票据原件以及公证书佐证，可以证实为本案开支的公证费系合理的维权开支，予以采信；对维权费票据，予以综合认定。

4. 某名妆化妆品店提交了某某商行销售单1张、微信付款凭证4张、某某商行门店招牌等网络打印件、某市某区某某商店营业执照、门面出租合同复印件，拟证明其销售的涉案产品有合法来源。某某会社质证认为，对某某商行销售单不予认可，销售单上的某芦荟胶不能证实系本案的涉案产品，销售单上盖章是现金收讫，与微信转账凭证相矛盾。销售单上客户抬头为贵某，贵某经营多家店面，不能证实涉案产品从某某商行购进。某名妆化妆品店提交的微信转账截图不能显示收款人主体，因此与本案无关。对某某商行招牌等网络打印件的真实性有异议，不能证实某某商行系某市某区某百货商店。对某市某区某百货商店的营业执照真实性无异议，但该营业执照登记的经营者系吴某某，与本案无关。对门面出租合同的真实性有异议，该合同系复印件，出租合同签订时间是2019年7月1日。某名妆化妆品店提交的某某商行销售单上购买时间是2019年6月23日，因此不能证实与本案的关联性。综上，某名妆化妆品店提交的证据不能证明涉案侵权产品是从合法渠道购买。某商贸有限公司对上述证据无异议，其未向原审法院提交证据。

对某名妆化妆品店的该组证据，一审法院认为：1. 销售单虽有"某市某日化商行"现金收讫的印章，但某市某日化商行并非工商登记的合法经营主体，不能证实"某市某日化商行"的经营者、经营范围等信息；2. 某名妆化妆品店主张"某市某日化商行"陈某某是租用"某市某区某百货商店"（经营者吴某某）门面并借用其营业执照在经营，但其提交营业执照上的地址与其提交的门头招牌照片显示的地址不一致，且进货时间在前，《门面出租合同》签订时间在后，时间上不吻合。故对某名妆化妆品店提交的该组证据不予采信，不能证明被控侵权产品具有合法来源。

一审法院认为，本案系侵害商标权纠纷，某某会社系在韩国注册成立的公司，故本案属涉外知识产权侵权纠纷案件。依照《涉外民事关系法律适用法》第五十条规定，知识产权的侵权责任，适用被请求保护地法律。故本案应适用涉案商标专用权被保护地法律，即中华人民共和国法律。

"NATUREREPUBLIC""某某"系某某会社依法注册取得或排他性使用授权取得，某某会社享有涉案商标专用权，其合法权益受法律保护。《商标法》第五十七条规定，未经注册商标权利人许可，在同一种商品使用与注册商标相同的商标，或者使用与注册商标相近似的商标容易导致混淆的，以及销售侵犯注册商标专用权的商品的，均属侵犯注册商标专用权。某名妆化妆品店未经某某会社许可，销售的芦荟胶标注有"NATUREREPUBLIC""某某"标志，与涉案注册商标相同，且销售的芦荟胶与涉案注册商标核定使用的"滋养霜、化妆品"为同一种商品。经比对，被诉侵权芦荟胶与正品芦荟胶的防伪标识不同，某某会社确认被诉侵权芦荟胶非其生产或授权生产，系假冒涉案注册商标的产品。某名妆化妆品店抗辩其销售产品具有合法来源，不应承担侵权赔偿责任，但未能提供有效证据证明，一审法院对其此辩解不予采信。本案中某某会社未提交充分的证据证实某商贸有限公司销售了涉案产品，且没有证据证实其明知某名妆化妆品店存在侵权行为而提供帮助，故依法不应承担共同侵权责任。对某某会社要求某商贸有限公司承担赔偿损失等责任的诉讼请求，一审法院不予支持。

某名妆化妆品店侵犯了某某会社注册商标专用权，依法应承担停止侵权、赔偿损失等民事责任。因某某会社并未举证证明其因侵权行为而遭受的实际损失或某名妆化妆品店因侵权行为所获得的利益，依照《商标法》第六十三条的规定，一审法院综合考虑涉案注册商标的声誉、侵权行为的性质、侵权人的经营规模、侵权期间和后果、侵权人的主观恶意程度以及权利人为制止侵权行为所进行的公证取证及聘请律师出庭应诉等因素，酌定某名妆化妆品店赔偿某某会社经济损失及合理开支共计6000元。对某某会社超出部分的赔偿诉讼请求，一审法院不予支持。

一审法院依法判决：某名妆化妆品店（经营者贵某）立即停止销售并销毁侵犯某某会社第10494197号、第9481384号注册商标专用权的商品；某名妆化妆品店（经营者贵某）于判决生效之日起十日内，赔偿某某会社经济损失及合理开支共计人民币6000元；驳回某某会社的其他诉讼请求。

二审期间，双方当事人均未提交新的证据。一审判决查明的事实属实，二审法院予以确认。

二审法院认为：首先，虽然某名妆化妆品店在一审中提交了购买涉案产品的某日化商行销售单、微信付款凭证、某商行门店招牌等网络打印件、某市某区某商店营业执照、门面出租合同复印件等证据，但上述证据并不能证明被控侵权产品具有合法来源。销售单印章的"某日化商行"并非工商登记的合法经营主体，不能证实"某日化商行"的经营者、经营范围等信息；"某日化商行"门头招牌照片显示的地址与"某市某区某商店"的营业执照上的地址不一致，且进货时间在前，《门面出租合同》签订时间在后，时间上不吻合。同时，某名妆化妆品店作为销售美容护肤商品的商家，应当保障其销售产品具有合法来源，对产品的生产厂家、商品特性等具有相当的辨识能力，但某名妆化妆品店不能提供涉案商品在购进时具有合法授权的相关证据，显然某名妆化妆品店对其购进及销售商品系侵权商品是明知的，不属于合法取得。

其次，本案属某某会社侵权诉讼的系列案件之一，某某会社在一审时已经将涉案正品交由法院，一审法院已经对涉案侵权产品与某某会社的正品芦荟胶进行了勘验，某某会社在一审时也陈述了鉴别正品与仿冒品的方法，被控侵权产品与正品的外形及包装极其近似，盒面、底部均有相似图文的包装纸，侧面均有纸质标签，但侧面纸质标签印刷的字体及内容有明显差异。一审判决是综合庭审查明的事实认定某名妆化妆品店侵权事实成立，而不是仅仅依据单一的《鉴别证明》来认定的侵权事实，因此，某名妆化妆品店以《鉴别证明》存在瑕疵认为侵权事实不成立的理由不能予以支持。

综上，某名妆化妆品店的上诉理由均不能成立，一审判决认定事实清楚，法律适用正确，实体处理适当。二审法院依法判决驳回上诉，维持原判。

案例4：苏某经营未取得批准文号的特殊用途化妆品案[1]

一审法院认定事实：2020年12月12日，余某使用某多多账号向苏某购买了"某祛斑铅汞中毒斑新店亏本"15盒，苏某的店铺名称"某风某雪"，订单号201212-589413253842×××，交易金额为1800元，收货地点为某市某广场，联系电话130××××××94，由某快递发货。余某于2020年12月21日签收上述货物，订单页面显示2020年12月25日成交。

2020年12月22日，余某收到上述产品后联系苏某称"……在你店里面购买的这款化妆品的生产信息查不到，生产许可证信息也查不到""能否提供一下检验报告和备案资料"，苏某称"生产许可证厂里的，这个提供给备案客户""散装货、需要备案、可以备案"，余某称"资料给我一下，备案资料也可以"，苏某称"没有"。余某没有发起退货，也没有向苏某提出要退货，余某也没有实际使用案涉产品。

余某向某多多平台申请披露商家信息，该平台回复予余某的信息称订单号201212-589413253842×××，店铺名称"某风某雪"，入驻人为苏某。

苏某的某多多店铺"某风某雪"中对案涉产品的网站页面介绍宣传如下：

---

[1] 案件来源：广东省佛山市中级人民法院民事判决书（2021）粤06民终10898号，判决作出时间为2021年9月26日。

产地：中国大陆；中药祛斑，祖传秘方、安全祛斑等。余某收到的案涉产品或其包装上均没有中文标明的产品名称、生产厂厂名和厂址，也没有产品质量检验合格证明和特殊用途化妆品批准文号。

一审法院认为，本案为信息网络买卖合同纠纷，余某通过网络购物平台向苏某购买案涉祛斑产品。根据《化妆品卫生监督条例》第二条"本条例所称的化妆品，是指以涂擦、喷洒或者其他类似的方法，散布于人体表面任何部位（皮肤、毛发、指甲、口唇等），以达到清洁、消除不良气味、护肤、美容和修饰目的的日用化学工业产品"，第十条"生产特殊用途的化妆品，必须经国务院化妆品监督管理部门批准，取得批准文号后方可生产。特殊用途化妆品是指用于育发、染发、烫发、脱毛、美乳、健美、除臭、祛斑、防晒的化妆品"，第十三条"化妆品经营单位和个人不得销售下列化妆品：（一）未取得化妆品生产许可证的企业所生产的化妆品；（二）无质量合格标记的化妆品；（三）标签、小包装或者说明书不符合本条例第十二条规定的化妆品；（四）未取得批准文号的特殊用途化妆品；（五）超过使用期限的化妆品"的规定，苏某作为个人销售未取得批准文号的用于祛斑的化妆品，属于销售上述第十三条第（四）项规定的未取得批准文号的特殊用途化妆品，其行为已经违反了《化妆品卫生监督条例》即行政法规的强制性规定，符合《合同法》第五十二条"有下列情形之一的，合同无效……（五）违反法律、行政法规的强制性规定"所规定的合同无效的情形，故余某、苏某之间形成的信息网络买卖合同无效。

根据《合同法》第五十六条"无效的合同或者被撤销的合同自始没有发生法律约束力。合同部分无效，不影响其他部分效力的，其他部分仍然有效"，第五十八条"合同无效或者被撤销后，因该合同取得的财产，应当予以返还；不能返还或者没有必要返还的，应当折价补偿。有过错的一方应当赔偿对方因此所受到的损失，双方都有过错的，应当各自承担相应的责任"的规定，苏某应返还余某货款1800元，同时余某应将其收到的向苏某购买的15盒案涉产品返还给苏某，退货时案涉产品需包装完好。按照上述法律规定，有过错的一方应当赔偿对方因此所受到的损失，双方都有过错的，应当各自承担相应的责任,余某主张苏某赔偿十倍款项18000元的诉讼请求,是基于双方之间构成有效的信息网络买卖合同而主张,但按如上分析,余某、苏某之间的网络买卖合同无效,余某称其并未使用案涉产品,也未提交证据证实其因合同无效所受到的损失,故余某主张苏某赔偿十倍款项18000元理据不足,一审法院不予支持。余某因退货所产生的合理运费,由苏某承担。

苏某经一审法院传唤无正当理由拒不到庭,一审法院依法缺席判决:苏某应于判决发生法律效力之日起十日内返还货款1800元予余某,同时余某应向苏某返还其所购买的祛斑霜15盒,相应的退货运费由苏某承担;驳回余某的其他诉讼请求。

二审期间,双方当事人均未提交新的证据。经审查,一审判决认定的事实正确,二审法院予以确认。

二审期间余某主张根据《消费者权益保护法》的规定,其至少应获得购买商品价款三倍的赔偿。

二审法院认为,本案为信息网络买卖合同纠纷。本案二审的争议焦点在于苏某是否需赔偿余某货款十倍的赔偿金。对此,法院作如下分析:

《消费者权益保护法》第五十五条第一款规定:"经营者提供商品或者服务有欺诈行为的,应当按照消费者的要求增加赔偿其受到的损失,增加赔偿的金额为消费者购买商品的价款或者接受服务的费用的三倍;增加赔偿的金额不足五百元的,为五百元。法律另有规定的,依照其规定。"本案中,余某向苏某购买"某祛斑铅汞中毒斑新店亏本"化妆品,苏某的某多多店铺"某风某雪"中对上述产品的网站页面介绍宣传为"产地:中国大陆;中药祛斑,祖传秘方、安全祛斑等",但是余某收到的上述产品或其包装上均没有中文标明的产品名称、生产厂厂名和厂址,也没有产品质量检验合格证明和特殊用途化妆品批准文号,由于苏某以虚假的商品说明、商品标准、实物样品等方式销售商品,其已构成欺诈消费者,根据上述法律规定,余某主张苏某按购买商品的价款的三倍〔即5400元(1800元×3)〕进行赔偿于法有据,法院予以支持,余某主张超出购买商品的价款三倍的赔偿理据不足,二审法院不予支持。

综上所述,余某的上诉请求部分成立,二审法院予以支持。依法判决如下:维持某省某市某区人民法院(2021)粤 0605 民初 5689 号民事判决第一项;撤销某省某市某区人民法院(2021)粤 0605 民初 5689 号民事判决第二项;苏某应于本判决发生法律效力之日起十日内赔偿 5400 元予余某;驳回余某的其他诉讼请求。

案例 5:李某经营擅自涂改限期使用日期、过期化妆品案①

经审查查明,申请执行人某食品药品监管局作出行政处罚决定,认定被执行人李某经营的某市某区某妆苑存在经营擅自涂改限期使用日期和过期的化妆品及不能提供化妆品检验报告书的行为。认定上述事实有现场检查笔录、询问调查笔录、扣押物品清单、现场照片、营业执照等证据予以佐证。被执行人上述行为,分别违反了《化妆品标识管理规定》第二十三条第二款、《产品质量法》第三十五条及《国务院关于加强食品等产品安全监督管理的特别规定》第五条第一款的规定,依据《化妆品标识管理规定》第三十四条、《产品质量法》第五十二条及《国务院关于加强食品等产品安全监督管理的特别规定》第五条第二款的规定,某食品药品监管局于 2017 年 11 月 3 日作出(某某)食药监妆罚〔2017〕33 号行政处罚决定,处罚内容为:1. 没收经营的擅自涂改限期使用日期、过期及不能提供检验报告书复印件的化妆品;2. 处擅自涂改限期使用日期的化妆品罚款 2500 元,处过期化妆品货值金额 1.5 倍的罚款 531 元,处不能提供检验报告书复印件的化妆品货值金额 3 倍的罚款 1920 元。共计罚款 4951 元。逾期不缴纳罚款的,根据《行政处罚法》第五十一条第一项的规定,每日按罚款数额的 3%加处罚款。申请执行人于同日向被执行人送达了该处罚决定书。被执行人收到该处罚决定书后,既未申请复议、提起诉讼,又未能自动履行处罚决定书所确定的法律义务,该处罚决定书已生效。为此,申请执行人向本院提出强制执行申请,请求强制执行:1. 罚款 4951 元;2. 加处罚款 4951 元。合计人民币 9902 元。

---

① 案件来源:陕西省榆林市榆阳区人民法院行政裁定书(2018)陕 0802 行审 26 号,裁定作出时间为 2018 年 5 月 11 日。

法院认为，某食品药品监督管理局作出的上述行政处罚决定，认定违法事实清楚，处罚程序合法，适用法律正确，符合我国法律规定的强制执行条件。依法裁定如下：对某食品药品监督管理局于 2017 年 11 月 3 日作出的（某某）食药监妆罚〔2017〕33 号行政处罚决定的第（二）项罚款及加处罚款准予强制执行。

二、其他案例精选

（一）河北省药品监督管理局关于化妆品违法生产经营典型案例的公示[①]

案例一：石家庄市深泽县某某销售不能提供检验报告或者检验报告复印件的化妆品案

【案件简述】

2020 年 3 月 19 日，深泽县市场监督管理局接到举报后在深泽县某物流园库房内发现"SKFBN"富勒烯洁面乳 24012 支（生产批号：20200103）。当事人某某未办理营业执照，不能提供所销售的该批次化妆品的检验报告或者检验报告复印件。经查，某某共购进"SKFBN"富勒烯洁面乳 24100 支，每支进价 3.5 元，货值金额 108450 元。截至案发时已销售 88 支，每支售价 4.5 元，获利 396 元。

【处罚决定】

深泽县市场监督管理局依法对当事人给予以下行政处罚：1. 责令停止销售不能提供检验报告或者检验报告复印件的化妆品。2. 没收违法所得 396 元及没收 24012 支"SKFBN"富勒烯洁面乳。3. 罚款 325350 元。

【法律适用简析】

当事人未取得营业执照及不能提供检验报告或者检验报告复印件销售化妆品的行为，违反了《无证无照经营查处办法》第二条"任何单位或者个人不得违反法律、法规、国务院决定的规定，从事无证无照经营"及《国务院关于加强食品等产品安全监督管理的特别规定》第五条第一款"销售者应当向供货商

[①] 本部分案例选自河北省药品监督管理局官方网站，http://yjj.hebei.gov.cn/hbpda/xxgk/bgt/20210525104302107.html，最后访问时间：2021 年 5 月 25 日。

按照产品生产批次索要符合法定条件的检验机构出具的检验报告或者由供货商签字或者盖章的检验报告复印件；不能提供检验报告或者检验报告复印件的产品，不得销售"之规定。依据《国务院关于加强食品等产品安全监督管理的特别规定》第五条第二款"违反前款规定的，由工商、药品监督管理部门依据各自职责责令停止销售；不能提供检验报告或者检验报告复印件销售产品的，没收违法所得和违法销售的产品，并处货值金额3倍的罚款；造成严重后果的，由原发证部门吊销许可证照"及石家庄市食品药品监督管理局《行政处罚法自由裁量实施办法》第十一条第三款"违法行为违反两个以上法律条款的，应当从重处罚"之规定对当事人进行处罚。

案例二：石家庄市长安区某化妆品店经销的化妆品外包装仿冒知名品牌案

【案件简述】

2020年5月11日，有群众举报南三条正东路茂源大厦一层某化妆品店销售仿冒知名品牌的化妆品。石家庄市长安区市场监督管理局执法人员经现场检查发现：当事人经销的"国色天香"牌精品六件套贵妇丹玲珑美肌系列化妆品的产品外包装及产品瓶体上均标注着"后"字标识，而该产品自己的注册商标"国色天香"商标未在产品外包装上标注，仅标注在产品瓶体背面。产品正面标注的"后"字与韩国知名品牌"后"牌化妆品字形相近似，足以以假乱真。当事人现场无法提供韩国"后"系列化妆品生产商韩国LG生活健康集团有限公司的品牌授权经销。经调查了解，该店经销的标有"后"字的"国色天香"牌精品六件套贵妇丹玲珑美肌系列化妆品是由业务员上门推销的、汕头市龙湖区某化妆品厂生产的产品，与知名品牌韩国"后"系列化妆品没有任何关系。此商品当事人以26元/盒购入4盒，预计以28元/盒售出，但尚未售出。

【处罚决定】

石家庄市长安区市场监督管理局依法对该经营户给予以下行政处罚：1.没收"国色天香"牌贵妇丹玲珑美肌系列套盒4套；2.罚款5000元。

【法律适用简析】

当事人经销的"国色天香"牌化妆品外包装标识与知名品牌标识相近似的

行为，违反了《反不正当竞争法》第六条关于"经营者不得实施下列混淆行为，引人误认为是他人商品或者与他人存在特定联系：（一）擅自使用与他人有一定影响的商品名称、包装、装潢等相同或者近似的标识……"之规定。根据《反不正当竞争法》第十八条第一款关于"经营者违反本法第六条规定实施混淆行为的，由监督检查部门责令停止违法行为，没收违法商品……没有违法经营额或者违法经营额不足五万元的，可以并处二十五万元以下的罚款。情节严重的，吊销营业执照"之规定进行处罚。

案例三：承德市兴隆县大杖子某发屋销售超过限用日期化妆品案

【案件简述】

2020年5月20日，兴隆县市场监督管理局对兴隆县大杖子某发屋进行检查时发现：在其货架上摆放的待售化妆品香薰蜜语蔷薇滋养SPA沐浴露2瓶、香薰蜜语白茶柔滑SPA沐浴露1瓶、香薰蜜语木兰控油保湿SPA沐浴露1瓶，标签均标注："委托方：雅婷企业管理（北京）有限公司；被委托方：广州大澳化妆品有限公司；生产许可证：粤妆20160395；执行标准：QB/T1994；净含量：500ml；生产批号：W30CQE01；限用日期：20200331"。在检查时，上述化妆品均超过限用日期50日，售价均为68元，货值金额272元。至检查时，未发现售出。

【处罚决定】

兴隆县市场监督管理局依法对兴隆县大杖子某发屋给予以下行政处罚：1. 没收超过限用日期的香薰蜜语蔷薇滋养SPA沐浴露2瓶，香薰蜜语白茶柔滑SPA沐浴露1瓶，香薰蜜语木兰控油保湿SPA沐浴露1瓶；2. 罚款272元（一倍罚款）。

【法律适用简析】

当事人销售超过限用日期化妆品的行为，违反了《产品质量法》第三十五条关于"销售者不得销售国家明令淘汰并停止销售的产品和失效、变质的产品"之规定。根据《产品质量法》第五十二条关于"销售失效、变质的产品的，责令停止销售，没收违法销售的产品，并处违法销售产品货值金额二倍以下的罚款；有违法所得的，并处没收违法所得；情节严重的，吊销营业执照；构成犯罪的，依法追究刑事责任"之规定对当事人进行处罚。

案例四：怀来县某美容美发有限公司销售未备案的普通化妆品案

【案件简述】

2021年3月23日，怀来县市场监督管理局执法人员对怀来县某美容美发有限公司进行监督检查时发现：该店销售的美迪萃褐藻修护精华液和美迪萃亮肌钙精华液两款化妆品（生产企业均为某医药股份有限公司）未备案，某美容美发有限公司当场提供了生产企业的资质和检验报告，但无法提供产品备案编号凭证等备案证明材料。根据调查，上述两款化妆品确由某医药股份有限公司生产并发货，某医药股份有限公司证实这两款化妆品是未经备案的普通化妆品。某美容美发有限公司销售未备案普通化妆品的违法事实清楚无误，货值金额2000元。

【处罚决定】

怀来县市场监督管理局依法对当事人给予以下行政处罚：1. 责令停止销售未备案的化妆品；2. 罚款人民币10000元整。

【法律适用简析】

当事人销售未备案化妆品的行为，违反了《化妆品监督管理条例》第十七条关于"国产普通化妆品应当在上市销售前向备案人所在地省、自治区、直辖市人民政府药品监督管理部门备案。进口普通化妆品应当在进口前向国务院药品监督管理部门备案"之规定。依据《化妆品监督管理条例》第六十一条第一款关于"有下列情形之一的，由负责药品监督管理的部门没收违法所得、违法生产经营的化妆品，并可以没收专门用于违法生产经营的原料、包装材料、工具、设备等物品；违法生产经营的化妆品货值金额不足1万元的，并处1万元以上3万元以下罚款……（一）上市销售、经营或者进口未备案的普通化妆品……"之规定对当事人进行处罚。

案例五：滦州市某日化店经营未备案普通化妆品案

【案件简述】

2021年3月24日，唐山市市场监督管理局化妆品监管处带队对滦州市化妆品进行了安全抽检。在抽检过程中发现滦州市某日化店经营两种未备案化妆品，分别为JM面膜、宝露露面霜。两种化妆品均未粘贴中文标识、无备案手续。2021年3月25日，滦州市市场监督管理局药械妆监管科执法人员对店主进行询问，其承认涉案化妆品均为去年购入，无法提供备案手续。根据现有证据核实货值共计260元。

【处罚决定】

滦州市市场监管局依法对当事人给予以下行政处罚：1. 没收涉案化妆品JM面膜4盒，宝露露面霜1盒；2. 罚款人民币10000元。

【法律适用简析】

当事人经营未备案普通化妆品的行为违反了《化妆品监督管理条例》第十七条关于"特殊化妆品经国务院药品监督管理部门注册后方可生产、进口。国产普通化妆品应当在上市销售前向备案人所在地省、自治区、直辖市人民政府药品监督管理部门备案。进口普通化妆品应当在进口前向国务院药品监督管理部门备案"之规定。依据《化妆品监督管理条例》第六十一条第一款关于"有下列情形之一的，由负责药品监督管理的部门没收违法所得、违法生产经营的化妆品，并可以没收专门用于违法生产经营的原料、包装材料、工具、设备等物品；违法生产经营的化妆品货值金额不足1万元的，并处1万元以上3万元以下罚款……（一）上市销售、经营或者进口未备案的普通化妆品……"之规定对当事人进行处罚。

案例六：文安县张某涉嫌生产伪劣产品案

【案件简述】

2020年4月12日，廊坊市市场监管局接到群众举报，经过一个多月的摸查，5月27日，廊坊市市场监管局联合文安县市场监管局和文安县公安局成功捣毁一个化妆品无证生产窝点。现场发现3种化妆品折合共计12660盒，零散小包装7954袋；生产设备12台，生产原料60桶（袋），包装箱337捆，半成品包装膜50箱，包装盒11100个，涉案产品货值金额15万余元。执法人员对产品进行了扣押，对设备和场所进行了查封。执法人员向相关地市局发送《协助调查函》，收到回函确认厂家没有生产、销售相关产品且没有授权当事人生产、加工、销售。认定张某非法生产化妆品，假冒其他品牌化妆品，涉嫌构成生产销售伪劣产品罪。

【处罚决定】

廊坊市市场监督管理局以张某涉嫌构成生产伪劣产品罪移送公安机关依法追究其刑事责任，目前该案公安机关仍在办理当中。

【法律适用简析】

当事人未取得《化妆品生产许可证》非法生产化妆品，假冒其他品牌化妆品的行为，涉嫌构成生产伪劣产品罪，涉案产品货值金额已达到 15 万余元。根据《最高人民检察院、公安部关于公安机关管辖的刑事案件立案追诉标准的规定（一）》第十六条第（二）项"［生产、销售伪劣产品案（刑法第一百四十条）］生产者、销售者在产品中掺杂、掺假，以假充真，以次充好或者以不合格产品冒充合格产品，涉嫌下列情形之一的，应予立案追诉：（一）伪劣产品销售金额五万元以上的；（二）伪劣产品尚未销售，货值金额十五万元以上的……"之规定移送公安机关依法追究其刑事责任。

案例七：保定市某超级市场有限公司某购物广场销售不符合法定要求的产品案

【案件简述】

2019 年 8 月 26 日，保定市满城区市场监督管理局化妆品监管执法人员依法对保定市某超级市场有限公司某购物广场经营场所进行化妆品检查时发现，该单位四楼某专区经营的标识广东康婴宝生物科技有限公司生产的康婴健婴儿长效保湿水水霜等系类共 15 个品类现场不能提供检验报告书（或复印件）。规定时间内该单位提供了检验报告复印件，执法人员核对发现疑点颇多。保定市满城区市场监督管理局发函请求相关单位协助调查检验报告书真伪，并将上述 15 个品类化妆品实物邮寄至标识生产企业所在地辖区广东省汕头市潮阳区市场监督管理局，请求协助调查产品真伪，经有关部门回函及相关文件证明，认定为假冒和不能提供合格检验报告（或复印件）的产品货值金额合计 3772.2 元，违法所得合计 2044.8 元。

【处罚决定】

保定市满城区市场监管局依法对当事人给予以下行政处罚：1. 没收违法产

品 65 瓶（盒）；2. 没收违法所得 2044.8 元整；3. 罚款 51422 元整。罚没款合计人民币 53466.8 元整。

【法律适用简析】

当事人未按要求实施进货查验制度，后经协查证实所售产品系假冒，违反了《国务院关于加强食品等产品安全监督管理的特别规定》第三条第一款关于"生产经营者应当对其生产、销售的产品安全负责，不得生产、销售不符合法定要求的产品"，以及第五条第一款关于"销售者必须建立并执行进货检查验收制度，审验供货商的经营资格，验明产品合格证明和产品标识，并建立产品进货台账，如实记录产品名称、规格、数量、供货商及其联系方式、进货时间等内容……销售者应当向供货商按照产品生产批次索要符合法定条件的检验机构出具的检验报告或者由供货商签字或者盖章的检验报告复印件；不能提供检验报告或者检验报告复印件的产品，不得销售"之规定。依据《国务院关于加强食品等产品安全监督管理的特别规定》第三条第二款关于"没收违法所得、产品和用于违法生产的工具、设备、原材料等物品，货值金额不足 5000 元的，并处 5 万元罚款"及第五条第二款关于"由工商、药品监督管理部门依据各自职责责令停止销售；不能提供检验报告或者检验报告复印件销售产品的，没收违法所得和违法销售的产品，并处货值金额 3 倍的罚款"之规定进行处罚。鉴于本案未构成犯罪，违法金额不足 5000 元，且无从轻、从重情节，故作出没收违法产品及违法所得，并处罚款之处罚。

案例八：邯郸市成安县李家町镇某村某日化门市未建立进货查验记录制度案

【案件简述】

2021 年 4 月 9 日，成安县市场监督管理局执法人员对成安县李家町镇某村某日化门市进行现场检查，检查发现：该门市经营的化妆品墨藻逆时光因子赋颜面膜、焕颜美肌洁面膏未留存购进票据，未建立并执行进货查验记录制度。本案于 2021 年 4 月 9 日经批准立案查处，2021 年 4 月 12 日，该门市负责人某某到成安县市场监督管理局接受调查询问，调查认定事实：该门市未建立进货查验记录制度。

【处罚决定】

成安县市场监管局依法对该门市给予以下行政处罚：1. 给予警告；2. 处罚款人民币 20000 元。

【法律适用简析】

成安县李家町镇某村某日化门市未建立进货查验记录制度的行为，违反了《化妆品监督管理条例》第三十八条第一款"化妆品经营者应当建立并执行进货查验记录制度，查验供货者的市场主体登记证明、化妆品注册或者备案情况、产品出厂检验合格证明，如实记录并保存相关凭证。记录和凭证保存期限应当符合本条例第三十一条第一款的规定"之规定，依据《化妆品监督管理条例》第六十二条第（二）项"有下列情形之一的，由负责药品监督管理的部门责令改正，给予警告，并处 1 万元以上 3 万元以下罚款；情节严重的，责令停产停业，并处 3 万元以上 5 万元以下罚款，对违法单位的法定代表人或者主要负责人、直接负责的主管人员和其他直接责任人员处 1 万元以上 3 万元以下罚款；……（二）未依照本条例规定建立并执行进货查验记录制度、产品销售记录制度……"之规定对当事人进行处罚。

案例九：邢台市巨鹿县某护肤中心经营超过使用期限的化妆品案

【案件简述】

2021 年 4 月 7 日，巨鹿县市场监督管理局执法人员依职权到巨鹿县某护肤中心进行检查。经查，该店的"MIAOROY 苗御堂"中胚层滋养透析套（卫妆准字：29-XK-4286，产品名称：蓝铜胜肽精华粉、修护溶液）和 mimisimi 私语泡泡慕斯（粤妆 20170330）两种化妆品超过使用期限。截至案发，两种超过使用期限的化妆品各剩余 2 盒，涉案货值 1400 元。

【处罚决定】

巨鹿县市场监督管理局依法对该公司给予以下行政处罚：1. 没收"MIAOROY 苗御堂"中胚层滋养透析套 2 盒，mimisimi 私语泡泡慕斯 2 盒；2. 处以罚款人民币 20000 元。

【法律适用简析】

当事人经营超过使用期限的化妆品的行为，违反了《化妆品监督管理条例》第六条"化妆品注册人、备案人对化妆品的质量安全和功效宣称负责。化妆品生产经营者应当依照法律、法规、强制性国家标准、技术规范从事生产经营活动，加强管理，诚信自律，保证化妆品质量安全"及第四十二条"美容美发机构、宾馆等在经营中使用化妆品或者为消费者提供化妆品的，应当履行本条例规定的化妆品经营者义务"之规定。依据《化妆品监督管理条例》第六十条第（五）项："有下列情形之一的，由负责药品监督管理的部门没收违法所得、违法生产经营的化妆品和专门用于违法生产经营的原料、包装材料、工具、设备等物品；违法生产经营的化妆品货值金额不足1万元的，并处1万元以上5万元以下罚款……（五）化妆品经营者擅自配制化妆品，或者经营变质、超过使用期限的化妆品……"之规定对当事人进行处罚。

案例十：定州市某日用品商行（苏某）销售未备案普通化妆品案

【案件简述】

2021年4月2日，定州市市场监督管理局执法人员对定州市某日用品商行（苏某）进行检查，通过化妆品监管系统查看发现该商行给各酒店送的××沐浴液未取得备案凭证。定州市市场监督管理局责令该商行提供备案凭证，该商行在规定期限内未能提供备案凭证。定州市某日用品商行（苏某）以0.2元/支从石家庄化妆品批发市场购进××沐浴液3000支，以0.23元/支的价格卖给酒店，货值600元，违法所得90元。

【处罚决定】

定州市市场监督管理局依法对该商行作出以下处罚：1. 没收违法经营的产品；2. 没收违法所得90元；3. 罚款10000元。罚没款合计10090元。

【法律适用简析】

定州市某日用品商行（苏某）经营未备案凭证的××沐浴液的行为，违反了《化妆品监督管理条例》第十七条"国产普通化妆品应当在上市销售前向备案人所在地省、自治区、直辖市人民政府药品监督管理部门备案"之规定，依据《化妆品监督管理条例》第六十一条第一款"有下列情形之一的，由负责药品监督管理的部门没收违法所得、违法生产经营的化妆品，并可以没收专门用于违法生产经营的原料、包装材料、工具、设备等物品；违法生产经营的化妆品货值金额不足1万元的，并处1万元以上3万元以下罚款……（一）上市销售、经营或者进口未备案的普通化妆品……"之规定对当事人进行处罚。

（二）浙江临海公布的化妆品违法典型案例①

案例1：经营标签不符合规定的化妆品

2021年3月4日，临海市市场监督管理局执法人员依法对临海市某饰品店进行检查，在其货架上发现9款共计21件进口化妆品的外包装均无中文标签。当事人销售外包装无中文标签的进口化妆品的行为违反了《化妆品监督管理条例》第三十五条第二款的规定，目前案件正在进一步调查中。

法条速递——《化妆品监督管理条例》

第三十五条　化妆品的最小销售单元应当有标签。标签应当符合相关法律、行政法规、强制性国家标准，内容真实、完整、准确。进口化妆品可以直接使用中文标签，也可以加贴中文标签；加贴中文标签的，中文标签内容应当与原标签内容一致。

第六十一条　有下列情形之一的，由负责药品监督管理的部门没收违法所得、违法生产经营的化妆品，并可以没收专门用于违法生产经营的原料、包装材料、工具、设备等物品；违法生产经营的化妆品货值金额不足1万元的，并处1万元以上3万元以下罚款；货值金额1万元以上的，并处货值金额3倍以上10倍以下罚款；情节严重的，责令停产停业、由备案部门取消备案或者由原发证部门吊销化妆品许可证件，对违法单位的法定代表人或者主要负责人、直接负责的主管人员和其他直接责任人员处以其上一年度从本单位取得收入的1倍以上2倍以下罚款，5年内禁止其从事化妆品生产经营活动：（一）上市销售、经营或者进口未备案的普通化妆品；（二）未依照本条例规定设质量安全

---

① 本部分案例选自中国质量新闻网，https://www.cqn.com.cn/ms/content/2021-03/29/content_8677469.htm，最后访问时间：2021年3月29日。

负责人；(三) 化妆品注册人、备案人未对受托生产企业的生产活动进行监督；(四) 未依照本条例规定建立并执行从业人员健康管理制度；(五) 生产经营标签不符合本条例规定的化妆品。生产经营的化妆品的标签存在瑕疵但不影响质量安全且不会对消费者造成误导的，由负责药品监督管理的部门责令改正；拒不改正的，处 2000 元以下罚款。

案例 2：经营未备案的普通化妆品

2021 年 1 月 29 日，临海市市场监督管理局执法人员对临海市某美容会所依法进行检查。当事人现场无法提供店内销售的赋活焕颜新生霜等三款化妆品的备案信息。执法人员通过国家药监局数据库，也未能查询到产品相关信息。当事人的行为涉嫌违反《化妆品监督管理条例》相关规定，予以立案调查。

法条速递——《化妆品监督管理条例》

第四条 国家按照风险程度对化妆品、化妆品原料实行分类管理。化妆品分为特殊化妆品和普通化妆品。国家对特殊化妆品实行注册管理，对普通化妆品实行备案管理。化妆品原料分为新原料和已使用的原料。国家对风险程度较高的化妆品新原料实行注册管理，对其他化妆品新原料实行备案管理。

第十七条 特殊化妆品经国务院药品监督管理部门注册后方可生产、进口。国产普通化妆品应当在上市销售前向备案人所在地省、自治区、直辖市人民政府药品监督管理部门备案。进口普通化妆品应当在进口前向国务院药品监督管理部门备案。

第六十一条 有下列情形之一的，由负责药品监督管理的部门没收违法所得、违法生产经营的化妆品，并可以没收专门用于违法生产经营的原料、包装材料、工具、设备等物品；违法生产经营的化妆品货值金额不足 1 万元的，并处 1 万元以上 3 万元以下罚款；货值金额 1 万元以上的，并处货值金额 3 倍以上 10 倍以下罚款；情节严重的，责令停产停业、由备案部门取消备案或者由原发证部门吊销化妆品许可证件，对违法单位的法定代表人或者主要负责人、直接负责的主管人员和其他直接责任人员处以其上一年度从本单位取得收入的 1 倍以上 2 倍以下罚款，5 年内禁止其从事化妆品生产经营活动：(一) 上市销售、经营或者进口未备案的普通化妆品;(二)未依照本条例规定设质量安全负责人;(三)化妆品注册人、备案人未对受托生产企业的生产活动进行监督;(四)未依照本条例规定建立并执行从业人员健康管理制度;(五)生产经营标签不符合本条例规定的化妆品。生产经营的化妆品的标签存在瑕疵但不影响质量安全且不会对消费者造成误导的,由负责药品监督管理的部门责令改正;拒不改正的,处 2000 元以下罚款。

案例 3:经营超过使用期限的化妆品

2021 年 2 月 1 日,临海市市场监督管理局执法人员对某副食店进行依法检查,发现该店货架上摆放着两瓶待售的拉芳牌花香润肤沐浴露均已过期。当事人的上述行为违反了《化妆品监督管理条例》第三十九条的规定,临海市市场监督管理局对当事人依法作出行政处罚。

法条速递——《化妆品监督管理条例》

第三十九条 化妆品生产经营者应当依照有关法律、法规的规定和化妆品标签标示的要求贮存、运输化妆品,定期检查并及时处理变质或者超过使用期限的化妆品。

第六十条 有下列情形之一的,由负责药品监督管理的部门没收违法所得、违法生产经营的化妆品和专门用于违法生产经营的原料、包装材料、工具、设备等物品;违法生产经营的化妆品货值金额不足 1 万元的,并处 1 万元以上 5 万元以下罚款;货值金额 1 万元以上的,并处货值金额 5 倍以上 20 倍以下罚款;情节严重的,责令停产停业、由备案部门取消备案或者由原发证部门吊销化妆品许可证件,对违法单位的法定代表人或者主要负责人、直接负责的主管人员和其他直接责任人员处以其上一年度从本单位取得收入的 1 倍以上 3 倍以下罚款,10 年内禁止其从事化妆品生产经营活动;构成犯罪的,依法追究刑事责任:(一)使用不符合强制性国家标准、技术规范的原料、直接接触化妆品的包装材料,应当备案但未备案的新原料生产化妆品,或者不按照强制性国家标准或者技术规范使用原料;(二)生产经营不符合强制性国家标准、技术规范或者不符合化妆品注册、备案资料载明的技术要求的化妆品;(三)未按照化妆品生产质量管理规范的要求组织生产；（四）更改化妆品使用期限；（五）化妆品经营者擅自配制化妆品，或者经营变质、超过使用期限的化妆品；（六）在负责药品监督管理的部门责令其实施召回后拒不召回，或者在负责药品监督管理的部门责令停止或者暂停生产、经营后拒不停止或者暂停生产、经营。

附件：化妆品经营使用单位自查表

化妆品经营使用单位自查表

	自查内容	自查结果 在□内打"√"
主体与体系	（1）是否取得《营业执照》，是否包含化妆品经营范围。 （2）经营场所和仓库是否保持内外整洁。 （3）是否按照化妆品说明书或者标签标示要求贮存产品。	□是　□否 □是　□否 □是　□否
产品合法性	（1）国产化妆品是否标明生产企业的名称和地址、生产许可证号；进口化妆品是否有中文标签，是否能提供入境货物合法证明。 （2）特殊化妆品是否标示注册证编号；普通化妆品是否取得"备案凭证"。 （3）化妆品标签内容是否与注册或备案相关内容一致。 （4）产品是否标注生产日期和保质期或生产批号和限期使用日期，是否都在保质期内（包括试用装）。 （5）是否经营侵权、假冒知识产权的化妆品。	□是　□否 □是　□否 □是　□否
渠道与来源	（1）是否建立并执行进货查验记录制度。 （2）是否建立供应商档案；是否索取供应商相关合法性证件材料。 （3）是否建立购进验收台账。 （4）是否擅自配制化妆品。	□是　□否 □是　□否 □是　□否
广告与宣传	（1）所经营的化妆品是否明示或暗示具有医疗作用。 （2）所经营的化妆品是否存在虚假或夸大宣传。 （3）普通化妆品的名称、功能等标识内容是否涉及特殊用途化妆品或化妆品新功效。 （4）化妆品广告、美容广告是否含有表示功效、安全性的断言或者保证的内容。	□是　□否 □是　□否 □是　□否
销售与售后	（1）批发单位是否建立销售记录。 （2）是否按照产品标签和使用说明书要求正确使用化妆品。 （3）是否按要求上报化妆品不良反应。	□是　□否 □是　□否 □是　□否
备注		

(三) 江苏省药品监督管理局"雳剑 2021"专项行动典型案例 (化妆品专题)[①]

案例一：某区市场监督管理局某分局查办王某涉嫌无照经营和销售未经注册、未贴中文标签的进口特殊化妆品案

2021 年 4 月，某区市场监督管理局某分局根据群众举报，对王某在某地区经营的销售化妆品的某宝店铺进行检查，当场查扣未贴中文标签的进口发朵抗脱增发液 6 盒、发朵染发膏 32 盒。同时查明王某未办理营业执照，经营进口未注册的塑体霜、抗脱增发液、染发膏等特殊化妆品，未依法履行进货查验义务等。依据《化妆品监督管理条例》相关规定，某区市场监督管理局某分局依法对当事人作出没收违法所得和罚款 100000 元的行政处罚。

案例二：某市场监督管理局查办某网络科技有限公司销售无中文标签进口化妆品案

2021 年 3 月，某区市场监督管理局接到群众举报，反映其在某网络科技有限公司经营的某商城店铺上购买的进口隔离乳无中文标签。执法人员现场检查，发现当事人于 2019 年 4 月起开始从事进口化妆品的经营活动，部分通过"个人带货"渠道购进的进口化妆品无中文标签，仅能提供部分化妆品免税店购物原始单据。当事人的化妆品销售渠道主要包括通过某商城店铺、某宝网店及微信朋友圈销售三种。现场检查发现当事人仓库内摆放有大量倩碧、雅诗兰黛、欧莱雅等无中文标签进口化妆品。当事人经营标签不符合《化妆品监督管理条例》规定的化妆品和未充分履行进货查验义务的行为，违反了《化妆品监督管理条例》相关规定，某市某区市场监督管理局依法对当事人作出没收无中文标签进口化妆品 21 箱，没收违法所得和罚款 867206.88 元的行政处罚。

[①] 本部分案例选自江苏省药品监督管理局官网，http：//da.jiangsu.gov.cn/art/2021/12/7/art_82336_10178242.html，最后访问时间：2021 年 12 月 7 日。

案例三：某区市场监督管理局查办某美容美发用品商行销售未经注册的特殊化妆品案

2021年1月，某区市场监督管理局某分局在监督检查中发现某美容美发用品商行在其经营场所销售品名为"某某染发膏"的化妆品，数量1563支，该产品实物标签中颜色与批准文号不符。同时查明，当事人销售的涉案产品，品名：某某染发膏，产地：广东广州，由广州某化妆品有限公司监制，广州某化工有限公司生产，生产许可证：粤妆20190233，执行标准QB/T 1978-2004，保质期：三年，为染发类化妆品，属于《化妆品监督管理条例》中规定的特殊化妆品。经核查，上述品名为"某某染发膏"的产品仅有2个有效注册批准文号，分别是某某染发膏（自然黑）国妆特字G20152476和某某染发膏（栗棕色）国妆特字G20152463，当事人涉案产品与上述批准文号内容不符，属于未经注册的特殊化妆品。当事人购进上述产品未建立并执行进货查验记录制度，未查验产品真实注册信息，无法提供与涉案产品相一致的注册批准材料以及产品出厂检验合格证明，仅能提供部分涉案产品的进货及销售单据。对当事人经营未经注册的特殊化妆品和未建立并执行进货查验记录制度的违法行为，某区市场监督管理局依据《化妆品监督管理条例》的相关规定作出警告，没收违法所得、没收涉案产品"某某染发膏"1563支和罚款80000元的行政处罚。

案例四：某市市场监督管理局查处某公司经营未经注册、备案的进口化妆品案

2021年6月，某市市场监督管理局接群众举报，反映辖区内某公司销售无中文标签进口化妆品，执法人员对当事人经营场所进行检查，发现602款无中文标签的进口化妆品（包含特殊化妆品、普通化妆品）。其中特殊化妆品59款（6款染发系列、20款祛斑美白系列、33款防晒系列）；普通化妆品543款（面膜系列55款、香水系列94款、身体洗护系列25款、头部护理系列4款、面部护理系列253款、彩妆系列112款）。当事人无法提供上述特殊化妆品的注册信息和普通化妆品的备案信息。经调查发现，当事人通过网络平台、电话、微信等方式从青岛、深圳等地购进化妆品，未建立并执行进货查验记录制度，未查验并保存供货者的市场主体登记证明、化妆品注册或者备案情况、产品出厂检验合格证明，未对进货及查验情况如实记录并保存。针对当事人经营未经注册的特殊化妆品、经营未经备案的普通化妆品和未建立并执行进货查验制度的违法行为，某市市场监督管理局依据《化妆品监督管理条例》相关规定作出责令其立即改正违法行为，没收未经注册的59款进口特殊化妆品、未经备案的543款进口普通化妆品和罚款1741235元的行政处罚。

案例五：某区市场监督管理局查处某科技公司未经许可从事化妆品生产案、某美容店擅自配制化妆品、经营未备案的普通化妆品案

2021年1月，某区市场监督管理局接到举报，反映某生物科技集团有限公司工作人员自行在实验室生产化妆品，并将生产的化妆品运至某商场的化妆品门店对外经营。经查，该公司在未取得《化妆品生产企业卫生许可证》的情况下，于2020年12月15日至2020年12月31日期间，将受委托生产方寄来的49种化妆品原液确认样（大瓶装），按种类使用移液枪进行分装、压盖、贴标签，并且使用剩余未灌装的49种确认样混合后加上辅料，生产了护手霜、唇膏、气垫霜等化妆品。2021年1月1日，该公司将342瓶灌装的化妆品原液成品、61瓶护手霜、60支唇膏、28盒气垫霜免费赠予某美容店，过程中无违法所得。该公司未经许可从事化妆品生产的行为违反了《化妆品卫生监督条例》相关规定，某区市场监督管理局依法作出责令当事人停止生产化妆品，没收未经许可生产的化妆品原液100瓶的行政处罚。

2021年1月2日，某美容院开业当天，美容院工作人员在店内使用受赠的49种化妆品原液中的7种共13瓶，混合配制了一套水、乳、霜产品，用于给顾客试用；同时，将未经备案的护手霜、唇膏、气垫霜作为开业赠品赠送给顾客。该美容店擅自配制化妆品、经营未备案的普通化妆品、未建立并执行进货查验记录制度的行为违反了《化妆品监督管理条例》有关规定。某区市场监督管理局依法对当事人作出没收擅自配制的化妆品、未备案的化妆品，罚款30000元的行政处罚。

案例六：某县市场监督管理局查办某美容中心经营超过使用期限的化妆品案

2021年3月，某县市场监督管理局执法人员对某美容中心进行现场检查，在当事人展销柜中发现藏萃固阳精华油（标示委托企业：上海某经贸有限公司，生产企业：上海某生物工程有限公司，生产许可证：沪妆2016×××8，批号81711121，使用期限20201119）等26批次化妆品共58盒（瓶）已超过使用期限，上述超过使用期限的化妆品与其他未过期的合格化妆品混放在展销柜内，且标识使用期限有2017年、2019年、2020年和2021年1月。当事人经营上述超过使用期限化妆品的行为违反了《化妆品监督管理条例》的规定，某县市场监督管理局依法对当事人作出没收被扣押的超过使用期限的化妆品26批次共58盒（瓶）和罚款12000元的行政处罚。

案例七：某分局查办吴某未经许可从事化妆品生产案

2021年7月15日，某检查分局根据群众举报，一举捣毁了吴某在当地闲置厂房内设立的一处生产假冒化妆品的窝点，当场查扣洗发液成品7153支、未灌装的洗发液内包材2947个、沐浴液5000支、未灌装的沐浴液内包材5000个等，同时查明吴某接单、招工人，自己制作液体，请工人灌装、包装，其不能提供涉案地址的化妆品生产许可证。依据《化妆品监督管理条例》，某检查分局依法对该当事人未经许可从事化妆品生产活动的行为作出没收违法生产的涉案物品和罚款100000元的行政处罚。

第三节 化妆品涉刑案件办理

一、涉及的常见罪名及界定

（一）生产、销售伪劣产品罪

1. 刑法规定。

《刑法》第一百四十条规定："生产者、销售者在产品中掺杂、掺假，以假充真,以次充好或者以不合格产品冒充合格产品,销售金额五万元以上不满二十万元的,处二年以下有期徒刑或者拘役,并处或者单处销售金额百分之五十以上二倍以下罚金;销售金额二十万元以上不满五十万元的,处二年以上七年以下有期徒刑,并处销售金额百分之五十以上二倍以下罚金;销售金额五十万元以上不满二百万元的,处七年以上有期徒刑,并处销售金额百分之五十以上二倍以下罚金;销售金额二百万元以上的,处十五年有期徒刑或者无期徒刑,并处销售金额百分之五十以上二倍以下罚金或者没收财产。"

2. 相关司法解释。

《最高人民检察院、公安部关于公安机关管辖的刑事案件立案追诉标准的规定(一)》第十六条规定:"[生产、销售伪劣产品案(刑法第一百四十条)]生产者、销售者在产品中掺杂、掺假,以假充真,以次充好或者以不合格产品冒充合格产品,涉嫌下列情形之一的,应予立案追诉:(一)伪劣产品销售金额五万元以上的;(二)伪劣产品尚未销售,货值金额十五万元以上的;(三)伪劣产品销售金额不满五万元,但将已销售金额乘以三倍后,与尚未销售的伪劣产品货值金额合计十五万元以上的。本条规定的'掺杂、掺假',是指在产品中掺入杂质或者异物,致使产品质量不符合国家法律、法规或者产品明示质量标准规定的质量要求,降低、失去应有使用性能的行为;'以假充真',是指以不具有某种使用性能的产品冒充具有该种使用性能的产品的行为;'以次充好',是指以低等级、低档次产品冒充高等级、高档次产品,或者以残次、废旧零配件组合、拼装后冒充正品或者新产品的行为;'不合格产品',是指不符合《中华人民共和国产品质量法》规定的质量要求的产品。对本条规定的上述行为难以确定的,应当委托法律、行政法规规定的产品质量检验机构进行鉴定。本条规定的'销售金额',是指生产者、销售者出售伪劣产品后所得和应得的全部违法收入;'货值金额',以违法生产、销售的伪劣产品的标价计算;没有标价的,按照同类合格产品的市场中间价格计算。货值金额难以确定的,按照《扣押、追缴、没收物品估价管理办法》的规定,委托估价机构进行确定。"

《最高人民法院、最高人民检察院关于办理生产、销售伪劣商品刑事案件具体应用法律若干问题的解释》第一条规定:"刑法第一百四十条规定的'在产品中掺杂、掺假',是指在产品中掺入杂质或者异物,致使产品质量不符合国家法律、法规或者产品明示质量标准规定的质量要求,降低、失去应有使用性能的行为。刑法第一百四十条规定的'以假充真',是指以不具有某种使用性能的产品冒充具有该种使用性能的产品的行为。刑法第一百四十条规定的'以次充好',是指以低等级、低档次产品冒充高等级、高档次产品,或者以残次、废旧零配件组合、拼装后冒充正品或者新产品的行为。刑法第一百四十条规定的'不合格产品',是指不符合《中华人民共和国产品质量法》第二十六条第二款规定的质量要求的产品。对本条规定的上述行为难以确定的,应当委托法律、行政法规规定的产品质量检验机构进行鉴定。"

第二条规定:"刑法第一百四十条、第一百四十九条规定的'销售金额',是指生产者、销售者出售伪劣产品后所得和应得的全部违法收入。伪劣产品尚未销售,货值金额达到刑法第一百四十条规定的销售金额三倍以上的,以生产、销售伪劣产品罪(未遂)定罪处罚。货值金额以违法生产、销售的伪劣产品的标价计算;没有标价的,按照同类合格产品的市场中间价格计算。货值金额难以确定的,按照国家计划委员会、最高人民法院、最高人民检察院、公安部1997年4月22日联合发布的《扣押、追缴、没收物品估价管理办法》的规定,委托指定的估价机构确定。多次实施生产、销售伪劣产品行为,未经处理的,伪劣产品的销售金额或者货值金额累计计算。"

第九条规定:"知道或者应当知道他人实施生产、销售伪劣商品犯罪,而为其提供贷款、资金、账号、发票、证明、许可证件,或者提供生产、经营场所或者运输、仓储、保管、邮寄等便利条件,或者提供制假生产技术的,以生产、销售伪劣商品犯罪的共犯论处。"

第十条规定:"实施生产、销售伪劣商品犯罪,同时构成侵犯知识产权、非法经营等其他犯罪的,依照处罚较重的规定定罪处罚。"

第十一条规定:"实施刑法第一百四十条至第一百四十八条规定的犯罪,

又以暴力、威胁方法抗拒查处，构成其他犯罪的，依照数罪并罚的规定处罚。"

第十二条规定："国家机关工作人员参与生产、销售伪劣商品犯罪的，从重处罚。"

（二）生产、销售不符合卫生标准的化妆品罪

1. 刑法规定。

《刑法》第一百四十八条规定："生产不符合卫生标准的化妆品，或者销售明知是不符合卫生标准的化妆品，造成严重后果的，处三年以下有期徒刑或者拘役，并处或者单处销售金额百分之五十以上二倍以下罚金。"第一百四十九条规定："生产、销售本节第一百四十一条至第一百四十八条所列产品，不构成各该条规定的犯罪，但是销售金额在五万元以上的，依照本节第一百四十条的规定定罪处罚。生产、销售本节第一百四十一条至第一百四十八条所列产品，构成各该条规定的犯罪，同时又构成本节第一百四十条规定之罪的，依照处罚较重的规定定罪处罚。"第一百五十条规定："单位犯本节第一百四十条至第一百四十八条规定之罪的，对单位判处罚金，并对其直接负责的主管人员和其他直接责任人员，依照各该条的规定处罚。"

2. 相关司法解释。

《最高人民检察院、公安部关于公安机关管辖的刑事案件立案追诉标准的规定（一）》第二十四条规定："［生产、销售不符合卫生标准的化妆品案（刑法第一百四十八条）］生产不符合卫生标准的化妆品，或者销售明知是不符合卫生标准的化妆品，涉嫌下列情形之一的，应予立案追诉：（一）造成他人容貌毁损或者皮肤严重损伤的；（二）造成他人器官组织损伤导致严重功能障碍的；（三）致使他人精神失常或者自杀、自残造成重伤、死亡的；（四）其他造成严重后果的情形。"

（三）假冒注册商标罪

1. 刑法规定。

《刑法》第二百一十三条规定："未经注册商标所有人许可，在同一种商品、服务上使用与其注册商标相同的商标，情节严重的，处三年以下有期徒

刑，并处或者单处罚金；情节特别严重的，处三年以上十年以下有期徒刑，并处罚金。"

2. 相关司法解释。

《最高人民法院、最高人民检察院关于办理侵犯知识产权刑事案件具体应用法律若干问题的解释》第一条规定："未经注册商标所有人许可，在同一种商品上使用与其注册商标相同的商标，具有下列情形之一的，属于刑法第二百一十三条规定的'情节严重'，应当以假冒注册商标罪判处三年以下有期徒刑或者拘役，并处或者单处罚金：（一）非法经营数额在五万元以上或者违法所得数额在三万元以上的；（二）假冒两种以上注册商标，非法经营数额在三万元以上或者违法所得数额在二万元以上的；（三）其他情节严重的情形。具有下列情形之一的，属于刑法第二百一十三条规定的'情节特别严重'，应当以假冒注册商标罪判处三年以上七年以下有期徒刑，并处罚金：（一）非法经营数额在二十五万元以上或者违法所得数额在十五万元以上的；（二）假冒两种以上注册商标，非法经营数额在十五万元以上或者违法所得数额在十万元以上的；（三）其他情节特别严重的情形。"

第八条规定："刑法第二百一十三条规定的'相同的商标'，是指与被假冒的注册商标完全相同，或者与被假冒的注册商标在视觉上基本无差别、足以对公众产生误导的商标。刑法第二百一十三条规定的'使用'，是指将注册商标或者假冒的注册商标用于商品、商品包装或者容器以及产品说明书、商品交易文书，或者将注册商标或者假冒的注册商标用于广告宣传、展览以及其他商业活动等行为。"

第十三条规定："实施刑法第二百一十三条规定的假冒注册商标犯罪，又销售该假冒注册商标的商品，构成犯罪的，应当依照刑法第二百一十三条的规定，以假冒注册商标罪定罪处罚。实施刑法第二百一十三条规定的假冒注册商标犯罪，又销售明知是他人的假冒注册商标的商品，构成犯罪的，应当实行数罪并罚。"

(四) 销售假冒注册商标的商品罪

1. 刑法规定。

《刑法》第二百一十四条规定:"销售明知是假冒注册商标的商品,违法所得数额较大或者有其他严重情节的,处三年以下有期徒刑,并处或者单处罚金;违法所得数额巨大或者有其他特别严重情节的,处三年以上十年以下有期徒刑,并处罚金。"

2. 相关司法解释。

《最高人民法院、最高人民检察院关于办理侵犯知识产权刑事案件具体应用法律若干问题的解释》第二条规定:"销售明知是假冒注册商标的商品,销售金额在五万元以上的,属于刑法第二百一十四条规定的'数额较大',应当以销售假冒注册商标的商品罪判处三年以下有期徒刑或者拘役,并处或者单处罚金。销售金额在二十五万元以上的,属于刑法第二百一十四条规定的'数额巨大',应当以销售假冒注册商标的商品罪判处三年以上七年以下有期徒刑,并处罚金。"

第九条规定:"刑法第二百一十四条规定的'销售金额',是指销售假冒注册商标的商品后所得和应得的全部违法收入。具有下列情形之一的,应当认定为属于刑法第二百一十四条规定的'明知':(一)知道自己销售的商品上的注册商标被涂改、调换或者覆盖的;(二)因销售假冒注册商标的商品受到过行政处罚或者承担过民事责任、又销售同一种假冒注册商标的商品的;(三)伪造、涂改商标注册人授权文件或者知道该文件被伪造、涂改的;(四)其他知道或者应当知道是假冒注册商标的商品的情形。"

二、法院案例精选

案例1:张某销售不符合卫生标准的化妆品案[1]

被告人张某于2018年3月至2019年1月间,明知所销售的"依贝美"化

---

[1] 案件来源:北京市密云区人民法院刑事判决书(2020)京0118刑初259号,判决作出时间为2020年11月20日。

妆品存在卫生不达标问题，仍然销售给岳某、纪某1、陈某、李某，造成四人使用后身体汞严重超标。北京市某区市场监督管理局于2019年7月分别从陈某处提取了依贝美活肤驻颜溶色霜，从李某处提取了依贝美极润补水霜、依贝美保湿靓颜精华水、依贝美活肤驻颜溶色霜、依贝美营养水。经检测，上述化妆品均汞含量超标。经鉴定，李某身体损伤符合轻伤二级，与其使用汞含量超标的化妆品之间存在因果关系；岳某、纪某1、陈某体内汞中毒或汞超标与使用化妆品之间存在因果关系。现被告人张某分别与岳某、纪某1、陈某、李某达成赔偿协议并取得谅解。

法院认为，被告人张某无视国家法律，销售明知是不符合卫生标准的化妆品，造成严重后果，其行为已构成销售不符合卫生标准的化妆品罪，依法应予惩处。公诉机关指控被告人张某犯销售不符合卫生标准的化妆品罪成立，法院予以支持。鉴于被告人张某能如实供述自己的罪行，自愿认罪认罚，积极赔偿被害人经济损失并取得谅解，有悔罪表现，依法对其从轻处罚并宣告缓刑。辩护人建议对被告人张某从轻处罚并宣告缓刑的意见，法院予以采纳。

据此，根据被告人张某犯罪的事实、犯罪的性质、情节和对社会的危害程度，法院依法判决如下：被告人张某犯销售不符合卫生标准的化妆品罪，判处有期徒刑六个月，缓刑一年，罚金人民币一万元。

案例2：庄某销售假冒注册商标的商品案[①]

经法院审理查明，2020年10月始，被告人庄某租赁广州市某北站路71号停车场用于储存和销售假冒的ANESSA、LANCÔME、KIEHL'S、GUERLAIN注册商标的护肤品。

2021年1月19日，公安人员将被告人庄某抓获归案，并在上述地址缴获假冒ANESSA防晒乳20ml的16800支、假冒ANESSA防晒乳60ml的6000支、ANESSA防晒乳90ml的5556支、假冒KIEHL'S面霜460支、假冒GUERLAIN精华液30ml的3350支、假冒LANCÔME粉水400ml的1620支（经统计，上述

---

① 案件来源：广东省广州市越秀区人民法院刑事判决书（2021）粤0104刑初612号，判决作出时间为2021年12月8日。

商品货值金额合计801850元）以及ANESSA中文标贴3万张等物品。

截至2021年1月19日，涉案ANESSA、LANCÔME、KIEHL'S、GUERLAIN商标已在国家商标局注册并在注册有效期内，核定使用商品范围包含化妆品、护肤制剂等。

法院认为，根据查明事实及证据，被告人庄某销售明知是假冒注册商标的商品，情节严重，其行为构成销售假冒注册商标的商品罪。庄某归案后能如实供述自己的罪行，可以从轻处罚。庄某认罪认罚，可以从宽处理。公诉机关的量刑建议适当，法院予以采纳。辩护人的关于从轻处罚的辩护意见予以采纳。

根据庄某的犯罪事实、性质、情节及认罪态度等情节，法院依法判决如下：被告人庄某犯销售假冒注册商标的商品罪，判处有期徒刑一年十个月，并处罚金二十万元；扣押在案的假冒ANESSA防晒乳20ml的16800支、假冒ANESSA防晒乳60ml的6000支、ANESSA防晒乳90ml的5556支、假冒KIEHL'S面霜460支、假冒GUERLAIN精华液30ml的3350支、假冒LANCÔME粉水400ml的1620支、假冒ANESSA中文标贴3万张和作案工具手机3部等予以没收。

案例3：刘某生产销售伪劣产品案[①]

公诉机关指控：2013年6月至2015年8月22日期间，习某（已判）及被告人刘某夫妇经事先商量，通过习某购得制假设备、原材料及假冒的商标标识等物，在广东省东莞市××镇××花园小区自己的租住处内先后生产假冒"水宝宝"等系列伪劣产品，后通过网上予以销售，其中被告人刘某主要负责网上销售工作。其间，习某、刘某夫妇将假冒的"水宝宝"等系列伪劣产品销售给程某、梁某（均已判）、周某（另案）等人，累计销售金额达人民币340余万元，非法获利50余万元。2015年8月22日，公安机关依法对习某住处进行搜查，并扣押了尚未销售的"水宝宝"等系列伪劣产品，其中尚未销售的"水宝宝"系列伪劣产品货值金额达40余万元。

[①] 案件来源：浙江省临海市人民法院刑事判决书（2021）浙1082刑初105号，判决作出时间为2021年3月15日。

为证实上述指控,公诉机关当庭宣读、出示了相关证据予以证实,并认为,被告人刘某与人结伙,以营利为目的,在生产、销售产品过程中,以假充真或以不合格产品冒充合格产品,销售金额达二百万元以上,犯罪事实清楚,证据确实充分,应当以生产、销售伪劣产品罪追究其刑事责任。被告人刘某系从犯,应当从轻或者减轻处罚。被告人刘某认罪认罚,可以从宽处理。建议判处被告人刘某有期徒刑七年,并处罚金二十万元。

经审理查明的事实与公诉机关指控的事实基本一致,另查明,2020年10月8日,被告人刘某被公安机关抓获。

法院认为,被告人刘某伙同他人以营利为目的,在生产、销售产品过程中,以假充真或以不合格产品冒充合格产品,销售金额达二百万元以上,其行为已构成生产、销售伪劣产品罪。公诉机关的指控成立。

根据被告人的犯罪事实、犯罪性质、情节及对社会的危害程度,法院判决如下:被告人刘某犯生产、销售伪劣产品罪,判处有期徒刑七年,并处罚金人民币二十万元。

案例4:张某生产假冒注册商标的商品案[①]

经审理查明,2020年3月起,被告人张某为"小马"(身份不明,在逃)加工生产假冒"姬存希"注册商标的化妆品。被告人张某租赁广州市某街一巷5号、广州市某街一巷15号作为仓库和加工点,先是帮"小马"仓储、搬运假冒"姬存希"注册商标的化妆品,之后购买灌装机和烘压机,雇请其弟张某伟、朋友刘某贞(均另处理),灌装假冒"姬存希"注册商标的化妆品,并将包装盒和化妆品送至王某亮(另处理)位于广州市某包装机械展厅打编码和封膜,成品后再供货给"小马"。

2020年3月9日,被告人张某通过支付宝收取了"小马"给予的定金人民币20000元。被告人张某每加工生产一套假冒"姬存希"注册商标的化妆品从"小马"处获利14.5元。2020年9月2日,被告人张某在住处被抓获。公安机

---

① 案件来源:广东省广州市番禺区人民法院刑事判决书(2021)粤0113刑初360号,判决作出时间为2021年10月29日。

关在其住处、上述仓库和某包装机械展厅扣押假冒的"姬存希"化妆品、生产所用机器等一批。按照被侵权产品的市场中间价格计算，被告人张某已供应给"小马"的和现场被查扣的假冒"姬存希"化妆品价值共计约人民币2021276元。

法院认为，被告人张某无视国家法律，未经注册商标所有人许可，在同一种商品上使用与其注册商标相同的商标，情节特别严重，其行为已构成假冒注册商标罪，依法应当对其适用"三年以上七年以下有期徒刑，并处罚金"的量刑幅度予以处罚。公诉机关指控被告人张某犯假冒注册商标罪事实清楚，证据确实、充分，指控罪名成立。在共同犯罪中，被告人张某起次要作用，是从犯，予以减轻处罚。被告人张某归案后如实供述自己的罪行，自愿认罪认罚，予以从轻处罚。辩护人意见的合理部分，法院酌予采纳。公诉机关关于对张某判处有期徒刑一年十个月并处罚金的量刑意见，法院予以采纳。

综上，法院依法判决如下：被告人张某犯假冒注册商标罪，判处有期徒刑一年十个月，并处罚金人民币十万元；查获的假冒注册商标的化妆品及包装一批予以没收销毁；扣押的作案工具烘压机1台、灌装机1台、手机1部、电脑主机2台，予以没收，上缴国库。

第四章　化妆品监管难点

第一节　疑难投诉举报处置

问题：在化妆品监管过程中，你有没有遇到过特别难处理的投诉举报？处理前需要做哪些准备工作？处理过程中发现化妆品经营者涉嫌违法，又该如何处理？

一、现场检查前的准备工作

1. 制定检查计划及方案：制定检查计划时，要充分考虑现场可能出现的各项情况，提前做好应对措施。对待一般举报应由科室负责人与处理举报的承办人员，提前研究调查取证的工作计划和人员分工；制订检查方案，检查方案包括检查目的、检查范围、检查方式（如事先通知或事先不通知）、检查重点、检查时间、检查分工、检查进度等。检查重点可以是化妆品注册或备案情况、生产许可证情况、销售商家、商家身份、地址、联系方式等。

2. 准备执法文书：现场笔录、询问笔录、先行登记保存文书、查封扣押文书、责令改正通知书、封条等。

3. 准备取证设备：录音笔、照相机或者摄像机、执法记录仪、U盘等。

4. 准备执法工具：手持机、笔记本电脑、打印机等。

5. 查阅相关规定。《化妆品监督管理条例》《化妆品生产经营监督管理办法》《电子商务法》《网络交易监督管理办法》《化妆品生产质量管理规范》等。

6. 查询第三方平台注册地、涉嫌违法行为发生地，确认是否有管辖权，确认线下实际经营场所地址，需要的路途时间，需要的交通工具和方式、既往检查情况等。

二、现场监督检查

要求必须有两名以上的监督人员进入现场，出示执法证件后，告知企业检查目的，介绍检查成员、检查依据、检查内容、检查流程及检查纪律，确定企业的检查陪同人员。与第三方平台相关人员交流，了解平台管理人员、管理情况等。在进行现场检查以前，必须向经营者说明检查会全过程记录：会采取录音、照相、摄像或电子取证的工作方式。

（一）检查内容

1. 营业执照：检查批准项目、经营范围、有效期、经营地址、主体信息等。

2. 第三方平台对平台内经营者实名登记情况，对相关内容进行查询、拍照保存。

3. 第三方平台与平台内经营者签署的合作协议。

4. 平台内实际经营者主体信息、销售产品信息等。

5. 平台内经营者有无提供身份证明、联系方式、地址等信息。

6. 第三方平台是如何进行实名登记的，有无相关制度和登记管理人员，是否要求平台内经营者提供身份证明、联系方式、地址等信息。

7. 第三方平台近几年有无违法行为，有无行政处罚等。

8. 第三方平台和平台内经营者有无其他违法问题等。

（二）调查取证

1. 现场笔录。

在制作现场笔录时，要记录现场看到的内容。要根据现场实际看到的，特别是与举报反映问题相关的具体情况，进行如实记录。例如到现场后，认真查看第三方平台是否取得营业执照、是否对平台内经营者进行实名登记，建立登记档案，是否按照法定时间进行核验、更新、保存，如果发现问题，要向检查陪同人员或相关人员进行核实，并详细记录。

2. 询问笔录。

询问笔录要根据参与管理的人员情况，确定需要调查的人员和相关内容。要求一人一份，采取分开调查的方式。对需要调查的人员又不在现场的，可以事后进行补充调查。每一份调查笔录都要根据相关法律法规的要求，由被调查人确认、签字。

（1）对当事人的调查。法定代表人（负责人）不能接受调查的，可以委托其他人员接受询问。法定代表人（负责人）出具授权委托书。在调查该主体是否取得相关许可时，要求被询问人出具相关证明，如营业执照原件。

在询问主要负责人时，要求被询问者说清楚，有无实名登记的相关制度和管理人员，如何进行实名登记，是否建立登记档案，多长时间进行核验、更新和保存相关信息等。并要求其提供相关材料，如果其介绍的信息与提供的材料不一致，请被询问人进行解释，并提供相关的证明。

在询问相关具体管理人员时，要求被询问者说清楚，是否进行实名登记，是否建立登记档案，多长时间进行实名登记并及时核验、更新和保存信息，要求其提供相关的材料证明自己的说法。

（2）对举报人的调查（必要时）。主要内容有：核实举报人身份（个人身份）、调查举报情况，确认举报内容、发现第三方平台未进行实名登记的相关情况。能否提供相关证据等。

（三）相关证据的提取

针对现场检查的实际情况，确定一种或者几种取证的方式作为客观补充证据。对现场检查的过程、发现的问题等，用执法记录仪进行全程记录。或使用其他设备进行实地录音、录像或者照相、对网页或 app 展示页面信息进行截图打印，对后台数据进行复制拷贝等工作，并在返回单位进行技术处理后，请网络经营者签字确认，方可作为证据进行保存。

（四）现场处理工作

1. 针对现场检查的情况，结合《化妆品监督管理条例》《化妆品生产经营监督管理办法》《电子商务法》《网络交易监督管理办法》等相关的法律、法规的要求，进行普法宣传，提高从业人员的化妆品安全意识和法治意识。

2. 提出现场改进意见，并要求现场负责人员进行签字、确认。如果现场负责人员拒绝签字，可以找见证人，请见证人签名，检查人员在现场笔录上对该情况进行注明。

3. 应根据实际情况依法下达《责令改正通知书》。内容应包括：责令改正的内容，整改的类型，是立即改正还是限期改正，救济的途径等。

4. 紧急控制措施。根据检查情况，确定是否需要采取暂停经营的紧急控制措施。

三、行政处罚与相关规定

根据现场取证的情况，有行政处罚权的机关认为事实不清楚，证据不足的，作出不给予行政处罚的处理决定。但要求经营者采取补救或整改措施，并根据整改措施进行复查。比如，若第三方平台经营者未对部分平台内经营者的身份、地址、联系方式进行登记，就可以要求第三方平台协调平台内经营者提供相关信息后，进行登记，完善登记方案，及时对第三方平台的整改情况进行复查。

根据现场取证和调查的情况，事实清楚，证据确凿的，有行政处罚权的监管部门，应根据相关规定进行处罚。

违法行为所违反的规定及处罚依据需根据具体案情确定，如电子商务平台未对平台内化妆品进行实名登记的，涉及相关条款如下：

第一，违反条款。《化妆品监督管理条例》第四十一条第一款规定："电子商务平台经营者应当对平台内化妆品经营者进行实名登记，承担平台内化妆品经营者管理责任，发现平台内化妆品经营者有违反本条例规定行为的，应当及时制止并报告电子商务平台经营者所在地省、自治区、直辖市人民政府药品监督管理部门；发现严重违法行为的，应当立即停止向违法的化妆品经营者提供电子商务平台服务。"《化妆品生产经营监督管理办法》第四十五条规定："化妆品电子商务平台经营者应当对申请入驻的平台内化妆品经营者进行实名登记，要求其提交身份、地址、联系方式等真实信息，进行核验、登记，建立登记档案,并至少每 6 个月核验更新一次。化妆品电子商务平台经营者对平台内化妆品经营者身份信息的保存时间自其退出平台之日起不少于 3 年。"

第二,责令改正依据。《行政处罚法》第二十八条第一款规定:"行政机关实施行政处罚时,应当责令当事人改正或者限期改正违法行为。"

第三,处罚依据。《化妆品监督管理条例》第六十七条规定:"电子商务平台经营者未依照本条例规定履行实名登记、制止、报告、停止提供电子商务平台服务等管理义务的,由省、自治区、直辖市人民政府药品监督管理部门依照《中华人民共和国电子商务法》的规定给予处罚。"《电子商务法》第八十条规定:"电子商务平台经营者有下列行为之一的,由有关主管部门责令限期改正;逾期不改正的,处二万元以上十万元以下的罚款;情节严重的,责令停业整顿,并处十万元以上五十万元以下的罚款:(一)不履行本法第二十七条规定的核验、登记义务的……"

四、移送

对于无行政处罚权的监管部门,对调取的证据和案情进行梳理,撰写相关文书,根据违法线索移送的相关规定,将违法线索移送给有行政处罚权的机关进一步处理。

在处理举报的过程中,如果发现平台内经营者涉嫌存在违法行为,应将其违法行为线索移送该经营者所在的市场监管部门进一步处理。

如果当事人涉嫌构成刑事犯罪,办理部门应依据国家药品监督管理局、国家市场监督管理总局、公安部、最高人民法院、最高人民检察院印发的《药品行政执法与刑事司法衔接工作办法》,开展违法线索的移送等工作。

五、答复

在法定的时限内,将处理结果及时反馈给举报人。

六、其他需要考虑的问题

1. 举报奖励。举报人是否有举报奖励的请求。在受理此举报时,要和举报人进行核实，或认真查看举报内容，看看是否有申领举报奖励的诉求。

2. 如何规避行政诉讼和行政复议。一是严格按照法定程序法定时限进行处理。不管是下达责令改正通知书，还是行政处罚决定书，都要有充分的证据作为支撑，要能形成完整的证据链。二是做好与举报人和被举报人的沟通，及时了解举报诉求和被举报人情况，争取得到对方的理解和支持等。

第二节　质量安全负责人制度的落实

问题：化妆品质量安全负责人制度的提出，对强化企业主体责任，确保公众用妆安全，助推企业高质量发展具有重要意义。如何让该制度发挥其应有的作用，化妆品企业和监管企业又该如何应对呢？

2021年5月，一则某化妆品企业质量安全负责人在配合监督检查期间提供虚假证据材料、被广东省药监局罚款的新闻，引发行业广泛关注，这是《化妆品监督管理条例》正式实施后，化妆品领域首个处罚到人的案例。落实质量安全负责人制度要求，保证产品质量安全，已成为化妆品企业的当务之急。

《化妆品生产经营监督管理办法》已于2022年1月1日正式实施，对质量安全负责人的职责及岗位要求等作出了细化规定。化妆品企业只有认真学习、准备把握《化妆品生产经营监督管理办法》精髓要义，严格执行相关要求，才能在新的市场格局中占有一席之地。而要让化妆品质量安全负责人制度落地落实，则有赖于企业、行业协会、监管部门共同发力。

《化妆品生产经营监督管理办法》是继《化妆品监督管理条例》提出化妆品注册人、备案人需增设质量安全负责人岗位，《化妆品注册备案管理办法》提出注册人、备案人对投放市场的化妆品承担质量安全责任的要求后，又一次对化妆品质量安全负责人制度进行的重大完善。这对强化企业主体责任，确保公众用妆安全，助推企业高质量发展具有重要意义，但也给化妆品生产经营企业和监管部门提出了较大挑战。

一、行业蓬勃发展带来巨大人才需求

根据国家药监局 2021 年首场新闻吹风会消息[①]，截至 2021 年 1 月，国内化妆品持证生产企业数量达 5400 余家，各类化妆品注册备案主体 8.7 万余家，有效注册备案产品数量 160 余万件，我国已成为世界第二大化妆品消费市场。

为了保障化妆品企业平稳运行，确保化妆品质量安全，建立质量安全负责人制度势在必行。《化妆品生产经营监督管理办法》第二十八条规定："质量安全负责人按照化妆品质量安全责任制的要求协助化妆品注册人、备案人、受托生产企业法定代表人、主要负责人承担下列相应的产品质量安全管理和产品放行职责：（一）建立并组织实施本企业质量管理体系，落实质量安全管理责任；（二）产品配方、生产工艺、物料供应商等的审核管理；（三）物料放行管理和产品放行；（四）化妆品不良反应监测管理；（五）受托生产企业生产活动的监督管理。质量安全负责人应当具备化妆品、化学、化工、生物、医学、药学、食品、公共卫生或者法学等化妆品质量安全相关专业知识和法律知识，熟悉相关法律、法规、规章、强制性国家标准、技术规范，并具有 5 年以上化妆品生产或者质量管理经验。"该规定是化妆品监管法律法规首次对质量安全负责人的职责和岗位要求予以明确。

但据业内人士反映，目前我国化妆品企业质量安全负责人缺口较大，缺口主要来自注册品牌方。我国拥有非生产型化妆品注册人、备案人 8 万多家，如果每一家配备一名质量安全负责人，那么行业缺口达 7 万人左右。要填补庞大的用人缺口，这无疑是个巨大挑战，可能会推动化妆品行业新一轮的优胜劣汰。

二、质量管理机构、人员职责有待明晰

《化妆品生产经营监督管理办法》第四十六条规定："化妆品电子商务平台经营者应当设置化妆品质量管理机构或者配备专兼职管理人员，建立平台内化

[①] 《国家药监局召开化妆品监管条例实施新闻吹风会》，https://www.nmpa.gov.cn/hzhp/hzhpjgdt/20210114142222119.html，最后访问时间：2023 年 2 月 4 日。

妆品日常检查、违法行为制止及报告、投诉举报处理等化妆品质量安全管理制度并有效实施，加强对平台内化妆品经营者相关法规知识宣传。鼓励化妆品电子商务平台经营者开展抽样检验。化妆品电子商务平台经营者应当依法承担平台内化妆品经营者管理责任，对平台内化妆品经营者的经营行为进行日常检查，督促平台内化妆品经营者依法履行化妆品监督管理条例以及本办法规定的义务。发现违法经营化妆品行为的，应当依法或者依据平台服务协议和交易规则采取删除、屏蔽、断开链接等必要措施及时制止，并报告所在地省、自治区、直辖市药品监督管理部门。"

根据上述规定，化妆品电商平台经营者应当设置化妆品质量管理机构或者配备专兼职管理人员，这是加强化妆品网络销售环节质量监管的重大举措，对于强化电商平台经营者主体责任，确保网售化妆品质量安全具有重要意义。但关于质量管理机构或专兼职管理人员需要履行的职责，《化妆品生产经营监督管理办法》未作明确规定。

根据《化妆品生产经营监督管理办法》要求，电商平台经营者应建立日常检查、违法行为制止及报告、投诉举报处理等质量安全管理制度并有效实施，同时加强法规知识宣传。那么，这些管理举措是否都由质量管理机构或专兼职管理人员实施？如果质量管理人员是兼职人员，面对庞杂的平台内经营者，又该如何有效实施监管？这些不仅给化妆品电商平台经营者带来困惑，对监管者来说也是难题。

三、创新监管方式助推行业健康发展

《化妆品生产经营监督管理办法》关于化妆品质量安全负责人的规定，对传统监管模式和监管能力提出了挑战，如何判断质量安全负责人是否履职到位、如何有力监管化妆品电商平台是否履行对平台内经营者的安全管理责任等。车轮上的监管、实地监管等传统监管模式已很难适应当前的监管需求。创新监管方式，提升监管效能，是摆在监管部门面前亟待解决的问题。笔者建议，可以从以下三个方面积极应对。

一是社会共治，全员行动。化妆品相关企业可从单位员工中筛选出具有相关专业知识背景及生产质量管理经验的人员，进行专题培训，做好人才储备和配备，或招聘符合条件的人员，提前做好岗前培训和专业指导，帮助新入职员工切实履行相关职责；社会组织和行业机构可以汇集行业符合条件的人选，进行集中培训，做好人才输送；具有相关专业知识背景或生产质量管理经验的从业者，可以主动和企业、监管部门联系，为保障化妆品质量安全贡献力量。同时，建议监管部门主动帮扶企业，对整个行业进行摸底调查，掌握基础信息，在法律框架内，为企业解决燃眉之急献计献策。

二是完善规定，明确职责。针对化妆品电商平台质量管理机构和专兼职管理人员职责不清的问题，建议有关部门及时出台实施细则或管理制度，进一步明确其职责和岗位要求，为监管部门执法提供依据，促使化妆品电商平台更好地履行质量安全主体责任。同时，建议监管部门研究出台促进网络经营主体履行质量管理责任的相关政策；鼓励和支持化妆品电商平台成立网络销售行业协会，加强行业自律；建立网络经营主体信用指标体系及公示机制，健全网络销售化妆品市场信用体系。

三是创新监管，提高效能。建议监管部门推进信息化监管，构建数据标准统一的企业诚信电子档案，并与国家药监局数据库进行有效对接，实现数据准确实时传输，及时收集化妆品企业的一手数据，努力实现行业数据共享共通；推进信用监管，将违反法律法规规定的企业纳入"黑名单"，进行信用信息公开，实行信用联合惩戒；推进智慧监管，以现场和远程检查大数据为基础，以化妆品行业规范为标准，以统计技术为手段，对企业的一手数据深入挖掘分析，通过大数据、云存储等手段处理和综合运用数据，将质量监管贯穿产品全生命周期，为认证检查、跟踪检查、飞行检查、日常监督抽验提供重要决策支撑，提升监管的靶向性和有效性，实现监管"零距离"；推进网络监管，加强信息化建设，建议建立以国家药监局平台为中心、以各省级药监局平台为支撑的全国一体化化妆品网络销售监管信息化系统，实现"以网管网"；推进全程监管，强化化妆品注册人、备案人全生命周期质量安全责任，督促其持续完善质量管理体系，及时配备化妆品质量安全负责人，积极履行质量安全管理主体责任，切实保障公众用妆安全。

第三节 化妆品网络销售监管存在的困难及应对策略

问题： 化妆品网络销售市场空间巨大，发展神速，对监管提出较大挑战，监管部门该如何监管，更好地搞好服务，促进化妆品企业高质量发展呢？

一、监管难点

一是网络平台类型多，监管难度不小。目前，网购平台大致分为3类：网络交易第三方平台类、微信类（含个人微信、朋友圈、公众号、微商、小程序等）、直播类。化妆品网络经营者入网从事化妆品经营时仅需提供本人持证身份证正反面照片，并简单登记经营信息。一方面，自然人身份证上所写地址一般为户籍所在地，并不能等同于实际开展经营活动的地址，当自然人提供虚假经营地址或经营地址变更未通知平台时，对自然人难以开展监管。另一方面，网络平台存在大量实际签约人与提供核验的执照负责人不一致的情形，负责人呈现缺位状态。直播带货更难以监管，比如以抖音旗下平台"小店"为例，该平台是2020年6月成立，在此之前，在抖音短视频上主播推荐产品的购买都是跳至某宝等第三方平台完成。消费者在交易时并不能接触到商品本身，无从确认网络经营资质及其合法性，加之商品宣传内容的不规范，便为假冒伪劣产品留下了可乘之机。

二是网络销售品种繁多，产品信息披露不全。网络平台对化妆品产品的归类不清晰，对于化妆品和普通日化产品区分不明显，对化妆品产品标题及展示详情无具体要求，化妆品相关信息和内容基本完全依赖化妆品网络经营者自行上传。一方面，因入网经营者多、产品归类不清和标识不统一，造成政府监管部门和网络交易第三方平台监管手段单一、资质信息不全，监管工作量大，出现漏管、不愿管等情况。另一方面，按照传统属地监管要求，电子商务平台经营者由其所在地省、自治区、直辖市人民政府药品监督管理部门监管,平台内企业由其所在地县级以上市场监管部门负责,而平台内企业相关的全部投诉举报及日常监管,通常由平台所在地基层监管部门负责处理并进行立案查处,电子商务平台与平台内企业监管分离,增加了沟通协调难度。

三是非法夸大宣传多,容易误导消费者。比如混淆概念,将非特殊用途化妆品与特殊用途化妆品混淆,声称销售的普通化妆品具有美白、祛痘等特殊功效;或者将化妆品与保健食品、医疗器械等非化妆品概念混淆,以非化妆品冒充化妆品。

比如夸大功效。根据《化妆品监督管理条例》,化妆品广告内容必须真实、合法,不得含有虚假或者引人误解的内容,不得欺骗、误导消费者。化妆品标签、小包装或者说明书不得注有适应症,不得宣传疗效。然而,不少化妆品商家时常存在夸大宣传或误导性宣传,广告中明示或者暗示化妆品具有医疗作用,欺骗、诱导消费者购买,存在非法宣称问题。

四是监管手段落后,难以适应社会发展。目前,化妆品网络经营监管以人工网上巡查为主,现场进行监管核验,尚未建立有效的智慧监管平台,实现网络监测、自动核验、信息比对。各类信息均以人工汇总查询,多个系统重复录入数据,人员少,监管主体多,严重影响工作效能和质量。

五是各部门监管合力不强,联合惩戒不到位。因机构改革等原因,原来建立的联合执法机制,工作联席会制度等,需要重新建立和整合。

六是信息孤岛难以打破,信息共享机制亟须建立。各地数据形成了信息孤岛,其数据没有与其他地方进行充分交互。许多时候,相同的问题,其他地方职能部门已做深入调查并处理,而因本地信息不对称,或数据挖掘不够,许多工作往往从零开始,大量浪费行政资源。

二、应对措施

一是完善制度体系,做到有法可依。依据《电子商务法》《化妆品监督管理条例》《网络交易监督管理办法》《化妆品生产经营监督管理办法》,出台

《化妆品网络销售监督管理办法》，对化妆品网络经营者进行定义，进一步明确化妆品网络经营者、网络交易第三方平台的相关责任和义务。

二是开展联合惩戒，增强监管合力。一是加强沟通协调，建立协调监管工作联席会制度，定期开展化妆品网络销售安全风险会商，统筹监督检查、执法办案、不良反应监测、质量抽检等工作。辖区化妆品网络销售违法违规行为涉及多个区域或多个部门的，要主动联系、加强合作、协同监管、共同打击。要联合开展信用监管，畅通信用联合惩戒渠道，加大联合打击力度。

三是加强能力建设，提升监管效能。要加强队伍建设，通过分类别、分批次、有重点地开展培训，着力加强化妆品检查员队伍建设。开展专业化能力提升工程，锤炼一批能发现线索、能电子取证、能稽查办案的"三能"网络办案精兵。要完善信息化追溯体系。构建全国化妆品追溯协同平台，实现化妆品网络经营信息追溯，加强化妆品监管大数据应用，推进监管和产业数字化升级。主动与国家化妆品网络交易监测系统进行实时数据对接，信息共享，真正实现"依法管网、以网管网、信用管网、协同管网"，让监管能力赶上化妆品创新的步伐。

四是创新监管手段，严厉严肃执法。开展智慧监管。主动促进互联网、大数据、云计算、区块链和人工智能等现代信息技术与监管工作的深度融合，积极利用信息化手段加强对化妆品新技术、新产品、新业态、新经营模式的监管，全面推进"智慧药监"建设，利用网络爬虫技术实现产品信息核验，利用网络监测技术实现自动风险预警，引入完善的电子证据固定系统对违法行为进行及时固定。

五是加大宣传力度，营造共治氛围。结合《化妆品监督管理条例》《化妆品生产经营监督管理办法》等的宣贯，利用官方网站、微信公众号、微博、报纸等媒介，宣传化妆品网络销售安全知识，收集舆情网络信息，发布网络安全购买化妆品指南，加大对严重违法行为、重大案件曝光力度，引导公众从合法渠道购进化妆品，积极提供投诉举报线索，增强其法治思维和自我保护能力，营造社会共治良好氛围。

六是强化主体责任，提升规范水平。按照"线上线下相一致"的原则，加强对化妆品网络销售企业、第三方平台的监督检查。省级药品监管部门对第三方平台增加检查频次，加大监管力度，督促其按照法律法规要求完善制度、强化管理，落实质量管理主体责任，引导企业自律，牢牢守住化妆品安全底线。

区级市场监管部门对化妆品实体店，以及通过互联网及微信、微博等社交媒体销售化妆品的行为进行备案和实施监督检查，督促其合法合规开展网络经营；结合监督检查，开展法律法规宣贯，加强对企业法定代表人、质量管理人员的教育培训，强化企业主体责任意识，鼓励其依法依规经营，促进企业高质量发展。

第四节　化妆品注册人、备案人的监管[①]

问题：化妆品注册人、备案人制度，对进一步完善监管措施，强化企业主体责任，保障化妆品质量安全意义重大。但在监管实践中，也存在化妆品注册人、备案人数量大、身份多、要求高、把握难，各级药品监管部门职责不明等问题，对此应如何应对呢？

《化妆品监督管理条例》首次提出化妆品注册人、备案人制度，明确了化妆品注册人、备案人对化妆品的质量安全和功效宣称负责。2022年1月1日起实施的《化妆品生产经营监督管理办法》进一步明确了化妆品注册人、备案人应当依法建立化妆品生产质量管理体系，履行产品不良反应监测、风险控制、产品召回等义务。这一制度的创新和完善，对进一步完善监管措施，强化企业主体责任，保障化妆品质量安全意义重大。但在监管实践中，也存在化妆品注册人、备案人数量大、身份多、要求高、把握难，各级药品监管部门职责不明等问题，亟待解决。本文结合药监一线执法实际情况，尝试提出一些应对之策。

---

① 本节内容已于2022年1月14日在《中国医药报》上发表。

一、现象一：主体数量庞大，摸清底数面临挑战

从国家药监局召开的化妆品监管条例实施新闻吹风会上获知①，我国已成为世界第二大化妆品消费市场。全国化妆品持证生产企业数量达5400余家，各类化妆品注册备案主体8.7万余家，有效注册备案产品数量160余万件。面对庞大的化妆品注册人、备案人群体，不同层级的药品监管部门均不易准确掌握其基数和注册人、备案人详细情况，给监管带来挑战。

以化妆品备案为例，《化妆品注册备案管理办法》第九条规定，药品监督管理部门应当自化妆品、化妆品新原料准予注册、完成备案之日起5个工作日内，向社会公布化妆品、化妆品新原料注册和备案管理有关信息，供社会公众查询。第十条第二款规定，化妆品、化妆品新原料注册人、备案人按照规定通过化妆品、化妆品新原料注册备案信息服务平台申请注册、进行备案。

据了解，目前想查询化妆品注册备案信息，可通过国家药监局网站、地方药监局网站、微信小程序等渠道查询，但这些信息略显分散，基层监管部门很难全部掌握辖区内化妆品注册人、备案人的详细情况。

与此同时，化妆品注册申请人、备案人还存在多种身份并存的现象。《化妆品监督管理条例》第十八条规定，化妆品注册申请人、备案人应具备下列条件：是依法设立的企业或者其他组织；有与申请注册、进行备案的产品相适应的质量管理体系；有化妆品不良反应监测与评价能力。但该条没有强调注册人、备案人是独立法人。因此，满足上述三个条件的企业或者其他组织，均有可能成为注册人或备案人。

化妆品注册人、备案人可能单独从事化妆品研发、生产、经营活动，更有可能同时从事多个行为。比如企业或者其他组织取得化妆品注册人、备案人身份后，又取得化妆品生产许可证，生产化妆品时就同时具有化妆品生产者和注册人、备案人双重身份。再比如，企业或者其他组织取得化妆品注册人、备案

---

① 《国家药监局召开化妆品监管条例实施新闻吹风会》，https://www.nmpa.gov.cn/hzhp/hzhpjgdt/20210114142222119.html，最后访问时间：2023年2月4日。

人身份后，委托具有化妆品生产资质的企业生产化妆品后再从事该化妆品销售行为，其同时具有经营者和注册人、备案人双重身份。

当化妆品注册人、备案人具有双重身份，甚至多重身份时，监管部门是否需要对其实施多重监管？又分别由什么层级的药品监管部门实施监管？这些问题给监管带来较大难度。对此，笔者建议：

在国家层面，将新旧化妆品注册备案信息管理平台的相关信息进行整合，搭建药监系统化妆品注册备案信息共享平台，开通相应权限，各级药监部门可在平台上实时查询掌握化妆品注册人、备案人信息。

基层药品监管部门要通过现场检查、摸底排查等渠道，掌握辖区化妆品注册人、备案人基本信息，开展监督检查，严厉打击违法行为；通过数据检索、大数据筛查等方式提高监管的针对性、靶向性，排查安全隐患，严控化妆品质量风险。

二、现象二：监管权限模糊，具体职责难以厘清

《化妆品注册备案管理办法》第五条明确，国家药监局负责特殊化妆品、进口普通化妆品、化妆品新原料的注册和备案管理，并指导监督省级药监部门承担的化妆品备案相关工作。该条款规定了化妆品注册备案的具体监管部门及相应职权划分，但对于化妆品注册人、备案人监督检查和行政处罚的具体监管部门，《化妆品监督管理条例》和刚刚实施的《化妆品生产经营监督管理办法》均未进行具体规定。

《化妆品监督管理条例》正式实施之前，传统的化妆品监管是根据化妆品生产经营环节主体的不同来划分的。以北京市为例，关于监督检查职权，化妆品生产企业（或化妆品生产行为）属省级药品监管部门即北京市药监局管辖；而化妆品经营企业（或化妆品经营行为）监管职权属市级药品监管部门，即由各区市场监管局管辖。当化妆品注册人、备案人同时具有化妆品生产企业的身份时，是否由北京市药监局管辖；当化妆品注册人、备案人仅为化妆品经营者时，是否由各区市场监管局管辖等，相关职责仍需进一步厘清。

关于行政处罚权，仍以北京市为例，对化妆品生产企业（或化妆品生产行为）的行政处罚权在市市场监管综合执法总队，对化妆品经营企业（化妆品经营行为）的行政处罚权在区市场监管局。那么，如果一个化妆品注册人委托其他化妆品生产企业生产化妆品，又对该化妆品进行了销售，该化妆品被抽验检测不合格，该违法行为应由哪个部门管辖也不明确。

另外，涉及境外注册人、备案人的监管问题，以及关于化妆品注册人、备案人产品抽检不合格，不合格产品的召回等事项，也亟须明确具体监管部门和监管部门的权限划分。

对此，笔者建议：进一步完善化妆品监管相关制度，出台配套细则，明确对化妆品注册人、备案人监督检查、行政处罚的具体监管部门，以及不同层级监管部门的权限划分，更好地实施监管，严厉打击违法行为。

三、现象三：部分要求落地难，监管执行有难度

《化妆品监督管理条例》第六条规定，化妆品注册人、备案人对化妆品的质量安全和功效宣称负责。第三十二条规定，化妆品注册人、备案人、受托生产企业应当设质量安全负责人，承担相应的产品质量安全管理和产品放行职责。

根据上述规定可知，化妆品注册人、备案人以自己的名义将化妆品投放市场，应对此化妆品全生命周期质量安全和功效宣称负责；需履行上市前注册备案管理的相关义务，以及上市后不良反应监测、评价及报告、产品风险控制及召回、产品及原料安全性再评估等相关义务，承担注册备案化妆品质量安全的主体责任。可谓责任重大，难度不小。

以"设质量安全负责人"这一法定义务来说，《化妆品监督管理条例》第三十二条详细规定了质量安全负责人应当具备化妆品质量安全相关专业知识，并具有5年以上化妆品生产或者质量安全管理经验。《化妆品生产经营监督管理办法》第二十八条进一步规定，质量安全负责人要协助化妆品注册人、备案人等承担相应的产品质量安全管理和产品放行职责，包括建立并组织实施质量

管理体系，对产品配方、生产工艺、物料供应商等进行审核管理，进行化妆品不良反应监测管理等。由此可知，化妆品注册人、备案人需配备的质量安全负责人，要求较高，责任重大，是把控化妆品生产经营质量、保障消费者用"妆"安全的重要人物。

然而，要求所有化妆品注册人、备案人需在《化妆品生产经营监督管理办法》正式实施后即配备这一关键人物，在现实操作中有一定难度。相关报道显示：质量安全负责人需求量最高的是上海、深圳、广州等地，有些企业甚至从2020年年底就已开始招聘，但至今未能招到。缺口主要来自注册品牌方，目前非生产型的化妆品注册人、备案人有8万多家，如果按一家配备一名质量安全负责人计算，行业缺口达7万人左右。由此可见，庞大的人员缺口，将带给化妆品企业巨大挑战，同时也会给监管带来挑战。

对此，笔者建议：化妆品注册人、备案人要强化主体责任，及时配备质量安全负责人，依法建立化妆品生产质量管理体系，履行产品注册备案、产品不良反应监测、风险控制、产品召回等义务，对化妆品的质量安全和功效宣称真正负起责任。

针对质量安全负责人人才缺口太大、短时间难以全部配备等问题，可制定切实可行的监管政策，如设置一定的过渡期、分步分时限实施等，以更好地促进化妆品行业优胜劣汰，健康发展。

图书在版编目（CIP）数据

药品监管实务与案例分析／代丽编著 .—北京：中国法制出版社，2023.3
ISBN 978-7-5216-3198-2

Ⅰ.①药… Ⅱ.①代… Ⅲ.①药品管理法-案例-中国 Ⅳ.①D922.165

中国版本图书馆 CIP 数据核字（2022）第 224690 号

责任编辑：李璞娜　　　　　　　　　　　　封面设计：杨鑫宇

药品监管实务与案例分析
YAOPIN JIANGUAN SHIWU YU ANLI FENXI

编著／代丽
经销／新华书店
印刷／三河市紫恒印装有限公司
开本／710 毫米×1000 毫米　16 开　　　　　印张／36.75　字数／450 千
版次／2023 年 3 月第 1 版　　　　　　　　　2023 年 3 月第 1 次印刷

中国法制出版社出版
书号 ISBN 978-7-5216-3198-2　　　　　　　　　定价：129.00 元

北京市西城区西便门西里甲 16 号西便门办公区
邮政编码：100053　　　　　　　　　　　　　传真：010-63141600
网址：http://www.zgfzs.com　　　　　　　　编辑部电话：010-63146314
市场营销部电话：010-63141612　　　　　　　印务部电话：010-63141606

（如有印装质量问题，请与本社印务部联系。）